동영상 강의 나눔복지교육원 www.hrd-elearning.com

2026 최신판

찐합격

청소년 상담사

기출문제집 문제+해설

2급

김형준 / 유상현 공저

✓ 2026 청소년상담사 2급 시험 합격_최적화된 기출문제집
- 총 5개년(2021년 ~ 2025년)의 5회분 문제와 해설 수록

✓ 풍부한 해설 학습으로 충분한 이론학습에 따른 실력 Up!
- [오답노트], [심화학습], [실력 다지기], [부연] 등의 내용 수록

✓ 저자 직강의 기출문제 동영상 강의 수강(유료)
- 나눔복지교육원 홈페이지(www.hrd-elearning.com)

✓ 저자에게 듣는 학습내용의 궁금증 해결
- Daum 카페와 Naver 카페_[김형준 나눔복지교육원]

PREFACE

2026년 청소년상담사 2급 시험의 최종합격을 기원합니다.

청소년상담사 자격증은 청소년의 건강한 성장과 발달을 지원하는 전문 상담 인력을 양성하기 위한 국가공인 자격입니다. 급변하는 사회 속에서 청소년들이 겪는 다양한 심리적·정서적 어려움을 이해하고, 전문적인 상담을 통해 그들의 삶에 긍정적인 방향을 제시하는 역할을 수행합니다.

특히 2급 청소년상담사는 청소년상담의 전문성과 심화된 이론·실무 능력을 갖춘 중급 수준의 상담 전문 가로서, 학교, 청소년상담복지센터, 공공기관 등에서 상담 기획, 프로그램 운영, 사례 개입 등 보다 복합적인 역할을 수행합니다. 청소년의 심리적 특성과 발달 과정을 깊이 이해하고, 다양한 상담기법을 적용하여 실질적인 변화를 이끌어내는 핵심 인력으로 활동하게 됩니다.

[2026 청소년상담사 2급 기출문제집]은 최근 5년간 기출문제를 중심으로 구성되어 있어, 실제 시험의 출제 경향을 파악하고 효율적인 학습을 도와줄 것입니다. 또한 선택과목의 경우 시험문제의 난이도 측면과 다른 필수과목과의 연관성 등을 반영하여 **[집단상담]**과 **[가족상담]** 두 과목을 선정하였으니 이 점 참고 바랍니다.

[2026 청소년상담사 2급 기출문제집]의 특징은 다음과 같습니다.

첫째, 청소년상담사 2급 필기시험을 위한 학습에 최적화된 기출문제집으로, 2021년부터 2025년까지의 공개된 기출문제와 해설을 수록하였습니다.

둘째, 각 문제에 대한 오답노트와 해설을 수록하여 제2의 이론학습뿐만 아니라, 실력 향상에 도움이 될 수 있도록 하였습니다.

셋째, 많이 어려워하는 [상담연구방법론의 기초], [심리측정 평가의 활용], [이상심리], [가족상담] 과목의 철저한 문항분석과 그 외의 학습 자료도 풍부하게 수록하였습니다.

넷째, 나눔복지교육원 홈페이지(www.hrd-elearning.com)를 통해 저자 직강의 동영상 학습이 가능하도록 시험 합격에 최적화된 기출문제집입니다.

감사 말씀을 드립니다.

[2026 청소년상담사 2급 기출문제집] 교재작업을 함께 해 주신 유상현 교수님, 조은문 교수님께 감사드립니다. 또한, 편집과 제작에 도움을 주신 (주) 고시고시 최진만 대표님과 모는 임식원 여러분께 감사드립니다.

2026년, 수험생 여러분이 넉넉한 점수의 최종합격과 아울러, 항상 건강하길 바랍니다.

편저자 대표 김형준 씀

CONTENTS

청소년상담사 자격시험 합격률(2014~2025년)

자격	년도		필기시험			면접시험		
			응시자	합격자	합격률(%)	응시자	합격자	합격률(%)
1급	2014		286	29	10.13	29	22	75.86
	2015		257	72	28.02	77	62	80.52
	2016	14회	285	54	18.9	66	41	62.12
		15회	256	124	48.44	143	94	65.73
	2017		316	112	35.44	139	102	73.40
	2018		348	119	39.23	141	89	63.12
	2019		390	206	52.82	233	175	75.10
	2020		470	85	18.1	130	94	72.5
	2021		677	350	51.7	351	246	70.09
	2022		646	471	72.91	1,710	1,522	89.01
	2023		734	389	52.99	523	361	69.02
	2024		1,987	1,352	68.04	1,411	902	63.92
	2025		1,904	1,217	63.91	-	-	-
2급	2014		3,281	546	16.64	531	482	90.77
	2015		2,839	726	25.57	765	688	89.93
	2016	14회	3,148	1,066	33.80	1,100	930	84.54
		15회	3,302	1,011	30.62	1,145	980	85.59
	2017		3,876	1,181	26.78	1,119	938	83.80
	2018		3,937	1,962	50.29	2,039	1,713	84.01
	2019		4,128	1,769	42.85	2,024	1,721	85.00
	2020		4,468	2,050	45.9	2,191	1,725	78.4
	2021		4,485	2,802	62.47	3,052	2,582	84.6
	2022		4,047	2,859	51.74	2,794	2,342	83.32
	2023		4,189	2,253	53.78	2,375	1,959	82.48
	2024		5,479	3,870	70.63	3,996	3,041	76.10
	2025		4,713	2,742	58.17	-	-	-

자격	년도		필기시험			면접시험		
			응시자	합격자	합격률(%)	응시자	합격자	합격률(%)
3급	2014		6,207	2,384	38.41	2,294	2,079	90.63
	2015		5,780	1,814	31.38	1,959	1,716	87.60
	2016	14회	5,437	2,803	51.50	2,857	2,319	81.20
		15회	5,431	1,427	26.27	1,850	1,560	84.32
	2017		6,008	2,111	35.14	2,132	1,852	86.90
	2018		5,597	1,800	32.16	1,946	1,722	88.49
	2019		5,667	1,549	27.33	1,626	1,396	85.80
	2020		5,822	3,056	52.5	3,061	2,666	87.1
	2021		5,608	1,468	26.18	1,710	1,522	89.1
	2022		5,526	2,859	51.74	2,794	2,342	83.82
	2023		4,851	2,446	50.42	2,599	2,232	85.87
	2024		4,479	2,672	55.91	2,804	2,377	84.77
	2025		4,402	1,330	30.21	-	-	-

※ 응시자격 서류심사 결과 합격현황 변경될 수 있음

※ 면접시험 합격률 미정

< 1. 시험과목 및 시험시간 >

가. 제1차(필기) 시험 과목(청소년 기본법 시행령 제23조제3항)

구분	시험과목	
	구분	과목
1급 청소년 상담사 (5과목)	필수(3과목)	• 상담사 교육 및 사례지도 • 청소년 관련 법과 행정 • 상담연구방법론의 실제
	선택(2과목)	• 비행상담 · 성상담 · 약물상담 · 위기상담 중 2과목
2급 청소년 상담사 (6과목)	필수(4과목)	• 청소년 상담의 이론과 실제 • 상담연구방법론의 기초 • 심리측정 평가의 활용 • 이상심리
	선택(2과목)	• 진로상담 · 집단상담 · 가족상담 · 학업상담 중 2과목
3급 청소년 상담사 (6과목)	필수(5과목)	• 발달심리 • 집단상담의 기초 • 심리측정 및 평가 • 상담이론 • 학습이론
	선택(1과목)	• 청소년이해론 · 청소년수련활동론 중 1과목

※ 시험과목 중 법령과목 출제 기준일은 시험 시행일 기준임

※ 청소년 관련 법이란 「청소년기본법」, 「청소년복지지원법」, 「청소년보호법」, 「아동 · 청소년의 성보호에 관한 법률」, 「청소년활동진흥법」, 「학교폭력예방 및 대책에 관한 법률」, 「소년법」을 말하며, 그 밖의 법령을 포함하는 경우 여성 가족부장관이 고시

※ 여성가족부장관이 고시한 그 밖의 법령은 「학교 밖 청소년 지원에 관한 법률」임

나. 제2차(면접) 시험 항목

면접시험의 평가 항목	비고
1. 청소년상담자로서의 가치관 및 정신자세 2. 청소년상담을 위한 전문적 지식 및 수련의 정도 3. 예의 · 품행 및 성실성 4. 의사표현의 정확성과 논리성 5. 창의력, 판단력 및 지도력	

다. 시험방법

구분			시험방법
1급 청소년상담사 (5과목)	제1차 (필기)	1교시(필수)	객관식(5지택일) [과목당 25문항(총 75문항)]
		2교시(선택)	객관식(5지택일) [과목당 25문항(총 50문항)]
	제2차(면접)		면접시험
2급 청소년상담사 (6과목)	제1차 (필기)	1교시(필수)	객관식(5지택일) [과목당 25문항(총 100문항)]
		2교시(선택)	객관식(5지택일) [과목당 25문항(총 50문항)]
	제2차(면접)		면접시험
3급 청소년상담사 (6과목)	제1차 (필기)	1교시(필수)	객관식(5지택일) [과목당 25문항(총 100문항)]
		2교시 (필수 및 선택)	객관식(5지택일) [과목당 25문항(총 50문항)]
	제2차(면접)		면접시험

라. 시험시간

구분	제1차(필기) 시험					제2차 (면접)시험
	교시	시험과목	입실시간	시험시간		
1급 청소년 상담사 (5과목)	1교시 (필수)	• 상담사 교육 및 사례지도 • 청소년 관련 법과 행정 • 상담연구방법론의 실제	09:00 까지	09:30 ~ 10:45 (75분)		1조당 10 ~ 20분 내외
	2교시 (선택)	• 비행상담 · 성상담 · 약물상담 · 위기상담 중 2과목	11:30 까지	11:40 ~ 12:30 (50분)		
2급 청소년 상담사 (6과목)	1교시 (필수)	• 청소년 상담의 이론과 실제 • 상담연구방법론의 기초 • 심리측정 평가의 활용 • 이상심리	09:00 까지	09.30 ~ 11:10 (100분)		1조당 10 ~ 20분 내외
	2교시 (선택)	• 진로상담 · 집단상담 · 가족상담 · 학업상담 중 2과목	11:30 까지	11:40 ~ 12:30 (50분)		
3급 청소년 상담사 (6과목)	1교시 (필수)	• 발달심리 • 집단상담의 기초 • 심리측정 및 평가 • 상담이론	09:00 까지	09:30 ~ 11:10 (100분)		
	2교시 (필수 및 선택)	• 학습이론(필수) • 청소년이해론 · 청소년수련활동론 중 1과목(선택)	11:30 까지	11:40 ~ 12:30 (50분)		

< 2. 응시자격 >

가. 응시자격 기준(청소년 기본법 시행령 제23조제3항 및 별표3)

구분	자격요건	비고
1급 청소년 상담사	1. 대학원에서 청소년(지도)학·교육학·심리학·사회사업(복지)학·정신의학·아동(복지)학·상담학 분야 또는 그 밖에 여성가족부령으로 정하는 상담 관련 분야(이하 "상담관련분야"라 한다)의 박사학위를 취득한 사람 2. 대학원에서 상담관련분야의 석사학위를 취득한 후 상담 실무경력이 4년 이상인 사람 3. 2급 청소년상담사로서 상담 실무경력이 3년 이상인 사람 4. 제1호 및 제2호에 규정된 사람과 같은 수준 이상의 자격이 있다고 여성가족부령으로 정하는 사람	1. 상담분야 박사 2. 상담분야 석사+4년 3. 2급 자격증+3년
2급 청소년 상담사	1. 대학원에서 청소년(지도)학·교육학·심리학·사회사업(복지)학·정신의학·아동(복지)학·상담학 분야 또는 그 밖에 여성가족부령으로 정하는 상담 관련 분야(이하 "상담관련분야"라 한다)의 석사학위를 취득한 사람 2. 대학 또는 다른 법령에 따라 이와 동등한 학력을 인정받는 기관에서 상담관련분야 학사학위를 취득한 후 상담 실무경력이 3년 이상인 사람 3. 3급 청소년상담사로서 상담 실무경력이 2년 이상인 사람 4. 제1호부터 제3호까지에 규정된 사람과 같은 수준 이상의 자격이 있다고 여성가족부령으로 정하는 사람	1. 상담분야 석사 2. 상담분야 학사+3년 3. 3급 자격증+2년

3급
청소년 상담사
	1. 대학 및 「평생교육법」에 따른 학력이 인정되는 평생교육시설의 청소년 (지도)학·교육학·심리학·사회사업(복지)학·정신의학·아동(복지)학·상담학 분야 또는 그 밖에 여성가족부령으로 정하는 상담 관련 분야 (이하 "상담관련분야"라 한다)의 학사학위를 취득한 사람
	2. 전문대학 또는 다른 법령에 따라 이와 동등한 학력을 인정받는 기관에서 상담관련분야 전문학사를 취득한 사람으로서 상담 실무경력이 2년 이상인 사람
	3. 대학 또는 다른 법령에 따라 이와 동등한 학력을 인정받는 기관에서 학사학위를 취득한 후 상담 실무경력이 2년 이상인 사람
	4. 전문대학 또는 다른 법령에 따라 이와 동등한 학력을 인정받는 기관에서 전문학사학위를 취득한 후 상담 실무경력이 4년 이상인 사람
	5. 고등학교를 졸업하고 상담 실무경력이 5년 이상인 사람
	6. 제1호부터 제4호까지에 규정된 사람과 같은 수준 이상의 자격이 있다고 여성가족부령으로 정하는 사람
		1. 상담분야
		   4년제 학사
		2. 상담분야
		   2년제 + 2년
		3. 타분야 4년제 + 2년
		4. 타분야 2년제 + 4년
		5. 고졸 + 5년

※ 비고
1. 상담 실무경력의 인정 범위와 내용은 여성가족부장관이 별도로 정하여 고시함
2. 고등학교, 대학, 전문대학 및 대학원이란 각각 「초·중등교육법」 제2조 제4호에 따른 고등학교, 「고등교육법」 제2조 제1호·제4호에 따른 대학·전문대학, 「고등교육법」 제29조에 따른 대학원을 말함
3. 응시자격을 갖추었는지 여부는 자격검정 공고에서 정하는 서류제출 마감일을 기준으로 판단함

※ 상담관련 학과 인정 시 법령에 나열되어 있는 10개 '상담관련분야'(청소년학, 청소년지도학, 교육학, 심리학, 사회사업학, 사회복지학, 정신의학, 아동학, 아동복지학, 상담학)와 이에 포함된 10개 학과명의 조합일 경우 인정하고 조합된 학과명에 10개 학과명 이외의 추가적인 문구가 있을 때에는 인정 불가
  • 인정 예시 : 청소년 + 상담학, 아동 + 상담학, 교육 + 심리학 등
  • 상담관련분야 학과명 중에 '학'자는 빠져있더라도 인정됨
※ 상담관련 학과 인정 시 '학위'명이 아닌 '학과'명 또는 '전공'명으로 판단
  • 대학의 경우 : 학부명, 학과명, 전공명 중 하나라도 상담관련분야 명시
  • 대학원의 경우 : 학과명, 전공명 중 하나라도 상담관련분야 명시

나. 여성가족부령이 정하는 상담관련분야(청소년 기본법 시행규칙 제7조)

여성가족부령이 정하는 그 밖의 '상담관련분야'	제출서류
상담의 이론과 실제(상담원리·상담기법), 면접원리, 발달이론, 집단상담, 심리 측정 및 평가, 이상심리, 성격심리, 사회복지실천(기술)론, 상담교육, 진로상담, 가족상담, 학업상담, 비행상담, 성상담, 청소년상담 또는 이와 내용이 동일하거나 유사한 과목 중 4과목 이상을 교과과목으로 채택하고 있는 학문분야 ※ Q-Net 청소년상담사 홈페이지 – 공지사항(동일·유사교과목) 참조	성적증명서(전공명시) 또는 교학처장(학과장) 직인이 날인된 재학 중 전공학과 커리큘럼

※ 응시자격 참고사항
  • 복수전공으로 상담관련분야 학과를 졸업한 경우 인정(학위 취득자)
  • 연계전공 혹은 부전공으로 상담관련분야를 선택했을 경우 상담관련과목을 전공으로 4과목 이상을 이수한 경우에만 인정
    ☞ 일반선택과목, 교양과목, 교직과목, 계절학기과목을 이수한 경우 인정되지 않음
※ 동일(유사)교과목 인정여부 판단할 때 기존에 인정된 동일(유사)과목명(현재까지 인정된 과목은 공단 청소년상담사 홈페이지 공지사항 "동일유사교과목"에 첨부되어 있음)과 핵심키워드가 일치하면 과목명에 "~론", "~학", "~연구", "~과정", "~세미나", "~이론" 등이 포함된 경우나 "의", "및", "과", "Ⅰ·Ⅱ", "1·2" 등과 같이 조사나 숫자가 다른 경우에 동일(유사)과목으로 인정가능(위의 문구 이외의 추가적인 문구가 있을 경우 동일(유사)교과목 심시 필요)
※ 동일(유사) 교과목 신청 시 해당 "학과장 직인"의 확인서류를 공문으로 제출

다. 상담 실무경력 인정기관

  • 청소년단체(청소년 기본법 제3조제8호)
  • 청소년상담복지센터(청소년복지 지원법 제29조)
  • 청소년복지시설 : 청소년쉼터, 청소년자립지원관, 청소년치료재활센터, 청소년회복지원시설 (청소년복지 지원법 제31조)
  • 학교 밖 청소년 지원센터(학교 밖 청소년 지원에 관한 법률 제12조)
  • 각급 "학교"(초·중등교육법 제2조) / 각종 "대학"(고등교육법 제2조)
  • 청소년상담사 자격검정위원회에서 인정하는 기관 (정부기관·공공상담기관·법인체상담기관 및 민간상담기관) : 예시내용 참조

※ 정부기관·공공상담기관·법인체상담기관

예시) 법무부(보호관찰소, 소년원), 고용노동부(진로상담센터), 보건복지부(아동학대예방 센터, 성폭력상담센터, 종합사회복지관), 국방부(군상담 부대 및 기관), 여성가족부 (성폭력상담센터), Wee프로젝트(Wee 스쿨, 클래스, 센터) 등

※ 민간상담기관 : 상담기관으로서 관할관청에 신고 또는 등록을 필한 후 상담활동(개인상담, 집단상담, 심리검사, 상담교육 등)의 실적을 제시할 수 있는 상담기관으로

【 비영리 법인 : 고유번호증, 민간상담기관 : 사업자등록증명원 】사업자등록증명원의 단체명, 업태, 종목에 '상담, 심리, 치료, 정신의학'이 명시된 기관은 인정

→인정여부 결정을 위해 기관실사 및 자격검정위원회에 회부를 할 수 있음

라. 응시등급별 청소년상담사 실무경력 인정기준(1년간 기준)

응시등급	상담유형	실시경력
1급 및 2급 청소년상담사	개인상담	대면상담 50회 이상 실시
	집단상담	24시간 이상 실시
	심리검사	10사례 이상 실시 및 해석
3급 청소년상담사	개인상담	대면상담 20회 이상 실시
	집단상담	6시간 이상 실시 및 참가
	심리검사	3사례 이상 실시 및 해석

※ 개인상담, 집단상담, 심리검사 경력을 모두 만족할 경우 1년 경력으로 인정

< 3. 결격사유 >

다음 각 호의 어느 하나에 해당하는 사람은 청소년상담사가 될 수 없음(최종 합격 발표일을 기준으로 각 호의 어느 하나에 해당하는 사람은 청소년상담사 자격검정에 응시할 수 없음)

1) 미성년자·피성년후견인 또는 피한정후견인

2) 파산선고를 받고 복권되지 아니한 사람

3) 금고 이상의 형을 선고받고 그 집행이 끝나거나 집행을 받지 아니하기로 확정된 후 3년이 지나지 아니한 사람

4) 금고 이상의 형을 선고받고 그 집행유예의 기간이 끝나지 아니한 사람

4의2) 제3호 및 제4호에도 불구하고 다음 각 목의 어느 하나에 해당하는 죄를 저지른 사람으로서 형 또는 치료감호를 선고받고 확정된 후 그 형 또는 치료감호의 전부 또는 일부의 집행이 끝나거나(집행이 끝난 것으로 보는 경우를 포함한다) 집행이 유예·면제된 날부터 10년이 지나지 아니한 사람

　가. 「아동복지법」제71조제1항의 죄

　나. 「성폭력범죄의 처벌 등에 관한 특례법」제2조의 성폭력범죄

　다. 「아동·청소년의 성보호에 관한 법률」제2조제2호의 아동·청소년대상 성범죄

5) 법원의 판결 또는 법률에 의하여 자격이 상실되거나 정지된 사람

※ 자격증 취득 후라도 상기 결격사유에 해당하거나 거짓이나 그 밖의 부정한 방법으로 자격을 취득한 경우, 자격을 다른 사람에게 빌려주거나 양도한 경우에는 자격을 취소할 수 있음

< 4. 합격자 결정 기준(청소년상담사 자격검정 및 연수 등에 관한 고시 제11조) >

(1) 제1차(필기) 시험

매과목 100점을 만점으로 하여 매과목 40점 이상, 전과목 평균 60점 이상 득점한 자

※ 제1차(필기) 시험 합격예정자는 응시자격 서류제출기관에 응시자격 서류를 반드시 제출하여야 하며, 정해진 기간 내 응시자격 서류를 제출하지 않거나 심사결과 부적격자일 경우 시험 불합격(무효) 처리함

청소년상담사(응시자격 서류심사 1회)

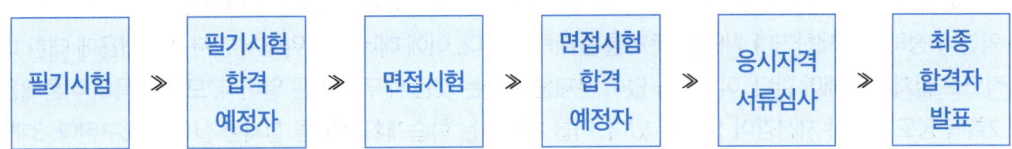

(2) 제2차(면접) 시험

면접위원의 평점의 합계가 각각 15점 이상을 얻은 자를 면접 시험 합격자로 함. 단, 면접위원의 과반수가 어느 하나의 평가 사항에 대하여 1점으로 평정한 때에는 평정점수 합계와 관계 없이 불합격으로 함

< 5. 시험의 일부면제 >

필기시험과 서류심사에 합격하고 면접시험에 불합격한 자에게 다음 회의 시험에 한하여 필기시험을 면제함

청소년상담사 2급 합격전략

1) 학습전략을 세울 때, 한국산업인력공단에서 발표한 출제평의 출제기본방향과 문제출제 시 강조점을 잘 읽어보고 이에 맞추어 과목별로 학습하는 것이 중요하다. 수험생 여러분이 꼭 숙지해야 할 것은 한국산업인력공단의 출제영역에 따라 학습을 진행하되, 각 과목에서 알아두어야 할 개념을 철저하게 이해하고 이에 대한 사례문제로 응용할 수 있는 능력이 요구된다. 다시 말하면, 개념정리와 이에 대한 사례적용이 중요하다는 것이다.

2) 통상적으로 청소년상담사 시험문제는 기존에 출제된 많은 문제의 풀(pool)에서 선별하는 방식으로 이루어지며, 대개는 약간 수정하여 출제하거나, 새로운 문제를 출제하고 있다. 이에 대비하기 위해서 먼저 이론내용에 대한 학습을 체계적으로 철저하게 해야 한다. 이론학습 없이 문제를 푼다는 것은 매우 어려운 일이다. 모든 과목의 이론내용을 적어도 2회독 정도는 해야 자신감이 생길 수 있다. 이를 위해서는 학습계획에 따른 철저한 실천이 요구된다. 3개월 정도의 시간을 가지고 이론학습을 하면 충분할 것이다. 이론내용에 최적화된 전공교재는 교육학, 상담학, 심리학 전공교재가 좋다. 그 이유는 이제까지의 합격률은 교육학과, 심리학과, 상담학과의 졸업생이 높은 비율을 차지했을 가능성이 높기 때문이다. 기출문제에서 사용하는 용어나, 문제의 유형을 보아도 알 수 있다. 따라서 이와 관련된 교재와 수험서를 보는 것이 바람직하다.

3) 이론학습 후에는 문제풀이 연습을 해야 한다. 문제풀이의 기간은 2 ~ 3개월 정도가 바람직하다. 많은 문제를 풀어보는 것이 바람직하며, 문제를 풀더라도 기출문제 유형과 비슷한 유형의 문제를 풀어보는 것이 좋다. 각 과목당 25문제로 모두 150문제이며 문제풀이 연습을 할 때는 3회분(450문제) 이상 풀어보는 것이 바람직하다. 그리고 자신의 이론학습 검증을 위해 오엑스 문제와 같은 유형의 연습도 필요하다.

4) 예상문제로 연습이 끝났다면 최종 모의고사를 실전처럼 풀어보는 것이 좋다. 이것은 적어도 1회 정도는 풀어야 하는데, 실제 시험시간에 맞추어서 컴퓨터용 용지에 직접 마킹을 해보는 연습이 필요하다. 이는 실제시험에 대비하기 위한 좋은 예행연습이 될 것이다. 시기는 실제시험일 이전 1~2주일이 좋을 것이다. 최종 모의고사 후, 실제시험까지 남은 시간은 최종모의고사에서 틀린 문제에 대해 재차 점검하는 것이 바람직한데, 틀린 문제유형은 다시 틀리기 마련이기 때문이다.

5) 주의할 내용은 이론학습을 통한 정리를 할 때는 단순히 암기식보다는 이해 위주의 학습을 하는 것이 바람직하며, 문제풀이 학습을 우선적으로 하기보다는 이론학습을 우선적으로 하는 것이 좋다. 실제 문제유형은 일반적으로 쉬운 문제부터 어려운 문제까지 난이도가 잘 조절되어 출제되는 경향이 많기 때문에, 연습문제풀이도 난이도가 잘 조절되어 있는 문제로 풀어보는 것이 바람직하다.

필기시험 합격을 위한 최적의 학습전략 4가지

1) 모든 학습은 반복학습이 가장 중요하다.

　이론이나 문제풀이 등 모든 학습은 2번 이상 학습하는 것을 원칙으로 하고, 예습보다는 복습을 통해 효과를 더욱 극대화해야 한다.

2) 서로 관련된 과목을 연계하여 진행하는 것이 좋다.

　서로 관련된 과목을 연계하여 진행하면 진도도 잘 나갈 뿐만 아니라, 종합적인 사고를 할 수 있어서 시험에서 큰 도움이 된다. 학습순서를 간단히 소개하자면, 청소년상담의 이론과 실제 → 집단상담 → 가족상담 → 심리측정 평가의 활용 → 이상심리 → 상담연구방법론의 순서대로 권유하고 싶다.

3) 이론 → 문제풀이(기출문제-예상문제) → 최종 모의고사 점검의 순서대로 하는 것이 바람직하다.

　80% 정도의 이론학습은 문제풀이 진도의 속도에도 도움이 되므로, 이론이 80% 정도 정리되면 문제풀이로 돌입하는 것이 좋다. 이론이 부족한 상태에서는 문제풀기가 어려우며, 오히려 시간낭비를 초래할 수 있다. 문제풀이는 기출문제를 통해 기출의 경향을 파악하고, 추후에 예상문제로 실력을 점검하는 것이 좋다. 시험일 1~2주 전에는 최종 모의고사로 실력을 테스트해 보길 바라며, 참고로 [나눔복지교육원]에서는 시험일 3~4주 전에 온라인 최종 모의고사를 서비스하고 있으니, 이를 활용하여 보는 것도 좋다.

4) 최적의 학습 콘텐츠를 선택하는 것이 중요하다.

　시중에는 청소년상담사와 관련된 많은 수험서와 동영상 강의가 있다. 독학으로도 학습이 가능한 수험생도 있겠지만, 일반적으로 동영상 강의나 실강(오프라인 강의)의 도움을 받는 경우가 많다. 강의의 도움을 받고자 하는 수험생은 시간이 조금 걸리더라도 다양한 강의 콘텐츠를 잘 살펴보고 자신에게 맞는 콘텐츠를 선택하는 것이 좋다.

청소년상담사 2급 출제영역

주요항목	세부항목	세세항목
1. 청소년상담의 이론과 실제	청소년내담자의 이해	청소년 내담자의 특성
		청소년 문제의 이해
		발달과제와 문제
	청소년상담이론	정신분석
		개인심리학
		행동주의 상담
		실존주의 상담
		인간중심 상담
		게슈탈트 상담
		합리정서행동 상담
		인지치료
		현실치료/해결중심 상담
		교류분석
		여성주의 상담
		다문화 상담
		통합적 접근
	청소년상담의 기초	청소년상담의 의의
		청소년상담의 목표
		청소년상담의 특성
		청소년상담자의 자질
		청소년상담자의 태도
		청소년상담자 윤리
	청소년상담의 실제	상담의 시작
		상담의 작업
		상담의 종결
		상담기술과 기법
		상담의 유형(단회, 단기, 장기, 매체 등)
		청소년 사례 통합관리
		지역사회안전망 운영
	기타	기타 청소년상담의 이론과 실제에 관한 사항

주요항목	세부항목	세세항목
2. 상담연구방법론의 기초	상담연구의 기초	상담연구의 과학적 접근
		상담연구의 패러다임
		전문적 글쓰기
	연구의 절차	연구문제 및 가설 설정
		연구구인의 조작적 정의
		연구주제 선정
		변인결정 및 측정도구의 선정
		연구대상자 선정과 표집
		자료수집과 분석방법
	연구의 타당도	내적 타당도
		외적 타당도
		통계적 결론 타당도
		검사도구의 타당도
		검사도구의 신뢰도
	실험설계	실험연구의 개관
		상담성과 및 효과 연구
		통계분석 절차 및 방법
		집단 간 실험설계
		집단 내 설계
		혼합설계
		준실험 설계
		단일사례연구설계
		모의상담연구
		상관연구
	질적 연구	현상학적 접근
		근거이론
		사례연구
		합의적 질적 연구(CQR)
		질적 연구의 신뢰도와 타당도
	상담연구 윤리	
	기타	기타 상담연구방법론의 기초에 관한 사항

주요항목	세부항목	세세항목
3. 심리측정 평가의 활용	심리검사 개론	심리검사 및 평가의 개념과 역사·총론
		면접법과 행동평가법
		심리검사의 분류, 선택, 시행
		심리검사의 제작과 기본통계
	심리검사 각론	지능검사
		객관적 성격검사
		투사법 검사
	기타	기타 심리측정 평가의 활용에 관한 사항
4. 이상심리	이상심리학의 이론적 입장	
	이상심리의 분류 및 평가	
	신경발달장애	
	조현병 스펙트럼 및 기타 정신병적 장애	
	양극성 및 관련장애/우울장애	
	불안장애	
	강박 및 관련장애/외상 및 스트레스 관련 장애	
	해리장애/신체증상 및 관련 장애	
	급식 및 섭식 장애/배설장애/수면-각성장애	
	성 관련 장애(성기능 부전/성별 불쾌감/변태성욕장애)	
	파괴적, 충동조절 및 품행 장애/물질관련 및 중독 장애	
	신경인지장애	
	성격장애	
	기타(임상적 주의의 초점이 될 수 있는 기타의 상태 등)	
	기타	기타 이상심리에 관한 사항

주요항목	세부항목	세세항목
5. 집단상담	청소년 집단상담의 이론	집단상담의 기초 (정의/목표/치료적 요인)
		집단역동의 이해 및 집단상담의 과정 (초기/중기/종결 단계)
		집단상담의 제 이론 - 정신분석접근 - 개인심리학 접근 - 행동주의 접근 - 실존주의 접근 - 인간중심 접근 - 게슈탈트 접근 - 합리정서행동 접근 - 인지치료 접근 - 현실치료/해결중심 접근 - 교류분석 접근 - 예술적 접근 등 기타 접근(심리극, 미술, 음악 등)
		집단상담자 (집단상담자의 역할/기술/인성)
	청소년 집단상담의 실제	집단상담자의 기술 및 문제상황 다루기
		청소년 집단상담의 계획 및 평가
		청소년 집단상담의 특징 - 윤리와 규범 - 참여자의 권리와 책임 - 기타 특징
		청소년 집단상담의 제 형태
	기타	기타 집단상담에 관한 사항
6. 가족상담	가족상담의 기초	가족상담을 위한 체계적 조망
		가족상담의 기본 개념
		가족상담 과정
		가족상담 기술
		가족상담 윤리
	가족상담의 이론과 실제	가족상담의 이론적 기초
		가족상담 이론 - 보웬의 체계적 가족치료 - 구조적 가족치료 - 경험적 가족치료 - 전략적 가족치료 - 해결중심 단기 가족치료 - 이야기 치료
		가족생활주기와 가족상담
		가족상담 사정과 평가
		가족상담 실제
	청소년 가족-부모상담	청소년 가족 이해와 변화를 위한 개입전략
		청소년 문제 유형별 가족상담(폭력, 중독, 자살 등)
		청소년 가족-부모상담 사례
	기타	기타 가족상담에 관한 사항

문제편

1교시

2교시

2025

제1과목   청소년 상담의 이론과 실제 (필수)

| 해설 p262

01

예방적인 측면에서의 청소년상담 목표에 해당하지 않는 것은?

① 생활지도
② 정책 참여
③ 정신건강 증진
④ 주호소 문제 해결
⑤ 상담프로그램 개발

02

상담 초기단계에 이루어지는 상담구조화에 관한 내용으로 옳지 않은 것은?

① 상담자와 내담자의 역할을 명료화한다.
② 상담 진행과정에 대해 합의하는 과정이다.
③ 상담자는 비밀보장의 의미와 한계에 대한 정보를 안내한다.
④ 상담시간에 오지 못할 경우 연락하는 방법에 대해 상의한다.
⑤ 내담자가 상담으로부터 얻을 수 있는 이익과 성과에 대한 보장을 한다.

03

상담 중기단계에 나타난 내담자의 저항에서 청소년상담자가 고려해야 할 내용이 아닌 것은?

① 내면의 갈등을 억압하기 위한 것인지 살펴본다.
② 상담에 대한 수동적 거부 행동은 아닌지 점검한다.
③ 변화를 시도하는 과정에서 걱정이나 답답함이 있는지 탐색한다.
④ 자연스러운 현상으로 보고 지금-여기에서 다루기보다 종결단계로 미룬다.
⑤ 내담자의 작은 변화도 민감하게 지각하고, 상담에 대한 태도와 생각과 감정을 다룬다.

04

현실치료의 WDEP 모델에 관한 설명으로 옳은 것을 모두 고른 것은?

ㄱ. 희망(Want) : 내담자가 원하는 것이 무엇인지 인식하도록 한다.
ㄴ. 행위(Doing) : 과거의 행동에 초점을 맞추도록 한다.
ㄷ. 평가(Evaluation) : 자신이 원하는 것을 충족하는데 현재 행동이 효과적인지를 평가하도록 한다.
ㄹ. 계획(Planning) : 소망과 욕구를 충족시키는 새로운 행동의 계획을 돕는다.

① ㄱ, ㄴ   ② ㄴ, ㄷ   ③ ㄷ, ㄹ   ④ ㄱ, ㄴ, ㄹ   ⑤ ㄱ, ㄷ, ㄹ

05

실존주의 상담이론의 주요개념이 아닌 것은?

① 고독   ② 자유   ③ 보상   ④ 무의미   ⑤ 죽음

06

인지치료의 상담기법과 적용의 연결로 옳은 것을 모두 고른 것은?

ㄱ. 특별한 의미 이해하기 : 우울한 내담자가 사용하는 '우울한', '죽고 싶은' 등의 모호한 단어의 의미를 질문한다.
ㄴ. 절대성에 도전하기 : '친구들은 나보다 똑똑해요'와 같은 표현에 대해 질문하고 도전한다.
ㄷ. 장점과 단점 목록 만들기 : 앞으로 다가올 사건에 대해 시연하도록 한나.
ㄹ. 재귀인하기 : 일어날 가능성이 적은 경우, '가성(what-if) 기법'으로 두려움을 다룬다.

① ㄱ, ㄴ   ② ㄱ, ㄷ   ③ ㄴ, ㄷ   ④ ㄷ, ㄹ   ⑤ ㄱ, ㄴ, ㄹ

07

지역사회를 기반으로 한 청소년상담에 관한 내용으로 옳지 않은 것은?

① 위기 청소년을 돕기 위한 청소년동반자 프로그램이 있다.
② 청소년폭력 예방을 위한 또래상담 프로그램이 있다.
③ 청소년상담 1388을 통해 모바일상담이 가능하다.
④ 시 · 도 청소년상담복지센터는 2025년 기준 25개의 시 · 도에 설치 · 운영하고 있다.
⑤ 청소년상담복지센터는 「청소년복지 지원법」에 따라 설치 · 운영하고 있다.

08

행동주의 상담에 관한 내용으로 옳지 <u>않은</u> 것은?

① 내담자의 부적응 행동수정을 목표로 한다.

② 강화와 소거 등의 원리를 사용하여 내담자의 행동을 수정한다.

③ 부적 강화는 어떤 행동의 빈도를 감소시키기 위한 것이다.

④ 부적응 행동이 습득되고 유지되는 과정을 학습이론에 근거하여 설명한다.

⑤ 내담자의 문제행동에 대한 분석이 이루어지면 내담자와 함께 구체적인 상담목표를 설정한다.

09

다음 사례에서 상담자가 종결단계에 질문하고 있는 내용에 해당하는 것은?

> • 내담자 : 처음에는 친구들과 불편해서 상담에 왔던 것 같아요.
> • 상담자 : 처음 상담에 온 어려움이 얼마나 개선되었는지 1점에서 10점까지 점수를 준다면, 몇 점을 줄 수 있나요?

① 상담성과 다루기   ② 이별 감정 다루기

③ 정보 제공하기   ④ 행동 계획하기

⑤ 추수상담하기

10

청소년 내담자의 특성으로 옳지 <u>않은</u> 것은?

① 호르몬의 변화로 급격한 신체적 성숙이 이루어진다.

② 자신의 신체나 외모에 대해 사회문화적 기준을 고려한다.

③ 자아중심성이 두드러진다.

④ 친구관계에서 또래 동조성이 낮아진다.

⑤ 인지적 발달에 따라 형식적 조작능력이 형성된다.

11

합리정서행동상담에서 ABCDE 모형을 순서대로 옳게 나열한 것은?

① 사건 - 신념체계 - 논박 - 결과 - 효과   ② 신념체계 - 사건 - 결과 - 논박 - 효과

③ 신념체계 - 사건 - 논박 - 효과 - 결과   ④ 사건 - 신념체계 - 결과 - 논박 - 효과

⑤ 사건 - 신념체계 - 논박 - 효과 - 결과

12

아들러(A. Adler)가 제시한 생활양식에 관한 내용으로 옳은 것은?

① 생활양식은 개인의 허구적 결정론을 이해하는 것을 말한다.
② 획득형은 사회적 관심이 높아 타인과 협동할 수 있는 유형이다.
③ 생활양식은 대부분 9 ~ 10세 정도에 형성된다.
④ 지배형은 자신의 욕구를 다른 사람에게 의존하여 충족하는 유형이다.
⑤ 회피형은 삶의 문제에 대해 자신감이 없어 매사에 소극적인 유형이다.

13

인터넷 및 스마트폰 과의존 청소년의 개인심리적 특성이 아닌 것은?

① 높은 우울감　　　　　　　　　② 높은 자기통제력
③ 높은 인정에 대한 욕구　　　　　④ 낮은 자존감
⑤ 높은 자극추구 성향

14

다음에서 설명하고 있는 정신분석 상담의 기법은?

- 이 기법의 과정은 흔히 양파껍질에 비유된다.
- 내담자가 상담과정에서 느낀 통찰을 일상생활에 실제로 적용해서 내담사에게 변화가 일어나도록 하는 과정이다.
- 상담자는 변화를 위한 내담자의 노력에 대하여 적절한 강화를 해주어야 한다.

① 전이　　　　　② 저항　　　　　③ 훈습　　　　　④ 해석　　　　　⑤ 자유연상

15

로저스(C. Rogers)의 '충분히 기능하는 사람'에 관한 특징이 아닌 것은?

① 자신에 대한 신뢰　　　　　　　② 경험에 대한 개방성
③ 창의성　　　　　　　　　　　　④ 사회적 가치나 규범에 따른 결정
⑤ 실존적 삶에 대한 가치부여

16

상담이론과 기법의 연결로 옳은 것은?

① 게슈탈트 상담 - 빈 의자 기법, 과장하기
② 현실치료 - 직면, 뜨거운 의자
③ 교류분석 - 과장하기, 체계적 둔감법
④ 행동치료 - 스프에 침 뱉기, 마치 ~ 인 것처럼 행동하기
⑤ 개인심리학 - 타임아웃, 홍수법

17

다음에서 설명하고 있는 실존주의 상담 기법은?

- 예기불안의 악순환에서 벗어나기 위해 사용된다.
- 내담자에게 문제가 되는 행동 또는 증상을 무시하도록 한다.
- 내담자의 자발성과 활동성을 회복시켜 주려는 의도로 사용된다.

① 역설적 의도   ② 탈숙고   ③ 단추누르기   ④ 머물러 있기   ⑤ 각본분석

18

해결중심 단기상담에서 '메시지' 전달의 기능이 아닌 것은?

① 교육적 기능   ② 하향 화살표의 기능   ③ 정상화 기능   ④ 과제의 기능   ⑤ 새로운 의미의 기능

19

다음 사례에서 사용된 상담자의 상담기술은?

- 내담자: 저는 엄마가 말끝마다 공부, 공부해라 해서 너무 싫어요.
- 상담자: 엄마가 너무 공부만 중요하다고 하시는 것 같아서 속상하구나.

① 자기개방   ② 직면   ③ 반영   ④ 정보제공   ⑤ 긍정화

20

청소년상담사 윤리강령에 명시된 '다양성 존중'에 해당하는 것은?

① 청소년상담사는 자신의 개인적 가치, 태도, 신념, 행위를 자각하고 내담자에게 자신의 가치를 강요하지 않는다.

② 청소년상담사는 내담자에게 상담의 목표와 한계, 상담료 지불 방법 등을 명확히 알려야 한다.

③ 청소년상담사는 내담자의 복지를 증진하고 존엄성을 존중하는 것에 최우선 가치를 둔다.

④ 청소년상담사는 자기의 능력 및 기법의 한계를 인식하고, 전문적 기준에 위배되는 활동을 하지 않도록 한다.

⑤ 청소년상담사는 비밀보장의 의미와 한계에 대하여 청소년 내담자의 발달단계에 적합한 용어로 알기 쉽게 설명해 주어야 한다.

21

다음 사례에서 청소년 내담자가 사용한 방어기제는?

아빠가 시험기간인데 게임만 너무 많이 한다고 혼내셨어요. 게임하고 공부하려고 했는데, 너무 속상했어요. 마침 거실에서 놀고 있는 동생이 보여서 머리를 한 대 때렸어요.

① 전치(displacement)　　　　　　　　② 퇴행(regression)

③ 내사(introjection　　　　　　　　　④ 반동형성(reaction formation)

⑤ 합리화(rationalization)

22

다음은 교류분석 상담의 주요개념에 관한 내용이다. (　　　)에 들어갈 용어로 옳은 것은?

(ㄱ)는 한 사람이 메시지를 보낼 때 상대방에게서 기대했던 자아상태나 기능에서 반응이 오는 것을 말한다.
(ㄴ)는 메시지를 보낸 사람이 기대했던 자아상태나 기능에서 반응이 오지 않고 다른 자아상태나 기능에서 반응할 때를 말한다. (ㄷ)는 두 가지 종류의 메시지가 동시에 전달된다.

① ㄱ : 이면교류, ㄴ : 교차교류, ㄷ : 상보교류　　② ㄱ : 이면교류, ㄴ : 교차교류, ㄷ : 잠재적 교류

③ ㄱ : 상보교류, ㄴ : 교차교류, ㄷ : 이면교류　　④ ㄱ : 상보교류, ㄴ : 이면교류, ㄷ : 교차교류

⑤ ㄱ : 상보교류, ㄴ : 잠재적 교류, ㄷ : 교차교류

23

청소년 매체상담에 관한 설명으로 옳은 것을 모두 고른 것은?

ㄱ. 전화상담은 즉시성과 접근성의 이점이 있다.
ㄴ. 전화상담은 대면상담에 비해 상담 지속성이 보장된다.
ㄷ. 사이버상담은 대면상담에 비해 비언어적 단서 전달의 제약을 받는다.
ㄹ. 사이버상담은 상담자가 상담프로그램 시스템 사용방법에 대한 정보제공능력을 갖추어야 한다.

① ㄱ, ㄴ   ② ㄴ, ㄷ   ③ ㄷ, ㄹ   ④ ㄱ, ㄷ, ㄹ   ⑤ ㄴ, ㄷ, ㄹ

24

다음 사례에서 상담자가 사용한 상담기술에 관한 설명으로 옳은 것은?

- 내담자 : 아빠가 어떤 때에는 정말 잘해 주시다가, 어떤 때에는 무섭게 대하세요. 아빠 비위를 도저히 맞출 수가 없어요.
- 상담자 : 아빠 마음이 자주 바뀌어서 진짜 마음이 어떤 것인지 모르겠다는 것이구나.

① 특정한 주제에 관한 객관적 자료 또는 사실적 정보에 대해 설명해 주는 기술이다.
② 내담자의 진술 중 핵심내용을 상담자의 언어로 바꾸어 되풀이해 주는 기술이다.
③ 내담자의 언어적 진술과 비언어적 행동의 상충되는 부분을 상담자의 말로 되돌려 주는 기술이다.
④ 비유나 동화 형태로 제시하여 내담자의 자기인식을 돕고 문제를 재구성하는 기술이다.
⑤ 내담자가 상담과정 중에 표현하는 어떤 경험이나 생각, 감정과 관련되는 상담자의 경험을 내담자에게 드러내는 기술이다.

25

지역사회 청소년통합지원체계(청소년안전망)의 필수연계기관으로 옳은 것을 모두 고른 것은?

ㄱ. 지방고용노동청   ㄴ. 경찰서   ㄷ. 학교밖청소년지원센터   ㄹ. 청소년복지시설

① ㄱ, ㄴ   ② ㄱ, ㄹ   ③ ㄴ, ㄹ   ④ ㄴ, ㄷ, ㄹ   ⑤ ㄱ, ㄴ, ㄷ, ㄹ

| 해설 p275

26

상담연구방법 중 질적 연구의 특징에 해당하지 않는 것은?

① 자연스러운 상황에서 인간의 행동특성을 탐구한다.
② 참여자 관점에서 개인이 지각한 세계를 포착하려고 한다.
③ 자료의 계량화를 통한 실증 기반의 접근방식을 선호한다.
④ 상담대상과 관련된 모든 자료는 가치 있다고 간주한다.
⑤ 상담과정과 연구과정을 통합하여 접근하려는 경향이 있다.

27

보편적인 법칙이나 일반적인 이론으로부터 도출된 가설을 경험적으로 검증하여 이론을 증명하고 현상을 설명 · 예측하는 연구방법은?

① 귀납법   ② 연역법   ③ 관찰법   ④ 실험법   ⑤ 면접법

28

양적연구 논문 작성 시 '연구방법' 부분에 포함해야 할 내용을 모두 고른 것은?

| ㄱ. 표본으로 추출될 표집집단에 관한 정보제시 | ㄴ. 자료처리 과정 및 자료처리 활용도구 제시 |
| ㄷ. 척도의 유형 또는 예시문항 제시 | ㄹ. 연구의 의의 및 중요성 제시 |

① ㄱ, ㄴ   ② ㄷ, ㄹ   ③ ㄱ, ㄴ, ㄷ   ④ ㄱ, ㄷ, ㄹ   ⑤ ㄴ, ㄷ, ㄹ

29

통계적 가설검정 시 유의수준(α값)을 0.05에서 0.01로 설정하였을 때의 설명으로 옳은 것은?

① 1종 오류의 위험이 감소한다.
② 2종 오류의 위험이 감소한다.
③ 1종 오류와 2종 오류 위험 모두 증가한다.
④ 2종 오류와 1종 오류 위험 모두 감소한다.
⑤ 1종 오류와 2종 오류 위험 모두 변화가 없다.

30

양적연구에서 조작적 정의에 관한 설명으로 옳지 않은 것은?

① 추상적 개념을 실증적으로 검증하기 위한 과정이다.
② 특정 개념을 구성하는 하위요소 간 내적 일치정도를 구인하는 과정이다.
③ 동일한 개념이라도 연구자의 이론적 배경에 따라 다르게 정의될 수 있다.
④ 개념의 어떤 속성을 조작할 것인가에 대하여 결정해야 한다.
⑤ 측정 가능한 형태로의 계량화가 가능하다.

31

척도에 관한 설명으로 옳지 않은 것은?

① 비율척도에는 절대 영점이 존재한다.
② 등간척도로 측정된 점수를 토대로 표준편차 계산과 같은 통계분석이 가능하다.
③ 서열척도는 순위에 대한 정보를 포함하고 있다.
④ 하나의 특성은 하나의 척도로만 측정되어야 한다.
⑤ 명목척도는 상호배타적 특성을 갖는다.

32

다음에 나타난 표본추출 기법에 관한 설명으로 옳은 것은?

연구자 A는 ○○시 거주 청소년들의 행복감을 조사하기 위하여 주민등록상 ○○시에 거주하는 모든 청소년들을 표집틀로 가정하고 전원 일련번호를 부여한 후, 추출예정표본 크기를 고려하여 표본추출간격을 정하였다. 첫 번째 구간에서 특정 순번 K를 무작위로 선택한 다음, 나머지 표본은 모든 구간에서 K번째 청소년을 추출하였다.

① 표집틀을 내적으로 동질적이고 외적으로 이질적인 두 개 이상의 범주로 구분한다.
② 표집틀의 전체 요소에 고유번호를 붙인 후 난수표를 사용하여 무작위로 표본을 추출한다.
③ 표집틀의 요소들이 어떤 주기적 경향성을 띠지 않아야 한다.
④ 표집틀을 내적 및 외적으로 모두 동질적인 두 개 이상의 범주로 구분한다.
⑤ 표집틀을 확보하고 있지 못하고 있을 때에도 활용 가능하다.

33

단순회귀 모형 $Y_i = b_0 + b_1 X_i + \varepsilon_i$과 결정계수 R^2에 관한 설명으로 옳은 것은?

① R^2값은 Y에 의해 설명되는 분산의 비율을 의미한다.

② ε_i의 평균값은 1이다

③ 최소제곱법을 통해 b_0, b_1값을 구한다.

④ R^2값은 0에서 양의 무한대 값을 갖는다.

⑤ b_0는 X가 1일 때 Y의 값이다.

34

다음의 연구방법과 자료분석 방법의 연결로 옳은 것을 모두 고른 것은?

ㄱ. 담화분석 – 언어구조와 언어 사용 맥락간의 관계성 이해

ㄴ. 내용분석 – 텍스트에 대한 비계량적 분석과 주관적 해석

ㄷ. 내러티브 연구 – 개인이 경험한 시공간 맥락과의 상호작용 이해

ㄹ. 문화기술지 – 관찰 등을 통해 수집된 자료에 대한 종합적 분석

① ㄱ, ㄴ ② ㄱ, ㄴ, ㄷ ③ ㄱ, ㄷ, ㄹ ④ ㄴ, ㄷ, ㄹ ⑤ ㄱ, ㄴ, ㄷ, ㄹ

35

실험연구의 내적타당도에 관한 설명으로 옳은 것을 모두 고른 것은?

ㄱ. 내적타당도를 높이기 위해 무선 할당한다.

ㄴ. 성숙효과는 내적타당도와 무관하다.

ㄷ. 일반적으로 유사실험설계는 진실험설계에 비해 내적타당도 확보가 어렵다.

ㄹ. 실험연구 중 동일 특성에 대한 측정도구의 변동은 내적타당도 저해요인이다.

① ㄱ, ㄴ ② ㄴ, ㄷ ③ ㄱ, ㄴ, ㄹ ④ ㄱ, ㄷ, ㄹ ⑤ ㄱ, ㄴ, ㄷ, ㄹ

36

측정도구의 타당도에 관한 설명으로 옳지 않은 것은?

① 측정과정에서 발생하는 체계적 오차와 관련이 있다.
② 내용타당도는 준거관련타당도의 한 유형이다.
③ 측정하고자 하는 개념에 대한 명료한 정의가 필요하다.
④ 구성개념타당도에는 수렴타당도와 판별타당도가 있다.
⑤ 요인분석을 통해 타당도를 평가할 수 있다.

37

크론바하 알파(Cronbach's alpha)값에 관한 설명으로 옳은 것을 모두 고른 것은?

ㄱ. 문항수와 각 문항 측정치들 간의 상관계수들의 평균값만으로 구할 수 있다.
ㄴ. -1에서 1사이의 값을 갖는다.
ㄷ. 문항수의 증가는 크론바하 알파(Cronbach's alpha)값을 증가시키는 경향이 있다.
ㄹ. 동일 개념 측정 문항들 간의 내적일관성을 평가하는 통계적 방법이다.

① ㄱ, ㄴ   ② ㄷ, ㄹ   ③ ㄱ, ㄴ, ㄹ   ④ ㄱ, ㄷ, ㄹ   ⑤ ㄱ, ㄴ, ㄷ, ㄹ

38

다음 연구에 관한 설명으로 옳은 것은?

연구자 A는 청소년 대상 우울감 예방교육 프로그램의 효과를 알아보기 위하여, 전국 청소년 모집단에서 무작위로 선발된 청소년 200명을 두 집단으로 다시 무작위 배치한 후 우울감 수준을 1차 측정하여 집단비교를 수행하였다. 이후 여성가족부가 제작한 우울감 예방교육 프로그램을 한 집단에서만 수행 한 다음, 두 집단을 대상으로 동일 측정도구를 활용하여 우울감 수준을 2차 측정하고 집단 비교를 수행하였다. 처치 이외의 모든 조건은 두 집단에서 동일하였다.

① 단일집단 사전사후측정설계에 해당한다.
② 사후측정통제집단설계에 해당한다.
③ 우울감 예방교육은 종속변수이다.
④ 두 집단 무작위배치를 통해 내적타당도를 향상시켰다.
⑤ 솔로몬 4집단 설계에 해당한다.

39

다음은 청소년의 우울감 수준에 영향을 미치는 요인들에 대한 가상의 다중회귀분석 결과를 요약한 것이다. 이에 관한 설명으로 옳지 않은 것은?

모형	제곱합	자유도	평균 제곱	F	유의확률
회귀 모형	300	(A)	(B)		
잔차	5000	500	10	(C)	.000
합계	5300	503			

모형	비표준화 계수		표준화 계수		
	B	표준 오차 오류	베타	t	유의확률
학업성적	10	2	.300	5	.000
교유관계	20	4	.172	5	.000
부모와의 관계	10	20	.297	.5	.12

① '모든 독립변수의 회귀계수는 0이다.'가 귀무가설이다.

② (A)값은 독립변수의 개수이다.

③ (B)값은 100이다.

④ (C)값은 10이다.

⑤ 유의수준 .05에서 모든 독립변수들이 종속변수에 유의미한 영향을 미치고 있다.

40

계적 가설검정에 관한 설명으로 옳은 것은?

① 1종 오류의 허용범위는 유의수준이다.

② 2종 오류의 크기는 통계적 검정력과는 무관하다.

③ 1종 오류 확률은 영가설이 거짓인데도 영가설을 채택하는 확률이다.

④ 2종 오류는 영가설이 참임에도 불구하고 이를 기각하는 오류이다.

⑤ 영가설이 거짓일 때 이를 기각함으로써 틀린 결정을 내릴 가능성의 정도는 통계적 검정력이다.

41

유사실험설계(quasi-experimental design)에 관한 설명으로 옳은 것은?

① 실험집단과 통제집단의 실험전 상태가 동일하다.

② 진실험설계와 유사한 수준의 외생변수통제 효과를 갖는다.

③ 단일집단시계열실험설계는 유사실험설계에 해당한다.

④ 피험자를 무선배치한다.

⑤ 진실험설계에 비해 내적타당도 확보가 용이하다.

42

상담연구에서 단일사례연구설계(single-case research design)에 관한 설명으로 옳은 것은?

① ABAB설계(reversal design)는 단일사례연구설계에 해당한다.

② 임상적 유의미성보다는 통계적 검증을 중시한다.

③ 연구 진행과정에서 연구설계나 연구절차의 유연한 수정이 어렵다.

④ 연구결과의 일반화 수준이 높다.

⑤ 통제집단의 변화를 통해 처치효과를 추정한다.

43

모의상담연구에 관한 설명으로 옳은 것은?

① 상담과정 단순화가 어려우며 결과적으로 연구결과의 해석이 난해해진다.

② 실험과정에서 윤리적 문제가 필연적으로 발생한다.

③ 독립변수의 수준에 대한 조작이 불가능하다.

④ 변수의 조작적 정의를 구체화 할 수 없다는 것이 단점이다.

⑤ 대리 내담자의 활용을 통해 재정적 부담을 완화할 수 있다.

44

변수 X와 Y간 공분산과 피어슨(Pearson) 적률상관계수에 관한 설명으로 옳은 것을 모두 고른 것은?

ㄱ. Y의 분산이 0이면 X와 Y간 공분산은 항상 0이다.

ㄴ. X와 Y 간의 피어슨 적률상관계수가 0.4이면, X는 Y의 분산 중 16%를 설명할 수 있다.

ㄷ. 각 변수에 양의 상수를 곱할 경우, 피어슨 적률상관계수는 커지게 된다.

ㄹ. 피어슨 적률상관계수의 범위는 음의 무한대에서 양의 무한대이다.

① ㄱ, ㄴ ② ㄴ, ㄷ ③ ㄱ, ㄴ, ㄹ ④ ㄱ, ㄷ, ㄹ ⑤ ㄱ, ㄴ, ㄷ, ㄹ

45

상관관계 분석에서 상관계수 $r = \sqrt{\dfrac{\sum(\hat{Y}_i - \overline{Y})^2}{\sum(Y_i - \overline{Y})^2}}$ 로 정의할 때의 설명으로 옳지 않은 것은?

① 하나의 변수가 다른 변수와의 관계에서 어느 정도 관련성이 있는지 알아보기 위해 사용된다.

② 상관계수를 제곱한 값은 총 변량 중 두 변수의 연합된 변량의 비율 정도를 의미한다.

③ 상관계수 값의 범위는 -1≤r≤1이다.

④ 변수 간 상관은 그 값이 -1에 가까울수록 낮아지고, 1에 가까울수록 높아지는 경향이 있다.

⑤ 주로 등간 및 비율척도로 구성된 변수 간의 상관분석을 위해 사용된다.

46

현상학적 접근방식에 관한 설명으로 옳지 않은 것은?

① 훗설(E. Husserl)의 철학적 전통에 기반하고 있다.

② 대상 자체를 있는 그대로 이해하는 방식이다.

③ 대상에 대한 일체의 선입견을 배제하기 위해 노력한다.

④ 괄호치기를 통해 획득된 간주관적 신념은 사물의 본질을 이해하는데 도움이 된다.

⑤ 현상학적 환원을 통해 사물에 대한 선험적 판단을 중지할 수 있다.

47

근거이론에 관한 설명으로 옳은 것을 모두 고른 것은?

> ㄱ. 상징적 상호작용론에 근거를 두고 있다.
> ㄴ. 선택코딩은 생성된 범주들을 하위범주와 연결시키는 과정이다.
> ㄷ. 개방코딩은 현상의 개념을 밝히고 그 속성을 범주화하는 과정이다.
> ㄹ. 지속적인 비교방법에 근거한 체계적 분석과정을 통해 이론을 구성한다.

① ㄱ, ㄴ　　　　② ㄷ, ㄹ　　　　③ ㄱ, ㄴ, ㄷ　　　　④ ㄱ, ㄷ, ㄹ　　　　⑤ ㄴ, ㄷ, ㄹ

48

합의적 질적연구(CQR)에서 연구 참여자의 단어를 명확·간결하게 정리·편집하고 비언어적 단서를 발화내용 중심으로 추출하는 분석단계는?

① 영역코딩　　　② 중심개념코딩　　　③ 주변범주코딩　　　④ 교차분석　　　⑤ 감사

49

인간 대상 실험연구윤리를 다룬 벨몬트 보고서(The Belmont Report)에서 연구자가 고려해야 할 '정의의 원칙'에 관한 설명으로 옳은 것은?

① 연구 참여자의 의견, 생각과 선택을 듣고 이를 존중한다.
② 연구 참여자에게 참여 동의를 구할 때 연구 내용에 대해 확실히 이해하고 있는지 확인한다.
③ 연구 참여자가 얻을 수 있는 이익과 감내해야 할 위험이 공정한지 여부를 확인한다.
④ 연구 참여자의 위험은 최소화하고 이익은 최대화하는 방향으로 연구계획을 수립한다.
⑤ 연구 수행 시 연구 참여자에 대한 위험을 충분히 관리할 수 있는지를 확인한다.

50

다음에 해당하는 상담 연구윤리의 기본원칙은?

> 연구 참여자는 연구에 참여할지 않을지에 관해 스스로 결정할 수 있으며, 연구자는 연구 내용 및 목적 등과 관련된 정보를 연구 참여 동의서 상에 고지해야 한다.

① 자율성의 원칙　　　　　　　　　② 강압금지의 원칙
③ 선행의 원칙　　　　　　　　　　④ 무해성의 원칙
⑤ 은닉금지의 원칙

제3과목 심리측정 평가의 활용(필수)

| 해설 p287

51

다음 (   )에 들어갈 학자를 바르게 나열한 것은?

- (ㄱ)은 지능의 구조를 계층적으로 파악한 3계층 모델(three-stratum theory)을 발달시켰다.
- (ㄴ)은(는) 지능의 구성요소를 각각의 독특한 정신능력으로 정의하고, 일곱 가지 기초정신 능력을 제안하였다.

① ㄱ : 캐롤(J. Carroll), ㄴ : 서스톤(L. Thurstone) ② ㄱ : 갈톤(F. Galton), ㄴ : 가드너(H. Gardner)

③ ㄱ : 카텔(R. Cattell), ㄴ : 서스톤(L. Thurstone) ④ ㄱ : 캐롤(J. Carroll), ㄴ : 가드너(H. Gardner)

⑤ ㄱ : 갈톤(F. Galton), ㄴ : 카텔(R. Cattell)

52

심리검사에 관한 설명으로 옳은 것을 모두 고른 것은?

ㄱ. 심리적 특성의 개인차를 파악할 수 있다.
ㄴ. 인간의 내적인 속성을 수량화할 수 있다.
ㄷ. 검사자는 표준화된 절차를 지키는 것이 원칙이다.
ㄹ. 검사자의 기대가 수검자의 반응에 영향을 미칠 수 있다.

① ㄱ, ㄴ   ② ㄷ, ㄹ   ③ ㄱ, ㄴ, ㄷ   ④ ㄴ, ㄷ, ㄹ   ⑤ ㄱ, ㄴ, ㄷ, ㄹ

53

심리검사 개발에 관한 설명으로 옳은 것은?

① BGT는 지적장애 진단을 위해 개발되었다.

② BNT는 치매지수를 산출하고자 개발되었다.

③ 웩슬러(Wechsler) 지능검사는 최초로 정신연령 개념을 도입하였다.

④ PAI는 검사문항의 개념적 구조를 통계적으로 평가하여 개발되었다.

⑤ 로샤(Rorschach) 검사는 정신역동을 평가하기 위해 개발되었다.

54

심리검사 실시에 관한 설명으로 옳은 것을 모두 고른 것은?

> ㄱ. 우울 평가를 위해 BDI를 실시한다.　　　　ㄴ. 성격특성 평가를 위해 NEO-PI-R을 실시한다.
> ㄷ. 학습장애 평가를 위해 SCT를 실시한다.　　　ㄹ. 지능평가를 위해 MBTI를 실시한다.

① ㄱ, ㄴ　　　　② ㄷ, ㄹ　　　　③ ㄱ, ㄴ, ㄷ　　　　④ ㄴ, ㄷ, ㄹ　　　　⑤ ㄱ, ㄴ, ㄷ, ㄹ

55

심리평가를 위한 면담에 관한 설명으로 옳지 않은 것은?

① 심리평가의 사유를 확인하는 과정이 포함된다.
② 검사자료의 통합에 유용한 정보를 수집하게 해준다.
③ 피면담자와 면담자의 관계형성이 정보 수집에 영향을 미친다.
④ 정신상태 검사는 정신상태 관찰을 조직화하고자 고안된 면담 과정이다.
⑤ 이야기식(narrative) 기록은 면담내용을 코딩하는 방법 중 하나이다.

56

구조화된 면담과 비교하여 비구조화된 면담의 특징으로 옳지 않은 것은?

① 면담자간 일치도가 낮다.
② 면담자의 주관이 개입될 여지가 크다.
③ 일관적이고 체계적인 정보를 수집하기 용이하다.
④ 면담자마다 질문하는 순서나 내용이 달라질 수 있다.
⑤ 유용한 자료를 얻기 위해 면담자의 숙련된 전문성이 필요하다.

57

다음에 해당하는 측정방식은?

> 상담자가 사회불안을 겪고 있는 청소년들을 대상으로 집단상담을 진행하였다. 이후 이들은 자신이 불안과 관련된 행동을 얼마나 자주 하는지 5점 척도로 응답하였다.

① 산출법　　　　② 평정기록　　　　③ 사건기록　　　　④ 생각목록　　　　⑤ 구조화된 면담

58

심리측정의 오차에 관한 설명으로 옳지 <u>않은</u> 것은?

① 검사제작 과정에서 검사도구로 인한 오차를 최소화하여야 한다.

② 심리측정은 직접적 측정이므로 오차를 발생시킨다.

③ 검사의 실시과정을 표준화함으로써 오차를 감소시킬 수 있다.

④ 수검자에 기인하는 오차는 그 원인을 통제하기 어렵다.

⑤ 관찰자나 평정자의 편견으로 오차가 발생할 수 있다.

59

심리평가와 관련된 비밀보장 윤리의 예외 사항을 모두 고른 것은?

ㄱ. 법적 강제에 의해 심리평가가 실시됨 ㄴ. 수검자가 타인을 해칠 위험이 확인됨

ㄷ. 아동 수검자가 학대받고 있다고 의심됨 ㄹ. 심리평가로 얻은 정보의 제공이 법적으로 요청됨

① ㄱ, ㄴ, ㄷ ② ㄱ, ㄴ, ㄹ ③ ㄱ, ㄷ, ㄹ ④ ㄴ, ㄷ, ㄹ ⑤ ㄱ, ㄴ, ㄷ, ㄹ

60

심리검사 A와 심리검사 B의 표준편차가 동일하고 검사-재검사 신뢰도는 A가 0.7, B가 0.9일 때, 옳지 <u>않은</u> 것은?

① 측정의 표준오차 값은 B에서 더 작다.

② 검사점수에 오차가 개입될 가능성은 A에서 더 높다.

③ 무선오차에 의해서 발생한 최대 오차점수는 B에서 더 작다.

④ 검사를 받은 사람들의 검사점수의 분산 중 무선오차에 의한 분산은 A에서 더 크다.

⑤ 검사를 반복하여 받을 때 68%의 확률로 진점수가 놓이는 구간의 범위는 A에서 더 넓다.

61

다음 (   )에 공통으로 들어갈 말은?

한 개인의 검사 점수를 해석하기 위해, 이를 (   )집단이라 불리는 모집단을 대표하는 집단의 검사 점수들과 비교하는 상대평가적 채점 방법을 (   )참조 방식이라 한다.

① 규준 ② 준거 ③ 근거 ④ 정규 ⑤ 표준

62

다음은 타당도에 관한 설명이다. (　　　)에 들어갈 내용으로 옳은 것은?

> 심리검사 A의 타당도를 알아보기 위하여, A가 측정하려는 개념에 익숙한 전문가들을 대상으로 정보와 의견을 수집하여 (ㄱ) 타당도를, 측정하려는 개념을 측정하던 기존 심리검사와 A의 상관을 구하여 (ㄴ) 타당도를 산출하였다.

① ㄱ : 공인, ㄴ : 내용　　　　　　　　② ㄱ : 안면, ㄴ : 공인
③ ㄱ : 안면, ㄴ : 수렴　　　　　　　　④ ㄱ : 내용, ㄴ : 수렴
⑤ ㄱ : 내용, ㄴ : 안면

63

Z점수가 +2일 때 이에 해당하는 T점수는?

① 30　　　　　② 50　　　　　③ 70　　　　　④ 100　　　　　⑤ 130

64

K-WAIS-IV의 소검사에 관한 설명으로 옳지 않은 것은?

① 순서화는 작업기억 지표의 보충 소검사이다.
② 기호쓰기는 처리속도 지표의 핵심 소검사이다.
③ 이해는 언어이해 지표의 보충 소검사이다.
④ 퍼즐은 작업기억 지표의 핵심 소검사이다.
⑤ 무게비교는 지각추론 지표의 보충 소검사이다.

65

K-WISC-V에 관한 설명으로 옳지 않은 것은?

① 16개의 소검사로 구성되어 있다.
② 5개의 기본지표와 5개의 추가지표를 산출한다.
③ 시공간 기본지표 산출에 행렬추리 점수가 반영된다.
④ 단어추리 소검사는 5판에서 삭제되었다.
⑤ K-WISC-IV에 없던 새로운 소검사가 3개 추가되었다.

66

지능지수(IQ)에 관한 설명으로 옳은 것을 모두 고른 것은?

ㄱ. 스탠포드-비네(Stanford-Binet) 검사는 비율IQ를 사용한다.
ㄴ. 웩슬러(Wechsler) 지능검사는 편차IQ를 사용한다.
ㄷ. 치료적 혹은 교육적 개입방안에 대한 정보를 제공해준다.
ㄹ. 지능검사 제작 후 시간이 지남에 따라 산출되는 IQ가 장기적이며 점진적으로 상승하는 현상을 플린(Flynn)효과라 한다.

① ㄱ, ㄴ   ② ㄷ, ㄹ   ③ ㄱ, ㄴ, ㄷ   ④ ㄴ, ㄷ, ㄹ   ⑤ ㄱ, ㄴ, ㄷ, ㄹ

67

MMPI-2의 척도들 중 증상이나 진단과 독립적으로, 수검자가 스스로 인식하고 직접적으로 호소하는 문제나 어려움들을 측정하고자 개발된 것은?

① 보충 척도   ② 내용 척도   ③ 타당도 척도   ④ 재구성 임상척도   ⑤ 성격병리 5요인 척도

68

MMPI-2의 코드 유형 해석에 관한 설명으로 옳은 것은?

① 1-3: 죄책감에 사로잡혀 있고, 일반적으로 두려움이 많다.
② 2-7: 미성숙하고, 자기중심적이며, 대인관계가 피상적이다.
③ 3-8: 행동화와 이에 대한 죄책감 및 후회를 주기적으로 반복한다.
④ 4-6: 충동통제가 어렵고, 비난에 예민하며, 만성적으로 적대적이다.
⑤ 8-9: 무책임하고 충동적이며 알코올 중독이나 법적 문제가 일반적이다.

69

세로토닌 방출이 결정적 역할을 한다고 클로닝거(C. Cloninger)가 제안한 기질차원을 측정하는 TCI의 척도는?

① 연대감(C)   ② 인내력(P)   ③ 자극추구(NS)   ④ 위험회피(HA)   ⑤ 사회적 민감성(RD)

70

다음 사례에서 P씨의 특징을 반영하는 심리검사 결과로 적절한 것을 모두 고른 것은?

> **사례** : P씨는 자유분방하고 감수성이 풍부하지만, 충동적이고 인간관계에서 갈등이 잦았고, 친밀한 관계를 오래 유지하지 못한다. 다른 이들을 의심하고 불안을 경험하면서도 타인에게 많은 것을 요구하고, 양가감정을 경험한다. 타인에 대한 이상화와 평가절하를 오가며 자아정체감이 불안정한데, 최근 동료들이 자신을 공격한다고 생각하고 자살을 반복적으로 시도하였다.

> ㄱ. TCI의 자극추구(NS)와 위험회피(HA) 척도의 점수가 3분 분할점에서 모두 '높음(High)'에 해당한다.
> ㄴ. PAI의 경계선적 특징(BOR) 척도의 T 점수가 70 이상이다.
> ㄷ. 로샤(Rorschach) 검사의 대처손상지표(CDI)에서 8개 이상 해당된다.

① ㄴ   ② ㄱ, ㄴ   ③ ㄱ, ㄷ   ④ ㄴ, ㄷ   ⑤ ㄱ, ㄴ, ㄷ

71

PAI의 치료고려 척도에 해당하지 않는 것은?

① 알코올 문제(ALC)   ② 공격성(AGG)   ③ 자살 관념(SUI)   ④ 스트레스(STR)   ⑤ 비지지(NON)

72

TAT에 관한 설명으로 옳지 않은 것은?

① 머레이(H. Murray) 방식으로 실시하는 경우 두 번의 회기로 나누어 시행한다.
② 수검자의 연령과 성별에 따라 도판을 선정해야 한다.
③ 수검자의 이야기 속에 의식 및 무의식적 갈등이 표출된다고 가정한다.
④ 욕구-압력 분석법의 첫 단계는 수검자가 지각하는 문제를 찾는 것이다.
⑤ 통각은 객관적 자극과 주관적 경험의 상호작용으로 만들어진다고 가정한다.

73

객관적 검사와 비교하여 투사적 검사의 장점으로 옳은 것은?

① 검사 실시와 해석이 간편하다.

② 검사결과가 채점자간 동일하다.

③ 집단검사에 효과적이므로 경제적이다.

④ 신뢰도와 타당도를 객관적으로 검증하기 용이하다.

⑤ 검사 자극이 모호하여 수검자의 내적 상태가 투사되기 용이하다.

74

로샤(Rorschach) 검사에 관한 설명으로 옳지 않은 것은?

① 엑스너(J. Exner)는 종합체계 방식을 개발하였다.

② 반응영역 기호 S는 단독으로 채점하지 않는다.

③ 수검자가 자신의 문제를 축소하거나 과장하기 용이하다.

④ 질문단계에서 반응의 영역, 결정인 및 내용을 확인하는 데 초점을 둔다.

⑤ 수검자가 한 말을 그대로 기록하여야 한다.

75

HTP 검사에 관한 설명으로 옳지 않은 것은?

① HTP 검사에서는 수검자가 4장의 그림을 그린다.

② 각 그림마다 그릴 수 있는 제한시간이 정해져 있다.

③ 필압은 수검자의 에너지 수준을 반영한다.

④ 수검자는 지우개로 그림을 수정할 수 있다.

⑤ HTP 검사는 DAP 검사에 House(집)와 Tree(나무)가 부가되어 탄생하게 되었다.

제4과목　이상심리(필수)

| 해설 p297

76

이상행동에 관한 생물학적 이론의 설명으로 옳은 것은?

① 이상행동은 사고, 정서, 행동의 핵심인 인지과정에 의해 유발된다.

② 내담자가 자신의 무의식적 갈등을 통찰하고 통찰내용을 실천하게 하는 훈습의 과정으로 구성된다.

③ 정신장애를 유발하는 부적응적 인지도식에 초점을 맞추고 있다.

④ 이상행동을 제거시키는 방법으로 소거, 처벌, 체계적 둔감법이 있다.

⑤ 이상행동을 유전적 요인과 뇌의 구조적 결함 등으로 인한 질병으로 본다.

77

이상행동의 분류와 평가의 장점에 관한 설명으로 옳지 않은 것은?

① 예후와 치료의 효과성을 예측하는데 도움이 된다.

② 심리장애의 유사성과 차이점을 구별하는데 도움을 준다.

③ 치료자나 환자의 자기충족적 예언 결과가 발생할 수 있다.

④ 정신건강 전문가 사이에 효과적인 의사소통을 가능하게 한다.

⑤ 정신장애에 대한 과학적 연구와 이론개발을 위한 기초를 제공한다.

78

DSM-5의 신경발달장애에 관한 설명으로 옳은 것을 모두 고른 것은?

> ㄱ. 특정학습장애와 선택적 함구증은 신경발달장애의 하위 유형이다.
> ㄴ. 사회적 의사소통장애는 DSM-5에서 처음으로 추가되었다.
> ㄷ. 주의력결핍 과잉행동장애는 사회적 상호작용 결함이 지속적으로 나타난다.
> ㄹ. 틱장애는 갑작스럽게 나타나고 반복적이고 비율동적인 운동 또는 음성 형태로 나타난다.

① ㄱ, ㄴ　　　　② ㄴ, ㄹ　　　　③ ㄷ, ㄹ　　　　④ ㄱ, ㄷ, ㄹ　　　　⑤ ㄱ, ㄴ, ㄷ, ㄹ

79

DSM-5의 우울장애에 관한 설명으로 옳은 것을 모두 고른 것은?

ㄱ. 주요우울장애의 증상 가운데 적어도 하나는 우울한 기분이거나 흥미나 즐거움의 상실이어야 한다.
ㄴ. 파괴적 기분조절부전장애는 만성적이면서 지속적으로 과민한 특징을 보인다.
ㄷ. 월경전불쾌감장애의 필수 증상은 불안정한 기분, 과민함, 불쾌감, 불안이다.
ㄹ. 지속성 우울장애는 6개월 동안 우울한 기분이 없는 날보다 있는 날이 더 많으며 우울감이 지속되는 장애이다.

① ㄱ, ㄴ   ② ㄱ, ㄴ, ㄷ   ③ ㄱ, ㄷ, ㄹ   ④ ㄴ, ㄷ, ㄹ   ⑤ ㄱ, ㄴ, ㄷ, ㄹ

80

DSM-5의 조현병 진단기준에 해당하는 것을 모두 고른 것은?

ㄱ. 망상   ㄴ. 환각   ㄷ. 공격성   ㄹ. 불안증상   ㅁ. 와해된 언어

① ㄱ, ㄴ, ㅁ   ② ㄱ, ㄹ, ㅁ   ③ ㄴ, ㄷ, ㄹ   ④ ㄱ, ㄴ, ㄹ, ㅁ   ⑤ ㄱ, ㄴ, ㄷ, ㄹ, ㅁ

81

DSM-5의 불안장애에 관한 설명으로 옳은 것은?

① 불안장애의 하위유형은 10가지이다.
② 분리불안장애는 공황발작을 반복적으로 경험하는 경우를 말한다.
③ 공황장애의 주요 특징은 다양한 사건이나 활동에 대해서 과도하게 불안해하고 걱정하는 것이다.
④ 사회불안장애는 다른 사람들과 상호작용하는 사회적 상황을 두려워하여 회피하는 경우를 말한다.
⑤ 범불안장애의 임상적 특징은 공포와 불안이 특정 상황과 대상에만 국한된다는 것이다.

82

DSM-5의 양극성 관련 장애에 관한 설명으로 옳지 않은 것은?

① 제Ⅰ형 양극성장애로 진단하기 위해서는 조증 삽화 진단기준이 충족되어야 한다.
② 제Ⅱ형 양극성장애는 과거 또는 현재의 조증 삽화와 경조증 삽화의 진단기준을 동시에 만족해야 한다.
③ 순환성장애는 경미한 형태의 조증 증상과 우울 증상이 2년 이상 번갈아 나타나는 만성적인기분장애이다.
④ 우울장애와 다른 범주로 분류되어 있다.
⑤ 하위 유형으로 제Ⅰ형 양극성 장애, 제Ⅱ형 양극성 장애, 순환성장애가 있다.

83

DSM-5에서 제시된 공황장애 증상으로 옳지 않은 것은?

① 발한 ② 심계 항진 ③ 불면증 ④ 감각이상 ⑤ 죽을 것 같은 공포

84

DSM-5의 뚜렛장애에 관한 설명으로 옳은 것은?

① 18세 이후에 발병한다.

② 운동성 틱 또는 음성 틱 중 한 가지의 틱이 1년 이상 지속적으로 나타난다.

③ 목적이 없어 보이는 운동행동을 의도적으로 반복하는 특징을 보인다.

④ 틱 증상은 빈도에 있어서 악화와 완화를 반복하지만 처음 틱이 나타난 시점으로부터 2년 이상 지속된다.

⑤ 여러 가지 운동성 틱과 한 가지 이상의 음성 틱이 질병 경과 중 일부 기간 나타나지만, 동시에 나타나는 것은 아니다.

85

DSM-5의 망상장애에 관한 설명으로 옳지 않은 것은?

① 적어도 1개월 동안 비영양성 · 비음식 물질을 계속 먹는다.

② 망상장애 하위유형으로 과대형, 피해형, 질투형, 신체형 등이 있다.

③ 1개월 이상의 지속 기간을 가진 한 가지 혹은 그 이상의 망상이 존재한다.

④ 조증이나 주요우울 삽화가 일어난다면 망상 지속 기간에 비해 상대적으로 짧다.

⑤ 망상의 영향이나 파생 결과를 제외한다면 기능이 현저하게 손상되지 않고 행동이 뚜렷하게 이상하거나 괴이하지 않다.

86

DSM-5의 지속성 우울장애 진단기준에 관한 설명으로 옳은 것을 모두 고른 것은?

> ㄱ. 분노 발작이 보통 일주일에 3번 이상 발생한다.
> ㄴ. 다른 사람들로부터 부정적인 평가를 받을 수 있는 방식으로 행동을 하거나 불안증상을 나타내게 될까봐 두려워한다.
> ㄷ. 식욕부진이나 과식, 절망감, 불면증이나 과다수면 등의 증상이 나타난다.
> ㄹ. 주요우울장애 진단기준을 충족하는 증상이 2년간 지속적으로 나타날 수 있다.

① ㄱ, ㄴ ② ㄷ, ㄹ ③ ㄱ, ㄷ, ㄹ ④ ㄴ, ㄷ, ㄹ ⑤ ㄱ, ㄴ, ㄷ, ㄹ

87

이상행동의 분류와 평가체계에 관한 설명으로 옳은 것은?

① DSM-5는 다축체계를 폐지하였다.

② 세계보건기구(WHO)가 DSM 체계를 개발하였다.

③ 미국 정신의학회(APA)가 ICD 체계를 개발하였다.

④ DSM-5는 장애의 증상보다 원인에 더 초점을 두었다.

⑤ DSM-5는 연령, 성별, 문화적 차이를 고려하지 않았다.

88

DSM-5의 강박 및 관련장애에 해당하지 않는 것은?

① 신체이형장애　　　② 분리불안장애　　　③ 저장장애　　　④ 털뽑기장애　　　⑤ 피부뜯기장애

89

DSM-5의 외상 및 스트레스 관련장애의 하위유형에 관한 설명으로 옳지 않은 것은?

① 반응성 애착장애: 아동이 보호자로 추정되는 사람과 애착이 없거나 명백하게 미발달되어 있다.

② 탈억제성 사회적 유대감 상애: 양육자와의 애착 외상을 경험한 아동이 낯선 사람을 대상으로 문화적으로 부적절하고 과도하게 친숙한 행동을 보인다.

③ 적응장애: 인식 가능한 스트레스 요인에 대한 반응으로 감정 또는 행동증상이 스트레스 요인이 시작된 지 3개월 이내에 발달한다.

④ 외상후 스트레스장애: 충격적인 외상사건을 경험한 후 그 후유증으로 1개월 이상 반복적이고 불수의적이며 침습적으로 외상사건이 떠오르는 고통스러운 증상을 경험한다.

⑤ 급성스트레스장애: 사별을 겪은 후 지나치게 심각한 애도 반응과 개인의 부적응 상태가 12개월 이상 지속되어 나타난다.

90

DSM-5의 해리성 정체감장애에 관한 설명으로 옳은 것은?

① 자신의 생각, 감정, 감각, 신체 또는 행동에 관하여 외부관찰자가 된 것 같은 경험을 한다.

② 일상적인 망각으로는 설명하기 어려운 외상성이거나 스트레스성인 자서전적 정보를 회상하는 능력을 상실한다.

③ 둘 이상 다른 성격 상태를 특징적으로 나타내는 정체감의 분열을 보인다.

④ 주변환경이 비현실적으로 느껴지거나 그것과 분리된 것 같은 느낌을 갖는다.

⑤ 거의 또는 아예 없는 자극에도 과민한 행동이나 분노를 보이며 사람이나 물건을 대할 때 언어적·신체적 공격성을 나타낸다.

91

신체증상 및 관련 장애에 관한 설명으로 옳은 것을 모두 고른 것은?

ㄱ. 질병불안장애는 자신이 어떤 심각한 질병에 걸려있다고 생각하고 개인적 건강상태에 대해 매우 예민한 증상을 보인다.

ㄴ. 신체증상장애는 6개월 이상 한 개 이상의 신체 증상에 대한 지나친 생각, 불안, 행동을 보이거나 과도한 건강염려를 보인다.

ㄷ. 전환장애는 남성보다 여성에게서 2 ~ 3배 더 흔하다.

ㄹ. 인위성장애는 명백한 외적 보상을 얻기 위해 기만적으로 병을 만든다.

① ㄱ, ㄴ   ② ㄷ, ㄹ   ③ ㄱ, ㄴ, ㄷ   ④ ㄴ, ㄷ, ㄹ   ⑤ ㄱ, ㄴ, ㄷ, ㄹ

92

DSM-5의 이식증에 관한 설명으로 옳은 것은?

① 섭취행동이 사회적 관습, 혹은 문화적 지지를 받지 못한다.

② 최소 1개월 동안 급식 혹은 섭식 후 나타나는 음식물의 반복적인 역류가 있다.

③ 음식섭취의 회피나 제한으로 인한 위장관 급식 혹은 경구 영양 보충제에 의존한다.

④ 체중이 증가하거나 비만이 되는 것에 관한 극심한 두려움으로 인해 이를 막기 위한 지속적인 행동을 한다.

⑤ 체중과 체형이 자기 평가에 과도한 영향을 미친다.

93

사건수면(parasomnias)에 해당하는 것은?

① 일주기리듬-수면각성장애　　　　　　② 불면장애

③ 기면증　　　　　　　　　　　　　　④ 비REM수면 각성장애

⑤ 중추성 수면무호흡증

94

다음 사례에서 P씨의 특징을 반영하는 심리검사 결과로 적절한 것을 모두 고른 것은?

B는 '굴욕과 매질을 당하거나 묶이거나 기타 다른 방식으로 고통을 경험하는 행위를 통해 강렬한 성적 흥분이 성적 공상, 성적 충동 또는 성적 행동으로 발현된다'며 이런 흥미에 대해 거리낌 없이 공개적으로 드러낸다.

① 성적피학장애　　　② 노출장애　　　③ 관음장애　　　④ 마찰도착장애　　　⑤ 물품음란장애

95

DSM-5의 적대적 반항장애에 관한 설명으로 옳지 않은 것은?

① 아동이나 청소년의 경우 성인과 잦은 논쟁을 한다.

② 권위자의 요구, 규칙을 무시하거나 거부하는 행동을 적극적으로 자주 한다.

③ 자신의 실수나 잘못된 행동을 자주 남의 탓으로 돌린다.

④ 자주 화를 내고 크게 분개한다.

⑤ 사람과 동물에 대한 공격성을 보인다.

96

DSM-5의 알코올 중독 진단 증상에 관한 내용으로 옳지 않은 것은?

① 운동조정장애   ② 안구진탕

③ 불분명한 언어   ④ 빈맥 혹은 심부정맥

⑤ 집중력 또는 기억력 상실

97

DSM-5의 주의력결핍 과잉행동장애에 관한 설명으로 옳지 않은 것은?

① 몇 가지의 부주의 또는 과잉행동-충동성 증상이 두 가지 또는 그 이상의 환경에서 존재한다.

② 주의력결핍 과잉행동장애가 있는 아동은 품행장애 등 공존장애를 가지고 있는 경우가 있다.

③ 성인기까지 지속되어 사회적 · 학업적 · 직업적 손상을 야기할 수 있다.

④ 리탈린(Ritalin)과 같은 중추신경자극제가 치료약물로 사용된다.

⑤ 학습에 필요한 준비물을 챙기지 못하는 것은 충동성 증상이다.

98

다음에 해당하는 DSM-5의 진단명으로 옳은 것은?

- 자신의 목적 달성을 위해 타인 이용
- 자신의 중요성에 관한 과장된 지각
- 거만하고 방자한 행동이나 태도를 보임
- 특별대우를 받을만한 이유가 없는데도 특별대우나 타인의 복종을 바람

① 편집성 성격장애   ② 분열성 성격장애

③ 자기애성 성격장애   ④ 반사회성 성격장애

⑤ 의존성 성격장애

99

DSM-5의 연극성 성격장애에 관한 설명으로 옳지 <u>않은</u> 것은?

① 사회적으로 고립되어 있으며 타인과 가까운 대인관계를 맺지 못하고 기이한 생각과 행동이 나타난다.

② 자신이 관심의 초점이 되지 못하는 상황에서 불편감을 느낀다.

③ 다른 사람과의 관계에서 흔히 상황에 어울리지 않게 성적으로 유혹적이거나 도발적이다.

④ 지나치게 인상적이고 세밀함이 결여된 형태의 언어를 사용한다.

⑤ 타인과의 관계를 실제보다 더 가깝다고 생각해 거의 모든 지인을 친한 친구라고 표현한다.

100

DSM-5의 '임상적 주의의 초점이 될 수 있는 기타의 상태' 중 '사회환경과 관련된 기타문제'에 속하지 <u>않는</u> 것은?

① 문화 적응의 어려움

② 사회적 배척이나 거부

③ 부정적 차별이나 박해의 표적

④ 의학적 치료를 멀리함

⑤ 혼자살기와 관련한 문제

제2과목 　집단상담(선택)

| 해설 p310

26

학교상담에서 청소년 집단상담 계획서에 포함될 내용이 아닌 것은?

① 계획하는 집단구성에 대한 합당한 근거
② 집단의 명시적 및 묵시적 규범
③ 집단이 달성하고자 하는 목표
④ 학교에 제시할 집단상담의 이점에 관한 내용
⑤ 집단원의 특성, 모임 시간, 전체 길이

27

학교 장면의 집단상담에서 집단상담자의 전문적 자질을 모두 고른 것은?

　ㄱ. 아동 및 청소년 대상의 집단상담 발달단계에 대한 적절한 이해
　ㄴ. 아동 및 청소년을 진심으로 걱정하고 관심을 가져주는 마음
　ㄷ. 다른 문화적 배경을 가진 아동 및 청소년과의 효과적인 작업에 필요한 지식
　ㄹ. 아동 및 청소년 대상의 집단상담에 관한 문헌 검토

① ㄱ, ㄷ　　　　② ㄴ, ㄹ　　　　③ ㄱ, ㄷ, ㄹ　　　　④ ㄴ, ㄷ, ㄹ　　　　⑤ ㄱ, ㄴ, ㄷ, ㄹ

28

청소년 집단상담에서 집단응집력에 관한 설명으로 옳지 <u>않은</u> 것은?

① 집단원, 집단상담자, 집단 전체와의 관계를 포함한다.
② 집단의 과정이 진행되는 동안 매우 유동적이지만 자연스럽게 발달한다.
③ 집단원들이 집단에 대해 느끼는 매력으로 집단에 남아 있도록 하는 힘이다.
④ 다른 치료적 요인이 최상의 기능을 하도록 하기 위한 필수적인 선행 조건이다.
⑤ 응집력이 높을수록 출석, 참여, 상호지지의 비율이 높다.

29

벡(A. Beck)의 인지치료 집단상담에서 집단상담자의 역할로 옳지 <u>않은</u> 것은?

① 상호협력과 적극적인 참여를 강조하는 치료적 관계가 필수적이다.
② 집단원들이 가설을 만들고 그것을 검증하게 하는 협력적 경험주의 방식을 취한다.
③ 집단원들이 자동적 사고와 핵심 신념을 지지하거나 반박할 수 있는 증거를 찾아보도록 한다.
④ 안내된 발견(guided discovery)을 통해 집단원이 생각하고 느끼며 행동하는 방식의 관련성을 알게 한다.
⑤ 집단원이 극단적인 신념을 내재화했듯이 삶을 바라보는 합리적 신념을 내재화하도록 한다.

30

게슈탈트 집단상담에서 접촉-경계 장애에 관한 설명으로 옳지 <u>않은</u> 것은?

① 반전 : 타인에게 표출하기 어려워 거의 감정을 표현하지 않는 집단원에게 쉽게 관찰된다.
② 투사 : 집단상담자나 다른 집단원이 압박을 하고 있다고 주장하는 집단원에게 관찰된다.
③ 편향 : 유머의 남발, 진술이 아닌 질문을 많이 사용하는 집단원에게 쉽게 관찰된다.
④ 융합 : 집단원에 대한 갈등을 표출하고, 부정적 감정을 있는 그대로 표현하는 집단원에게 특징적으로 나타난다.
⑤ 내사 : 집단초기에 집단상담자의 개입이나 역할에 관한 의문을 갖지 않거나 질문을 거의 하지 않는 집단원에게 관찰된다.

31

교류분석 집단상담에서 집단상담자의 역할로 옳지 않은 것은?

① 집단원과 집단상담자는 계약적 합의 하에 동등한 지위를 갖는다.
② 집단원간의 상호작용을 중심으로 자신의 각본과 게임을 탐색하게 한다.
③ 스트로크에 의한 삶의 각본과 초기 결정을 발견하도록 조력한다.
④ 집단원이 연출한 게임으로 인해 부정적 감정이 만성화되는 과정을 발견하도록 돕는다.
⑤ 집단원들이 인생태도와 라켓을 탐색하고 효과적인 관계방식을 실험하도록 한다.

32

해결중심 집단상담에서 집단상담자의 '알지 못함' 자세에 관한 설명으로 옳은 것을 모두 고른 것은?

ㄱ. 집단원으로 하여금 자신의 삶에 대한 전문가의 위치에 서게 한다.
ㄴ. 진단, 평가, 개입과 관련된 용어를 사용하는 경향이 있다.
ㄷ. 공동 촉진자의 역할을 수행하는 집단원들의 도움을 받을 수 있다.
ㄹ. 자신의 삶에서 얻은 지식, 개념, 경험적 역량을 내려 놓는다.

① ㄱ, ㄴ   ② ㄴ, ㄷ   ③ ㄷ, ㄹ   ④ ㄱ, ㄷ, ㄹ   ⑤ ㄱ, ㄴ, ㄷ, ㄹ

33

얄롬(I. Yalom)의 집단상담에서 '지금-여기' 개입에 관한 설명으로 옳은 것을 모두 고른 것은?

ㄱ. 집단원과 집단상담자에 대한 감정이 드러나는 것을 용이하게 해준다.
ㄴ. 집단원들의 축소된 사회를 발전시키고 그것이 드러나도록 한다.
ㄷ. 집단원의 일상생활이나 과거의 사건을 중요하게 다룬다.
ㄹ. 집단에서 무슨 일이 일어나고 있는가를 관찰하고 다룬다.

① ㄱ, ㄹ   ② ㄴ, ㄷ   ③ ㄱ, ㄴ, ㄹ   ④ ㄴ, ㄷ, ㄹ   ⑤ ㄱ, ㄴ, ㄷ, ㄹ

34

코리(G. Corey)의 집단상담 초기단계에서 집단상담자의 효과적인 개입으로 옳지 않은 것은?

- 집단원 A: "나는 내가 집단원들에게 엉터리 같은 말을 해서 집단원들이 나를 이상한 사람으로 볼까봐 하고 싶은 말을 몇 번이고 속으로만 생각해요."
- 집단상담자: _____

① 당신에게 어떤 집단원이 그런 생각을 할 것 같은지 마음 속으로 탐색해 보시겠어요?
② 혹시 당신이 이 집단에서 누구를 가장 의식하고 있는지 알아차려 보시겠어요?
③ 혹시 이 집단에서 A와 같은 생각을 가지고 있는 분이 있나요?
④ 어떤 집단원이 그렇게 생각하고 있을지, 그 집단원에 대한 느낌을 그 분에게 직접 표현해 보실까요?
⑤ 네! 그런 생각이 일어날 때 어떤 느낌일지 궁금하네요. 그 느낌에 한번 머물러 보시겠어요?

35

실존주의 집단상담에서 실존적 불안에 관한 설명으로 옳은 것을 모두 고른 것은?

ㄱ. 실존적으로 주어진 것들과 직면할 때 피할 수 없는 산물이다.
ㄴ. 치료되어야 할 문제는 아니다.
ㄷ. '익숙한 것'을 '알 수 없는 것'으로 바꾸어야 한다는 인식에서 생긴다
ㄹ. 궁극적 목적은 불안의 원천으로부터 삶을 더 안전한 것으로 만드는 것이다.

① ㄱ　　　　　② ㄴ, ㄷ　　　　　③ ㄱ, ㄴ, ㄷ　　　　　④ ㄴ, ㄷ, ㄹ　　　　　⑤ ㄱ, ㄴ, ㄷ, ㄹ

36

청소년 집단상담자가 '차단하기' 기술을 사용해야 할 상황이 아닌 것은?

① 집단원의 질문이 계속 이어질 때　　　　② 한 사람이 다른 모든 사람을 대변할 때
③ 다른 집단원에 대한 부정적인 반응을 할 때　　④ 집단 밖의 상황, 사건에 관해서만 이야기할 때
⑤ 집단원 간에 논쟁이 발생했을 때

37

청소년 집단상담에서 집단상담자의 윤리에 위반되는 경우를 모두 고른 것은?

ㄱ. 상담자에게 익숙하지 않거나 확신이 없는 기법을 사용하는 경우
ㄴ. 상담자가 청소년의 삶의 방향을 이끄는 부모와 같은 어른이 되고 싶은 욕구를 가질 경우
ㄷ. 집단원들과의 가치관 충돌 시 상담자 자신의 가치를 노출하지 않는 경우
ㄹ. 상담자 자신의 욕구나 개인적 이익을 우선하는 경우

① ㄱ, ㄴ   ② ㄷ, ㄹ   ③ ㄱ, ㄴ, ㄷ   ④ ㄴ, ㄷ, ㄹ   ⑤ ㄱ, ㄴ, ㄷ, ㄹ

38

얄롬(I. Yalom)이 제시한 치료적 요인으로 옳은 것을 모두 고른 것은?

ㄱ. 모방행동   ㄴ. 사회화 기술의 발달
ㄷ. 희망을 심어주기   ㄹ. 주지화
ㅁ. 합의적 타당화   ㅂ. 자기노출

① ㄱ, ㄴ, ㄷ   ② ㄱ, ㄷ, ㅂ   ③ ㄴ, ㄷ, ㅂ   ④ ㄴ, ㄹ, ㅁ, ㅂ   ⑤ ㄱ, ㄴ, ㄷ, ㅁ, ㅂ

39

집단상담에서 집단원의 변화와 성장을 촉진하는 치료적 요인이 아닌 것은?

① 과거 가족과의 관계가 집단원이나 집단상담자에게 교정적으로 재연된다.
② 내적 감정의 개방적 표현을 통해 감정을 정화한다.
③ 자신의 삶에 대한 궁극적 책임을 인식한다.
④ 다른 집단원이나 집단상담자를 모델링한다.
⑤ 항상 지지해주고 의존할 수 있는 타인이 있다는 실존적 믿음을 획득한다.

40

개인상담과 비교할 때 집단상담의 장점에 관한 설명으로 옳지 않은 것은?

① 여러 사람이 상호작용하므로 개인의 문제가 깊이 있게 분석되기 더 쉽다.
② 현실적이고 실제생활에 더 근접한 사회장면을 제공한다.
③ 자신과 타인에 대한 이해와 수용의 폭이 넓어지는데 더 용이하다.
④ 나 혼자만의 문제가 아니라는 지지와 보편성을 획득하기가 더 쉽다.
⑤ 소속감이나 지원체계 및 동료의식을 발전시키기가 더 쉽다.

41

집단상담의 유형 중 성장집단에 관한 설명으로 옳은 것은?

① 스트레스대처기술 훈련집단이 이에 속한다.
② 부적응의 원인을 이해하고 해결하고자 한다.
③ 감수성 훈련을 위한 참만남 집단이 이에 속한다.
④ 유사한 문제를 겪었거나 극복한 사람들로 구성되며 집단원들이 차례로 집단을 이끈다.
⑤ 집단상담자는 집단을 이끌고 교육하는 역할을 한다.

42

행동주의 집단상담에서 집단원의 목표에 관한 설명으로 옳지 않은 것은?

① 집단상담자와 집단원이 동의하여 설정한다.
② 측정가능하고 객관적 관찰이 가능해야 한다.
③ 초기에 설정된 목표는 끝까지 유지되어야 한다.
④ 개개인의 문제에 대해 목표를 세우고 개별적인 개입이 이루어진다.
⑤ 부적응 행동을 건설적이고 생산적인 행동으로 대체하는 것이다.

43

심리극 집단상담에서 주로 활용되는 기법이 아닌 것은?

① 말이 아닌 구체적 행동으로 보여주는 실연
② 표현되지 못한 감정이나 생각을 표현하도록 도와주는 이중자아
③ 자신의 행동을 객관적으로 볼 수 있도록 도와주는 거울기법
④ 대립적인 두 자아 간의 대화를 촉진하기 위한 빈의자 기법
⑤ 자신이 원하는 감정은 자신이 만들어낸 것임을 자각하도록 하는 단추누르기

44

개인심리학에 근거한 집단상담에 관한 설명으로 옳지 않은 것은?

① 집단원의 행동은 유아기에 형성된 가족과의 사회적 상호작용 패턴을 드러낸다.
② 집단원은 누구나 불완전하고 열등감을 느끼는 존재라고 본다.
③ 집단원이 가진 열등감은 능력을 성취하기 위한 원동력으로서 우월성 추구로 발현된다고 본다.
④ 집단구성에 있어서 집단원 선별은 효과적인 상담진행을 위해 중요하다고 본다.
⑤ 집단원들이 바람직한 생활양식으로 재정향하도록 조력한다.

45

비자발적 청소년에 대한 집단상담에서 집단상담자의 개입으로 옳지 않은 것은?

① 집단상담자에게 사적이거나 짓궂은 질문을 할 경우 이에 대한 탐색질문을 한다.
② 집단상담에 참여하지 않을 권리를 인정해준다.
③ 청소년의 흥미를 불러일으킬 수 있는 매체를 적극 활용한다.
④ 부정적인 감정표현을 건설적이고 생산적인 방향으로 이끌도록 돕는다.
⑤ 비참여에 따른 불이익이 있어도 굳이 알려줄 필요는 없다.

46

집단상담을 시작하기 전 필요한 작업에 관한 설명으로 옳지 않은 것은?

① 사전 개별면담은 선입견을 갖지 않도록 하기 위해 진행하지 않는 것이 바람직하다.
② 전체 집단회기에 대한 전반적인 계획을 수립하고 시작한다.
③ 집단의 목표와 활동, 일정 등을 포함한 집단계획서를 미리 작성한다.
④ 집단원이 어릴수록 집단 크기를 적게 구성하도록 계획한다.
⑤ 이질적인 집단원의 포함 여부는 집단의 목표에 따라 달라질 수 있다.

47

집단상담 중기(전환 및 작업) 단계에서 주로 일어나는 행동이 아닌 것은?

① 집단에 대한 소속감을 느낀다.
② 집단에서 배운 것을 도전하고 실천한다.
③ 자기탐색과 변화에 대한 불안을 경험하고 방어적이 된다.
④ 집단상담의 규칙과 한계를 정한다.
⑤ 집단상담자의 권위와 능력에 도전한다.

48

정신분석 집단상담에 관한 설명으로 옳은 것은?

① 치료의 핵심은 전이의 분석과 해결이다.
② 자유연상 기법은 다른 집단원에 의해 중단, 제지되기 쉬우므로 사용하지 않는다.
③ 집단상담자는 수동적으로 물러서서 집단원의 이야기를 경청하는 역할을 주로 한다.
④ 전이를 촉진하기 위해 가능한 한 동질적인 특성을 가진 사람으로 집단을 구성한다.
⑤ 다른 집단원의 적응 행동을 성찰없이 따라하는 것도 중요한 변화과정이다.

49

다음에 해당하는 집단의 유형은?

- 친구가 없는 초등학생 대상
- 매주 화요일, 총 10회기 진행
- 대인관계 기술향상을 목표로 설계된 집단상담

① 구조화된 동질적 구성의 집중적 집단
② 비구조화된 비동질적 구성의 집중적 집단
③ 구조화된 비동질적 구성의 분산적 집단
④ 비구조화된 동질적 구성의 분산적 집단
⑤ 구조화된 동질적 구성의 분산적 집단

50

집단상담 초기단계에서 상담자의 역할을 모두 고른 것은?

ㄱ. 상담 구조화하기
ㄴ. 역기능적 행동패턴 탐색하기
ㄷ. 생산적인 대안행동 개발하기
ㄹ. 저항에 직면하게 하기
ㅁ. 감정표현과 자기개방 격려하기

① ㄱ, ㄴ　　　　② ㄱ, ㅁ　　　　③ ㄴ, ㄹ　　　　④ ㄱ, ㄷ, ㅁ　　　　⑤ ㄴ, ㄷ, ㄹ

제3과목   가족상담(선택)

| 해설 p321

51

가정폭력을 촉발하는 요인에 해당하지 않는 것은?

① 성장기 가정폭력 경험
② 과거 트라우마 사건으로 인한 정신장애
③ 약물남용 및 알코올 중독
④ 각종 스트레스로 인한 심리적 좌절
⑤ 견고한 사회적 지지체계

52

사이버네틱스에 관한 내용으로 옳지 않은 것은?

① 피드백 고리는 체계가 안정을 유지하기 위해 필요한 정보를 얻는 과정이다.
② 잭슨(D. Jackson)에 의해 개발되었다.
③ 자기조절 체계에서 피드백 기제에 관한 내용이다.
④ 부적 피드백은 체계가 원래의 상태로 복귀하라는 신호를 보내 체계를 유지한다.
⑤ 정적 피드백은 체계의 변화를 유도하고 다른 수준으로 조직하는 작용을 한다.

53

가정에서 중독 문제에 관한 내용으로 옳지 않은 것은?

① 중독가정에서 중독자에게 의존되어 있는 사람을 동반의존자라고 한다.
② DSM-5에서는 알코올 의존과 알코올 남용장애로 나누고, 5개 이상의 증상을 보일 때 가벼운 정도로 본다.
③ 청소년 중독자의 경우 가족의 영향력이 강하기 때문에 가족상담적 접근이 필요하다.
④ 가족원에게서 느끼는 소외와 외로움으로 인해 다른 대상에 의존함으로써 중독에 이를 수 있다.
⑤ 중독이 장기화될수록 가정에는 우울과 절망감 등의 부정적인 정서가 심화된다.

54

가족상담자의 윤리에 관한 설명으로 옳은 것을 모두 고른 것은?

ㄱ. 가족과 개인의 복리를 증진시켜야 한다.
ㄴ. 성별, 장애, 나이, 종교 등을 이유로 내담자를 차별하여 상담한다.
ㄷ. 비밀보장의 의미와 한계를 고지한다.
ㄹ. 내담자와 이중관계를 피하기 위해 노력한다.
ㅁ. 자기 능력의 한계를 벗어난 문제에 대해 진단, 치료, 조언하지 않는다.

① ㄱ, ㄴ, ㅁ   ② ㄴ, ㄷ, ㄹ   ③ ㄱ, ㄴ, ㄹ, ㅁ   ④ ㄱ, ㄷ, ㄹ, ㅁ   ⑤ ㄱ, ㄴ, ㄷ, ㄹ, ㅁ

55

구조적 가족상담에 관한 내용으로 옳지 않은 것은?

① 가족구성원의 상호작용 방식을 조직화하는 보이지 않는 요구가 가족구조를 만든다.
② "당신은 언제부터 아들의 알람시계였나요?"라는 것은 합류하기의 질문이다.
③ 과대기능하는 모와 과소기능하는 아들 간 위계 조정을 위해 아들 편을 들면서 균형깨기를 한다.
④ 침투적이고 모호한 경계선을 가진 가족은 강한 소속감 때문에 자율성이 방해를 받는다.
⑤ 부모체계는 자녀의 발달단계에 맞는 규칙을 설정하고 부모의 권위를 적절히 사용해야 한다.

56

다음은 인과관계의 순환성에 관한 내용이다. (   )에 들어갈 내용으로 옳은 것은?

(   )은 살아 있는 체계가 다양한 출발 상태에서 시작하여 여러 방식과 역동적 상호작용을 통해 동일한 특징적 결과에 이르는 경향이다.

① 동일처리성   ② 비선형성   ③ 다귀결성   ④ 동일잠재성   ⑤ 동일결과성

57

일반체계이론에 관한 설명으로 옳은 것을 모두 고른 것은?

> ㄱ. 체계란 일련의 상호작용적이며 상호의존적인 부분으로 구성된 조직적 통합체로 정의된다.
> ㄴ. 블랙박스의 은유를 가족체계에 적용하였다.
> ㄷ. 가족은 개인의 집합체 이상인 관계의 망이다.
> ㄹ. 일반체계이론은 2차 사이버네틱스와 동일하다.

① ㄴ   ② ㄷ, ㄹ   ③ ㄱ, ㄴ, ㄷ   ④ ㄱ, ㄴ, ㄹ   ⑤ ㄱ, ㄴ, ㄷ, ㄹ

58

보웬(M. Bowen)의 가족상담에 관한 내용으로 옳지 않은 것은?

① 기본분화 수준이 낮을수록 만성불안의 수준이 높다.
② 완벽한 분화는 집단 안에서 한 개인이 된다는 것이다.
③ 부모의 미숙함에 노출되는 자녀일수록 다른 자녀보다 융합의 정도가 높다.
④ 보웬은 증상을 개인의 문제로 보지 않고, 체계의 문제로 보기 때문에 기법을 강조한다.
⑤ 미분화 가족자아군은 가족이 감정적으로 한 덩어리가 되어 정서적으로 함께 고착되어 있는 상태를 말한다.

59

해결중심단기 가족상담의 목표 설정 원칙에 해당하지 않는 것은?

① 부정적 문제행동 소거를 목표로 한다.
② 구체적이고 행동적인 것을 목표로 한다.
③ 지금 여기에서 시작하는 것을 목표로 한다.
④ 내담자가 중요하다고 여기는 것을 목표로 한다.
⑤ 목표 수행은 힘든 일이라는 것을 내담자가 인식하도록 한다.

60

가족상담자의 역할에 관한 내용으로 옳은 것을 모두 고른 것은?

ㄱ. 가족의 주요 갈등에 대해 탐색하고 어떻게 대처해 왔는지 확인한다.
ㄴ. 가족의 관계과정에 대해 체계론적 관점으로 문제를 이해한다.
ㄷ. 상담 구조화에서는 상담목표를 설정하고 치료적 계획을 구체화한다.

① ㄴ   ② ㄱ, ㄴ   ③ ㄱ, ㄷ   ④ ㄴ, ㄷ   ⑤ ㄱ, ㄴ, ㄷ

61

다음은 리즈(T. Lidz)의 부부관계에 관한 내용이다. ( )에 들어갈 내용으로 옳은 것은?

(ㄱ)은 부부가 꾸준히 서로의 (ㄴ)를(을) 깎아 내리고 (ㄷ)에게 충성과 애정을 얻기 위해 노골적으로 경쟁한다는 것이다.

① ㄱ: 부부불균형, ㄴ: 가치, ㄷ: 배우자   ② ㄱ: 부부불균형, ㄴ: 단점, ㄷ: 자녀
③ ㄱ: 부부균열, ㄴ: 장점, ㄷ: 배우자   ④ ㄱ: 부부균열, ㄴ: 가치, ㄷ: 자녀
⑤ ㄱ: 부부폭력, ㄴ: 장점, ㄷ: 자녀

62

가족상담 초기단계에 관한 내용으로 옳지 않은 것은?

① 상담에 참석해야 할 사람과 날짜, 장소, 시간을 구체적으로 정한다.
② 가족상담자는 가족이 참여할 수 있도록 격려한다.
③ 내담자 문제를 진단, 평가하고 호전될 수 있다는 확신을 준다.
④ 가족들이 상담에 오기를 두려워할 때, 참여 독려전화를 하면 불참률을 낮출 수 있다.
⑤ 첫 면담의 주요 목표는 라포형성과 정보 수집에 있다.

63

보웬(M. Bowen)의 가족상담에 관한 설명으로 옳지 <u>않은</u> 것을 모두 고른 것은?

ㄱ. 자기분화 수준이 높을수록 감정 반사적으로 반응한다.
ㄴ. 원가족에서 촉발 원인을 찾기 위해 인과론적인 사고에 기초한다.
ㄷ. 개인이 개별성과 연합성을 균형 있게 사용할 수 있을 때, 건강한 자아로 성장할 수 있다.
ㄹ. 정서적 프로그래밍은 관계와 학습을 통해 가족 내 여러 세대에 걸쳐 정보를 전달하는 과정에서 발생하는 현상이다.

① ㄱ, ㄴ   ② ㄴ, ㄹ   ③ ㄷ, ㄹ   ④ ㄱ, ㄴ, ㄹ   ⑤ ㄴ, ㄷ, ㄹ

64

전략적 가족상담 이론가와 상담기법의 연결로 옳지 <u>않은</u> 것은?

① 헤일리(J. Haley) - 고된 체험기법
② 보스조르메니-나지(I. Boszormenyi-Nagy) - 긍정적 의미부여
③ 셀비니-파라졸리(M. Selvini-Palazzoli) - 의식(ritual)기법
④ 마다네스(C. Madanes) - 가장기법
⑤ 프라타(G. Prata) - 불변의 처방

65

해결중심단기 가족상담의 중심철학으로 옳은 것을 모두 고른 것은?

ㄱ. 효과가 있는 것을 알면 그것을 더 많이 한다.
ㄴ. 내담자가 문제 삼지 않은 것은 건드리지 않는다.
ㄷ. 효과가 없다면 그것을 하지 않고 대신 무언가 다른 것을 한다.
ㄹ. 내담자의 문제는 체계의 역동에서 촉발되므로 내담자와 협력한다.

① ㄱ, ㄴ   ② ㄱ, ㄹ   ③ ㄱ, ㄴ, ㄷ   ④ ㄱ, ㄷ, ㄹ   ⑤ ㄴ, ㄷ, ㄹ

66

자해시도 청소년의 가족사정을 위해 사용할 수 있는 도구와 목적의 연결로 옳지 <u>않은</u> 것은?

① FACES - 가족의 응집성과 적응성 측정
② PREPARE - 부모의 부부관계 건강성 측정
③ JTCI - 청소년 자녀의 기질 및 성격 특성 파악
④ 생태도 - 청소년 자녀와 가족의 환경과의 연계 탐색
⑤ 가족놀이가계도 - 가족구성원의 의사소통 패턴, 상호작용 유형 등을 파악

67

사티어(V. Satir)의 경험적 가족상담에 관한 설명으로 옳지 <u>않은</u> 것은?

① 경험적 치료과정에서는 내담자의 체험을 중시한다.
② 빙산은 개인 및 가족의 심리 내적 경험을 이해할 수 있는 지도이다.
③ 가족조각은 가족의 주요 사건을 그림으로 표현하여 가족의 역동을 살펴보는 기법이다.
④ 가족규칙은 일종의 명령으로 원가족 삼인군의 경험에서 획득하여 내재화한 것이다.
⑤ 자아존중감의 요소는 자기, 타인, 상황으로 낮은 자아존중감을 회복시키는 것이 목표이다.

68

다음에서 설명하고 있는 구조적 가족상담 기법은?

- 가족의 언어적 실명보다는 실제 상호교류를 주의 깊게 살펴본다.
- 가족으로 하여금 갈등이니 디른 상호작용을 연기하도록 요청한다.

① 모방하기 ② 실연하기 ③ 추적하기 ④ 유지하기 ⑤ 경계선 세우기

69

카터(B. Carter)와 맥골드릭(M. McGoldrick)의 가족생활주기에 관한 설명으로 옳은 것을 모두 고른 것은?

ㄱ. 가족생활주기는 6단계로 결혼으로 시작된다.
ㄴ. 가족생활주기에 현대 사회의 특성이 반영된 과제를 첨가해야 한다는 의미에서 이혼과 재혼가정을 포함시켰다.
ㄷ. 청소년기 자녀를 둔 가족은 자녀의 자립을 인정하는 가족경계가 확대되어야 한다.
ㄹ. 가족생활주기 변화에 따라 야기되는 긴장을 수평적, 수직적 긴장으로 구분하였다.

① ㄷ, ㄹ ② ㄱ, ㄴ, ㄷ ③ ㄱ, ㄴ, ㄹ ④ ㄱ, ㄷ, ㄹ ⑤ ㄴ, ㄷ, ㄹ

70

다음 사례에 대한 가족상담 개입에 관한 내용으로 옳지 <u>않은</u> 것은?

> Y(여, 13세, 초6)는 최근 스마트폰 중독으로 인한 등교거부 문제로 가족상담에 의뢰되었다. Y의 모는 딸과 친하게 지내고 싶은데, 자신이 밤늦게까지 일을 해야 되고, 그것은 남편이 무능하기 때문이라고 한다. Y는 초4때 학교에 집중하지 못해 상담을 권유받아, 병원에서 소아우울증 진단을 받았다. Y는 하교하면 할머니와 밤늦게까지 있다가 부모가 데리러 오면 집으로 간다. 2년 전 Y를 매우 예뻐해 주시던 할아버지가 갑자기 돌아가셨다. 현재 Y는 할머니 말을 잘 듣지 않고 무시하는 편이며, 대부분의 시간은 스마트폰을 붙들고 지낸다.

① 할아버지 상실에 대한 애도작업을 한다.
② 핵가족 정서체계에서 부모의 부부관계를 다룬다.
③ Y의 스마트폰 중독이 문제이므로 행동수정 작업만 한다.
④ 어머니와의 친밀감 향상 등 관계 회복을 위한 작업을 한다.
⑤ Y에 대해 할머니와 부모의 양육태도에서 갈등은 없는지 살핀다.

71

가족상담의 기본 개념에 관한 내용으로 옳지 <u>않은</u> 것은?

① 대칭적 관계는 평등성과 다중성을 기초로 한다.
② 거짓상호성은 겉으로 드러난 가족원간의 친밀한 상호작용이 사실과 다른 모습이다.
③ 고무울타리는 가족을 둘러싼 경계가 유동적이나 외부의 영향이 스며들지 않는 것을 말한다.
④ 이중구속은 두 가지 모순된 메시지가 서로 다른 수준에서 전달되는 경우이다.
⑤ 삼각관계는 두 사람 사이의 불안과 긴장을 해소하기 위하여 다른 사람이나 대상을 관계로 끌어들이는 것이다.

72

이야기치료에 관한 설명으로 옳지 <u>않은</u> 것은?

① 인간은 사회적 관계와 문화적 맥락 속에서 자신을 이해하고 정체성을 형성해 간다.
② 우리가 살아가는 실재는 언어를 통해 구성되고 표현된다.
③ 인간은 자신에게 일어나는 삶의 사건을 해석하고 그에 대해 의미를 부여한다.
④ 문제가 되는 것은 문제를 갖고 있는 개인과 문제 그 자체이다.
⑤ 내담자가 스스로 중요하게 여기는 가치와 의미에 기반한 선호된 이야기를 발견하도록 돕는다.

73

다음에서 이야기치료 상담자가 시도하고 있는 개입 기법은?

- 우울이라는 존재가 언제부터 당신 곁에 있었던 것 같나요?
- 우울이 나타날 때는 언제인지, 그 패턴을 알 수 있나요?
- 그 우울에 이름을 붙여 본다면 무엇이라고 할 수 있을까요?

① 정의 예식 ② 독특한 결과 ③ 스캐폴딩 분석 ④ 문제의 외재화 ⑤ 다시 말하기

74

경험적 가족상담에 관한 내용으로 옳지 <u>않은</u> 것은?

① 휘태커(C. Whitaker)의 부조리치료(therapy of the absurd) 개입은 적극적이면서도 지시적이다.
② 상징 - 경험적 상담의 휘태커(C. Whitaker)는 정서적 과정과 가족구조에 초점을 맞춘다.
③ 상징 - 경험적 가족상담자들은 내담자들과의 관계 구축을 위해 따뜻함과 직면을 균형적으로 사용한다.
④ 경험적 가족상담에서는 개인적 차원에서 체계를 다룬다.
⑤ 내면가족체계치료는 원래 트라우마와 학대 생존자들을 위한 치료로 체계적 원리를 이용하여 개인의 내적인 부분들과 작업한다.

75

가족상담자가 가정폭력 개입 시 고려해야 하는 사항으로 옳지 <u>않은</u> 것은?

① 폭력이 확인되는 경우 우선 폭력을 중지시킨다.
② 폭력행위와 행위자 - 피해자의 관계체계의 두 가지 측면을 파악하고 다룰 수 있어야 한다.
③ 폭력 피해자의 두려움 정도, 관계 개선 의지 여부 등의 평가를 통해 상담진행 여부를 판단할 수 있다.
④ 가정폭력의 원인을 규명하고 스트레스가 발생하는 이유에 대한 설명을 제공한다.
⑤ 아동학대인 경우에 사실을 확인 후 관계기관에 알리고 바로 가정에 돌려보낸다.

MEMO

1교시

2교시

2024

제1과목 청소년 상담의 이론과 실제 (필수)

| 해설 p336

01

청소년상담자의 역할로 옳지 않은 것은?

① 갈등해결을 위한 중재자
② 문제해결을 위한 훈련가
③ 상담 관련 전문지식의 자문가
④ 내담자의 결정을 대신하는 구원자
⑤ 인간발달과 정신건강의 촉진자

02

화상상담의 단점으로 옳은 것을 모두 고른 것은?

ㄱ. 비언어적 단서를 포착하고 활용하는 데 제약이 따른다.
ㄴ. 내담자의 갑작스러운 돌발 상황에 신속하게 대처하기 어렵다.
ㄷ. 상담자와 내담자의 사생활 침해, 개인정보 유출에 취약하다.
ㄹ. 상담실 이외의 공간에서 상담이 이루어지므로 내담자가 방어적 태도를 취하기 쉽다.

① ㄱ, ㄴ
② ㄴ, ㄷ
③ ㄷ, ㄹ
④ ㄱ, ㄴ, ㄷ
⑤ ㄱ, ㄴ, ㄷ, ㄹ

03

게슈탈트 상담에 관한 설명으로 옳은 것은?

① 상담목표는 내담자의 증상을 제거하는 데 있다.
② 내파층은 부모나 환경의 기대에 따라 행동하며 살아가는 단계이다.
③ 뜨거운 의자(hot seat)는 새로운 방식을 실험해 보도록 하는 기법이다.
④ 반전은 감각을 둔화시켜 자신 및 환경과의 접촉을 약화시키는 접촉경계장애이다.
⑤ 알아차림 접촉 주기는 욕구출현 - 알아차림 - 에너지 동원 - 행동 - 접촉 - 물러남 과정으로 반복된다.

04

자해 청소년에 대한 상담개입 방법으로 옳지 <u>않은</u> 것은?

① 마음챙김
② 바디워크(bodywork)
③ 대인관계 기술
④ 정서조절 기술
⑤ 변증법적 행동치료

05

다음 사례에서 상담자가 공통적으로 적용한 상담이론은?

- 상담자: A가 기억할 수 있는 가장 어린 시절의 기억을 떠올려보세요. (잠시 후) 어떤 기억이 떠올랐는지 이야기해 주세요.
- 상담자: (발표에 대한 두려움이 있는 내담자에게) B가 마치 발표를 아주 잘하는 사람처럼 행동해 봅시다.

① 개인심리학
② 교류분석
③ 현실치료
④ 정신분석
⑤ 실존주의 상담

06

다음 사례의 상담자가 사용한 상담기법의 적용 시점으로 옳은 것은?

상담자 : (학업을 중단한 내담자에게) 학교밖 청소년을 위한 꿈드림센터라는 기관이 있어요. 꿈드림센터에서는 학교밖 청소년에게 상담, 교육, 자립 지원, 직업 체험 등을 지원하고 있어요.

① 상담의 주제나 초점을 이동하고자 할 때
② 내담자의 문제해결을 위한 정보가 필요할 때
③ 내담자 문제의 원인을 설명하고자 할 때
④ 내담자의 사고나 감정, 행동 등을 탐색하고자 할 때
⑤ 내담자의 감정을 변별하고 표현할 수 있도록 돕고자 할 때

07

다음 사례에 대한 행동적 개입으로 옳지 <u>않은</u> 것은?

고등학생 A는 음주 상태에서 등교하여 징계를 받았다. 어려서부터 선수 생활을 했기 때문에 학업성적은 하위권이다. 야구선수로 성공하지 못하면 인생이 힘들어 질 거라고 생각하니 경기를 앞두면 불안이 심해지고 그럴 때마다 술을 마시고 주량은 점점 늘고 있다.

① 재결단작업   ② 행동계약
③ 모델링   ④ 이완훈련
⑤ 체계적 둔감법

08

사례개념화에 관한 설명으로 옳지 <u>않은</u> 것은?

① 사례개념화는 내담자에 대한 잠정적인 가설이다.
② 내담자에 대한 정보가 추가될 때마다 수정, 보완할 수 있다.
③ 상담자의 전문적 소견이므로 이론적, 추상적 용어를 사용한다.
④ 사례개념화는 구체적인 상담개입의 방향을 제시해주는 역할을 한다.
⑤ 사례개념화의 목적은 내담자의 문제를 해결하기 위한 효과적인 계획을 세우는 데 있다.

09

다음에서 설명하는 상담이론은?

- 인간의 고통을 보편적이며 정상적인 것으로 본다.
- 상담목표는 심리적 유연성을 증대시키는 것이다.
- 내담자의 문제는 경험회피와 인지적 융합으로 인한 심리적 경직성에서 비롯된다.

① 해결중심상담   ② 자아초월상담
③ 수용전념치료   ④ 실존주의 상담
⑤ 변증법적 행동치료

10

상담기법에 관한 설명으로 옳지 않은 것은?

① 경청은 내담자의 말과 행동에 집중해서 보고 듣는 것으로 내담자가 생각이나 감정을 자유롭게 표현하게 한다.

② 감정반영은 내담자가 표현한 감정을 상담자가 다른 말로 부연해주는 것으로 내담자로 하여금 이해받고 있다는 인식을 갖게 한다.

③ 명료화는 모호한 표현을 명확하게 하기 위한 질문 형태의 기술로 내담자가 미처 생각하지 못했던 측면을 다시 생각해 보게 한다.

④ 해석은 지금-여기에서 일어나는 상담자와 내담자 사이의 역동을 피드백하는 것으로 내담자는 자신에 대한 통찰을 얻게 된다.

⑤ 재진술은 내담자가 진술한 내용을 상담자의 말로 바꾸어 기술하는 것으로 내담자로 하여금 자신이 한 말에 주의를 기울이게 한다.

11

분석심리학에 관한 설명으로 옳은 것을 모두 고른 것은?

ㄱ. 정신적 기능은 사고, 감정, 감각, 직관으로 구성된다.
ㄴ. 콤플렉스는 의식과 무의식의 구성요소로 특히 집단무의식의 내용으로 구성된다.
ㄷ. 해석단계에서는 증상의 의미, 아니마와 아니무스, 그림자 등을 알아차리도록 한다.
ㄹ. 상담은 관계형성-분석과 사정-해석 재정향 단계 순으로 진행된다.

① ㄱ, ㄴ   ② ㄱ, ㄷ   ③ ㄴ, ㄹ   ④ ㄱ, ㄴ, ㄷ   ⑤ ㄱ, ㄷ, ㄹ

12

현대 정신분석 이론가와 주요개념의 연결이 옳지 않은 것은?

① 코헛(H. Kohut) - 자기대상(self-object)

② 클라인(M. Klein) - 탈융합(defusion)

③ 페어베언(W. Fairbairn) - 분열 자리(schizoid position)

④ 위니컷(D. Winnicott) - 과도적 대상(transitional object)

⑤ 말러(M. Mahler) - 분리개별화(separation-individuation)

13

스마트폰 과의존에 관한 설명으로 옳지 않은 것은?

① 스마트폰 과의존 유형에는 SNS, 게임, 음란물, 도박, 검색 등이 있다.

② 금단은 스마트폰을 사용하지 못하면 초조하고 불안함을 느끼는 현상이다.

③ 스마트폰 과의존 자가진단 척도(S-척도) 결과가 35점 이상이면 위험 사용자군에 해당된다.

④ 고위험 사용자군은 스마트폰 사용에 대한 통제력을 상실한 상태로 전문적인 도움이 필요하다.

⑤ 스마트폰 과의존은 과도한 스마트폰 이용으로 인해 스마트폰에 대한 현저성이 증가하고 이용 조절력이 감소해 문제적 결과를 경험하는 상태이다.

14

다음 상황에 해당하는 키치너(K. Kitchener)의 윤리적 의사결정 원칙으로 옳은 것은?

ㄱ. 상담자 A는 애완동물의 죽음으로 상실감을 겪고 있는 내담자를 상담하면서 자신의 전문성이 부족하다고 판단하여 다른 상담자에게 의뢰하였다.

ㄴ. 상담자 B는 집에서 먼 청소년상담복지센터보다 가까운 학교 Wee클래스에서 상담을 받고 싶어하는 내담자의 의견을 수용하였다.

① ㄱ : 선의(beneficence),   ㄴ : 충실성(fidelity)

② ㄱ : 무해성(nonmaleficence),   ㄴ : 충실성(fidelity)

③ ㄱ : 무해성(nonmaleficence),   ㄴ : 공정성(justice)

④ ㄱ : 충실성(fidelity),   ㄴ : 자율성(autonomy)

⑤ ㄱ : 선의(beneficence),   ㄴ : 자율성(autonomy)

15

현실치료에 관한 설명으로 옳지 않은 것은?

① 내담자는 자신의 정서와 행동에 대한 책임이 있다.

② 우볼딩(R. Wubbolding)은 지지적인 상담환경을 강조하여 구체적인 권장사항을 제시하였다.

③ 내담자의 욕구를 탐색하고 원하는 것을 얻기 위해 무엇을 해왔는지 파악한다.

④ 내담자의 현재 행동에 초점을 두고 행동의 효과성에 따라 새로운 전행동(total behavior)을 선택하도록 한다.

⑤ 내담자의 선택을 중요시하여 계획을 실천하지 못할 경우 변명을 허용한다.

16

청소년상담사 윤리강령에 명시된 '내담자의 권리와 보호'에 관한 내용으로 옳은 것은?

① 청소년 내담자에게 무력, 정신적 압력을 사용하지 않는다.

② 청소년상담사는 심리검사를 실시하고 해석할 수 있는 능력을 배양해야 한다.

③ 청소년 문제 해결을 위해 윤리적 기준에 따라 과학적인 방법으로 연구를 수행한다.

④ 내담자에게 전문적인 서비스를 제공하기 위해 상담내용을 기록하고 보관한다.

⑤ 청소년상담사는 사적 대화에서 내담자의 신원확인이 가능한 정보를 공개하지 않는다.

17

해결중심상담에 관한 설명으로 옳은 것을 모두 고른 것은?

ㄱ. 변화에 낙관적이다.   ㄴ. 내담자의 언어체계에 관심이 있다.

ㄷ. 예외적인 상황을 탐색한다.   ㄹ. 모더니즘의 보편적 진리를 강조한다.

ㅁ. 심리평가에 의한 진단을 중시한다.

① ㄱ, ㄴ, ㄷ   ② ㄱ, ㄴ, ㄹ   ③ ㄷ, ㄹ, ㅁ   ④ ㄱ, ㄴ, ㄷ, ㄹ   ⑤ ㄴ, ㄷ, ㄹ, ㅁ

18

교류분석에 관한 설명으로 옳지 않은 것은?

① 내담자의 자아상태 분석을 통해 성격구조와 기능을 파악한다.

② 카프만(S. Karpman)은 게임분석을 위해 드라마 삼각형을 고안하였다.

③ 굴딩(M. Goulding)은 각본분석에 의한 금지령 목록을 제시하고 있다.

④ 라켓감정은 스트레스 상황에서 적절성 여부와 상관없이 반복적으로 사용된다.

⑤ 교차교류는 상대방의 하나 이상의 자아상태를 향해서 상보적 교류와 잠재적 교류가 동시에 작용하는 교류이다.

19

청소년 상담에 관한 설명으로 옳지 <u>않은</u> 것은?

① 청소년의 잠재가능성을 실현할 수 있도록 돕는다.
② 청소년 고용, 보호 기관 관련자도 상담 대상에 포함된다.
③ 다양한 매체를 활용한 상담보다는 대면상담에 주력한다.
④ 일상에서 당면한 문제 해결과 예방을 위해 교육을 실시한다.
⑤ 위기개입 및 자립을 지원하여 건전한 발달과 성장을 돕는다.

20

다음에서 설명하는 인지적 오류로 옳은 것은?

- 상황이나 사건의 주된 내용은 무시하고 특정 정보에만 주의를 기울여 전체 맥락의 중요한 부분을 간과하는 것
- 작품 발표회에서 다수가 긍정적인 반응을 보였음에도 불구하고 부정적 반응을 보인 소수에게 주의를 기울여 실패한 작품이라고 단정 짓는 경우

① 개인화   ② 선택적 추론   ③ 흑백논리적 사고   ④ 부정적 예측   ⑤ 과잉일반화

21

합리정서행동상담(REBT)에 관한 설명으로 옳은 것은?

① 인간의 본성에 대해 결정론적인 입장을 강조한다.
② 심리적 문제는 미해결과제가 해소되지 못할 때 발생한다.
③ 상담목표는 내담자의 억압된 정서를 자각하게 하는 것이다.
④ 내담자가 자기실현 경험을 바탕으로 이상적 자기에 부합하도록 돕는다.
⑤ 인지, 정서, 행동이 상호작용하는 과정에서 인지적 요인이 핵심이 된다.

22

상담단계와 과업의 연결이 옳은 것을 모두 고른 것은?

ㄱ. 초기 - 상담의 구조화   ㄴ. 초기 - 상담목표 설정
ㄷ. 중기 - 통찰과 변화 시도   ㄹ. 중기 - 추수 회기
ㅁ. 종결 - 문제탐색과 정보수집

① ㄱ, ㄴ   ② ㄱ, ㄴ, ㄷ   ③ ㄴ, ㄷ, ㄹ   ④ ㄱ, ㄷ, ㄹ, ㅁ   ⑤ ㄴ, ㄷ, ㄹ, ㅁ

23

지역사회 청소년통합지원체계(CYS-Net, 청소년안전망)에 관한 설명으로 옳지 않은 것은?

① 청소년 보호법령에 명시되어 있다.

② 지역사회기반으로 통합서비스를 제공하기 위한 시스템이다.

③ 청소년에 대한 상담, 긴급구조, 보호, 의료지원 등을 지원한다.

④ 필수연계기관에 시·도 교육청과 초·중등학교 등이 포함된다.

⑤ 필수연계기관은 위기청소년에 대한 지원 의뢰가 있을 경우 최우선적으로 지원하도록 상호 협력하여야 한다.

24

청소년상담에서 사전동의(informed consent)의 내용으로 옳지 않은 것은?

① 상담자의 경력

② 상담을 거부할 권리

③ 상담 약속과 취소 방법

④ 상담 성과에 대한 보장

⑤ 상담 참여의 잠재적 위험

25

청소년 상담의 통합적 접근에 관한 설명으로 옳지 않은 것은?

① 특정 이론의 한계를 극복하고자 포괄적으로 접근하는 시도이다.

② 다양한 이론과 기법을 통합하여 치료 효과를 증가시키는 데 목적이 있다.

③ 내담자에게 동일한 치료관계와 방법을 적용하기 위해 고안해낸 접근법이다.

④ 라자루스(A. Lazarus)의 다중양식치료는 기술적 통합 접근에 해당한다.

⑤ 동화적 통합 접근은 특정한 주요 이론을 선택하고 다양한 치료적 접근을 결합·적용하는 것이다.

제2과목   상담연구방법론의 기초(필수)

┃ 해설 p346

26

다음 사례에서 연구가설이 표현하고 있는 효과는?

> 많은 선행연구에서 부모와의 안정애착(A)이 자녀의 학교생활적응(B)에 영향을 미치는 것으로 나타났다. 최근 한 연구자는 애착이론과 선행연구를 근거로, 두 변인(A, B)과 자기효능감(M)간 관계를 나타내는 연구가설을 다음과 같이 설정했다. "A는 M을 통해 B에 정적인 영향을 미칠 것이다."

① B의 직접효과   ② B의 매개효과

③ A의 간접효과   ④ M의 조절효과

⑤ B의 이월효과

27

가설 설정 및 검정에 관한 설명으로 옳지 않은 것은?

① 가설 설정은 주로 연역적 접근법을 사용한다.

② 유의수준보다 유의확률(p값)이 작으면 영가설을 기각한다.

③ 가설 검정을 위한 자료분석 방법은 논문의 연구방법에 기술한다.

④ 영가설을 기각했을 때 이 결정이 오류일 확률을 1종 오류라고 한다.

⑤ 자료분석 결과가 연구자의 예측과 다르게 나타나면 연구가설을 수정해서 논문에 보고한다.

28

연구 수행에 관한 설명으로 옳은 것을 모두 고른 것은?

> ㄱ. 연구의 독특성, 의의 및 실행 가능성을 고려하여 연구 주제와 연구문제를 결정한다.
> ㄴ. 관련 이론과 선행 연구들이 부재한 상황에서도 인과관계를 검증할 수 있는 실험연구를 우선적으로 고려한다.
> ㄷ. 양적 연구 수행 시 연구의 내적타당도뿐 아니라 연구 결과의 일반화 가능성도 중요한 고려 사항이다.
> ㄹ. 자기보고식 검사를 사용하면 모든 참여자들이 성실하고 정확하게 문항에 반응한다.

① ㄷ   ② ㄱ, ㄷ   ③ ㄴ, ㄹ   ④ ㄱ, ㄴ, ㄷ   ⑤ ㄱ, ㄴ, ㄹ

29

상담 연구에 관한 일반적인 설명으로 옳지 <u>않은</u> 것은?

① 눈덩이표집은 확률표집의 일종이다.
② 군집분석은 사람뿐 아니라 진술문이나 검사문항을 범주화하는 목적으로 활용된다.
③ 자기보고식 검사는 심층면접에 비해 상대적으로 실시하기 용이하다.
④ 이론은 인간 행동을 개념화할 뿐 아니라, 가설 도출 및 검증의 기반이 된다.
⑤ 연구자마다 다른 이론을 토대로 동일한 변인을 다르게 조작적으로 정의할 수 있다.

30

양적 연구 패러다임에 관한 설명으로 옳은 것은?

① 일반적으로 구성주의 관점을 따른다.
② 주로 영역코딩, 축코딩, 개방코딩 등 귀납적인 자료분석을 실시한다.
③ 표본의 대표성, 관찰의 객관성, 실증주의적 관점을 중시한다.
④ 근거이론, 현상학적 연구, 합의적 질적 연구가 해당된다.
⑤ 참여관찰을 통해 연구대상이 상황에 부여하는 의미를 이해하고자 한다.

31

양적 연구의 타당도에 관한 설명으로 옳지 <u>않은</u> 것은?

① 무선표집(random sampling)을 실시하면 일반적으로 외적타당도가 증가한다.
② 연구참여자들을 실험집단과 통제집단에 무선할당(random assignment)하면 일반적으로 내적타당도가 감소한다.
③ 일반적으로 실험연구는 기외변인을 통제하기 때문에 내적타당도가 높다.
④ 연구 수행 중에 참여자들이 이탈하고 측정도구가 바뀔 경우 연구의 타당도가 위협받는다.
⑤ 변인 간 상관관계를 토대로 인과관계를 단정할 수 없다.

32

통계적 검정력(statistical power)에 관한 설명으로 옳은 것을 모두 고른 것은?

ㄱ. 2종 오류(β)의 크기는 통계적 검정력과는 관련이 없다.
ㄴ. 통계 검정의 가정이 위배되면 일반적으로 통계적 검정력은 감소한다.
ㄷ. 통계적 검정력이 1에 가까울수록 1종 오류(α)는 0에 가까워진다.
ㄹ. 1종 오류(α)의 수준을 보수적으로 설정하면(예: .001), 실제 효과가 있을 때 효과가 있다고 결론내리기 어려워진다.

① ㄱ, ㄴ   ② ㄱ, ㄷ   ③ ㄴ, ㄹ   ④ ㄱ, ㄷ, ㄹ   ⑤ ㄴ, ㄷ, ㄹ

33

척도의 타당도를 평가할 수 있는 방법을 모두 고른 것은?

ㄱ. 요인분석
ㄴ. 문항의 내용 및 척도 구성에 대한 전문가의 판단
ㄷ. 타당성이 확보된 기존 척도와의 상관
ㄹ. 다특성-다방법(multitrait-multimethod) 접근

① ㄱ, ㄴ   ② ㄴ, ㄷ   ③ ㄷ, ㄹ   ④ ㄱ, ㄷ, ㄹ   ⑤ ㄱ, ㄴ, ㄷ, ㄹ

34

측정도구 선정 및 사용에 관한 설명으로 옳은 것은?

① 반복된 측정으로 인한 연습효과가 예상될 경우, 연구자는 동형검사(parallel forms) 사용을 고려하는 것이 좋다.
② 측정도구의 신뢰도가 높으면 타당도 또한 당연히 높다고 가정한다.
③ 측정도구 선정 시 검사의 경제성, 피검자의 피로도는 고려할 사항이 아니다.
④ 측정도구가 특정 연령대를 대상으로 타당화되었다면 다른 연령대에도 타당도가 확보된 것으로 가정한다.
⑤ 일반적으로 한 개의 측정도구로도 특정 구성개념을 완벽히 구인할 수 있기 때문에, 구성개념을 측정하기 위해 두 개 이상의 측정도구를 사용할 필요가 없다.

35

척도의 신뢰도(reliability)에 관한 설명으로 옳은 것을 모두 고른 것은?

ㄱ. 척도의 문항이 1개일 경우 반분신뢰도 계수는 1이다.
ㄴ. 같은 척도를 연령대가 다른 참여자들에게 실시해도 신뢰도 계수는 변하지 않는다.
ㄷ. Cronbach의 alpha는 검사-재검사 신뢰도를 나타낸다.
ㄹ. 문항들의 내용이 서로 유사하면 척도의 내적 일관성은 커진다.

① ㄱ   ② ㄹ   ③ ㄱ, ㄹ   ④ ㄴ, ㄷ   ⑤ ㄱ, ㄴ, ㄷ, ㄹ

36

다음 각각의 사례에 적절한 분석 방법을 옳게 짝지은 것은?

ㄱ. 연구자는 '자기수용척도'의 하위척도(자기수용-1, 자기수용-2, 자기수용-3) 점수의 프로파일을 토대로 연구 참여자들을 적극적 자기수용자, 소극적 자기수용자, 비수용자로 구분했다.

ㄴ. 연구자의 관심은 A와 B의 관계를 C가 조절하는지를 확인하는데 있다. 이를 위해 연구자는 1단계에 공변인을 투입하고, 2단계에 A와 C를 투입하고, 마지막 3단계에 A와 C의 상호작용 항을 투입해서 B를 설명하는 모형을 설정한 후 상호작용 항이 통계적으로 유의한지 확인했다.

① ㄱ : 경로분석,   ㄴ : 위계적 회귀분석
② ㄱ : 요인분석,   ㄴ : 경로분석
③ ㄱ : 군집분석,   ㄴ : 메타분석
④ ㄱ : 군집분석,   ㄴ : 위계적 회귀분석
⑤ ㄱ : 메타분석,   ㄴ : 반복측정 분산분석

37

논문 작성 시 '논의 및 결론'에 포함될 내용에 관한 설명으로 옳은 것은?

① 연구 가설을 지지하지 않는 연구 결과는 보고하거나 해석하지 않는다.
② 연구 결과가 상담 실무 및 관련 이론에 갖는 시사점을 기술한다.
③ 연구에서 활용한 척도 및 자료 수집 절차를 상세히 기술한다.
④ 연구의 배경이 되는 이론과 선행연구들을 소개하고 가설을 진술한다.
⑤ 연구 참여자들의 인구통계학적 정보를 표로 제시한다.

38

논문 작성 시 '연구방법'에 포함될 내용으로 옳은 것은?

① 연구의 필요성과 목적   ② 가설 검정을 위한 자료 분석 결과
③ 연구 결과 요약 및 선행 연구와의 비교   ④ 가설 설정의 근거가 되는 이론과 선행연구 결과
⑤ 참여자 모집 절차 및 선정 기준

39

진실험설계가 충족해야 할 조건으로 옳지 <u>않은</u> 것은?

① 외생(extraneous)변수의 통제
② 무작위 집단 배정
③ 현장실험
④ 종속변수값 간의 비교
⑤ 독립변수의 조작

40

자료의 총체로부터 귀납적으로 이론을 개발하는 방법으로서, 연구자는 수집한 자료에 기초하여 가설을 설정하고 검증하며, 분석적 귀납법이라고 부르는 과정을 통해 이론을 개발하는 연구방법은?

① 현상학적 연구
② 사례연구
③ 문화기술지 연구
④ 합의적 질적 연구
⑤ 근거이론 연구

41

단순선형회귀분석에서 총변동(SST; sum of squares total) 중 선형관계로 설명되지 않는 변동(SSE; sum of squares error)

이 차지하는 비중이 $\dfrac{1}{5}$ 이라면 결정계수 R^2의 값은?

① $\dfrac{1}{25}$
② $\dfrac{1}{5}$
③ $\dfrac{4}{5}$

④ 5
⑤ 25

42

집단 간 설계에 해당하는 것을 모두 고른 것은?

ㄱ. 사후검사 통제집단 설계	ㄴ. 솔로몬 4집단 설계
ㄷ. 교차설계	ㄹ. 라틴정방형(Latin square) 설계

① ㄱ, ㄴ
② ㄱ, ㄷ
③ ㄴ, ㄷ
④ ㄴ, ㄹ
⑤ ㄷ, ㄹ

43

질적 연구의 특징에 관한 설명으로 옳지 않은 것은?

① 자연스러운 상황에서 수행되고 밀접한 상호작용이 자료의 원천이다.

② 면접, 관찰, 문서 등 다양한 형태의 자료들을 수집한다.

③ 참여자의 관점 · 의미 또는 참여자의 다양한 주관적 견해에 초점을 맞춘다.

④ 이론과 가설은 수집된 자료로부터 연역적 방법으로 진화하여 발견된다.

⑤ 연구 설계에 있어서 초기계획이 엄격하게 규정되지 않고, 연구과정이 유연하다.

44

인간참여자를 대상으로 한 연구에서 연구 참여에 대한 동의를 받을 때 고지해야 하는 사항으로 옳지 않은 것은?

① 연구의 목적, 예상되는 기간 및 절차   ② 연구참여에 따른 잠재적 위험

③ 연구기간 중 연구참여를 철회할 권리   ④ 예상되는 실험결과나 연구결과

⑤ 비밀보장의 한계

45

연구부정행위에 관한 설명으로 옳지 않은 것은?

① 존재하지 않은 데이터를 허위로 만들어 내는 것은 위조에 해당한다.

② 존재하지 않은 연구결과를 허위로 만들어 내는 것은 변조에 해당한다.

③ 타인의 아이디어를 정당한 승인 또는 인용 없이 활용하는 것을 표절이라 한다.

④ 연구에 기여하지 않은 사람에게 논문저자 자격을 부여하는 것은 부당한 저자표시이다.

⑤ 이전에 출판된 자신의 연구결과를 해당 사실을 밝히지 않고 사용하는 것도 연구부정행위에 해당한다.

46

혼합연구방법에 관한 설명으로 옳은 것을 모두 고른 것은?

ㄱ. 미숙련 연구자에게 적합한 연구방법이다.

ㄴ. 질적 연구방법과 양적 연구방법을 결합한 연구방법이다.

ㄷ. 현상에 대한 이해를 넓히고 깊이 있는 연구가 가능하다.

① ㄱ   ② ㄱ, ㄴ   ③ ㄱ, ㄷ   ④ ㄴ, ㄷ   ⑤ ㄱ, ㄴ, ㄷ

47

유사실험설계(quasi-experimental design)에 관한 설명으로 옳지 않은 것은?

① 비동질통제집단설계(nonequivalent control group design)는 유사실험설계에 속한다.
② 진실험설계(true experimental design)에 비해 내적타당도 확보가 우수하다.
③ 피험자를 무선적으로 배치하지 못한다.
④ 실험실 상황이 아닌 실제 상황에서 독립변수를 조작해 연구하는 설계이다.
⑤ 진실험설계에 비해 외생변수의 효과를 통제하기 어렵다.

48

상담연구에서 단일사례연구설계(single-case research design)에 관한 설명으로 옳지 않은 것은?

① 연구결과의 일반화 가능성이 높다.
② 통계적 검증보다는 임상적 유의미성을 중시한다.
③ ABAB설계(reversal design)와 다중기저선설계(multiple-baseline design) 등이 있다.
④ 연구를 진행하면서 연구설계나 연구절차를 유연하게 수정할 수 있다.
⑤ 한 개인 또는 집단을 상대로 연구대상 내 차이를 분석하여 처치효과를 추정한다.

49

모의상담연구에 관한 설명으로 옳지 않은 것은?

① 독립변수의 수준을 조작함으로써 실험 상황을 통제할 수 있다.
② 대리 내담자의 활용을 통해 재정적 부담을 완화할 수 있다.
③ 상담과정 단순화를 통해 연구결과의 해석이 용이해진다.
④ 변수의 조작적 정의를 구체화 할 수 없다는 것이 단점이다.
⑤ 실험과정에서 발생할 수 있는 윤리적 문제를 회피할 수 있다.

50

실험실 실험연구에 관한 설명으로 옳지 않은 것은?

① 종속변인에 영향을 미치는 처치변인 외에 가외변인에 대한 통제가 중요하다.
② 처치를 인위적으로 조작하여 종속변인이 어떤 변화를 보이는지를 분석한다.
③ 상담 연구의 실험실 실험연구에는 모의상담이 해당된다.
④ 일반적으로 현장 실험연구에 비해 외적타당도가 낮다.
⑤ 우연적 사건, 성숙효과는 외적타당도를 저해하는 가외변인에 해당한다.

제3과목 심리측정 평가의 활용(필수)

| 해설 p357

51

다음에서 설명하고 있는 개념으로 옳은 것은?

- 수검자와 다른 사람들의 점수를 비교하여 높거나 낮은 정도를 확인할 수 있다.
- 검사 실시 후 수검자들의 점수를 해석하기 위해 필요하다.

① 규준 　　　② 심리측정 　　　③ 척도 　　　④ 심리검사 　　　⑤ 행동 표본

52

심리검사와 평가의 윤리에 관한 설명으로 옳은 것은?

① 표준화된 검사인 경우 결과 해석 시 수검자의 문화적 차이를 고려하지 않아도 된다.

② 동의할 능력이 없는 사람에게는 평가의 본질과 목적에 대해 알려주지 않아도 된다.

③ 법률에 의해 검사가 의뢰된 경우 수검자에게 평가 동의를 받지 않아도 된다.

④ 다른 사람에게 해를 끼칠 위험은 비밀보장의 예외적 조항에 포함되지 않는다.

⑤ 평가 결과를 수검자에게 보여주면 안 되는 경우, 사선에 수검자에게 이 사실을 알려주지 않아도 된다.

53

심리평가의 목적에 관한 설명으로 옳지 않은 것은?

① 적절한 라포를 형성한다. 　　　② 자아 강도를 확인한다.

③ 치료적 반응을 예상하고 치료 효과를 파악한다. 　　　④ 성격 구조와 특성을 이해한다.

⑤ 증상의 심각도를 평가한다.

54

심리검사의 역사에 관한 설명으로 옳지 않은 것은?

① 정신연령 개념은 Binet-Simon 검사에서 처음 제안되었다.

② Exner는 로샤(Rorschach) 검사의 종합체계를 고안하였다.

③ 비율 IQ는 Stanford-Binet 검사에서 도입되었다.

④ Army Beta의 한계점을 보완하기 위해 언어적 검사인 Army Alpha를 제작하였다.

⑤ 편차 IQ는 Wechsler 지능검사에서 사용되었다.

55

면담에 관한 설명으로 옳은 것은?

① 면담 시 직면은 수검자가 말하려는 주제를 충분히 표현하지 않을 때 명확하게 해 달라고 요청하는 것이다.

② K-SADS는 정동장애와 조현병을 알아보기 위한 성인용 면담 도구이다.

③ 면담 시 실시하는 정신상태검사는 지적 기능 영역을 포함한다.

④ 면담 초기에는 정확한 정보를 파악할 수 있는 폐쇄형 질문을 먼저 시작하는 것이 바람직하다.

⑤ 구조화된 면담은 수검자에게 얻은 자료를 양적으로 바꾸기 어렵다.

56

행동평가에 관한 설명으로 옳지 않은 것은?

① 전통적 행동관찰과 비교하여 특정한 행동과 맥락 변인에 초점을 둔다.

② 행동 면담을 통해 선행사건, 행동, 결과 간의 관련성을 기술한다.

③ 규준적(nomothetic) 접근보다 개인 특이적(idiographic) 접근을 더 선호한다.

④ 상황적 결정 요인을 강조하며 개인차를 중요하게 여긴다.

⑤ 심박수나 혈압과 같은 생리적 측정은 평가도구에 포함되지 않는다.

57

내담자의 특성을 측정하기 위한 심리검사 선정이 적절한 것은?

① 병리적 성격을 진단하기 위해 MBTI를 실시한다.

② 성인의 지능을 평가하기 위해 K-ABC를 실시한다.

③ 전반적인 성격을 측정하기 위해 16PF를 실시한다.

④ ADHD를 변별하기 위해 TAT를 실시한다.

⑤ 직업적성을 알아보기 위해 HTP를 실시한다.

58

심리검사의 실시와 해석에 관한 설명으로 옳지 않은 것은?

① 검사자는 표준화된 검사 절차를 지키는 것이 원칙이다.

② 의뢰 목적에 맞는 검사를 선택하는 것이 바람직하다.

③ 검사자의 기대가 수검자의 반응 결과에 영향을 미친다.

④ 수검자가 지시문을 정확하게 이해할 수 있도록 하여야 한다.

⑤ 검사결과는 반영구적이거나 영구적으로 해석된다.

59

심리검사에 관한 설명으로 옳지 않은 것은?

① 심리적 구성개념을 측정하기 위한 수단이다.

② 지능검사는 최대수행검사의 한 종류이다.

③ 심리적 특성의 개인차를 비교할 수 있다.

④ 투사검사는 객관적 검사에 비해 채점 시 평정자 간 일치도가 낮다.

⑤ 특정 영역에서 행동 전집을 수집하여 측정한다.

60

전통적 심리검사의 제작 순서로 옳은 것은?

ㄱ. 검사 규준과 요강 작성	ㄴ. 검사목적의 명료화
ㄷ. 문항의 개발	ㄹ. 검사의 내용과 방법 결정
ㅁ. 문항 분석	

① ㄱ - ㄴ - ㄷ - ㄹ - ㅁ   ② ㄴ - ㄹ - ㄷ - ㅁ - ㄱ

③ ㄷ - ㄴ - ㄱ - ㄹ - ㅁ   ④ ㄹ - ㄷ - ㄴ - ㅁ - ㄱ

⑤ ㅁ - ㄱ - ㄷ - ㄹ - ㄴ

61

심리검사의 신뢰도와 타당도에 관한 설명으로 옳은 것은?

① 검사 문항 수가 적을수록 신뢰도는 높아진다.
② 예측타당도는 구성타당도의 한 종류이다.
③ 측정의 표준오차 값이 작을수록 신뢰도는 높아진다.
④ 동형신뢰도는 시간경과에 따른 검사의 안정성을 측정하는 신뢰도이다.
⑤ 크론바하 알파(Cronbach's alpha) 계수는 타당도 측정의 한 방법이다.

62

다음 설명에 해당하는 K-WISC-V의 소검사는?

제한시간 내에 사물들이 그려진 자극 페이지를 제시한 후, 반응 페이지에 있는 사물들 중 자극 페이지에서 보았던 것들을 가능한 한 순서대로 고르도록 하는 과제

① 그림기억   ② 순차연결   ③ 선택   ④ 공통그림 찾기   ⑤ 행렬추리

63

K-WAIS-IV의 소검사 중 핵심 소검사가 **아닌** 것은?

① 상식   ② 행렬추론   ③ 빠진 곳 찾기   ④ 산수   ⑤ 동형 찾기

64

지능이론에 관한 설명으로 옳은 것을 모두 고른 것은?

ㄱ. Spearman의 2요인 이론에서 일반지능은 모든 종류의 인지적 과제를 수행할 때 사용되는 능력이다.
ㄴ. 결정지능은 개인의 축적된 학습경험을 반영하므로, 나이가 들어도 계속 발달할 수 있다.
ㄷ. CHC(Cattell-Horn-Carroll) 이론은 일반지능 g요인 하위에 넓은 인지능력, 그 하위에 좁은 인지능력으로 구성된다.
ㄹ. Thurstone이 제안한 기본 정신능력에는 문제해결 영역이 포함된다.

① ㄱ, ㄴ   ② ㄱ, ㄴ, ㄷ   ③ ㄱ, ㄷ, ㄹ   ④ ㄴ, ㄷ, ㄹ   ⑤ ㄱ, ㄴ, ㄷ, ㄹ

65

MMPI-2에서 재구성 임상척도의 T점수가 65 이상일 때 해석으로 옳지 않은 것은?

① RC1: 소화 기능 문제, 두통, 신경과적 증상과 같은 다양한 신체증상을 보고한다.

② RC2: 불행하게 느끼며 의기소침하고 미래에 대해 비관적이다.

③ RC3: 냉소적 태도를 가지고 있으며 타인을 신뢰할 수 없고 이기적인 존재라고 생각한다.

④ RC4: 사회적 규범과 기대에 순응하지 않고 타인에게 공격적이며 갈등적인 인간관계를 보인다.

⑤ RC6: 비현실감, 환각 증상이 나타난다.

66

홀랜드(Holland) 직업적성검사에서 다음의 성격 특징을 포함하는 유형은?

- 자유분방함
- 상상력이 풍부하고 감수성이 높음
- 독창적이며 비순응적임
- 구조화된 활동에는 흥미를 느끼지 못함

① 예술적(Artistic) 유형

② 탐구적(Investigative) 유형

③ 관습적(Conventional) 유형

④ 기업적(Enterprising) 유형

⑤ 사회적(Social) 유형

67

MBTI에서 정보를 수집하고 지각하는 지표로 옳은 것은?

① 외향(E), 내향(I)

② 감각(S), 직관(N)

③ 사고(T), 감정(F)

④ 판단(J), 인식(P)

⑤ 감각(S), 사고(T)

68

MMPI-A에 관한 설명으로 옳은 것은?

① L척도의 상승은 솔직한 검사태도를 시사한다.

② A-cyn척도의 상승은 자존감이 낮고 다른 사람만큼 유능하지 못하다는 느낌과 관련된다.

③ A-aln척도의 상승은 절도나 반항 같은 품행장애와 관련된다.

④ 무응답 반응이 30개 이상으로 너무 많으면 전체 척도를 신뢰하기 힘들다.

⑤ 임상척도에서 강박척도의 상승은 다양한 행동화, 비행과 관련된다.

69

NEO-PI-R에 관한 설명으로 옳은 것은?

① 지능을 성격의 기본적 구성요소로 간주한다.

② 신경증(Neuroticism) 척도의 하위척도에 불안이 포함되어 있다.

③ 개방성(Openness) 척도가 높은 사람은 관습적, 현실적이다.

④ 외향성(Extraversion) 척도의 하위척도에 신중성이 포함되어 있다.

⑤ 성실성(Conscientiousness) 척도가 높은 사람은 창조적, 독창적이다.

70

TCI 척도에 관한 설명으로 옳은 것을 모두 고른 것은?

> ㄱ. 자기초월 : 우주 만물과 자연을 수용하고 동일시하는 경향
>
> ㄴ. 인내력 : 자신의 행동을 상황에 맞게 통제, 조절, 적응시키는 능력
>
> ㄷ. 자율성 : 지속적 강화가 없더라도 보상 받은 행동을 일정한 시간 동안 지속하려는 성향

① ㄱ   ② ㄴ   ③ ㄱ, ㄴ   ④ ㄴ, ㄷ   ⑤ ㄱ, ㄴ, ㄷ

71

PAI의 임상척도로 옳지 <u>않은</u> 것은?

① 강박증(OBS)   ② 신체적 호소(SOM)

③ 음주 문제(ALC)   ④ 경계선적 특징(BOR)

⑤ 조증(MAN)

72

한국판 아동 · 청소년 행동평가 척도(K-CBCL 6-18)에 관한 설명으로 옳은 것은?

① 아동 및 청소년 본인이 실시하는 자기보고형 질문지이다.

② 신체 증상 척도는 내재화 척도에 해당된다.

③ 위축/우울 척도는 외현화 척도에 해당된다.

④ 문제행동 총점은 내재화 척도와 외현화 척도를 합산한 점수이다.

⑤ 공격행동 척도는 규칙을 어기거나 사회적 규범에 어긋나는 문제행동들을 충동적으로 하는 성향을 나타낸다.

73

투사검사에 관한 설명으로 옳은 것을 모두 고른 것은?

ㄱ. 로샤(Rorschach) 검사는 흑백 카드 10장으로 구성된다.
ㄴ. 주제통각검사(TAT)는 백지카드를 포함하여 총 31장으로 구성된다.
ㄷ. 수검자의 반응을 통해 의식 또는 무의식적 내용이 나타난다고 가정한다.
ㄹ. 집-나무-사람(HTP) 검사에서 집 그림의 창과 창문은 환경과의 간접적인 접촉을 나타내는 지표이다.

① ㄱ, ㄴ, ㄷ   ② ㄱ, ㄴ, ㄹ   ③ ㄱ, ㄷ, ㄹ   ④ ㄴ, ㄷ, ㄹ   ⑤ ㄱ, ㄴ, ㄷ, ㄹ

74

투사적 검사의 장점으로 옳은 것을 모두 고른 것은?

ㄱ. 반응의 독특성   ㄴ. 방어의 어려움
ㄷ. 검사실시와 해석의 간편성   ㄹ. 무의식적 내용의 반응

① ㄱ, ㄷ   ② ㄱ, ㄴ, ㄹ
③ ㄱ, ㄷ, ㄹ   ④ ㄴ, ㄷ, ㄹ
⑤ ㄱ, ㄴ, ㄷ, ㄹ

75

문장완성검사(SCT)에 관한 설명으로 옳지 <u>않은</u> 것은?

① 수검자에게 가장 먼저 떠오르는 생각을 적어 문장을 완성하도록 지시한다.
② 수검자의 반응을 면담에 활용할 수 있다.
③ 개인과 집단에 실시할 수 있다.
④ 반응시간에 제한이 있다.
⑤ 지능, 교육수준, 문장력 등의 영향을 받는다.

제4과목　이상심리(필수)

| 해설 p368

76

이상심리의 행동주의 모형에 관한 설명으로 옳지 않은 것은?

① 이상행동을 조건형성을 통해 설명한다.
② 무의식적 욕구나 갈등은 가정하지 않는다.
③ 개념들이 너무 추상적이어서 측정하기 어렵다.
④ 이상행동을 잘못된 학습의 결과로 본다.
⑤ 행동주의 모형에 입각한 치료에는 체계적 둔감법이 있다.

77

DSM-5에 포함되지 않은 정신장애는?

① 지속적 비탄장애　　② 되새김장애　　③ 유뇨증　　④ 섬망　　⑤ 병적 방화

78

정신장애 분류의 장점으로 옳지 않은 것은?

① 상담자들과 연구자들이 일관성 있게 공통적인 용어를 사용할 수 있다.
② 축적된 연구결과와 임상적 지식을 체계적으로 정리 및 전달할 수 있다.
③ 정신장애의 공통적 특성과 원인에 대한 연구가 가능해진다.
④ 진단된 장애 속성 이외에도 개인의 독특한 증상과 특성을 고려하며, 개인의 특수성에 초점을 맞출 수 있다.
⑤ 심리장애들 간의 유사성과 차이점을 인식하는 데 도움을 줄 수 있다.

79

DSM-5의 지적장애 중등도 수준에 해당하는 것을 모두 고른 것은?

ㄱ. 말 표현 시 어휘나 문법에 상당한 제한이 있다.
ㄴ. 학령 전기 아동에서는 언어와 학습 준비 기술이 느리게 발달한다.
ㄷ. 전 발달 영역에 걸쳐, 개념적 기술이 또래에 비해 현저히 뒤처진다.
ㄹ. 전 발달 과정에 걸쳐 사회적 행동과 의사소통 행동에서 또래들과 확연한 차이를 보인다.

① ㄱ, ㄴ, ㄷ   ② ㄱ, ㄴ, ㄹ   ③ ㄱ, ㄷ, ㄹ   ④ ㄴ, ㄷ, ㄹ   ⑤ ㄱ, ㄴ, ㄷ, ㄹ

80

다음 사례에 해당하는 DSM-5의 신경발달장애는?

D군은 초등학교 3학년 학생으로 초등학교 1학년 때부터 눈을 깜박이고, 머리와 목을 빠르게 움직이고, 어깨를 들썩거리기 시작했다. 이러한 동작은 시도 때도 없이 나타났다. 1년 전부터는 이런 동작뿐만 아니라 중얼거리는 소리를 내기 시작했고, 부모가 그만두라고 야단을 치면 잠시만 조용할 뿐 다시 시작되었다. 중얼거리는 소리는 점점 커졌고, 여러 가지 욕도 들어 있었다.

① 투렛장애   ② 잠정적 틱장애
③ 발달성 협응장애   ④ 상동증적 운동장애
⑤ 지속성 운동 또는 음성 틱장애

81

DSM-5에서 조현병의 음성증상은?

① 상황에 맞지 않는 부적절한 정서   ② 망상
③ 환각   ④ 와해된 언어
⑤ 정서적 둔마

82

DSM-5의 망상장애 아형(Subtypes)으로 옳지 않은 것은?

① 색정형   ② 과대형   ③ 공격형   ④ 피해형   ⑤ 질투형

83

DSM-5의 각 조현병 스펙트럼 장애와 그 진단기준을 옳게 짝지은 것을 모두 고른 것은?

> ㄱ. 조현병 : 망상, 환각, 혼란스러운 언어, 심하게 혼란스러운 행동이나 긴장증적 행동, 음성 증상들 중 최소 3가지 이상의 진단기준이 1개월간 지속되어야 한다.
> ㄴ. 조현정동장애 : 조현병의 증상과 더불어 주요 우울 또는 조증 삽화가 포함되어야 한다.
> ㄷ. 망상장애 : 1개월 이상의 지속 기간을 가진 한 가지 혹은 그 이상의 망상이 존재한다.
> ㄹ. 단기 정신병적 장애 : 망상, 환각, 와해된 언어, 극도로 와해된 또는 긴장성 행동의 지속 기간이 1개월 이상 6개월 이내이다.

① ㄱ   ② ㄴ, ㄷ   ③ ㄱ, ㄷ, ㄹ   ④ ㄴ, ㄷ, ㄹ   ⑤ ㄱ, ㄴ, ㄷ, ㄹ

84

DSM-5의 조증 삽화 진단기준으로 옳지 <u>않은</u> 것은?

① 불면증
② 사고의 비약
③ 목표 지향적 활동의 증가
④ 자존감의 증가 또는 과대감
⑤ 고통스러운 결과를 초래할 가능성이 높은 활동에의 지나친 몰두

85

다음에 해당하는 우울증의 유형은?

> 가족과의 사별, 실연, 실직, 중요한 시험에의 실패, 가족의 불화나 질병 등과 같이 비교적 분명한 환경적 스트레스가 계기가 되어 우울증상이 나타난다.

① 반응성 우울증   ② 내인성 우울증
③ 지체성 우울증   ④ 정신병적 우울증
⑤ 신경증적 우울증

86

DSM-5의 불안장애 하위유형에 해당하는 것을 모두 고른 것은?

ㄱ. 선택적 함구증   ㄴ. 분리불안장애
ㄷ. 특정공포증   ㄹ. 범불안장애
ㅁ. 사회불안장애

① ㄱ, ㄴ, ㄷ   ② ㄱ, ㄴ, ㄹ, ㅁ
③ ㄱ, ㄷ, ㄹ, ㅁ   ④ ㄴ, ㄷ, ㄹ, ㅁ
⑤ ㄱ, ㄴ, ㄷ, ㄹ, ㅁ

87

DSM-5의 공황장애에 관한 설명으로 옳지 <u>않은</u> 것은?

① 반복적으로 예상하지 못한 공황발작이 일어난다.
② 발작 혹은 그로 인한 지속적인 염려와 걱정, 발작과 관련한 심각한 부적응적인 행동들이 3개월 이상 나타나야 한다.
③ 공황장애 3요인 인지이론은 공황장애가 불안 민감성, 파국적 오해석, 공황적 자기 효능감에 의해서 유발된다고 본다.
④ 신경생물학적 관점에서는 청반핵과 노르에피네프린이 공황장애와 관련되어 있다고 본다.
⑤ 대표적인 치료방법으로 공황통제치료(panic control treatment)가 있다.

88

다음 사례에 해당하는 DSM-5의 장애는?

C씨는 3주 전 심각한 부상을 입고, 동승자는 사망하는 등 심각한 자동차 사고를 경험하였다. 그 후로는 그 사건에 대한 플래시백을 경험하고, 잠을 잘 못 자고 차를 타는 것을 두려워한다.

① 적응장애   ② 공황장애
③ 강박장애   ④ 급성스트레스장애
⑤ 외상후 스트레스장애

89

DSM-5의 강박장애에 관한 설명으로 옳지 않은 것은?

① 강박사고나 강박행동은 시간을 소모하게 만든다.
② 일반적으로 발병 연령은 남성이 여성보다 더 빠르다.
③ 원하지 않은 불쾌한 생각이 자꾸 떠올라 그것을 제거하기 위한 행동을 반복하게 되는 장애이다.
④ 심리적 치료방법으로 노출 및 반응방지법이 효과적이라고 알려져 있다.
⑤ 강박사고와 강박행동 둘 중 하나가 존재하지 않는 경우 강박장애 진단을 내릴 수 없다.

90

다음에 해당하는 해리성 정체감 장애 관련 이론은?

해당 이론은 해리현상이 발생하는 심리적 구조를 설명하기 위해서 해리를 억압과 구별되는 다른 유형의 방어기제로 주장한다. 억압과 해리는 모두 불쾌한 경험을 의식에서 밀어내는 방어적 기능을 한다는 점에서 유사하지만 그 방식이 다르다. 억압의 경우 수평분할을 기반으로 사고의 내용이 무의식으로 내려가는 반면, 해리는 수직분할이 생기고 사고의 내용들은 수평적인 의식 속에 머물게 된다.

① 외상 이론　　　　　　　　　② 4요인 이론
③ 신해리 이론　　　　　　　　④ 학습이론: 사회적 강화의 산물
⑤ 빙의 이론

91

다음에 해당하는 DSM-5의 신체증상 및 관련 장애는?

• 분명한 속임수와 관련되어 신체적이거나 심리적 징후나 증상을 허위로 조작하거나 상처나 질병을 유도한다.
• 다른 사람에게 자기 자신이 아프고 장애가 있거나 부상당한 것처럼 표현한다.
• 명백한 보상이 없는 상태에도 기만적 행위가 분명하다.

① 신체증상장애　　　② 꾀병　　　③ 전환장애　　　④ 인위성장애　　　⑤ 질병불안장애

92

다음 사례에서 보이는 행동을 설명하는 DSM-5의 진단으로 옳은 것은?

A씨는 남편과 심하게 싸운 후 다음날 일터로 나갔고 그날 집에 돌아오지 않았다. 3주후 A씨는 집에서 멀리 떨어져 있는 지방의 한 여관에서 눈을 떴으며, 어떻게 이곳에 왔는지 집을 떠난 후 무슨 일이 있었는지를 기억하지 못했다.

① 해리성 정체감 장애　　　　　　　　② 해리성 황홀경
③ 비현실감 장애　　　　　　　　　　　④ 이인증
⑤ 해리성 기억상실 : 해리성 둔주 동반

93

다음 사례에 해당하는 DSM-5의 급식 및 섭식장애는?

B씨는 정상 체중을 유지하며 2시간 안에 많은 음식을 섭취한다. 살찌는 것을 막기 위해 변비약을 복용하고 오랜 시간 운동을 한다. B씨는 이런 행동을 몇 개월간 매일 해왔다. 1kg만 쪄도 B씨는 자기 자신이 가치 없고 못생겨진다고 생각한다.

① 이식증　　　　　　　　　　　　　　② 폭식장애
③ 신경성 폭식증　　　　　　　　　　　④ 신경성 식욕부진증
⑤ 회피적/제한적 음식섭취장애

94

불면장애의 치료를 위한 수면위생 교육에 포함되지 않는 것은?

① 규칙적인 취침시간을 정한다.
② 낮에 길게 낮잠을 자는 것을 피한다.
③ 취침 전에 알코올을 섭취하지 않는다.
④ 취침 1시간 전에 격렬한 운동을 한다.
⑤ 잠자리에 누워 있는 동안 잠을 방해하는 행동을 하지 않는다.

95

DSM-5의 성별 불쾌감 장애 진단기준으로 옳지 <u>않은</u> 것은?

① 이성(반대 성)이 되고 싶은 강한 갈망은 있으나 자신이 이성(반대 성)이라고 주장하지는 않는다.

② 최소 6개월 기간으로 진단기준의 증상들이 나타나야 한다.

③ 남자 아이 또는 여자 아이는 이성(반대 성)의 복장을 선호하고 착장하기를 선호한다.

④ 자신의 해부학적 성별에 대해서는 강한 혐오를 가진다.

⑤ 가상 놀이 또는 환상 놀이에서 이성(반대 성)의 역할을 선호한다.

96

DSM-5의 품행장애 진단기준으로 옳지 <u>않은</u> 것은?

① 동물에게 신체적으로 잔인하게 대한다.

② 다른 사람의 집, 건물 또는 자동차를 망가뜨린다.

③ 심각한 손상을 입히려는 의도로 고의적으로 불을 지른다.

④ 부모의 제지에도 불구하고 13세 이전부터 자주 밤늦게까지 집에 들어오지 않는다.

⑤ 자주 화를 내고 크게 분개한다.

97

DSM-5의 병적 도벽에 관한 설명으로 옳은 것은?

① 여성에 비해 남성의 유병률이 높다.

② 체포될 것에 대해 염려하지 않는다.

③ 발병 연령은 보통 성인기에 시작된다.

④ 훔치기 직전에 고조되는 긴장감이 나타난다.

⑤ 필수 증상은 돈이 필요하거나 물건이 꼭 필요해서 훔치는 행위를 하는 것이다.

98

DSM-5-TR(수정판)에 포함된 '임상적 주의의 초점이 될 수 있는 기타의 상태' 중 '임상적 초점이 될 수 있는 추가적 상태 또는 문제'에 속하지 않는 것은? [수정]

① 의학적 치료를 멀리함
② 과체중
③ 자해의 개인력
④ 꾀병
⑤ 경계성 지적 기능

99

다음 사례에 해당하는 DSM-5의 성격장애는?

A씨는 관계에 대한 욕구가 부족해, 시골에서 혼자 살고 타인과 거의 접촉하지 않는다. A씨는 주변의 공기와 물에 포함된 유해한 화학물질을 두려워하고 극단적으로 오염을 걱정한다. A씨는 자신만의 정수 시스템을 개발했고 자신의 옷을 직접 만들어 입는다. 만약 밖에 나가야 할 일이 생기면 오염된 공기를 피하기 위해 온몸을 과도하게 감싸고 마스크를 쓴다.

① 편집성 성격장애
② 조현성 성격장애
③ 조현형 성격장애
④ 회피성 성격장애
⑤ 반사회성 성격장애

100

'성격장애에 대한 대안적 DSM-5모델'에서 도출될 수 있는 성격장애를 모두 고른 것은?

ㄱ. 경계성 성격장애	ㄴ. 강박성 성격장애
ㄷ. 의존성 성격장애	ㄹ. 자기애성 성격장애

① ㄱ, ㄴ, ㄷ
② ㄱ, ㄴ, ㄹ
③ ㄱ, ㄷ, ㄹ
④ ㄴ, ㄷ, ㄹ
⑤ ㄱ, ㄴ, ㄷ, ㄹ

제2과목 집단상담(선택)

| 해설 p380

26

다음의 집단원이 말하는 얄롬(I. Yalom)의 치료적 요인을 순서대로 나열한 것은?

- 나무님이 집단의 도움을 받아 문제를 해결하는 모습을 보니 제게도 용기가 생겼어요.
- 집단을 통해 제가 다른 사람들에게 어떤 성격으로 보이는지 알게 됐어요.

① 보편성, 대인관계 출력
② 희망의 고취, 대인관계 입력
③ 대인관계 입력, 보편성
④ 희망의 고취, 대인관계 출력
⑤ 보편성, 대인관계 입력

27

코리(G. Corey)의 '작업집단'의 주요 특성으로 옳지 않은 것은?

① 집단원들이 서로 신뢰하고 기꺼이 위험을 감수한다.
② 가까운 집단원끼리 하위집단을 만들기 때문에 전체 집단의 응집력이 높다.
③ 피드백이 자유롭게 오가며 거부감 없이 수용된다.
④ 지금-여기에서 의미 있는 상호작용이 이루어진다.
⑤ 무분별한 공격이 아닌 생산적인 피드백이 이루어진다.

28

집단상담 종결단계에서 집단상담자 역할로 옳은 것은?

① 집단상담 전체과정을 평가하고 지속적 변화를 격려한다.
② 집단원들이 자신의 방어적 패턴을 인식할 수 있도록 돕는다.
③ 집단원들이 구체적인 개인목표를 설정하도록 돕는다.
④ 집단상담의 일반적인 지침과 진행방법에 대해 안내한다.
⑤ 집단원들이 친숙해질 수 있도록 분위기를 조성한다.

29

집단상담 초기단계의 집단원 특징으로 옳지 않은 것은?

① 집단참여와 관련하여 두려움과 주저하는 태도를 보인다.
② 새로운 사람들과의 만남으로 인해 어색함을 느낀다.
③ 집단에 대한 막연한 기대감을 가지기도 한다.
④ 집단상담자에 대한 적대감이나 저항의 표면화가 일어난다.
⑤ 집단이 자기개방을 하기에 안전한 장소인지 탐색한다.

30

합리적 정서행동치료(REBT) 집단상담의 단계를 순서대로 옳게 나열한 것은?

ㄱ. 논박을 통해 합리적 사고를 할 수 있도록 돕는다.
ㄴ. 집단원이 문제를 이야기 하도록 한다.
ㄷ. 행동과제를 내주고 다음 회기에 그 결과를 토의한다.
ㄹ. a-b-c모델을 기반으로 집단원의 비합리적 신념을 확인한다.

① ㄱ → ㄹ → ㄷ → ㄴ   ② ㄴ → ㄱ → ㄹ → ㄷ
③ ㄴ → ㄹ → ㄱ → ㄷ   ④ ㄹ → ㄱ → ㄴ → ㄷ
⑤ ㄹ → ㄴ → ㄷ → ㄱ

31

다음의 질문들을 주요 기법으로 사용하는 이론에서 집단상담자의 개입에 관한 설명으로 옳은 것은?

- 당신이 우울하지 않을 때는 언제인가요?
- 당신이 기분이 좋다는 것을 친구들이 무엇을 보면 알 수 있을까요?
- 화내는 대신에 무엇을 다르게 하고 있을 것 같나요?

① 작고 구체적이며 실천 가능한 상담목표를 설정한다.
② 과거경험이 현재 성격에 미치는 영향에 초점을 둔다.
③ 문제의 원인을 파악하는 것이 해결의 지름길이라고 본다.
④ 집단원의 전이 감정에 대한 전문적인 해석을 내린다.
⑤ 집단원이 책임을 회피하는 방식을 점검하도록 한다.

32

심리극 집단상담의 특성으로 옳지 않은 것은?

① 집단구성원을 하나로 묶는 양방향적 공감인 텔레파시가 중시된다.
② 억압된 감정을 표출하고 정화하여 통찰을 일으키도록 한다.
③ 준비-시연-나누기의 순서로 진행된다.
④ 현실에서 일어날 수 없는 일까지 상상하게 하는 잉여현실을 도구로 활용한다.
⑤ 과거 사건을 마치 지금 일어나는 것처럼 재연하게 한다.

33

다음의 상담기법들을 사용하는 이론의 집단상담자 역할에 관한 설명으로 옳지 않은 것은?

- 격려
- 버튼 누르기
- 역설적 의도
- 마치 ~ 처럼 행동하기

① 그릇된 생활양식을 변화시키도록 격려한다.
② 자기 행동의 목적과 결과에 대해 이해하도록 돕는다.
③ 집단원들의 지금-여기에서의 행동에 초점을 둔다.
④ 집단원의 사회적 관심을 향상시키고자 한다.
⑤ 꿈을 토대로 무의식적 소망과 성적 억압을 해석한다.

34

다음의 설명에 해당하는 게슈탈트 집단상담의 심리적 현상은?

- 밀접한 관계에 있는 두 사람이 같은 생각과 감정을 경험하는 접촉 – 경계 혼란
- 서로 독립적으로 행동하지 못하고 의존관계에 빠지는 경우로 지속적으로 진정한 접촉을 어렵게 함

① 내사   ② 투사   ③ 융합   ④ 반전   ⑤ 편향

35

교류분석 집단상담에 관한 설명으로 옳지 <u>않은</u> 것은?

① 인간은 스스로 노력하면 변화할 수 있다는 희망을 제시한다.
② 집단에서 이루어야 할 목표를 구체적으로 진술한 계약을 맺는다.
③ 인간관계에 대한 이해를 통해 의사소통 문제를 해결하는데 도움이 된다.
④ 교육적 · 예방적 · 치료적 상담이 가능하다.
⑤ 정서적 접근을 지향하므로 지적 능력이 낮은 집단원에게도 효과적이다.

36

인간중심 집단상담에 관한 설명으로 옳은 것을 모두 고른 것은?

ㄱ. 인간은 본능적으로 자기를 보전하고 유지하며 실현하는 경향성을 가지고 있다고 보았다.
ㄴ. 진실성은 다른 집단원의 내적 참조들을 통해 그 집단원의 세계를 보는 능력을 말한다.
ㄷ. 로저스(C. Rogers)는 집단상담자를 '촉진자'라고 불렀디.
ㄹ. 집단상담자는 집단원의 과거경험들에 대한 자료 수집에 중점을 둔다.

① ㄱ, ㄴ   ② ㄱ, ㄷ   ③ ㄱ, ㄴ, ㄹ   ④ ㄱ, ㄷ, ㄹ   ⑤ ㄴ, ㄷ, ㄹ

37

다음에 해당하는 정신분석 집단상담 기법은?

- 현재 상황에서 지속되고 있는 인지적 · 정서적 · 행동적 왜곡 반응을 변화시키기 위해 집단원이 의식적 노력을 계속하도록 하는 것
- 집단원이 통찰한 내용을 바탕으로 자신의 저항이나 문제를 점진적으로 수정해 나가도록 하는 것

① 자유연상   ② 훈습   ③ 해석   ④ 저항 분석   ⑤ 차례로 돌아가기

38

다음 집단상담자의 상담기술에 관한 설명으로 옳지 않은 것은?

• 바다님이 말한 것은 지난 회기에 보라님이 했던 말과 유사한 것 같군요.

• 향기님이 지금 이야기 한 것과 비슷한 경험을 하신 분이 있나요?

① 집단원들 사이에 공감대를 형성한다.

② 공통의 관심사에 주의를 기울이게 한다.

③ 집단원들 간의 보편성을 경험하게 한다.

④ 집단원의 말과 행동의 모순 및 비일관성을 알게 한다.

⑤ 집단원들의 참여를 촉진한다.

39

집단상담자에게 전이 반응을 보이는 집단원에 대한 집단상담자의 대처로 옳지 않은 것은?

① 집단원이 그 반응으로 어떤 잠재적 이익을 얻는지 탐색한다.

② 집단원에 대한 집단상담자 자신의 반응을 검토해본다.

③ 집단원이 드러내는 감정이 집단 전체의 의견인지 확인해 본다.

④ 긍정적인 전이 감정은 집단의 흐름을 저해하지 않으므로 다루지 않는다.

⑤ 집단원의 전이 감정을 연상시키는 사람을 집단에서 찾아보도록 한다.

40

집단상담자의 역할에 관한 설명으로 옳지 않은 것은?

① 촉진자: 집단원의 참여를 권장하고, 집단원이 자기이해와 자기탐구의 깊은 단계로 나아갈 수 있도록 돕는다.

② 모범자: 집단원이 새로운 행동변화를 시도할 수 있도록 분위기를 만들어 주고 집단 과정에서 본보기가 된다.

③ 설계자: 집단원의 성숙한 행동은 강화하고, 미성숙한 행동을 억제하는 사회적 자극이 된다.

④ 참여적 관찰자: 집단의 수용적이고 자율적 분위기 조성을 위해 집단원의 일원으로 참여하고 집단 전체의 상황을 주의 깊게 관찰한다.

⑤ 보호자: 집단원들에게 권리와 책임에 대해 알려주고, 비밀보장의 중요성을 강조한다.

41

코리(G. Corey)의 집단상담자 전문적 자질로 옳지 <u>않은</u> 것은?

① 충실한 자기돌봄   ② 집단계획 및 지도능력

③ 상담이론에 관한 해박한 지식   ④ 인간에 관한 폭넓은 식견

⑤ 집단원으로서의 집단 경험

42

다음 대화에서 집단상담자가 적용한 기술은?

> • 집단원: 이번 시험에서 실수를 많이 한 것 같아요. 엄마는 제가 시험에서 늘 만점을 받기를 원하시는데… 엄청 화를 내실 것 같아요. 그래서 아직 시험결과에 대해 얘기하지 못했어요.
> • 집단상담자: 이번 시험에서 실수한 것 때문에 엄마에게 혼날까봐 많이 걱정되는가 보군요. 그리고 엄마에게 이 사실을 말해야 한다는 것이 두렵군요.

① 행동제한   ② 반영   ③ 직면   ④ 자기노출   ⑤ 차단하기

43

집단상담 계획서에 포함되는 내용으로 옳은 것을 모두 고른 것은?

> ㄱ. 집단원의 자격   ㄴ. 회기의 빈노와 시간
> ㄷ. 집단성과의 평가 계획   ㄹ. 집단의 명시적, 암묵적 규범

① ㄱ, ㄴ   ② ㄴ, ㄷ   ③ ㄷ, ㄹ   ④ ㄱ, ㄴ, ㄷ   ⑤ ㄱ, ㄴ, ㄷ, ㄹ

44

학교에서 운영되는 청소년 집단상담에서 집단상담자의 행동으로 옳지 <u>않은</u> 것은?

① 미성년자의 집단상담 참여와 관련된 법률을 숙지한다.

② 집단상담이 운영되는 학교의 상황과 방침을 고려한다.

③ 집단원의 발달단계와 발달과업을 고려하여 집단상담을 계획한다.

④ 학교관계자, 교사, 보호자 및 법정대리인에게 집단상담의 이점을 설명한다.

⑤ 집단상담에서 말한 것은 어떤 내용이라도 부모와 학교관계자에게 비밀을 보장할 것을 약속한다.

45

청소년상담사 윤리강령의 '다양성 존중'에 해당하는 집단상담자의 태도로 옳은 것은?

① 집단상담을 시작할 때 집단원의 권리와 책임을 알려준다.
② 집단원과 연애 관계 및 기타 사적인 관계를 맺지 않는다.
③ 내담자의 보호자 또는 법정대리인에게 상담에 대한 사전 동의를 받는다.
④ 훈련받지 않은 상담기법을 오남용하지 않는다.
⑤ 자신의 개인적 가치, 태도, 신념을 자각하고, 집단원에게 자신의 가치를 강요하지 않는다.

46

비자발적인 청소년 집단상담에서 집단상담자의 역할로 옳은 것을 모두 고른 것은?

ㄱ. 비자발적인 집단원이라도 사전 동의서를 받는다.
ㄴ. 집단원 스스로 집단활동 참여 여부를 선택할 권리가 있음을 말해준다.
ㄷ. 집단을 중도 탈퇴할 경우 발생할 결과에 대해 안내하고 선택할 수 있도록 한다.
ㄹ. 집단 참여에 대해 느끼는 부정적인 감정을 솔직하게 표현할 기회를 준다.

① ㄱ, ㄴ　　　　② ㄴ, ㄹ　　　　③ ㄷ, ㄹ　　　　④ ㄱ, ㄴ, ㄹ　　　　⑤ ㄱ, ㄴ, ㄷ, ㄹ

47

청소년 집단상담의 이점으로 옳은 것을 모두 고른 것은?

ㄱ. 부정적 감정을 다루는 방법을 연습할 수 있도록 해준다.
ㄴ. 다른 또래도 나와 비슷한 감정을 갖고 있음을 알게 된다.
ㄷ. 집단상담자와의 관계를 통해 의존성을 높여 나간다.
ㄹ. 또래와의 대화를 통해 자신과 타인에 대한 관심과 이해의 폭이 확대된다.

① ㄱ, ㄴ　　　　② ㄱ, ㄷ　　　　③ ㄱ, ㄴ, ㄹ　　　　④ ㄱ, ㄷ, ㄹ　　　　⑤ ㄴ, ㄷ, ㄹ

48

청소년 집단상담의 일반적인 목표로 옳은 것을 모두 고른 것은?

ㄱ. 타인의 감정을 고려하여 자신의 솔직한 느낌을 표현할 수 있도록 한다.
ㄴ. 자신의 흥미와 관심, 능력, 진로 및 적성에 대한 이해를 증진시킨다.
ㄷ. 집단 상호작용을 통해 대인관계 기술을 향상시킨다.
ㄹ. 성장과정에서 일어나는 신체적 · 인지적 · 정서적 변화에 대처하는 능력을 키운다.

① ㄱ, ㄴ   ② ㄱ, ㄴ, ㄷ   ③ ㄱ, ㄷ, ㄹ   ④ ㄴ, ㄷ, ㄹ   ⑤ ㄱ, ㄴ, ㄷ, ㄹ

49

청소년 집단상담 운영 시 집단상담자의 전략에 관한 설명으로 옳지 않은 것은?

① 집단이 진행될수록 권위자로서의 주도권을 높여 나간다.
② 집단이 비생산적으로 흐를 때에는 집단의 방향을 재구조화한다.
③ 흥미를 끌기 위해 다양한 매체와 도구를 사용할 수 있다.
④ 집단원의 가치와 생각을 존중해 준다.
⑤ 청소년에 대한 호감과 이해하는 태도를 보여준다.

50

감수성 훈련집단에 관한 설명으로 옳지 않은 것은?

① 집단원이 가진 기존관념의 해빙이 중요하다.
② 심각한 기능상의 문제와 증상 치료를 목표로 한다.
③ 지금-여기에서의 상호교류를 강조한다.
④ 자신과 타인의 반응에 대한 알아차림과 통찰이 촉진된다.
⑤ 상대방의 이야기가 나에게 어떤 느낌을 주었는지 피드백으로 되돌려 주는 것이 권장된다.

제3과목   가족상담(선택)

I 해설 p387

51

가족상담 초기단계의 상담자 역할로 옳지 <u>않은</u> 것은?

① 가족구성원이 이해받고 존중받는 느낌을 갖도록 한다.

② 가족구성원 간 상호작용을 지지하고 가족체계에 합류한다.

③ 직면을 통해 문제에 관한 통찰을 유도한다.

④ 상담자 역할의 범위와 가족의 행동규범에 관해 안내한다.

⑤ 구체적인 상담 목표를 설정한다.

52

경험적 가족상담에 관한 설명으로 옳지 <u>않은</u> 것은?

① 가족구성원의 정서적 경험과 표현에 중요한 가치를 둔다.

② 지금-여기에서 일어나는 상호작용 과정을 중시한다.

③ 대표 인물로 사티어(V. Satir)와 위태커(C. Whitaker)가 있다.

④ 인본주의 심리학에 뿌리를 두고 있다.

⑤ 가족의 경계와 위계를 파악하는 데 초점을 둔다.

53

구조적 가족상담의 주요 기법과 설명의 연결로 옳은 것은?

① 실연하기 - 가족구성원 간의 교류를 상담 과정에서 실제로 재현시키는 기법

② 경계선 만들기 - 가족원의 언어나 몸짓을 그대로 따라하는 기법

③ 증상 과장하기 - 가족 상호작용의 규칙과 구조를 지지하고 따르는 기법

④ 긴장고조 기법 - 가족의 긍정적인 면을 부각시키고 강화함으로써 상호작용 흐름의 방향을 바꾸는 기법

⑤ 증상 재명명하기 - 가족이 기존의 상호작용을 계속하도록 격려하는 기법

54

보웬(M. Bowen)의 가족상담에서 아래의 사례를 설명하는 개념으로 옳은 것은?

L씨(45세, 남편)와 C씨(43세, 아내)는 결혼 13년차 부부로 딸(10살)과 아들(7살)을 두고 있다. 부부는 결혼 6년차부터 자녀 양육 및 가사 분담에 관한 의견 차이로 크게 다툰 이후 현재까지도 만성적으로 부부 갈등을 겪고 있으며, 두 사람 간에 원활한 의사소통은 잘되지 않는 상황이다. 초등학교에 다니는 딸이 전학 이후에 학교 적응과 친구관계에 어려움을 겪기 시작하면서 C씨는 딸에게 과도한 관심을 쏟고 있다. C씨는 남편과의 관계에서 느끼는 좌절과 불편함으로 인해 딸에게 더욱 집중하면서 남편과의 갈등을 해소할 기회는 점점 줄어들고 있다.

① 사회적 정서과정　　　② 부부균열　　　③ 거짓적대성　　　④ 삼각관계　　　⑤ 정서적 단절

55

가족상담자의 윤리에 관한 설명으로 옳은 것을 모두 고른 것은?

ㄱ. 내담자와 사업적 관계나 성적 관계 등을 맺지 않는다.
ㄴ. 내담자에게 비밀을 보장받을 권리와 한계에 관하여 안내한다.
ㄷ. 내담자에게 가족상담자 자신의 관점과 가치를 받아들이도록 요구한다.
ㄹ. 상담내용은 내담자의 동의 없이 연구 등 공공 목적을 위해 활용할 수 있다.

① ㄱ, ㄴ　　　② ㄱ, ㄷ　　　③ ㄴ, ㄷ　　　④ ㄱ, ㄴ, ㄹ　　　⑤ ㄴ, ㄷ, ㄹ

56

다음 설명에 해당하는 보웬(M. Bowen)의 가족상담 기법으로 옳은 것은?

• 가족체계 내 삼각관계에 변화를 일으키기 위한 기법
• 가족원이 체계 과정을 인식하고 그 과정에서 자신의 역할을 자각하게 하는 것을 목표로 함
• 가족원이 평소 자신의 충동에 따라 자동적으로 반응하지 않을 때의 상황을 경험하도록 함
• 예: 추적자 역할의 가족원에게는 상대와 거리를 두고 떨어져 보기를 요청하고, 도망자 역할의 가족원에게 자신의 감정을 표현하며 상대에게 다가가보도록 격려함

① 나 입장(I-position) 취하기　　　　　② 관계실험
③ 과정질문　　　　　　　　　　　　④ 코칭
⑤ 가계도

57

후기 가족상담 이론에 영향을 준 사회구성주의에 관한 설명으로 옳지 않은 것은?

① 실재(reality)는 언어를 통해 구성된다고 본다.
② 그 누구도 객관적인 실재를 알 수 없다고 본다.
③ 전문가의 전문적인 지식을 중요시하는 관점을 가진다.
④ 실재는 상호작용을 통해 사회적으로 구성된다고 본다.
⑤ 본질적인 진실이란 존재하지 않는다는 관점을 가진다.

58

가족상담 이론과 기법의 연결로 옳지 않은 것은?

① 경험적 가족상담 - 가족조각기법 　　② 보웬(M. Bowen) 가족상담 - 과정질문
③ 구조적 가족상담 - 추적하기 　　④ 전략적 가족상담 - 긍정적 의미부여
⑤ 이야기치료 - 고된 체험기법

59

보웬(M. Bowen)의 가족상담에 관한 설명으로 옳은 것을 모두 고른 것은?

ㄱ. 미분화 가족 자아군은 온 가족이 감정적으로 한 덩어리가 되어 고착되어 있는 상태이다.
ㄴ. 가족구성원의 자아분화 수준이 높을수록 자율성이 부족하며, 감정적으로 반응한다.
ㄷ. 가족투사과정은 미성숙한 부모가 취약한 자녀를 투사 대상으로 선택하는 과정이다.
ㄹ. 출생순위에 따른 형제자매 위치는 가족 정서체계 안에서 특정한 역할과 기능을 담당한다.
ㅁ. 개인의 문제는 그 개인이 속한 특정 세대의 역기능적 구조에 의해 발생한다.

① ㄱ, ㄴ 　　② ㄱ, ㄷ, ㄹ 　　③ ㄴ, ㄷ, ㅁ 　　④ ㄱ, ㄷ, ㄹ, ㅁ 　　⑤ ㄴ, ㄷ, ㄹ, ㅁ

60

경험적 가족상담의 목표에 관한 설명으로 옳지 않은 것은?

① 당면문제 해결 　　② 정서 표현의 증진
③ 자발성 증진 　　④ 인간적 성장
⑤ 경험의 확대

61

다음의 설명에 해당하는 구조적 가족상담의 개념은?

- 두 사람이 제3자에게 맞서기 위해 힘을 합하는 것
- 예 : 어머니와 자녀가 힘을 모아 폭력적인 아버지에게 대항하는 것

① 동맹(alliance)　　　　　　　　　② 연합(coalition)
③ 합류(joining)　　　　　　　　　④ 추적(tracking)
⑤ 밀착(enmeshment)

62

맥매스터 모델(McMaster Model)에서 제시한 가족기능으로 옳은 것을 모두 고른 것은?

ㄱ. 문제해결　　　ㄴ. 의사소통　　　ㄷ. 행동통제　　　ㄹ. 정서적 반응성　　　ㅁ. 응집성

① ㄱ, ㄴ　　　② ㄱ, ㄷ, ㄹ　　　③ ㄴ, ㄹ, ㅁ　　　④ ㄱ, ㄴ, ㄷ, ㄹ　　　⑤ ㄴ, ㄷ, ㄹ, ㅁ

63

다음 설명에 해당하는 카터(B. Carter)와 맥골느릭(M. McGoldrick)의 가족생활주기단계는?

- 가족구성원의 증감을 수용하는 단계
- 자녀와의 관계를 재정립하는 단계
- 자녀가 자율성을 확립하는 단계
- 부모의 의존과 죽음에 대처하는 단계

① 신혼부부 단계　　　　　　　　　② 어린 자녀를 둔 단계
③ 사춘기 자녀를 둔 단계　　　　　　④ 자녀 독립 단계
⑤ 노년기

64

순환모델의 자기보고식 가족사정척도는?

① BGT　　　② KFD　　　③ FACES　　　④ ENRICH　　　⑤ PREPARE

65

다음 사례에서 가족상담자의 개입으로 옳지 않은 것은?

> 고등학교 2학년인 A는 지각과 결석이 잦아지고 성적도 조금씩 떨어졌다. 또한 친구들과 어울리면서 음주와 흡연을 하는 등 문제 행동을 하였고 자해의 흔적도 발견되어 상담에 의뢰되었다.

① 학교 폭력과 가정 폭력이 있었는지 확인한다.
② 가족조각을 활용하여 가족원 간의 의사소통 체계를 탐색한다.
③ 자해의 강도, 빈도 등을 확인하고 생명존중서약을 받는다.
④ 지각과 결석 등 문제가 생길 무렵 가족 내에 발생한 문제가 있었는지 확인한다.
⑤ 내담자 개인의 행동 문제로 상담이 의뢰되었기 때문에 가족상담은 고려하지 않는다.

66

청소년의 집단따돌림에 관한 설명으로 옳은 것을 모두 고른 것은?

> ㄱ. 집단따돌림은 청소년 사이에서 일어나는 폭력의 한 형태이다.
> ㄴ. 따돌림 피해 청소년은 대개 성인에게 도움을 요청하여 해결한다.
> ㄷ. 집단따돌림에 영향을 주는 요인은 개인, 가족, 학교환경 등으로 분류된다.
> ㄹ. 집단따돌림과 유사한 개념으로 왕따, 집단괴롭힘, 불링(bullying) 등이 있다.

① ㄱ, ㄴ   ② ㄴ, ㄷ   ③ ㄷ, ㄹ   ④ ㄱ, ㄷ, ㄹ   ⑤ ㄱ, ㄴ, ㄷ, ㄹ

67

가족상담의 실제에 관한 내용으로 옳은 것을 모두 고른 것은?

> ㄱ. 모든 가족원이 상담에 참석하지 못하면 가족상담이 성립되지 않는다.
> ㄴ. 부모가 자녀를 대신하여 이야기해서는 안 된다는 규칙을 정해 놓는 것은 도움이 된다.
> ㄷ. 가족상담 종결 후, 추후상담을 할 때는 전화, 편지, 메일 등을 통해서도 가능하다.
> ㄹ. 상담 초기부터 가족상담자가 모든 상담과정을 엄격하게 통제하는 것이 좋다.

① ㄱ, ㄴ   ② ㄱ, ㄷ   ③ ㄴ, ㄷ   ④ ㄷ, ㄹ   ⑤ ㄱ, ㄴ, ㄹ

68

가족상담적 관점에서 가족원의 중독문제에 관한 설명으로 옳지 않은 것은?

① 중독의 원인을 가족의 체계나 구조에 있다고 전제한다.

② 가족원에게서 느끼는 소외와 외로움으로 인해 다른 대상에 의존함으로써 중독에 이르게 된다고 본다.

③ 청소년 중독자의 경우 가족의 영향력이 강하기 때문에 가족상담적 접근이 필요하다.

④ 가족 내에 중독자가 생기면 온 가족이 중독자 중심으로 움직여야 한다.

⑤ 중독문제는 가족의 부정적 상호작용 패턴에 의해 유지된다고 본다.

69

가정폭력 가족상담에 관한 설명으로 옳지 않은 것은?

① 개인의 폭력문제도 가족문제 중의 하나로 보고 가족체계에 초점을 두고 접근한다.

② 가정폭력을 해결하기 위해서는 가족원간의 역기능적 상호작용 패턴과 관계구조를 변화시키는 것이 필요하다.

③ 체계론적 입장에서 폭력은 가족을 비롯한 타인의 폭력행위를 모방함으로써 폭력을 학습하게 된다고 본다.

④ 보웬(M. Bowen)의 가족상담에서는 가족의 폭력문제를 가족원의 낮은 자아분화 수준과 관련 있는 것으로 본다.

⑤ 이야기치료에서는 폭력에 기여하는 가부장적 담론을 파악하고 해체하여 대안적 이야기를 구축한다.

70

이야기치료에 관한 설명으로 옳지 않은 것은?

① 개인의 삶은 언어를 통한 이야기로 구성되고 창출된다.

② 포스트모더니즘과 사회구성주의적인 시각에 근거한다.

③ 이야기는 사회적 맥락 속에서 만들어진다고 본다.

④ 문제는 결과적으로 사람에게 있다고 본다.

⑤ 마지막 단계는 대안적 정체성을 구축하는 것이다.

71

전략적 가족상담자로 분류되지 않는 학자는?

① 헤일리(J. Haley) ② 마다네스(C. Madanes)

③ 파라졸리(M. Selvini‑Palazzoli) ④ 잭슨(D. Jackson)

⑤ 컨버그(O. Kernberg)

72

대처질문에 관한 설명으로 옳은 것은?

① 내담자가 어려움과 위기를 어떻게 극복하고 생존해 왔는지 그리고 희망을 버리지 않고 유지해 올 수 있었는지에 관하여 질문하는 동시에 생존능력을 인정하고 간접적으로 칭찬하는 기법이다.
② 내담자들이 이미 효과적인 해결책을 사용하고 강점과 자원을 갖고 있으면서도 의식하지 못할 때 문제보다는 해결책을 모색하는 것으로 관심을 전환시키는데 도움이 되는 기법이다.
③ 내담자가 인식하는 문제의 정도, 해결가능성, 상담의 진척 정도 등을 숫자로 표현하도록 하는 기법이다.
④ 내담자와 중요한 관계에 있는 사람의 생각, 의견, 가치관, 반응 등에 관하여 질문하는 것으로 다른 사람의 관점에서 생각하고 이해하도록 돕기 위한 기법이다.
⑤ 한국에서 해결중심모델을 적용하는 과정에서 명명된 질문으로 상담을 통해 어떤 상태가 되면 보람 있다고 생각하는지 질문하는 기법이다.

73

다음에서 설명하는 이야기치료 기법은?

- 문제를 사람과 분리시키기 위한 기법
- '남편의 거짓말이 당신을 괴롭히고 있군요.' 대신 '거짓말이 두 사람 사이에 갈등을 일으키게 했군요.' 라고 상담자가 바꾸어 말하는 것

① 가족조각
② 문제의 외재화
③ 대안적 이야기
④ 정의예식
⑤ 독특한 결과 탐색

74

체계론적 가족상담의 개입 특성에 관한 설명으로 옳지 않은 것은?

① 가족 문제의 원인을 현재보다는 과거에서 파악하고자 한다.
② 순환적 인과관계를 통해 문제를 이해하고자 한다.
③ 가족구성원 간의 상호 관계성에 주목한다.
④ 체계를 구성하는 개인 간 관계에 초점을 두고 개입한다.
⑤ 가족구성원 간 행위의 연쇄적인 패턴을 파악하고자 한다.

75

가족상담의 기본 개념에 관한 설명으로 옳은 것을 모두 고른 것은?

ㄱ. 가족항상성(family homeostasis)은 가족체계가 변화에 저항하고 안정성을 그대로 유지하고자 하는 특성을 의미한다.

ㄴ. 정적 피드백(positive feedback)은 체계가 변화를 거부하고 균형을 유지하도록 하는 피드백을 의미한다.

ㄷ. 2차 변화(second-order change)는 체계의 규칙 자체를 재설정하여 항상성을 재구조화하는 변화를 의미한다.

ㄹ. 대칭적(symmetrical) 관계는 가족구성원 각자가 서로 균형을 맞추거나 보완해주는 역할을 하는 관계를 의미한다.

① ㄱ, ㄴ

② ㄱ, ㄷ

③ ㄴ, ㄷ

④ ㄱ, ㄴ, ㄹ

⑤ ㄱ, ㄷ, ㄹ

MEMO

1교시

2교시

2023

제1과목 청소년 상담의 이론과 실제 (필수)

| 해설 p398

01

다음 사례에서 내담자가 사용하는 방어기제는?

면접 보았던 회사에서 떨어졌어요. 실망이 크고 부모님 뵐 면목이 없었는데 차라리 잘 되었다는 생각이 들어요. 그 회사가 임금은 높지만 일을 엄청 많이 시키고, 알고 보니 회사의 복지도 좋지 않대요. 저는 제 시간을 가지고 수준이 맞는데 가고 싶어요. 그 회사를 안가서 더 좋아요.

① 합리화   ② 억압   ③ 퇴행   ④ 치환   ⑤ 승화

02

다음 상담사례에 나타난 청상이의 부적응 문제 분류로 옳은 것은?

- 어머니 : 청상이가 전학 간 학교에 약물중독인 학생이 있고 학교폭력도 심해요. 그러다보니 청상이가 불안해하면서 우울감도 든다고 하고. 반에서 1등을 했는데도 적응하기 힘들어하며 심지어는 섭식장애까지 생기는 거예요.
- 상담자 : 청상이가 지금 힘들겠군요. 부적응의 표현이 과잉 통제되어 소극적이고 억압적으로 나타나고 있어서 우선 청상이가 직접 상담실에 와서 힘든 점을 이야기 하고 상담을 받아 보았으면 좋겠습니다.

① 통계적 문제   ② 내재화 문제
③ 외현화 문제   ④ 수동적 문제
⑤ 공격적 문제

03

인간중심 상담이론에서 '충분히 기능하는 사람'에 대한 특징으로 옳은 것을 모두 고른 것은?

ㄱ. 창의성	ㄴ. 자신에 대한 신뢰
ㄷ. 경험에 대한 개방성	ㄹ. 실존적인 삶에 대한 가치부여

① ㄱ, ㄴ, ㄷ   ② ㄱ, ㄴ, ㄹ   ③ ㄱ, ㄷ, ㄹ   ④ ㄴ, ㄷ, ㄹ   ⑤ ㄱ, ㄴ, ㄷ, ㄹ

04

교류분석 상담 과정을 순서대로 연결한 것으로 옳은 것은?

ㄱ. 계약	ㄴ. 교류분석	ㄷ. 각본분석	ㄹ. 재결단	ㅁ. 게임분석	ㅂ. 구조분석

① ㄱ → ㄴ → ㄷ → ㄹ → ㅁ → ㅂ
② ㄱ → ㄷ → ㄴ → ㅁ → ㅂ → ㄹ
③ ㄱ → ㅁ → ㄷ → ㅂ → ㄴ → ㄹ
④ ㄱ → ㅂ → ㄴ → ㅁ → ㄷ → ㄹ
⑤ ㄱ → ㅂ → ㄷ → ㄴ → ㅁ → ㄹ

05

얄롬(I. Yalom)이 제안한 실존적 조건의 궁극적 관심사로 옳지 않은 것은?

① 고독(소외)   ② 자유   ③ 의지   ④ 죽음   ⑤ 무의미

06

다음 사례에서 내담자가 보이는 접촉경계혼란은?

- 내담자 : 엄마가 저 때문에 사신다며 집착이 심해 너무 힘들어요. 5년간 만나다 결혼하려는 남자친구도 마음에 안 드신다며 결혼을 반대 하시는 거예요. 저는 엄마의 강요가 정말 싫고 심지어는 죽어버리고 싶더라고요. 얼마 전에는 자살시도도 했어요.
- 상담자 : 엄마 때문에 생겨난 분노가 자신에게로 향하고 있네요.

① 내사   ② 반전   ③ 융합   ④ 투사   ⑤ 편향

07

행동주의 상담이론에 관한 설명으로 옳지 않은 것은?

① 행동은 강화와 모방을 통해 학습된다고 본다.
② 인간의 행동은 환경과의 상호작용에 의해 이루어진다고 본다.
③ 실험적 연구에서 밝혀진 학습원리를 심리치료에 응용한 것이다.
④ 환경론을 강조하고 비합리적 충동적 욕구도 후천적인 조건화의 결과로 본다.
⑤ 이상행동이나 문제행동은 학습경험의 잘못이라고 생각하기보다 정상에서 이탈된 질환으로 보려고 한다.

08

현실치료의 특성으로 옳지 않은 것은?

① 책임을 강조한다.　　　　　　　　　② 내담자의 변명을 수용한다.
③ 정신질환을 인정하지 않는다.　　　　④ 내담자의 가치판단을 강조한다.
⑤ 처벌이나 비난은 비효과적이라고 본다.

09

여성주의 상담에서 길리건(C. Gilligan)의 주장에 관한 설명으로 옳지 않은 것은?

① 콜버그(L. Kohlberg)의 모형을 '책임의 도덕성'이라 한 반면, 자신의 모형은 '정의의 도덕성'이라고 본다.
② 가설적 상황보다는 실제 상황을 적용하여 여성이 직면하는 도덕적 딜레마를 제시하고자 하였다.
③ 정체성 형성에 있어, 전통적인 심리학에서 바라보는 여성들의 관계에 대한 관점을 비평하였다.
④ 여성의 착한 면으로 여겨지는 동정심과 돌봄과 같은 특성은 여성의 도덕성 발달에 있어서 불리한 조건으로 작용한다고 보았다.
⑤ 여성의 도덕성이 일반적으로 3단계에 도달하는 반면, 남성의 도덕성이 4단계에 도달한다는 결과는 여성의 결함이 아니라 콜버그 이론의 결함이라고 주장한다.

10

다음 사례에서 나타난 청소년기 사고의 특징을 나타내는 개념은?

> 저는 무대에 등장하는 주인공처럼 엘리베이터에서도 사람들이 저만 쳐다보는 것 같고, 전철을 타도 연예인처럼 저를 주목하는 것 같아 외모와 행동에 신경이 쓰여요. 제가 타인의 집중적인 관심의 대상이 되는 것 같아요.

① 개인적 우화　　② 상상적 청중　　③ 구체적 사고　　④ 절대적 사고　　⑤ 과업지향적 사고

11

( )에 들어 갈 학자가 순서대로 연결된 것으로 옳은 것은?

> 인지치료 상담이론에서 상담자는 상담초기에 내담자의 부적응적인 신념을 반박하지 않고 내담자가 자신의 신념이 어떤 기능을 하는가에 대한 탐색의 기회를 제공한다. 이어서 상담자는 (ㄱ)식 교육자로서 내담자의 신념체계에서 옳고 그른 것을 (ㄴ)의 문답식으로 평가한다. 그 후 면밀한 평가를 거쳐 새로운 자료가 들어오면 인지치료자와 내담자는 한 팀이 되어 새로운 전략을 마련한다.

① ㄱ: 흄,   ㄴ: 칸트
② ㄱ: 지라르,   ㄴ: 가다머
③ ㄱ: 레비나스,   ㄴ: 플라톤
④ ㄱ: 소크라테스,   ㄴ: 소크라테스
⑤ ㄱ: 아르키메데스,   ㄴ: 아리스토텔레스

12

엘리스(A. Ellis)의 합리정서행동상담에 관한 설명으로 옳지 않은 것은?

① 스토아 학파에서 근원을 찾을 수 있다.
② 고대 로마의 에픽테투스(Epictetus) 사상의 영향을 받았다.
③ 인간의 삶에 혼란을 가져올 수 있는 비합리적 신념에 주목한다.
④ 내담자 문제는 억압된 미해결 과제가 해소되지 못할 때 발생한다고 본다.
⑤ 철학적 토내에는 '책임을 동빈힌 쾌락주의', '인본주의', '합리성'의 개념이 포함되어 있다.

13

상담의 종결 단계에 관한 설명으로 옳지 않은 것은?

① 종결에 관련된 내담자의 감정을 다룬다.
② 상담을 통해 변화된 행동이 지속되는지 점검한다.
③ 종결이후 진행되는 상담을 추수(추후)상담이라고 한다.
④ 초기에 설정한 목표가 달성되면 새로운 목표를 설정한다.
⑤ 추수(추후)상담의 진행시기, 횟수 등은 종결 전에 정한다.

14

청소년상담의 목표에 관한 설명으로 옳지 <u>않은</u> 것은?

① 청소년을 둘러싼 적절하지 못한 환경을 개선한다.
② 청소년의 잠재 가능성을 찾아 실현할 수 있도록 지원한다.
③ 위기청소년들에게는 직접 개입보다 가족역동을 이해할 수 있도록 심리치료를 우선적으로 한다.
④ 청소년들이 일상생활에서 직면하는 문제의 해결을 조력한다.
⑤ 경제적, 사회적, 심리적으로 위기에 처한 청소년의 안정적 생활을 지원한다.

15

청소년상담사의 전문적 자질에 해당하는 것을 모두 고른 것은?

> ㄱ. 상담이론 및 개입기술에 대한 지식
> ㄴ. 청소년의 발달 특성을 이해
> ㄷ. 관련법과 윤리에 관한 지식
> ㄹ. 위기나 돌발 상황에 대한 대처능력
> ㅁ. 행정절차 숙지, 프로그램 실행 및 추진 능력

① ㄱ, ㄴ   ② ㄷ, ㄹ
③ ㄴ, ㄹ, ㅁ   ④ ㄱ, ㄴ, ㄷ, ㄹ
⑤ ㄱ, ㄴ, ㄷ, ㄹ, ㅁ

16

심리검사 실시와 해석에 관한 윤리적 행동으로 옳은 것은?

① 11세 아동에게 본인 동의를 받아 바로 검사를 실시하였다.
② 다문화 배경을 가진 내담자를 위한 검사선택시 내담자의 사회문화적 맥락을 신중히 고려하였다.
③ 아는 대학원생의 논문을 위해 6개월 전의 검사결과들을 연구에 제공하였다.
④ 내담자에게 적절하지 않지만 상담사가 관심 있는 검사를 사용하였다.
⑤ 상담사가 모르는 검사지만 보호자의 요청으로 실시하고 해석하였다.

17

청소년상담사 윤리강령에 따른 상담의 기록과 보관에 관한 설명으로 옳은 것을 모두 고른 것은?

ㄱ. 상담내용을 기록하고 보관해야 함
ㄴ. 기록 및 녹음에 관해 내담자의 사전 동의를 구함
ㄷ. 청소년 내담자의 보호자가 상담기록의 삭제를 요청할 경우 예외 없이 삭제해야 함
ㄹ. 기록의 보관은 공공기관이나 교육기관 등은 각 기관에서 정한 기록보관 연한을 따르고 이에 해당하지 아니한 경우에는 3년 이내 보관을 원칙으로 함

① ㄱ   ② ㄱ, ㄴ   ③ ㄷ, ㄹ   ④ ㄱ, ㄴ, ㄹ   ⑤ ㄱ, ㄴ, ㄷ, ㄹ

18

대면 접수면접에서 다루는 내용에 해당하지 않는 것은?

① 기본정보 파악   ② 호소문제 탐색
③ 가족정보 파악   ④ 태도와 행동 관찰
⑤ 통찰 촉진을 위한 직면

19

상담시간에 계속 지각하는 고2 내담자 A에게 상담자가 사용한 상담기술에 관한 설명으로 옳지 않은 것은?

• 내담자 : 저는 상담이 너무 좋은데, 이상하게 자꾸 늦어요(시계를 자꾸 쳐다보며 심드렁하게 앉아 있다).
• 상담자 : 음... 오늘까지 3주 연속 늦고, 상담 중에도 계속 시계를 보고 있군요. 저는 A가 여기서 얼른 나가고 싶은 것처럼 느껴져서 좀 당황스러워요.

① 내담자로 하여금 다른 관점으로 문제를 볼 수 있도록 행동, 사고, 감정에 새로운 의미를 제공한다.
② 내담자의 경험, 행동, 사고에 대한 상담자의 경험 또는 감정을 구두로 전달하는 것이다.
③ 내담자의 자기탐색을 촉진하고 내담자 또는 관계에 초점을 유지하기 위해 사용한다.
④ 상담회기 중 특정 사건, 내담자에 대한 상담자 반응에 초점을 맞출 수 있다.
⑤ 상담자들은 종종 이 반응이 내담자를 화나게 만들지 않을까 걱정하기도 한다.

20

다음에서 사용된 상담기술은 무엇인가?

> • 상담자 : 어른에게 예의바르게 행동해야 한다고 말하면서도 아버지에 대해서는 '그 인간'이라고 부르며 욕을 하고 있네요.

① 재진술   ② 해석

③ 직면   ④ 자기개방

⑤ 정보제공

21

또래와의 갈등으로 삶이 불행하다고 호소하는 17세 내담자에게 상담자는 '유쾌하거나 불쾌했던 상황을 상상해 보도록 하고, 그 이미지에 동반되는 감정들을 살펴보게 한 후, 어떤 감정을 선택할 것인지를 자신이 결정할 수 있음'을 알게 했다. 상담자가 사용한 기법은?

① 즉시성   ② 수렁 피하기

③ 단추 누르기   ④ 스프에 침 뱉기

⑤ 마치 ~인 것처럼 행동하기

22

사이버상담에 관한 설명으로 옳지 않은 것은?

① 익명성이 있다.

② 매체상담의 하나이다.

③ 상담자가 적극적으로 자기를 개방하게 된다.

④ 스마트기기 및 인터넷 환경의 발달로 더욱 활발해졌다.

⑤ 내담자가 자신의 정보를 제공하지 않고도 상담이 가능하다.

23

지역사회 청소년통합지원체계(CYS-Net)에 관한 설명으로 옳지 <u>않은</u> 것은?

① 이 체계는 「청소년 보호법」 제4장에 규정되어 있다.
② 필수연계기관에 지방고용노동청 및 지청이 포함되어 있다.
③ 지역사회기반으로 통합서비스를 제공하기 위한 시스템이다.
④ 위기청소년을 지원하기 위한 자발적인 지역주민모임이 있다.
⑤ '위기청소년 발견', '상담개입', '통합서비스 제공'이라는 세 가지 운영 모듈을 가지고 있다.

24

청소년 내담자 A와의 대화에서 상담자가 공통적으로 사용한 상담기술은?

- 내담자 : 2학년으로 올라오고 벌써 한 학기가 지났는데, 짝꿍이랑 거의 말을 안 해 본거 같아요. 학교 가는 게 핵노잼이에요.
- 상담자 : 핵노잼이라는 의미는 짝꿍이랑 놀지 못해서 재미가 없다는 의미일까요?
- 내담자 : 네, 맞아요. 근데 아무래도 저를 무시하는 것 같아요.
- 상담자 : A를 무시하는 것 같다고 느낀 때가 구체적으로 어떤 상황이었나요?

① 반영
② 명료화
③ 요약
④ 공감
⑤ 앵무새 말하기

25

다음에서 상담자가 사용한 기법은?

- 내담자 : 학교에 가면 너무 좌절스럽고 제가 할 수 있는 게 아무 것도 없는 것 같아 화만 나요. 나 자신한테 실망스럽지만 이렇게 생각해 봐야 뭔 소용이 있을까... 그냥 다니는 거죠(무표정한 얼굴로 이야기한다).
- 상담자 : 지금 어떤 감정이 떠오르나요? 잠깐 생각을 멈추고 지금 느끼는 감정에 집중해서 그 상태에 머물러 보세요.

① 꿈 작업
② 언어 자각
③ 빈 의자 기법
④ 역할 연기하기
⑤ 현재 감정 및 신체의 자각

제2과목   상담연구방법론의 기초(필수)

ㅣ 해설 p403

26

'동일한 여건 하에서 다른 연구자가 동일한 연구방법으로 연구를 수행하면 동일한 결론을 얻을 수 있어야 한다'는 진술이 나타내는 과학적 연구의 특징은?

① 결정론적(deterministic)이다.

② 논리적(logical)이다.

③ 간결성(parsimony)이 있어야 한다.

④ 일반화(generalization)를 목적으로 해야 한다.

⑤ 간주관성(inter-subjectivity)이 있어야 한다.

27

연구 보고서에서 연구 대상, 자료 수집, 측정을 상세히 기술하는 부분은?

① 서론   ② 이론적 배경   ③ 연구방법   ④ 연구결과   ⑤ 결론 및 논의

28

과학으로서의 상담학 연구에 관한 설명으로 옳은 것을 모두 고른 것은?

> ㄱ. 증거 자료를 확보하여 결론을 도출해야 한다.
> ㄴ. 자료는 합리적이고 체계적으로 수집해야 한다.
> ㄷ. 기존에 확립된 이론은 수정하지 않아야 한다.

① ㄱ   ② ㄷ   ③ ㄱ, ㄴ   ④ ㄴ, ㄷ   ⑤ ㄱ, ㄴ, ㄷ

29

조작적 정의에 관한 설명으로 옳은 것은?

① 행위자가 행위에 부여한 의미를 정의하는 과정이다.

② 연구자의 주관성이 강하게 개입하는 과정이다.

③ 개념을 구성하는 하위요인을 이론적으로 밝히는 과정이다.

④ 구체적인 관찰의 대상을 연역적으로 추상화하는 과정이다.

⑤ 다양한 속성의 측정을 위해 복수지표가 활용될 수 있다.

30

가설 및 가설검정에 관한 설명으로 옳은 것을 모두 고른 것은?

ㄱ. 가설은 이론의 검증을 위해 수립된 잠정적 진술이다.
ㄴ. 가설의 도출은 기존의 이론 또는 새로운 현상의 관찰로부터 이루어진다.
ㄷ. 대립가설은 상호 대립하는 요소를 지닌 모순적 진술이다.
ㄹ. 통계적 가설 검정 시, 검정통계량 계산 후 유의수준을 선택한다.

① ㄱ   ② ㄷ   ③ ㄱ, ㄴ   ④ ㄴ, ㄷ   ⑤ ㄱ, ㄴ, ㄷ

31

다음에 나타난 표본추출기법은?

연구자 A는 B시 청소년들의 게임중독 실태를 파악하기 위하여, 전년도 자료를 통해 알려진 B시 청소년들의 성별, 연령별, 학교급별 분포 자료를 바탕으로 범주별 구성 비율을 적용한 후 총 1,000명 규모의 표본을 추출하여 분석에 활용하였다.

① 할당표본추출법   ② 집락표본추출법
③ 단순무작위표본추출법   ④ 누적표본추출법
⑤ 편의표본추출법

32

척도에 관한 설명으로 옳은 것은?

① 측정하고자 하는 속성에 절대 영점이 존재할 경우 비율척도 활용은 불가능하다.
② 비율척도를 이용하여 평균과 표준편차를 구할 수 있다.
③ 서열척도에서 측정값들 간의 간격은 동일하다.
④ 연구대상의 거주지역 변수에 임의로 수치를 부여하는 것은 서열척도에 해당한다.
⑤ 하나의 속성에는 하나의 척도만이 가능하다.

33

양적연구에 관한 일반적 설명으로 옳은 것은?

① 분석결과의 일반화 가능성을 중시한다.
② 심층적 기술을 바탕으로 특정 사례에 대한 이해를 시도한다.
③ 문헌 속 내용이 갖는 시·공간적 의미에 대한 해석을 중시한다.
④ 연구대상의 행위가 발생한 독특한 맥락에 주목한다.
⑤ 개별 사례가 갖는 독자성과 주관적 의미를 강조한다.

34

다음 연구에 관한 설명으로 옳은 것은?

연구자 A는 부모의 사회경제적 지위가 자녀의 학업성취에 영향을 미친다는 가설을 세운 후, 고등학교 2학년 집단 1,000명 표본 추출 및 자기기입식 설문조사를 통해 부모의 사회경제적 지위 측정을 상/중/하로, 자녀의 학업성취를 전년도 전교 등수로 측정하였다. 다중회귀분석 모형에 투입된 변수는 응답자 성별, 부모의 사회경제적 지위, 전년도 사교육비 지출 금액, 그리고 자녀의 학업성취 수준이다.

① 자녀의 학업성취는 독립변수이다.
② 응답자 성별은 종속변수이다.
③ 가설에서 독립변수는 등간척도로 측정되었다.
④ 가설에서 종속변수는 서열척도로 측정되었다.
⑤ 전년도 사교육비 지출 금액은 매개변수이다.

35

준거 관련 타당도(criterion-related validity)에 해당하는 것들로만 옳게 묶인 것은?

① 공존(concurrent)타당도, 예측(predictive)타당도
② 예측(predictive)타당도, 내용(content)타당도
③ 내용(content)타당도, 수렴(convergent)타당도
④ 수렴(convergent)타당도, 판별(discriminant)타당도
⑤ 판별(discriminant)타당도, 공존(concurrent)타당도

36

내적 일관성(internal consistency)을 판단하는 신뢰도 측정 방법을 모두 고른 것은?

ㄱ. 검사-재검사 신뢰도 ㄴ. KR-20
ㄷ. 크론바흐 알파 ㄹ. 동형검사 신뢰도

① ㄱ, ㄴ ② ㄱ, ㄷ ③ ㄱ, ㄹ ④ ㄴ, ㄷ ⑤ ㄷ, ㄹ

37

외적 타당도에 관한 설명으로 옳지 않은 것은?

① 연구 결과를 일반화 시킬 수 있는 정도를 의미한다.
② 확률표집보다 비확률표집을 사용할 때 외적 타당도가 높다.
③ 표본 특성이 모집단과 유사하면 외적 타당도가 높다.
④ 표본의 크기가 클수록 외적 타당도가 높다.
⑤ 연구 환경이 현실과 유사할수록 외적 타당도가 높다.

38

측정의 신뢰도와 타당도에 관한 설명으로 옳지 않은 것은?

① 신뢰도란 측정하고자 하는 현상이나 대상을 일관성 있게 측정하는 정도를 의미한다.
② 타당도란 측정하고자 하는 개념을 정확하게 측정하는 정도를 의미한다.
③ 요인분석을 통해 타당도를 평가할 수 있다.
④ 판별분석을 통해 신뢰도를 평가할 수 있다.
⑤ 문항들의 내용이 유사할수록 신뢰도가 증가한다.

39

통계적 가설검정에 관한 설명으로 옳은 것을 모두 고른 것은?

ㄱ. 유의수준은 1종 오류의 허용 범위이다.
ㄴ. 유의확률에 대한 해석은 유의수준과는 무관하다.
ㄷ. 표본의 크기는 1종 및 2종 오류 확률에 모두 영향을 미친다.
ㄹ. 2종 오류는 영가설이 틀렸음에도 불구하고 영가설을 채택할 확률이다.

① ㄱ, ㄴ ② ㄴ, ㄷ ③ ㄱ, ㄴ, ㄹ ④ ㄱ, ㄷ, ㄹ ⑤ ㄱ, ㄴ, ㄷ, ㄹ

40

다음 분산분석(ANOVA) 결과에 관한 설명으로 옳지 <u>않은</u> 것은?

변동 요인	제곱 합	자유도	평균 제곱	F	유의 확률
집단 간	210	2	105	(A)	0.000
집단 내	180	12	15		
합계	390	14			

① 영가설은 '모든 집단의 평균은 같다'이다.

② 분석에 투입된 집단의 수는 3개이다.

③ 분석결과, 유의수준 .05에서 영가설을 기각할 수 있다.

④ 분석에 투입된 총 사례 수는 14이다.

⑤ A는 7이다.

41

다음 사례에 나타난 실험설계의 내적타당도를 저해하는 변인은?

연구자 A는 폭력적 게임이 공격적 행동에 미치는 영향을 알아보기 위하여 한 집단에는 남자 청소년 100명을, 다른 집단에는 여자 청소년 100명을 배치하였다. 이어 두 집단의 공격적 행동 수준을 1차 측정한 후, 한 집단에는 하루 두 시간씩 폭력적 게임을 하게하고, 다른 집단에는 폭력적 게임을 차단하였다. 한 달 후, 두 집단을 대상으로 공격적 행동 수준을 2차 측정하였다. 처치 이외의 모든 조건은 두 집단에서 동일하였다.

① 표본선택의 오류(selection bias)   ② 실험대상의 탈락(mortality)

③ 성숙(maturation)   ④ 통계적 회귀(statistical regression)

⑤ 우연적 사건(history)

42

사전 - 사후 측정 통제집단 설계에 관한 설명으로 옳은 것을 모두 고른 것은?

ㄱ. 두 집단에 실험대상자를 무선 배치한다.

ㄴ. 사전검사 결과를 공변수(covariate)로 분석에 투입할 수 있다.

ㄷ. 사후 측정은 통제집단에만 실시한다.

ㄹ. 독립변인의 순수 효과 검증에 효과적인 설계이다.

① ㄱ, ㄴ   ② ㄴ, ㄷ   ③ ㄱ, ㄴ, ㄹ   ④ ㄱ, ㄷ, ㄹ   ⑤ ㄱ, ㄴ, ㄷ, ㄹ

43

변수 X와 Y간 피어슨(Pearson) 적률상관계수에 관한 설명으로 옳은 것을 모두 고른 것은?

> ㄱ. 피어슨 적률상관계수의 범위는 0에서 양의 무한대이다.
> ㄴ. 각 변수에 양의 상수를 곱할 경우, 피어슨 적률상관계수는 커지게 된다.
> ㄷ. X와 Y의 공분산이 커질수록 피어슨 적률상관계수는 커진다.

① ㄴ   ② ㄷ   ③ ㄱ, ㄴ   ④ ㄱ, ㄷ   ⑤ ㄱ, ㄴ, ㄷ

44

단순회귀 모형 $Y_i = b_0 + b_1 X_i + \epsilon_i$와 결정계수 R^2에 관한 설명으로 옳지 <u>않은</u> 것은?

① R^2값은 X에 의해 설명되는 Y분산의 비율을 의미한다.

② b_1은 독립변수 X가 한 단위 변화할 때 Y가 변화하는 양이다.

③ ϵ의 기댓값은 0이다.

④ 1에 가까운 R^2값은 X와 Y간 인과관계의 충분조건이 된다.

⑤ b_0는 X가 0일 때 Y의 값이다.

45

다음 표는 중학생과 고등학생들이 선호하는 상담기법의 차이를 보여준다. B 상담기법을 선호하는 중학생과 고등학생의 기대빈도의 합은?

	중학생	고등학생	합 계
A 상담기법	50명	20명	70명
B 상담기법	50명	30명	80명
C 상담기법	50명	100명	150명
합계	150명	150명	300명

① 70   ② 75   ③ 80   ④ 110   ⑤ 150

46

다음에 나타난 연구패러다임에 관한 설명으로 옳지 않은 것은?

- 연구대상의 행위를 연구함에 있어 그들이 어떻게 상황을 정의하고 또 그들의 행위에 어떤 의미를 스스로 부여했는지를 이해하고자 한다.
- 인간의 행위를 수치화하여 일반적인 경향이나 관계를 파악하고자 하는 시도가 갖는 한계에 주목한다.

① 탐구과정에서 연구자의 가치개입을 허락한다.
② 실재의 객관성을 중시한다.
③ 참여관찰이나 인터뷰기법이 주로 활용된다.
④ 연구자와 연구대상간의 상호작용을 중시한다.
⑤ 연구대상간의 비공식적 언어에 주목한다.

47

합의적 질적 연구법에서 사용되는 분석 절차에 해당하지 않는 것은?

① 영역 코딩
② 중심개념 코딩
③ 교차 분석(cross check)
④ 연계 분석(sequential analysis)
⑤ 감사(audit)

48

근거이론 방법론을 활용한 연구에서 사용하는 일반적인 코딩의 순서는?

① 축코딩 - 개방코딩 - 선택코딩
② 축코딩 - 선택코딩 - 개방코딩
③ 선택코딩 - 개방코딩 - 축코딩
④ 개방코딩 - 선택코딩 - 축코딩
⑤ 개방코딩 - 축코딩 - 선택코딩

49

이미 출판된 자신의 저작물의 전부 또는 일부를 정확한 출처 및 인용 표시 없이 새로운 자신의 저작물로 출판하는 것은?

① 위조　　　　　　　　　　　　　② 변조

③ 부당한 저자 표기　　　　　　　　④ 기만

⑤ 중복게재(중복출판)

50

인간 대상 연구의 윤리적 원칙을 다룬 벨몬트 보고서(The Belmont Report)에서 제시한 3가지 윤리적 원칙을 모두 고른 것은?

ㄱ. 인간존중(respect for persons)　　　　ㄴ. 비밀성(confidentiality)

ㄷ. 익명성(anonymity)　　　　　　　　　ㄹ. 정의(justice)

ㅁ. 선행(beneficence)

① ㄱ, ㄴ, ㄷ　　　　　　　　　　　② ㄱ, ㄷ, ㄹ

③ ㄱ, ㄹ, ㅁ　　　　　　　　　　　④ ㄴ, ㄷ, ㅁ

⑤ ㄴ, ㄹ, ㅁ

제3과목   심리측정 평가의 활용(필수)

| 해설 p416

51

심리검사에 관한 설명으로 옳지 않은 것은?

① 심리평가를 위한 자료원이다.

② 전체 행동이 아니라 표집된 행동으로 구성된다.

③ 심리적 구성개념을 직접 관찰하기 위한 도구이다.

④ 표준화된 방식으로 심리적 구성개념을 측정한다.

⑤ 검사를 통해 내려지는 결론은 항상 오류가능성을 내포한다.

52

웩슬러(D. Wechsler)가 초기 지능검사를 개발할 때 사용한 개념으로서 해당 연령집단 내에서 상대적인 위치를 IQ로 환산하는 것은?

① 비율 IQ   ② 평균 IQ   ③ 편차 IQ   ④ 오차 IQ   ⑤ 규준 IQ

53

종합체계 방식에서 엑스너(J. Exner)가 이전의 접근방식들을 통합할 때 적용한 기준으로 옳은 것은?

① 신경심리학적으로 유용한지 여부를 강조하였다.

② 로샤(H. Rorschach)의 전통적 채점 방식을 유지하는 데 초점을 두었다.

③ 정량적인 분석보다 정성적인 분석을 더 강조하였다.

④ 경험적으로 근거를 가지고 실증되었는가에 초점을 두었다.

⑤ 정신분석적으로 해석 가능한지 여부를 강조하였다.

54

심리평가를 위한 면담에 관한 설명으로 옳은 것은?

① 심리검사보다 비구조화되어 신뢰도가 높다.

② SCID(Structured Clinical Interview for DSM)는 반구조화된 면담도구이다.

③ 심리검사보다 수집할 수 있는 정보의 한계가 더 뚜렷하다.

④ 행동관찰보다 '지금 - 여기'에 해당하는 정보를 더 많이 수집한다.

⑤ 일반적인 대화처럼 목표를 두지 않고 편안하게 진행된다.

55

웩슬러(D. Wechsler)가 검사배터리를 처음 개발할 당시에 문항을 차용한 도구를 모두 고른 것은?

> ㄱ. 비네 - 시몽(Binet - Simon) 척도　　　　　ㄴ. 군대용 α(Army Alpha) 검사
> ㄷ. 군대용 β(Army Beta) 검사

① ㄱ　　　　　② ㄱ, ㄴ　　　　　③ ㄱ, ㄷ　　　　　④ ㄴ, ㄷ　　　　　⑤ ㄱ, ㄴ, ㄷ

56

행동관찰에서 사용되는 기록방법 가운데 '이야기식 기록'에 관한 설명으로 옳은 것을 모두 고른 것은?

> ㄱ. 관찰을 수량화하기 어려우며 타당도가 낮다.
> ㄴ. 정해진 시간 내에 사건이 일어나는지 기록한다.
> ㄷ. 특정한 행동에 대해 척도 상에 값을 평정하게 된다.
> ㄹ. 관찰 이후 특정 행동을 구체적 영역에서 양적으로 측정하는 데 도움이 된다.

① ㄱ　　　　　② ㄴ　　　　　③ ㄱ, ㄹ　　　　　④ ㄴ, ㄷ　　　　　⑤ ㄷ, ㄹ

57

벤더도형검사 2판(BGT - Ⅱ)에 관한 설명으로 옳지 <u>않은</u> 것은?

① 아동과 성인에게 모두 실시할 수 있다.

② 지각 - 운동 기능을 평가할 수 있다.

③ 1판에 비해 난이도가 높은 7개의 도형들이 추가되었다.

④ 기질적 뇌장애로 해석할 수 있는 특정한 반응들이 구체화되어 있다.

⑤ 항목별 5점 척도로 평정하는 채점 체계를 갖추었다.

58

신경심리검사에서 레이-오스테리스 복합도형(Rey-Osterrieth complex figure)을 활용하여 평가할 수 있는 인지기능으로 옳지 <u>않은</u> 것은?

① 지각능력   ② 시각 주의력   ③ 시각 기억력   ④ 구성능력   ⑤ 범주 유창성

59

로샤(Rorschach)검사에서 나타난 아래 반응들 중 종합체계 방식에서 반응 내용으로 'Hh'가 부여되는 것은?

① "밤하늘 불꽃놀이가 보여요."   ② "태양이 환하네요."
③ "램프 안에 불이 타올라요."   ④ "비행기가 발사되네요."
⑤ "엑스레이 사진 같아요."

60

로샤(Rorschach)검사 구조적 요약에서 람다(L; Lambda) 값이 시사하는 것으로 옳은 것은?

① 경험에 대한 개방성 수준   ② 사람에 대한 관심의 정도
③ 최근 스트레스를 경험한 정도   ④ 정서를 조절하고 표현하는 경향
⑤ 방어전략으로 주지화를 사용하는 정도

61

각 검사별 실시 방법으로 옳지 <u>않은</u> 것은?

① 로샤(Rorschach)검사 : 연상 단계에서 반응 수가 14개 이하이면 질문단계가 아닌, 한계검증단계로 넘어간다.
② 로샤(Rorschach)검사 : 질문단계는 반응의 영역, 결정인 및 내용을 확인하는 데 초점을 두고 진행한다.
③ 주제통각검사(TAT) : 전체 카드 가운데 수검자의 성별과 연령을 고려하여 일부 카드를 선정하여 실시한다.
④ 문장완성검사(SCT) : 제한 시간은 없으나, 가능한 빨리 문장을 완성하도록 지시한다.
⑤ 집-나무-사람(HTP) 검사 : 나무를 그리는 단계에서는 종이를 세로로 제시한다.

62

머레이(H. Murray)는 주제통각검사(TAT)의 수검자 반응을 (ㄱ)과(와) (ㄴ)의 측면에서 분석하는 해석체계를 제시하였다. ( )에 들어갈 내용으로 옳은 것은?

① ㄱ : 동일시, ㄴ : 투사　　　　　　　② ㄱ : 주인공, ㄴ : 내용

③ ㄱ : 콤플렉스, ㄴ : 대처　　　　　　④ ㄱ : 갈등, ㄴ : 방어

⑤ ㄱ : 욕구, ㄴ : 압력

63

로샤(Rorschach)검사 구조적 요약의 소외지표(Isolation Index)에 관한 설명으로 옳은 것은?

① 지표를 계산할 때 순수형태 반응의 수가 필요하다.

② 식물, 구름, 지도, 풍경, 자연의 다섯 가지 범주들의 반응 수가 지표 계산에 사용된다.

③ 현실을 지각할 때 왜곡되어 있는 정도를 알려준다.

④ 자살지표(S-CON)를 구성하는 요소이다.

⑤ 구조적 요약 가운데 자기지각 영역에 포함된다.

64

심리검사 도구와 평가목적의 연결이 옳지 않은 것은?

① K-WISC-V : 지능 및 인지능력　　　② MMPI-2 : 주요 성신병리

③ Rorschach : 지각 및 통각과정　　　④ NEO-PI : 16가지 성격자원

⑤ TAT : 대인관계의 역동

65

습관적 수행(typical performance)을 측정하는 검사로 옳지 않은 것은?

① 직업적성검사

② 스트롱-켐벨(Strong-Campbell) 흥미검사

③ 카텔(R. Cattell)의 16PF

④ PAI

⑤ MMPI-A

66

심리검사 제작 단계를 순서대로 옳게 나열한 것은?

| ㄱ. 검사방법의 결정 | ㄴ. 검사내용의 정의 | ㄷ. 문항개발 | ㄹ. 사전검사 실시 |

① ㄱ → ㄴ → ㄷ → ㄹ   ② ㄱ → ㄷ → ㄴ → ㄹ
③ ㄱ → ㄹ → ㄷ → ㄴ   ④ ㄴ → ㄱ → ㄷ → ㄹ
⑤ ㄴ → ㄷ → ㄱ → ㄹ

67

웩슬러 지능검사의 IQ분포와 T점수 분포의 값들을 비교한 것으로 옳은 것은?

① 웩슬러 지능검사의 IQ 115에 해당하는 T점수는 65T와 같다.
② T점수 70은 웩슬러 지능검사의 IQ 120의 백분위와 같다.
③ 웩슬러 지능검사의 IQ 70과 T점수 30의 백분위는 같다.
④ T점수 40에 해당하는 웩슬러 지능검사의 IQ는 IQ 90과 같다.
⑤ 웩슬러 지능검사의 IQ 85는 T점수 50의 백분위와 같다.

68

고등학생 A는 자아존중감 검사에서 70점을 받았다. 이 검사를 받은 집단의 평균이 60, 표준편차가 10인 정규분포를 이루고 있다. 고등학생 A의 점수에 관한 설명으로 옳은 것은?

① A의 점수에 해당하는 Z점수는 +1.5 이다.
② A의 점수에 해당하는 T점수는 60이다.
③ A의 점수에 해당하는 백분위는 75이다.
④ A 보다 높은 점수를 받은 사람의 비율은 25%이다.
⑤ A의 점수의 신뢰도 구간은 60 ~ 80점이다.

69

K-WAIS-IV에 관한 설명으로 옳지 <u>않은</u> 것은?

① 공통성 소검사는 언어적 이해능력을 측정한다.
② 숫자 소검사는 주의 집중력을 측정한다.
③ 지우기 소검사는 선택적 주의력을 측정한다.
④ 기호쓰기 소검사는 시각-운동 기민성을 측정한다.
⑤ 행렬추론 소검사는 결정성 지능(crystallized intelligence)을 측정한다.

70

K-WISC-IV에서 동형찾기 소검사가 측정하는 능력으로 옳지 <u>않은</u> 것은?

① 주의력   ② 시각적 추론능력
③ 시각 판별력   ④ 시각적 단기기억
⑤ 시각-운동 협응능력

71

K-WISC-IV에 관한 설명으로 옳은 것을 모두 고른 것은?

ㄱ. 이해는 언어이해 지표(VCI)의 보충 소검사이다.
ㄴ. 산수는 작업기억 지표(WMI)의 보충 소검사이다.
ㄷ. 선택은 처리속도 지표(PSI)의 핵심 소검사이디.
ㄹ. 토막짜기는 지각추론 지표(PRI)의 핵심 소검사이다.

① ㄱ, ㄴ   ② ㄱ, ㄷ   ③ ㄴ, ㄷ   ④ ㄴ, ㄹ   ⑤ ㄷ, ㄹ

72

PAI 심리검사에서 대인관계 척도로 옳은 것은?

① 지배성(DOM)   ② 공격성(AGG)
③ 반사회적 특징(ANT)   ④ 긍정적 인상(PIM)
⑤ 우울(DEP)

73

MMPI-2에서 F(B) 척도에 관한 설명으로 옳은 것을 모두 고른 것은?

ㄱ. 40문항으로 구성되어 있음

ㄴ. 검사문항 후반부에 배치되어 있음

ㄷ. 규준집단 중에 응답률이 20% 미만인 문항으로 구성됨

ㄹ. F척도와 함께 고려하여 태도 변화를 알아 볼 수 있음

ㅁ. 실제 정신병적 문제인지 또는 어려움에 관한 과대보고인지를 변별함

① ㄱ, ㄴ, ㄷ   ② ㄱ, ㄴ, ㄹ   ③ ㄴ, ㄷ, ㄹ   ④ ㄷ, ㄹ, ㅁ   ⑤ ㄱ, ㄴ, ㄹ, ㅁ

74

다음 증상들과 연관된 MMPI-2의 임상척도로 옳은 것은?

• 피로감을 자주 호소함

• 두통 및 감각 이상을 호소함

• 특정 신체기관에 관한 어려움을 호소함

• 스트레스를 겪을 때 신체증상을 보일 수 있음

① 건강염려증(Hs)   ② 강박증(Pt)   ③ 반사회성(Pd)   ④ 내향성(Si)   ⑤ 편집증(Pa)

75

다음의 특성을 모두 포함하는 MMPI-2의 해리스-링고스(Harris-Lingoes) 소척도로 옳은 것은?

• 비현실적인 낙관적 태도를 가진다.

• 윤리문제에 엄격한 도덕적 태도를 가진다.

• 타인의 부정적 특성을 부인하며 사람을 의심하지 않는다.

① Sc3   ② Sc4   ③ Ma4   ④ Pa2   ⑤ Pa3

제4과목　이상심리(필수)

| 해설 p425

76

다음에서 설명하고 있는 이상심리학적 관점은?

- 이상행동을 하나의 질병 과정으로 본다.
- 신체적 원인론의 전통에 뿌리를 둔다.
- 정신장애는 뇌의 생화학적 이상에 의해서 유발된다고 가정한다.

① 생물학(의학)적 관점　　　　　　　　　　② 정신분석적 관점

③ 인지적 관점　　　　　　　　　　　　　　④ 행동적 관점

⑤ 현실치료적 관점

77

정상과 이상을 구분하는 기준으로 옳은 것을 모두 고른 것은?

| ㄱ. 적응기능의 저하와 손상 | ㄴ. 주관적 불편감과 고통 | ㄷ. 통계적 평균의 일탈 |

① ㄱ　　　　　　② ㄴ　　　　　　③ ㄱ, ㄷ　　　　　　④ ㄴ, ㄷ　　　　　　⑤ ㄱ, ㄴ, ㄷ

78

정신장애의 평가 및 분류체계에 관한 설명으로 옳은 것은?

① 이상행동에 대한 현대식 분류체계는 프로이트(S. Freud)에 의해 고안되었다.

② 미국 정신의학회(APA)는 ICD 체계를 개발하였다.

③ 세계보건기구(WHO)는 DSM 체계를 개발하였다.

④ DSM-5는 기존에 사용하던 다축체계를 더욱 체계화하였다.

⑤ 분류체계는 정신장애를 치료하는 의사나 연구자들 간 소통에 도움을 주어 불필요한 혼란과 모호함을 감소시켜 준다.

79

다음 설명에 해당하는 DSM-5의 장애는?

- 읽은 내용의 의미를 이해하기 어렵다.
- 덧셈, 뺄셈 등 연산절차에 어려움을 보인다.
- 철자법에 어려움을 보인다.

① 과잉행동장애
② 특정학습장애
③ 틱장애
④ 해리성 기억상실
⑤ 양극성장애

80

DSM-5의 신경발달장애에 해당하지 <u>않는</u> 것은?

① 의사소통장애
② 지적장애
③ 이식증
④ 주의력결핍 및 과잉행동장애
⑤ 운동장애

81

DSM-5의 우울장애에 관한 내용으로 옳지 <u>않은</u> 것은?

① 월경전불쾌감장애는 월경이 시작되기 1주 전에 여러 가지 우울증상이 나타난다.
② 주요우울장애는 우울한 기분 또는 흥미나 즐거움의 상실 증상이 필수적이다.
③ 지속성 우울장애는 적어도 2년 동안 하루의 대부분 우울한 기분이 있으며, 증상 없는 기간이 2개월 이상 지속
   되지 않는다.
④ 우울장애는 양극성장애와 같은 범주로 묶인다.
⑤ 파괴적 기분조절부전장애의 주요 특징은 만성적인 고도의 지속적 과민성이다.

82

DSM-5의 조현병 진단기준에 해당하는 것을 모두 고른 것은?

ㄱ. 환각	ㄴ. 와해된 언어	ㄷ. 불안	ㄹ. 음성증상

① ㄱ, ㄷ
② ㄴ, ㄹ
③ ㄱ, ㄴ, ㄷ
④ ㄱ, ㄴ, ㄹ
⑤ ㄱ, ㄴ, ㄷ, ㄹ

83

DSM-5의 주요우울장애에 관한 내용으로 옳은 것을 모두 고른 것은?

ㄱ. 증상이 물질이나 약물의 효과는 아니어야 한다.
ㄴ. 조증 삽화나 경조증 삽화가 동반된다.
ㄷ. 거의 매일 불면이나 과다수면이 나타난다.
ㄹ. 아동과 청소년의 경우는 과민한 기분으로 나타나기도 한다.

① ㄱ, ㄴ　　　② ㄴ, ㄷ　　　③ ㄱ, ㄷ, ㄹ　　　④ ㄴ, ㄷ, ㄹ　　　⑤ ㄱ, ㄴ, ㄷ, ㄹ

84

DSM-5의 불안장애 하위범주에 해당하지 않는 것은?

① 강박장애　　　　　　　　　② 분리불안장애
③ 선택적 함구증　　　　　　　④ 공황장애
⑤ 광장공포증

85

DSM-5의 제II형 양극성장애에 관한 내용으로 옳지 않은 것은?

① 1회 이상의 주요 우울 삽화와 경조증 삽화가 있어야 한다.
② 목표지향적 활동이 증가되면서 수면욕구가 늘어난다.
③ 고양되거나 과민한 기분이 최소 4일 이상 시속된다.
④ 평소보다 말이 많아진다.
⑤ 조증 삽화는 1회도 없어야 한다.

86

DSM-5의 범불안장애에 관한 내용으로 옳지 않은 것은?

① 핵심적 특징은 수많은 사건이나 활동에 대한 과도한 불안과 걱정이다.
② 불안과 걱정의 정도, 기간, 빈도는 예상되는 사건이 미치는 실제 영향에 비해 과도하다.
③ 일상생활에 대해서 지나치게 불안해하거나 걱정하는 기간이 최소 6개월 이상이다.
④ 특정 대상이나 상황에 대하여 극심한 공포나 불안이 유발된다.
⑤ 직업이나 건강, 재정, 사소한 문제와 같은 일상생활 환경에 대해 걱정한다.

87

다음 사례에 해당하는 DSM-5의 진단명은?

C는 몇 개월 전부터 가슴이 답답해지고 사고가 날 것 같은 불안한 기분이 들었다. 그러던 중, 시내버스를 타고 가다가 갑자기 가슴이 두근거리면서 심장박동이 증가하고 몸이 떨리고 후들거리며 질식 할 것 같고 죽을 것 같아서 급하게 버스에서 내렸다. 병원에서 신체적으로는 별다른 이상이 없다고 하지만 지난 2개월 이상 이런 증상이 반복되면서 죽을 것 같은 공포 때문에 불안해한다.

① 파괴적 기분조절부전장애   ② 외상후 스트레스장애
③ 광장공포증   ④ 공황장애
⑤ 강박장애

88

DSM-5의 강박 및 관련 장애에 해당하지 <u>않는</u> 것은?

① 신체이형(변형)장애   ② 수집광(저장장애)
③ 피부뜯기(벗기기)장애   ④ 반추장애
⑤ 다른 의학적 상태로 인한 강박 및 관련 장애

89

DSM-5의 해리성 기억상실에 관한 내용으로 옳은 것을 모두 고른 것은?

ㄱ. 해리성 둔주를 동반하기도 한다.
ㄴ. 사회적, 직업적 기능의 손상을 초래한다.
ㄷ. 외상이나 아동학대의 과거력과 흔하게 관련된다.
ㄹ. 상실된 기억이 갑자기 회복되어 감당하기 힘들 때 자살 위험이 높아진다.
ㅁ. 자신의 생활사에 대한 기억을 전부 잃은 전반적 기억상실도 드물게 일어난다.

① ㄱ, ㅁ   ② ㄱ, ㄴ, ㅁ   ③ ㄴ, ㄷ, ㄹ   ④ ㄱ, ㄴ, ㄷ, ㄹ   ⑤ ㄱ, ㄴ, ㄷ, ㄹ, ㅁ

90

DSM-5의 악몽장애에 관한 내용으로 옳지 않은 것은?

① 남성이 여성에 비해 더 많이 나타난다.
② 악몽이 발생한 빈도에 따라 심각도를 구분한다.
③ 불쾌한 꿈에서 깨면 빠르게 지남력을 회복한다.
④ 청소년기 후기나 성인기 초기에 유병률이 가장 높다.
⑤ 주로 생존이나 안전을 위협하는 내용과 관련된 악몽을 꾼다.

91

DSM-5의 경도 신경인지장애에 관한 내용으로 옳지 않은 것은?

① 장애의 원인은 주요 신경인지장애와 동일하다.
② 경도의 인지 손상이 일상생활의 독립적 능력을 방해한다.
③ 표준화된 신경심리검사에 의해서 경도의 인지 손상이 입증될 수 있다.
④ 경도의 인지 저하는 자신 또는 잘 아는 지인에 의해 인식될 수 있다.
⑤ 하나 이상의 인지 영역에서 이전에 비해 경도의 저하가 나타난다.

92

DSM-5의 조현성 성격장애에 관한 내용으로 옳지 않은 것은?

① 타인의 칭찬이니 비난에 무관심하다.
② 대부분 혼자서 하는 활동을 선택한다.
③ 정서적으로 냉담하고 감정표현이 제한되어 있다.
④ 대인관계를 원하지만 사회적 기술이 부족하여 고립된다.
⑤ 아동기나 청소년기에 외톨이, 학습부진 등의 양상을 보인다.

93

DSM-5에서 물질중독을 일으키지 않지만 물질사용장애와 물질금단을 일으키는 것은?

① 카페인
② 알코올
③ 담배(tobacco)
④ 대마(cannabis)
⑤ 펜사이클리딘(phencyclidine)

94

DSM-5의 신경성 식욕부진증에 관한 내용으로 옳은 것을 모두 고른 것은?

ㄱ. 진단기준에 따르면 음식 섭취 후 자신에 대한 혐오감을 느낀다.
ㄴ. 사춘기 이전에 비해 청소년기 혹은 성인기 초기에 주로 나타난다.
ㄷ. 하위유형 중 제한형은 금식, 과도한 운동 및 하제, 이뇨제, 관장제 등을 오용한다.
ㄹ. 음식 섭취 제한의 1주일 평균 횟수에 따라 심각도를 경도, 중등도, 고도, 극도로 구분한다.

① ㄱ   ② ㄴ   ③ ㄱ, ㄷ   ④ ㄴ, ㄷ, ㄹ   ⑤ ㄱ, ㄴ, ㄷ, ㄹ

95

DSM-5의 성도착장애(변태성욕장애)에 관한 내용으로 옳은 것을 모두 고른 것은?

ㄱ. 복장도착장애(의상전환장애)와 물품음란증은 함께 나타날 수 없다.
ㄴ. 노출장애는 눈치 채지 못한 사람에게 자신의 성기를 노출시켜 성적 흥분이 고조된다.
ㄷ. 관음장애는 18세 이상부터 진단할 수 있다.
ㄹ. 마찰도착장애(접촉마찰장애)는 동의하지 않은 사람에 대한 접촉, 마찰 등을 통해 강한 성적 흥분을 일으키는 반복
　 적 행동이 6개월 이상 지속된다.
ㅁ. 소아성애장애는 소아에 대한 성적 충동이나 공상이 자신에게 현저한 고통이나 대인관계의 어려움을 초래하지 않는다.

① ㄱ, ㄴ, ㄷ   ② ㄱ, ㄷ, ㄹ   ③ ㄴ, ㄷ, ㄹ   ④ ㄴ, ㄹ, ㅁ   ⑤ ㄱ, ㄷ, ㄹ, ㅁ

96

DSM-5의 의존성 성격장애에 관한 내용으로 옳은 것은?

① 피암시성이 높아서 환경에 의해 쉽게 영향을 받는다.
② 자신의 능력을 스스로 과소평가한다.
③ 낡고 가치 없는 물건을 버리지 못하고 계속 간직한다.
④ 동기나 활력이 부족해서 일을 혼자서 시작하거나 수행하기 어렵다.
⑤ 친밀한 관계가 끝났을 때 그 사람과 관계를 지속하기 위해 더 의존하게 된다.

97

DSM-5의 파괴적, 충동조절 및 품행장애에 관한 내용으로 옳은 것은?

① 병적 방화(방화광)는 방화를 하기 위해 사전에 충분한 준비를 한다.
② 병적 도벽은 보통 청소년기에 시작되며 훔치고 난 후 긴장감이 고조된다.
③ 간헐적 폭발장애는 공격적 행동폭발이 나타날 때 미리 계획을 세운다.
④ 품행장애와 적대적 반항장애는 동시에 진단할 수 없다.
⑤ 적대적 반항장애는 증상이 한 가지 상황에서만 나타나기도 하는데 학교에서 문제를 보이는 경우가 가장 흔하다.

98

DSM-5의 임상적 주의가 필요한 문제들 중 '아동학대와 방임 문제'의 하위유형에 해당하지 않는 것은?

① 아동방임
② 아동 성적 학대
③ 아동 심리적 학대
④ 아동 신체적 학대
⑤ 보호자가 아닌 사람에 의한 아동학대

99

DSM-5의 급성 스트레스장애와 외상후 스트레스장애에서 공통적으로 나타나는 진단기준은?

① 과도한 놀람 반응이 나타난다.
② 무모하거나 자기파괴적 행동을 한다.
③ 다른 사람들에 대해서 거리감이나 소외감을 느낀다.
④ 중요한 활동에 대한 관심이나 참여가 현저하게 감소한다.
⑤ 외상 사건의 원인이나 결과에 대해 자신이나 타인을 책망한다.

100

DSM-5의 전환장애에 관한 내용으로 옳은 것은?

① 급성 삽화와 순환성 삽화로 나뉜다.
② 음식을 삼키기 어려운 증상도 포함된다.
③ 스트레스 요인이 없는 경우 진단되지 않는다.
④ 진단 시 증상을 고의적으로 만들었다는 판단이 필요하다.
⑤ 증상이나 결함이 심각한 고통이나 기능적 손상을 초래하지 않는다.

제2과목　집단상담(선택)

| 해설 p438

26

집단상담의 목표 설정에 관한 설명으로 옳지 않은 것은?

① 집단의 방향을 분명히 하는데 도움을 준다.
② 집단의 목표는 과정 속에서 수정될 수 없다.
③ 집단 전체의 목표와 개인의 목표를 모두 설정하는 것이 필요하다.
④ 집단 초기부터 집단원에게 명료하게 진술하고 이해시킬 필요가 있다.
⑤ 집단상담의 효과와 평가를 위해 필수적이다.

27

다음의 요건을 모두 충족하는 집단 유형은?

- 집단원에게 비슷한 책임과 권위가 주어진다.
- 특정 문제를 이미 겪었거나 극복한 집단원으로 구성된다.
- 치료적 요인의 핵심은 증언이다.

① 치료집단　　　② 교육집단　　　③ 성장집단　　　④ 과업집단　　　⑤ 자조집단

28

수퍼비전에서 사용하는 기법에 관한 설명이다. (　　)에 공통적으로 들어갈 단어로 옳은 것은?

- 쌓여있던 고통과 누적된 감정 표현으로 신체적, 정신적 해방감을 경험한다.
- 집단원 간의 신뢰감과 상호유대감을 높인다.
- 감정적 패턴 아래 놓인 인지와 연관된 통찰을 다루는 것이 중요하다.

① 정화　　　② 보편성　　　③ 피드백　　　④ 자기이해　　　⑤ 인지적 요인

29

얄롬(I. Yalom)이 제시한 집단상담의 치료적 요인에 해당되지 <u>않는</u> 것은?

① 희망 심어 주기   ② 응집력

③ 정보제공하기   ④ 집단원을 위한 목적의 적절성

⑤ 실존적 요인

30

집단상담 초기단계에서 집단상담자의 역할로 옳은 것을 모두 고른 것은?

ㄱ. 집단의 기본적인 규칙을 정한다.

ㄴ. 집단의 결과에 대해 집단상담자는 책임이 없다는 것을 명확히 한다.

ㄷ. 집단원의 구체적인 개인 목표를 설정할 수 있도록 돕는다.

ㄹ. 집단원의 이야기에 적극적인 경청과 반응을 한다.

① ㄱ, ㄴ   ② ㄱ, ㄷ   ③ ㄴ, ㄹ   ④ ㄱ, ㄷ, ㄹ   ⑤ ㄴ, ㄷ, ㄹ

31

신뢰가 높은 집단의 특징으로 옳지 <u>않은</u> 것은?

① 집단원은 집단 활동에 적극적으로 참여한다.

② 자신의 개인직인 측면을 디른 집단원과 나눈다.

③ 집단에서 다른 집단원을 지지히거나 그들에게 도전한다.

④ 집단원 일부가 하위집단을 형성하여 친해진다.

⑤ 집단의 안과 밖에서 위험을 감수한다.

32

실존주의 집단상담에 관한 설명으로 옳지 <u>않은</u> 것은?

① 자신이 자기 삶의 주인이어야 한다는 자유를 인식하고 수용한다.

② 치료적 관계를 통해 성장의 장애물을 자각하고 자아이상과 자아실현 욕구를 추구한다.

③ 관계, 의미 찾기, 불안, 고통, 죽음과 같은 주제를 다룬다.

④ 치료 기법보다 집단원의 현재 경험을 이해하는 것을 강조한다.

⑤ 핵심 목적은 실존적 근심을 나눔으로써 자신을 발견하는 것이다.

33

다음 설명에 해당하는 집단상담의 이론은?

- 집단상담자는 지시적이며 조언자이자 문제해결자로서 기능하는 경향이 있다.
- 부적응적 행동을 제거하고 보다 건설적인 행동으로 변화시킨다.
- 각 집단원이 경험하는 구체적인 문제행동에 대해 기능적 분석을 실시한다.

① 실존주의   ② 행동주의   ③ 인간중심   ④ 게슈탈트   ⑤ 정신분석

34

정신분석 집단상담에 관한 설명으로 옳은 것을 모두 고른 것은?

ㄱ. 과거의 경험이 현재의 성격에 미치는 영향에 초점을 둔다.
ㄴ. 당면한 문제를 다루기보다 성격을 재구조화 하는 것이 목적이다.
ㄷ. 전이를 다루기 위해 다양한 특성을 지닌 사람들로 구성되는 것이 좋다.
ㄹ. 상담자는 꿈, 환상, 저항 등을 해석하고 돕는다.

① ㄱ, ㄴ   ② ㄷ, ㄹ   ③ ㄱ, ㄴ, ㄹ   ④ ㄴ, ㄷ, ㄹ   ⑤ ㄱ, ㄴ, ㄷ, ㄹ

35

아들러(A. Adler)의 집단상담 기법으로 옳지 않은 것은?

① 스프에 침 뱉기   ② 행동 조성하기
③ 마치 ~ 인 것처럼 행동하기   ④ 단추 누르기
⑤ 수렁 피하기

36

현실치료 집단상담에서 집단상담자의 역할로 옳지 않은 것은?

① 집단원을 무비판적이고 수용적인 태도로 상담한다.
② 집단원의 생각하기와 행동하기를 변화시키려고 노력한다.
③ 집단원의 변명을 수용하지 않으며, 선택한 행동에 대해 책임을 지도록 한다.
④ 질문하기, 직면하기, 역설적 기법, 유머 사용하기 등을 상담기법으로 사용할 수 있다.
⑤ 집단원의 기본적 욕구인 힘, 자유, 즐거움, 자아실현, 생존욕구를 지각하도록 돕는다.

37

교류분석 집단상담에 관한 설명으로 옳지 <u>않은</u> 것은?

① 구조분석은 세 가지 자아상태를 검토하도록 돕는 과정이다.

② 교차적 의사교류는 두 가지 내용이 동시에 전달되는 경우로 바깥으로 직접 나타나는 자아와 실제로 기능하는 심리적 자아가 다른 것을 말한다.

③ 게임이란 숨겨져 있지만 이득을 얻도록 계획된 이면적 교류의 연속이다.

④ 긍정적인 삶의 자세 한 가지와 부정적인 삶의 자세 세 가지가 있다.

⑤ 개인이 시간을 구조화하는 여섯 가지 방법은 철회, 의례적 행동, 활동, 여흥, 게임, 친밀성이 있다.

38

합리적 정서 행동치료에 근거한 집단상담 기법으로 옳지 <u>않은</u> 것은?

① 소크라테스식 질문법
② 논박하기
③ 수치공격 연습
④ 상상하기
⑤ 마술가게

39

게슈탈트 이론을 직용한 집단상담자의 개입으로 옳은 것을 모두 고른 것은?

ㄱ. 당신의 내면에 있는 '우월한 나'와 '열능한 나'가 서로 내화해 보도록 하세요.

ㄴ. 과거에 당신에게 상처를 주었던 친구를 빈 의자에 앉히고 이야기 해보세요.

ㄷ. 친구에게 속상한 감정을 점수로 매긴다면 5점 중 몇 점인지 이야기 해보세요.

ㄹ. 지금 당신의 신체 가운데 다리에서 어떤 감각이 느껴지는지 이야기 해보세요.

① ㄱ
② ㄴ, ㄷ
③ ㄱ, ㄴ, ㄹ
④ ㄴ, ㄷ, ㄹ
⑤ ㄱ, ㄴ, ㄷ, ㄹ

40

코리(G. Corey)가 제시한 집단상담자의 인간적 자질에 해당되지 <u>않는</u> 것은?

① 용기
② 활력
③ 자기 돌봄
④ 적극적 경청
⑤ 창의성

41

소극적으로 참여하는 집단원(영희)을 위한 집단상담자 반응으로 옳은 것을 모두 고른 것은?

ㄱ. 이 집단에 있다는 것이 영희에게 어떻게 느껴지나요?
ㄴ. 철수의 이야기를 들으며 영희는 어떤 느낌이 들었나요?
ㄷ. 이 집단에 참여하기 힘든 이유가 무엇인지 이야기해 줄 수 있나요?
ㄹ. 집단에서 가만히 있는 것은 좋지 않아요. 집단에서는 본인 이야기를 해야 해요.

① ㄱ, ㄴ   ② ㄷ, ㄹ   ③ ㄱ, ㄴ, ㄷ   ④ ㄴ, ㄷ, ㄹ   ⑤ ㄱ, ㄴ, ㄷ, ㄹ

42

청소년 집단상담의 이점에 관한 설명으로 옳지 않은 것은?

① 청소년들은 집단이라는 환경 속에서 의존성을 높여나간다.
② 다른 친구들도 나와 비슷한 감정과 생각을 갖고 있음을 알게 된다.
③ 자기중심적인 사고나 태도의 변화를 가져올 수 있다.
④ 자신의 고민을 드러내 해결해가면서 전보다 더 큰 자신감을 얻는다.
⑤ 또래와의 상호작용을 통해 부정적인 감정을 다루는 방법을 연습할 수 있다.

43

다음 사례에서 집단상담자가 사용한 기법은?

• 집단원 : 저는 지금 기분이 좋지 않아요. 지금 이 집단에서도 불편합니다. 어제도 친구들과 다툼이 있었는데, 왜 그랬
는지 잘 모르겠고, 자꾸만 친구들과 싸우게 되는 것 같아요.
• 상담자 : 그렇군요. 근데 지금 이 집단에서 불편하다고 하셨는데, 우리 집단에서 어떤 부분이나 누구에게서 그런 느
낌이 들었는지 이야기 해 주시겠어요?

① 명료화하기   ② 반영하기
③ 해석하기   ④ 초점 맞추기
⑤ 행동 제한하기

44

청소년 집단상담에 관한 설명으로 옳지 <u>않은</u> 것을 모두 고른 것은?

ㄱ. 자발적, 비자발적인 집단원 모두에게 사전 동의를 받아야 한다.
ㄴ. 집단 참여서약에 집단을 떠날 수 없음을 명시한다.
ㄷ. 집단상담 진행 중 개인상담이 필요한 경우 집단상담 종결 이후 권유한다.
ㄹ. 집단상담실 앞에 집단 명칭, 시간 및 참여자 명단을 제시하여 안내한다.

① ㄱ, ㄴ   ② ㄷ, ㄹ   ③ ㄱ, ㄴ, ㄷ   ④ ㄴ, ㄷ, ㄹ   ⑤ ㄱ, ㄴ, ㄷ, ㄹ

45

두 명의 상담자가 공동으로 진행하는 집단상담에 관한 설명으로 옳은 것을 모두 고른 것은?

ㄱ. 경험이 적은 상담자는 경험이 많은 공동리더를 통해 집단리더십을 익힐 수 있다.
ㄴ. 역할분담으로 집단과정을 촉진시키고, 소진이 일어날 가능성을 줄일 수 있다.
ㄷ. 리더가 집단에서 강한 감정을 경험했다면 차후 공동리더와 탐색해볼 수 있다.
ㄹ. 공동리더 간 협의와 상호피드백은 필수적이지 않다.

① ㄱ   ② ㄴ, ㄷ   ③ ㄱ, ㄴ, ㄷ   ④ ㄴ, ㄷ, ㄹ   ⑤ ㄱ, ㄴ, ㄷ, ㄹ

46

집단상담 평가에 관한 설명으로 옳은 것은?

① 평가의 목적은 집단원의 바람직한 변화를 조력하기 위해서이다.
② 평가계획은 종결시점에서 고려한다.
③ 평가 시점에 따라 상대평가와 절대평가로 구분할 수 있다.
④ 결과평가는 집단과정 중에 이루어진다.
⑤ 평가에서 심리검사 사용은 필수적이다.

47

학교 집단상담 계획에 관한 설명으로 옳지 않은 것은?

① 학생, 교사, 학부모 대상 요구조사를 실시한다.
② 집단 주제와 집단 크기, 회기 수 등을 선정한다.
③ 학교장을 만나 운영계획에 대해 논의한 후 승인을 받는다.
④ 집단에서 얻을 수 있는 이점을 학교 담당자, 교사, 부모에게 명확히 설명한다.
⑤ 치료집단인 경우 학생의 동의만 받으면 된다.

48

청소년 집단원의 특징에 관한 설명으로 옳지 않은 것은?

① 학교나 부모에 의해 참여하게 되는 경우 집단에 대한 관심이 없을 수도 있다.
② 교사나 부모와 같은 기성세대에게는 반항적인 태도를 가지고 도전할 수 있다.
③ 일반적으로 또래의 기준에 동조하거나 승인받는 것에 관심이 없다.
④ 신체적 · 생리적 변화로 외모에 관심을 갖게 된다.
⑤ 자아중심적이고, 자기의식적인 특성을 보인다.

49

다음에 해당하는 집단의 유형은?

중학교 3학년 여학생을 대상으로 대인관계 증진을 위해 집단상담자와 참여자가 매회기 합의하여 주제를 선정하고, 매주 1회 10주 동안 진행한다.

① 비구조화된 동질적 구성의 분산적 집단   ② 구조화된 동질적 구성의 분산적 집단
③ 비구조화된 이질적 구성의 분산적 집단   ④ 구조화된 이질적 구성의 집중적 집단
⑤ 비구조화된 동질적 구성의 집중적 집단

50

청소년 집단상담과 성인 집단상담의 특성을 설명한 것으로 옳은 것을 모두 고른 것은?

ㄱ. 비밀보장 원칙의 한계는 두 집단 모두 동일하다.

ㄴ. 성인 집단은 자발적으로 신청한 참여자만 집단원으로 참여할 수 있다.

ㄷ. 두 집단 모두 참여 중 언제든 본인의 의사에 따라 집단참여를 거부할 수 있다.

ㄹ. 두 집단 모두 사전면담을 통해 집단원을 선별할 수 있다.

① ㄱ, ㄴ   ② ㄴ, ㄷ   ③ ㄷ, ㄹ   ④ ㄱ, ㄴ, ㄷ   ⑤ ㄴ, ㄷ, ㄹ

제3과목   가족상담(선택)

┃ 해설 p450

51

보웬(M. Bowen)의 가족상담이론에 관한 설명으로 옳은 것은?

① 핵가족 정서체계는 핵가족 내에서 가족이 정서적으로 기능하는 패턴을 말한다.

② 자기분화는 개인이 불안을 관리하기 위해 가족구성원과 감정적 교류를 더 이상 하지 않는 것이다.

③ 다세대 전수과정에서 증상의 유형과 정도는 외부의 스트레스 요소와 상관없이 분화수준에 의해 나타난다.

④ 가족투사과정에서 부모는 가족체계를 안정시키기 위해 자녀 중 가장 성숙하고 안정된 자녀를 투사 대상으로 선택한다.

⑤ 치료적 삼각관계는 두 사람의 관계가 불안정해졌을 때 제3의 사람이나 대상에게 다가감으로써 불안을 회피하는 행동이다.

52

사티어(V. Satir)의 가족상담 이론에 관한 설명으로 옳은 것을 모두 고른 것은?

> ㄱ. 정서적 경험과 의사소통에 기초한 성장모델을 강조하였다.
> ㄴ. 자아존중감은 생애 초기에 주 양육자와의 관계에서 학습되고 발달한다고 본다.
> ㄷ. 부모가 역기능적으로 의사소통하거나 의사소통 내용이 부정적일 때 자녀의 자아존중감은 손상된다.
> ㄹ. 은유(metaphor)기법은 간접적이고 비유적인 표현을 사용하기 때문에 내담자가 위협적으로 느낄 수 있다.

① ㄱ, ㄷ   ② ㄴ, ㄹ   ③ ㄷ, ㄹ   ④ ㄱ, ㄴ, ㄷ   ⑤ ㄱ, ㄴ, ㄹ

53

부모간 폭력이 있는 가정에서 성장한 청소년 자녀에게 나타날 수 있는 심리적 어려움에 해당하지 않는 것은?

① 심한 수치심을 느끼고 자존감 형성에 부정적 영향을 받는다.

② 폭력, 가출, 비행, 자살시도 등 심각한 부적응 행동을 표출할 가능성이 높아진다.

③ 폭력을 행하는 부모뿐 아니라 폭력을 제지할 수 없는 자신의 무력함에도 분노를 느낀다.

④ 언제 폭력이 발생할지, 자신이 폭력을 촉발시키지는 않을지 불안해하고 두려움을 느낀다.

⑤ 폭력으로 문제를 해결하려는 부모에 대한 분노는 청소년에게 갈등해결에 집중하도록 하여 대인관계기술이 증진된다.

54

사티어(V. Satir)의 의사소통 및 대처유형에 관한 설명으로 옳은 것은?

① 회유형의 자원은 돌봄과 예민성이다.
② 비난형은 자아존중감의 요소 중 타인과 상황을 무시한다.
③ 초이성형의 자원은 강한 자기주장이다.
④ 산만형의 행동은 창조적이고 생동적이다.
⑤ 일치형은 말과 행동을 일치시키기 위해 경직된 태도를 보인다.

55

해결중심 단기 가족상담에 관한 설명으로 옳지 않은 것은?

① 탈이론적이고 비규범적이며 내담자의 견해를 존중한다.
② 내담자의 강점과 자원은 물론 증상까지도 상담에 활용한다.
③ 목표 수행은 힘든 일이라는 것을 내담자가 인식하도록 한다.
④ 치료적 피드백 메시지는 칭찬, 연결문, 과제의 세 부분으로 구성되어 있다.
⑤ 고객형 내담자는 문제를 인식하고 서술하지만, 상황변화를 위해 어떤 것도 하지 않고 또한 그렇게 할 의향도 없다.

56

개인상담과 비교한 가족상담의 특징으로 옳은 것은?

① 문제의 인과관계를 선형적으로 본다.
② 내담자를 수동적이고 반응적인 존재로 본다.
③ 문제의 진단과 해결과정에서 기계론적 세계관에 기초한다.
④ 개인을 둘러싸고 있는 관계 속에서 일어나는 문제에 더 많은 관심을 가지고 있다.
⑤ 문제 이해를 위해 내담자의 내면에서 무엇이 일어나고 있고 내담자의 어떤 행동으로 인해 문제가 생겼는지 탐색한다.

57

가족상담의 개념에 관한 설명으로 옳은 것을 모두 고른 것은?

ㄱ. 부부균열 : 부부는 각자 자신의 기대와 욕구를 충족하기 위하여 상대방을 억누르고 상대방의 동기를 믿지 않으려고 함
ㄴ. 거짓적대성 : 가족원 간에 안정을 추구하는 관계로서 표면적으로는 개방되고 상호이해하고 만족하는 것 같지만 실제는 그렇지 않은 모습
ㄷ. 가족항상성 : 어떠한 상황에서도 안정성을 유지하려는 가족의 속성을 의미하는 것으로, 가족 안에서 발전시킨 상호작용 규칙에 의해 유지됨
ㄹ. 다귀결성 : 다양한 출발에서 동일한 결과에 이른다는 것을 나타내며, 특정 원인이나 결과에 주목하기보다 체계의 과정에 주목할 필요가 있음을 강조함

① ㄱ, ㄷ   ② ㄴ, ㄹ   ③ ㄱ, ㄴ, ㄷ   ④ ㄱ, ㄷ, ㄹ   ⑤ ㄴ, ㄷ, ㄹ

58

다음 사례를 진행하면서 상담자가 취할 행동으로 옳지 않은 것은?

Y(13세, 여)는 수업시간에 집중하지 못하고 수업을 방해하며 교우관계에 어려움을 보여 상담에 의뢰되었다. 부모님은 자주 부부싸움을 하는데, 어머니는 남편과 갈등이 있을 때마다 Y에게 남편에 대한 비난을 했고, Y의 학업에 대해 집착하는 모습을 보였다. 아버지는 딸의 문제가 아내의 과보호와 부적절한 양육태도 때문이라고 비난하였다.

① 가족 내 학대나 폭력 문제가 있는지 확인한다.
② Y가 상담에 자발적으로 참여하였는지 확인한다.
③ 가족들에게 상담 참여의 필요성과 과정을 설명한다.
④ Y의 가족과 진행한 상담 내용을 학교 선생님들과 공유하여 학교에서 지지를 받을 수 있도록 돕는다.
⑤ 가족상담에 참여한 모두가 동등하게 이야기하고 상호수용 가능한 의사결정을 내릴 수 있도록 힘의 균형을 유지한다.

59

다음 상담자 진술은 어떤 가족상담기법의 예인가?

- "아들이 귀가시간을 어겨 불안할 때 어떻게 반응하나요?"
- "당신의 그 불안한 행동에 대하여 아들은 어떻게 반응하지요?"
- "당신과 아들 사이에 다툼이 있을 때 남편은 어떤 반응을 보이나요?"
- "남편의 그러한 반응에 대하여 당신은 어떻게 대응하나요?"

① 척도질문　　　　② 과정질문　　　　③ 긴장고조　　　　④ 예외질문　　　　⑤ 자기입장 지키기

60

해결중심 단기 가족상담의 질문기법과 그 예로 옳지 <u>않은</u> 것은?

① 보람질문: "무엇이 좀 좋아지면 상담을 받은 것이 보람 있었다고 말할 수 있을까요?"
② 척도질문: "엄마가 여기 있다면, 엄마는 그 문제가 해결될 가능성을 몇 점 정도라고 하실까?"
③ 관계성질문: "어머니는 그 어려운 상황 속에서 어떻게 지금까지 견딜 수 있었습니까?"
④ 예외질문: "지금까지 생활하면서 문제가 일어나지 않거나 덜 심각한 때는 언제였나요?"
⑤ 첫 상담 전 변화에 관한 질문: "처음 상담을 약속했을 때부터 오늘 상담에 오기까지 혹시 어떤 변화가 있었나요?"

61

가족생활주기에서 청소년 자녀가 있는 가족의 특성에 관한 설명으로 옳은 것을 모두 고른 것은?

ㄱ. 노인 세대를 돌보기 위한 준비 시작
ㄴ. 중년기 부부의 결혼생활 및 진로에 다시 초점을 둠
ㄷ. 부모, 조부모 역할이 포함되도록 확대가족과의 관계 형성
ㄹ. 청소년 자녀가 체계 안과 밖으로 출입할 것을 허용하는 부모-자녀 관계로 변화.

① ㄱ, ㄴ　　　　　　　　　　　　② ㄴ, ㄹ
③ ㄱ, ㄴ, ㄹ　　　　　　　　　　④ ㄱ, ㄷ, ㄹ
⑤ ㄱ, ㄴ, ㄷ, ㄹ

62

가족체계이론에 관한 설명으로 옳지 않은 것은?

① 체계는 일정한 규칙에 의해 유지되고 기능한다.

② 순환적 인과관계 속에서 증상을 이해하려고 한다.

③ 체계가 건강하게 기능하기 위해서는 엄격한(rigid) 경계선이 필요하다.

④ 체계가 변화나 이탈을 거부하고 안정성을 유지하는 방향으로의 피드백을 부적(negative) 피드백이라고 한다.

⑤ 체계는 상호작용하는 관계에 있는 부분들의 집합으로서, 가족체계는 가족원 개개인의 특성을 합한 것 그 이상이다.

63

다음 사례에 적용할 수 있는 가족상담 모델과 개입방법의 연결로 옳지 않은 것은?

> C(15세, 남)는 게임과 핸드폰 사용에 대한 통제로 어머니와 갈등하다 가출 후 쉼터에 자발적으로 찾아왔다. 부모님은 작년에 이혼했고, 그 후로 C는 어머니와 살고 있다.

① 경험적 가족상담 - 가족조각 작업을 통해 C가 다른 가족원에게 느끼는 정서를 탐색한다.

② 이야기치료 - 재저작 대화를 통해 C가 자신의 문제를 내면화 할 수 있도록 한다.

③ 해결중심 단기 가족상담 - 기적질문을 통해 문제가 해결되어 있는 상황을 그려보도록 한다.

④ 다세대 가족상담 - 관계실험을 통해 가족들이 가족체계의 과정을 인식하고 자신의 역할을 탐색하도록 한다.

⑤ 전략적 가족상담 - 순환질문을 통해 가족들이 서로의 이야기를 경청하며 관계적 맥락에서 문제를 이해할 수 있도록 한다.

64

이야기치료의 기본 전제에 해당하는 것을 모두 고른 것은?

> ㄱ. 개인의 정체성과 문제(증상)는 별개의 것으로 본다.
> ㄴ. 개인적 삶의 이야기는 복합적인 내용을 포함하고 있다.
> ㄷ. 개인이 속한 사회적 전제는 자신을 보는 방식에 영향을 미친다.
> ㄹ. 인간은 자신의 경험을 특정한 방식으로 해석하고 의미를 부여한다.

① ㄱ, ㄹ   ② ㄴ, ㄷ   ③ ㄱ, ㄴ, ㄷ   ④ ㄴ, ㄷ, ㄹ   ⑤ ㄱ, ㄴ, ㄷ, ㄹ

65

가족상담사의 윤리적 행동으로 옳지 않은 것은?

① 내담자에게 상담사의 가치를 강요하지 않는다.

② 사생활과 비밀보장의 원칙과 예외상황을 알린다.

③ 내담자가 스스로 의사결정을 할 권리를 존중한다.

④ 사적인 친밀관계, 성적 관계, 동업자관계 등의 관계를 맺지 않는다.

⑤ 상담내용을 학술연구에 활용할 경우에는 내담자의 동의를 구하지 않는다.

66

전략적 가족상담에 관한 설명으로 옳지 않은 것은?

① 헤일리(J. Haley)는 고된 체험, 위장 기법 등의 역설적인 방법을 활용한다.

② 밀란(Milan) 모델은 게임규칙에 초점을 두고 순환질문을 사용한다.

③ 패터슨(G. Patterson)은 대상관계 패턴을 평가하고 대인관계 역동 분석을 중요하게 다룬다.

④ MRI(Mental Research Institute) 모델은 가족의 의사소통에 초점을 두고 전략적으로 접근한다.

⑤ 마다네스(C. Madanes)는 애정과 돌봄 역할에 관심을 두고 치료 작업을 한다.

67

이야기치료에서 사용하는 기법으로 옳지 않은 것은?

① 문제 해체하기 　　　　　　　② 경계의 명료화

③ 재저작 대화 　　　　　　　　④ 독특한 결과 탐색

⑤ 문제의 영향력 평가

68

다음에서 설명하는 가족상담의 기법은?

- 기존의 가족 상호작용에 거스르지 않고 합류하는 방법이다.
- 가족원이 계속 말을 할 수 있도록 물어보고 지지하는 활동이다.
- 가족의 언어와 가치에 참여하고, 핵심내용 반복하기와 명료화하는 질문 등을 한다.

① 추적 　　　　② 관찰 　　　　③ 모방 　　　　④ 연합 　　　　⑤ 균형

69

다음 사례에 적용할 수 있는 가족상담 모델과 개입방법의 연결로 옳지 <u>않은</u> 것은?

> K(남, 고1)는 부모에게 반항하고 학교에도 가지 않으려는 이유로 부모님이 상담을 의뢰하였다. 부부는 서로의 역할에 불만을 표현하면서 부부간의 갈등이 심해졌고, 여동생(초4)을 포함한 가족 모두가 참여한 첫 회기에서 K는 계속 아무 말도 하지 않고 앉아 있었다.

① 다세대 가족상담 - 자아분화 탐색
② 경험적 가족상담 - 빙산 치료
③ 이야기치료 - 가족갈등의 외재화
④ 구조적 가족상담 - 가족 구조의 변화
⑤ 해결중심 단기 가족상담 - 과거 문제 발달사

70

가족생활주기에 관한 설명으로 옳지 <u>않은</u> 것은?

① 가족생활주기의 각 단계마다 수행해야 할 과업을 제시한다.
② 에릭슨(M. Erickson)은 자녀 양육기의 가족은 부모와 자녀를 분리하여 부부생활과 자녀양육생활을 독립적으로 하도록 했다.
③ 카터(B. Carter)와 맥골드릭(M. McGoldrick)은 가족생활주기의 결혼전기 단계에서 원가족과 분화가 필요하다고 했다.
④ 듀발(E. Duvall)은 결혼, 출산, 자녀 성장, 사망 등 구성원의 증가 또는 감소를 축으로 하여 8단계로 나누었다.
⑤ 노년기는 가족구성원이 감소하여 가장 안정된 가족경계를 이루는 시기이다.

71

다음 가족상담기법의 예로 옳은 것을 모두 고른 것은?

> ㄱ. 증상처방 : 아이를 과보호하는 어머니에게 '보다 더 보호하라'고 한다.
> ㄴ. 의식(ritual) : 아내를 비난하는 남편에게 일주일에 하루 시간을 정해놓고 아내를 비난하는 시간을 갖도록 한다.
> ㄷ. 대처질문 : '3일 후에 지금 겪고 있는 불안감이 해결되었다면 어떻게 알 수 있을까요?'라고 한다.
> ㄹ. 실연화 : '자녀의 우울증이 가족을 보호하는 기능을 하고 있어요'라고 말한다.

① ㄱ, ㄴ   ② ㄱ, ㄷ   ③ ㄴ, ㄹ   ④ ㄱ, ㄴ, ㄹ   ⑤ ㄴ, ㄷ, ㄹ

72

가족사정에 관한 설명으로 옳지 않은 것은?

① 가계도는 가족의 정서과정과 생활주기 및 가족원의 증상 등을 파악할 수 있다.

② ENRICH 검사는 부부관계를 파악하고 원가족을 이해하는 데 도움을 준다.

③ 비버즈(W. Beavers) 모델은 관계 양상을 구심성과 원심성, 혼합형으로 분류한다.

④ 올슨(D. Olson)의 순환모델은 가족기능을 응집성과 상보성으로 평가한다.

⑤ 맥매스터(McMaster)모델은 문제해결, 의사소통, 역할, 정서적 반응, 상호작용, 행동통제, 일반적 기능 등으로 평가한다.

73

가족상담의 초기과정 작업으로 옳지 않은 것은?

① 가족의 정서에 공감한다.

② 과거의 문제 해결 경험에 대하여 질문한다.

③ 증상이나 문제에 대한 가족의 지각을 알아본다.

④ 구체적인 가족사정을 위해 전이, 역전이를 탐색한다.

⑤ 가족이 원하는 것을 구체적으로 표현하도록 한다.

74

다음 가계도에서 IP(Identified Patient)의 가족역동에 관한 설명으로 옳지 <u>않은</u> 것은?

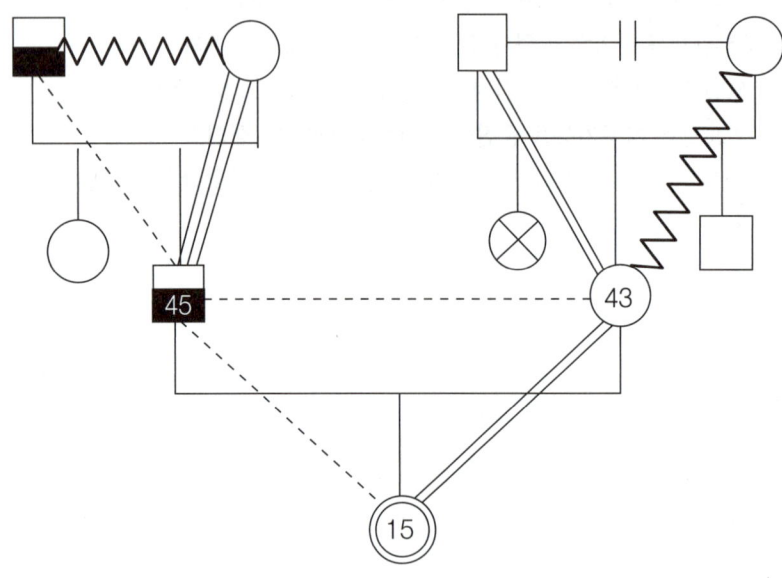

① IP는 부와 정서적으로 친밀하다.
② IP의 모와 외조모는 갈등관계이다.
③ IP의 부와 친조모는 밀착된 관계이다.
④ IP의 외조부모는 정서적으로 단절되어 있다.
⑤ IP의 조부와 부에게 알코올 문제가 이어지고 있다.

75

구조적 가족상담 이론에서 가족의 재구조화에 관한 내용으로 옳지 <u>않은</u> 것은?

① 부모 하위체계와 별도로 부부 하위체계가 기능하도록 한다.
② 부모가 서로에게 적응하고 자녀에게 일관된 모습을 보여야 한다.
③ 자녀 독립기에는 명확하고 독립적인 경계선을 확립하도록 한다.
④ 적절한 위계는 부모가 권위와 책임을 바탕으로 세대 간 차이를 인정하는 구조이다.
⑤ 밀착된 가족은 다른 하위체계의 분화가 필요하지 않다.

1교시

2교시

2022

제1과목　청소년 상담의 이론과 실제 (필수)

| 해설 p458

01

비자발적인 청소년 내담자에 대한 상담 개입으로 옳지 않은 것은?

① 내담자가 인지하고 있는 상담 신청 경위를 탐색한다.
② 원치 않음에도 상담에 오게 된 내담자의 마음을 수용하고 공감한다.
③ 상담자 역할에 대해 알려주고, 상담과정과 비밀 보장 등에 대해 설명한다.
④ 내담자가 하는 말의 진위 여부를 확인하는 데 초점을 맞춘다.
⑤ 상담이 내담자의 심리적 어려움을 해소할 수 있도록 돕는 것임을 전달한다.

02

상담의 초기 단계에 이루어지는 내용으로 옳은 것을 모두 고른 것은?

ㄱ. 내담자와 상담목표를 설정한다.
ㄴ. 안전하고 신뢰할 수 있는 관계를 형성한다.
ㄷ. 내담자의 위기영역 및 수준을 평가한다.
ㄹ. 내담자 문제에 대한 심층적인 해석을 한다.

① ㄱ, ㄴ
② ㄱ, ㄷ
③ ㄱ, ㄴ, ㄷ
④ ㄴ, ㄷ, ㄹ
⑤ ㄱ, ㄴ, ㄷ, ㄹ

03

상담이론과 기법의 연결이 옳은 것은?

① 현실치료 - 직면, 해석, 역할연기

② 인지치료 - ABC 기법, 생활양식분석

③ 교류분석 - 유머 사용하기, 역설적 기법

④ 개인심리학 - 단추누르기, 마치 ~ 처럼 행동하기

⑤ 게슈탈트 상담 - 문제를 외현화하기, 과제부여

04

분석심리학에 관한 설명으로 옳지 않은 것은?

① 단어연상검사, 꿈 분석, 증상 분석 등의 기법을 사용한다.

② 고백단계에서 내담자의 무의식적 의미를 해석하고 통찰을 촉진한다.

③ 외향적 사고와 내향적 사고는 대립되는 것이 아니라 상보적이다.

④ 억압된 기억이나 사고, 감정은 개인 무의식에 저장된다.

⑤ 중년기 이후에는 자기의 방향이 내부로 향하여 자아는 다시 자기에 통합되면서 성격 발달이 이루어진다.

05

다음에서 설명하는 상담이론은?

• 성격발달에 대한 생물사회학 이론(biosocial theory)에 기초하고 있다.
• 자살의도를 가진 내담자를 치료하기 위해 개발되었으나 이후에 경계선 성격장애와 같은 문제를 보이는 내담자들에게 적용하는 이론으로 발전하였다.

① 중다양식치료　　　　　　　② 구성주의치료

③ 대상관계치료　　　　　　　④ 수용전념치료

⑤ 변증법적 행동치료

06

청소년 문제에 관한 설명으로 옳지 않은 것은?

① 생물학적 변화로 인해 발달심리적 위기를 겪는다.

② 외현화 문제에는 일탈, 약물남용, 섭식장애, 자살 등이 있다.

③ 우울감이 높은 청소년은 인터넷이나 스마트폰에 중독될 가능성이 높다.

④ 학교폭력에는 사이버 따돌림과 음란 정보에 의해 정신적 피해를 주는 경우도 해당된다.

⑤ 청소년 비행은 폭력이나 절도와 같은 심각한 범죄 뿐만 아니라 음주, 흡연 등과 같은 일탈행동도 포함한다.

07

아들러(A. Adler)의 개인심리학에 관한 설명으로 옳지 않은 것은?

① 일차적 열등감은 목표와 성취를 위한 기초가 된다.

② 가상적 목표는 바이힝거(H. Vaihinger)의 영향을 받은 것이다.

③ 인간은 완전함을 향해 나아가는 전체론적인 존재이다.

④ 생활양식은 개인의 일관된 성격구조로 생애초기에 형성된다.

⑤ 개인은 사회적 관심과 활동수준에 따라 지배형, 기생형, 분리형, 사회적 유용형으로 나뉜다.

08

상담 종결 단계에서 이루어지는 내용으로 옳은 것을 모두 고른 것은?

ㄱ. 상담목표 달성 여부	ㄴ. 상담목표에 부합하는 전략 수립
ㄷ. 정서 및 행동 패턴 파악	ㄹ. 추수 상담에 대한 논의
ㅁ. 내담자의 변화 확인	

① ㄱ, ㄴ   ② ㄱ, ㄴ, ㄹ   ③ ㄱ, ㄹ, ㅁ   ④ ㄴ, ㄷ, ㅁ   ⑤ ㄱ, ㄴ, ㄹ, ㅁ

09

행동주의 상담 기법에 관한 설명으로 옳지 않은 것은?

① 이완훈련은 불안이나 스트레스를 겪고 있는 내담자에게 적용한다.

② 토큰강화는 프리맥(Premack)의 원리를 적용한 기법이다.

③ 체계적 둔감화는 상호억제 기제를 사용하여 불안이나 공포를 감소시키는 데 사용한다.

④ 노출 및 반응방지법은 내담자가 두려워하는 자극에 노출시키되 강박행동을 하지 못하게 하는 기법이다.

⑤ 행동조형(shaping)은 목표행동에 접근하는 반응을 강화하여 새로운 행동을 단계적으로 습득하게 한다.

10

자살 사고가 있으나 부모에게 이 사실을 알리는 것을 꺼려하는 청소년에 대한 상담자의 개입으로 옳지 <u>않은</u> 것은?

① 비밀유지 예외상황에 대해 고지한다.

② 부모에게 알리고 싶지 않은 이유를 탐색한다.

③ 죽음을 생각할 만큼 힘든 내담자의 마음을 공감한다.

④ 자살을 생각하게 된 어려움이 무엇인지 구체적으로 살펴본다.

⑤ 부모에게 자살 사고 사실을 알려야 한다고 내담자를 밀어붙이거나 설득한다.

11

다음 사례에 해당하는 상담기법에 관한 설명으로 옳은 것은?

내담자 A : 상담을 해도 나아지는 게 없고 힘들어요.

상담자 : 상담을 해도 힘든 게 나아지지 않는 것 같다는 말을 들으니, '내가 A를 충분히 이해하지 못하고 있나.' 하는 생각이 들어서 안타까워요.

① 상담 주제나 초점을 이동하고자 할 때 사용한다.

② 현재형으로 진술하여 지금-여기의 경험을 드러낸다.

③ 내담자가 모호한 진술을 정리하고 지각할 수 있게 해준다.

④ 단정적으로 표현하기보다는 짐징직 가설의 형태로 제시한다.

⑤ 문제해결을 위한 내안을 빌굴하고 평가하는 기회를 제공한다.

12

상담기법에 관한 설명으로 옳지 <u>않은</u> 것은?

① 명료화는 내담자의 사고, 감정, 행동에 있는 불일치나 모순을 드러내는 것이다.

② 자기개방은 상담자의 개인적 생각이나 경험을 내담자와 나누는 것이다.

③ 반영은 내담자의 메시지 이면에 있는 감정을 표면적으로 드러내는 것이다.

④ 은유는 비유나 동화 형태로 제시하며, 내담자의 자기인식을 돕고 문제를 재구성하도록 한다.

⑤ 재진술은 내담자의 메시지에 표현된 핵심내용을 상담자의 언어로 바꾸어 말하는 것이다.

13

다음 해결중심상담의 질문기법으로 옳은 것은?

- 지난 일주일 동안 문제가 일어나지 않은 때는 언제였나요?
- 문제가 발생하지 않았다는 것을 어떻게 알 수 있나요?
- 힘든 시기에도 좋은 기분을 느낄 수 있었던 때가 있었나요?

① 대처   ② 예외   ③ 변화   ④ 기적   ⑤ 관계

14

청소년상담자의 자질이 아닌 것은?

① 상담이론에 대한 이해   ② 인간에 대한 깊은 관심
③ 자신과 타인의 감정이해   ④ 전문적인 상담용어 사용
⑤ 상담 윤리강령의 숙지

15

매체상담에 관한 설명으로 옳지 않은 것은?

① 대면상담과 마찬가지로 사이버상담에서도 관계형성 및 구조화는 중요하다.
② 사이버상담 유형 중 채팅상담은 내담자와 동시적인 상호작용이 가능하다.
③ 화상상담은 정신병리 문제나 자살 및 자해 등 고위기 내담자에게 적합하다.
④ 전화상담은 문제해결 중심으로 진행되며 대면상담으로 연계하는 역할을 한다.
⑤ 전화상담은 위기 상황에 처한 청소년에게 즉각적인 도움을 제공할 수 있다.

16

다음 설명에 해당하는 인간중심상담의 기법은?

- 상담자 자신의 내면에서 일어나는 다양한 경험에 대해 개방적이다.
- 상담자 자신의 수치스럽거나 혼란스러운 감정도 부정하지 않고 수용한다.

① 진솔성   ② 공감적 이해
③ 알아차리기   ④ 탈숙고하기
⑤ 무조건적 긍정적 존중

17

청소년 상담자의 태도로 옳은 것은?

① 상담자가 선호하는 상담 이론에 내담자를 맞춰서 상담을 진행하였다.

② 내담자는 원하지 않았으나 내담자를 이해하기 위해 첫 회 상담 후 그림검사를 실시하였다.

③ 활용하고자 하는 특정 기법에 대한 내담자의 전형적인 반응을 감지하고 대응하고자 하였다.

④ 내담자의 연령과 발달수준을 고려하여 매 회기 대부분의 시간을 게임에 할애하였다.

⑤ 모든 청소년 내담자의 부모를 상담에 초대하여 부모상담을 진행하였다.

18

다음 각 내담자에 해당하는 접촉경계장애의 유형을 옳게 나열한 것은?

- 내담자 A : 엄마가 잘못을 지적하면서 야단치고 화를 내면 엄마가 밉기도 하지만 제 자신이 너무 한심하고 바보 같아요. (주먹으로 머리를 때리며) 저한테 화가 나서 미치겠어요.
- 내담자 B : (허공을 바라보며 남 이야기하듯) 글쎄요. 잘 모르겠어요. 기분 나쁜 걸 말해봤자 엄마랑 더 불편해지니까 그냥 생각을 안 하려고해요. 그러면 아무렇지도 않아요.

① A : 반전, B : 편향　　　　　　　② A : 융합, B : 반전

③ A : 내사, B : 편향　　　　　　　④ A : 반전, B : 내사

⑤ A : 내사, B : 융합

19

청소년상담사 윤리강령에 명시된 '전문가로서의 책임'에 해당하는 것은?

① 검증되지 않고 훈련받지 않은 상담기법의 오ㆍ남용을 하지 않는다.

② 법적ㆍ도덕적 한계를 벗어난 다중관계를 맺지 않는다.

③ 청소년 내담자에게 무력이나 정신적 압력 등을 사용하지 않는다.

④ 내담자의 복지를 증진하고 존엄성을 존중하는 것에 최우선 가치를 둔다.

⑤ 상담과정을 사례지도에 활용할 경우 내담자가 거부할 권리가 있음을 알린다.

20

지역사회청소년통합지원체계(CYS-Net) 필수연계 기관으로 옳은 것을 모두 고른 것은?

ㄱ. 청소년비행예방센터   ㄴ. 지방고용노동청
ㄷ. 학교밖청소년지원센터   ㄹ. 공공보건의료기관

① ㄱ, ㄴ   ② ㄱ, ㄷ   ③ ㄷ, ㄹ   ④ ㄱ, ㄷ, ㄹ   ⑤ ㄱ, ㄴ, ㄷ, ㄹ

21

합리정서행동상담의 인지적 기법으로 옳지 않은 것은?

① 언어 변화시키기   ② 인지적 과제 수행하기
③ 비합리적 신념 논박하기   ④ 자조서(self-help book) 읽기
⑤ 자기표현 훈련하기

22

다음 사례에 해당하는 인지 왜곡은?

내담자 : 여자 친구가 요즘 들어 연락을 자주 하지 않는 걸 보니, 저를 멀리하는 것 같아요. 그래서 저와 헤어지려고 하는 건 아닌가 하는 생각이 들어서 불안해요.

① 개인화   ② 흑백논리   ③ 극대화   ④ 임의적 추론   ⑤ 과잉일반화

23

해결중심상담에 관한 설명으로 옳은 것을 모두 고른 것은?

ㄱ. 내담자의 강점이나 자원을 발견하고 활용한다.
ㄴ. 상담자-내담자 관계유형에 따라 상담목표와 개입을 달리한다.
ㄷ. 그동안 효과가 있었던 해결책을 찾게 함으로써 문제해결의 가능성을 높인다.
ㄹ. 기적질문을 사용함으로써 문제의 원인을 구체적으로 파악한다.
ㅁ. 내담자가 작은 목표를 성취하도록 함으로써 성공경험을 높이고 문제해결에 대한 희망을 갖게 한다.

① ㄱ, ㄴ   ② ㄱ, ㄴ, ㄷ   ③ ㄷ, ㄹ, ㅁ   ④ ㄱ, ㄴ, ㄷ, ㅁ   ⑤ ㄴ, ㄷ, ㄹ, ㅁ

24

다음의 상담자 질문에 해당하는 현실치료의 상담과정으로 옳은 것은?

- 당신이 원하는 것이 현실적이고 실현 가능한 것입니까?
- 지금 하고 있는 것이 당신이 원하는 것을 얻는 데 도움이 됩니까?
- 상담의 진행과 당신의 변화에 대해 어떻게 약속하시겠습니까?

① 현재의 행동 파악하기   ② 바람, 욕구, 지각 탐색하기

③ 바람, 행동 · 계획 평가하기   ④ 행동 계획과 실천하기

⑤ 선택과 책임감 갖기

25

교류분석에 관한 설명으로 옳지 않은 것은?

① 상담목표는 내담자의 인생각본에 대한 인식과 재결단을 돕는 것이다.

② 교차적 교류는 상대방의 자아 상태와는 다른 자아 상태로 교류하는 것이다.

③ 상담은 교류분석 - 구조분석 - 게임분석 - 삭본분석의 단계를 거친다.

④ 자기부정 · 타인긍정(I'm not OK, You're OK)의 생활자세를 지닌 사람은 열등감과 우울감, 무력감을 경험한다.

⑤ 성인자아 상태는 현실에 근거하여 문제를 해결하며, 부모자아 상태와 어린이자아 상태를 중재한다.

제2과목 상담연구방법론의 기초(필수)

| 해설 p467

26

다음에서 설명하고 있는 것은?

> 표본을 사용하여 모수를 추정할 경우 모집단의 실제분포와 상관없이 표본의 수가 많다면 표본평균의 표본분포는 정규분포(normal distribution)에 근접한다.

① 베이즈 정리(Bayes' theorem)
② 중심 극한 정리(central limit theorem)
③ 베르누이 시행(Bernoulli trial)
④ 구간추정(interval estimation)
⑤ 유의수준(level of significance) 결정

27

척도에 관한 설명으로 옳지 않은 것은?

① 명목척도로 측정된 표본은 한 집단에 속하면 다른 집단에 속하지 않는 상호배타적(mutually exclusive) 특성을 가지고 있다.
② 명목척도로 측정된 점수를 토대로 이항분포 검증과 같은 통계분석이 가능하다.
③ 서열척도로 측정된 점수를 토대로 변동계수 계산과 같은 통계분석이 가능하다.
④ 등간척도로 측정된 점수를 토대로 표준편차 계산과 같은 통계분석이 가능하다.
⑤ 비율척도에서는 0의 의미를 자의적으로 해석할 수 없다.

28

양적연구에 관한 내용으로 옳은 것을 모두 고른 것은?

ㄱ. 연구자의 가치중립적 입장 유지	ㄴ. 객관적 실재가 존재함을 가정
ㄷ. 연구자와 연구대상 사이의 상호작용 중시	ㄹ. 연구결과의 일반화 시도

① ㄱ, ㄴ   ② ㄷ, ㄹ   ③ ㄱ, ㄴ, ㄹ   ④ ㄱ, ㄷ, ㄹ   ⑤ ㄴ, ㄷ, ㄹ

29

다음 중 비확률표집이 <u>아닌</u> 것은?

① 군집표집(cluster sampling)

② 할당표집(quota sampling)

③ 편의표집(convenience sampling)

④ 눈덩이표집(snowball sampling)

⑤ 판단표집(judgement sampling)

30

경험적으로 관찰된 개별 사례나 현상에 근거하여 일반적인 사실을 추론하고 이를 토대로 이론을 구성하는 방법은?

① 귀납법   ② 연역법   ③ 실험법   ④ 기술적 연구법   ⑤ 탐색적 연구법

31

모집단으로부터 표본 추출 시 표본의 크기(수)를 결정하는데 영향을 미치는 요인을 모두 고른 것은?

ㄱ. 모집단 표준편차	ㄴ. 신뢰수준	ㄷ. 최대 허용오차

① ㄱ   ② ㄴ   ③ ㄱ, ㄷ   ④ ㄴ, ㄷ   ⑤ ㄱ, ㄴ, ㄷ

32

근거 이론에 관한 설명으로 옳지 <u>않은</u> 것은?

① 상징적 상호작용이론에 기초하고 있다.

② 개인이나 집단의 행동, 신념 등의 현상을 탐색하는데 관심을 둔다.

③ 자료 수집은 포화(saturation)된 수준에 이를 때까지 진행된다.

④ 지속적 비교 방법(constant comparative method)이 주된 분석방법이다.

⑤ 주로 기존의 이론적 체계나 선행연구에 근거해서 수행된다.

33

추상적 개념을 실증적으로 검증하기 위해 변수를 측정 가능한 형태로 계량화하는 것은?

① 개념적 정의　　　　　　　　　　② 조작적 정의
③ 의존성 정의　　　　　　　　　　④ 전이가능성 정의
⑤ 확증가능성 정의

34

좋은 가설에 관한 설명으로 옳지 않은 것은?

① 경험적으로 검증 가능할 수 있어야 한다.　　② 논리적으로 명료해야 한다.
③ 간결하게 표현되어야 한다.　　　　　　　④ 개념이 동의반복(tautological)적이어야 한다.
⑤ 자명한 관계에 대한 가설 설정을 지양한다.

35

다음에서 설명하는 현상학적 개념은?

> • 연구자는 탐구하고자 하는 현상에 대한 선입견, 고정관념 및 학습된 감정 등을 보류해야 한다.
> • 연구자는 현상에 대한 선지식이나 선 경험을 배제함으로써 현상 자체가 의미하는 바가 무엇인지 잘 성찰할 수 있다.

① 수평화(horizonalization)　　　　　　② 의식의 지향성(intentionality of consciousness)
③ 상상적 변형(imaginative variation)　　④ 괄호 치기(bracketing)
⑤ 의미군(cluster of meaning)

36

다음 연구에 관한 설명으로 옳지 않은 것은?

> • 연구주제는 '상담프로그램 유형이 학교폭력 피해 청소년의 회복탄력성에 미치는 영향'이다.
> • 상담프로그램 유형이 회복탄력성에 미치는 영향은 자아개념을 통해 중개된다.
> • 상담프로그램 유형과 회복탄력성과의 관계에서 상담프로그램 유형은 사회적 지지와 상호작용이 있다.
> • 내담자의 성별 특성에 따른 차이는 배제된다.

① 상담프로그램 유형은 독립변인이다.　　② 회복탄력성은 종속변인이다.
③ 자아개념은 잠재변인이다.　　　　　　④ 사회적 지지는 조절변인이다.
⑤ 성별 특성은 통제변인이다.

37

영가설(H_0)이 참이 아닐 경우 이를 기각함으로써 올바른 결정을 내릴 가능성을 나타내는 통계적 검정력은?

① α ② β ③ $1-\alpha$ ④ $1-\beta$ ⑤ $\alpha-\beta$

38

내적타당도가 저해될 수 있는 상황을 모두 고른 것은?

> ㄱ. 연구가 진행되는 동안 측정에 사용되는 측정도구의 변화가 있었다.
> ㄴ. 연구기간 동안 예상치 못한 특정 사건이 발생했다.
> ㄷ. 시간경과에 따른 연구대상 집단의 신체적·심리적 특성 변화가 있었다.

① ㄱ   ② ㄱ, ㄴ   ③ ㄱ, ㄷ   ④ ㄴ, ㄷ   ⑤ ㄱ, ㄴ, ㄷ

39

타당도와 신뢰도에 관한 설명으로 옳지 않은 것은?

① 타당도는 연구의 방법 또는 절차의 결과가 실제로 의도한 목적과 일치하는 정도이다.
② 신뢰도는 연구의 방법 또는 절차의 결과가 각각의 측정에서 일치하는 정도이다.
③ 타당도와 신뢰도는 연구계획, 측정, 측정도구 사용에 있어서 상호연관성이 있을 수 있나.
④ 무작위 오차는 신뢰도와 관련이 있고, 체계적 오차는 타당도와 관련이 있다.
⑤ 측정도구 선택에 있어서 타당도보다는 신뢰도가 중요하다.

40

등간척도이지만 비율척도가 아닌 측정치는?

① 온도 : 36.5℃   ② 학급석차 : 5위
③ 성별 : 여성   ④ 나이 : 35세
⑤ 체중 : 55kg

41

신뢰도의 추정을 위한 측정방법이 <u>아닌</u> 것은?

① 재검사(test-retest)   ② 동형검사(parallel-form)

③ 반분(split-half)   ④ 이중맹검(double-blind)

⑤ 내적 일관성(internal-consistency)

42

외적타당도에 관한 설명으로 옳지 <u>않은</u> 것은?

① 연구결과를 일반화 시킬 수 있는 정도이다.

② 무선표집은 외적타당도의 저해요인이다.

③ 외적타당도를 높이기 위해서는 표본의 대표성을 높여야한다.

④ 연구결과의 이용을 위해 내적타당도와 함께 고려해야 할 요소이다.

⑤ 연구결과의 적용 대상, 시점, 환경의 확장과 관련이 있다.

43

연구재료, 장비, 과정 등을 인위적으로 조작하거나 연구 자료를 임의로 변형, 삭제함으로써 연구 내용 또는 결과를 왜곡하는 연구부정행위는?

① 위조   ② 변조

③ 표절   ④ 부당한 저자 표시

⑤ 이중게재

44

설문문항이 6개이고, 각 문항 측정치들 사이의 상관계수들의 평균이 0.8일 때, 크론바하 알파(Cronbach's α)값은?

① 0.02   ② 0.04   ③ 0.8   ④ 0.96   ⑤ 0.98

45

모집단으로부터 표본을 25개씩 복원 반복 추출하여 얻은 평균의 표준오차(standard error of the mean)가 2일 때, 이 표준오차를 1로 줄이기 위한 표집의 크기는?

① 10   ② 40   ③ 100   ④ 400   ⑤ 1,000

46

혼합연구방법에 관한 설명으로 옳지 <u>않은</u> 것은?

① 질적 연구방법과 양적 연구방법을 결합한 연구방법이다.
② 미숙련 연구자에게 적합한 연구방법이다.
③ 현상에 대한 이해를 넓히고 깊이 있는 연구가 가능하다.
④ 내재된 편향이나 결함을 피하고, 타당도를 높일 수 있다.
⑤ 다양한 형태의 자료들을 수집하고 분석하는데 유연하다.

47

다음 설명에 모두 해당하는 연구방법은?

- 실험과정에서 발생할 수도 있는 윤리적 문제를 회피할 수 있다.
- 독립변수의 수준을 조작함으로써 실험 상황을 통제할 수 있다.
- 상담과정 단순화를 통해 연구결과의 해석이 용이해진다.
- 대리 내담자의 활용을 통해 재정적 부담을 완화할 수 있다.

① 단일사례연구   ② 상관연구
③ 모의 상담연구   ④ 메타분석연구
⑤ 횡단연구

48

상담연구에서 단일사례연구설계(단일 피험자설계, single-case research design)에 관한 설명으로 옳지 <u>않은</u> 것은?

① 임상적 유의미성보다는 통계적 검증을 중시한다.
② 한 개인 또는 집단을 상대로 연구대상 내 차이를 분석하여 처치효과를 추정한다.
③ 연구를 진행하면서 연구설계나 연구절차도 융통성 있게 수정할 수 있다.
④ ABAB설계(reversal design)와 다중기저선설계(multiple-baseline design) 등이 있다.
⑤ 연구결과의 일반화 가능성에 제약이 있다.

49

명목변인을 대상으로 하는 연구에 적합한 집중경향(central tendency) 측정치는?

① 산술평균값   ② 조화평균값   ③ 기하평균값   ④ 중앙값   ⑤ 최빈값

50

비교집단과 무선할당을 모두 사용하는 실험설계는?

① 원시실험설계(pre-experimental design)

② 비동일통제집단설계(nonequivalent control group design)

③ 진실험설계(true experimental design)

④ 다중시계열설계(multiple time-series design)

⑤ 준실험설계(quasi-experimental design)

54

K-WAIS-IV에 관한 설명으로 옳은 것은?

① 총 16개의 소검사로 구성되어 있다.
② 전체 지능지수(FSIQ)는 하위 여섯 가지 지수점수로 산출된다.
③ 작업기억 지수(WMI)는 비언어적 문제를 해결할 때 요구되는 정신적 속도 및 운동 속도를 반영한다.
④ 지우기는 언어이해 지수(VCI)의 보충 소검사이다.
⑤ 언어이해 지수(VCI)는 문화적 여건의 영향을 많이 받는다.

55

주제통각검사(TAT)에 관한 설명으로 옳지 않은 것은?

① 모든 수검자에게 같은 지시문을 제시한다.
② 두 번으로 나누어 검사를 실시할 수 있다.
③ 성취욕구는 도판1의 일반적인 주제의 하나이다.
④ 욕구-압력 분석법의 첫 단계는 주인공을 찾는 것이다.
⑤ 통각은 객관적 자극과 주관적 경험의 상호작용으로 만들어진다.

56

심리평가를 구성하는 요인을 모두 고른 것은?

ㄱ. 심리검사	ㄴ. 면담	ㄷ. 행동관찰	ㄹ. 검사자의 성격

① ㄱ, ㄴ　　② ㄷ, ㄹ　　③ ㄱ, ㄴ, ㄷ　　④ ㄴ, ㄷ, ㄹ　　⑤ ㄱ, ㄴ, ㄷ, ㄹ

57

HTP검사에 관한 설명으로 옳은 것은?

① 기호 채점 절차를 거쳐 해석한다.
② 집-나무-사람 순서로 그리게 한다.
③ 각 그림마다 그리는 시간이 정해져 있다.
④ 집을 그릴 때는 수검자에게 세로로 종이를 제시한다.
⑤ 사람을 그릴 때는 수검자와 같은 성(性)을 먼저 그리도록 지시한다.

58

심리검사를 실시할 때 가장 적절한 선택은?

① 직업흥미 평가를 위해 K-ABC검사를 실시한다.

② 자폐스펙트럼장애 평가를 위해 BGT검사를 실시한다.

③ 지능 평가를 위해 MMPI-2검사를 실시한다.

④ 적응장애 평가를 위해 MBTI검사를 실시한다.

⑤ 우울감 평가를 위해 BDI검사를 실시한다.

59

K-WAIS-Ⅳ 검사의 처리속도 지수(PSI)에 해당하는 소검사로만 나열된 것은?

① 공통성, 어휘, 퍼즐

② 이해, 행렬추리, 산수

③ 숫자, 빠진 곳 찾기, 무게비교

④ 동형 찾기, 기호쓰기, 지우기

⑤ 기호쓰기, 순서화, 토막 짜기

60

심리평가 보고서에 관한 설명으로 옳지 <u>않은</u> 것은?

① 치료적 개입방법을 제시한다.

② 의뢰사유에 대해 명확한 답을 제공한다.

③ 수집된 다양한 자료를 조직화하여 통합한다.

④ 검사자의 전문적이고 추상적인 용어로 작성한다.

⑤ 행동관찰을 기술할 때에는 수검자의 구체적이고 독특한 인상에 초점을 맞춘다.

61

다음 설명에 해당하는 MMPI-2의 유의미한 상승 척도 쌍으로 옳은 것은?

- 매우 에너지가 많고 과잉 활동적이며 정서적으로 불안정하다.
- 다른 사람들이 자신에게 많은 관심을 보여줄 것을 요구하고, 이런 요구가 좌절되면 화를 내면서 적대적인 행동을 한다.
- 자기평가가 비현실적으로 과장되어 있고, 다른 사람들에게는 웅대하며 허풍스럽고 변덕스러운 사람이라는 인상을 준다.
- 타인과 정서적 관계를 맺는데 두려움이 있고, 사고이탈을 보이며 기태적인 언어를 나타낸다.

① 12/21　　　　② 23/32　　　　③ 49/94　　　　④ 68/86　　　　⑤ 89/98

62

BGT에서 허트(M. Hutt)의 임상적 해석상 기질적 뇌장애와 가장 밀접한 관련이 있는 것은?

① 폐쇄곤란　　② 교차곤란　　③ 용지회전　　④ 중복곤란　　⑤ 지각적 회전

63

T 점수가 40일 때 이에 해당하는 Z 점수는?

① -3　　　　② -1　　　　③ 0　　　　④ 1　　　　⑤ 2

64

심리검사의 제작에 있어서 경험적 접근방식을 사용한 심리검사는?

① MBTI　　　② K-WAIS　　　③ TCI　　　④ MMPI　　　⑤ TAT

65

성인을 대상으로 한 심리검사로 옳은 것을 모두 고른 것은?

ㄱ. MMPI-2　　　ㄴ. K-WPPS　　　ㄷ. K-ABC　　　ㄹ. MMTIC　　　ㅁ. K-CBCL

① ㄱ　　② ㄱ, ㄹ　　③ ㄴ, ㄷ, ㄹ　　④ ㄱ, ㄷ, ㄹ, ㅁ　　⑤ ㄱ, ㄴ, ㄷ, ㄹ, ㅁ

66

K-WISC-IV 검사 중에서 시간제한이 있는 검사가 아닌 것은?

① 산수   ② 숫자   ③ 선택   ④ 기호쓰기   ⑤ 빠진 곳 찾기

67

K-WAIS-IV의 핵심 및 보충 소검사에 관한 설명으로 옳은 것을 모두 고른 것은?

ㄱ. 무게비교는 지각추론 지수(PRI)의 보충 소검사이다.
ㄴ. 순서화는 작업기억 지수(WMI)의 보충 소검사이다.
ㄷ. 이해는 언어이해 지수(VCI)의 핵심 소검사이다.
ㄹ. 기호쓰기는 처리속도 지수(PSI)의 핵심 소검사이다.

① ㄱ, ㄹ   ② ㄴ, ㄷ   ③ ㄱ, ㄴ, ㄹ   ④ ㄴ, ㄷ, ㄹ   ⑤ ㄱ, ㄴ, ㄷ, ㄹ

68

PAI의 치료(고려) 척도에 해당하지 않는 것은?

① RXR(치료거부 척도)   ② SUI(자살관념 척도)
③ STR(스트레스 척노)   ④ TRT(치료예측 척도)
⑤ NON(비지시 척노)

69

정신상태검사(Mental Status Examination)에 포함되는 영역을 모두 고른 것은?

ㄱ. 감정과 정서   ㄴ. 판단력과 통찰력
ㄷ. 가족력   ㄹ. 약물복용
ㅁ. 전반적 외모

① ㄱ, ㄴ, ㄷ   ② ㄱ, ㄴ, ㅁ   ③ ㄴ, ㄷ, ㄹ   ④ ㄷ, ㄹ, ㅁ   ⑤ ㄱ, ㄴ, ㄷ, ㄹ, ㅁ

70

다음 사례에서 상승이 예측되는 MMPI-2의 보충척도는?

대학생 C씨는 대학에 입학한 이후로 친구를 사귀기 어렵고, 타 학생들이 낯설어서 학과 행사에 참여하는 것도 꺼리는 편이다. 또한 전반적으로 자존감이 낮고 활력이 부족한 편이다. 고등학교와는 다른 대학교 환경에서 수업을 따라가는 것도 버거워서 학업생활을 수행하고 대학생활에 적응하는 데 어려움을 겪고 있다.

① MDS   ② Re   ③ Do   ④ Es   ⑤ Mt

71

다음 사례에서 P씨의 특징을 반영하는 심리검사 결과로 적절한 것을 보기에서 모두 고른 것은?

대학생 P씨는 최근에 심각한 교통사고를 경험했고, 그 때 버스에 동승했던 사람이 사망하는 것을 목격했다. 그 후로 식욕이 없고 주의 집중력이 떨어졌다. 또한 불안감으로 인해 대중교통 이용을 꺼리고, 밤에 악몽을 꾸는 경우도 종종 있다. 사고 이후 고통과 우울감을 느끼지 않기 위해 알코올을 복용하는 횟수나 양도 많이 증가하여, 일주일에 4~5일 이상 혼자 술을 마시게 되었다. 점차 사람들과의 관계도 멀리하게 되었고, 학교 적응에 어려움을 겪게 되었다.

<보기>

ㄱ. MMPI-2의 임상척도인 D 점수가 상승하였다.
ㄴ. MMPI-2의 보충척도인 PK 점수가 상승하였다.
ㄷ. 로샤(Rorschach)검사에서 D 점수가 +3이었다.

① ㄱ   ② ㄴ   ③ ㄱ, ㄴ   ④ ㄴ, ㄷ   ⑤ ㄱ, ㄴ, ㄷ

72

로샤(Rorschach)검사에서 수검자가 반점들에 대해 "곤충의 얼굴과 황소의 얼굴이 겹쳐서 보이니까 곤충황소"라고 반응했을 때 특수지표(점수)의 채점 기호로 옳은 것은?

① AG(aggressive movement)

② ALOG(inappropriate logic)

③ CONTAM(contamination)

④ INCOM(incongruous combination)

⑤ FABCOM(fabulized combination)

73

주제통각검사(TAT)의 실시와 해석에 관한 설명으로 옳은 것은?

① TAT를 실시할 때 각 개인은 30장의 그림을 보게 된다.

② 모든 수검자에게 적용되는 공통카드는 20장이다.

③ TAT는 40장의 컬러카드와 1장의 백지카드로 구성된다.

④ 검사 결과의 해석은 심리적 결정론(Psychic Determinism)을 전제한다.

⑤ 카드 뒷면에 "B"라고 적힌 경우는 성인 여성에게 제시되는 카드를 의미한다.

74

K-WISC-IV의 실시와 채점에 관한 설명으로 옳지 않은 것은?

① 숫자 소검사의 경우, 수검자의 요청 시 문항 당 한 번의 반복만 가능하다.

② 아동의 반응이 불완전하거나 명료하지 않을 경우 검사자가 기록용지에 "Q"라고 기록하며 추가질문을 한다.

③ 언어이해 소검사의 경우, 수검자의 응답이 문법에 맞지 않다는 이유로 채점을 불리하게 해서는 안 된다.

④ 수검자의 반응을 기록할 때에는 말한 그대로의 내용을 모두 기록해야 한다.

⑤ 기록용지에 "P"라고 작성한 경우는 촉구한 것을 의미한다.

75

다음의 특성을 모두 포함하는 MMPI-A의 내용척도는?

- 공부나 독서를 좋아하지 않는 경향이 있다.
- 문제해결을 다른 사람에게 맡기는 경향이 있다.
- 어려움을 회피하는 경향이 있다.
- 가출이나 무단결석하는 경향이 있다.
- 성공하는 것에 흥미를 보이지 않는다.

① A-biz   ② A-las   ③ A-sod   ④ A-fam   ⑤ A-lse

제4과목　이상심리(필수)

| 해설 p494

76

DSM-5의 주요 우울장애 진단 기준을 모두 고른 것은?

ㄱ. 우울증상 9개 중 5개 이상
ㄴ. 필수 증상은 2주 이상 지속
ㄷ. 조증 삽화가 나타나지 않음
ㄹ. 중요한 상실에 대한 반응에서 문화 차이 고려

① ㄱ, ㄴ   ② ㄷ, ㄹ   ③ ㄱ, ㄴ, ㄷ   ④ ㄴ, ㄷ, ㄹ   ⑤ ㄱ, ㄴ, ㄷ, ㄹ

77

DSM-5의 망상장애 진단에서 명시된 아형(subtypes)의 특징을 옳게 연결한 것은?

① 피해형 - 망상의 중심주제가 감각이상으로 나타남
② 과대형 - 자신이 굉장한 통찰력을 지녔다고 여김
③ 질투형 - 다른 사람이 자신을 사랑하고 있음
④ 혼합형 - 자신이 사랑하는 대상에만 한정됨
⑤ 신체형 - 정신약물의 생리적 효과로 나타남

78

이상심리의 발달모형에 관한 설명으로 옳은 것을 모두 고른 것은?

ㄱ. 동일결과론(equifinality)은 아동기에 각기 다른 경험과 경로를 거쳤지만 동일한 질병을 나타낸다.
ㄴ. 다중결과론(multifinality)은 아동기에 각기 다른 경험과 경로를 거쳐서 다양한 질병을 보인다.
ㄷ. 동일결과론과 다중결과론은 행동발달의 보편적 주제를 인정하지 않는다.

① ㄱ   ② ㄱ, ㄴ   ③ ㄱ, ㄷ   ④ ㄴ, ㄷ   ⑤ ㄱ, ㄴ, ㄷ

| 해설 p479

51

심리검사의 신뢰도와 타당도에 관한 설명으로 옳은 것은?

① 검사의 문항이 많을수록 신뢰도는 낮아진다.
② 측정의 표준오차 값이 클수록 신뢰도는 높아진다.
③ 예측타당도는 준거타당도의 한 종류이다.
④ 검사점수와 준거변인의 상관이 낮을수록 공인타당도가 높아진다.
⑤ 타당도를 측정하는 한 방법은 크론바하 알파(Cronbach's α) 지수를 알아보는 것이다.

52

MMPI-2에서 성격병리 5요인 척도(PSY-5)의 공격성 척도(AGGR)가 T점수 65이상일 때 보이는 특징으로 옳지 않은 것은?

① 언어적 혹은 신체적으로 공격적이다.
② 다른 사람을 위협하는 것을 즐긴다.
③ 상담 중에 상담자를 통제하려고 노력한다.
④ 다른 사람을 지배하기 위해 폭력을 사용한다.
⑤ 다른 사람에게 없는 이상한 감각 혹은 지각적 경험을 한다.

53

심리검사에 관한 설명으로 옳지 않은 것은?

① 검사상황 변인은 결과에 영향을 미치지 않는다.
② 심리적 구성개념을 측정하기 위한 도구이다.
③ 개인의 행동을 예측하는 것이 목적의 하나이다.
④ 투사적 검사에서는 자유로운 반응이 허용된다.
⑤ 표준화 검사와 비표준화 검사가 있다.

79

DSM-5의 불안장애에 속하는 하위진단 범주들을 전형적인 발병 연령 순서대로 옳게 나열한 것은?

| ㄱ. 공황장애 | ㄴ. 광장공포증 | ㄷ. 특정 공포증 | ㄹ. 선택적 함구증 |

① ㄱ - ㄷ - ㄴ - ㄹ
② ㄴ - ㄱ - ㄹ - ㄷ
③ ㄷ - ㄱ - ㄴ - ㄹ
④ ㄷ - ㄹ - ㄱ - ㄴ
⑤ ㄹ - ㄷ - ㄱ - ㄴ

80

이상심리 모델에서 주장하는 것으로 옳지 않은 것은?

① 병적 소인 스트레스 : 유전적 성향과 특정 스트레스 상황이 정신장애를 유발
② 인지주의 : 이상행동은 사고, 정서, 행동의 핵심인 인지과정에 의해 유발
③ 행동주의 : 이상행동은 고전적 조건형성, 조작적 조건형성, 모델링 학습의 결과
④ 정신역동 : 이상심리 기능과 정상심리 기능은 서로 다른 과정에 기반
⑤ 인본주의 : 자기실현을 이루게 되면 이상심리의 발현을 낮춤

81

DSM-5의 범불안장애의 증상에 속하지 않는 것은?

① 과민성   ② 근육의 긴장   ③ 사고의 비약   ④ 쉽게 피로해짐   ⑤ 수면 교란

82

DSM-5의 주의력 결핍 및 과잉행동장애(ADHD)에 관한 설명으로 옳지 않은 것은?

① 행동문제가 2가지 이상의 다른 환경에서 나타난다.
② 부주의 또는 과잉행동/충동성 증상 중의 일부는 12세 이전에 나타난다.
③ 후기 청소년이나 성인의 경우에 세부 유형의 증상이 5개이어도 해당 된다.
④ 주의력 결핍 우세형, 과잉행동/충동 우세형으로 세분화된다.
⑤ 세부 유형의 증상은 각각 최소 6개 영역에서 6개월 동안 부정적 영향이 지속된다.

83

DSM-5의 양극성 관련 장애에 관한 설명으로 옳은 것은?

① 양극성 장애는 모든 연령대에서 발병할 수 있다.
② 순환성 장애는 최소 6개월 이상 경조증과 우울증 기간이 있어야 한다.
③ 순환성 장애는 여성의 발병빈도가 높다.
④ 제 I 형 양극성 장애는 남성의 발병빈도가 높다.
⑤ 제 II 형 양극성 장애의 자살(자해)시도 빈도는 제 I 형보다 낮다.

84

조현병 스펙트럼 장애의 음성 증상을 모두 고른 것은?

ㄱ. 무의욕증	ㄴ. 제한된 정서
ㄷ. 연상 이완	ㄹ. 사회적 고립
ㅁ. 감퇴된 언어표출	

① ㄱ, ㄴ, ㅁ   ② ㄴ, ㄷ, ㄹ   ③ ㄱ, ㄴ, ㄹ, ㅁ   ④ ㄱ, ㄷ, ㄹ, ㅁ   ⑤ ㄱ, ㄴ, ㄷ, ㄹ, ㅁ

85

이상행동 치료를 위한 단일사례 실험설계에 사용되는 전략들을 모두 고른 것은?

ㄱ. 철회(withdrawal) 설계	ㄴ. 추세(trend) 분석
ㄷ. 반복(repeated) 측정	ㄹ. 무선화(randomized) 실험
ㅁ. 다중(multiple) 기저선 설정	

① ㄱ, ㄴ, ㄹ   ② ㄴ, ㄷ, ㄹ   ③ ㄱ, ㄴ, ㄷ, ㅁ   ④ ㄱ, ㄷ, ㄹ, ㅁ   ⑤ ㄴ, ㄷ, ㄹ, ㅁ

86

DSM-5의 사회불안장애에 관한 설명으로 옳지 않은 것은?

① 하나 이상의 사회적 상황에서 공포와 불안을 보인다.
② 아동의 경우 또래집단에서는 공포와 불안을 보이지 않는다.
③ 타인의 부정적 평가를 두려워한다.
④ 전형적으로 공포, 불안, 회피는 6개월 이상 지속되어야 한다.
⑤ 사회적 또는 직업적 수행영역에서 현저한 고통이나 손상을 초래한다.

87

DSM-5의 신경발달장애에 속하지 <u>않는</u> 것은?

① 지적장애
② 경도 신경인지장애
③ 발달성 협응장애
④ 말소리 장애
⑤ 특정 학습장애

88

이상심리의 분류 준거에 관한 설명으로 옳지 <u>않은</u> 것은?

① 개별 기술적(idiographic) 접근 : 개인 특성의 독특한 측면을 중점적으로 규명
② 차원적(dimensional) 접근 : 특정 질병을 연속선에서 기술하고 평가
③ 원형적(prototypical) 접근 : 특정 질병의 필수 특성과 다른 유형의 변종을 함께 고려
④ 법칙 정립적(nomothetic) 접근 : 일반적인 법칙을 명료화하기 위하여 대규모 집단을 비교
⑤ 고전적인 범주적(classical categorical) 접근 : 각 장애의 병리생리학적 원인은 중복된다고 가정

89

DSM-5의 적대적 반항장애의 진단 기준에 해당하지 <u>않는</u> 것은?

① 동물을 학대한다.
② 어른의 요구를 적극적으로 무시한다.
③ 타인을 고의로 귀찮게 하다.
④ 자신의 실수를 남의 탓으로 돌린다.
⑤ 버럭 화를 낸다.

90

DSM-5의 외상 및 스트레스 관련 장애의 하위 유형과 특징에 관한 설명으로 옳지 <u>않은</u> 것은?

① 반응성 애착 장애 : 아동이 보호자로 추정되는 사람과 애착이 없거나 명백하게 미발달되어 있음
② 급성 스트레스 장애 : 외상성 사건에 노출된 뒤 3일 이상 1개월 이내로 증상이 지속됨
③ 적응 장애 : 스트레스 사건 후 정서적 · 행동적 문제들이 3개월 이내에 발생하고, 그 스트레스 요인이 사라지면 6개월 이내로 회복함
④ 외상 후 스트레스 장애 : 외상성 사건을 경험한 후, 그 후유증으로 1개월 이상 다양한 부적응적 증상들을 재경험함
⑤ 탈억제성 사회적 유대감 장애 : 소극적이며, 주변 인물에 대해 접근 행동을 보이지 않음

91

DSM-5의 섬망에 관한 설명으로 옳은 것은?

① 수면-각성 장애가 나타난다.
② 중년층의 유병률이 가장 높다.
③ 정보처리능력의 결함이 나타나지 않는다.
④ 조기 발견과 개입은 섬망의 지속 기간과 관계가 없다.
⑤ 하루 경과 중 병의 심각도가 일정하다.

92

DSM-5의 해리장애에 관한 설명으로 옳은 것은?

① 해리는 외상적 사건을 자신과 통합시켜 이해하려는 시도이다.
② 해리장애는 신체적 질병에 의해 초래되는 경향이 높다.
③ 개인들이 이인증이나 비현실감을 경험하는 동안 현실 검증력이 저하된다.
④ 해리성 기억상실증은 통상적인 망각과 유사하다.
⑤ 해리성 정체성 장애는 다중성격장애로 지칭되기도 한다.

93

DSM-5의 강박성 성격장애에 관한 설명으로 옳지 <u>않은</u> 것은?

① 일과 생산성에 집중한다   ② 도덕적 가치 문제에서 양심적이다.
③ 현재의 삶에 집중하며 소비한다   ④ 타인에게 일을 위임하지 않는다.
⑤ 세부사항에 집착한다.

94

DSM-5의 신체증상 및 관련 장애에 관한 설명으로 옳은 것을 모두 고른 것은?

> ㄱ. 신체증상장애는 사회경제적 수준이 높은 계층에서 흔히 나타난다.
> ㄴ. 전환장애는 의학적으로 설명되지 않지만, 운동 및 감각 기능에 영향을 미친다.
> ㄷ. 질병불안장애 환자는 자신의 신체 증상에 대해 비현실적이며 부정확한 의학적 해석을 내린다.
> ㄹ. 인위성 장애 환자는 의도적으로 신체 증상을 만들어 내거나 위장한다.

① ㄱ, ㄴ   ② ㄱ, ㄷ   ③ ㄴ, ㄷ   ④ ㄷ, ㄹ   ⑤ ㄴ, ㄷ, ㄹ

95

DSM-5의 변태성욕장애의 하위 유형과 특징에 관한 설명으로 옳은 것은?

① 관음장애 : 이성의 옷으로 바꿔 입음으로써 성적으로 흥분함
② 물품음란장애 : 무생물에 대해 성적 흥분을 느낌
③ 성적피학장애 : 상대방이 굴욕이나 고통을 겪게 함으로써 성적 흥분을 느낌
④ 마찰도착장애 : 눈치 채지 못한 사람에게 성기를 노출하여 성적으로 흥분함
⑤ 노출장애 : 사춘기 이전의 아동을 상대로 최소 3개월 이상 성적 흥분을 느낌

96

DSM-5의 신체변형(이형)장애에 관한 설명으로 옳지 않은 것은?

① 하나 이상의 신체 결함에 과도하게 집착한다.
② 자기 얼굴의 미묘한 비대칭성을 발견한다.
③ 외모에 대한 높은 미적 민감성을 가진다.
④ 타인의 정서적 학대 및 무시와는 무관하다.
⑤ 성형수술을 원하는 경향이 있다.

97

DSM-5의 수면-각성장애의 하위 유형과 특징에 관한 설명으로 옳은 것은?

① 불면장애 : 과도한 수면 시간에도 불구하고 각성의 질 저하와 수면 무력증과 같은 증상을 보임
② 기면증 : 수면을 개시하는 과정에서 어려움을 보이며, 수면의 양과 질이 불만족스러운 상태
③ 과다수면장애 : 주간에 깨어 있는 상태에서 갑자기 저항할 수 없는 졸음을 느끼며 수면에 빠짐
④ 중추성 수면 무호흡증 : 수면 다원검사에서 수면 시간당 5회 이상의 중추성 무호흡이 나타남
⑤ 악몽장애 : 수면 중 다리에 불쾌한 감각을 동반하며, 다리를 움직이고 싶은 충동과 관련 있음

98

DSM-5의 편집성 성격장애에 관한 설명으로 옳지 <u>않은</u> 것은?

① 타인의 동기를 악의적으로 해석한다.
② 다른 사람에게 자신의 비밀을 털어놓지 않는다.
③ 절도 등의 불법적인 일을 지속적으로 실행한다.
④ 타인에게 모욕을 받았다고 느끼면 즉시 반격한다.
⑤ 지속적으로 원한을 품는다.

99

A가 겪고 있는 정신장애에 관한 DSM-5 진단 기준과 설명으로 옳지 <u>않은</u> 것은?

A는 38세의 남성으로 부인과 함께 프랜차이즈 식당을 운영한다. 그런데 가끔 A가 화를 내면 부인은 두려워했다. A는 공격적 충동을 참지 못하는 경우, 집안의 물건들을 부수기 시작했다. 짧은 시간 동안의 폭발적 행동이 끝나면, 그는 잠시 이성을 잃은 것에 대해 자책하며 부인에게 용서를 빌었다.

① 재산 피해 또는 상해 등을 가하는 폭발적 행동이 12개월 이내에 3회 발생한다.
② 언어적 공격이 6개월 동안 평균 일주일에 3번 정도 발생한다.
③ 6세 이상에서 나타난다.
④ 반복적 폭발은 개인의 직업적 기능에 손상을 가져온다.
⑤ 실제 상황에서 보통 30분 이내로 나타난다.

100

DSM-5의 신경성 폭식증 진단 기준에 해당하는 것을 모두 고른 것은?

ㄱ. 체중 증가를 막기 위해 반복적이고 부적절한 보상행동(구토, 하제 등의 약물 남용)을 보인다.
ㄴ. 평균적으로 최소 1주일에 1회 이상 3개월 동안 폭식과 부적절한 보상 행동을 실행한다.
ㄷ. 체중과 체형이 자기 평가에 지나치게 큰 영향을 미친다.
ㄹ. 문화적으로 용인된 관습에 의해 더 잘 설명되지 않는다.

① ㄱ, ㄴ   ② ㄱ, ㄹ   ③ ㄴ, ㄷ   ④ ㄱ, ㄴ, ㄷ   ⑤ ㄴ, ㄷ, ㄹ

제2과목 집단상담(선택)

| 해설 p506

26

얄롬(I. Yalom)의 치료적 요인 중 실존적 요인을 모두 고른 것은?

> ㄱ. 인생이 때로 부당하고 공정하지 않다는 것을 인식한다.
> ㄴ. 궁극적으로 인생의 고통이나 죽음은 피할 길이 없음을 인식한다.
> ㄷ. 친구와 가깝게 지내더라도 여전히 홀로 인생에 맞닥뜨려야 한다.
> ㄹ. 이전에 받아들이지 않았던 자신의 부분을 발견하고 수용한다.

① ㄱ, ㄴ   ② ㄴ, ㄷ   ③ ㄱ, ㄴ, ㄷ   ④ ㄱ, ㄷ, ㄹ   ⑤ ㄱ, ㄴ, ㄷ, ㄹ

27

집단상담의 잠재적 위험을 모두 고른 것은?

> ㄱ. 상담자는 집단 안에서 힘과 지위를 오용할 수 있다.
> ㄴ. 사적인 삶의 노출로 사생활을 침해할 소지가 있다.
> ㄷ. 공개된 내용의 일부가 집단 내에서 유지되지 않을 수 있다.
> ㄹ. 직면은 유익하고 강력한 도구이지만, 파괴적인 방법으로 사용될 수 있다.

① ㄱ, ㄹ   ② ㄴ, ㄷ   ③ ㄱ, ㄴ, ㄷ   ④ ㄴ, ㄷ, ㄹ   ⑤ ㄱ, ㄴ, ㄷ, ㄹ

28

코리(G. Corey)의 집단상담 작업단계에서 다음 (   )에 들어갈 상담자 개입으로 옳은 것은?

> • 철수 : 사람들이 나를 멍청하다고 생각하지 않도록 나 자신을 분명하게 표현하고 싶어요. 여기 있는 사람들이 나를
>   비난할까봐 두려워요.
> • 상담자 : (   )

① 만약 비판받을 것 같은 두려움이 없어진다면, 당신은 이 집단에서 어떻게 달라질까요?

② 이와 비슷하게 비난받을까봐 두려워하는 느낌을 가진 집단원이 있나요?

③ 언제 그런 두려움을 느꼈고, 이 집단에서 누구를 가장 의식하고 있나요?

④ 철수처럼 여기에서 두려움이나 다른 감정을 느낀 집단원이 있나요?

⑤ 당신이 생각하거나 느꼈지만 표현하지 못한 것은 또 어떤 것이 있나요?

29

집단상담을 축소된 사회라고 보는 얄롬(I. Yalom)의 관점으로 옳은 것을 모두 고른 것은?

> ㄱ. 집단원들은 하나의 축소된 사회를 만들고, 이 사회는 집단원들의 특정한 방어적 행동을 이끌어 낸다.
> ㄴ. 집단원들은 상호작용에 의해 각자의 대인관계에서 대처양식을 드러낸다.
> ㄷ. 집단상담 상황은 집단원 자신의 일상적인 생활을 대표하기보다는 비전형적이고 인위적이다.
> ㄹ. 집단의 발달이 방해받지 않는다면, 각 집단원의 사회환경이 반영되는 축소된 사회로 발전한다.

① ㄱ, ㄴ   ② ㄷ, ㄹ   ③ ㄱ, ㄴ, ㄹ   ④ ㄴ, ㄷ, ㄹ   ⑤ ㄱ, ㄴ, ㄷ, ㄹ

30

얄롬(I. Yalom)의 치료적 요인 중 '대인관계 - 입력'으로 옳지 않은 것은?

① 내가 다른 사람에게 어떤 모습으로 보이는지 알게 된다.

② 타인을 짜증나게 하는 나의 습관이나 태도를 알게 된다.

③ 다른 사람도 나만큼 혼란스러운 가족관계가 있음을 알게 된다.

④ 내 생각을 말하지 않음으로써 때때로 사람들을 혼란에 빠뜨린다는 점을 알게 된다.

⑤ 내가 다른 사람에게 어떤 인상을 주는지 알게 된다.

31

비생산적인 집단 분위기로 발전하는 것을 방지하기 위해 상담자가 개입해야 할 상황으로 옳은 것을 모두 고른 것은?

ㄱ. 한 사람이 다른 사람의 대변인 역할을 하는 경우
ㄴ. 집단 밖의 사람, 상황, 사건에 관해서만 이야기되는 경우
ㄷ. 발언하기 전과 후에 꼭 상담자나 다른 사람의 승인을 구하는 경우
ㄹ. 집단과 다른 집단원에게 부정적인 감정을 표현하는 경우

① ㄱ, ㄴ   ② ㄴ, ㄷ   ③ ㄱ, ㄴ, ㄷ   ④ ㄱ, ㄷ, ㄹ   ⑤ ㄱ, ㄴ, ㄷ, ㄹ

32

다음의 집단원이 말하는 치료적 요인은?

집단원 : 몇 회기 전부터 상담자에 대한 불만이 있었는데, 이번 회기에서야 지금까지 상담자에게 억눌러왔던 감정을
표현했어요. 이것은 내가 처음으로 권위자에게 갖는 감정을 솔직하고 용기 있게 전달한 행동이에요.

① 대인관계 학습-산출   ② 정화
③ 대리학습   ④ 자기이해
⑤ 지도

33

집단상담자의 개방에 관한 설명으로 옳지 않은 것은?
① 상담자도 한 인간이라는 것을 느낄 수 있도록 충분히 자신을 드러낸다.
② 상담자가 집단원에 의해 어떻게 영향을 받고 있는지를 적절하게 표현한다.
③ 개방을 하나의 기법으로 사용하기보다는 적절하다고 판단될 때 자발적으로 해야 한다.
④ 진솔성 차원에서 상담자 개인적 삶의 모든 측면을 공개한다.
⑤ 정직하고 적절하게 개방함으로써 집단원에게 집단규범 형성의 모델이 된다.

34

집단상담 초기단계에서 상담자의 역할로 옳지 않은 것은?

① 갈등상황을 충분히 다루는 일에 대한 가치를 집단원들이 경험하게 한다.

② 개방적이고 존중하는 태도로 집단원의 이야기를 듣고 집단원의 경험을 가치있게 여긴다.

③ 집단원들의 두려움과 기대를 표현하도록 돕는다.

④ 의존성을 부추기지 않으면서 집단원이 혼란스럽지 않도록 적당히 구조화한다.

⑤ 집단과정을 신뢰하고 집단원들이 의미있는 변화를 만들어 내는 능력이 있음을 믿는다.

35

집단상담자의 '직면하기' 내용을 옳게 나열한 것은?

ㄱ. 아버지가 좋은 분이라고 하면서 아버지가 자신에게 꾸중하는 것을 이야기 할 때는 다소 흥분되어 보이네.

ㄴ. 지난번에는 시험에 자신있다고 했는데, 오늘은 자신없다고 하면서 막연해 하는군.

① ㄱ : 전후 발언의 차이,   ㄴ : 언행 불일치

② ㄱ : 전후 발언의 차이,   ㄴ : 발언의 내용과 감정의 차이

③ ㄱ : 언행 불일치,   ㄴ : 발언의 내용과 감정의 차이

④ ㄱ : 발언의 내용과 감정의 차이,   ㄴ : 언행 불일치

⑤ ㄱ : 발언의 내용과 감정의 차이,   ㄴ : 전후 발언의 차이

36

실존주의 집단상담에서 인간 실존의 궁극적인 조건으로 옳지 않은 것은?

① 자유   ② 무의미함   ③ 죽음   ④ 불안   ⑤ 실존적 소외

37

아들러(A. Adler) 집단상담에서 '재정향과 재교육' 단계의 상담자 과업으로 옳지 않은 것은?

① 집단원의 자신, 타인, 삶에 대한 잘못된 신념에 도전하기

② 대안적인 신념, 행동, 태도를 고려하여 삶의 과제에 효과적으로 대처하도록 조력하기

③ 잘못된 삶의 패턴을 재정향하고 협력적인 상호작용을 이끄는 원리를 교육하기

④ 자기-제한적인 가정에 도전하기 위해 '마치 ~ 인 것처럼'과 같은 행동지향적인 기법을 활용하기

⑤ 지금-여기의 행동양식에 대한 동기를 탐색하고 다른 관점에서 자신을 보도록 잠정적인 가설을 제시하기

38

다음의 역할연기에서 사용된 교류분석 상담기법은?

집단에서 손님(집단원 A)이 주인(집단원 B)에게 물건 값을 주었는데, 주인은 받은 적이 없다고 우겨서 다투는 상황이 연출되고 있다. 억울함을 느낀 손님이 주인에게 점점 더 강한 분노를 표출하게 되었다. 그 후 상담자는 손님이 체험한 분노 감정을 논의하고 그 감정의 기원을 분석하였다.

① 기능분석   ② 라켓분석   ③ 게임분석   ④ 구조분석   ⑤ 인생태도 분석

39

게슈탈트 집단상담에서 다음이 설명하는 것은?

권위자의 행동이나 가치관을 무비판적으로 수용함으로써 자기 것으로 동화시키지 못한 채 내면에서 갈등을 일으키는 현상

① 투사   ② 내사   ③ 융합   ④ 반전   ⑤ 편향

40

합리적 정서행동치료 집단상담자의 기술로 옳지 않은 것은?

① "~ 해야만 한다." 대신에 "~ 하면 더 낫다."는 진술방식을 학습하게 한다.
② 최악의 상황을 상상하게 하여 상황과 맞지 않는 부적절한 감정이 적절한 감정으로 변화될 수 있도록 한다.
③ 창피하거나 부끄럽게 느껴지는 행동을 하게 함으로써 비난에 과도하게 영향을 받지 않도록 한다.
④ 역할연기를 통해 집단원 자신이 할 수 있는 행동을 인식하게 한다.
⑤ 문제가 없었던 때의 자동적 사고를 탐색하고 그것을 더 잘 활용하도록 한다.

41

다음 질문을 사용하는 집단상담자에 관한 설명으로 옳은 것은?

- 무엇이 달라지면 당신이 7점 대신에 8점에 있다는 것을 알 수 있을까요?
- 오늘 집단상담이 끝날 즈음, 무엇이 달라지면 이 상담에 온 보람이 있다고 하실까요?

① 기적질문, 간접적인 칭찬을 활용한다.
② 집단원의 투사를 해석한다.
③ 집단원의 현재 삶을 방해하는 과거 경험을 회상하도록 한다.
④ 집단원의 잘못된 신념을 명료화한다.
⑤ 상담자가 내담자보다 한 발짝 앞에서 상담을 이끈다.

42

집단원 지수의 행동과 상담자의 개입 기술을 옳게 짝지은 것은?

- 민주 : 학원에 가지 않은 걸 아빠가 아시고 엄청 화내셨어요. 아빠를 실망시켜 드려서…
- 지수 : 걱정하지 마. 화 내셔도 너를 사랑하니까 금방 잊고 잘 해주실 거야.
- 상담자 : 지수가 민주에게 관심을 갖고 있구나. 그런데 아빠를 실망시킨 민주의 감정을 좀 더 들어보면 어떨까?

① 충고를 일삼는 집단원 - 해석
② 충고를 일삼는 집단원 - 직면
③ 일시적으로 구원하는 집단원 - 공감
④ 일시적으로 구원하는 집단원 - 차단하기
⑤ 긍정적인 집단원 - 자기노출

43

다음 집단상담자 반응에 관한 설명으로 옳지 <u>않은</u> 것은?

- 철수 : 시험이 다가오면 너무 걱정되어 공부가 안돼요. 어디서부터 시작해야 할지 모르겠고…
- 상담자 : 여러분도 철수와 비슷한 경험이 있으면 이야기를 나누어 볼까요?

① 집단의 상호작용을 촉진한다.
② 집단의 응집력을 증가시킨다.
③ 집단원들이 자연스럽게 보편성을 경험하게 한다.
④ 집단원들이 서로의 유사성에 대해 알게 한다.
⑤ 집단원의 마음을 정확하게 이해하고 수용하고 있음을 전달한다.

44

침묵하는 집단원에 대한 상담자의 개입방법으로 옳지 <u>않은</u> 것은?

① 생산적 침묵인지, 비생산적 침묵인지 검토한다.

② 침묵이 집단원의 문화적 다양성에서 온 것은 아닌지 생각해 본다.

③ 침묵하는 집단원의 표정, 몸짓에 대해 언급함으로써 집단에 참여시킨다.

④ 생산적인 침묵이 생겨난 동안 어떤 집단원이 말하기 시작한 경우 조금 더 기다려 달라고 요청할 수 있다.

⑤ 회기 초기에는 긴 침묵이 생기고 집단원들이 열중하지 않아도 기다린다.

45

집단상담 평가에 관한 설명으로 옳은 것을 모두 고른 것은?

ㄱ. 평가의 주요 목적은 목표 관리이다.

ㄴ. 비표준화된 심리검사는 사용할 수 없다.

ㄷ. 집단을 계획하는 단계에서부터 평가 계획을 세운다.

ㄹ. 평가 방법에는 면접, 심리검사, 행동관찰이 있다.

① ㄱ, ㄷ   ② ㄴ, ㄹ   ③ ㄱ, ㄴ, ㄷ   ④ ㄱ, ㄷ, ㄹ   ⑤ ㄱ, ㄴ, ㄷ, ㄹ

46

집단원 선별 과정에 관한 설명으로 옳지 <u>않은</u> 것은?

① 공동지도자는 두 사람이 함께 개개인을 면담하는 것이 바람직하다.

② 예비 집단원이 상담자에게 질문할 기회를 준다.

③ 반사회성, 급성 정신병 등 위기에 처한 예비 집단원은 상담집단에서 제외한다.

④ 상담자가 개인적으로 싫어하거나 전이 문제가 생길 것 같은 예비 집단원은 배제한다.

⑤ 상담자가 집단원을 선별하기도 하지만 집단원도 집단 참여 여부를 결정할 수 있다.

47

( )에 들어갈 내용으로 옳은 것은?

현실치료 집단상담자가 실수하는 것을 두려워하는 집단원 B에게 의도적으로 실수를 해보도록 지시하였다. 만약 B가 의도적으로 실수를 한다면 B는 실수를 할 것인지 말 것인지 (ㄱ)할 수 있다는 것이고, 실수를 하지 않는다면 이는 실수를 (ㄴ)할 수 있다는 것이다.

① ㄱ : 통제, ㄴ : 해석   ② ㄱ : 해석, ㄴ : 직면

③ ㄱ : 선택, ㄴ : 직면   ④ ㄱ : 선택, ㄴ : 통제

⑤ ㄱ : 직면, ㄴ : 해석

48

다문화 청소년 집단상담에서 상담자의 윤리적 행동으로 옳은 것을 모두 고른 것은?

ㄱ. 상담자 자신의 성장과 치유를 위해 집단을 활용한다.
ㄴ. 집단원의 문화적 가치를 이해하기 위해 정보를 수집한다.
ㄷ. 민족성, 인종 등에 대한 상담자의 편견을 알아차린다.
ㄹ. 상담자와 집단원간의 문화 차이를 비교하고 토론한다.

① ㄱ, ㄴ   ② ㄴ, ㄷ   ③ ㄷ, ㄹ   ④ ㄱ, ㄴ, ㄷ   ⑤ ㄴ, ㄷ, ㄹ

49

집단상담 사전 동의서에 포함될 내용으로 옳지 않은 것은?

① 상담자의 자격과 이론적 지향   ② 집단 참여에 따르는 위험과 이점

③ 비밀보장의 한계   ④ 집단 참가 결과로 집단원이 기대할 수 있는 것

⑤ 집단의 암묵적 규범

50

다음에서 설명하는 심리극의 상담기법은?

집단원에게 미래에 예상되는 가장 끔직한 실패 장면을 현재의 순간으로 가져와 시연하도록 한다.

① 마술가게   ② 미래투사   ③ 가상질문   ④ 행동조성   ⑤ 자유연상

제3과목 가족상담(선택)

| 해설 p516

51

일반체계이론에 관한 설명으로 옳은 것을 모두 고른 것은?

ㄱ. 정적(positive) 피드백은 항상성의 개념과 동일하다.
ㄴ. 체계의 행동을 설명하기 위해 순환적 인과관계를 가정한다.
ㄷ. 사이버네틱스(cybernetics)와 동일한 관점과 세계관을 기초로 발전되었다.
ㄹ. 체계의 요소들은 개별적으로 존재하므로 독립적으로 이해할 수 있다.

① ㄱ, ㄴ　　　　② ㄱ, ㄹ　　　　③ ㄴ, ㄷ　　　　④ ㄱ, ㄴ, ㄷ　　　　⑤ ㄴ, ㄷ, ㄹ

52

청소년 자녀가 있는 가족의 발달과업으로 옳지 않은 것은?

① 자녀의 발달과 변화에 대응하여 부모의 역할도 변해야 한다.
② 부모는 자녀를 보호하고 양육하며 자녀가 원하는 것을 무조건 허용한다.
③ 자녀가 책임감을 가지도록 가족의 구조와 조직을 변화시킨다.
④ 자녀가 가족체계에 자유롭게 출입할 수 있도록 가족의 경계를 유연하게 설정한다.
⑤ 결혼생활 중인 부모는 부부관계의 재적응과 재협상에도 주력한다.

53

가족상담 모델과 상담목표 또는 상담기법의 연결로 옳지 않은 것은?

① 보웬(Bowen) 가족상담 – 탈삼각화
② 경험적 가족상담 - 가족조각
③ 구조적 가족상담 – 균형 깨기
④ 밀란(Milan) 가족상담 - 불변의 처방
⑤ 전략적 가족상담 - 관계윤리 회복

54

이야기치료의 기법에 관한 설명으로 옳은 것은?

① 독특한 결과(unique outcome) 대화 - 개인의 정체성이 인생 클럽을 통해 회원 공동으로 생산되는 복합적 성격의 것임을 가정하는 대화

② 정의예식(definitional ceremony) - 내담자가 자신이 선호하는 삶의 이야기를 청중 앞에서 사회적으로 인정받는 경험을 갖게 하는 기법

③ 외부증인집단의 다시 말하기(re-telling) - 내담자의 이야기에 대해 은유를 중심으로 말하도록 돕는 대화

④ 외재화(externalization) 대화 - 문제가 일어나지 않은 예외적 상황을 탐색하는데 초점을 두는 대화

⑤ 회원재구성(re-membering) 대화 - 문제의 사회문화적 발생 맥락을 반영하여 문제를 사람과 분리시키는 기법

55

다음 구조적 가족상담에서 상담자2의 질문 기법은?

- 딸(5세) : (상담실을 돌아다니며, 이것저것 만진다.) 엄마, 나 이거 가지고 놀면 안 돼? 나, 이거 갖고 싶어.
- 상담자1 : 어머니, 아이가 어떻게 하면 좋겠어요?
- 엄 마 : 가만히 앉아 있으면 좋겠어요.
- 상담자2 : 어머니께서 아이가 그렇게 하도록 해 보세요.

① 유지하기   ② 추적하기

③ 실연하기   ④ 모방하기

⑤ 증상을 과장하기

56

후기 가족상담의 발전에 영향을 미친 이론적 기초에 관한 설명으로 옳은 것을 모두 고른 것은?

ㄱ. 실재(reality)는 사회적 상호작용을 통해 함께 구성하는 것이라고 전제하는 사회구성주의

ㄴ. 전문가가 개인 내면의 구성요소를 탐색하고 해석함으로써 진실을 밝힐 수 있다고 가정하는 후기구조주의

ㄷ. 체계와 환경의 상호작용 및 단순 피드백에 초점을 두고 체계를 이해하는 2차 사이버네틱스

ㄹ. 다양성과 차이 및 비본질주의를 강조하는 포스트모더니즘(post-modernism)

① ㄱ, ㄴ   ② ㄱ, ㄷ   ③ ㄱ, ㄹ   ④ ㄴ, ㄷ   ⑤ ㄴ, ㄹ

57

다음 구조적 가족지도에 나타난 가족역동에 관한 설명으로 옳지 <u>않은</u> 것은?

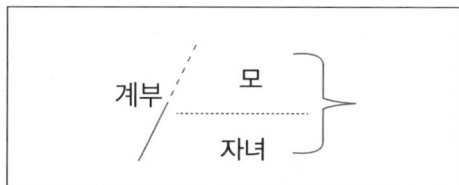

① 모와 자녀는 연합되어 있다.

② 모-자녀 간에 위계구조가 형성되어 있다.

③ 모와 자녀는 침투적이고 모호한 경계선을 이루고 있다.

④ 재혼관계에서 부모간의 갈등이 자녀에게 우회되고 있다.

⑤ 계부와 자녀 간에는 경직되고 유리된 경계선을 이루고 있다.

58

가족상담 이론가와 상담기법의 연결로 옳은 것은?

① 화이트(M. White) - 가족의례

② 헤일리(J. Haley) - 고된 체험기법

③ 휘태커(C. Whitaker) - 다각적 편파성

④ 마다네스(C. Madanes) - 영향력의 수레바퀴

⑤ 보스조르메니-나지(I. Boszormenyi Nagy) - 증상처방

59

보웬(M. Bowen)의 가족상담에 관한 설명으로 옳지 <u>않은</u> 것은?

① 만성불안에 대한 감정 반사행동을 줄이는 것을 목표로 한다.

② 가족의 비생산적 관계과정을 변화시키기 위해 관계실험을 한다.

③ 가족투사과정은 부모가 자신들의 미성숙함을 자녀에게 투사하는 과정이다.

④ 엉켜진 가족역동으로부터 구성원 개인의 명료하고 엄격한 분리를 통해 자기분화 수준을 높인다.

⑤ 정서적 단절은 개인이 불안을 관리하기 위해 가족구성원과 감정적 교류를 더 이상 하지 않는 것이다.

60

이야기치료에 관한 내용으로 옳은 것은?

① 이야기치료는 발달 초기에 베이트슨(G. Bateson)의 영향을 받았다.
② 인간의 정체성은 심층적인 자기의 외적 표현에 의해 구성된다고 가정한다.
③ 이야기치료자는 중심적이고 영향력 있는 위치에서 내담자의 문제에 개입한다.
④ 이야기 재저작(re-authoring)의 주요 목적은 경험의 의미를 진단하는 것이다.
⑤ 공명하기(resonance) 대화는 문제 중심의 지배적 이야기와 맞지 않는 일련의 일화를 말하는 것이다.

61

해결중심 단기 가족상담에 관한 내용으로 옳은 것은?

① 객관적인 사실과 실재를 믿는 과학적 낙관주의를 기초로 한다.
② 문제 상황의 정확한 분석을 중시하므로 전문가가 해결의 방향을 인도한다.
③ 과거에 관심을 두고 구성원의 원가족 경험을 진단하는데 주력한다.
④ 비자발적인 방문형 내담자에게는 일반적으로 관찰 과제를 부여한다.
⑤ 변화는 삶의 일부로서 불가피하며 계속적으로 일어난다고 가정한다.

62

사티어(V. Satir)의 경험적 가족상담에 관한 설명으로 옳은 것은?

① 회유형은 돌봄과 양육 및 민감성이라는 자원을 갖고 있다.
② 비난형은 자아존중감의 상황 요소를 무시하는 성향을 보인다.
③ 일치형은 규칙과 옳은 것을 중시하고 극단적으로 객관성을 보인다.
④ 산만형은 유머가 풍부해 상담에서 심리적으로 접촉하기가 가장 쉬운 유형이다.
⑤ 초이성형은 외적으로 공격적인 행동을 보이지만 내적으로 소외감을 느끼는 경향이 크다.

63

밀란(Milan) 모델에 관한 설명으로 옳은 것을 모두 고른 것은?

ㄱ. 순환질문 같은 언어기반 접근들을 많이 사용한다.
ㄴ. 가족의 상호작용 패턴을 가족게임(family game)으로 보았다.
ㄷ. 장단기치료(long-brief therapy) 모델로 상담이 한 달에 한 번씩 진행되기도 한다.
ㄹ. 긍정적 의미부여(positive connotation)는 가족의 문제행동을 재구성하는 기법이다.

① ㄴ, ㄹ   ② ㄱ, ㄴ, ㄷ   ③ ㄱ, ㄷ, ㄹ   ④ ㄴ, ㄷ, ㄹ   ⑤ ㄱ, ㄴ, ㄷ, ㄹ

64

해결중심 단기 가족상담의 목표 설정 시 고려해야 하는 원칙으로 옳지 <u>않은</u> 것은?

① 구체적이고 측정할 수 있는 행동을 목표로 삼는다.

② 상담자가 중요하다고 판단하는 것을 목표로 한다.

③ 목표 수행이 힘들고 어려운 일이라고 인식하게 한다.

④ 내담자의 현실 생활에서 성취 가능한 것을 목표로 삼는다.

⑤ 문제를 없애는 것보다 새로운 행동을 시작하는 것을 목표로 한다.

65

보웬(M. Bowen)의 가족상담에 관한 설명으로 옳은 것을 모두 고른 것은?

ㄱ. 과정중심 치료로서 문제의 내용이 주요 초점은 아니다.

ㄴ. 상담자의 분화수준만큼 내담자도 그 정도로 분화된다고 가정한다.

ㄷ. 자기-입장(I-position)을 격려함으로써 분화수준을 높이는 것을 목표로 한다.

ㄹ. 분화수준이 높은 사람은 즉각적인 감정 반사행동을 하지 않으므로 공감능력이나 감정 표현이 부족하다.

① ㄱ, ㄴ   ② ㄴ, ㄷ   ③ ㄱ, ㄴ, ㄷ   ④ ㄱ, ㄷ, ㄹ   ⑤ ㄴ, ㄷ, ㄹ

66

가족상담의 개념에 관한 설명으로 옳지 <u>않은</u> 것은?

① 부부불균형(marital skew) : 부부 중 한 사람은 지속적으로 약하고 다른 한 사람은 강한 위치에 있는 상황

② 이중구속(double bind) : 베르탈란피(L. Bertalanffy)가 소개하였으며 언어적 및 비언어적 메시지가 일치하지 않는 의사소통 상황

③ 고무울타리(rubber fence) : 가족원 개인의 정체성을 찾으려는 시도가 무시되고 가족이 함께해야 한다는 믿음으로 가족의 경계를 확장해 가는 상황

④ 거짓적대성(pseudo-hostility) : 윈(L. Wynne)이 소개하였으며 가족구성원들이 겉으로 거리를 두거나 적대적인 방식으로 상호작용하는 상황

⑤ 부부균열(marital schism) : 리즈(T. Lidz)가 소개하였으며 부부가 서로 역할을 교환할 수 없고 목표를 공유하거나 보완할 수 없는 상황

67

다음 사례에 대해 가족상담자가 M에게 할 수 있는 개입에 관한 설명으로 옳은 것은?

M(17세)이 최근 집에서 물건을 집어 던져 분노를 표출하는 일이 잦아지자 상담에 의뢰되었다. M의 보고에 의하면, M의 행동을 둘러싸고 부모는 서로를 비난하며 다투다가 몸싸움을 하기도 하였고, 부모 간의 싸움은 서로에 대한 저주와 자신의 고통을 하소연하는 것으로 자주 끝이 났다.

① 그렇게 힘든 상황을 어떻게 견디었고 어떻게 해서 상황이 더 나빠지지 않을 수 있었는지 살펴보기 위해 대처질문을 한다.
② 부모가 서로 비난하고 싸우는 상황에서 어떤 생각을 했는지 파악하기 위해 관계성질문을 한다.
③ 자신의 삶에서 중요하게 생각하는 소망과 소신 등의 지향 상태를 파악하기 위해 예외질문을 한다.
④ 자신이 지각한 가족구성원들 간의 상호작용에 대해 이야기하도록 하기 위해 위장기법(pretend technique)을 활용한다.
⑤ 물건을 집어 던지며 분노를 표현하는 상황에 이름이나 제목을 붙여보라고 요청하는 과정질문을 한다.

68

가족생활주기에 관한 설명으로 옳은 것을 모두 고른 것은?

ㄱ. 듀발(E. Duvall)과 힐(R. Hill)은 가족생활의 각 단계마다 수행해야 할 과업을 구분함으로써 발달론적 관점을 가족에 적용하였다.
ㄴ. 가족생활주기의 개념은 구성원 개인의 변화뿐만 아니라, 가족의 단계별 변화에 적응하기 위해 재조직되어야 한다는 것을 의미한다.
ㄷ. 카터(B. Carter)와 맥골드릭(M. McGoldrick)의 가족생활주기는 결혼으로부터 시작되며, 이혼과 재혼의 단계를 고려하였다.
ㄹ. 에릭슨(M. Erickson)의 가족생활주기는 7단계로 나뉘며, 자녀 독립기에는 자녀의 독립으로 가족의 안정성이 깨진다.

① ㄱ, ㄴ
② ㄴ, ㄷ
③ ㄴ, ㄹ
④ ㄱ, ㄴ, ㄷ
⑤ ㄱ, ㄷ, ㄹ

69

다음 사례에 대한 가족상담 개입으로 옳지 <u>않은</u> 것은?

> J(15세)는 최근 등교를 거부하고, 아버지에게 대들고 반항하는 문제로 상담에 의뢰되었다. J는 부모의 이혼으로 8세부터 친할머니와 살다가 중학생이 되면서 아버지와 합가하게 되었고, 친할머니는 3개월 전 돌아가셨다. 어머니와는 어머니의 재혼 이후 자주 만나지 못하고 있다.

① 친할머니의 상실에 대한 애도작업을 한다.
② J의 부모에 대한 분열된 충성심을 다룬다.
③ 아버지와의 친밀감 향상을 위한 작업을 한다.
④ J의 반항행동이 문제이므로 행동수정 작업만 한다.
⑤ 어머니와의 정서적 단절 이슈에 대해 작업한다.

70

사티어(V. Satir)의 경험적 가족상담에 관한 내용으로 옳지 <u>않은</u> 것은?

① 가족체계를 이해하는 과정에서 상호작용의 핵심 요소로서 의사소통에 초점을 둔다.
② 개인의 성장과 가족의 기능에 방해가 되는 가족규칙을 수정하는 작업을 한다.
③ 자아존중감은 생애 초기에 주 양육자와의 관계에서 학습되고 발달한다고 본다.
④ 가족의 역기능을 자녀에 대한 부모의 투사과정의 관점에서 사정한다.
⑤ 원가족 도표를 활용하여 가족의 역동과 의사소통 방식 및 세대 간의 유사점과 차이점을 파악한다.

71

가족상담 초기단계에서 상담자의 역할에 관한 설명으로 옳지 <u>않은</u> 것은?

① 문제에 대한 각 가족구성원의 관점을 탐색한다.
② 각 구성원의 목표를 탐색하고 합의된 목표를 설정한다.
③ 가족구성원 중 먼저 오는 사람 편에서 동맹관계를 맺는다.
④ 가족의 상호교류방식을 존중하고 치료적 관계를 형성한다.
⑤ 가족구성원 개인에게 공감하여 편안한 마음을 갖도록 한다.

72

다음 사례에 대한 가족상담의 개입으로 옳지 않은 것은?

> Y(15세)는 집에서 거의 말을 하지 않고 자기 방에서 주로 지내는데, 부모의 반복적인 대화 시도에 무응답하거나 큰소리로 화를 내기도 한다. 부모는 신혼 초부터 갈등이 심했고, 부부싸움을 하고 나면 어머니는 막내인 Y에게 하소연을 자주 했고 아버지는 밖으로 나갔다가 늦게 귀가하곤 했다.

① 가족구성원 개인의 내적 경험을 이해하기 위해 빙산기법을 활용한다.
② 가계도를 활용하여 가족의 정서적 역동과 패턴을 살펴본다.
③ 부모-자녀하위체계가 적절한 기능을 하는지 살펴본다.
④ 가족의 부적절하고 역기능적인 위계구조를 살펴본다.
⑤ 가족체계의 전체 역동과 특성을 파악하기 위해 구성원 개인별로 성격유형 검사를 실시한다.

73

가족상담에서 활용되는 평가도구에 관한 설명으로 옳은 것은?

① 순환모델의 FACES 척도는 가족기능을 측정한다.
② ENRICH 검사는 부부의 응집력과 적응력을 측정한다.
③ 가계도는 계량적 척도로 가족의 다세대 역동과 관계망을 평가한다.
④ 생태도는 가족을 둘러싼 생물학적 환경과의 관계를 탐색하는데 사용한다.
⑤ McMaster 모델의 가족사정척도(FAD)는 구성원들의 내적인 경험을 시각적으로 평가한다.

74

다음 가계도에서 IP(Identified Patient)의 가족역동에 관한 설명으로 옳지 않은 것은?

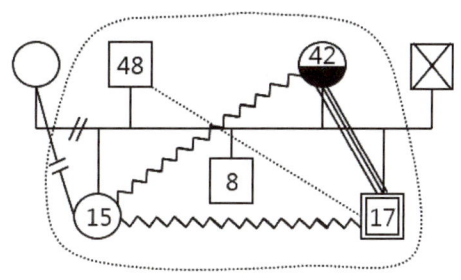

① IP는 모와 친밀한 관계이다.
② IP는 계부와 소원한 관계이다.
③ IP는 이복 여동생과 갈등관계이다.
④ IP의 이복 여동생은 친모와 단절되어 있다.
⑤ IP의 모는 알코올 남용의 문제를 가지고 있다.

75

사가족상담을 시작하기 전에 내담자에게 고지하고 동의를 구해야 하는 내용을 모두 고른 것은?

ㄱ. 비밀보장의 범위와 한계
ㄴ. 내담자가 상담을 중단할 수 있는 권리
ㄷ. 상담 참여에 따르는 잠재적 이익과 위험
ㄹ. 상담 기록의 성격과 범위

① ㄱ, ㄴ, ㄷ
② ㄱ, ㄴ, ㄹ
③ ㄱ, ㄷ, ㄹ
④ ㄴ, ㄷ, ㄹ
⑤ ㄱ, ㄴ, ㄷ, ㄹ

MEMO

1교시

2교시

2021

제1과목 청소년 상담의 이론과 실제 (필수)

| 해설 p534

01

지역사회 기반 청소년상담의 특성으로 옳은 것을 모두 고른 것은?

ㄱ. 한 가지 방법보다는 다양하고 복합적인 도움이 효과적이다.
ㄴ. 예방이 치료보다 효과적이다.
ㄷ. 환경은 개인의 성장과 발달을 촉진시키기도 하고 제한하기도 한다.
ㄹ. 공동체 상담모형은 청소년상담복지센터에만 적용할 수 있다.
ㅁ. 상담의 목표는 개인과 공동체를 건강하게 만드는 것이다.

① ㄱ, ㄴ, ㅁ
② ㄴ, ㄷ, ㄹ
③ ㄷ, ㄹ, ㅁ
④ ㄱ, ㄴ, ㄷ, ㅁ
⑤ ㄱ, ㄴ, ㄷ, ㄹ, ㅁ

02

인터넷게임에 과몰입된 청소년 A는 게임하지 말라고 잔소리하는 부모님과 다투고, 밤늦도록 게임을 하느라 학교 지각이 잦아졌다. 이러한 현상을 무엇이라고 하는가?

① 금단현상
② 내성
③ 일상생활의 장애
④ 현실과 가상 세계의 혼란
⑤ 신체적 증상

03

아동의 부적응 행동을 변화시키기 위해 사용하는 타임아웃에 관한 설명으로 옳지 <u>않은</u> 것은?

① 처벌 중 하나이다.
② 타임아웃을 끝냈을 때 규칙 준수를 칭찬한다.
③ 타임아웃 할 장소를 미리 알려줄 필요는 없다.
④ 어떤 행동을 했을 때 타임아웃을 하는지 사전에 명확히 알려준다.
⑤ 문제행동을 중단하지 않으면 타임아웃이 임박했음을 경고한다.

04

체계적 둔감화 기법에서 불안과 공포를 통제하는 기제는?

① 부적 강화　　　　② 상호 억제　　　　③ 모델링　　　　④ 부분 강화　　　　⑤ 조성

05

개인심리학적 입장의 상담자가 관심을 갖는 개념으로 옳은 것을 모두 고른 것은?

ㄱ. 전체론	ㄴ. 열등감과 우월감
ㄷ. 출생순위	ㄹ. 공동체 의식
ㅁ. 삼각화	

① ㄹ, ㅁ　　　② ㄱ, ㄴ, ㄷ　　　③ ㄴ, ㄹ, ㅁ　　　④ ㄱ, ㄴ, ㄷ, ㄹ　　　⑤ ㄱ, ㄴ, ㄷ, ㄹ, ㅁ

06

인간중심 상담에서 위기 상황 시 우선 할 수 있는 개입은?

① 즉각적으로 문제해결 개입을 한다.
② 위기 수준에 상관없이 지시를 한다.
③ 행동과 태도의 부조화를 다룬다.
④ 고통을 충분히 표현할 수 있도록 경청한다.
⑤ 신속하고 정확한 심리평가를 한다.

07

다음은 게슈탈트 상담의 주요 개념에 관한 내용이다. (　　)에 들어갈 용어로 옳은 것은?

> (ㄱ)은(는) 다른 사람들이 내담자에게 그렇게 하기를 원할 때 일어나고,
> (ㄴ)은(는) 내담자가 다른 사람들에게 그렇게 해주기를 요구할 때 일어난다.

① (ㄱ) 내사　　　　(ㄴ) 투사　　　　② (ㄱ) 투사　　　　(ㄴ) 내사
③ (ㄱ) 융합　　　　(ㄴ) 탈감각　　　④ (ㄱ) 탈감각　　　(ㄴ) 융합
⑤ (ㄱ) 융합　　　　(ㄴ) 저항

08

내담자가 상담에서 자신의 신경증적 문제를 드러낸다고 가정하는 상담이론은?

① 정신분석　　　　② 인간중심　　　　③ 행동주의　　　　④ 인지행동　　　　⑤ 현실치료

09

'명문 대학에 가지 못하면 난 실패한 것이다.'라는 사고는 어떤 인지적 왜곡에 해당하는가?

① 당위적 사고　　　　　　　　② 선택적 추상화
③ 개인화　　　　　　　　　　④ 이분법적 사고
⑤ 과잉일반화

10

여자청소년 내담자 P는 "저는 예쁘지 않아서 결혼하기 힘들고 결혼하지 못하면 여성으로서 가치가 없어요."라고 말하면서 의기소침하고, 무력한 모습을 보인다. 이 호소에 대한 여성주의 상담자의 역할로 옳지 <u>않은</u> 것은?

① 자신의 생활에 미치는 사회적 요인을 평가하도록 돕는다.
② 사회적 신념이 자신에게 어떻게 부정적으로 영향을 주는지 이해하도록 돕는다.
③ 결혼하지 않고 살 수 있도록 돕는다.
④ 내면화된 여성 역할 메시지를 확인하도록 돕는다.
⑤ 개인적 능력감과 사회적 능력감을 기르도록 돕는다.

11

행동분석 A-B-C에서 A가 의미하는 것은?

① 태도(Attitude)   ② 활성화 사건(Activating event)

③ 감정(Affection)   ④ 통각(Apperception)

⑤ 선행사건(Antecedent)

12

다음이 설명하는 내용은 어떤 이론에 관한 것인가?

- 협력적 경험주의 원칙에 기초한다.
- 소크라테스식 대화를 한다.
- 내담자에게 신념이 타당한지 스스로 검토해 볼 수 있도록 행동 실험을 요구한다.

① 인지치료   ② 합리적 정서행동치료

③ 행동치료   ④ 현실치료

⑤ 경험치료

13

해결중심 상담에서 "어떻게 지난 주 보다 더 나빠지지 않았나요?"는 무슨 질문에 해당하는가?

① 예외   ② 대처   ③ 기적   ④ 척도   ⑤ 관계

14

청소년상담에 관한 설명으로 옳지 않은 것은?

① 청소년의 바람직한 발달을 추구하는 활동이다.

② 발달단계를 고려하여 프로그램을 개발하고 실행한다.

③ 성인을 대상으로 하는 상담적 접근을 그대로 적용한다.

④ 청소년의 잠재가능성을 발현할 수 있도록 조력하는 전문적 활동이다.

⑤ 대표적인 지역사회 기반의 청소년상담 기관으로 청소년상담복지센터가 있다.

15

청소년상담자에게 요구되는 자질로 옳지 <u>않은</u> 것은?

① 윤리규정 숙지　　　　　　　　　② 상담이론에 대한 이해

③ 문화적 차이에 대한 이해　　　　　④ 자신의 태도와 가치관에 대한 이해

⑤ 내담자의 결정을 이끄는 구원자 역할

16

청소년상담자의 태도로 옳지 <u>않은</u> 것은?

① 공감적 이해　　　　　　　　　　② 즉각적인 직면

③ 솔직하고 따뜻한 태도　　　　　　④ 언어적 행동과 비언어적 행동의 일치

⑤ 내담자 자체의 가치를 순수하고 깊게 수용

17

청소년상담사 윤리강령에 관한 설명으로 옳은 것은?

① 청소년상담사는 「청소년보호법」에 따라 청소년의 권리와 책임을 다 할 수 있게 지원해야 한다.

② 청소년상담사는 어떠한 경우라도 현행법을 윤리강령보다 우선적으로 준수해야 한다.

③ 내담자에게 상담을 거부하거나 개입방식의 변경을 거부할 권리를 보장해 주어야 한다.

④ 5년 이상의 청소년상담사는 법적으로 정해진 보수교육을 받지 않아도 된다.

⑤ 사이버상담의 특성상, 한 명의 내담자가 여러 명의 사이버상담자를 만나게 되는 경우 상담자들 간에 정보를 공유할 수 있음을 알려서는 안 된다.

18

다음 상담자의 언어반응은 어떤 상담기술에 해당하는가?

- 내담자 : 선생님! 벌써 5번째 상담인데 전혀 도움이 되지 않는 것 같아요. 저에게 어떤 조언도 주지 않으시네요. 제가 상담을 왜 계속해야 하는지 모르겠어요. 시간낭비 같아요.
- 상담자 : 우리 상담이 아무런 진전이 없다고 나를 비난하는 것 같아 마음이 서운하네.

① 해석　　　　② 즉시성　　　　③ 직면　　　　④ 정보제공　　　　⑤ 요약

19

청소년상담의 과정에 관한 설명으로 옳지 않은 것은?

① 상담중기에 내담자의 자기탐색과 상담개입에 대한 저항 등을 다룬다.
② 상담자가 잘 알고 있고 이전에 사용했던 경험이 있으며 내담자에게 효과적으로 적용할 수 있는 상담개입전략을 사용한다.
③ 특정 개입전략을 사용하기에 전문성이 부족해도 상담자의 이미지를 훼손하지 않기 위해 임의로 사용한다.
④ 새로운 개입전략의 기법과 기술을 사용하기 위해서는 수퍼바이저의 조언을 구하는 것이 필요하다.
⑤ 상담자가 선호하는 이론에 내담자를 맞추지 않도록 노력한다.

20

청소년 매체상담에 관한 설명으로 옳지 않은 것은?

① 긴급전화, 상담전화, 정보제공 등의 기능을 수행하는 청소년상담 전용전화는 1366이다.
② 전화상담의 특징은 익명성과 편의성 보장이다.
③ 전화상담은 긴급한 위기상황에서 도움을 요청하는 수단이 될 수 있다.
④ 스마트폰 및 인터넷 환경의 발달로 채팅상담과 화상상담 등이 활발해졌다.
⑤ 사이버상담 시 위기개입 등의 상황에 대비하기 위해 내담자의 신분을 확인할 방법이 있어야 한다.

21

다음 내담자의 말에 이어지는 상담자의 반응 중 유형이 다른 하나는?

> 내담자 : 지난 주 1교시 수업시간 직전에 아버지가 교통사고를 당하셨다는 전화를 받고 조퇴를 했어요. 그 전날 아버지가 술을 많이 드셨어요. 아침 일찍 운전하러 나가시는 게 불안해서 그러지 마시라고, (목소리 커짐) 소리도 지르고 술병도 뺏었는데 결국 사고가 났어요(눈물).

① 아버지한테 화가 난 것처럼 보여요.
② 사고 소식을 듣고 정말 많이 놀랐겠네요.
③ 아버지한테 안 좋은 일이 일어나서 슬퍼하는 것 같아요.
④ 저도 저의 아버지가 술을 드실 때마다 걱정되고 화가 났었어요.
⑤ 아버지를 걱정하는 마음을 알아주지 않아서 섭섭했을 것 같아요.

22

청소년상담의 실제에 관한 설명으로 옳은 것은?

① 상담비용은 내담자의 재정 상태 등을 고려하여 합리적으로 책정한다.
② 내담자가 만 14세 미만의 청소년인 경우, 보호자 또는 법정대리인의 상담활동에 대한 사전 동의가 필요하지 않다.
③ 사이버상담이 청소년 내담자에게 부적절하다고 간주되는 경우라도 내담자가 원하면 진행해야 한다.
④ 상담을 시작한 청소년 내담자가 다른 정신건강전문가에게 상담을 받고 있음을 알았을 때, 즉시 상담을 종료한다.
⑤ 청소년상담사 윤리강령에는 내담자가 상담계획에 참여할 권리 보장에 대해 언급하고 있지 않다.

23

상담의 종결 시 다루어야 할 내용으로 옳은 것을 모두 고른 것은?

> ㄱ. 상담목표의 달성 정도 파악　　　　　ㄴ. 내담자의 문제행동 파악
> ㄷ. 행동변화 요인에 대한 평가　　　　　ㄹ. 향후 계획에 대한 논의
> ㅁ. 추수 상담 논의

① ㄱ, ㄴ　　　　② ㄴ, ㄹ　　　　③ ㄷ, ㅁ　　　　④ ㄱ, ㄷ, ㄹ, ㅁ　　　　⑤ ㄱ, ㄴ, ㄷ, ㄹ, ㅁ

24

CYS-Net(community youth safety-net)에 관한 설명으로 옳지 않은 것은?

① 위기청소년을 지원하기 위해 참여하는 자발적인 지역주민들의 모임이 있다.
② 청소년에게 지역사회를 기반으로 통합서비스를 제공하기 위한 시스템이다.
③ '위기청소년 발견', '개입', '통합서비스 제공'의 세 가지 체계의 운영모듈이 있다.
④ 개입체계는 긴급구조, 일시보호, 진단, 상담개입을 위한 것이다.
⑤ 이 체계는 「청소년보호법」 제4장에 규정되어 있다.

25

위기대응을 위한 지역사회 공동체의 사전 준비로 옳은 것을 모두 고른 것은?

> ㄱ.조례 제정 및 예산 준비　　　　　　　ㄴ.긴급 상황에 투입할 전문인력 준비
> ㄷ.지역사회청소년상담지원체계 사전 구축　　ㄹ.지역사회청소년상담지원체계 협력에 대한 사전 협의

① ㄱ, ㄴ　　　　② ㄴ, ㄷ　　　　③ ㄷ, ㄹ　　　　④ ㄴ, ㄷ, ㄹ　　　　⑤ ㄱ, ㄴ, ㄷ, ㄹ

제2과목　상담연구방법론의 기초(필수)

| 해설 p541

26

다음 (　　)에 들어갈 내용으로 옳게 짝지어진 것은?

ㄱ. (　A　)은/는 연구재료, 장비, 과정 등을 인위적으로 조작하거나 연구 자료를 임의로 변형, 삭제함으로써 연구 내용 또는 결과를 왜곡하는 행위

ㄴ. (　B　)은/는 타인의 아이디어, 연구내용, 결과 등을 정당한 승인 또는 인용 없이 도용하는 행위

ㄷ. (　C　)은/는 존재하지 않는 연구자료, 연구결과 등을 허위로 만들거나 기록 또는 보고하는 행위

① A : 표절, B : 위조, C : 변조　　　　② A : 위조, B : 표절, C : 변조

③ A : 위조, B : 변조, C : 표절　　　　④ A : 변조, B : 표절, C : 위조

⑤ A : 변조, B : 위조, C : 표절

27

판별분석에 관한 설명으로 옳지 않은 것은?

① 독립변수와 종속변수 모두 연속변수여야 한다.

② 독립변수는 종속변수와 선형적인 관계가 있어야 한다.

③ 독립변수들의 분산은 서로 동일해야 한다.

④ 각 독립변수는 정규분포를 따라야 한다.

⑤ 판별분석으로 도출된 판별함수는 개별 관측치들이 어느 집단에 속하는지를 예측하는 데에 사용된다.

28

자료분석 과정이 개방코딩, 축코딩, 선택코딩으로 진행되는 연구방법은?

① 근거이론연구　　　　　　　　　② 코호트연구

③ 사례사연구　　　　　　　　　　④ 패널연구

⑤ 동향연구

29

다음 중 진실험설계(true experimental design)를 모두 고른 것은?

ㄱ. 시계열 설계(time series design)
ㄴ. 솔로몬 4집단 설계(Solomon four-group design)
ㄷ. 통제집단 사전-사후 설계(pretest-posttest control group design)
ㄹ. 통제집단 사후 설계(posttest-only control group design)

① ㄱ, ㄴ   ② ㄱ, ㄷ   ③ ㄴ, ㄷ   ④ ㄷ, ㄹ   ⑤ ㄴ, ㄷ, ㄹ

30

구조방정식 모형의 상대적합도 지수(relative fit index)만으로 묶인 것은?

ㄱ. CFI(comparative fit index)
ㄴ. GFI(goodness of fit index)
ㄷ. NFI(normed fit index)
ㄹ. RMSEA(root mean square error of approximation)
ㅁ. TLI(Turker-Lewis index)

① ㄱ, ㄴ, ㄹ   ② ㄱ, ㄴ, ㅁ   ③ ㄱ, ㄷ, ㅁ   ④ ㄴ, ㄷ, ㄹ   ⑤ ㄷ, ㄹ, ㅁ

31

양적연구 논문의 작성에 관한 설명으로 옳은 것은?

① 선행연구 결과를 인용할 때 출처는 편의에 따라 생략한다.
② 연구의 완결성을 위해 연구의 제한점은 기술하지 않는다.
③ 연구가설과 연구모형은 반드시 함께 제시되어야 한다.
④ 연구가설의 지지여부는 실증분석 결과를 통해 제시된다.
⑤ 결론에는 연구방법을 상세히 기술해야 한다.

32

유사실험설계(quasi-experimental design)에 관한 설명으로 옳지 않은 것은?

① 피험자를 무선할당한다.

② 진실험설계(true experimental design)에 비해 외생변수의 효과를 통제하기 어렵다.

③ 실험실 상황이 아닌 실제 상황에서 독립변수를 조작해 연구하는 설계이다.

④ 진실험설계에 비해 내적타당도 확보가 어렵다.

⑤ 비동질통제집단설계(nonequivalent control group design)가 유사실험설계에 속한다.

33

연구자가 연구참여자에 대하여 지켜야 할 연구윤리로 옳지 않은 것은?

① 연구기간 중 획득한 정보를 비밀로 유지한다.

② 미성년자인 고등학생을 대상으로 연구할 때 보호자의 동의로 본인 동의를 대신한다.

③ 연구기간 중 연구 참여를 철회할 권리가 있음을 알린다.

④ 연구의 목적, 예상되는 기간 및 절차를 알린다.

⑤ 연구 참여에 따른 잠재적 위험에 대해 알린다.

34

다음 실험설계 중 집단 내 설계만으로 묶인 것은?

① 솔로몬 4집단 설계, 교차 설계

② 요인 설계, 라틴정방형(Latin square) 설계

③ 교차 설계, 요인 설계

④ 교차 설계, 라틴정방형(Latin square) 설계

⑤ 요인 설계, 솔로몬 4집단 설계

35

F-분포에 관한 설명으로 옳지 않은 것은?

① F-분포를 따르는 확률변수는 항상 양(+)의 값을 갖는다.

② 분포의 모양이 자유도에 따라 달라진다.

③ 분포의 모양이 항상 좌우대칭이다.

④ 자유도가 커지면 정규분포에 근접한다.

⑤ 두 개 표본분산이 사용되기 때문에 두 개 표본의 자유도가 있다.

36

다음 내용이 모두 해당되는 연구방법은?

- 한 개인이 삶에서 경험한 것을 과거, 현재, 미래라는 시간적 흐름에 따라 전개한다.
- 주요 자료는 연대기적 형식의 일련의 사건(또는 행동)에 대한 음성 또는 문서 텍스트이다.
- 물리적 공간인 장소가 연구 전체 과정에서 지속적으로 고려되어야 할 요소이다.

① 코호트연구 ② 패널연구
③ 내러티브연구 ④ 근거이론연구
⑤ 구조방정식모형

37

다음 중 연구의 패러다임이 다른 것은?

① 연구 결과를 일반화시키지 않음
② 비구조화된 질적 자료의 수집
③ 현상학(phenomenology)적 인식론
④ 특정 현상에 대한 해석이나 의미의 차이 이해
⑤ 대표성을 갖는 크기가 큰 표본의 활용

38

척도에 관한 설명으로 옳지 않은 것은?

① 섭씨온도는 등간(interval) 척도의 예이다.
② 20℃는 10℃보다 두 배 뜨겁다고 할 수 있다.
③ 비율(ratio) 척도는 절대 영점을 가지고 있다.
④ 하나의 특성을 여러 가지 척도로 측정할 수 있다.
⑤ 등간(interval) 척도와 비율(ratio) 척도로 측정된 변수들은 모두 회귀분석의 종속변수로 사용할 수 있다.

39

가설에 관한 설명으로 옳은 것을 모두 고른 것은?

ㄱ. 가설은 변수 간의 관계에 대한 잠정적인 진술이다.
ㄴ. 연구가설은 연구자가 주장하려는 가설이다.
ㄷ. 대립가설은 상호 대립하는 요소를 지닌 모순적 진술이다.
ㄹ. 영가설은 통계적 검정의 대상이 되는 가설이다.

① ㄱ, ㄷ   ② ㄴ, ㄹ   ③ ㄱ, ㄴ, ㄹ   ④ ㄱ, ㄷ, ㄹ   ⑤ ㄴ, ㄷ, ㄹ

40

표집 방법과 그 방법이 속한 유형이 바르게 연결된 것은?

① 할당(quota) 표집 - 확률 표집
② 군집(cluster) 표집 - 비확률 표집
③ 편의(convenience) 표집 - 확률 표집
④ 판단(judgement) 표집 - 비확률 표집
⑤ 층화(stratified) 표집 - 비확률 표집

41

사후비교검정 방법으로 바르게 묶인 것은?

① Tukey 검정, Kolmogorov 검정
② Scheffé 검정, Box의 M 검정
③ Tukey 검정, Scheffé 검정
④ Kolmogorov 검정, Scheffé 검정
⑤ Box의 M 검정, Duncan 검정

42

다음 분산분석(ANOVA) 결과에 관한 설명으로 옳지 않은 것은?

변동 요인	제곱 합	자유도	평균 제곱	F	유의 확률
집단 간	60	3	20	(A)	0.000
집단 내	27	27	1		
합계	87	30			

① A는 20이다.
② 영가설은 $H0 : \mu1 = \mu2 = \mu3$이다.
③ 분석에 사용된 사례의 수는 31개이다.
④ 분석에 사용된 집단의 수는 4개이다.
⑤ 분석결과, 유의수준 0.05에서 영가설은 기각한다.

43

과학적 연구의 특성으로 옳지 <u>않은</u> 것은?

① 객관성을 추구하여야 한다.
② 타당한 근거를 통해 결론에 대한 증거자료를 확보해야 한다.
③ 조건과 과정이 같으면 동일한 결론을 얻어야 한다.
④ 기존에 확립된 이론은 수정되지 않아야 한다.
⑤ 자료는 합리적이고 체계적인 방법을 통해 수집한 것이어야 한다.

44

다음 값들 중에서 모집단의 평균을 추정하기 위한 표본의 크기를 계산할 때 필요한 값을 모두 고른 것은?

ㄱ. 모집단의 표준편차 (또는 추정치)	ㄴ. 신뢰수준에 따른 Z 통계값
ㄷ. 허용오차	

① ㄱ   ② ㄱ, ㄴ   ③ ㄱ, ㄷ   ④ ㄴ, ㄷ   ⑤ ㄱ, ㄴ, ㄷ

45

단순선형회귀분석에서 선형관계로 설명되지 <u>않는</u> 변동(SSE; sum of squares error)이 총 변동(SST; sum of squares total)에서 차지하는 비중이 $\frac{1}{4}$ 이라면 결정계수 R^2의 값은?

① $\frac{1}{16}$ ② $\frac{1}{4}$ ③ $\frac{7}{16}$ ④ $\frac{9}{16}$ ⑤ $\frac{3}{4}$

46

가설 검정에 관한 설명으로 옳지 <u>않은</u> 것은?

① 1종 오류는 영가설이 참임에도 불구하고 이를 기각하는 오류이다.
② 2종 오류는 영가설이 거짓임에도 불구하고 이를 채택하는 오류이다.
③ 일반적으로 1종 오류보다 2종 오류를 더 심각한 오류로 간주한다.
④ 영가설이 참이 아닐 때 이를 기각함으로써 올바른 결정을 내릴 가능성의 정도를 통계적 검정력이라고 한다.
⑤ 일반적으로 1종 오류의 확률이 작아질수록 2종 오류의 확률은 커지고 통계적 검정력은 작아진다.

47

구성개념(construct) 타당도에 해당하는 것들로 바르게 묶인 것은?

① 내용(content) 타당도, 예측(predictive) 타당도
② 수렴(convergent) 타당도, 동시(concurrent) 타당도
③ 예측(predictive) 타당도, 판별(discriminant) 타당도
④ 동시(concurrent) 타당도, 내용(content) 타당도
⑤ 수렴(convergent) 타당도, 판별(discriminant) 타당도

48

Cronbach의 α계수는 다음 중 어떤 종류의 신뢰도를 평가하는 것인가?

① 문항 내적일관성(internal consistency) 신뢰도
② 재검사(test-retest) 신뢰도
③ 동형 검사(parallel form) 신뢰도
④ 반분(split-half) 신뢰도
⑤ 유사 검사(alternate form) 신뢰도

49

실험설계에서 내적타당도를 저해하는 요인에 해당하지 않는 것은?

① 역사적 사건(history)　　　　　　② 성숙효과(maturation)
③ 주 효과(main effect)　　　　　　④ 선발 편향(selection bias)
⑤ 통계적 회귀(statistical regression)

50

관찰 시점이 관찰대상의 행동이 일어나는 시점과 일치하는지 여부를 기준으로 관찰법을 분류한 것은?

① 자연적(natural setting) 관찰과 인위적(contrived setting) 관찰
② 공개적(undisguised) 관찰과 비공개적(disguised) 관찰
③ 체계적(structured) 관찰과 비체계적(unstructured) 관찰
④ 직접(direct) 관찰과 간접(indirect) 관찰
⑤ 인적(human) 관찰과 기계적(mechanical) 관찰

제3과목　심리측정 평가의 활용(필수)

| 해설 p551

51

심리적 속성에 수를 부여하는 것을 (ㄱ), 수를 부여하여 얻어낸 결과를 해석하는 것을 (ㄴ)(이)라고 한다. (　) 에 들어갈 내용으로 옳은 것은?

① ㄱ : 심리검사, ㄴ : 심리측정　　　② ㄱ : 심리검사, ㄴ : 심리평가

③ ㄱ : 심리측정, ㄴ : 심리검사　　　④ ㄱ : 심리측정, ㄴ : 심리평가

⑤ ㄱ : 심리평가, ㄴ : 심리검사

52

심리검사와 그 특징을 옳게 짝지은 것은?

① 우드워스(Woodworth)의 개인자료기록지(Personal Data Sheet) : 최초로 타당도 척도 사용

② 비네-시몽(Binet-Simon)검사 : 최초의 아동집단지능검사

③ 로샤(Rorschach)검사 : 최초로 잉크반점의 유용성 제안

④ 군대베타(Army-beta)검사 : 최초 개발된 비언어성 지능검사

⑤ TAT : 최초 제작된 투사적 검사

53

SCID(Structured Clinical Interview for DSM)에 관한 설명으로 옳은 것은?

① 행동관찰을 위한 기록법 가운데 하나이다.

② DSM-5에 맞게 SCID-5-I과 SCID-5-II가 제작되었다.

③ 최근 일주일을 기준으로 증상경험에 초점을 맞추어 기록한다.

④ 평가 대상의 전집과 평가 맥락에 맞게 내용을 조정할 수 있도록 융통성이 허용된다.

⑤ DSM에 제시된 조현병과 정동장애의 증상을 확인하도록 특화되어 있다.

54

비구조화된 평가 면담에 관한 설명으로 옳지 않은 것은?

① 구조화된 면담에 비해 평정자간 일치도를 산출하기 더 어렵다.

② 풍부한 정보를 얻기 위해 목표를 정하지 않고 진행한다.

③ 자기보고식 심리검사에 비해 타당도가 더 낮다.

④ 수검자의 개인력에 관한 독특한 세부사항을 수집하는 데 도움이 된다.

⑤ 수검자로부터 수집한 자료를 수량화하기 어렵다.

55

행동평가에 관한 설명으로 옳은 것을 모두 고른 것은?

ㄱ. 행동주의 연구에서 출발하였다.

ㄴ. 개인의 성향보다 상황 요인을 더 중요시한다.

ㄷ. 규준적(nomothetic) 접근보다 개인 특이적(idiographic) 접근을 따른다.

ㄹ. 기록내용을 수량화하기 용이한 이야기식 기록법(narrative recording)이 있다.

① ㄱ, ㄴ, ㄷ　　　② ㄱ, ㄴ, ㄹ　　　③ ㄱ, ㄷ, ㄹ　　　④ ㄴ, ㄷ, ㄹ　　　⑤ ㄱ, ㄴ, ㄷ, ㄹ

56

객관적 검사와 비교하여 투사적 검사가 지니는 난점으로 옳지 않은 것은?

① 검사자간 채점 결과의 일치도가 더 낮다.　　　② 수검자가 반응을 왜곡하기 더 쉽다.

③ 채점 과정에서 검사자의 주관이 더 개입된다.　　　④ 신뢰도와 타당도를 검증하기 더 어렵다.

⑤ 상황적 요인에 의해 수검자의 반응이 더 영향 받는다.

57

상위권의 성적을 유지하던 18세 고등학생이 최근 성적 저하 후 심리적 어려움을 호소하여 심리검사를 실시하고자 한다. 파악하려는 문제와 그에 적합한 검사가 잘못 짝지어진 것은?

① 우울 : MMPI-A　　　② 불안 : PAI

③ 인지 기능 : TCI　　　④ 학교적응 문제 : MMPI-A

⑤ 자아강도 : HTP검사

58

최대수행검사에 관한 설명으로 옳은 것을 모두 고른 것은?

ㄱ. 정답과 오답이 존재한다.
ㄴ. 습관적수행검사라고도 부른다.
ㄷ. 대표적인 예로 지능검사, 적성검사를 들 수 있다.
ㄹ. 채점을 통해 정서나 동기가 미친 영향력이 제거되어 능력의 최대치를 측정한다.

① ㄱ, ㄷ   ② ㄱ, ㄹ   ③ ㄴ, ㄷ   ④ ㄴ, ㄹ   ⑤ ㄷ, ㄹ

59

지능검사 제작 후 시간이 지남에 따라 산출되는 지능지수가 장기적이며 점진적으로 상승하는 현상은?

① 플린(Flynn) 효과   ② 중앙집중화경향
③ 평균으로의 회귀 현상   ④ 연습 효과
⑤ 게스탈트(Gestalt) 효과

60

관찰되는 원점수가 정규분포를 이루며 이 점수들의 평균은 8.0, 표준편차가 2.0이다. 이 때 원점수 6.0점을 표준점수 T점수와 백분위로 변환하여 순서대로 옳게 나열한 것은?

① 35, 16   ② 35, 34   ③ 35, 85   ④ 40, 16   ⑤ 40, 34

61

적성검사 총점과 학교성적 간 상관관계가 피어슨(Pearson) 상관계수 r = .56이고, p = .03 이라 기술되어 있다. 이에 관한 해석과 그 근거가 옳은 것은?

① r값이 1보다 작으므로, 총점이 높을수록 학교성적이 저조하다.
② r = .56이므로, 총점은 학교성적의 56%를 설명한다.
③ p = .03이므로, α = .05 기준에서 상관계수가 통계적으로 유의하다.
④ r값이 0보다 크므로, α = .01 기준에서 상관계수가 통계적으로 유의하다.
⑤ p가 .05보다 작으므로, 상관계수가 통계적으로 유의하지 않다.

62

심리검사에서 '측정의 표준오차(SEM) 값이 클수록'이 의미하는 바를 잘못 기술한 것은?

① 진점수의 신뢰구간은 좁아지고 측정의 정확도가 낮아진다.

② 검사의 신뢰도가 낮아진다.

③ 0을 중심으로 오차점수들이 더 멀리 떨어져 있다.

④ 검사로 수집된 관찰점수들이 진점수를 중심으로 더 멀리 떨어져 있다.

⑤ 검사를 반복 시행할 때 동일한 값을 얻을 가능성이 낮아진다.

63

K-WAIS-IV에서 과정 점수가 제공되는 소검사는?

① 산수   ② 행렬추론   ③ 동형찾기   ④ 토막짜기   ⑤ 빠진 곳 찾기

64

K-WISC-IV에서 기호쓰기 소검사가 측정하는 능력을 모두 고른 것은?

| ㄱ. 주의력 | ㄴ. 단기기억 | ㄷ. 지각적 추론 | ㄹ. 시각-운동 협응 |

① ㄱ, ㄴ, ㄷ   ② ㄱ, ㄴ, ㄹ   ③ ㄱ, ㄷ, ㄹ   ④ ㄴ, ㄷ, ㄹ   ⑤ ㄱ, ㄴ, ㄷ, ㄹ

65

다음의 지능지수 산출 방법을 고안한 학자는?

지능지수(IQ) = {정신연령(MA) / 신체연령(CA)} × 100

① 비네(A. Binet)   ② 터만(L. Terman)

③ 여키스(R. Yerkes)   ④ 웩슬러(D. Wechsler)

⑤ 스피어만(C. Spearman)

66

MMPI-2의 VRIN 척도 점수가 상승할 수 있는 경우를 모두 고른 것은?

ㄱ. 극도의 혼란감 ㄴ. 긍정왜곡 시도
ㄷ. 의도적인 무선반응 ㄹ. 수검자의 독해능력 부족

① ㄱ, ㄴ, ㄷ ② ㄱ, ㄴ, ㄹ ③ ㄱ, ㄷ, ㄹ ④ ㄴ, ㄷ, ㄹ ⑤ ㄱ, ㄴ, ㄷ, ㄹ

67

다음의 특성들을 모두 포함하는 MMPI-2의 해리스-링고스(Harris-Lingoes) 소척도는?

- 자신이 마음이 편치 않고 불행하다고 묘사한다.
- 일상생활에서 즐거움이나 보람을 찾지 못한다.
- 과거의 행동에 대한 후회, 죄책감, 회한을 보인다.

① Pd4(사회적 소외) ② Pd5(내적 소외)
③ Sc1(사회적 소외) ④ Sc2(정서적 소외)
⑤ Si3(내적/외적 소외)

68

다음에 해당하는 MMPI-2의 상승 척도 쌍은?

의심이 많고 적대적이며 화를 잘 낸다. 자기중심적인 경향이 강하고, 비난에 극도로 예민하며, 따지기 좋아한다.

① 2-7 ② 3-4 ③ 4-6 ④ 7-8 ⑤ 8-9

69

다음의 특성을 반영하는 NEO-PI-R의 요인은?

세상에 대해 호기심이 많고, 새로운 아이디어와 가치를 추구하며, 자신의 감정에 민감하고, 창조적이고 탐구적인 일을 좋아하는 경향이 있다.

① 신경증(Neuroticism) ② 외향성(Extraversion)
③ 개방성(Openness) ④ 친화성(Agreeableness)
⑤ 성실성(Conscientiousness)

70

PAI의 치료 척도에 해당하는 것은?

① 공격성(AGG)　　　　　　　　　　② 비일관성(ICN)

③ 알코올 문제(ALC)　　　　　　　　④ 부정적 인상(NIM)

⑤ 반사회적 특징(ANT)

71

다음에 해당하는 로샤(Rorschach) 검사 발달질 채점 기호는?

> 구체적인 형태가 없는 대상을 보고하고 그 대상의 구체적인 형태를 언급하지 않을 경우(연기, 하늘)

① +　　　　　　　② o　　　　　　　③ v/+　　　　　　④ v　　　　　　⑤ -

72

로샤(Rorschach) 검사에서 평범 반응에 관한 설명으로 옳은 것은?

① 'R'로 기호화한다.

② 이 반응의 총합을 사용하여 X-%값을 계산한다.

③ 로샤 카드마다 1개씩의 평범반응이 정해져 있다.

④ 이 반응의 총합이 일정 수준 이상으로 높으면 환각 경험 가능성을 의심한다.

⑤ 수검자의 반응이 평범반응과 같은 내용이더라도 사용한 영역이 정해진 평범반응의 영역과 동일할 때 인정된다.

73

삭스(J. Sacks)의 문장완성검사에서 대표적으로 평가하는 4가지 영역이 아닌 것은?

① 성　　　　　② 가족　　　　　③ 정서　　　　　④ 자기개념　　　　　⑤ 대인관계

74

22세의 A는 인물화검사에서 내장 기관이 드러난 사람을 그렸다. 다음 중 일차적으로 고려해야 하는 문제는?

① 우유부단함　　　　　　　　　　② 낮은 에너지 수준

③ 현실 검증의 어려움　　　　　　④ 관심에 대한 강한 욕구

⑤ 대인관계에 대한 불편감

75

TAT 해석 시 머레이(H. Murray)의 욕구-압력 분석법에서 사용하는 기본 요인이 아닌 것은?

① 주인공　　　　　　　　　　　　② 주인공의 욕구

③ 환경 자극의 요구와 압력　　　　④ 주인공의 행동 표현 방식

⑤ 주인공이 느끼는 불안의 본질

제4과목 이상심리(필수)

| 해설 p560

76

아편 유사제(Opioids)에 해당되는 물질은?

① 코카인(Cocaine)
② 헤로인(Heroin)
③ 엘에스디(LSD)
④ 암페타민(Amphetamine)
⑤ 마리화나(Marijuana)

77

이상행동의 분류와 평가의 장점에 관한 설명으로 옳은 것을 모두 고른 것은?

ㄱ. 환자의 유사성과 차이점을 구별하는데 도움을 준다.
ㄴ. 심리장애에 관한 과학적 연구와 이론 개발을 위한 기초지식을 제공한다.
ㄷ. 심리장애의 진행과정을 예측하는데 도움이 된다.
ㄹ. 환자의 자기이행적(self-fulfilling) 예언을 충족시킨다.
ㅁ. 연구자나 임상가들 간에 효과적인 의사소통에 도움이 된다.

① ㄱ, ㄴ, ㄹ
② ㄱ, ㄷ, ㅁ
③ ㄱ, ㄴ, ㄷ, ㅁ
④ ㄴ, ㄷ, ㄹ, ㅁ
⑤ ㄱ, ㄴ, ㄷ, ㄹ, ㅁ

78

행동주의적 접근에 관한 설명으로 옳은 것은?

① 고전적 조건형성을 주장한 학자는 반두라(A. Bandura)이다.
② 이상행동은 주로 고전적 조건형성, 조작적 조건형성, 사회적 모델링의 3가지 학습원리로 설명된다.
③ 체계적 둔감법은 뱀 공포증 환자의 경우 치료 시작부터 하루 종일 뱀을 목에 감고 생활하도록 하는 기법이다.
④ 무의식적 욕구를 변화시키는 것이 치료의 주된 목표이다.
⑤ 아동이 엄마의 심부름을 한 뒤 칭찬을 받는 것은 부적 강화이다.

79

DSM-5의 품행장애 진단기준에 해당되지 <u>않는</u> 것은?

① 다른 사람을 자주 괴롭히거나 위협한다.
② 술을 자주 마신다.
③ 다른 사람에게 성적 활동을 강요한다.
④ 13세 이전부터 무단결석을 자주 한다.
⑤ 동물에게 신체적으로 잔인하게 대한다.

80

이상행동의 분류와 평가에 관한 설명으로 옳지 <u>않은</u> 것은?

① DSM-5에서 다축체계를 폐기하였다.
② 정신상태검사에서 환자의 외모와 외현적 행동도 평가한다.
③ 적절한 평가방법과 절차를 계획하기 전에 평가목적을 명료화한다.
④ 수업시간에 교사가 아동의 산만한 행동을 평가하는 것은 자연주의적 행동관찰법이다.
⑤ DSM-5에서는 아동·청소년기에 처음 진단되는 장애를 독립적으로 제시하였다.

81

프로이드(S. Freud)의 정신분석이론에 관한 설명으로 옳은 것은?

① 발달단계는 대인관계 욕구에 따라 구분된다.
② 오이디푸스 갈등이 나타나는 발달단계는 남근기이다.
③ 인간의 행동은 우연히 일어난다.
④ 역전이분석은 내담자가 치료과정에서 상담자에게 나타내는 전이현상을 분석하는 것이다.
⑤ 이상행동은 초기 아동기의 의식적 갈등에 의한 것이다.

82

DSM-5의 소아기호증(소아성애장애)에 관한 설명 및 진단기준으로 옳은 것을 모두 고른 것은?

ㄱ. 성적 대상이 되는 아동보다 8세 이상이어야 한다.
ㄴ. 보통 13세 이하 아동에 대한 성적 공상이나 성행위를 6개월 이상 지속한다.
ㄷ. 12세 아동과 지속적인 성행위를 맺고 있는 청소년기 후기 개인은 포함하지 않는다.
ㄹ. 최소한 16세 이상이어야 한다.
ㅁ. 남성의 경우 여자 아이만 대상으로 한다.

① ㄱ, ㄴ　　　② ㄱ, ㄷ, ㅁ　　　③ ㄴ, ㄷ, ㄹ　　　④ ㄴ, ㄹ, ㅁ　　　⑤ ㄱ, ㄴ, ㄷ, ㄹ

83

DSM-5의 성격장애와 주요 특징의 연결이 옳은 것은?

① 자기애성 성격장애 - 자신에 대한 과장된 평가와 특권의식
② 의존적 성격장애 - 정체감 혼란과 버림받음을 피하기 위한 과도한 노력
③ 경계선 성격장애 - 타인의 충고와 지지 없이는 일상적 결정을 하기가 어려움
④ 조현성 성격장애 - 사회적 상황에서 비난당하거나 거부당할지 모른다는 생각에 사로잡힘
⑤ 강박성 성격장애 - 타인의 애정과 관심을 끌기 위한 과도한 노력

84

DSM-5의 강박 및 관련장애에 해당되는 것은?

① 범불안장애　　　　　　　　　② 노출장애
③ 유뇨증　　　　　　　　　　　④ 병적 방화(방화광)
⑤ 신체변형(이형)장애

85

DSM-5의 신경발달장애에 해당하지 않은 것은?

① 틱장애　　　　　　　　　　　② 지적장애
③ 말소리장애　　　　　　　　　④ 특정학습장애
⑤ 선택적 함구증

86

다음 사례에 적절한 DSM-5의 진단명은?

> 고등학생 A는 부모님에게 심한 꾸지람을 들은 후 가출했다. 가출한 이후 아무도 A를 본 사람이 없고, A는 집에서 멀리 떨어진 지역에서 방황하다 2주 후 정신을 차려보니 낯선 길에 서 있었다. A는 자신에게 무슨 일이 일어났는지를 전혀 기억하지 못했다. A의 실종 기사를 본 사람이 가족에게 연락하였다.

① 전환장애 　　　　　　　　　　② 공황장애
③ 인위성장애 　　　　　　　　　④ 해리성 기억상실
⑤ 해리성 정체감장애

87

DSM-5의 공황발작의 진단기준 증상에 해당되지 않는 것은?

① 환각 　　　　　　　　　　　　② 발한
③ 감각이상 　　　　　　　　　　④ 죽을 것 같은 두려움
⑤ 한기나 열감을 느낌

88

DSM-5의 급식 및 섭식장애에 관한 설명으로 옳은 것은?

① 신경성 폭식증은 여성보다 남성에서 더 흔하다.
② 이식증은 되새김장애의 진단이 있으면 추가 진단될 수 없다.
③ 12개월 된 영아가 종이, 천, 머리카락 등을 반복해서 먹을 경우 이식증으로 진단된다.
④ 되새김장애는 청소년기에도 발병할 수 있다.
⑤ 신경성 식욕부진증에서는 부적절한 보상행동이 나타나지 않는다.

89

DSM-5의 주요우울장애에 관한 설명으로 옳은 것은?

① 주요우울장애 삽화는 1개월 이상 연속으로 지속되어야 한다.
② 한 번 치료되면 그 이후 재발되지 않는다.
③ 어떤 연령대에서도 발병할 수 있지만, 아동기에 비해 청소년기에 발병가능성이 높아진다.
④ 조증삽화 또는 경조증 삽화가 존재한 적이 있다.
⑤ 청소년기와 성인기에 남성의 유병율이 여성보다 높다.

90

DSM-5의 주의력결핍 과잉행동장애에 관한 설명으로 옳지 않은 것은?

① 여성은 남성에 비해 주로 부주의 증상을 보인다.

② 리탈린(Ritalin)과 같은 중추신경계자극제가 치료약물로 사용된다.

③ 몇 가지 부주의 또는 과잉행동-충동성 증상은 12세 이전에 나타난다.

④ 교사의 질문이 끝나기 전에 성급하게 대답하는 것은 부주의 증상이다.

⑤ 부주의, 충동성, 계획성 부족은 성인기까지 지속되는 경향이 있다.

91

DSM-5의 불면장애에 관한 설명으로 옳은 것을 모두 고른 것은?

ㄱ. 각성수준이 높은 사람은 불면증에 걸리기 쉽다.

ㄴ. 불면에 대한 걱정과 두려움이 불면증을 지속시킨다.

ㄷ. 클라인-레빈증후군(Kleine-Levin syndrome)은 매우 심각한 불면장애이다.

ㄹ. 개인적 상실경험과 같은 스트레스 사건이 불면증 유발에 영향을 미친다.

ㅁ. 수면유지불면증은 아침에 예상한 시간보다 일찍 잠에서 깨어 잠을 이루지 못하는 것이다.

① ㄱ, ㄴ
② ㄴ, ㄷ
③ ㄱ, ㄴ, ㄹ
④ ㄴ, ㄷ, ㄹ, ㅁ
⑤ ㄱ, ㄴ, ㄷ, ㄹ, ㅁ

92

DSM-5의 반응성 애착장애에 관한 설명 및 진단기준으로 옳지 않은 것은?

① 불안장애의 하위유형이다.

② 아동의 발달 연령이 9개월 이상이어야 한다.

③ 진단기준이 자폐스펙트럼장애를 만족하지 않는다.

④ 진단되려면 장애가 5세 이전에 나타나야 한다.

⑤ 성인 양육자에 대해 정서적으로 억제되고 위축된 행동을 나타낸다.

93

DSM-5의 조현병 스펙트럼장애에 관한 설명으로 옳지 <u>않은</u> 것은?

① 와해된 언어는 양성증상이다.

② 조현형 성격장애는 조현병 스펙트럼장애로 분류된다.

③ 조현정동장애는 주요 기분(주요우울 또는 조증)삽화 없이 존재하는 2주 이상의 망상이나 환각이 있다.

④ 단기 정신병적 장애의 심각도는 지난 7일중 정신병의 일차 증상 각각에 대하여 가장 심한 정도를 5점 척도로 평가한다.

⑤ 망상장애의 가장 흔한 아형은 질투형이다.

94

DSM-5의 불안장애에 관한 설명으로 옳은 것을 모두 고른 것은?

ㄱ. 불안장애의 하위유형은 8가지이다.

ㄴ. 분리불안장애는 성인에게 나타나지 않는다.

ㄷ. 공황장애는 공황발작을 반복적으로 경험하는 장애이다.

ㄹ. 특정공포증은 특정한 대상이나 상황에 대한 현저한 공포, 불안, 회피가 6개월 이상 지속된다.

ㅁ. 광장공포증 상황 중 한 가지 상황에서만 현저한 공포와 불안, 회피가 나타난다면 상황형 특정공포증의 진단요건이 된다.

① ㄱ, ㄴ   ② ㄴ, ㅁ

③ ㄷ, ㄹ   ④ ㄷ, ㄹ, ㅁ

⑤ ㄱ, ㄷ, ㄹ, ㅁ

95

신경인지영역과 평가과제의 예가 옳게 연결된 것은?

① 인지적 유연성 - 음악을 들으면서 계산 문제 풀기

② 지속적 주의 - 일정한 시간 동안 특정 신호가 들릴 때마다 버튼 누르기

③ 분할 주의 - 물건을 크기에 따라 분류하다가 색상에 따라 분류하기

④ 작업 기억 - 구멍 뚫린 보드에 못을 빨리 끼워 넣기

⑤ 감정의 인식 - 'ㅎ'으로 시작되는 단어 말하기

96

DSM-5의 질병불안장애에 관한 설명 및 진단기준으로 옳지 않은 것은?

① 건강(질병)에 대한 몰두가 3개월 이상 지속되어야 한다.

② 심각한 질병에 걸려 있거나 걸리는 것에 대해 몰두한다.

③ 유병률은 남성과 여성이 비슷하다.

④ 의학적 진료추구형과 진료회피형으로 세분된다.

⑤ 의학적 상태가 나타나도 질병에 대한 몰두가 과도하거나 부적절하다.

97

DSM-5에서 임상적 주의가 필요한 가족양육 관련 문제에 해당하는 것을 모두 고른 것은?

ㄱ. 부모-아동 관계문제   ㄴ. 형제자매 관계문제
ㄷ. 부모와 떨어진 양육   ㄹ. 별거나 이혼에 의한 가족 붕괴
ㅁ. 부모의 관계 불화에 영향 받는 아동

① ㄴ, ㄹ
② ㄱ, ㄴ, ㄷ
③ ㄱ, ㄴ, ㄷ, ㅁ
④ ㄱ, ㄷ, ㄹ, ㅁ
⑤ ㄱ, ㄴ, ㄷ, ㄹ, ㅁ

98

다음 사례에 적절한 진단명은?

중학교 1학년 학생인 A는 3개월 전 반장 선거에서 떨어진 후 학교 가기를 싫어하고 친구와 대화하는 것을 기피하는 등 학교생활적응에 어려움을 보이고 있다. 2개월 전부터 외모에 전혀 신경을 쓰지 않고 "죽어라" 라는 환청과 친구들이 자신을 학교에 다니지 못하도록 음모를 꾸민다는 피해망상을 호소하고 있다.

① 적응장애
② 단기 정신병적 장애
③ 외상후 스트레스장애
④ 조현양상장애
⑤ 조현병

99

다음 사례에 적절한 DSM-5의 진단명은?

중학생 K는 주기적으로 1주일에 사흘 정도는 기분이 좋아서 잠을 3시간만 자도 충분한 것처럼 느끼고, 사흘 정도는 우울한 감정이 들기도 하는데 그 때는 잠을 많이 자도 피곤함을 느끼고, 하루종일 방에만 틀어박혀 지낸다. 이런 감정의 기복을 계속 느낀 지도 1년이 넘었고 감정기복으로 학업생활에 어려움이 있다.

① 순환성장애   ② 제1형 양극성장애
③ 제2형 양극성장애   ④ 주요우울장애
⑤ 파괴적 기분조절곤란장애

100

A가 겪고 있는 성격장애에 관한 설명으로 옳지 않은 것은?

A는 가족과 동료로부터 늘 부당한 대우를 받고 있다고 생각한다. 직장동료들이 은근히 따돌리고 속이는 행동을 하여 억울한 감정을 표현하면 자신보고 불신과 의심이 많다고 한다. 자신을 모함하는 증거를 찾으려고 신경을 쓰다 보니 지치고 피곤하며 모욕당하고 있다는 기분이 든다.

① 사람들이 악의적이고 기만적이라는 신념을 가진다.
② 충분한 근거 없이 타인이 자신을 착취하고 해를 끼친다고 의심한다.
③ 치료에서는 상담자가 방어적으로 반응하기보다 솔직하고 일관성 있는 태도로 신뢰감을 주는 것이 중요하다.
④ 강한 스트레스를 받으면 짧은 기간 정신병적 삽화를 경험하기도 한다.
⑤ 자신의 증상을 불편해하는 자아이질성을 주로 보인다.

제2과목   집단상담(선택)

| 해설 p571

26

교류분석 집단상담의 생활자세에 관한 설명으로 옳지 않은 것은?

① 생애 초기에 결정된다.

② 생활자세는 교류분석으로 변화 가능하다.

③ 자신에 대해 느끼고, 타인과 관계 맺는 방식을 결정한다.

④ 자기 긍정 - 타인 긍정 자세는 패배자는 없고, 승리자만 있다.

⑤ 자기 긍정 - 타인 부정 자세는 타인과 비교해서 자신이 무기력하다고 느끼는 우울한 사람의 자세이다.

27

로저스(C. Rogers)의 인간중심 집단상담에서 변화의 필요충분조건으로 옳은 것을 모두 고른 것은?

ㄱ. 집단상담자와 집단원들 사이에 심리적 접촉이 이루어진다.

ㄴ. 집단상담자는 집단원들과의 관계에서 일치성을 보이고 통합되어 있다.

ㄷ. 집단상담자는 집단원들에게 조건적 긍정적 관심을 보인다.

ㄹ. 집단원은 의사소통과정에서 집단상담자의 공감적 이해를 지각하고 경험한다.

① ㄱ, ㄴ   ② ㄴ, ㄷ

③ ㄱ, ㄴ, ㄹ   ④ ㄱ, ㄷ, ㄹ

⑤ ㄴ, ㄷ, ㄹ

28

학교에서 운영할 수 있는 성장집단에 적합하지 <u>않은</u> 청소년 집단원을 모두 고른 것은?

ㄱ. 가치관 혼란으로 고민하는 청소년
ㄴ. 반복적인 자살시도로 극도의 위기상황에 처한 청소년
ㄷ. PTSD로 심각한 플래쉬백(flashback)증상을 보이는 청소년
ㄹ. 급성 정신증이 있는 청소년

① ㄱ   ② ㄱ, ㄷ   ③ ㄱ, ㄴ, ㄷ   ④ ㄴ, ㄷ, ㄹ   ⑤ ㄱ, ㄴ, ㄷ, ㄹ

29

다음의 개념이나 기법이 강조되는 집단상담 접근은?

• 지금-여기   • 접촉   • 알아차림   • 과장하기

① 게슈탈트 집단상담   ② 교류분석 집단상담
③ 개인심리 집단상담   ④ 인간중심 집단상담
⑤ 정신분석 집단상담

30

집단심리극에 관한 설명으로 옳은 것을 모두 고른 것은?

ㄱ. 모레노(J. Moreno)가 창안한 것이다.
ㄴ. 정화(catharsis) 그 자체가 목적이다.
ㄷ. 책상, 현관, 옷장 등의 사물은 보조자아가 될 수 없다.
ㄹ. 거울기법은 자신의 모습을 객관적으로 볼 수 있게 한다.
ㅁ. 무대에서 조명이나 음향기구는 필수적이다.

① ㄱ, ㄴ   ② ㄱ, ㄹ   ③ ㄴ, ㄷ   ④ ㄴ, ㄷ, ㄹ   ⑤ ㄷ, ㄹ, ㅁ

31

다음 대화에서 집단원이 보이는 얄롬(I. Yalom)의 치료적 요인은?

- 집단상담자 : 오늘 집단상담을 통해 알게 된 것이 무엇일까요?
- 고수 : 다른 사람도 나만큼 불행하거나 혼란스러운 성장배경을 갖고 있다는 것을 알았어요.

① 희망   ② 수용   ③ 보편성   ④ 정화   ⑤ 이타심

32

다음 사례에서 청소년 집단상담자가 적용한 기법은?

- 원빈 : (걱정스러운 표정으로) 아빠와 엄마는 돈 때문에 자주 싸워요. 3일 전에도 다투셨지요. 그런데 사실 저는 부모님 일에는 별로 관심이 없어요.
- 집단상담자 : 원빈이는 부모님 일에 관심이 없다고 말하면서도 부모님 싸움에 신경을 쓰고 있는 것 같구나.

① 재진술   ② 차단   ③ 요약   ④ 직면   ⑤ 정보제공

33

현실치료 집단상담에 관한 설명으로 옳지 않은 것은?

① 스스로의 선택에 대해 책임진다.   ② 전이를 인정하지 않는다.
③ 과거 경험과 기억선택에 초점을 둔다.   ④ 더 나은 선택을 하는 방법을 배운다.
⑤ 적극적이고, 지시적이며, 교육적이다.

34

구조화 집단상담에 관한 설명으로 옳은 것을 모두 고른 것은?

ㄱ. 특정 주제와 목표를 달성하기 위해 일련의 구체적인 활동으로 구성된다.
ㄴ. 집단상담자가 사전에 마련한 계획과 절차에 따라 진행하는 집단의 형태이다.
ㄷ. 비구조화 집단상담보다 집단상담자의 전문성이 더 요구된다.
ㄹ. 참만남 집단상담이 해당된다.

① ㄱ, ㄴ   ② ㄷ, ㄹ   ③ ㄱ, ㄴ, ㄷ   ④ ㄱ, ㄷ, ㄹ   ⑤ ㄱ, ㄴ, ㄷ, ㄹ

35

치료집단에 관한 설명으로 옳지 않은 것은?

① 심각한 정도의 정서·행동문제 또는 정신장애 치료를 목적으로 한다.
② 치료집단을 이끄는 사람을 집단치료자라고 한다.
③ 집단역동을 이용하기 때문에 정신병리적 진단·평가를 활용하지 않는다.
④ 공황장애 치료를 원하는 사람이 참가할 수 있다.
⑤ 치료기간이 최대 수년에 이르기까지 장기적으로 진행된다.

36

집단상담자의 자질을 인간적 자질과 전문적 자질로 구분할 때, 인간적 자질을 모두 고른 것은?

ㄱ. 집단상담 계획 및 조직 능력　　　　ㄴ. 상담·심리치료 이론에 관한 지식
ㄷ. 개인상담의 상담자 경험　　　　　　ㄹ. 유머 감각
ㅁ. 자기수용

① ㄱ, ㄴ　　　　② ㄴ, ㄷ　　　　③ ㄷ, ㄹ　　　　④ ㄹ, ㅁ　　　　⑤ ㄷ, ㄹ, ㅁ

37

다음 사례에서 청소년 집단상담자가 적용한 기법은?

집단상담자 : (나영이를 보면서) 고수가 자기를 무시하는 아빠에 관한 이야기를 했을 때, 나영이는 눈물을 흘리면서 고수를 위로해주고 빨리 고통을 덜어주려고 애쓰는 것처럼 보여요. 어쩌면 나영이가 어릴 때 겪었던 아빠와의 힘들었던 기억이 되살아날 것에 대한 두려움의 표현이 아닌가 하는 생각이 듭니다.

① 재진술　　　　② 요약　　　　③ 직면　　　　④ 정보제공　　　　⑤ 해석

38

문제 상황에 대처하는 집단상담자의 행동으로 옳지 않은 것은?

① 집단원의 불평이 습관적이거나 만성적이라면 불평할 때마다 충고를 한다.

② 적대적인 집단원에게는 그 행동이 다른 집단원에게 미치는 영향에 대해 이야기하고, 원하는 것을 탐색하여 직접 표현하게 한다.

③ 지속적으로 침묵하는 집단원에게는 다른 집단원이 자신의 침묵을 오해할 가능성도 있다는 것을 알려준다.

④ 질문공세를 하는 집단원에게는 질문하기 전 마음속의 생각과 느낌에 대해 이야기하도록 요청한다.

⑤ 사실적 이야기를 늘어놓는 집단원에게는 그 경험에서 야기된 감정을 공감적 이해를 통해 현재형으로 표현하도록 한다.

39

공동상담자가 청소년 집단상담을 진행할 때의 설명으로 옳은 것을 모두 고른 것은?

ㄱ. 집단계획, 목표, 세부목표, 규범에 대해 협의, 결정한다.
ㄴ. 집단원들은 공동상담자의 상호작용을 보면서 역할모델을 배울 수 있다.
ㄷ. 남성-여성 공동상담자의 경우에만 부모에 대한 전이를 다룰 수 있다.
ㄹ. 공동상담자는 집단 회기 후에 만남을 하지 않는다.

① ㄱ, ㄴ   ② ㄴ, ㄷ   ③ ㄷ, ㄹ   ④ ㄴ, ㄷ, ㄹ   ⑤ ㄱ, ㄴ, ㄷ, ㄹ

40

다음의 집단 유형은?

• 대 상 : 고3 남학생 10명
• 내 용 : 대학진학을 앞둔 학생들에게 진로탐색을 위해 체계화된 프로그램 실시
• 기 간 : 2021년 8월 13일 ~ 8월 14일(2일 동안 총 12시간)

① 구조화된 동질적 구성의 집중적 집단   ② 구조화된 이질적 구성의 집중적 집단
③ 비구조화된 동질적 구성의 집중적 집단   ④ 비구조화된 이질적 구성의 분산적 집단
⑤ 구조화된 동질적 구성의 분산적 집단

41

청소년 집단상담의 사전 동의에 관한 설명으로 옳지 않은 것은?

① 자발적인 집단원에게도 사전 동의를 받아야 한다.

② 집단상담자의 경력, 이론적 지향, 도움제공이 가능한 문제를 알린다.

③ 집단참여에 따른 잠재적 이익과 위험에 대해서 알린다.

④ 폐쇄집단에서는 집단을 떠날 권리가 없음을 알린다.

⑤ 심리검사, 진단 및 상담 기록에 대해 알 권리가 있음을 알린다.

42

아들러(A. Adler) 집단상담의 단계를 순서대로 나열한 것은?

ㄱ. 협력, 평등주의, 상호존중에 기초한 좋은 치료적 관계를 설정한다.

ㄴ. 자신이 희망하는 목표에 부합하는 새로운 선택과 행동을 한다.

ㄷ. 삶의 과제를 탐색하고 가족구도와 초기기억 분석을 한다.

ㄹ. 생활양식을 통찰하고 현재 기능하는 자신의 모습을 이해한다.

① ㄱ - ㄷ - ㄹ - ㄴ   ② ㄱ - ㄹ - ㄷ - ㄴ

③ ㄴ - ㄷ - ㄹ - ㄱ   ④ ㄷ - ㄱ - ㄹ - ㄴ

⑤ ㄷ - ㄹ - ㄱ - ㄴ

43

정신분석 집단상담에 관한 설명으로 옳지 않은 것은?

① 슬랩손(S. Slavson)은 집단상담자의 기능을 지도적 기능, 자극적 기능, 확충적 기능, 해석적 기능으로 구분한다.

② 볼프(A. Wolf)는 집단상담자가 자신을 향한 집단원들의 전이행동을 처리할 수 있어야 한다고 본다.

③ 집단에서 과거를 재경험하여 무의식적 갈등을 해소할 수 있는 기회를 제공한다.

④ 궁극적인 목표는 내담자의 신경증적 갈등을 경감시켜 인격적 성숙을 도모하는 것이다.

⑤ 어린 시절의 습관적인 행동이 집단에서 반복적으로 드러나는 것은 반동형성의 한 형태이다.

44

다음 사례에서 집단원 동호가 하고 있는 문제행동은?

- 정희 : (울먹이면서) 어릴 때부터 제일 친한 동네친구가 이번에 외국으로 이민을 가게 되었어요.
- 동호 : 아...나도 그런 적이 있는데 너무 걱정하지 마세요. 모든 것이 다 잘 될 거예요.

① 산만한 집단원
② 구원하는 집단원
③ 부정적인 집단원
④ 소극적인 집단원
⑤ 적대적인 집단원

45

청소년 집단상담 평가를 위한 구성요소를 모두 고른 것은?

ㄱ. 평가주체	ㄴ. 평가대상	ㄷ. 평가목표	ㄹ. 평가과정

① ㄱ, ㄴ
② ㄴ, ㄷ
③ ㄱ, ㄴ, ㄷ
④ ㄴ, ㄷ, ㄹ
⑤ ㄱ, ㄴ, ㄷ, ㄹ

46

청소년을 위한 집단 운영에 관한 설명으로 옳지 않은 것은?

① 청소년의 흥미유발을 위해 다양한 매체와 도구를 활용할 수 있다.
② 청소년기의 특성인 자율성을 충족시키기 위해 집단상남사와 집단원이 공동상담지기 된다.
③ 집단목표 설정은 청소년기 발달특성을 고려한다.
④ 치료집단을 운영할 때는 법적 보호자의 참가 동의서를 받는다.
⑤ 강제에 의한 비자발적인 참여를 하게 되면 집단에 대한 저항감이 클 수 있다.

47

구조화 집단상담 계획에 관한 내용으로 옳지 않은 것은?

① 집단상담의 필요성에 대한 타당한 근거를 제시한다.
② 집단목적에 부합하는 집단 참여대상의 범위를 결정한다.
③ 집단목적을 달성하기 위해 단계적인 세부목표를 설정한다.
④ 집단상담자는 직관적 판단으로 집단형태를 결정한다.
⑤ 집단 활동의 내용은 집단 목적에 적합하게 구성한다.

48

학교 집단상담의 시행절차를 순서대로 나열한 것은?

> ㄱ. 집단참여자 모집 ㄴ. 집단상담 실시
> ㄷ. 집단주제 선정 ㄹ. 보호자 사전동의서 확보
> ㅁ. 학교장 승인

① ㄱ - ㄷ - ㅁ - ㄹ - ㄴ   ② ㄱ - ㄹ - ㄷ - ㅁ - ㄴ
③ ㄷ - ㄱ - ㄴ - ㅁ - ㄹ   ④ ㄷ - ㅁ - ㄱ - ㄹ - ㄴ
⑤ ㄷ - ㅁ - ㄱ - ㄴ - ㄹ

49

집단상담 초기단계에 있는 집단원들의 특징으로 옳지 않은 것은?

① 집단에 대해 비합리적인 기대를 하기도 한다.
② 자기표현을 하기에 안전한지 탐색한다.
③ 불안과 긴장이 있기 때문에 의존적이고 소극적으로 행동하는 경향이 있다.
④ 새로운 사람들과의 만남으로 자기개방에 부담을 느껴 집단 참여를 머뭇거린다.
⑤ 집단원들을 판단하고 비난하며 경쟁적인 모습을 보이기도 한다.

50

코리(G. Corey)의 과도기 단계(transition stage)에서 집단상담자의 역할을 모두 고른 것은?

> ㄱ. 분리감정 다루기 ㄴ. 저항 처리
> ㄷ. 자연스러운 갈등 촉진 ㄹ. 생산적인 성과 산출

① ㄱ   ② ㄴ, ㄷ
③ ㄷ, ㄹ   ④ ㄱ, ㄴ, ㄹ
⑤ ㄴ, ㄷ, ㄹ

제3과목　가족상담(선택)

| 해설 p577

51

다음이 설명하는 가족상담기법은?

- 이야기치료에서 사용되는 기법
- 문제를 외부로 추출해 내는 기법
- 개인의 문제를 문제로부터 개념적·언어적으로 분리시키는 기법

① 과제부여　　　　② 가계도　　　　③ 외재화　　　　④ 예외질문　　　　⑤ 가족조각

52

해결중심단기가족상담에 관한 설명으로 옳은 것을 모두 고른 것은?

ㄱ. 미국 위스콘신주의 단기가족치료센터(BFTC)가 기초가 되었다.
ㄴ. 드 세이저(S. de Shazer)와 김인수가 개발하였다.
ㄷ. 귀납법적 과정이 활용되었다.
ㄹ. 병리적인 것을 주로 다룬다.

① ㄱ, ㄴ　　　　② ㄴ, ㄷ　　　　③ ㄱ, ㄴ, ㄷ　　　　④ ㄱ, ㄷ, ㄹ　　　　⑤ ㄴ, ㄷ, ㄹ

53

보웬(M. Bowen)의 가족상담이론의 개념으로 옳은 것은?

① 가족게임　　　　　　　　　　② 실연화
③ 권력과 통제　　　　　　　　　④ 하위체계
⑤ 핵가족 정서체계

54

해결중심단기가족상담의 중심철학으로 옳은 것을 모두 고른 것은?

ㄱ. 어떤 것이 잘 기능하면 고치지 않는다.　　ㄴ. 가장 어려운 것부터 고친다.
ㄷ. 효과가 없으면 그것을 하지 않고 다른 것을 한다.　　ㄹ. 효과가 있으면 그것을 더 많이 한다.

① ㄱ, ㄴ　　　　② ㄴ, ㄷ　　　　③ ㄷ, ㄹ　　　　④ ㄱ, ㄷ, ㄹ　　　　⑤ ㄴ, ㄷ, ㄹ

55

다음은 가족상담이론의 질문기법이다. (   )에 들어갈 말은?

문제가 해결된 상태를 상상해보고 해결하기 원하는 것들을 구체화하고 명료화하며, 상담목표를 현실적이고 구체적으로 설정하기 위해 사용하는 기법을 (   )질문이라고 한다.

① 대처   ② 기적   ③ 관계성   ④ 보람   ⑤ 척도

56

다음이 설명하는 카터(B. Carter)와 맥골드릭(M. McGoldrick)의 가족생활주기 단계는?

- 이 단계의 발달과제는 부모-자녀관계의 재정립이다.
- 자녀의 발달과 관심의 변화에 대응하여 부모의 역할도 변화해야 한다.
- 자녀의 자립과 의존 욕구 간의 충돌로 부모-자녀 간 갈등이 일어날 수 있다.

① 새롭게 출발하는 가족   ② 어린 자녀를 둔 가족
③ 청소년기 자녀를 둔 가족   ④ 자립하는 자녀를 둔 가족
⑤ 노년기 가족

57

이야기치료의 첫 번째 단계인 '문제의 경청과 해체의 단계'에 해당되지 <u>않는</u> 활동은?

① 문제 이야기 경청   ② 문제 명명하기
③ 문제의 영향 탐색   ④ 문제의 영향 평가
⑤ 대안적 이야기 만들기

58

(   )에 들어갈 내용을 바르게 연결한 것은?

사티어(V. Satir)는 인간의 내면을 개인의 빙산에 비유하면서 겉으로 드러나는 행동이나 말은 빙산의 일각이며 내면은 '감정 - 감정에 대한 감정 - (ㄱ) - 기대 - (ㄴ) - 자기'의 순서로 이루어진다고 하였다.

① ㄱ : 무의식, ㄴ : 열망   ② ㄱ : 지각, ㄴ : 자아
③ ㄱ : 지각, ㄴ : 열망   ④ ㄱ : 이성, ㄴ : 자아
⑤ ㄱ : 이성, ㄴ : 무의식

59

가족사정에 관한 맥매스터 모델(McMaster Model)에 관한 설명으로 옳은 것을 모두 고른 것은?

> ㄱ. 가족기능을 문제해결, 의사소통, 역할, 정서적 반응성, 정서적 관여, 행동통제, 가족의 일반적 기능 등 7가지 측면에서 파악하였다.
> ㄴ. 적합성은 가족원들의 균형을 유지하는 정도를 나타내는 것이다.
> ㄷ. 엡스타인(N. Epstein)등이 개발한 가족전체의 기능을 파악하는 도구로서 질문지법을 활용한다.
> ㄹ. 자아분화척도와 부모 – 자녀 간 의사소통 척도를 통한 가족관계를 파악하기 위한 것이다.

① ㄱ, ㄷ 　　② ㄴ, ㄷ 　　③ ㄷ, ㄹ 　　④ ㄱ, ㄴ, ㄹ 　　⑤ ㄴ, ㄷ, ㄹ

60

이야기치료의 기본가정(전제)으로 옳지 않은 것은?

① 세계와 인간경험은 개인이 해석하는 방식으로 존재한다.
② 삶의 이야기는 단선적이며, 정해진 방향대로 간다.
③ 우리가 살아가는 이야기는 사회적 맥락 속에서 만들어진다.
④ 삶의 이야기 속에는 사회적 담론과 자기정체성이 포함된다.
⑤ 지배적 이야기를 해체하는 것이 새로운 가능성을 높여준다.

61

대상관계 가족상담에 기초를 둔 개입방법은?

① 경계설정을 통한 가족의 재구성
② 해석과 훈습을 통한 가족관계 역동의 통찰
③ 빙산탐색을 통한 내면 이해
④ 기적질문을 통한 관계의 명료화
⑤ 문제의 재명명을 통한 문제 이해

62

다음 중 전략적 가족상담으로 분류되는 학자로 옳은 것을 모두 고른 것은?

> ㄱ. 코헛(H. Kohut)　　　　　ㄴ. 헤일리(J. Haley)
> ㄷ. 말러(M. Mahler)　　　　　ㄹ. 마다네스(C. Madanes)
> ㅁ. 베이트슨(G. Bateson)

① ㄱ, ㄷ 　　② ㄴ, ㄹ 　　③ ㄱ, ㄴ, ㄷ 　　④ ㄴ, ㄹ, ㅁ 　　⑤ ㄷ, ㄹ, ㅁ

63

보웬(M. Bowen)의 가족상담 이론에 관한 설명으로 옳은 것은?

① 정서적 단절은 물리적 단절을 전제한다.
② 하위체계 사이의 위계를 변화시켜 재구조화한다.
③ 분화수준이 높은 사람은 독립적이며 친밀한 관계를 맺지 않는다.
④ 자기 위치 지키기(I-positioning)는 나 전달법(I-message)과 같은 기법이다.
⑤ 출생순위 또는 형제자매 위치가 가족의 정서체계 안에서 특정한 역할과 기능을 한다.

64

구조적 가족상담 이론에서 역기능적 가족의 재구조화에 관한 내용으로 옳지 않은 것은?

① 부모 하위체계와 별도로 부부 하위체계가 기능하도록 한다.
② 부모가 서로 지원하고 서로에게 적응함으로써 자녀에게 일관된 모습을 보여야 한다.
③ 부모는 자녀끼리 협상하고 갈등이나 차이를 해결하도록 지원한다.
④ 적절한 위계는 부모가 권위와 책임을 바탕으로 세대 간 차이를 인정하는 구조이다.
⑤ 경계선이 밀착된 가족은 가족원 간의 상호작용 빈도를 증가시킴으로써 서로에 대한 보살핌과 지원을 제공하도록 한다.

65

가족상담의 개념에 관한 설명으로 옳은 것을 모두 고른 것은?

> ㄱ. 가족 항상성(family homeostasis) : 어떤 상황에서도 안정성을 유지하려는 가족의 속성이다.
> ㄴ. 경계선(boundary) : 눈에 보이지 않지만 개인과 하위체계의 안팎에 누가 어떻게 참여 하는가를 규정하는 것이다.
> ㄷ. 부부 균열(marital schism) : 부부간의 권력이 지나치게 불균형을 이룬 상황으로 강한 배우자가 약한 배우자를 지배하는 것이다.
> ㄹ. 거짓 상호성(pseudo-mutuality) : 가족원 간의 친밀감과 사랑에 대한 욕구를 숨기고 겉으로 거리감을 두거나 적대적인 방식으로 상호작용하는 것이다.

① ㄱ, ㄴ   ② ㄴ, ㄷ   ③ ㄷ, ㄹ   ④ ㄱ, ㄴ, ㄷ   ⑤ ㄱ, ㄴ, ㄷ, ㄹ

66

사티어(V. Satir) 가족상담에 관한 설명으로 옳은 것은?

① 가족의 역기능 현상을 제거하여 안정된 현재 상황에 머무르게 한다.

② 원가족 도표는 돌아가신 분들은 제외하고 현재 살아있는 가족원만 포함한다.

③ 가족조각은 가족의 주요 생활사건을 연대별로 나열하여 그림으로 표현하는 기법이다.

④ 원가족 삼인군에서 부여한 가족규칙을 따르도록 하여 가족결속력을 높인다.

⑤ 경험적 가족치료자로서 갖춰야 될 3대 요소는 유능(Competent), 자신감(Confident), 일치(Congruent)의 3C이다.

67

가족체계이론에 관한 설명으로 옳지 <u>않은</u> 것은?

① 가족원 각각의 개인적 특성보다 상호연결성과 관계에 더 초점을 둔다.

② 부적(negative) 피드백이 정적(positive) 피드백보다 더 바람직하다.

③ 가족체계는 가족원 개개인의 특성을 합한 것 그 이상이다.

④ 가족원들은 개체로서 작용하며 일정한 속성을 가지고 상호작용한다.

⑤ 가족체계가 건강하게 기능하기 위해서는 개방성과 폐쇄성 간의 적절한 균형을 이루어야 한다.

68

전략적 가족상담 기법으로 옳은 것을 모두 고른 것은?

ㄱ. 자유연상	ㄴ. 가장 기법
ㄴ. 역설적 개입	ㄹ. 고된 체험 기법
ㅁ. 긍정적 의미 부여	

① ㄱ, ㄴ, ㄷ   ② ㄴ, ㄹ, ㅁ   ③ ㄷ, ㄹ, ㅁ   ④ ㄴ, ㄷ, ㄹ, ㅁ   ⑤ ㄱ, ㄴ, ㄷ, ㄹ, ㅁ

69

가족상담 이론과 상담목표의 연결로 옳은 것은?

① 경험적 가족상담 - 투사적 동일시를 통해 유지되어 온 가족관계를 이해한다.

② 전략적 가족상담 - 가족들이 발달상에서 이루어야 할 자아통합을 이루도록 돕는다.

③ 다세대 가족상담 - 내담자가 정서체계에 따라 행동하게 한다.

④ 구조적 가족상담 - 역기능적인 가족구조를 재구조화 한다.

⑤ 이야기 치료 - 내담자가 호소하는 문제와 자신을 동일시하여 사회문화적 기준에 따르도록 한다.

70

다음 대화에서 상담자가 시도하고 있는 상담기법은?

> • 상담자 : 성현이가 상담에 오기 전에 가장 힘들었을 때를 1점으로 하고, 원하는 대로 해결되는 최상의 상태를 10점이
> 라고 하면, 오늘 상담하고 난 후 점수를 매긴다면 몇 점이라고 할 수 있을까?
> • 내담자 : 8점이요. 선생님이랑 얘기하고 나니까 가슴이 뻥 뚫렸어요.

① 척도질문
② 예외질문
③ 대처질문
④ 과정질문
⑤ 관계성 질문

71

다음 사례에 나타나는 가족역동을 가장 잘 설명하는 가족상담 개념은?

> 부부싸움 후 어머니는 아들에게 와서 아버지에 대한 불평을 하곤 했다. 어머니가 아들과 밀착된 관계를 추구할수록 부
> 부관계는 더욱 소원해졌다. 아버지는 가족으로부터 소외감을 느껴 더욱 사회활동에 집중하게 되었다. 아버지의 귀가
> 시간이 늦어질 때면 어머니와 다툼이 있었고, 어머니는 아들에게 더 가까워짐으로써 불안을 해소했다. 아들은 어머니
> 의 불평을 들을 때마다 어머니를 위로하고 아버지를 비난하는 편에 서게 되었다.

① 삼각관계
② 독특한 결과
③ 기계론적 관점
④ 선형적 인과관계
⑤ 사회적 정서과정

72

가족상담 기법에 관한 설명으로 옳은 것을 모두 고른 것은?

> ㄱ. 악몽질문(nightmare questioning) : 증상이 나타날 때 내담자가 괴로워하는 정도에 대해 묻는 질문기법
> ㄴ. 긍정적 의미부여(positive connotation) : 가족의 부정적인 증상행동을 긍정적인 동기로 재구성하여 파괴적인 가
> 족게임을 무력화시키는 치료기법
> ㄷ. 역설적 개입(paradoxical intervention) : 일상생활에서 성공적으로 잘하고 있으면서도 의식하지 못하는 것을 발견
> 하여, 성공했던 행동을 의도적으로 하도록 강화시키는 기법
> ㄹ. 순환질문(circular questioning) : 각 가족원에게 돌아가며 가족 상호작용에 대해 이야기하도록 함으로써 다른 가족
> 원의 입장에서 새로운 인식을 도모하고 관계적 맥락에서 문제를 바라볼 수 있도록 하는 대화기법

① ㄱ, ㄴ
② ㄴ, ㄹ
③ ㄷ, ㄹ
④ ㄱ, ㄴ, ㄷ
⑤ ㄱ, ㄴ, ㄷ, ㄹ

73

가족상담 윤리에 관한 내용으로 옳지 않은 것은?

① 내담자가 스스로 의사결정을 할 권리를 존중한다.

② 인종, 성별, 출신국가 등에 관계없이 내담자를 공정하게 대우해야 한다.

③ 상담자는 내담자와 사적인 친밀관계, 성적관계, 동업자관계 등을 피해야 한다.

④ 비밀보장은 상담관계를 유지하는데 기본이 되는 원칙이기 때문에 예외 없이 지켜져야 한다.

⑤ 상담을 시작하기 전에 내담자에게 자신의 권리와 책임에 대해 충분히 설명한 후 동의를 구해야 한다.

74

올슨(D. Olson) 등의 순환모델(Circumplex Model)에 관한 설명으로 옳지 않은 것은?

① 적응력은 가족의 변화를 허용하는 정도를 의미한다.

② 응집력은 가족원 사이의 정서적 결합의 정도를 의미한다.

③ 적응력과 응집력은 높을수록 더 건강한 가족임을 의미한다.

④ 순환모델을 바탕으로 개발된 평가도구는 FACES와 CRS가 있다.

⑤ 가족체계이론을 바탕으로 가족기능에 관한 개념을 분석하여 귀납적으로 발전시킨 모델이다.

75

사티어(V. Satir) 가족상담의 의사소통 및 대처유형에 관한 설명으로 옳은 것은?

① 회유형의 자원은 자기주장이다.

② 비난형은 자아존중감 요소 중 자기를 무시한다.

③ 초이성형의 내면은 쉽게 상처받고 소외감을 느낀다.

④ 산만형은 재미있고 익살스러워 내면에 쉽게 접촉할 수 있다.

⑤ 일치형은 스스로를 방어하고 상황을 통제하는데 효과적이다.

해설편

정답 및 해설

1교시

2교시

2025

제1과목   청소년 상담의 이론과 실제 (필수)

01	④	02	⑤	03	④	04	⑤	05	③
06	①	07	④	08	③	09	①	10	④
11	④	12	⑤	13	②	14	③	15	④
16	①	17	②	18	②	19	③	20	①
21	①	22	③	23	④	24	②	25	⑤

01

답 ④

해 예방적 상담은 청소년이 문제를 겪기 전에 미리 위험 요인을 줄이고, 건강한 발달을 도울 수 있도록 하는 것이 목적이다. 예방적 상담에는 다음과 같은 활동들이 포함된다.

1) 생활지도 : 청소년의 일상생활을 건강하게 유지하도록 돕는 예방적 활동
2) 정신건강 증진 : 정서적 안정과 심리적 건강을 강화하는 활동
3) 상담프로그램 개발 : 예방 중심의 프로그램을 기획하고 운영하는 것
4) 정책 참여 : 청소년의 권익을 보호하고 예방적 환경을 조성하기 위한 제도적 접근
5) 사회적 기술 훈련 : 또래 관계, 의사소통, 갈등 해결 능력 등을 미리 훈련시켜 문제 발생을 줄이는 활동
6) 진로탐색 및 진로교육 : 청소년이 자신의 흥미와 적성을 이해하고 미래를 계획할 수 있도록 돕는 것
7) 학교폭력 예방교육 : 폭력의 원인과 대처 방법을 교육함
8) 자기이해 및 자아존중감 향상 프로그램 : 자신을 긍정적으로 인식하고 자존감을 높이는 활동
9) 부모 및 교사 대상 상담교육 : 청소년을 직접 지도하는 성인들이 상담적 접근을 이해하고 활용할 수 있도록 돕는 것
10) 위기대처능력 향상 훈련 : 스트레스, 충동, 불안 등 위기 상황에서 적절히 대응할 수 있는 능력을 키우는 활동

cf) ④ 주호소 문제해결은 이미 발생한 문제에 대한 개입적 상담에 해당하며, 예방적 접근과는 구분된다.

02

[답] ⑤

[해] 상담 초기단계에서 이루어지는 상담구조화(structuring)는 상담의 틀을 설정하고, 상담자와 내담자 간의 기대와 역할을 명확히 하여 상담의 효과성을 높이기 위한 과정이다.

이 과정에서 다루는 주요 내용은 다음과 같다.

1) **역할 명료화** : 상담자와 내담자의 역할을 분명히 한다.
2) **상담 진행과정 합의** : 상담의 목적, 방법, 시간, 횟수 등을 상호 합의한다.
3) **비밀보장 안내** : 비밀보장의 원칙과 법적·윤리적 한계를 설명한다.
4) **실제적 조율** : 상담시간 변경, 연락 방법 등 실무적인 사항도 상의한다.
5) 상담의 목적과 기대치 조율 : 내담자가 상담을 통해 기대하는 바를 확인하고, 현실적인 상담 목표를 설정한다.
6) 상담의 제한점 안내 : 상담이 해결할 수 있는 범위와 한계에 대해 설명하여 과도한 기대를 방지한다.
7) 상담 방식 및 접근법 설명 : 상담자가 사용할 기법이나 접근법을 간단히 소개한다.
8) 상담 빈도 및 기간 설정 : 상담이 얼마나 자주, 얼마나 오래 진행될 수 있는지에 대해 합의한다.
9) 내담자의 권리와 책임 안내 : 상담 참여에 있어 내담자가 갖는 권리(예 중단, 정보 요청)와 책임(예 성실한 참여)을 설명한다.
10) 긴급 상황 대처 방법 안내 : 상담 외 시간에 위기 상황이 발생했을 때 어떻게 대처해야 하는지, 필요한 경우 관련 기관 정보를 제공한다.

cf) ⑤ **상담자는 내담자가 얻을 수 있는 이익이나 성과를 보장할 수 없다.** 상담은 개인의 특성과 상황에 따라 결과가 달라지며, 상담자는 최선을 다해 돕지만 결과에 대한 확정적 보장은 윤리적으로도 부적절하다.

03

[답] ④

[해] 상담 중기단계에서는 내담자가 상담을 통해 변화하려는 과정에서 저항(resistance)이 나타날 수 있다. 이는 흔한 현상이지만, 상담자가 이를 적극적으로 다루는 것이 중요하다. 저항을 단순히 자연스러운 현상으로 보고 지금-여기에서 다루지 않고 종결단계로 미루는 것은 상담의 흐름을 방해하고, 내담자의 성장을 저해할 수 있다. **저항은 즉시 인식하고, 상담자와 함께 탐색하며 다루는 것이 바람직하다.**

✏ **문항설명**

① 저항의 심리적 원인을 탐색하는 적절한 접근이다.
② 내담자의 태도나 행동을 분석하는 과정으로 필요하다.
③ 변화에 대한 불안은 저항의 주요 원인이므로 탐색이 필요하다.
⑤ 세심한 관찰과 감정 탐색은 내담자의 저항을 다루는 데 있어 핵심적인 대응 전략이다.

04

답 ⑤

해 현실치료(Reality Therapy)의 핵심 모델인 WDEP는 다음 네 가지 요소로 구성된다.

요소	의미	설명
W(Want)	희망	내담자가 진정으로 원하는 것, 필요, 가치 등을 탐색한다.
D(Doing)	행위	**현재의 행동에 초점을 맞춘다.** 과거보다는 지금 무엇을 하고 있는지를 본다.
E(Evaluation)	평가	현재의 행동이 원하는 것을 충족시키는 데 효과적인지 평가한다.
P(Planning)	계획	바람직한 변화를 위한 구체적이고 실행 가능한 행동 계획을 세운다.

cf) [ㄴ] **현실치료는 현재 행동에 초점을 맞추며, 과거보다는 지금-여기에서의 선택과 행동을 중요하게 여긴다.** 따라서 "과거의 행동에 초점을 맞춘다"는 설명은 WDEP 모델의 취지와 맞지 않다.

05

답 ③

해 실존주의 상담은 인간의 실존적 조건과 삶의 본질적인 문제를 중심으로 내담자의 자기이해와 선택을 돕는 접근이다. 주요 개념은 다음과 같다.

1) **고독**: 인간은 궁극적으로 혼자이며, 이 고독을 인식하고 수용하는 것이 중요하다.
2) **자유와 책임**: 인간은 선택할 자유가 있으며, 그 선택에 대한 책임도 함께 진다.
3) **무의미**: 삶은 본래적 의미가 주어져 있지 않기에, 인간은 스스로 의미를 창조해야 한다.
4) **죽음**: 죽음의 불가피성을 인식함으로써 삶의 가치를 되새기고 현재를 충실히 살아가려는 동기를 부여한다.
5) 자기인식: 인간은 자신을 반성하고 인식할 수 있는 존재이다. 상담은 내담자가 자신의 감정, 행동, 존재의 의미를 자각하도록 돕는다.
6) 자기결정: 외부 환경보다 자신의 선택과 결정이 삶을 형성한다는 점을 강조한다.
7) 불안: 실존적 불안은 삶의 불확실성과 선택의 자유에서 비롯되며, 이를 회피하기보다 직면하고 수용하는 것이 중요하다.
8) 실존적 선택: 삶의 방향을 스스로 선택하고 그 선택에 의미를 부여하는 과정이다.
9) 진정성: 타인의 기대나 사회적 역할에 휘둘리지 않고, 자기 자신답게 살아가는 것을 의미한다.

cf) ③ 보상은 행동주의 상담에서 더 자주 등장하는 개념으로, 실존주의 상담의 핵심 개념과는 거리가 멀다.

06

답 ①

해 [ㄷ] 장점과 단점 목록을 만드는 것은 주로 의사결정 상황이나 인지적 균형을 찾기 위한 기법이다.

cf "앞으로 다가올 사건에 대해 시연하도록 한다."는 시연(role play)에 해당한다.

[ㄹ] 재귀인하기는 내담자가 부정적인 사건의 원인을 자기 자신에게만 돌리는 경향을 수정하는 기법이다.

cf What-if 기법은 내담자가 미래에 대해 과도하게 걱정할 때, 두려움을 현실적으로 탐색하고 대처 가능성을 인식하게 돕는 기법이다.

→ 재귀인하기는 과거의 원인 분석, What-if 기법은 미래의 불안 탐색에 초점을 둔다.

심화학습 　　　인지치료 상담기법

인지치료 상담기법은 크게 사고 탐색, 사고 수정, 행동 실험, 도구 활용 등으로 나눌 수 있다.

1) 사고 탐색 및 검증 기법

　(1) 소크라테스식 질문법 : 내담자의 자동적 사고를 탐색하기 위해 질문한다.

　(2) 증거 검토하기 : 내담자의 생각이 사실과 일치하는지 증거를 찾아보게 한다.

　(3) 대안적 사고 생성하기 : 왜곡된 사고 대신 현실적이고 균형 잡힌 사고를 함께 찾는다.

　(4) 재귀인하기 : 부정적 사건의 원인을 내담자가 내적·안정적 요인에만 돌리지 않고, 다양한 원인으로 재해석하도록 돕는다.

2) 의미 탐색 및 구조화 기법

　(1) 특별한 의미 이해하기 : 내담자가 사용하는 모호하거나 극단적인 단어(예 '죽고 싶다', '완전히 망했다')의 구체적인 의미를 탐색한다.

　(2) 절대성에 도전하기 : '항상', '절대', '모두' 같은 과도한 일반화나 이분법적 사고에 대해 질문하고 도전한다.

　(3) 분류하기(범주화하기) : 내담자가 사용한 단어·사고를 범주화해서 명확히 이해하도록 돕는다.

3) 구체적 도구 활용

　(1) 사고기록지 : 사건 → 자동적 사고 → 감정 → 대안적 사고 → 결과를 구조화해 기록한다.

　(2) 이득-손해 분석(장단점 목록) : 특정 사고나 행동을 유지했을 때와 바꿨을 때의 장단점을 비교한다.

　(3) 탈제앙화 기법(What-if 기법) : '만약 최악의 일이 일어난다면?'을 끝까지 탐색해 현실성을 재검투한다.

　(4) 이중 표준 기법 : 내담자가 자신에게 가혹한 사고를 할 때, 타인에게 적용한다면 똑같이 말할 수 있냐고 질문한다.

4) 사고 수정 및 재구조화

　(1) 재명명하기 : 사건이나 경험을 새로운 관점에서 명명하여 해석을 바꾸는 기법이다.

　(2) 탈중심화 : '모든 사람이 나를 보고 있다'는 식의 자기중심적 사고를 수정한다.

　(3) 역할연습 : 상황을 연습해 보며 자동적 사고와 대처 전략을 검토한다.

07

답 ④

해 대한민국의 시·도 행정구역 수는 총 17개이다. 따라서 "25개의 시·도에 설치·운영"이라는 표현은 옳지 않은 내용이다. 시·도 청소년상담복지센터는 2025년 기준 17개의 시·도에 설치·운영하고 있다.

✏ 문항설명

① 청소년동반자 프로그램은 위기 청소년을 대상으로 전문상담원이 직접 찾아가서 상담과 지원을 제공하는 지역사회 기반 프로그램이다.

② 또래상담 프로그램은 청소년 간의 상호지지와 예방적 상담을 통해 학교폭력 예방 및 정서적 지원을 도모한다.

③ 청소년상담 1388은 전화, 문자, 채팅 등 다양한 방식으로 24시간 상담이 가능하며, 모바일 접근도 지원한다.

⑤ 청소년상담복지센터는 「청소년복지 지원법」 제29조에 따라 설치·운영되고 있다.

08

답 ③

해 부적 강화는 행동의 빈도를 감소시키는 것이 아니라 증가시키기 위한 것이다. 행동의 빈도를 감소시키는 것은 처벌 또는 소거이다.

✏ 문항설명

① 행동주의 상담은 내담자의 부적응 행동 수정을 주요 목표로 한다.

② 행동주의 상담은 강화, 처벌, 소거 등 행동주의 원리를 활용하여 행동을 변화시킨다.

④ 행동주의는 고전적 조건형성, 조작적 조건형성 등 학습이론에 기반하여 행동을 설명한다.

⑤ 행동주의 상담은 내담자의 행동을 분석한 후, 구체적이고 측정 가능한 상담 목표를 내담자와 함께 설정하는 것이 핵심이다.

09

답 ①

해 종결단계에서 상담자가 "처음 상담에 온 어려움이 얼마나 개선되었는지 1점에서 10점까지 점수를 준다면?"이라고 질문하는 것은, 상담을 통해 얻은 변화나 효과를 평가하려는 것이 목적이다. 이는 곧 상담성과(효과)를 다루는 과정이다.

✏ 문항설명

② 이별 감정 다루기 : 상담 종료에 따른 아쉬움, 불안, 감정적 반응을 탐색하는 과정이다.

③ 정보 제공하기 : 종결 시 필요한 외부 자원이나 기관 정보를 안내하는 과정이다.

④ 행동 계획하기 : 상담 이후 내담자가 실천할 행동이나 전략을 함께 계획하는 과정이다.

⑤ 추수상담하기 : 상담 종결 후 일정 기간이 지난 뒤, 내담자의 적응 상태를 확인하는 후속 상담이다.

10

답 ④

해 청소년기는 또래의 영향력이 매우 강해지는 시기로, 친구관계에서 또래 동조성이 높아지는 것이 특징이다. 즉, 친구의 행동, 말, 가치관에 영향을 받아 비슷하게 행동하려는 경향이 강해진다.

✎ 문항설명

① 사춘기에는 성호르몬의 변화로 신체적 변화가 빠르게 진행된다.

② 외모에 대한 민감성이 증가하며, 사회적 기준에 따라 자아존중감이 영향을 받는다.

③ 엘킨드(D. Elkind)의 이론에 따르면, 청소년은 상상적 청중과 개인적 우화 같은 자아중심적 사고를 보인다.

⑤ 피아제의 인지발달이론에 따르면, 청소년은 형식적 조작기에 들어서며 추상적 사고가 가능해진다.

11

답 ④

해 ▶ ABCDE 모형

1) A(Activating event, 선행사건) : 어떤 사건이나 상황의 발생

2) B(Belief, 신념) : 사건에 대한 개인의 신념체계

3) C(Consequence, 결과) : 그 신념으로 인해 생기는 정서적·행동적 결과

4) D(Disputation, 논박) : 비합리적 신념에 대한 상담자의 논박 과정

5) E(Effect, 효과) : 새로운 합리적 신념과 그로 인한 긍정적 효과

12

답 ⑤

해 아들러는 개인의 성격과 행동 패턴을 생활양식이라는 개념으로 설명했으며, 이는 어린 시절의 경험과 개인이 목표, 사회적 관심에 따라 형성된다.

아들러가 제시한 대표적인 4가지 생활양식은 다음과 같다.

유형	설명
지배형	공격적이고 타인을 지배하려는 경향으로 사회적 관심이 낮음
획득형(기생형)	타인에게 의존하여 욕구를 충족하려는 경향으로 사회적 관심이 낮음
회피형	실패나 문제를 피하려 하며, 자신감이 부족하고 소극적
사회적 유용형	사회적 관심이 높고, 협동적이며 건설적인 방식으로 삶의 과제를 해결함

✓ 오답노트

① 허구적 결정론은 아들러가 주장한 개념이긴 하지만, 생활양식 자체를 의미하는 것은 아니다.

② 획득형은 사회적 관심이 낮고, 타인에게 의존하는 유형이다.

③ 생활양식은 대부분 5세 이전에 형성된다.

④ 지배형은 자신의 욕구를 타인을 지배하거나 공격함으로써 충족하려는 유형이다.

13

답 ②

해 인터넷 및 스마트폰 과의존 청소년은 일반적으로 다음과 같은 개인심리적 특성을 보인다.

1) **높은 우울감** : 현실에서의 스트레스나 고립감으로 인해 우울감을 경험하며, 이를 해소하기 위해 온라인 활동에 몰입한다.

2) **높은 인정 욕구** : SNS나 게임 등을 통해 타인의 관심과 인정을 받고자 하는 욕구가 강하다.

3) **낮은 자존감** : 현실에서의 자신감 부족이나 부정적 자기평가로 인해 자존감이 낮다.

4) **높은 자극추구 성향** : 반복적이고 강한 자극을 제공하는 디지털 콘텐츠에 쉽게 끌린다.

cf) ② 자기통제력(self-control)은 과의존 청소년에게 낮게 나타나는 경향이 있다.

14

답 ③

해 훈습은 정신분석 상담의 종결단계에서 핵심적인 기법으로, 내면의 깊은 무의식을 여러 층으로 탐색하고 반복적으로 다루는 과정으로 흔히 양파껍질에 비유된다. 훈습은 내담자가 상담 과정에서 얻은 통찰을 실제 삶에 적용하여 지속적인 변화를 이루도록 돕는 과정으로 통찰은 단순히 문제를 인식하는 것에서 끝나는 것이 아니라, 반복적 탐색과 실천을 통해 행동 변화를 유도한다. 또한 내담자가 변화하려는 노력에 대해 적절한 지지와 강화를 제공하며, 통찰이 행동으로 이어지도록 돕는다.

✏ 문항설명

① 전이 : 내담자가 상담자에게 과거 인물에 대한 감정을 투사하는 현상
② 저항 : 무의식적 갈등을 직면하려 하지 않는 방어적 반응
④ 해석 : 상담자가 내담자의 무의식적 내용을 설명해 주는 기법
⑤ 자유연상 : 내담자가 떠오르는 생각을 자유롭게 말하는 기법

15

답 ④

해 로저스(C. Rogers)의 충분히 기능하는 사람 은 자기실현을 향해 끊임없이 성장하는 존재이며, 다음과 같은 특징을 가진다.

1) **자신에 대한 신뢰** : 자신의 내면과 경험을 신뢰하며, 외부의 평가보다 자기의 판단을 중시한다.
2) **경험에 대한 개방성** : 판단 없이, 자신의 감정과 경험을 수용하고 탐색한다.
3) **창의성** : 자율성과 자기표현을 바탕으로 창의적인 삶을 살아간다.
4) **실존적 삶에 대한 가치부여** : 현재 순간을 충실히 살아가며, 삶의 의미를 스스로 창조한다.
5) 자신의 유기체에 대한 신뢰 : 자신의 직관과 감각을 신뢰하며, 삶의 선택에서 자기 경험을 중요한 판단 기준으로 삼는다.

cf) ④ 사회적 가치나 규범에 따른 결정은 외부의 기준이나 타인의 기대에 따라 행동하는 것을 의미하며, 이는 로저스가 말하는 진정성(authenticity)이나 자기결정성(self-direction)과 반대되는 개념이다.

16

답 ①

해 빈 의자 기법, 과장하기는 게슈탈트 상담의 주요 기법들이다.

▶게슈탈트 상담의 주요 기법들
  1) **빈 의자 기법** : 내담자가 감정이나 갈등을 특정 인물이나 자기 자신과 대화하듯 표현하도록 유도한다.
  2) **과장하기** : 내담자의 행동이나 감정을 과장시켜 표현하게 하여 그 의미를 자각하도록 돕는 기법이다.
  3) **뜨거운 의자** : 게슈탈트 상담에서 유래했지만, 집단상담에서 경쟁적으로 표현하는 방식으로 변형된 기법이다.

✔오답노트

② 직면 : 현실치료 / 뜨거운 의자 : 게슈탈트 상담
③ 과장하기 : 게슈탈트 기법 / 체계적 둔감법 : 행동치료
④ 스프에 침 뱉기, 마치 ~ 인 것처럼 행동하기 : 개인심리상담
⑤ 타임아웃, 홍수법 : 행동치료

17

답 ②

해 실존주의 상담에서는 역설적 의도와 탈숙고(비반영) 기법을 사용하여 예기불안의 악순환에서 벗어나도록 돕는다. 역설적 의도(무시 가 아니라 오히려 증상을 의도적으로 원하도록 하는 방식)는 불안을 느끼는 상황에 의도적으로 직면하게 하여 공포와 불안 자체에 대한 역설적인 태도를 갖게 하고, 탈숙고(탈숙고를 통해 과도한 자기 집중을 해소할 때 강조)는 지나친 숙고와 반성을 멈추도록 하여 내담자의 자발성과 활동성을 회복시키는 것을 목표로 한다. '문제가 되는 행동 또는 증상을 무시하도록 한다'는 직접적인 개입 방식이 탈숙고를 가장 명확하게 설명하고 있다.

✏️문항설명

① 역설적 의도 : 대표적인 실손수의 상남기법으로 증상을 없애려 하지 말고 오히려 의도적으로 증상을 유발하거나 악화시키려고 시도하는 기법이다. 불안이나 강박 증상에 대한 두려움을 줄이고, 증상에 대한 통제감을 회복하는 데 효과적이다.
② 탈숙고 : 대표적인 실존주의 상담기법으로 문제나 증상에 과도하게 집중하고 분석하는 것에서 벗어나 다른 의미 있는 활동이나 가치에 주의를 돌리는 기법이다. 자기 관찰과 반추에서 벗어나는 것을 목표로 한다.
③ 단추 누르기 : 개인심리상담의 기법으로 부정적 감정이나 기분이 들 때, 의도적으로 긍정적인 기억이나 경험을 떠올리는 기법이다. 감정 조절과 기분 전환에 도움을 주며, 개인의 선택권과 통제력을 강조한다.
④ 머물러 있기 : 게슈탈트 치료나 마음챙김 기반 치료에서 주로 사용되는 기법으로 불편한 감정이나 경험을 회피하지 않고 그대로 받아들이며 견디는 기법이다. 감정의 자연스러운 흐름을 방해하지 않고 그 순간에 충실히 머무르는 것을 의미한다.
⑤ 각본분석 : 개인이 어린 시절부터 형성한 인생의 기본계획이나 패턴(인생각본)을 분석하고 이해하는 기법이다. 교류분석상담에서 사용되며, 자신의 행동 패턴을 인식하고 변화시키는 데 활용된다.

18

답 ②

해 해결중심 단기상담에서 '메시지'는 상담자가 면담 후, 내담자에게 전달하는 요약과 과제 제안으로, 다음과 같은 기능을 가진다.

1) **교육적 기능**: 내담자가 자신의 강점이나 자원에 대해 새롭게 인식하도록 돕는다.
2) **정상화 기능**: 내담자의 고민이나 반응이 일반적이라는 점을 알려주어 안도감을 준다.
3) **과제의 기능**: 상담 후 실생활에서 시도해볼 수 있는 구체적 행동을 제시한다.
4) **새로운 의미의 기능**: 내담자의 경험을 긍정적이고 새로운 시각으로 재구성한다.

cf) ② 하향 화살표 기법(downward arrow technique)은 인지행동치료(CBT)에서 사용되는 기법으로, 자동적 사고를 탐색하여 핵심 신념(core belief)에 도달하는 데 사용된다.

| 심화학습 | 하향 화살표 기법(downward arrow technique) |

1) 하향 화살표 기법은 인지행동치료(CBT)에서 사용되는 핵심신념 탐색 기법으로, 특정 사건이나 자동적 사고로부터 시작하여 연쇄적인 질문을 통해 그 아래에 깔린 중간신념과 핵심신념을 찾아가는 방식이다.
2) 이 기법을 통해 내담자는 자신에 대한 깊은 이해를 얻고, 정서적 불편감의 근본적인 원인을 파악하여 치료적 변화를 이끌어낼 수 있다.
3) 하향 화살표 기법의 원리
   (1) 자동적 사고 확인: 먼저 특정 상황에서 떠오른 자동적 사고(automatic thought)를 확인한다.
   (2) '그것이 무엇을 의미하는가?' 질문: 확인된 자동적 사고에 대해 '그것이 나에게 무엇을 의미하는가?', '그것이 사실이라면, 그것이 나에 대해 무엇을 말해주는가?'와 같은 질문을 연쇄적으로 던진다.
   (3) 중간신념과 핵심신념 탐색: 이러한 질문과정을 반복하며, 자동적 사고를 뒷받침하는 중간신념(가정, 규칙)과 궁극적으로 자신, 세상, 타인에 대한 더 깊은 핵심 신념(core belief)에 도달하게 된다.
   (4) 핵심신념의 이해: 발견된 핵심신념은 개인이 자신과 세상을 이해하는 근본적인 틀(프레임워크)이며, 이러한 신념의 타당성을 검토하고 필요하다면 수정하여 부정적인 사고와 감정을 변화시킬 수 있다.
4) 사용 예시
   • 상담자의 질문: '선배가 제멋대로 일을 떠넘기려는 것 같았어요.'라는 자동적 사고를 들은 후, 상담자는 '그것이 당신에게 무엇을 의미하나요?'라고 묻는다.
   • 내담자의 반응: '제가 무시당하는 것 같아요'.
   • 반복된 질문: '무시당한다는 것이 당신에게 무엇을 의미하나요? 그것이 사실이라면 당신은 실패하는 사람이라는 것인가요?'와 같은 질문을 통해 '나는 무능하다'와 같은 핵심 신념에 도달할 수 있다.
5) 활용
   (1) 심층적인 이해: 상담자는 내담자의 증상과 감정의 근본적인 원인을 파악하여 적절한 치료적 개입을 선택하는 데 도움을 받는다.
   (2) 개선된 치료 효과: 핵심신념을 이해함으로써 내담자의 치료 경과를 가속화하고, 내담자 스스로 자신에 대한 왜곡된 인식을 바로잡도록 돕는다.

19

답 ③

해 상담자는 내담자의 감정(속상함)과 경험(엄마의 반복적인 말)을 공감적으로 되짚어 표현하고 있다. **반영은 상담자가 내담자의 감정이나 내용의 핵심을 되짚어 말해주는 기술이다. 이를 통해 내담자는 자신의 감정을 더 명확히 인식하고, 상담자는 공감적 이해를 표현하게 된다.**

🖋문항설명

① 자기개방 : 상담자가 자신의 경험이나 감정을 드러내는 것
② 직면 : 내담자가 회피하거나 모순된 부분을 직접적으로 지적함
④ 정보제공 : 내담자에게 지식이나 정보를 전달하는 것
⑤ 긍정화 : 내담자의 강점이나 긍정적 측면을 강조함

20

답 ①

해 청소년상담사 윤리강령에 명시된 '다양성 존중'에 대한 조항은 '내담자의 복지'의 하위항목으로 상담자가 자신의 가치관이나 신념을 내담자에게 강요하지 않고 내담자의 문화, 신념, 정체성, 배경을 존중해야 한다는 윤리적 태도를 강조한다.

▶ 청소년상담사 윤리강령에 명시된 '다양성 존중'
① 청소년상담사는 모든 인간의 기본적인 권리, 존엄성, 가치를 존중하며 성별, 장애, 나이, 성적 지향, 사회적 신분, 외모, 인종, 가족형태, 종교 등을 이유로 내담자를 차별하지 않는다.
② 청소년상담사는 내담자의 다양한 문화적 배경을 이해하고, 청소년상담사 자신의 고유한 문화적 정체성이 상담과정에 영향을 주지 않도록 노력해야 한다.
③ **청소년상담사는 자신의 개인적 가치, 태도, 신념, 행위를 자각하고 내담자에게 자신의 가치를 강요하지 않는다.**

✔오답노트

② 청소년상담사는 내담자에게 상담의 목표와 한계, 상담료 지불 방법 등을 명확히 알려야 한다.
  → **내담자의 복지(사전 동의)**
③ 청소년상담사는 내담자의 복지를 증진하고 존엄성을 존중하는 것에 최우선 가치를 둔다.
  → **내담자의 복지(내담자의 권리와 보호)**
④ 청소년상담사는 자기의 능력 및 기법의 한계를 인식하고, 전문적 기준에 위배되는 활동을 하지 않도록 한다.
  → **청소년상담사로서의 전문적 자세(전문가로서의 책임)**
⑤ 청소년상담사는 비밀보장의 의미와 한계에 대하여 청소년 내담자의 발달단계에 적합한 용어로 알기 쉽게 설명해 주어야 한다. → **비밀보장(사생활과 비밀보장의 의무)**

21

답 ①

해 내담자는 아빠에게 혼나서 속상한 감정을 느꼈지만, 아빠에게 직접 표현하지 못하고 거실에 있던 동생에게 화를 옮겨서 행동(머리를 때림)으로 표현했다. **감정을 원래 대상(아빠)이 아닌 덜 위협적인 다른 대상(동생)에게 옮겨 표현했기 때문에 전형적인 전치의 사례이다.**

전치는 감정이나 충동을 원래 대상에게 표현하지 못하고, 보다 안전하거나 접근 가능한 다른 대상에게 옮겨 표현하는 방어기제이다. 주로 분노, 좌절, 불안 같은 감정을 다룰 때 나타난다.

✏ 문항설명

② 퇴행(regression) : 이전 발달단계의 행동으로 돌아감(예 울기, 떼쓰기)
③ 내사(introjection) : 타인의 가치나 신념을 무비판적으로 받아들임
④ 반동형성(reaction formation) : 실제 감정과 반대되는 행동이나 태도를 보임
⑤ 합리화(rationalization) : 자신의 행동을 그럴듯한 이유로 설명하여 정당화함

22

답 ③

해 1) **상보교류**는 한 사람이 메시지를 보낼 때 상대방에게서 기대했던 자아상태나 기능에서 반응이 오는 것을 말한다.

> (직장에서 동료에게 질문하는 경우)
> A : "어제 주신 보고서에 추가할 자료가 있는지 확인 부탁드립니다."
> B : "네, 제가 다시 한번 확인하고 보내드릴게요."

2) **교차교류**는 메시지를 보낸 사람이 기대했던 자아상태나 기능에서 반응이 오지 않고 다른 자아상태나 기능에서 반응할 때를 말한다.

> (직장에서 상사가 부하직원에게 업무 지시를 하는 경우)
> A : "이 보고서 오늘까지 마무리할 수 있을까요?"
> B : "제가 요즘 일이 너무 많아서 너무 힘들어요. 저한테만 일을 시키시는 것 같아요!"

3) **이면교류**(＝암시적 교류)는 두 가지 종류의 메시지가 동시에 전달된다.

> (서로 호감이 있는 두 남녀의 대화)
> A : "오늘 저녁에 같이 공부할래요?"("사실은 데이트하고 싶어요.")
> B : "좋아요."("저와 같이 있고 싶다는 소리군요")

23

답 ④

해 [ㄴ] **전화상담은 대면상담에 비해 상담 지속성은 낮은 편이며, 익명성과 단기적 특성으로 인해 지속적 관계형성이 어렵다.**
즉, 전화상담은 익명성과 즉시성 중심이라 장기적인 상담관계 형성이 어렵다.

실력다지기

▶ **전화상담**

1) 장점

  (1) 즉시성 : 위기 상황이나 긴급한 감정표현이 필요할 때 빠르게 연결 가능

  (2) 접근성 : 장소에 구애받지 않고 누구나 쉽게 이용 가능 (특히 청소년에게 유용)

  (3) 익명성 보장 : 얼굴을 드러내지 않기 때문에 민감한 주제도 부담 없이 이야기 가능

  (4) 감정표현 용이 : 음성의 억양, 말투 등을 통해 감정 상태를 파악할 수 있음

2) 단점

  (1) 비언어적 정보 부족 : 표정, 몸짓 등 시각적 단서가 없어 감정의 미묘한 차이를 파악하기 어려움

  (2) **상담 지속성 낮음 : 익명성과 즉시성 중심이라 장기적인 상담관계 형성이 어려움**

  (3) 기록 및 분석의 어려움 : 상담 내용을 문서화하거나 분석하기에 제한적임

  (4) 통신 환경의 영향 : 전화 연결상태나 주변 소음에 따라 상담의 질이 저하될 수 있음

▶ **사이버(온라인) 상담**

1) 장점

  (1) 시간·공간의 유연성 : 원하는 시간에 원하는 장소에서 상담 가능(비동기적 상담도 가능)

  (2) 익명성과 심리적 거리감 : 글로 표현함으로써 민감한 주제를 더 편하게 다룰 수 있음

  (3) 기록 가능성 : 상담 내용을 저장하고 분석하기 용이함(내담자도 다시 확인 가능)

  (4) 청소년 친화적 : 디지털 환경에 익숙한 청소년에게 자연스럽고 편안한 접근 방식

2) 단점

  (1) 비언어적 단서 부족 : 텍스트(문자) 기반 상담은 표정, 억양, 분위기 능 비언어적 정보가 세한됨

  (2) 오해 가능성 : 문장의 뉘앙스나 감정이 잘못 해석될 수 있음

  (3) 기술적 문제 : 시스템 오류, 로그인 문제, 인터넷 연결 등 기술적 장애 발생 가능

  (4) 상담자의 디지털 역량 필요 : 상담자가 플랫폼 사용법, 보안, 개인정보보호 등에 대한 이해가 필요함

24

답 ②

해 상담자는 내담자의 혼란스러운 감정과 상황의 핵심을 자신의 언어로 요약하고 되짚어 표현하고 있다. **의미반영(reflection) 또는 재진술(rephrasing)은 상담자가 내담자의 말을 주의 깊게 듣고, 그 핵심 감정이나 의미를 상담자의 언어로 다시 표현해주는 상담기술이다.** 이를 통해 내담자는 자신의 감정을 더 명확히 인식하고, 상담자는 공감과 이해를 표현하게 된다.

🖊 문항설명

① **정보제공** → 객관적 자료나 사실을 설명하는 기술
③ **직면** → 언어와 행동의 불일치나 회피를 지적하는 기술
④ **은유 기법** → 비유나 이야기로 문제를 재구성하는 기술
⑤ **자기개방** → 상담자가 자신의 경험을 드러내는 기술

25

답 ⑤

해 청소년안전망은 위기청소년을 조기에 발견하고, 적절한 서비스를 연계하여 통합적으로 지원하기 위한 시스템이다. 이를 위해 다양한 기관과의 협력이 필수적이다. **문제의 보기 모두는 지역사회 청소년통합지원체계(청소년안전망)의 필수 연계기관에 해당한다.**

심화학습　　　지역사회 청소년통합지원체계(청소년안전망)의 필수연계기관

→ 청소년복지지원법 시행령 제4조(지역사회 청소년통합지원체계 구성 등)
① 청소년복지지원법 제9조제1항에 따른 **지역사회 청소년통합지원체계는 다음 각 호의 기관 또는 단체(필수연계기관)를 반드시 포함하여 구성하여야 한다.**

　　　　　　　　　　　　　　　　　　　　　　　　소방서 ×, 공공도서관 ×

1. 법 제29조에 따른 청소년상담복지센터 및 법 제31조에 따른 청소년복지시설
2. 「성매매방지 및 피해자보호 등에 관한 법률」 제9조제1항제2호에 따른 청소년 지원시설
3. 「청소년기본법」 제3조제8호에 따른 청소년단체
4. 「지방자치법」 제2조에 따른 지방자치단체
5. 「지방교육자치에 관한 법률」에 따른 특별시·광역시·특별자치시·도 및 특별자치도(시·도) 교육청 및 교육지원청
6. 「초·중등교육법」 제2조에 따른 학교
7. 「국가경찰과 자치경찰의 조직 및 운영에 관한 법률」 제13조에 따른 시·도경찰청 및 경찰서
8. 「공공보건의료에 관한 법률」 제2조제3호에 따른 공공보건의료기관
9. 「지역보건법」 제10조에 따른 보건소(보건의료원 포함)
10. 「법무부와 그 소속기관 직제」 제39조의2에 따른 청소년 비행예방센터
11. 「고용노동부와 그 소속기관 직제」 제19조 및 제23조에 따른 지방고용노동청 및 지청
12. 「학교 밖 청소년 지원에 관한 법률」 제12조제1항에 따른 학교 밖 청소년 지원센터
13. 「보호관찰 등에 관한 법률」 제14조에 따른 보호관찰소(보호관찰지소 포함)

제2과목 상담연구방법론의 기초(필수)

26	③	27	②	28	③	29	①	30	②
31	④	32	③	33	③	34	③	35	④
36	②	37	④	38	④	39	⑤	40	①
41	③	42	①	43	⑤	44	①	45	④
46	④	47	④	48	②	49	③	50	①

26

답 ③

해 질적 연구는 인간의 경험, 의미, 맥락을 깊이 있게 이해하려는 접근 방식으로, 다음과 같은 특징을 가진다.

▶ 질적 연구의 특징
1) 인위적 실험보다 실제 삶의 맥락을 중시한다.
2) 연구자의 관점이 아닌 참여자의 경험과 해석을 중심으로 한다.
3) 다양한 자료(언어, 행동, 상징 등)를 포괄적으로 수용한다.
4) 상담 현장에서의 경험을 연구에 통합하는 접근이 많다.
5) 숫자나 통계보다 비수치적 자료를 중시한다.
6) 가설을 미리 설정하기보다 자료에서 주제를 도출하는 방식(근거이론 등)을 사용한다.
7) 연구자의 해석과 관점이 연구에 영향을 미친다는 점을 인정한다.

cf) ③ 자료의 계량화를 통한 실증 기반의 접근방식을 선호하는 것은 양적 연구의 특징이다.

심화학습   질적연구와 양적연구 비교

구분	질적 연구	양적 연구
접근 방식	주관적, 해석적	객관적, 실증적
자료 형태	언어, 이미지, 행동 등	숫자, 통계, 척도 등
목적	의미 이해, 맥락 탐색	변수 간 관계 검증, 일반화
분석 방법	내용 분석, 주제 분석	통계 분석, 가설 검증

27

답 ②

해 **연역법**은 일반적인 이론이나 법칙으로부터 출발하여 구체적인 가설을 도출하고, 경험적 자료를 통해 그 가설을 검증하는 방식이다. 이 방법은 이론을 검증하고 현상을 설명·예측하는 데 적합하며, 양적 연구에서 흔히 사용된다.

🖊 문항설명

① 귀납법 : 구체적 사례에서 일반적 이론을 도출한다.
③ 관찰법 : 현상을 직접 관찰하여 자료를 수집한다.
④ 실험법 : 통제된 조건에서 변수 간 관계를 검증한다.
⑤ 면접법 : 질문을 통해 자료를 수집한다.

28

답 ③

해 연구방법에는 무엇을 어떻게 측정하고 분석했는가에 대한 구체적 설명이 들어간다. 연구방법은 연구의 설계, 절차, 도구, 분석 방식 등을 기술하는 핵심 영역으로, 다음과 같은 내용을 포함해야 한다.

1) 표집집단에 관한 정보 제시 : 연구 대상의 특성, 표본크기, 표집방법 등
2) 자료처리 과정 및 활용도구 제시 : 통계분석 방법, 사용된 소프트웨어, 분석 절차 등
3) 척도의 유형 또는 예시문항 제시 : 사용된 측정도구의 구성, 신뢰도, 타당도, 예시문항 등

cf) [ㄹ] 연구의 의의와 중요성은 연구 배경과 목적을 설명하는 서론 부분에서 다루는 것이 원칙이다.

29

답 ①

해 유의수준(α)이란 귀무가설을 기각할 기준값으로, 일반적으로 0.05 또는 0.01을 사용한다. $\alpha = 0.05$일 경우 5%의 확률로 '귀무가설이 참인데도 잘못 기각할 수 있다(1종 오류)'는 의미이다. 만약 **α값을 0.05에서 0.01로 설정하는 경우 더 엄격한 기준이 되므로, 잘못된 기각 가능성이 줄어들고, 따라서 1종 오류의 위험이 감소한다.**

cf) 반면, 귀무가설을 기각하기 위한 기준이 더 엄격해지기 때문에 2종 오류의 위험이 증가할 가능성이 있다. 이는 마치 범죄자를 잡기 위해 증거 기준을 엄청 높게 설정한 것과 같다. 무고한 사람을 잡을 위험(1종 오류)은 줄어들지만, 진짜 범죄자도 증거 부족으로 놓칠 수 있다(2종 오류).

30

답 ②

해 조작적 정의(Operational Definition)는 어떤 추상적 개념을 실증적으로 검증하기 위해, 그 개념을 측정 가능한 형태로 구체화하고 계량화하는 과정이다. 이를 통해 연구자는 어떤 속성을 어떻게 측정할 것인지를 명확히 결정하며, 동일한 개념이라도 연구자의 이론적 관점에 따라 다르게 정의될 수 있다.

cf) ② 특정 개념을 구성하는 하위요소 간 내적 일치정도를 구인하는 과정은 신뢰도(특히 문항 내적 일치도)를 평가하는 과정이다.

31

답 ④

해 하나의 특성은 연구 목적이나 맥락에 따라 다양한 척도로 측정 가능하다.

실력다지기   **척도의 종류와 특징**

1) 명목척도 : 대상을 범주나 집단으로 분류하는 가장 기초적인 수준의 척도
   (1) 순서 없음 : 범주 간 우열이나 순위가 존재하지 않음
   (2) 상호 배타적 : 하나의 대상은 하나의 범주에만 속함
   (3) 숫자는 단순한 코드 : 예를 들어, 남성 = 1, 여성 = 2은 수치가 아닌 분류용 기호
   (4) 측정값 간 수학적 연산 불가능 : 평균, 차이 계산 등은 의미 없음
2) 서열척도 : 대상이나 특성을 순서나 등급에 따라 배열하는 척도
   (1) 순위 정보 포함 : 대상 간 우열이나 서열을 나타냄
   (2) 간격은 불명확 : 1등과 2등 사이의 차이와 2등과 3등 사이의 차이가 같다고 볼 수 없음
   (3) 수치 간 연산 불가능 : 평균이나 차이 계산은 의미 없음
3) 등간척도 : 대상 간 간격이 동일한 수치로 표현되는 척도
   (1) 순서 & 동일 간격 : 수치 간 차이가 일정함
   (2) 절대영점 없음 : 0이 '없음'을 의미하지 않음(예 온도 0도는 무온도 아님)
   (3) 수치 간 연산 가능 : 평균, 차이 계산 가능
4) 비율척도 : 등간척도의 특성에 절대영점이 추가된 척도
   (1) 순서 & 동일 간격 & 절대영점 존재
   (2) 모든 수학적 연산 가능 : 평균, 차이, 비율, 곱셈, 나눗셈 등
   (3) 0은 '없음'을 의미함 (예 키 0cm는 실제로 길이가 없음)

32

답 ③

해 연구자가 표집틀 전체에 일련번호를 부여하고, 주출간격을 성한 뒤, 첫 번째 구가에서 무작위로 하나를 선택하고 이후 동일 간격으로 추출했다는 설명은 체계적 표본추출(systematic sampling)에 해당한다. **체계적 표본추출의 경우 표집틀에 주기적 경향성이 있으면 표본이 왜곡될 수 있다(예 : 매 10번째 항목이 특정 특성을 가진다면, 그 특성만 반복적으로 추출될 수 있다).**

문항설명

① 표집틀을 내적으로 동질적이고 외적으로 이질적인 두 개 이상의 범주로 구분한다. → **층화 표본추출**
   cf) 층화 표본추출은 모집단을 내적으로 동질적인 여러 개의 층(strata)으로 구분한 후, 각 층에서 독립적으로 표본을 추출하는 확률표본추출 방법이다. 이 방법은 집단 간의 이질성을 고려하여 각 층의 특성을 반영하고 모집단의 대표성을 높이는 데 효과적이다.
② 표집틀의 전체 요소에 고유번호를 붙인 후 난수표를 사용하여 무작위로 표본을 추출한다. → **단순무작위 표본추출**
④ 표집틀을 내적 및 외적으로 모두 동질적인 두 개 이상의 범주로 구분한다. → **해당 사항 없음**
⑤ **체계적 표본추출은 확률표집으로 표집틀이 반드시 필요하다.**

33

📋 ③

📝 단순회귀에서 회귀계수는 최소제곱법(OLS: Ordinary Least Squares)으로 추정한다. **최소제곱법은 실제값 Y_i와 예측값 $\widehat{Y_i} = b_0 + b_1 X_i$ 사이의 차이(잔차)를 제곱해서 모두 더한 값을 최소화하는 b_0, b_1을 찾는 것이다.** 이는 오차(잔차)를 가장 작게 만드는 직선을 찾는 과정이다.

✔오답노트

① R^2값은 X에 의해 설명되는 Y분산의 비율을 의미한다.

② 오차항 ε_i의 평균값은 0이다(회귀모형의 기본 가정).

④ R^2값은 0 이상 1 이하의 값을 갖는다.

⑤ b_0는 X가 0일 때 Y의 예측값이다.

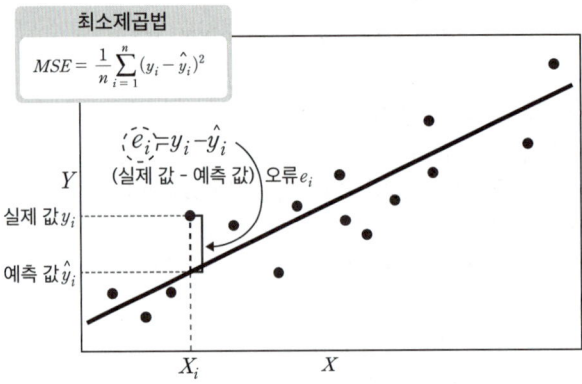

최소제곱법

$$MSE = \frac{1}{n} \sum_{i=1}^{n} (y_i - \hat{y}_i)^2$$

그림출처 : https://clouds-daily.tistory.com/270

34

📋 ③

📝 [ㄱ] 담화분석은 언어가 실제로 사용되는 맥락에서 어떻게 의미를 구성하는지를 분석하는 방법으로 언어의 구조뿐 아니라 사회적·문화적 맥락과의 관계를 중점적으로 다룬다.

   [ㄷ] 내러티브 연구는 개인의 삶의 이야기를 통해 시간적·공간적 맥락 속에서 경험이 어떻게 구성되는지를 탐구한다.

   [ㄹ] 문화기술지는 참여관찰, 면담 등 현장 중심의 자료수집을 통해 특정 문화나 집단의 행동, 신념, 상호작용을 총체적으로 기술하고 해석하는 질적 연구방법이다.

   cf) [ㄴ] **내용분석은 텍스트나 자료에서 빈도, 패턴, 범주 등을 객관적으로 분석하는 방법이며, 주관적 해석보다는 체계적이고 정량적인 접근이 특징이다.**

35

🗹 ④

🔳 [ㄱ] 무선할당(random assignment)은 실험집단과 통제집단 간의 선택 편향을 줄이고, 집단 간 동질성을 확보함으로써 내적타당도를 높이는 핵심 전략이다.

[ㄷ] 유사실험설계(quasi-experimental design)는 무선할당이 어렵거나 불가능한 경우가 많아, 통제되지 않은 외생변수의 영향을 받을 가능성이 높고, 내적타당도 확보가 상대적으로 어렵다.

[ㄹ] 측정도구가 일관되지 않으면 측정의 정확성에 문제가 생기고, 결과가 처치의 효과인지 도구의 차이인지 구분이 어려워진다. 이러한 도구효과는 내적타당도를 저해한다.

cf) [ㄴ] 성숙효과(maturation effect)는 시간 경과에 따라 피험자의 자연적 변화가 발생하는 것으로, 처치의 효과와 혼동될 수 있어 내적타당도를 저해하는 요인이다.

36

🗹 ②

🔳 ① 타당도는 체계적 오차와 관련이 있고, 신뢰도는 비체계적 오차와 관련이 있다.

③ 타당한 측정을 위해서는 개념의 명확한 정의가 선행되어야 한다.

④ 구성개념타당도는 이론적 구성요소를 잘 반영하는지를 평가하며, 그 하위로 요인타당도, 수렴타당도 및 판별타당도가 포함된다.

⑤ 특히 구성타당도를 평가할 때 요인분석이 자주 사용된다.

cf) ② 내용타당도는 이론적·전문적 판단을 통해 문항이 개념을 잘 대표하는지를 평가하는 것이며, 준거관련타당도와는 별개의 유형이다.

37

🗹 ④

🔳 Cronbach's alpha의 일반적인 공식을 변형하면 다음과 같다.

$$\alpha = \frac{k \cdot \bar{r}}{1 + (k-1)\bar{r}} \quad (\bar{r} = \text{모든 문항 쌍 사이의 상관계수 평균값}, k = \text{문항 수})$$

총점 분산과 문항 분산의 관계는 결국 "문항 간 공분산"으로 연결되는데, 이를 정리하면 "평균 상관계수"라는 요약된 수치로 표현할 수 있다. 따라서 Cronbach's alpha는 (문항 수) × (문항들 간의 평균 상관계수) 형태로 단순화가 가능하고, 그래서 "문항 수와 문항들 간 평균 상관계수만으로 구할 수 있다"는 설명은 옳은 설명이다.

[ㄷ] 일반적으로 문항 수가 많아질수록 내적일관성이 높아질 가능성이 있으며, 이는 크론바하 알파값을 증가시키는 요인이 된다.

[ㄷ] 크론바하 알파는 같은 개념을 측정하는 여러 문항들이 얼마나 일관되게 반응하는지를 평가하는 대표적인 내적 신뢰도 지표이다.

cf) [ㄴ] 크론바하 알파(Cronbach's alpha)값은 일반적으로 0에서 1 사이의 값을 갖는다. 음수 값이 나올 수는 있지만, 이는 측정도구의 신뢰도가 매우 낮거나 계산 오류를 의미하며, 해석 가능한 범위는 0~10이다.

38

답 ④

해 보기의 연구 설계는 두 집단 모두 사전 측정을 하고, 한 집단만 처치를 받은 후 사후 측정을 통해 비교하였다. 따라서 **통제 집단 사전사후측정설계**이다. **연구에서 참가자 200명을 두 집단으로 무작위 배치한 것이 핵심이다.** 무작위 배치는 연구 시작 시점에 두 집단이 우울감 수준을 포함한 여러 특성에서 동질적(비슷하게)이도록 보장하는 가장 효과적인 방법이다. 이 과정을 통해 우울감 예방 교육의 효과 외에 다른 변수(선정 편향 등)가 연구 결과에 영향을 미칠 가능성을 최소화한다. 따라서 연구 결과가 오로지 처치(교육 프로그램) 때문에 나타났다고 확신할 수 있는 정도, 즉 **내적타당도가 높아진다.**

✔오답노트

① 이 연구는 교육을 받은 집단(실험집단)과 받지 않은 집단(통제집단)으로 두 개의 집단을 사용했으므로 **단일집단 설계가 아니다.**

② 사후측정통제집단설계는 처치를 하기 전에 사전 측정을 하지 않고, 처치 후에만 결과를 측정하여 비교하는 방식이다. 이 연구는 교육 프로그램을 시행하기 전에 우울감 수준을 1차 측정(사전측정)했으므로 **사후측정통제집단설계에 해당하지 않는다.**

③ **우울감 예방교육은 독립변수(연구자가 효과를 알아보기 위해 의도적으로 조작하거나 처치하는 변수)이며,** 우울감 수준이 종속변수(독립변수의 변화에 따라 어떻게 변하는지 측정되는 결과 변수)이다.

⑤ 솔로몬 4집단 설계는 사전검사가 결과에 미치는 영향을 확인하기 위해 4개의 집단을 사용하는 매우 정교한 설계이다. **이 연구는 두 개의 집단만을 사용했으므로 솔로몬 4집단 설계에 해당되지 않는다.**

39

답 ⑤

해 ① 다중회귀분석에서 F-검증(분산분석표)은 회귀모형 전체의 유의성을 판단한다. 이때의 **귀무가설(H_0)은 '모든 독립변 수(학업성적, 교우관계, 부모와의 관계)의 회귀계수(기울기)가 0이다'. 즉 '모든 독립변수는 종속변수(우울감 수준)에 아무런 영향을 주지 못한다.'**이다. 첫 번째 표의 유의확률이 .000으로 매우 낮으므로 이 귀무가설은 기각되며, 회귀모형이 통계적으로 유의미하다고 결론 내릴 수 있다.

② (A)는 회귀모형의 자유도(df)이며, 이는 독립변수의 개수(k)와 같다. 표에 제시된 독립변수는 학업성적, 교우관계, 부모와의 관계로 총 3개이다. 따라서 (A)는 3이다. 도표 상 계산으로 구하면 (A)+500=503 이므로 (A)는 3이 된다.

③ (B)는 회귀모형의 평균제곱(MS)이다. 평균제곱은 제곱합(SS)을 자유도(df)로 나누어 구할 수 있으며, 이를 계산하면 (B)=300/(A)=300/3=100이 된다.

④ (C)는 F통계량이다. F값은 회귀 평균제곱(B)을 잔차 평균제곱으로 나누어 계산할 수 있다. 이를 계산하면 (C)=(B)/10=100/10=10이 된다.

cf) ⑤ 각 독립변수가 종속변수에 미치는 개별적인 영향력은 두 번째 표의 유의확률(p-value)을 통해 확인할 수 있다. 유의수준 .05를 기준으로, 유의확률이 .05보다 작아야 통계적으로 유의미한 영향을 미친다고 할 수 있다. **학업성 적과 교우관계의 유의확률은 .000이므로 유의미한 영향을 미치고 있지만, 교우관계의 유의확률은 .12로 .05보 다 크기 때문에 유의미한 영향을 미치지 않는다.**

40

답 ①

해 1종 오류(type I error)는 '실제로는 효과가 없는데(귀무가설이 참인데) 효과가 있다고 잘못 결론 내리는 오류'이다. 연구자는 이러한 오류를 범할 최대 확률을 미리 정해두는데, 이것이 바로 유의수준(α)이다. 예를 들어, 유의수준을 $\alpha = .05$로 설정했다는 것은 1종 오류를 범할 확률을 5%까지 허용하겠다는 의미이다.

✔오답노트

② 2종 오류(type II error)는 영가설이 거짓인데도 기각하지 않는 오류를 말하며 β로 표현한다. 통계적 검정력(power)은 1−β로 표현하며, 2종 오류와 직접적인 관계가 있다. 즉 검정력이 높을수록 2종 오류 확률은 낮아진다.

③ 귀무가설(영가설)이 거짓인데도 이를 채택하는 확률은 2종 오류(β)에 대한 설명이다. 1종 오류는 영가설이 참인데도 기각하는 오류이다.

④ 귀무가설(영가설)이 참임에도 불구하고 이를 기각하는 오류는 1종 오류(α)에 대한 설명이다. 2종 오류는 영가설이 거짓인데도 기각하지 못하는 오류이다.

⑤ 영가설이 거짓일 때 이를 기각하는 것은 올바른 결정이다. 이처럼 올바른 결정을 내릴 확률을 통계적 검정력(power)이라고 한다.

41

답 ③

해 유사실험설계는 진실험설계의 핵심 조건인 연구대상의 무선배치가 불가능할 때 사용하는 연구 방법이다. 인위적인 조작(실험 처치)은 하지만, 무선배치가 없기 때문에 진실험설계에 비해 내적타당도가 낮아질 수 있다. 단일집단시계열실험설계, 복수집단시계열실험설계 등은 유사실험설계에 해당한다.

✔오답노트

① 실험 전 두 집단의 상태가 동일하다는 '동질성 확보'는 무선배치를 통해 달성되는 것으로, 이는 진실험설계의 특징이다. 유사실험설계는 무선배치를 하지 않으므로 실험 전 두 집단이 동질적이라고 가정할 수 없다.

② 외생변수 통제효과는 진실험설계가 가장 강력하다. 유사실험설계는 무선배치의 부재로 인해 집단 간의 체계적인 차이나 다른 외생변수가 결과에 영향을 미칠 가능성이 진실험설계보다 크다.

④ 피험자(연구 대상)를 실험집단과 통제집단에 무선배치하는 것은 진실험설계의 가장 핵심적인 조건이다. 유사실험설계는 바로 이 무선배치를 하지 않는다는 점에서 진실험설계와 구분된다.

⑤ 내적타당도는 연구결과의 인과관계를 얼마나 확신할 수 있는지를 나타낸다. 무선배치를 통해 외생변수를 엄격하게 통제하는 진실험설계가 내적타당도 확보에 가장 유리하다. 유사실험설계는 진실험설계에 비해 내적타당도가 위협받을 가능성이 더 크다.

42

답 ①

해 ABAB설계(반전설계, reversal design)는 단일사례연구설계의 한 유형이다. 이는 특정 대상에게 개입 전 기초선(A), 개입(B), 개입 중단(A), 재개입(B)을 반복함으로써 개입의 효과를 확인하는 방법이다.

✓ 오답노트

② 단일사례연구는 통계적 유의성보다는 개입으로 인한 클라이언트 행동의 변화가 임상적으로 얼마나 의미가 있는지를 중점적으로 평가한다. 시각적 분석을 통해 자료의 변화 양상을 확인하는 것이 일반적이다.

③ 단일사례연구는 연구대상의 변화를 지속적으로 측정하므로, 필요에 따라 개입의 시작 시점이나 연구 절차를 유연하게 수정하고 보완할 수 있다.

④ 단일사례연구는 소수 또는 한 명의 대상에게 집중하기 때문에, 결과의 일반화 가능성은 상대적으로 낮다. 일반화 가능성을 높이기 위해서는 연구의 반복이 필요하다.

⑤ 단일사례연구는 통제집단을 별도로 두지 않는다. 대신, 개입 전의 대상자 상태(기초선)가 일종의 통제 역할을 하며, 개입 후의 변화와 비교하여 처치 효과를 추정한다.

43

답 ⑤

해 모의상담연구는 실제 내담자를 대상으로 연구를 진행할 경우 발생할 수 있는 재정적, 시간적 부담을 대리 내담자를 활용함으로써 완화할 수 있다.

✓ 오답노트

① 모의상담연구는 실제 상담 과정을 통제된 환경으로 단순화하기 때문에, 연구 결과의 해석이 용이해지는 장점이 있다.

② 모의상담연구는 실제 내담자가 아닌 대리 내담자를 활용하기 때문에, 실제 상담 연구에서 발생할 수 있는 윤리적 문제를 상당 부분 축소할 수 있다.

③ 모의상담연구는 연구자가 독립변수를 의도적으로 조작하여 그 효과를 측정하는 것이 가능하다. 이는 실험 조건의 통제가 용이하다는 모의상담연구의 주요 특징이다.

④ 모의상담연구는 변수를 명확하게 조작적으로 정의하고 통제할 수 있다는 장점이 있다. 이를 통해 연구의 내적 타당도를 높일 수 있다.

44

답 ①

해 [ㄱ] 공분산 공식은 $Cov(X, Y) = E[(X-\mu_X)(Y-\mu_Y)]$이다. **$Y$의 분산이 0이라는 것은 모든 Y의 값이 평균(μ_Y)과 같다는 의미이다. 따라서 모든 $(Y-\mu_Y)$값은 0이 되고, 공분산은 항상 0이 된다.**

[ㄴ] 피어슨 상관계수(r)의 제곱(r^2)은 결정계수로, 독립변수(X)가 종속변수(Y)의 분산을 설명하는 비율을 나타낸다. **상관계수가 0.4이므로, $0.4^2 = 0.160$이다. 즉, X는 분산의 16%를 설명할 수 있다.**

✔오답노트

[ㄷ] 피어슨 상관계수는 각 변수의 척도(단위)에 영향을 받지 않는다. 따라서 **각 변수에 양의 상수를 곱하더라도 피어슨 상관계수 값은 변하지 않는다.**

[ㄹ] **피어슨 상관계수의 범위는 -1에서 +1 사이이다.** +1은 완벽한 양의 선형 관계를, -1은 완벽한 음의 선형 관계를, 0은 선형 관계가 없음을 의미한다.

45

답 ④

해 상관계수의 절대값이 1에 가까울수록 상관관계의 강도가 높아지는 것은 옳은 내용이다. 하지만 **-1에 가까울수록 상관관계가 낮아진다는 표현은 적절하지 않다. -1은 완벽한 음의 선형 상관관계를 나타내므로, 상관관계의 강도 자체는 매우 높다고 할 수 있다.** 즉, 상관계수 값이 -1에 가깝다는 것은 음의 방향으로 강한 상관관계가 있다는 의미이지, 상관관계가 낮다는 의미가 아니다.

✏문항설명

① 상관계수는 **두 변수 간의 선형적 관계의 강도와 방향을 나타내는 척도**로 사용된다.

② 상관계수의 제곱(r^2)은 결정계수로, 회귀분석에서 독립변수가 종속변수의 분산을 얼마나 설명하는지를 나타내는 지표이다. **단순 회귀분석에서는 상관계수의 제곱이 결정계수가 되며, 이는 총 변동 중 회귀모형으로 설명되는 변동의 비율을 의미한다. 즉, 두 변수의 연합된 변량의 비율 정도**를 나타낸다.

③ **상관계수 (r)은 항상 -1에서 1사이의 값을 가진다.** -1은 완전한 음의 선형 상관관계, 1은 완전한 양의 선형 상관관계를 나타내고, 0은 선형 상관관계가 없음을 의미한다.

⑤ **피어슨 상관계수는 주로 등간척도 또는 비율척도로 측정된 연속형 변수들 간의 선형적 관계를 분석하는 데 사용**된다.

46

답 ④

해 괄호치기를 통해 제거하려는 대상은 외부 세계의 실존에 대한 판단이나 선입견이다. 현상학에서 중요한 것은 간주관성이지만, 간주관적 신념 자체가 괄호치기를 통해 획득되는 것은 아니며, 간주관성은 타자와의 상호작용 속에서 형성되는 의식의 공유된 구조나 의미를 말한다. 괄호치기는 개별 주관의 의식 안에서 본질을 파악하기 위한 준비 과정이며, 간주관적 신념이 직접적으로 사물의 본질을 이해하는 데 도움이 되는 것은 아니다. 오히려 간주관성은 본질 직관 후, 본질의 보편성을 확인하는 과정에서 더 중요하게 다루어질 수 있다.

✏ 문항설명

① 현상학은 에드문트 훗설(Edmund Husserl)에 의해 창시되었으며, 그의 철학적 전통은 현상학의 핵심적인 토대가 된다.

② 현상학은 '사태 자체로!'(Zu den Sachen selbst!)라는 모토 아래, 대상에 대한 기존의 선입견이나 이론적 전제 없이 순수하게 대상이 의식에 현상하는 방식을 탐구하고자 한다. 이는 대상 자체를 왜곡 없이 있는 그대로 파악하려는 시도이다.

③ 현상학의 핵심적인 방법론 중 하나인 '에포케(epoché)' 또는 '괄호치기'는 대상에 대한 우리의 모든 자연적 태도, 즉 선입견, 기존 지식, 상식적 판단 등을 일시적으로 중지하고 배제하려는 노력이다.

⑤ 현상학적 환원은 '에포케' 또는 '괄호치기'를 포괄하는 개념으로, 세계의 실존에 대한 판단을 중지하고 순수 의식으로 환원하여 본질을 직관하려는 과정이다. 이는 사물에 대한 선험적 판단, 즉 경험 이전에 형성된 판단이나 전제를 중지하고 순수 의식의 영역으로 들어가는 것을 의미한다.

47

답 ④

해 [ㄱ] 근거이론은 그 철학적 배경으로 상징적 상호작용론과 실용주의에 기반을 두고 있다. 특히 글레이저(Glaser)와 스트라우스(Strauss)가 근거이론을 정립하는 데 영향을 미쳤다.

[ㄷ] 개방코딩은 수집된 자료를 면밀히 검토하여 현상을 발견하고, 의미 있는 단위로 해체하여 개념화하며, 그 속성을 파악하여 범주화하는 근거이론의 첫 단계 분석 작업이다.

[ㄹ] 근거이론의 핵심적인 분석 방법 중 하나는 지속적인 비교방법이다. 이는 자료수집과 분석이 동시에 이루어지면서 자료, 개념, 범주 간의 유사점과 차이점을 반복적으로 비교하여 이론적 포화에 이를 때까지 진행되는 체계적인 과정이다.

cf) [ㄴ] 선택코딩은 핵심 범주를 선택하고, 이 핵심 범주를 중심으로 다른 모든 범주들을 통합하고 정교화하여 이론을 생성하는 과정이다. 반면, 하위범주와 연결시키는 과정은 주로 축코딩에서 이루어진다.

48

답 ②

해 합의적 질적연구(CQR)는 참여자의 진술을 기반으로 연구자들이 합의 과정을 통해 자료를 분석하는 질적 연구방법이다. 분석 단계는 다음과 같이 구성된다.

1) 영역코딩(Domain Coding): 인터뷰 내용을 주제별로 구분하는 초기 단계로 발화 내용을 영역(주제)별로 분류한다.
2) 중심개념코딩(Core Idea Coding): 참여자의 발화를 명확하고 간결하게 요약하고 비언어적 단서도 포함하여 발화 중심으로 정리한다. 이 단계에서 A의 말, B의 말 등 개별 진술을 핵심 개념으로 압축한다.
3) 교차분석(Cross Analysis): 여러 참여자의 진술을 비교하여 공통된 주제나 패턴을 도출하고 빈도에 따라 일반적, 변형적, 희귀한 범주로 나눈다.
4) 감사(Audit): 외부 감사자가 분석의 타당성과 일관성을 검토한다.

cf) ③ 합의적 질적 연구(CQR)에서 주변범주코딩은 개방코딩을 통해 도출된 개념들이나 범주들을 더 심화하고 확장하는 분석과정이다. 연구자는 주요 범주들을 중심으로 관련 데이터, 예시, 그리고 현상의 특징들을 탐색하며 더 풍부하고 심도 있는 이해를 구축한다. 이 과정은 근거이론에서 축코딩에 해당하는 것으로, 핵심범주를 둘러싼 다양한 측면들을 분석하여 더 포괄적인 범주 형성을 돕는다.

49

답 ③

해 벨몬트 보고서는 인간 대상 연구에서 연구자가 반드시 고려해야 할 다음의 세 가지 윤리 원칙을 제시하였다.

1) 존중의 원칙(Respect for Persons): 자율성 존중, 충분한 정보 제공, 자발적 동의
2) 선의의 원칙(Beneficence): 위험 최소화, 이익 최대화
3) 정의의 원칙(Justice): 연구의 부담과 이익을 공정하게 분배

벨몬트 보고서에서 연구자가 고려해야 할 '정의의 원칙'은 연구 참여자가 얻을 수 있는 이익과 감내해야 할 위험이 공정한지 여부를 확인하는 것, 즉 연구 참여자 간에 이익과 부담이 공정하게 분배되어야 한다는 것이다.

✓오답노트
① 연구 참여자의 의견, 생각과 선택을 듣고 이를 존중한다. → 존중의 원칙
② 연구 참여자에게 참여 동의를 구할 때 연구 내용에 대해 확실히 이해하고 있는지 확인한다. → 존중의 원칙
④ 연구 참여자의 위험은 최소화하고 이익은 최대화하는 방향으로 연구계획을 수립한다. → 선의의 원칙
⑤ 연구 수행 시 연구 참여자에 대한 위험을 충분히 관리할 수 있는지를 확인한다. → 선의의 원칙

50

답 ①

해 **자율성의 원칙**은 연구 참여자가 연구 참여 여부를 스스로 결정할 수 있어야 하며, 연구자는 연구의 내용과 목적 등 필요한 정보를 충분히 고지하여야 한다는 내용이다.

✏ 문항설명

② 강압금지의 원칙 : 연구 참여에 대한 어떠한 강압이나 부당한 영향력 행사도 금지해야 한다는 원칙으로, 자율성의 원칙과 밀접하게 연관되어 있다.

③ 선행의 원칙 : 연구자가 연구 참여자의 복지 증진을 위해 노력하고, 가능한 최선의 이익을 제공해야 한다는 원칙이다.

④ 무해성의 원칙 : 연구 참여자에게 해를 끼치지 않아야 한다는 원칙으로, 신체적, 심리적, 사회적 해악으로부터 보호하는 것을 강조한다.

⑤ 은닉금지의 원칙 : 이는 일반적인 윤리 원칙이라기보다는 연구의 투명성이나 정보 공개와 관련된 것이다.

제3과목   심리측정 평가의 활용(필수)

51	①	52	⑤	53	④	54	①	55	⑤
56	③	57	②	58	②	59	⑤	60	③
61	①	62	④	63	③	64	④	65	③
66	⑤	67	②	68	④	69	④	70	②
71	①	72	④	73	⑤	74	③	75	②

51

답 ①

해 • (ㄱ) "3계층 모델(three-stratum theory)"→ 캐롤(J. Carroll)이 제안한 지능이론이다. 캐롤은 지능을 ① 일반지능 (g), ② 광역능력(broad abilities), ③ 구체적 능력(specific abilities)로 나눈 3계층 구조이론을 발전시켰다.

• (ㄴ) "일곱 가지 기초정신능력(primary mental abilities)" → 서스톤(L. Thurstone)의 이론이다. 서스톤은 단일 지 능(g)보다는 언어이해, 수리, 공간, 지각속도, 기억 등 7가지 기초정신능력으로 설명했다.

52

답 ⑤

해 모두 옳은 내용이다.

[ㄱ] 심리적 특성의 개인차를 파악할 수 있다.

→ 심리검사의 주요 목적 중 하나가 개인차를 객관적으로 측정하는 것이다.

[ㄴ] 인간의 내적인 속성을 수량화할 수 있다.

→ 직접 관찰이 어려운 심리적 특성을 측정하고 점수화할 수 있도록 돕는 것이 심리검사의 핵심이다.

[ㄷ] 검사자는 표준화된 절차를 지키는 것이 원칙이다.

→ 표준화가 지켜져야 검사 결과가 타당하고 신뢰롭게 해석될 수 있다.

[ㄹ] 검사자의 기대가 수검자의 반응에 영향을 미칠 수 있다.

→ 실험자 기대효과(검사자 기대효과, examiner expectancy effect)라고 하며, 이는 주의가 필요하다.

53

답 ④

해 PAI(Personality Assessment Inventory) → PAI는 Morey가 개발한 성격 및 정신병리 검사로, **개념적 타당성과 요인분석 등 통계적 방법을 통해 문항구조를 검증하며 개발된 검사이다.**

✔오답노트

① BGT(벤더-게슈탈트 검사) → 시각-운동 통합능력을 평가하기 위한 검사이다. 뇌손상 여부, 신경학적 장애 등을 선별하는 데 주로 쓰이는 것으로, **지적장애 진단을 위해 개발된 것은 아니다.**

② BNT(Boston Naming Test) → 주로 언어 능력(특히 명명 능력)을 평가하기 위해 개발되었다. **치매 진단에 활용되기는 하지만, 애초 개발 목적이 "치매지수 산출"은 아니다.**

③ 웩슬러 지능검사 → 웩슬러는 IQ를 편차지능(deviation IQ) 개념으로 제시하였다. **정신연령 개념은 비네-시몽 검사에서 처음 도입된 것이다.**

④ 로샤(Rorschach) 검사 → 로샤 잉크반점 검사는 투사검사로, 처음에는 지각과 개인의 반응 양식을 평가하기 위한 목적이 컸다. **이후 정신역동 평가에 널리 활용되었지만, 애초 개발 목적은 "정신역동 평가"가 아니었다.**

54

답 ①

해 [ㄷ] SCT(Sentence Completion Test)는 문장완성검사로, 투사검사에 해당하며 **학습장애 평가 목적이 아니다.**

[ㄹ] MBTI 는 **성격유형 검사이다.**

- BDI(Beck Depression Inventory)는 대표적인 우울 자기보고식 검사이다.
- NEO-PI-R은 Big Five 성격특성을 측정하는 대표적 검사이다.

55

답 ⑤

해 이야기식 기록은 면담 내용을 서술적으로 기술하는 방식이지, 코딩(coding) 방법이라고 하지는 않는다.

✏문항설명

① 면담은 의뢰 이유, 문제 상황을 확인하는 과정이 포함된다.
② 면담은 검사결과를 해석하고 통합할 수 있는 맥락적 정보를 제공한다.
③ 라포(rapport)가 형성되어야 신뢰할 수 있는 정보를 얻을 수 있다.
④ 정신상태 검사(MSE, Mental Status Examination)는 구조화된 관찰·면담기법이다.

56

답 ③

해 일관적이고 체계적인 정보를 수집하기 용이하다. → 구조화된 면담의 특징이다. 비구조화 면담은 오히려 비일관적이고 체계성이 떨어진다.

✎ 문항설명

① 면담자간 일치도가 낮다. → 구조화되지 않았기 때문에 동일 피검자라도 면담자마다 결과가 달라질 수 있다.
② 면담자의 주관이 개입될 여지가 크다. → 자유로운 질문과 해석이 많기 때문에 주관 개입 가능성이 높다.
④ 면담자마다 질문하는 순서나 내용이 달라질 수 있다. → 정해진 틀이 없기 때문에 면담자마다 다르게 진행될 수 있다.
⑤ 유용한 자료를 얻기 위해 면담자의 숙련된 전문성이 필요하다. → 자유도가 높기 때문에 경험과 전문성이 부족하면 자료를 제대로 못 얻을 수 있다.

57

답 ②

해 문제의 사례는 상담자가 집단상담 후, 청소년들에게 자기 행동 빈도를 평가하도록 하였고, 자신이 불안과 관련된 행동을 얼마나 자주 하는지 5점 척도로 응답하였기 때문에 청소년 스스로 자신의 행동을 빈도/강도에 따라 평정하는 방식이다. 이는 양적척도로 자기보고를 통해 평가하는 것으로, 평정기록(rating scale) 에 해당한다.

58

답 ②

해 심리측정은 직접 측정(direct measurement)이 아니라 간접 측정(indirect measurement)이다. 예컨대, 우울을 직접 측정할 수 없고, 관련 문항이나 반응을 통해 추론하며, 이 과정에서 오차가 발생한다.

✎ 문항설명

① 검사제작 과정에서 검사도구로 인한 오차를 최소화하여야 한다.
　→ 타당도·신뢰도를 높이려면 문항 구성, 난이도 조정 등을 통해 도구 자체의 오차를 줄여야 한다.
③ 검사의 실시과정을 표준화함으로써 오차를 감소시킬 수 있다.
　→ 실시 환경, 절차, 지시문을 표준화하면 검사자·상황에 따른 변동을 줄일 수 있다.
④ 수검자에 기인하는 오차는 그 원인을 통제하기 어렵다.
　→ 수검자의 피로, 긴장, 동기 등은 측정하기 어려운 요인이다.
⑤ 관찰자나 평정자의 편견으로 오차가 발생할 수 있다.
　→ 이는 대표적인 주관적 오차(관찰자 편향)이다.

59

답 ⑤

해 모두 심리평가와 관련된 비밀보장 윤리의 예외 사항으로 옳은 내용이다.

> ㄱ. 법적 강제에 의해 심리평가가 실시됨 → 법원의 명령, 수사 과정 등 법적 강제가 있으면 비밀보장의 예외가 된다.
>
> ㄴ. 수검자가 타인을 해칠 위험이 확인됨 → 타인을 해칠 위험은 "타라소프 판례[1](Tarasoff case)"처럼 비밀유지보다 안전 확보가 우선이다.
>
> ㄷ. 아동 수검자가 학대받고 있다고 의심됨 → 아동학대는 법적 신고 의무가 있으므로 비밀보장의 예외이다.
>
> ㄹ. 심리평가로 얻은 정보의 제공이 법적으로 요청됨 → 법원이 자료 제출을 요구하면 제공해야 하기 때문에 비밀보장의 예외이다.

60

답 ③

해 핵심 개념은 "최대 오차점수(maximum error)"가 무엇을 뜻하는지의 문제이다. 통상적으로 "최대 오차"는 이론적으로 무선오차는 정규분포의 꼬리 때문에 이론상 제한이 없기 때문에 (maximum이 정의되지 않음), 즉 엄밀히 말하면 "최대 오차가 더 작다"라고 단정할 수 없다. 즉 문장이 모호하거나 엄밀하지 않다는 뜻이다. 문항 의도와 고전검사이론의 통상적 해석(표준오차인 SEM을 기준으로 비교)으로 보면 ①·②·④·⑤는 명백히 옳은 내용이고, ③은 문장 표현('최대 오차')이 엄밀하지 않아 옳지 않다.

✏️ 문항설명

1) 표준오차(SEM) = $SD \times \sqrt{(1-r)}$

2) 오차에 의한 분산 = $SD^2 \times (1-r)$

   (여기서 SD는 두 검사 A, B에서 동일)

3) 신뢰도 r_A = 0.7, r_B = 0.9 이기 때문에

   (1) $SEM\_A = SD \times \sqrt{(1-0.7)} = SD \times \sqrt{0.3} \approx SD \times 0.5477$

   (2) $SEM\_B = SD \times \sqrt{(1-0.9)} = SD \times \sqrt{0.1} \approx SD \times 0.3162$

   → 따라서 SEM(B) < SEM(A). (① 참)

4) 검사점수에 오차가 개입될 가능성(＝무선오차 비중)은 신뢰도가 낮을수록 크다.

   즉 r_A < r_B 이므로 A가 더 큼. (② 참)

5) 무선오차로 인한 분산

   A: $SD^2 \times 0.3$ / B: $SD^2 \times 0.1$ → A가 더 큼. (④ 참)

6) 진점수가 관측점수 ±1 SEM 범위에 있을 확률은 약 68%이므로, SEM이 큰 A의 구간이 더 넓음. (⑤ 참)

---

1 타라소프 판례는 1976년 캘리포니아 대법원이 내린 판결로, 상담사가 환자가 특정인에게 해를 가할 것이라고 예견되는 경우, 잠재적 피해자에게 경고할 의무가 있다는 원칙을 확립한 중요한 판례이다. 캘리포니아 버클리대에서 발생한 사건을 바탕으로 맺어진 판결이며, 정신건강 전문가의 비밀유지 의무와 제3자 보호의무 사이의 딜레마를 다루고 있다.

61

답 ①

해 한 개인의 검사 점수를 다른 사람들과 비교하여 해석하는 방법으로, 모집단을 대표하는 집단의 점수들과 비교의 의미는 규준(norm)집단과 비교하는 방법을 의미한다. 따라서 한 개인의 검사 점수를 해석하기 위해, 이를 규준집단이라 불리는 모집단을 대표하는 집단의 검사 점수들과 비교하는 상대평가적 채점 방법을 규준참조 방식이라 한다.

62

답 ④

해 [ㄱ]: "측정하려는 개념에 익숙한 전문가들을 대상으로 정보와 의견을 수집" → 전문가 판단에 의존하여 문항이 개념을 얼마나 잘 대표하는지 평가하는 것으로, 이것은 내용 타당도(content validity)이다.

[ㄴ]: "기존 심리검사와 A의 상관을 구함" → 기존 검사와의 상관관계 분석을 통해 동일 개념을 측정하는 정도를 확인하는 것으로, 이것은 수렴 타당도(convergent validity)이다.

63

답 ③

해 ▶ T점수 변환 공식은 $T = 50 + 10 \cdot Z$

→ 주어진 Z점수 = +2이기 때문에 $T = 50 + 10 \cdot 2 = 50 + 20 = 70$

64

답 ④

해 퍼즐(Visual Puzzles)은 지각추론 지표(PRI)의 핵심 소검사이다.

※ 부연

① 순서화(Letter-Number Sequencing) : 작업기억 지표(WMI)의 보충 소검사

② 기호쓰기(Coding) : 처리속도 지표(PSI)의 핵심 소검사

③ 이해(Comprehension) : 언어이해 지표(VCI)의 보충 소검사

⑤ 무게비교(Figure Weights) : 지각추론 지표(PRI)의 보충 소검사

65

답 ③

해 행렬추리(Matrix Reasoning)는 유동추리 지표(FRI)에 포함된다.

📝 문항설명

① K-WISC-V는 16개의 소검사로 구성되어 있다.

② 언어이해, 시공간, 유동추리, 작업기억, 처리속도가 기본지표이며, 추가지표도 5개(양적 추론, 청각 작업기억, 비언어, 일반 능력, 인지 효율) 있다.

④ WISC-IV까지 있었던 단어추리(vocabulary) 소검사는 5판에서 삭제되었다.

⑤ WISC-V에서는 K-WISC-IV에 없던 새로운 소검사가 3개 추가되었다. 즉, K-WISC-IV에 비해 유동추론 측정을 강화하는 '무게비교', '퍼즐', '그림기억' 등 새로운 소검사가 추가되었다.

66

답 ⑤

해 모두 옳은 내용이다.

[ㄱ] 스탠포드-비네 검사는 비율IQ를 사용한다.

→ 원래 SB검사는 정신연령÷생활연령×100 공식으로 비율 IQ를 산출했다.

[ㄴ] 웩슬러 지능검사는 편차IQ를 사용한다.

→ 웩슬러 검사는 동일 연령집단 평균과 표준편차를 기준으로 편차 IQ를 산출한다.

[ㄷ] 치료적 혹은 교육적 개입방안에 대한 정보를 제공해준다.

→ 지능검사는 단순 점수뿐 아니라 교육적·심리적 개입 계획 수립에 활용된다.

[ㄹ] IQ 점수는 시간이 지나면서 장기적·점진적으로 상승하는 경향이 있으며, 이를 플린 효과(Flynn effect)라고 한다.

67

답 ②

해 ▶ MMPI-2 척도에 대한 설명

1) 보충 척도(supplementary scales) → 특정 증상, 진단 관련 내용 포함, 임상척도 보완 목적

2) 내용 척도(content scales)

→ 수검자가 직접적으로 호소하는 문제, 어려움 측정. 진단과 독립적이며 실제 경험한 문제 중심

3) 타당도 척도 → 검사 결과 신뢰성 평가

4) 재구성 임상척도(RC Scales) → 기존 임상척도 재구성, 임상적 의미 중심

5) 성격병리 5요인 척도(PD-5) → 성격병리 중심

68

답 ④

해 4-6 코드유형 : 충동통제가 어렵고, 비난에 예민하며, 만성적으로 적대적이다.

→ 척도 4(Pd : 반사회성)와 척도 6(Pa : 편집증)의 조합으로, 분노, 적개심, 의심, 투사적 방어기제가 특징이며, 권위에 대한 반항, 타인 비난 경향, 만성적 적대감을 보인다.

✓ 오답노트

① 1-3 코드 유형 : 신체화 장애의 전형적 패턴 → 신체 증상 호소, 스트레스의 신체화, 심리적 통찰 부족

   cf) 죄책감과 두려움은 2-7 유형에 가까움

② 2-7 코드 유형 : 우울과 불안의 조합 → 우울, 불안, 걱정, 죄책감, 완벽주의 경향

   cf) 미성숙하고 피상적 대인관계는 4-9 유형에 더 적합

③ 3-8 코드 유형 : 드물고 복잡한 패턴 → 혼란스러운 사고, 기괴한 신체 증상, 정신증적 특징

   cf) 주기적 행동화와 죄책감은 4-3 유형에 더 가까움

⑤ 8-9 코드 유형 : 정신증적 특징 → 사고장애, 과대망상, 과잉행동, 현실검증력 손상

   cf) 무책임하고 충동적, 알코올/법적 문제는 4-9 유형의 특징

69

답 ④

해 클로닝거(C. Cloninger)의 TCI(Temperament and Character Inventory) 척도 중 세로토닌 방출이 결정적 역할 즉, 세로토닌과 관련된 기질 차원은 위험회피(Harm Avoidance, HA)이다.

※ 부연

1) 자극추구(NS) → 도파민과 관련됨
2) 인내력(P) → 노르에피네프린과 관련됨
3) 연대감(C), 사회적 민감성(RD) → 성격적 요인

70

답 ②

해 문제의 사례는 경계선 성격장애(Borderline Personality Disorder)의 전형적인 특징을 보여주고 있다. 주요 특징은 불안정한 대인관계(이상화-평가절하), 충동성, 자살 시도, 자아정체감 불안정, 만성적 공허감/불안, 편집적 사고 등이다.

[ㄱ] TCI의 NS(자극추구)와 HA(위험회피) 모두 높음 → 옳은 내용이다.

▶ 경계선 성격장애의 특징적 프로파일

1) NS 높음 : 충동성, 자유분방함, 새로운 자극 추구

2) HA 높음 : 불안, 걱정, 의심, 회피적 경향

이 두 척도가 동시에 높은 것은 경계선 성격의 양가감정과 정서 불안정성을 반영한다.

[ㄴ] PAI의 BOR(경계선적 특징) 척도 T점수 70 이상 → 옳은 내용이다.

T 70 이상은 임상적으로 유의미한 경계선적 특징을 시사하며, 사례의 모든 증상(불안정한 관계, 자살시도, 정체감 혼란 등)이 경계선 성격장애에 부합하다.

✓ 오답노트

[ㄷ] 로샤 검사의 CDI(대처손상지표)는 총 5개 항목으로 구성되어 있어 8개 이상은 불가능하다. CDI 4점 이상이면 대처 능력의 심각한 손상을 의미하지만, 최대값은 5점이다. 참고로 경계선 성격장애는 CDI보다는 다른 지표들 (SCZI, HVI, PTI 등)이 더 관련성이 높다.

71

답 ①

해 ALC(알코올 문제, Alcohol Problems)는 임상척도에 속한다.

PAI의 주요 척도 중 치료고려 척도(treatment consideration scales)는 5개로, AGG(공격성, Aggression), SUI(자살관념, Suicidal Ideation), STR(스트레스, Stress), NON(비지지, Nonsupport), RXR(치료거부, Treatment Rejection)이다.

[암기법] PAI의 치료고려 척도 = 공자 / 스치 / 비지

72

답 ④

해 욕구-압력(need-press) 분석법의 첫 단계는 주인공(hero) 확인하기이다. 즉 수검자가 동일시하는 인물을 찾는 것이 첫 단계이며, 그 다음 주인공의 욕구(need)와 환경적 압력(press)을 분석한다.

✏️ **문항설명**

① 머레이(H. Murray) 방식으로 실시하는 경우 두 번의 회기로 나누어 시행한다. → 머레이의 원래 방식은 총 20장의 카드를 두 회기에 나누어 실시하는데, 1회기와 2회기에 각각 10장씩 실시한다.

② 수검자의 연령과 성별에 따라 도판을 선정해야 한다. → TAT 카드는 남성(M), 여성(F), 소년(B), 소녀(G) 등으로 구분하는데, 수검자의 특성에 맞는 카드 선정(연령과 성별에 따라 도판을 선정)이 중요하다.

③ 수검자의 이야기 속에 의식 및 무의식적 갈등이 표출된다고 가정한다. → 투사적 검사의 기본 가정으로, 애매한 자극에 대한 반응에서 내면의 욕구, 갈등, 방어기제가 드러난다.

⑤ 통각은 객관적 자극과 주관적 경험의 상호작용으로 만들어진다고 가정한다. → TAT의 이름 자체가 주제통각검사이며, Apperception(통각)은 객관적 지각 + 주관적 해석(경험)의 통합으로 만들어진다.

73

🅰️ ⑤

🅷 투사적 검사(projective test)는 반응이 모호한 자극에 대해 수검자가 자신의 무의식적 욕구·정서·태도를 투사(projection) 하도록 설계되었다. 장점은 내적 심리 상태, 갈등, 성격 구조를 탐색하기에 유용하며, 단점은 채점과 해석이 주관적, 신뢰도/타당도 검증이 어렵고, 집단검사에는 부적합하다.

cf) ①, ②, ③, ④번은 객관적 검사의 장점 내용이다.

74

🅰️ ③

🅷 로샤 검사는 투사검사로, 반응이 모호하기 때문에 수검자가 의도적으로 조작하기 어렵다.

✏️ **문항설명**

① 손 엑스너(John. E. Exner)는 로샤 해석의 종합체계를 제시하고, 피검자들의 반응을 부호화하고 재점할 수 있도록 체계화였다.

② 반응영역 기호 S는 단독으로 채점하지 않는다. 즉 로샤 반응영역 기호 S(공백 반응, Space response)는 단독으로 채점되지 않고, 항상 다른 영역 기호(예 W, D, Dd)와 함께 사용해야 한다. 이는 '상상적 형태의 세부반응'이라 불리며, 다른 지표들과 결합하여 채점 및 해석해야 한다.

④ 질문단계에서 반응의 영역, 결정인 및 내용을 확인하는 데 초점을 둔다. 로샤 질문단계는 반응의 영역, 결정인, 내용이 무엇인지 명확히 하기 위한 단계로, 검사자는 피검자의 반응을 기록하고 질문을 통해 반응의 세부 사항을 확인한다. 이 단계에서는 피검자가 어디에서(반응 영역), 무엇 때문에(결정인), 어떤 내용으로 보았는지를 파악하는 데 집중하며, 피검자 스스로 자신의 반응을 명료화하도록 돕는다.

⑤ 수검자가 한 말을 그대로 기록하여야 한다. 즉, 응답을 정확히 기록하는 것이 해석의 기초이다.

75

☐ ②

☐ HTP 검사는 자유로운 시간 내에 그리도록 하는 검사로, 제한시간이 없다.

✏️ 문항설명

① HTP 검사에서는 수검자가 4장의 그림을 그린다. → House, Tree, Person 각 한 장씩 그리며, 경우에 따라 자유로운 추가 그림을 포함하여 4장의 그림을 그린다.

③ 필압은 수검자의 에너지 수준을 반영한다. → 필압, 선의 굵기, 강약 등은 심리적 에너지와 긴장 상태를 반영한다.

④ 수검자는 지우개로 그림을 수정할 수 있다. → 그림 수정이 가능하며, 수정 과정도 해석에 포함될 수 있다.

⑤ DAP(Draw-A-Person) 검사에서 영감을 받아 House와 Tree가 부가되어 HTP로 발전하였다.

제4과목　이상심리(필수)

76	⑤	77	③	78	②	79	②	80	①
81	④	82	②	83	③	84	⑤	85	①
86	②	87	①	88	②	89	⑤	90	③
91	③	92	①	93	④	94	①	95	⑤
96	④	97	⑤	98	③	99	①	100	④

76

답 ⑤

해 이상행동에 관한 생물학적 이론(biological theory)은 이상행동을 유전, 신경학적 결함, 신경화학적 이상 등으로 설명한다.

✓오답노트

① 이상행동은 사고, 정서, 행동의 핵심인 인지과정에 의해 유발된다. → 인지이론의 설명

② 내담자가 자신의 무의식적 갈등을 통찰하고 통찰내용을 실천하게 하는 훈습의 과정으로 구성된다. → 정신역동 이론의 설명

③ 정신장애를 유발하는 부적응적 인지도식에 초점을 맞추고 있다. → 인지치료(CBT)의 설명

④ 이상행동을 제거시키는 방법으로 소거, 처벌, 체계적 둔감법이 있다. → 행동주의 이론의 설명

77

답 ③

해 자기충족적 예언(self-fulfilling prophecy)은 이상행동 분류의 장점이 아니라 단점/부작용으로 간주되기 때문에 옳지 않은 내용이다.

✏문항설명

① 진단과 분류는 치료 계획과 예후 판단에 활용된다.

② 분류 체계는 심리장애의 유사·차이점을 명확히 해준다.

④ 표준화된 분류체계는 전문용어 공유와 의사소통에 유리하다.

⑤ 분류와 평가를 통해 심리장애의 연구와 이론 개발이 가능하다.

78

답 ②

해 [ㄱ] 특정학습장애는 신경발달장애에 포함되지만, **선택적 함구증(selective mutism)는 불안장애에 속한다.**

[ㄷ] 사회적 상호작용 결함이 지속적으로 나타나는 것은 **'자폐스펙트럼장애'의 핵심 진단기준이다.**

cf) **ADHD(주의력결핍 과잉행동장애)의 핵심 증상은 부주의, 과잉행동, 충동성이다.**

※ 부연

▶ 신경발달장애(neurodevelopmental disorders)의 하위 유형

1) 지적장애

2) 의사소통장애

3) 자폐스펙트럼장애

4) 주의력결핍 과잉행동장애(ADHD)

5) 특정학습장애

6) 운동장애(틱장애 포함)

(1) **사회적 의사소통장애(social communication disorder)는 DSM-5에서 처음으로 추가되었다.** 즉, DSM-Ⅳ에는 없었고 DSM-5에서 새롭게 추가되었으며, 의사소통장애의 하위 유형으로 분류되어 있다.

(2) **틱장애는 갑작스럽게 나타나고 반복적이고 비율동적인 운동 또는 음성 형태로 나타난다.** 틱의 정의는 sudden(갑작스러운), rapid(빠른), recurrent(반복적), nonrhythmic(비율동적) 운동 또는 음성을 의미한다.

79

답 ②

해 [ㄹ] **지속성 우울장애(dysthymia / PDD)는 DSM-5에서 성인의 경우 2년 이상, 아동·청소년은 1년 이상** 지속된 우울감을 기준으로 한다.

🖊 문항설명

[ㄱ] 주요우울장애(MDD)의 증상 가운데 적어도 하나는 우울한 기분이거나 흥미나 즐거움의 상실이어야 한다.

→ **DSM-5에서 주요우울장애 진단 기준 중 필수 증상이다.**

[ㄴ] 파괴적 기분조절부전장애(DMDD)는 만성적이면서 지속적으로 과민한 특징을 보인다.

→ **파괴적 기분조절부전장애(DMDD)는 반복적 분노발작과 함께 만성적 과민/짜증을 특징으로 한다.**

[ㄷ] 월경전불쾌감장애(PMDD)의 필수 증상은 불안정한 기분, 과민함, 불쾌감, 불안이다.

→ PMDD의 핵심 증상에는 **감정적 불안정, 과민, 긴장, 우울, 불쾌감 등이 포함된다.**

80

답 ①

해 ▶ DSM-5의 조현병(Schizophrenia) 진단 기준 주요 증상

1) 양성증상 : **망상(delusions), 환각(hallucinations), 와해된 언어(disorganized speech)**, 와해/혼란된 행동(disorganized/ catatonic behavior)

2) 음성증상 : 감정 둔마, 사회적 철수, 무욕증, 무쾌감증, 빈곤한 언어 등

cf) **공격성이나 불안 자체는 조현병 진단기준에 포함되지 않는다.**

81

답 ④

해 사회불안장애는 다른 사람들과 상호작용하는 사회적 상황을 두려워하여 회피하는 경우를 말한다. 즉, **사회불안장애 (social anxiety disorder)는 사회적 상황에서 평가받는 것에 대한 강한 두려움과 회피가 특징이다.**

✔오답노트

① DSM-5의 불안장애의 하위유형은 분리불안장애, 선택적 무언증, 특정공포증, 사회불안장애, 공황장애, 광장공포증, 범불안장애로 **7가지**이다.

② 분리불안장애는 주 양육자와의 분리에 대한 과도한 불안을 특징으로 한다. **공황발작과는 다른 장애이다.**

③ 공황장애는 예기치 않은 공황발작과 발작에 대한 지속적인 걱정이 특징이며, **다양한 사건에 대한 일반적 걱정은 범불안장애의 특징이다.**

⑤ 범불안장애(generalized anxiety disorder)는 다양한 사건과 활동에 대한 과도하고 만성적인 불안이 특징이며, **특정 대상에 국한되지 않는다.**

82

답 ②

해 제Ⅱ형은 조증 삽화는 없고, 경조증 삽화(hypomanic episode)와 주요 우울 삽화를 경험한 경우이다. **소증 삽화를 경험 하면 제Ⅰ형으로 진단된다.**

✏문항설명

① 제Ⅰ형 양극성장애로 진단하기 위해서는 조증 삽화 진단기준이 충족되어야 한다. **제Ⅰ형은 조증 삽화 경험 여부가 핵심 기준이다.**

③ 순환성장애는 경미한 형태의 조증 증상과 우울 증상이 2년 이상 번갈아 나타나는 만성적인 기분장애이다. **순환성장애 (cyclothymic disorder)는 경조증과 경미한 우울이 2년 이상 지속된다.**

④ 우울장애와 다른 범주로 분류되어 있다. **양극성 관련 장애(bipolar and related disorders)는 우울장애와 별도 범주 이다.**

⑤ **양극성 관련 장애의 하위유형은 3가지로**, 제Ⅰ형 양극성 장애, 제Ⅱ형 양극성 장애, 순환성장애가 있다.

83

답 ③

해 불면증은 공황발작의 직접적 증상으로 포함되지 않는다.

| 실력다지기 | DSM-5 공황발작의 주요 증상 |

1) 심계항진(heart palpitations)
2) 발한(sweating)
3) 떨림(shaking)
4) 숨 가쁨, 질식 느낌
5) 흉통 또는 불편감
6) 메스꺼움/복부 불편감
7) 현기증, 불안정감, 기절감
8) 감각이상(저림·마비, 오금감)
9) 비현실감/자기분리감(derealization/depersonalization)
10) 죽을 것 같은 공포, 통제 상실 공포

84

답 ⑤

해 여러 가지 운동성 틱과 한 가지 이상의 음성 틱이 질병 경과 중 일부 기간 나타나지만, 동시에 나타나는 것은 아니다.

→ 여러 가지 운동성 틱과 한 가지 이상의 음성 틱이 질병 경과 중 일부 기간 동안 나타나지만, 반드시 동시에 나타날 필요는 없다. 즉 질병 경과 중 어느 시점에 모두 나타나면 되며, 같은 시기에 나타날 필요는 없다.

| 실력다지기 | 뚜렛장애의 DSM-5 진단기준 |

A. 여러 가지 운동성 틱과 한 가지 이상의 음성 틱이 질병 경과 중 일부 기간 동안 나타나지만, 반드시 동시에 나타날 필요는 없다
B. 틱은 1년 이상 지속되며, 이 기간 동안 틱이 없는 기간이 3개월 이상 연속되지 않는다
C. 발병은 18세 이전이다
D. 장해가 물질이나 다른 의학적 상태로 인한 것이 아니다

✓오답노트

① 발병은 18세 이전이어야 한다.
② 운동성 틱 또는 음성 틱 중 한 가지의 틱이 1년 이상 지속적으로 나타난다. → 지속성(만성) 운동 또는 음성 틱 장애의 진단기준
　　cf) 뚜렛장애는 여러 운동성 틱 + 한 가지 이상의 음성 틱 모두 필요함
③ 목적이 없어 보이는 운동행동을 의도적으로 반복하는 특징을 보인다. → 상동증 행동
　　cf) 틱은 비자발적이며 갑작스럽게 나타남
④ 틱 증상은 빈도에 있어서 악화와 완화를 반복하지만 처음 틱이 나타난 시점으로부터 1년 이상 지속된다.

85

답 ①

해 적어도 1개월 동안 비영양성 · 비음식 물질을 계속 먹는다. → 이식증(Pica)

✏️문항설명

② DSM-5에서는 망상장애(delusional disorder)를 유형별로 나누며, 과대형, 피해형, 질투형, 신체형, 혼합형 등이 포함된다.

③ 1개월 이상의 지속 기간을 가진 한 가지 혹은 그 이상의 망상이 존재한다. → 1개월 이상 지속되는 망상이 핵심 진단기준이다.

④ 조증이나 주요우울 삽화가 일어난다면 망상 지속 기간에 비해 상대적으로 짧다. → 조증/우울 삽화가 존재하더라도, 주요 망상이 우세해야 진단이 가능하다.

⑤ 망상의 영향이나 파생 결과를 제외한다면 기능이 현저하게 손상되지 않고 행동이 뚜렷하게 이상하거나 괴이하지 않다. → 망상장애는 망상을 제외하면 일상 기능이 대체로 보존되는 특징이 있다.

86

답 ②

해 [ㄱ] 분노 발작이 보통 일주일에 3번 이상 발생한다. → 파괴적 기분조절부전장애(DMDD)의 진단기준이다.

[ㄴ] 다른 사람들로부터 부정적인 평가를 받을 수 있는 방식으로 행동을 하거나 불안증상을 나타내게 될까봐 두려워한다. → 사회불안장애(social anxiety disorder)의 진단기준이다.

✏️문항설명

ㄷ. 식욕부진이나 과식, 절망감, 불면증이나 과다수면 등의 증상이 나타난다. → PDD(지속성 우울장애)의 증상에는 주요우울장애와 유사한 기분·수면·식욕 관련 증상이 포함된다.

ㄹ. 주요우울장애 진단기준을 충족하는 증상이 2년간 지속적으로 나타날 수 있다. → 성인의 경우 2년 이상, 아동·청소년은 1년 이상 우울 기분이 지속되는 것이 PDD(지속성 우울장애) 기준이다.

87

답 ①

해 DSM-IV의 5축(multiaxial) 체계는 DSM-5에서 폐지되고, 진단을 단일체계로 통합했다.

✔️오답노트

② DSM(Diagnostic and Statistical Manual of Mental Disorders)은 미국정신의학회(APA)가 개발했다.

③ ICD(International Classification of Diseases)는 세계보건기구(WHO)가 개발하였다.

④ DSM-5는 증상과 임상 표현 중심으로 진단하며, 원인보다는 현상적·행동적 기준에 초점을 둔다.

⑤ DSM-5는 문화적, 연령별, 성별 차이를 고려한 지침과 주석을 포함하고 있다.

88

답 ②

해 **분리불안장애**(separation anxiety disorder)**는 불안장애의 하위범주에 속한다.**

실력다지기	강박 및 관련장애 하위유형(DSM-5)

1) 강박장애(obsessive-compulsive disorder)
2) **신체이형장애**(body dysmorphic disorder)
3) **저장장애**(hoarding disorder)
4) 머리뽑기장애(trichotillomania, **털뽑기장애**)
5) **피부뜯기장애**(skin-picking / excoriation disorder)

89

답 ⑤

해 급성스트레스장애(acute stress disorder, ASD)는 외상 사건 직후 3일 ~ 1개월 동안 증상이 나타나는 것을 의미한다.

cf) 사별을 겪은 후 지나치게 심각한 애도 반응과 개인의 부적응 상태가 **12개월 이상 지속되는 것은 '지속성 애도 장애'** 와 관련이 있다.

실력다지기	지속성 애도 장애(DSM-5)

1) **사별 후, 12개월 이상 지속되는 지나치게 심각한 애도 반응과 부적응 상태를 보인다.** 이 장애는 정상적인 애도 과정 을 넘어선 고통스러운 슬픔과 기능 장애가 장기간 지속되는 것을 특징으로 한다.
2) 주요 특징
 (1) 지속적인 갈망 및 그리움 : 죽은 사람에 대한 강렬한 그리움이 계속된다.
 (2) 극심한 슬픔 : 슬픔과 정서적 고통이 일상생활에 심각한 지장을 줄 정도로 심하다.
 (3) 죽음에 대한 집착 : 죽음이나 죽음을 둘러싼 상황에 대한 지나친 집착이 나타날 수 있다.
 (4) **지속 기간: 성인의 경우 12개월 이상 증상이 지속될 때 진단이 내려진다.**

✏️ 문항설명

① 반응성 애착장애(reactive attachment disorder) - 아동이 보호자와 안정적 애착을 형성하지 못한 상태를 특징으로 한다.
② 탈억제성 사회적 유대감 장애(disinhibited social engagement disorder) - 낯선 사람에게 과도하게 친밀하게 반응 하는 특징이 있다.
③ 적응장애(adjustment disorder) - 스트레스 요인 발생 후 3개월 이내에 증상이 발현되는 것이 기준이다.
④ 외상후 스트레스장애(PTSD) - 외상 경험 후 1개월 이상 침습적 재경험, 고통스러운 회상 등이 나타난다.

90

답 ③

해 둘 이상 다른 성격 상태를 특징적으로 나타내는 정체감의 분열을 보인다. → 해리성 정체감장애(다중인격, dissociative identity disorder, DID)의 핵심 기준이다.

✓오답노트

① 자신의 생각, 감정, 감각, 신체 또는 행동에 관하여 외부관찰자가 된 것 같은 경험을 한다.
→ 이인증/비현실감(derealization/depersonalization)의 특징
② 일상적인 망각으로는 설명하기 어려운 외상성이거나 스트레스성인 자서전적 정보를 회상하는 능력을 상실한다.
→ 해리성 기억상실(dissociative amnesia)의 특징
④ 주변환경이 비현실적으로 느껴지거나 그것과 분리된 것 같은 느낌을 갖는다.
→ 이인증/비현실감(derealization/depersonalization)의 특징
⑤ 거의 또는 아예 없는 자극에도 과민한 행동이나 분노를 보이며 사람이나 물건을 대할 때 언어적 · 신체적 공격성을 나타낸다. → 품행장애(conduct disorder)나 조현병 관련 증상과 관련이 있음

91

답 ③

해 [ㄹ] 인위성장애(factitious disorder)의 핵심 특징은 명백한 외적 보상 없이 증상을 꾸미거나 만드는 장애이다. 증상의 동기는 환자 역할을 취하려는 내적 욕구 때문이다.

cf) 외적 보상(경제적 이득, 법적 책임 회피, 약물 획득 등)이 있으면 꾀병(malingering)으로 분류된다.

✏ 문항설명

[ㄱ] 질병불안장애(illness anxiety disorder)의 핵심 특징은 ① 심각한 질병이 있거나 걸릴 것이라는 집착, ② 신체 증상이 없거나 경미함, ③ 건강 관련 불안이 높고 건강 상태에 과도하게 예민하다.
[ㄴ] 신체증상장애(somatic symptom disorder)의 DSM-5 진단기준은 ① 한 개 이상의 고통스럽거나 일상생활을 방해하는 신체 증상, ② 신체 증상과 관련된 과도한 생각, 감정, 행동, ③ 증상이 6개월 이상 지속된다.
[ㄷ] 전환장애(conversion disorder/기능성 신경학적 증상 장애)는 역학 연구에서 여성이 남성보다 2-3배 더 흔하게 나타나며, 특히 청소년기와 초기 성인기 여성에서 더 많이 발생한다.

92

답 ①

해 이식증의 핵심 진단기준 중 하나는 섭취행동이 사회적 관습, 혹은 문화적 지지를 받지 못한다는 것이다. 일부 문화에서는 특정 비식품 물질(예 : 점토) 섭취가 관습일 수 있는데, 그런 경우는 이식증으로 진단하지 않는다. **문화적으로 승인되지 않은 비식품 물질 섭취가 이식증이다.**

실력다지기	이식증(Pica)의 진단기준(DSM-5)

1) 영양가가 없는 비식품 물질을 지속적으로 섭취함
2) 최소 1개월 이상 지속함
3) 발달 수준에 부적절함
4) **섭취 행동이 문화적으로 지지되거나 사회적으로 규범적인 관습이 아님**

✔오답노트

② 최소 1개월 동안 급식 혹은 섭식 후 나타나는 음식물의 반복적인 역류가 있다. → **반추장애(rumination disorder)**의 진단기준

③ 음식섭취의 회피나 제한으로 인한 위장관 급식 혹은 경구 영양 보충제에 의존한다. → **회피/제한적 음식섭취장애 (ARFID)**의 진단기준

④ 체중이 증가하거나 비만이 되는 것에 관한 극심한 두려움으로 인해 이를 막기 위한 지속적인 행동을 한다. → **신경성 식욕부진증(anorexia nervosa)**의 진단기준

⑤ 체중과 체형이 자기 평가에 과도한 영향을 미친다. → **신경성 식욕부진증 또는 신경성 폭식증(bulimia nervosa)**의 진단기준

93

답 ④

해 사건수면(parasomnias)은 잠들거나, 수면 도중 또는 잠에서 깨어나는 동안 발생하는 비정상적인 행동, 움직임, 감정, 지각, 꿈 등을 포함하는 수면 장애이다. 이는 각성, 비렘수면, 렘수면 등 수면 단계에서 발생하는 부적절한 행동으로, 몽유병, 야경증, 렘수면 행동장애, 수면 중 음식 섭취 등의 다양한 형태로 나타난다.

cf) ④ 비REM수면 각성장애는 수면 걷기(sleepwalking)와 야경증(night terrors) 등이 포함되며, 사건수면(parasomnias)의 대표적 유형이다.

✎ 문항설명

① 일주기리듬 – 수면각성장애 : 수면 – 각성 패턴의 불일치로 나타나는 문제이다.

② 불면장애 : 수면의 시작, 유지, 질과 관련된 장애이다.

③ 기면증(narcolepsy) : 주간 과다수면과 수면발작이 특징이다.

⑤ 중추성 수면무호흡증 : 호흡과 관련된 수면장애이다.

94

답 ①

해 성적피학장애(sexual masochism disorder)는 굴욕, 매질, 묶임, 고통을 경험하는 것이 성적 흥분의 원인이 되고, 공상, 충동, 행동으로 나타나며, 거리낌 없이 공개하는 장애이다. 즉, 성적피학장애는 굴욕, 매질, 속박 등 고통을 주는 행위를 통해 반복적이고 강렬한 성적 흥분을 느끼는 정신 질환이며, 이는 성도착장애의 한 종류로, 본인의 동의 하에 이루어지는 활동에서 오는 만족감과는 달리, 사회적, 직업적, 또는 개인적 관계에 상당한 고통이나 지장을 초래할 경우 진단된다.

✎ 문항설명

② 노출장애(exhibitionistic disorder) : 다른 사람에게 사신의 성기를 노출하는 것

③ 관음장애(voyeuristic disorder) : 다른 사람의 성적 행위를 몰래 관찰함

④ 마찰도착장애(frotteuristic disorder) : 성적 접촉을 원치 않는 사람에게 몸을 문지르거나 접촉함

⑤ 물품음란장애(objectophilic disorder) : 특정 물건에 대한 성적 흥분

95

답 ⑤

해 사람과 동물에 대한 공격성을 보인다. → 품행장애(conduct disorder)의 특징

적대적 반항장애(ODD)에서 공격성이 일부 나타날 수 있지만, 타인이나 동물에 대한 체계적 공격성은 진단 기준이 아니다.

심화학습   **적대적 반항장애 진단기준 : DSM-5**

A. 분노/과민한 기분, 논쟁적/반항적 행동 또는 보복적인 양상이 적어도 6개월 이상 지속되고, 다음 중 적어도 4가지 이상의 증상이 존재한다. 이러한 증상은 형제나 자매가 아닌 적어도 한 명 이상의 다른 사람과의 상호작용에서 나타나야 한다.

- **분노/과민한 기분**
  1. 자주 욱하고 화를 냄
  2. 자주 과민하고 쉽게 짜증을 냄
  3. 자주 화를 내고 크게 분개함
  논쟁적/반항적 행동
  4. 권위자와의 잦은 논쟁, 아동이나 청소년의 경우는 성인과 논쟁함
  5. 자주 적극적으로 권위자의 요구나 규칙을 무시하거나 거절함
  6. 자주 고의적으로 타인을 귀찮게 함
  7. 자주 자신의 실수나 잘못된 행동을 남의 탓으로 돌림

- **보복적 특성**
  8. 지난 6개월 안에 적어도 두 차례 악의에 차 있거나 앙심을 품음

- **주의점** : 진단에 부합하는 행동의 지속성 및 빈도는 정상 범위 내에 있는 행동과 구별되어야 한다. 다른 언급이 없다면, 5세 미만의 아동인 경우에는 최소한 6개월 동안 거의 매일 상기 행동이 나타나야 한다. 5세 이상의 아동인 경우에는 6개월 동안 일주일에 최소한 1회 이상 상기 행동이 나타나야 한다(진단기준 A8).
  이런 빈도에 대한 기준은 증상을 기술하기 위한 최소 기준을 제공한 것일 뿐이며, 반항적 행동이 동일한 발달 수준에 있고 성별이나 문화적 배경이 같은 다른 사람들에게서 전형적으로 관찰되는 것보다 더 빈번하고 강도가 높은지와 같은 다른 요인들도 고려해야 한다.

B. 행동 장애가 개인 자신에게, 또는 자신에게 직접적으로 관련 있는 사회적 맥락(예 가족, 또래 집단, 동료)내에 있는 상대방에게 고통을 주며, 그 결과 사회적, 학업적, 직업적, 또는 다른 중요한 기능 영역에서 부정적인 영향을 준다.

C. 행동은 정신병적 장애, 물질사용장애, 우울장애 또는 양극성장애의 경과 중에만 국한에서 나타나지 않는다. 또한 파괴적 기분조절부전장애의 진단기준을 충족하지 않아야 한다.
  - **현재의 심각도 명시할 것 :**
    1) 경도 : 증상이 한 가지 상황(예 집, 학교, 직장, 또래 집단)에서만 나타나는 경우이다.
    2) 중등도 : 증상이 적어도 2가지 상황에서 나타나는 경우이다.
    3) 고도 : 증상이 3가지 이상의 상황에서 나타나는 경우이다.

96

답 ④

해 빈맥 혹은 심부정맥 → 알코올 금단(alcohol withdrawal)의 증상

cf) 알코올 금단 증상으로는 자율신경계 과활성: 발한, 빈맥, 손 떨림, 불면, 오심/구토, 환각, 초조, 불안, 발작 등이 있다.

실력다지기 | **알코올 중독의 DSM-5 진단기준**

A. 최근 알코올 사용
B. 알코올 사용 중 또는 직후에 임상적으로 현저한 부적응적 행동 또는 심리적 변화
C. 알코올 사용 중 또는 직후에 다음 징후나 증상 중 한 가지 이상:
   1) 불분명한 언어(slurred speech)
   2) 운동조정장애(incoordination)
   3) 불안정한 보행(unsteady gait)
   4) 안구진탕(nystagmus)[2]
   5) 집중력 또는 기억력 상실
   6) 혼미 또는 혼수(stupor or coma)

97

답 ⑤

해 학습 준비물 챙기지 못하는 것은 부주의(inattention) 증상에 해당한다.

cf) 충동성은 참을성 부족, 차례 기다리지 못함, 남의 말을 끊음 등이 포함된다.

문항설명

① 몇 가지의 부주의 또는 과잉행동-충동성 증상이 두 가지 또는 그 이상의 환경에서 존재한다. → ADHD 진단 기준 중 하나
② 주의력결핍 과잉행동장애가 있는 아농은 품행장애 등 공존장애를 가지고 있는 경우가 있다. → 적대적 반항장애(ODD), 품행장애(CD), 학습장애 등 공존 가능성이 있다.
③ 성인기까지 지속되어 사회적·학업적·직업적 손상을 야기할 수 있다. → 일부 경우 성인기까지 증상이 지속될 수 있다.
④ 리탈린(Ritalin)과 같은 중추신경자극제가 치료약물로 사용된다. → 리탈린과 같은 중추신경자극제는 주로 메틸페니데이트(Methylphenidate) 성분의 약물로, 주의력결핍 과잉행동장애(ADHD)와 기면증 치료에 사용된다. 이 약물들은 뇌의 신경전달물질인 도파민과 노르에피네프린의 양을 늘려 집중력을 향상시키고 각성을 유도하는 작용을 한다.

---

2 안구진탕(nystagmus)은 의지와 상관없이 눈이 무의식적으로 떨리거나 흔들리는 현상으로, 좌우, 상하, 혹은 회전하는 형태로 나타날 수 있다. 이는 특정 방향으로 천천히 움직였다가 원래 위치로 빠르게 돌아오는 움직임이 반복되는 특징을 보인다.

98

답 ③

해 • 자신의 목적 달성을 위해 타인을 이용 → **자기 중심적, 타인을 수단으로 삼음**

  • 자신의 중요성에 관한 과장된 지각 → **자신을 특별하게 생각**

  • 거만하고 방자한 행동이나 태도 → **타인을 깔보는 태도**

  • 특별대우나 타인의 복종을 바람 → **과도한 특권 의식**

  이 특징들은 DSM-5에서 정의한 **자기애성 성격장애**(narcissistic personality disorder, NPD)의 핵심 기준과 일치한다.

🖊 문항설명

① 편집성 성격장애(Paranoid PD) : 타인의 의도에 대한 의심과 불신
② 분열성 성격장애(조현성, Schizoid PD) : 사회적 관계 회피, 감정 표현 제한
④ 반사회성 성격장애(Antisocial PD) : 타인 권리 침해, 충동적·범법적 행동
⑤ 의존성 성격장애(Dependent PD) : 타인에게 의존적, 결정 회피

99

답 ①

해 사회적으로 고립되어 있으며 타인과 가까운 대인관계를 맺지 못하고 **기이한 생각과 행동**이 나타난다.

  → **분열형 성격장애(조현형**, schizotypal personality disorder)의 특징이다.

실력다지기 | **연극성 성격장애 진단기준 : DSM-5**

연극성 성격장애는 다음 8가지 특성 중 5가지 이상을 충족하면 진단된다.
1) **자신이 관심의 중심이 되지 못하면 불편함을 느낀다.**
2) **부적절하게 성적으로 유혹적이거나 도발적인 방식으로 타인과 관계를 맺는다.**
3) 감정 표현이 과장되고 피상적이며, 감정이 빠르게 변한다.
4) 끊임없이 관심을 끌기 위해 외모를 이용한다.
5) **언사가 매우 모호하고 세부적이지 않다.**
6) 연극적이고 과장된 행동을 반복한다.
7) 타인에게 쉽게 영향을 받고, 감정을 진술하게 표현하는 데 어려움을 겪는다.
8) **관계를 실제보다 더 가깝다고 착각하는 경향이 있다.**

100

답 ④

해 의학적 치료를 멀리함 → 의료적 서비스 접근이나 치료 관련 문제에 속하며, 사회환경 문제 범주에 포함되지 않는다.

실력다지기

▶ DSM-5의 Z 코드(임상적 주의의 초점이 될 수 있는 기타 상태) 중 사회환경과 관련된 기타 문제에는 다음이 포함된다.

1) 문화 적응의 어려움
2) 사회적 배척이나 거부
3) 부정적 차별이나 박해의 표적
4) 혼자 살기와 관련한 문제

제2과목 집단상담(선택)

26	②	27	③	28	②	29	⑤	30	④
31	정답 없음	32	④	33	③	34	④	35	③
36	③	37	⑤	38	①	39	⑤	40	①
41	③	42	③	43	⑤	44	④	45	⑤
46	①	47	④	48	①	49	⑤	50	②

26

답 ②

해 명시적 규범(집단 규칙)은 계획서에 포함이 가능하다. 그러나 **묵시적 규범은 집단이 실제로 진행되면서 자연스럽게 형성되는 것으로, 집단 과정에서 드러나는 암묵적 기대, 행동 패턴이기 때문에 사전에 계획하거나 예측할 수 없어 계획서에 포함하기 어렵다.**

실력다지기	집단상담 계획서에 일반적으로 포함되는 내용

1) 집단의 목적과 목표 : 집단이 달성하고자 하는 목표
2) 집단원의 선정 기준과 특성 : 집단원의 특성
3) 집단 구성의 이론적 근거 : 계획하는 집단구성에 대한 합당한 근거
4) 회기 수, 시간, 장소 등 운영 계획 : 모임 시간, 전체 길이
5) 학교/기관에 대한 제안서(집단상담의 필요성과 이점) : 학교에 제시할 집단상담의 이점에 관한 내용
6) 리더의 자격과 역할
7) 평가 계획

27

답 ③

해 [ㄴ] 아동 및 청소년을 진심으로 걱정하고 관심을 가져주는 마음은 **개인적 태도나 인간적 자질에 속한다.**

   cf) 학교 장면에서 집단상담자의 전문적 자질에는 발달단계에 대한 이해, 다른 문화적 배경과의 효과적 작업을 위한 지식, 집단상담 관련 문헌 검토 등이 포함된다.

28

답 ②

해 **집단응집력은 자연스럽게만 발달하지 않는다.** 즉, 집단상담자의 적극적이고 의도적인 개입이 필요하다. **집단응집력이 유동적인 것은 맞지만, 단순히 자연스럽게 발달하는 것이 아니라 적극적으로 촉진해야 하는 것이다.**

cf) 집단응집력은 집단원들이 집단과 다른 집단원들에게 느끼는 매력으로, 집단에 소속되고 싶은 욕구이며, 집단이 함께 뭉쳐있도록 하는 힘이다. 높은 응집력의 긍정적 결과로는 낮은 중도탈락률, 활발한 참여, 자기개방 증가, 상호 지지와 피드백 등이다.

29

답 ⑤

해 벡(A. Beck)의 집단상담에서는 **신념을 강제로 내재화하도록 하는 것이 아니라, 스스로 검토하고 합리적 사고를 습득하도록 돕는 것이 목표이다.** 강제적 내재화는 인지치료의 원칙과 맞지 않다.

🖉 문항설명

① 상호협력과 적극적인 참여를 강조하는 치료적 관계가 필수적이다. → **벡(A. Beck)의 인지치료 집단에서 치료적 관계는 핵심적인 부분**이다.

② 집단원들이 가설을 만들고 그것을 검증하게 하는 협력적 경험주의 방식을 취한다. → 이는 **인지치료의 핵심 방법인 협력적 경험주의(collaborative empiricism)에 해당**한다.

cf) 협력적 경험주의(collaborative empiricism)는 인지행동치료(CBT)의 핵심 원칙으로, 치료자와 내담자가 팀을 이루어 내담자의 문제에 대해 협력적으로 탐구하는 접근 방식이다. 이는 치료자가 내담자의 자기치유 능력에 초점을 맞춰, 내담자가 자신의 역기능적 사고나 행동 패턴을 경험적으로 탐구하고 변화를 시도하도록 돕는 것을 의미한다.

③ 집단원들이 자동적 사고와 핵심 신념을 지지하거나 반박할 수 있는 증거를 찾아보도록 한다. → **자동적 사고와 핵심 신념 검증 활동이 중요하다.**

④ 안내된 발견(guided discovery)을 통해 집단원이 생각하고 느끼며 행동하는 방식의 관련성을 알게 한다. → **안내된 발견(guided discovery)은 벡(A. Beck)의 집단의 주요 기술 중 하나**이다.

cf) 인지치료의 안내된 발견(guided discovery)은 내담자가 스스로 자신의 비합리적인 생각과 신념을 탐색하고 수정하도록 치료자가 질문을 통해 안내하는 과정이다. 이는 소크라테스식 질문 기법을 활용하여 내담자가 자신의 사고 방식의 타당성, 결과, 대안 등을 스스로 평가하게 함으로써 더 건강한 생각으로 나아가도록 돕는 핵심 기법이다.

30

답 ④

해 융합(fusion)은 자신과 타인을 구분하지 못하고, 집단원에게 지나치게 몰입하는 상태를 의미한다.

cf) **집단원에 대한 갈등을 표출하고 부정적 감정을 있는 그대로 표현하는 것은 융합이 아니라 건강한 접촉 또는 공격적 표현에 해당**한다.

31

📋 정답 없음

📝 ① 집단원과 집단상담자는 계약적 합의 하에 동등한 지위를 갖는다. → TA의 핵심 원리는 계약(contract), 상담자와 내담자는 평등한 관계, 명확한 목표설정과 계약적 합의 강조 등이다.

② 교류분석 집단상담자는 집단원 간의 상호작용을 관찰하고 분석하여, 집단원들이 반복적으로 사용하는 각본(script)과 심리 게임(psychological game)을 인식하도록 돕는 역할을 한다. 집단상담자는 집단 내의 교류 패턴을 탐색하게 함으로써, 집단원이 자신의 삶의 방향과 대인관계 패턴을 이해하고, 기존의 비합리적 행동에서 벗어나 새로운 선택을 하도록 촉진한다.

③ 스트로크(strokes)는 사람과 사람 사이에 오가는 모든 형태의 인정 자극을 의미한다. 이러한 스트로크를 통해 인간은 삶의 각본(life script)을 형성하고, 이는 현재의 행동과 관계 패턴에 영향을 미치는 초기 결정을 내리는 데 중요한 역할을 한다. 따라서 집단상담자는 스트로크에 의한 삶의 각본과 초기 결정을 발견하도록 조력한다.

④ 집단원이 연출한 게임으로 인해 부정적 감정이 만성화되는 과정을 발견하도록 돕는다. → 게임과 라켓 감정(부정적 대체 감정), 그리고 반복적 게임 패턴과 그로 인한 부정적 감정의 만성화를 탐색한다.

⑤ 집단원들이 인생태도와 라켓을 탐색하고 효과적인 관계방식을 실험하도록 한다. → 인생태도(I'm OK-You're OK 등) 탐색, 라켓 감정 대신 진정한 감정의 경험, 새로운 관계 방식 실험과 재결정을 한다.

※ 부연

▶ 교류분석의 주요 개념

　1) 자아상태 : 부모자아, 성인자아, 아동자아

　2) 교류 패턴(유형) : 상보적 교류, 교차적 교류, 이면적 교류

　3) 각본(script)

　4) 게임(game)

　5) 스트로크(stroke)

　6) 라켓 또는 라켓감정(racket feeling)

　7) 인생태도(life position)

32

답 ④

해 해결중심 집단상담에서 '알지 못함(Do not know) 자세'는 집단상담자가 전문지식이나 판단을 내세우지 않고, 집단원 스스로 해결책을 탐색하도록 돕는 태도를 의미한다.

[ㄴ] '알지 못함' 자세는 전문용어 사용이나 진단적 접근을 피함이 핵심이다.

✎ 문항설명

[ㄱ] 집단원으로 하여금 자신의 삶에 대한 전문가의 위치에 서게 한다. → 상담자가 모든 답을 아는 것이 아니라, 집단원이 자신의 삶에서 전문가가 되도록 돕는다.

[ㄷ] 공동 촉진자의 역할을 수행하는 집단원들의 도움을 받을 수 있다. → 집단원들의 경험과 통찰을 활용하여 문제 해결을 촉진한다.

[ㄹ] 자신의 삶에서 얻은 지식, 개념, 경험적 역량을 내려 놓는다. → 상담자가 자신의 판단이나 경험을 집단원에게 강요하지 않도록 비우는 자세가 필요하다.

33

답 ③

해 얄롬(Yalom)의 '지금-여기(Now-Here)' 개입은 집단 내에서 현재 발생하는 사건, 감정, 상호작용을 중심으로 다루는 접근이다.

[ㄷ] '지금-여기' 접근은 과거 사건보다는 현재 집단 내 상호작용에 초점을 맞춘다.

✎ 문항설명

[ㄱ] 집단원과 집단상담자에 대한 감정이 드러나는 것을 용이하게 해준다. → 현재 순간의 감정을 탐색하는 것이 핵심이다.

[ㄴ] 집단들의 축소된 사회를 발전시키고 그것이 드러나도록 한다. → 집단은 작은 사회적 환경(microcosm)으로, 현재 상호작용을 통해 탐색된다.

[ㄹ] 집단에서 무슨 일이 일어나고 있는가를 관찰하고 다룬다. → 현재 진행 중인 사건과 감정을 중심으로 개입한다.

34

답 ④

해 어떤 집단원이 그렇게 생각하고 있을지, 그 집단원에 대한 느낌을 그 분에게 직접 표현해 보실까요? → **집단원 간 직접적 대면과 즉각적 피드백은 작업단계(working stage)에 적합**하다. 초기단계에서는 위협적일 수 있으며, 신뢰가 충분히 형성되지 않은 상태에서 직접 표현은 저항이 증가할 수 있다. 그리고 A는 이미 불안해하는데 다른 집단원에게 직접 표현하라는 것은 부담으로 작용할 수 있다. 즉, **초기단계에서는 신뢰와 안전감 형성이 우선이기 때문에 집단원에게 다른 집단원에게 직접 감정을 표현하도록 요구하는 것은 부적절하다.**

<table>
<tr><td>실력다지기</td><td>코리(G. Corey)의 집단상담 초기단계</td></tr>
</table>

1) 특징
　(1) 신뢰와 안전감 형성이 중요함
　(2) 불안, 주저함, 탐색적 행동을 보임
　(3) 집단 규범과 신뢰 구축
　(4) 보편성 경험(자신만 그런 것이 아님을 깨달음)
　(5) 집단원들의 방어와 저항이 나타남

2) 개입 원칙
　(1) 안전한 분위기 조성
　(2) 보편성 촉진
　(3) 강요함이 없는 자기탐색 격려
　(4) 과도한 노출이나 직면 피하기
　(5) 집단원 간 직접적 상호작용은 점진적으로 진행해 나감

문항설명

① 당신에게 어떤 집단원이 그런 생각을 할 것 같은지 마음 속으로 탐색해 보시겠어요? → **안전한 내적 탐색 격려**

② 혹시 당신이 이 집단에서 누구를 가장 의식하고 있는지 알아차려 보시겠어요? → **자기 알아차림 촉진 / 부드러운 탐색 제안**

③ 혹시 이 집단에서 A와 같은 생각을 가지고 있는 분이 있나요? → **보편성(universality) 촉진 - 초기단계의 핵심 치료적 요인, 안전감과 소속감 증진**

⑤ 네! 그런 생각이 일어날 때 어떤 느낌일지 궁금하네요. 그 느낌에 한번 머물러 보시겠어요? → **감정 탐색과 경험 격려, 공감적이고 지지적인 반응**

35

답 ③

해 [ㄹ] 실존주의 상담에서는 불안을 제거하거나 안전하게 만드는 것이 목표가 아니라, **불안을 직면하고 삶의 의미와 선택을 자각하도록 돕는 것이 목표이다.**

📝 문항설명

[ㄱ] 실존적으로 주어진 것들과 직면할 때 피할 수 없는 산물이다. → **죽음, 자유, 고립, 의미 없는 삶 등 실존적 사실과 맞닿을 때 불안은 자연스러운 반응이다.**

[ㄴ] 치료되어야 할 문제는 아니다. → **실존적 불안은 부적응적이라기보다 삶의 일부로, 상담의 목표는 불안을 제거하는 것이 아니라 의미 있게 수용하고 활용하는 것이다.**

[ㄷ] '익숙한 것'을 '알 수 없는 것'으로 바꾸어야 한다는 인식에서 생긴다. → **변화, 불확실성, 자유로운 선택과 책임과 관련하여 발생한다.**

36

답 ③

해 차단하기 기술은 집단상담에서 집단의 발전을 저해하거나 다른 구성원에게 해를 끼칠 수 있는 행동이나 발언을 적절히 중단시키거나 방향을 전환하는 상담자의 개입 기법이다.

cf) ③ **부정적인 반응이나 감정 표현은 집단상담의 중요한 치료적 과정이다.** 청소년들이 서로에 대한 솔직한 감정(부정적 포함)을 표현하고 이를 통해 갈등 해결과 관계 개선을 학습하는 것은 매우 중요하다. **상담자는 이를 차단하기보다는 건설적으로 표현하고 처리할 수 있도록 도와야 한다.** 집단상담에서 부정적 감정의 표현은 치료적 과정의 자연스러운 부분이다. **상담자의 역할은 이러한 감정을 차단하는 것이 아니라, 안전한 환경에서 건설적으로 표현하고 처리할 수 있도록 돕는 것이다.**

📝 문항설명

① 한 집단원의 지속적인 질문은 다른 구성원들의 참여 기회를 제한하고 집단의 균형을 깨뜨릴 수 있다. 상담자는 적절히 차단하여 다른 구성원들에게도 발언 기회를 제공해야 한다.

② 한 사람이 다른 모든 구성원을 대신해서 말하는 것은 다른 구성원들의 자율성과 표현 기회를 박탈한다. 각자가 직접 자신의 생각과 감정을 표현하도록 격려해야 한다.

④ 집단 밖의 상황이나 사건에만 계속 초점을 맞추는 것은 '지금-여기(here and now)'의 집단 경험을 회피하는 것이다. 집단 내에서 일어나는 상호작용과 감정에 집중하도록 방향을 전환해야 한다.

⑤ 건설적이지 않은 논쟁이나 감정적 대립이 격화될 때는 적절히 개입하여 차분한 대화로 유도하거나 잠시 중단시켜 감정을 정리할 시간을 제공해야 한다.

37

답 ⑤

해 [ㄱ] **상담자는 자신이 충분히 숙련되지 않은 기법을 사용해서는 안 된다.** 이는 내담자에게 불필요한 위험을 초래할 수 있으며, 전문성 부족으로 인한 **윤리 위반**이다.

[ㄴ] 상담자는 중립적이고 전문적인 관계를 유지해야 하며, 역할 혼동이나 과도한 개입 욕구는 윤리적으로 부적절하다. 이는 **내담자의 자율성을 침해할 수 있다.**

[ㄷ] 언뜻 보기엔 윤리적으로 적절해 보일 수 있지만, **자신의 가치관을 숨기고 내담자에게 영향을 주지 않으려는 태도는 오히려 불투명한 관계를 초래할 수 있다. 상담자는 자신의 가치관을 인식하고, 그것이 상담에 미치는 영향을 자각 하며, 필요시 적절히 드러내는 것이 보다 더 윤리적이다.**

[ㄹ] 명백한 **윤리 위반**이다. 상담자는 내담자의 복지와 권익을 최우선으로 고려해야 하며, 개인적 이익 추구는 금지된다.

38

답 ①

해 [ㄹ] **주지화(intellectualization) → 얄롬(I. Yalom)의 치료적 요인 아님**

주지화는 방어기제로, 감정을 회피하고 지적으로만 접근하는 것이며, 치료적 요인이 아니라 극복해야 할 저항이다.

[ㅁ] **합의적 타당화(consensual validation) → 얄롬(I. Yalom)의 치료적 요인 아님**

설리반(Sullivan)의 개념의 하나로 얄롬(Yalom)의 11가지 요인에 포함되지 않는다.

[ㅂ] **자기노출(self-disclosure) → 얄롬(I. Yalom)의 치료적 요인 아님**

자기노출은 치료적 과정(process)에 해당한다.

실력다지기	얄롬(I. Yalom)이 제시한 치료적 요인 - 11가지

1) **희망의 고취(instillation of hope) - 희망을 심어주기**
2) 보편성(universality) - 나만 그런 것이 아님
3) 정보 제공(imparting information) - 심리교육, 조언
4) 이타주의(altruism) - 타인 돕기
5) 실존적 요인(existential factors)
6) **사회화 기술의 발달(development of socializing techniques)**
7) **모방행동(imitative behavior)**
8) 대인관계 학습(interpersonal learning)
9) 집단응집력(group cohesiveness)
10) 카타르시스(catharsis) - 정서적 정화
11) 초기 가족집단의 교정적 재현(corrective recapitulation of the primary family group)

39

탑 ⑤

해 얄롬(I. Yalom)이 주장한 실존적 요인은 자신의 책임과 자유를 인식하는 것이 핵심이며, '항상 의존할 수 있는 타인이 있다'는 믿음은 실존적 요인의 취지와 반대 내용이다.

🖋 문항설명

① 과거 가족과의 관계가 집단원이나 집단상담자에게 교정적으로 재연된다. → 초기 가족집단의 교정적 재현 (corrective recapitulation of the primary family group)
② 내적 감정의 개방적 표현을 통해 감정을 정화한다. → 카타르시스(catharsis): 정서적 정화
③ 자신의 삶에 대한 궁극적 책임을 인식한다. → 실존적 요인(existential factors)
④ 다른 집단원이나 집단상담자를 모델링한다. → 모방행동(imitative behavior)

40

탑 ①

해 집단상담은 상호작용과 사회적 학습에 강점이 있지만, 개인문제를 깊이 탐색하는 데는 개인상담이 더 유리하다.

41

탑 ③

해 ① 스트레스대처기술 훈련집단이 이에 속한다. → 훈련집단(skill training group)
② 부적응의 원인을 이해하고 해결하고자 한다. → 치료집단(therapy group)
③ 감수성 훈련을 위한 참만남 집단이 이에 속한다. → 성장집단(growth group)
④ 유사한 문제를 겪었거나 극복한 사람들로 구성되며 집단원들이 차례로 집단을 이끈다. → 자조집단(self-help group)
⑤ 집단상담자는 집단을 이끌고 교육하는 역할을 한다. → 훈련집단(skill training group) 또는 교육집단

42

탑 ③

해 행동주의 집단상담에서 목표는 진행 과정에서 수정·조정 가능하다.

43

답 ⑤

해 자신이 원하는 감정은 자신이 만들어낸 것임을 자각하도록 하는 단추 누르기 → **단추 누르기 기법은 개인심리 집단상담의 기법으로, 심리극에서 일반적으로 사용되지 않는다.**

cf) 실연, 이중자아, 빈의자 기법, 거울기법 등은 심리극 집단상담에서 주로 활용되는 기법이다.

※ 부연

▶ 단추 누르기 기법 – 아들러 학파의 개인심리상담

1) 단추 누르기 기법은 내담자 자신이 양립할 수 없는 정서의 희생자라고 느낄 때에 효과적인 방법이다.

2) 내담자에게 눈을 감고서 자신의 경험 중에서 즐거웠던 사건을 회상하고 이에 수반되는 감정에 주목하도록 한다.

3) 그런 다음 상처가 되었거나 창피를 느꼈던 불쾌한 경험을 회상하여 거기에 수반되는 감정에 주목하도록 한다.

4) 그 다음 내담자에게 다시 첫 장면을 재생하도록 요구한다.

5) 아들러 학파들은 이러한 과정을 통하여 내담자가 단지 무엇을 생각할지를 결정한다면 자신이 원하는 감정을 끌어낼 수 있다는 것을 깨닫게 해주려고 한 것이다.

6) 단추 누르기 기법을 통해서 내담자가 감정을 선택할 수 있고 이것은 그의 생각의 산물임을 가르칠 수 있다.

44

답 ④

해 개인심리학 기반 집단상담은 **선별보다는 다양한 구성원의 상호작용을 중시하며, 선별 자체를 강조하지 않는다.**

✏ 문항설명

① 집단원의 행동은 **유아기에 형성된 가족과의 사회적 상호작용 패턴**을 드러낸다. → 아들러 개인심리학에서 강조하는 내용이다.

② 집단원은 **누구나 불완전하고 열등감을 느끼는 존재**라고 본다. → 개인심리학의 핵심 전제 중 하나이다.

③ 집단원이 가진 **열등감은 능력을 성취하기 위한 원동력으로서 우월성 추구로 발현**된다고 본다. → 아들러는 열등감을 성장과 발달의 동기로 보았다.

⑤ 집단원들이 **바람직한 생활양식으로 재정향하도록 조력**한다. → 개인심리학에 근거한 집단상담의 목표 중 하나이다.

45

답 ⑤

해 **윤리적·법적 이유로, 청소년에게 참여하지 않을 경우 발생 가능한 결과를 명확히 알려주는 것이 필요**하다.

46

답 ①

해 사전 개별면담은 집단상담 참여자의 특성, 필요, 문제를 파악하고 적절한 집단 구성과 개입 계획을 세우기 위해 필수적이다.

47

답 ④

해 집단상담의 규칙과 한계 설정은 초기 단계에서 이루어지는 활동이다.

> *cf)* 집단에 대한 소속감(응집력)을 느낀다든지, 집단에서 배운 것을 도전하고 실천하는 것은 중기 단계의 특징이다. 또한 자기탐색과 변화에 대한 불안을 경험하고 방어적이 되는 것은 중기 단계에서 흔히 나타나는 전형적 반응이며, 중기 단계에서는 집단원이 자신의 의견과 감정을 표현하면서 상담자에게 도전할 수 있다.

48

답 ①

해 치료의 핵심은 전이의 분석과 해결이다. → 정신분석 집단상담에서 전이(transference)를 탐색하고 이해하는 것이 핵심 치료 과정이다.

✔ 오답노트

② 자유연상(free association)은 정신분석의 기본적인 기법이며, 집단에서도 사용되지만, 집단 특성상 일부 조정이 필요할 수 있다.

③ 집단상담자는 적극적으로 전이와 저항을 해석하고 분석하는 역할을 수행한다.

④ 집단은 동질적보다는 다양한 배경을 가진 구성원이 포함될 수 있으며, 전이 촉진은 상담자의 기술과 상호작용에 의해 이루어진다.

⑤ 정신분석 집단에서는 단순 모방보다는 심층적 성찰과 무의식적 패턴 이해가 중요하다.

49

답 ⑤

해 보기의 주어진 조건을 분석하면 다음과 같다.

- 친구가 없는 초등학생 대상 → **동질적 구성**
- 대인관계 기술향상을 목표로 설계된 집단상담 → **구조화된 집단**
- 매주 화요일, 총 10회기 진행 → **분산적 집단**

따라서 ⑤ **구조화된 동질적 구성의 분산적 집단**이 옳은 내용이다.

실력다지기	집단상담 유형의 분류 기준

1) 구조화 정도
   (1) **구조화된 집단**: 명확한 목표와 계획된 활동, 체계적인 프로그램을 가진 집단
   (2) 비구조화된 집단: 자유로운 상호작용을 통해 자연스럽게 진행되는 집단

2) 구성원의 동질성
   (1) **동질적 구성**: 비슷한 문제나 특성을 가진 사람들로 구성(**예** 같은 연령, 같은 문제)
   (2) 비동질적 구성: 다양한 배경과 특성을 가진 사람들로 구성

3) 시간 배치
   (1) 집중적 집단: 연속된 며칠 동안 장시간 진행 (**예** 워크숍, 집중 캠프)
   (2) **분산적 집단**: 일정한 간격으로 나누어 진행 (**예** 매주 1회씩)

50

답 ②

해 집단상담 초기단계의 상담자 역할로 **상담구조화하기**(집단 규칙, 목표, 활동을 안내하여 안정적인 구조 제공), **감정표현과 자기개방 격려**(집단원들이 편안하게 자신을 표현하도록 지원) 등이 있다.

cf) 역기능적 행동 탐색(ㄴ), 생산적 대안 개발(ㄷ), 저항 직면(ㄹ)은 주로 중기 단계(작업단계)에 해당한다.

제3과목 가족상담(선택)

51	⑤	52	②	53	②	54	④	55	②
56	⑤	57	③	58	④	59	①	60	⑤
61	④	62	③	63	①	64	④	65	③
66	②	67	③	68	②	69	⑤	70	③
71	①	72	④	73	④	74	①	75	⑤

51

답 ⑤

해 견고한 사회적 지지체계는 폭력 위험을 감소시키는 보호요인으로, 촉발요인에 해당하지 않는다.

cf) 가정폭력을 촉발하는 요인(위험요인)으로는 개인적, 환경적, 심리적 위험 요인이 포함된다. 성장기 폭력 경험(①), 과거 트라우마나 정신장애(②), 약물남용·알코올 문제(③), 심리적 좌절, 스트레스(④) 등이 해당한다.

52

답 ②

해 사이버네틱스(cybernetics)는 노버트 위너(Norbert Wiener)가 1940년대에 창안한 개념으로, 체계(system)의 자기조절, 피드백, 정보 처리를 다루는 학문이다. 피드백 고리, 자기조절, 부적 피드백, 정적 피드백 등은 사이버네틱스의 핵심 개념이다. cf) 잭슨(D. Jackson)은 가족치료와 체계적 접근에서 사이버네틱스 개념을 응용한 사람이다.

실력다지기

▶ 피드백 고리 (Feedback loop)

1) 개념 : 체계가 안정성을 유지하기 위해 필요한 정보를 획득하는 과정이다.

2) 주요 기능

(1) 기능 감시 : 체계가 스스로의 기능을 끊임없이 감시하고 적응하도록 돕는다.

(2) 항상성 유지 : 체계가 인정 상태를 유지하려고 노력하는 과정을 통해 이루어진다.

3) 피드백의 종류

(1) 긍정적 피드백(정적 환류) : 체계의 행동 방향을 강화하거나 변화를 촉진하는 정보를 제공한다.

(2) 부정적 피드백(부적 환류) : 체계가 원래의 상태로 복귀하도록 신호를 보내 체계를 안정시키는 역할을 한다.

▶ 사이버네틱스(cybernetics) : 자기조절 체계에서의 피드백 기제

1) 자기조절(self-regulation) : 체계가 목표를 향해 나아가거나 안정성을 유지하기 위해 스스로를 조절하는 능력이다.

2) 피드백(feedback) : 체계가 어떤 과정이나 행동의 결과에 대한 정보를 다시 그 근원에 전달하는 과정이다.

3) 피드백 고리(feedback loop) : 정보가 순환하는 고리 형태로, 체계의 행동→결과→정보 전달→체계의 조절로 이어지는 과정이다

4) 결론적으로 자기조절 체계에서의 피드백 기제는 체계가 스스로를 유지하고 안정성을 유지하기 위해 자신의 행동 결과에 대한 정보를 받아들여 조절하는 과정이다. 이는 체계가 외부 환경과 상호작용하면서 발생하는 정보의 입력과 출력을 고리(loop) 형태로 순환시키는 것이며, 특히 안정성을 유지하기 위해 변화를 감지하고 그에 맞춰 조절하는 핵심 메커니즘이다.

53

답 ②

해 **DSM-5에서는** 이전 DSM-Ⅳ의 알코올 남용(alcohol abuse)과 알코올 의존(alcohol dependence)을 통합하여 알코올 사용장애(alcohol use disorder)라는 단일 범주로 분류하고 있다. **알코올 사용장애의 정도는 증상 수에 따라 가벼움 (mild, 2~3개), 중간(moderate, 4~5개), 심각(severe, 6개 이상)으로 구분**한다.

54

답 ④

해 **[ㄴ] 성별, 장애, 나이, 종교 등을 이유로 내담자를 차별하는 것은 윤리 위반**이다.

cf) 가족과 개인의 복리를 증진시키는 것은 상담 윤리의 핵심 원칙이며, 비밀보장의 의미와 한계를 내담자에게 고지하는 것, 이중관계(dual relationship)를 피하는 것은 윤리적 의무이고, 자신의 능력 범위를 벗어난 진단, 치료, 조언을 피하는 것은 윤리적 책임으로 옳은 내용이다.

55

답 ②

해 "당신은 언제부터 아들의 알람시계였나요?"와 같은 질문은 **중재(intervention) 또는 경계 및 위계를 확인하기 위한 질문에 해당하며, 합류(joining)를 위한 질문으로 보기 어렵다. X**

✎ 문항설명

① 가족구조(family structure)는 가족 구성원 간의 상호작용 패턴과 보이지 않는 요구(implicit demands)에 의해 형성된다.
③ 역기능적 권력의 균형깨기를 위해 아들 편을 들며 위계를 조정하는 것은 구조적 가족상담 기법 중 하나이다.
④ 침투적/모호한 경계선은 과도한 간섭이 특징이며, 소속감은 강하지만, 개인 자율성을 방해한다.
⑤ 부모체계는 자녀 발달단계에 맞는 규칙과 적절한 권위를 행사해야 한다.

56

답 ⑤

해 체계이론(systems theory)의 핵심 개념들에 대한 이해를 묻는 문제로, 다양한 출발 상태에서 시작하여 여러 방식과 역동적 상호작용을 통해 동일한 특징적 결과에 이르는 경향 즉, 서로 다른 시작점과 과정을 거쳐서도 같은 결과에 도달한다는 의미는 동일결과성(equifinality)이다.

cf) ③ 다귀결성(multifinality)은 같은 출발점에서 시작하여 다양한 결과에 이르는 것을 의미한다.

> ※ 부연
>
> ▶ 동일결과성의 특징
>   1) 열린 체계(개방체계)에서 나타나는 현상이다.
>   2) 초기 조건이나 과정의 차이에도 불구하고 같은 결과를 도출한다.
>   3) 가족치료, 집단상담 등에서 중요한 개념이다.
>   4) 사례 : 서로 다른 배경의 내담자들이 다양한 치료과정을 거쳐 동일한 치료목표에 도달함

57

답 ③

해 [ㄹ] 일반체계이론(체계론적 관점)과 2차 사이버네틱스는 동일하지 않다. 일반체계이론은 1차 사이버네틱스적 관점과 연결되며, 2차 사이버네틱스는 관찰자 개입(주관적 견해 강조)과 자기참조적 관점('나'라는 1인칭 주체가 존재한다는 인식과, 그 자신을 참조하여 자신의 생각과 행동을 이해하고 판단하는 능력)까지 포함한다.

✎ 문항설명

[ㄱ] 체계(system)는 상호작용적이고 상호의존적인 부분들의 조직적 통합체이다.

[ㄴ] 블랙박스 은유는 내부 과정을 직접적으로 관찰할 수 없는 체계(예 : 가족)의 행동과 입력 – 출력 관계를 이해하는 데 적용된다.

cf) 가족치료의 '블랙박스 은유'는 가족이라는 복잡한 체계 내부의 정확한 작동 원리는 알기 어렵다는 것을 '블랙박스'에 비유한 것이다. 따라서 치료는 블랙박스 내부를 직접 들여다보는 것이 아니라, 가족 외부로 나타나는 '입력'(가족의 상호작용)과 '출력'(문제 행동이나 증상)에 초점을 맞춰 가족의 비정상적인 패턴을 바람직한 방향으로 바꾸는 것을 목표로 한다. 이는 가족체계의 순환적 인과관계를 강조하며, 사이버네틱스이론과 맥락적으로 연결된다.

[ㄷ] 가족은 체계로 이루어져 있기 때문에 단순한 개인들의 집합체가 아니라, 상호작용과 관계로 이루어진 망(network)이다.

58

답 ④

해 보웬(M. Bowen)의 가족체계이론은 증상을 개인의 문제가 아닌 가족 체계의 문제로 본다는 점에서 매우 중요하다. 그러나 기법을 강조한다는 표현은 옳지 않다. 보웬(M. Bowen)은 기법 중심의 접근을 지양하고, 이론적 이해와 자기 인식, 분화 수준의 향상을 중시한다. 상담자는 중립적이고 비개입적인 태도를 유지하며, 내담자가 자신의 가족체계를 탐색하고 자기 분화를 높일 수 있도록 돕는 역할을 하기 때문에 따라서 보웬(M. Bowen)의 가족체계이론은 기법보다는 원리와 통찰 중심이라고 할 수 있다.

cf) ② 보웬(M. Bowen)의 이론에서 '완벽한 분화'는 정서적 융합이나 단절 없이, 이성과 감정을 분리하여 독립적인 자아를 유지하는 것을 의미한다. 즉 '완벽한 분화'는 원가족과의 관계를 끊는 것이 아니라 관계 속에서 자신만의 주체성을 지키는 상태를 말한다.

59

답 ①

해 **해결중심단기 가족상담은 문제 중심이 아닌 해결 중심의 접근을 취하기 때문에 문제행동의 소거를 목표로 삼지 않는다.** 오히려 가족의 자원과 강점을 활용해 가능성과 희망을 강조하여 문제보다 해결을, 결함보다 강점을, 과거보다 미래에 초점을 맞추는 상담이다.

> ※ 부연
>
> ▶ 해결중심상담의 목표설정 원칙
>   1) 구체적이고 행동적인 목표를 설정한다.
>   2) 현재와 미래 지향적으로 접근한다. → 지금 여기에서 시작하는 것을 목표로 한다.
>   3) 내담자가 중요하게 여기는 것을 중심으로 목표를 설정한다.
>   4) 목표는 실현 가능하고 작은 변화부터 시작한다.
>   5) 목표 수행은 힘든 일이라는 것을 내담자가 인식하도록 한다.

60

답 ⑤

해 모두 옳은 내용이다.

[ㄱ] 가족의 주요 갈등 탐색 : 가족상담자는 가족 내 갈등과 그동안의 대처 방식을 탐색하여 문제 이해의 기초 자료를 확보한다.

[ㄴ] 체계론적 관점으로 문제 이해 : 가족을 하나의 체계로 보고, 가족원 간 상호작용과 관계 패턴을 중심으로 문제를 이해한다.

[ㄷ] 상담 구조화 : 상담 초기단계에서 목표를 설정하고, 상담의 흐름과 치료적 계획을 구체화하는 것은 가족상담자의 중요한 역할이다.

61

답 ④

해 리즈(T. Lidz)는 정신의학적 관점에서 가족 내 병리적 상호작용을 설명하며, 특히 부부균열(marital schism)과 부부불균형(marital skew)이라는 개념을 제시했다.

④ **부부균열(marital schism)이란, 부부가 서로의 가치를 깎아내리며, 자녀에게 충성과 애정을 얻기 위해 경쟁하는 상태를 말한다.** 부모가 자녀를 자신의 편으로 끌어들이려는 경향이 강하며, 이는 자녀에게 역할 혼란과 정서적 부담을 초래할 수 있다.

cf) **부부불균형(marital skew) : 부부 중 한 사람은 강하고 다른 한 사람은 약하다는 특징이 있어, 강한 배우자가 약한 배우자를 지배함**으로 부부간 갈등이 표면화되는 것을 막을 수 있지만, 거짓상호성(겉으로는 친밀한 상호작용이 있으나 사실은 거짓된 모습임을 나타냄)이 보이는 관계이다.

62

답 ③

해 가족상담 초기단계의 핵심은 라포 형성과 정보 수집이며, 상담자는 가족에게 평가나 진단을 내리는 권위적 입장보다는 중립적이고 협력적인 태도를 유지하는 것이 중요하다. 즉, 초기단계에서 내담자 문제를 진단·평가하고 호전 가능성 확신을 강조하는 것은 적절하지 않다.

63

답 ①

해 [ㄱ] 보웬(M. Bowen) 이론에서 자기분화 수준이 높을수록 감정에 휘둘리기보다 이성적이고 안정적으로 반응할 수 있다. 감정에 반사적으로 반응하는 것은 자기분화 수준이 낮을 때 나타나는 특성이다.

　　[ㄴ] 보웬(M. Bowen)은 가족문제를 개인의 문제로 환원하거나 인과론적으로 설명하는 것을 지양하며, 가족체계의 패턴과 상호작용에 초점을 맞춘다.

✏️ 문항설명

[ㄷ] 개인이 개별성과 연합성을 균형 있게 사용할 수 있을 때, 건강한 자아로 성장할 수 있다. → 자기분화의 핵심 개념으로 옳은 내용이다. 개별성은 자신만의 생각과 감정을 유지하며 독립적인 개체로 서는 것을 의미하고, 연합성은 타인과 정서적 유대감을 맺고 관계를 맺는 능력이다. 이 둘 사이의 균형이 잘 잡히면 자아분화가 높은 상태가 되어, 감정과 지성을 분리하고 관계 속에서도 자신을 잃지 않게 된다.

[ㄹ] 정서적 프로그래밍은 관계와 학습을 통해 가족 내 여러 세대에 걸쳐 정보를 전달하는 과정에서 발생하는 현상이다. → 보웬 가족체계이론의 세대 간 정서적 패턴 전달을 설명하는 옳은 내용이다. 보웬(M. Bowen)의 정서적 프로그래밍은 가족체계이론의 핵심 개념인 다세대 전수과정(multi-generational transmission process)을 의미하며, 이는 가족 구성원 간의 관계와 학습을 통해 불안, 정서적 패턴, 대처 방식 등이 여러 세대에 걸쳐 전달되는 과정이다.

64

답 ②

해 **보스조르메니-나지(I. Boszormenyi-Nagy)**는 맥락적(contextual) 가족치료의 주요 이론가로, 관계 윤리와 **다세대적 공정성, 책임, 충성심 등을 강조**하며, 주요 치료기법으로는 **다세대적 과정의 탐색, 관계적 윤리 강조, 공정성 회복** 등이 있다.

cf) 긍정적 의미부여는 주로 밀란모델(Milan systemic family therapy)과 관련이 있다.

실력다지기

▶ 의식(ritual)기법

셀비니-파라졸리(M. Selvini-Palazzoli)의 의식(ritual) 기법은 역기능적 가족이 특정 가족 게임(가족의 상호작용 패턴)에 갇혀 있을 때, 가족 구성원 모두가 참여하는 독특하고 반복적인 행동을 처방하여 그 게임을 인식하고 중단하도록 유도하는 전략적 가족치료의 한 기법이다. 이 기법은 가족이 자신들의 비합리적인 행동을 깨닫게 하여 체계를 변화시키고 증상을 해소하는 것을 목표로 한다.

▶ 가장기법(paradoxical intervention)

마다네스(C. Madanes)의 가장기법(paradoxical intervention)은 치료자가 내담자의 저항을 최소화하면서 변화를 유도하기 위해 역설적인 개입을 사용하는 전략적 가족치료의 한 기법이다. 내담자의 증상이나 행동을 다른 관점에서 보고 새로운 의미를 부여하거나, 저항을 유발하지 않으면서 변화를 이끌어내는 비직면적 치료 기법으로, 주로 가족의 위계질서와 관련된 문제에 초점을 둔다.

▶ 불변의 처방

밀란모델의 프라타(G. Prata)는 내담자 가족의 '더러운 게임'을 중단시키기 위해 모든 가족에게 적용할 수 있는 '불변의 처방'이라는 보편적 기법을 고안했다. 불변의 처방은 역기능적 가족의 '게임'에 유사성이 있음을 발견하고 가족으로 하여금 이에 대한 대항 방식을 형성하여 게임을 중단하도록 하는데 초점을 둔다.

65

답 ③

해 [ㄹ] **내담자의 문제는 체계의 역동에서 촉발되므로 내담자와 협력한다는 내용은 체계이론적 관점에 가깝다.** 해결중심상담의 철학과는 다르다고 할 수 있으며, 해결중심상담은 문제의 원인보다 해결 가능성에 집중하며, 체계의 역동을 분석하지 않는다.

※ 부연

▶ 해결중심단기 가족상담의 중심철학

  1) 효과가 있는 것을 알면 그것을 더 많이 한다. → 내담자가 이미 효과를 본 행동이나 전략을 강화하도록 돕는다.

  2) 내담자가 문제 삼지 않은 것은 건드리지 않는다. → 해결중심상담은 내담자의 관점과 우선순위를 존중하며, 불필요한 영역을 파고들지 않는다.

  3) 효과가 없다면 그것을 하지 않고 대신 다른 것을 한다. → 유연한 접근을 강조하는 의미로, 효과 없는 전략은 반복하지 않고, 새로운 시도를 장려한다.

66

답 ②

해 PREPARE : **결혼을 앞둔 예비부부의 결혼준비도, 결혼 적합성 등을 사정하는 검사도구**

  cf) 부부 관계의 건강성을 측정하는 가족사정도구로는 가족건강성 척도(KFSS), 가족 기능도 지수(Family APGAR) 등이 있다. 이 도구들은 가족 구성원의 상호작용, 의사소통, 적응력 등을 평가하며, 특히 부부관계의 건강성을 종합적으로 파악하는 데 활용될 수 있다.

  cf) 가족놀이가계도는 놀이와 그림을 통해 가족 간의 의사소통 패턴, 상호작용, 관계유형을 탐색할 수 있는 도구이다.

※ 부연

▶ JTCI(Junior Temperament & Character Inventory)

  1) TCI의 유아용, 아동용, 청소년용이다.

  2) **TCI는 타고난 기질, 형성된 성격구조, 성격 발달의 성숙도를 포괄적으로 평가할 수 있는 도구**이나.

  3) TCI를 활용하여 치료자는 내담자의 성격적 취약성에 대해 효과적으로 개입할 수 있으며, 내담자는 자신과 타인의 성향을 보다 잘 이해하고 수용할 수 있다.

▶ FACES(Family Adaptability & Cohesion Evaluation Scale)

  1) 가족 적응성 및 응집성 평가 척도는 가족 기능의 두 가지 주요 차원, 즉, 적응성(adaptability)과 응집성(cohesion)을 측정하기 위한 척도이다.

  2) '적응성'이란, 상황적으로 또는 발달 단계상 발생할 수 있는 스트레스에 대해 가족의 권력구조, 역할관계, 관계규칙을 변화시키는 능력이다.

  3) '응집성'은 가족구성원이 서로에게 느끼는 정서적 유대감을 의미한다.

67

답 ③

해 가족조각(family sculpting) 기법은 신체적 위치와 자세로 가족관계를 3차원적으로 표현하는 기법으로, **가족원들을 공간에 배치하고 자세를 취하게 하므로, 그림이 아니라 실제 사람들의 물리적 배치를 하는 기법이다. 그리고 가족의 주요 사건보다는 관계의 패턴, 거리, 역동을 표현하는 기법이다.**

✏ 문항설명

① 경험적 치료과정에서는 내담자의 체험을 중시한다. → **경험적(experiential) 상담의 핵심 내용으로, 지금-여기에서의 경험과 감정 중시하며, 통찰보다 체험을 강조한다.**

② 빙산은 개인 및 가족의 심리 내적 경험을 이해할 수 있는 지도이다. → **빙산 은유(iceberg metaphor)는 심리 내적 경험의 층위를 이해하는 도구로, 수면 위(보이는 부분)는 행동을 뜻하고, 수면 아래는 감정, 지각, 기대, 열망, 자기(self)로 구성된다.**

④ 가족규칙은 일종의 명령으로 원가족 삼인군의 경험에서 획득하여 내재화한 것이다. → **가족규칙(family rules)은 가족 내 암묵적/명시적 규칙이 있으며, 원가족 삼인군(primary triad) 즉, 어머니-아버지-아이의 초기 가족 경험에서 학습되고 내재화된다.**

⑤ 자아존중감의 요소는 자기, 타인, 상황으로 낮은 자아존중감을 회복시키는 것이 목표이다. → **자아존중감은 세 가지 요소(자신, 타인, 상황)의 일치(congruence)로 높아지며, 높은 자아존중감 회복이 치료 목표이다.**

※ 부연

▶ 사티어(V. Satir)의 경험적 가족상담의 핵심 개념 :

1) 자아존중감	2) 의사소통 유형
3) 빙산 은유	4) 가족조각
5) 가족규칙	6) 원가족 삼인군

68

답 ②

해 가족의 언어적 설명보다는 실제 상호교류를 주의 깊게 살펴보며, 가족으로 하여금 갈등이나 다른 상호작용을 연기하도록 요청하는 구조적 가족상담(미누친, Minuchin)의 기법은 **실연하기(enactment)이다. 이는 가족에게 갈등 상황이나 상호작용을 실제로 연기하게 하여 가족구조와 패턴을 관찰하는 기법이다.**

✏ 문항설명

① 모방하기(joining/imitating) : 가족의 의사소통 방식, 말투, 행동양식을 상담자가 따라 하며 가족과 합류하는 것

③ 추적하기(tracking) : 가족이 말하는 내용을 따라가며 가족체계의 주제와 패턴을 이해하는 것

④ 유지하기(maintaining) : 현재 가족 구조와 상호작용 패턴을 잠시 그대로 두면서 가족이 스스로 인식하도록 돕는 것

⑤ 경계선 세우기(boundary making) : 모호하거나 침투적인 경계를 명확히 하거나 지나치게 경직된 경계를 완화하도록 돕는 것

69

답 ⑤

해 [ㄱ] 카터와 맥골드릭(Carter & McGoldrick)의 가족생활주기는 출발단계(결혼 전, 독립된 성인기)부터 시작하여 총 6단계이다.

cf) 카터(B. Carter)와 맥골드릭(M. McGoldrick)은 이혼과 재혼 가정을 포함한 가족생활주기 이론을 확장하여 현대 사회의 변화를 반영했다. 이는 이혼 및 재혼으로 인해 발생하는 새로운 발달과업을 다루고, 이들이 현대 가족의 다양한 형태를 설명하는 데 유용하기 때문이다. 이혼 및 재혼 가정에 대한 이론을 추가함으로써, 기존의 전통적 모델로는 설명하기 어려운 현대 가족의 복잡성과 현실을 더 잘 이해하고 개입할 수 있게 되었다.

cf) 카터(B. Carter)와 맥골드릭(M. McGoldrick)은 가족 생활주기의 단계 변화로 인해 발생하는 긴장을 '수평적 긴장'과 '수직적 긴장'으로 구분했다. 수평적 긴장은 시간적 흐름(현재 시점)에 따라 나타나는 스트레스(결혼, 출산, 이직 등)이며, 수직적 긴장은 세대 간에 전해지는 스트레스(가족 내 역할, 가족의 역사, 비밀, 가치관 등)이다.

70

답 ③

해 Y의 스마트폰 중독이 문제이므로 행동수정 작업만 한다. → 문제를 단일 증상 중심(행동수정만)으로 한정하는 것은 가족상담 접근에 맞지 않기 때문에 옳지 않다.

사례분석

▶ 문제사례에서 살펴야 할 주요 맥락
  1) 개인적 요인 : Y는 초4때 소아우울증 진단, 현재 스마트폰 과다 사용 및 등교 거부
  2) 가족 요인 : 어머니는 아버지를 무능하다고 비난 → 부부갈등, 딸과의 관계도 불안정
  3) 상실 경험 : 2년 전 할아버지의 갑작스러운 죽음 → 애도 미해결 가능성
  4) 양육 환경 : Y가 방치된 시간이 많고, 할머니와도 갈등
즉, 문제는 단순히 "스마트폰 사용"만이 아니라, 상실·우울·가족관계·양육환경 등 다차원적 요인이 얽혀 있다.
→ 체계적인 개입이 필요함

71

답 ①

해 대칭적 관계는 가족 구성원 간 평등성과 유사성에 기반을 둔다. 대칭적 관계는 서로 동등한 위치에서 상호작용하며, 각자의 생각과 감정을 존중하고 유사한 관점에서 관계를 맺는 것을 의미한다.

1) 평등성 : 가족 내에서 서열이나 지배 관계가 아닌, 동등한 입장에서 서로를 존중하는 태도를 강조한다.
2) 유사성 : 가족 구성원들이 서로 닮은 점을 발견하고 공감하며, 각자의 고유한 개성을 존중하는 관계를 맺는 것을 의미한다.
3) 민주적 태도 : 대칭적 관계는 민주적이고 평등한 가족 분위기를 조성하는 데 기여한다.

✏️ 문항설명

② 거짓상호성은 윈(Wynne)이 제시한 개념으로, 겉보기엔 친밀하고·조화로워 보이지만 실제로는 갈등이나 긴장이 억압된 상태이다. 겉으로 드러난 가족원간의 친밀한 상호작용이 사실과 다른 모습을 의미한다.

④ 이중구속은 두 가지 모순된 메시지가 서로 다른 수준에서 전달되는 경우이다. 베이트슨(Bateson)이 제시한 것으로, "너 나를 사랑해야 해(명령)"와 "사랑은 강요될 수 없어(암묵적 메시지)" 같은 모순된 메시지가 전달되는 경우이다.

⑤ 보웬(Bowen)의 개념인 삼각관계는 두 사람 사이의 불안과 긴장을 해소하기 위하여 다른 사람이나 대상을 관계로 끌어들이는 것이다.

심화학습   고무울타리

1) 고무울타리는 가족 내부의 경계가 유연하게 늘어나고 줄어드는 것처럼 보이지만, 실제로는 외부의 영향을 차단하는 경직된 경계를 가진 가족체계를 의미한다.
2) 고무울타리는 병리적 가족의 특징으로, 외부인을 받아들이는 듯하다가 결국 거부하거나, 구성원의 독립적인 정체성 추구를 무시하고 가족 울타리를 확장하며 '하나됨'을 강요하는 모습으로 나타날 수 있다.
3) 유동적인 경계 : 가족 구성원의 필요에 따라 경계가 늘어나거나 줄어드는 것처럼 보인다. 예를 들어, 외부의 위협이 감지되면 더욱 똘똘 뭉치고, 내부에서 문제가 발생하면 특정 구성원을 희생양으로 삼는 식이다.
4) 경직된 외부경계 : 겉보기에는 열린 가족처럼 보이지만, 실제로는 외부와의 접촉을 최소화하고, 받아들이는 듯 보였던 외부의 영향도 결국은 차단하고 거부하는 경향을 보인다.
5) 병리적 특징 : 정신분열증 환자 가족연구에서 처음 발견된 개념으로, 가족 내에서 불안정하고 병리적인 상호작용 패턴을 보인다.
6) 가족 구성원의 정체성 : 가족 구성원 개개인의 독립성과 정체성을 찾으려는 시도를 무시하고, 가족이 함께해야 한다는 믿음으로 경계를 확장해 나간다.

72

답 ④

해 이야기치료의 핵심 원리 중 하나는 "문제가 문제이지, 사람이 문제가 아니다(The problem is the problem, the peson is not the problem)." 이다. 따라서 문제가 되는 것은 문제 그 자체이다. 내담자를 문제와 분리하여 문제 외재화(externalization) 하는 것이 중요하다.

✏ 문항설명

① 인간은 사회적 관계와 문화적 맥락 속에서 자신을 이해하고 정체성을 형성한다. → 이야기치료는 사회구성주의에 기반한다.

② 우리가 살아가는 실재는 언어를 통해 구성되고 표현된다. → 언어는 현실을 반영하는 것이 아니라, 구성하는 힘이 있다고 본다.

③ 인간은 자신에게 일어나는 삶의 사건을 해석하고 그에 대해 의미를 부여한다. → 이야기를 통해 사건에 의미를 부여하고 정체성을 형성한다.

⑤ 내담자가 스스로 중요하게 여기는 가치와 의미에 기반한 선호된 이야기를 발견하도록 돕는다. → 이야기 치료의 대안적 이야기(alternative stories)의 창출 과정이다.

73

답 ④

해 문제에 제시된 질문들을 보면, 내담자가 자신을 문제와 동일시하지 않도록 문제를 하나의 독립된 존재로 다루는 개입 기법을 사용하고 있다. 즉, "내가 문제다"의 관점을 "문제가 나에게 영향을 주고 있다"로 관점을 전환시키고 있기 때문에 상담자가 사용한 개입 기법은 문제의 외재화이다.

✏ 문항설명

① 정의 예식 : 내담사의 내안적 이야기를 목격자 잎에서 나누는 의식적인 과정

② 독특한 결과 : 문제 중심적 이야기외 다른 예외적 사건을 찾아내는 것

③ 스캐폴딩 분석 : 비고츠키의 발달영역 개념을 바탕으로 내담자의 이해 수준에 맞춰 점진적으로 질문하는 방식

⑤ 다시 말하기(re-authoring, 재저작) : 선호하는 이야기로 삶을 재구성하는 것

74

답 ①

해 경험적 가족상담의 주요 모델은 사티어(Satir)의 인간성장 모델, 휘태커(Whitaker)의 상징-경험적 모델, 캠플러(Kempler)의 게슈탈트 가족치료, 슈바르츠(Schwartz)의 내면가족체계치료(IFS)이 있다.

① 휘태커(C. Whitaker)의 부조리치료(therapy of the absurd) 개입은 역설적, 유머, 창의적 개입으로 적극적(active)이지만 비지시적(non-directive)이다.

▶ 휘태커(Whitaker)의 접근
1) 적극적(active)이지만 비지시적(non-directive)
2) 부조리치료 : 역설적, 유머, 창의적 개입
3) 상담자의 자발성과 직관 강조
4) 지시적이지 않음 - 가족의 자기치유 능력을 신뢰함
  → 구조적 접근(Minuchin)이지만, 전략적 접근과 달리 지시를 하지 않음

✏ 문항설명

② 상징-경험적 상담의 휘태커(C. Whitaker)는 정서적 과정과 가족구조에 초점을 맞춘다.
  → 휘태커(Whitaker)는 정서적 과정과 경험에 초점을 두었으며, 가족구조, 성장과 상징적 의미를 중시하였다.
③ 상징-경험적 가족상담자들은 내담자들과의 관계 구축을 위해 따뜻함과 직면을 균형적으로 사용한다.
  → 상징-경험적 접근의 특징은 진정성 있는 관계, 따뜻함과 수용, 필요시 직면과 도전을 사용한다.
④ 경험적 가족상담에서는 개인적 차원에서 체계를 다룬다. → 경험적 접근은 개인의 성장과 자아실현을 강조하여, 가족을 개인 성장의 맥락으로 보며, 개인의 경험과 정서에 초점을 둔다.
⑤ 내면가족체계치료는 원래 트라우마와 학대 생존자들을 위한 치료로 체계적 원리를 이용하여 개인의 내적인 부분들과 작업한다. → 슈바르츠(Schwartz)의 내면가족체계치료(IFS, Internal Family Systems)는 원래 섭식장애, 트라우마 치료에서 발전하였으며, 가족체계이론을 개인 내면에 적용하였다.

📖 읽을거리

▶ 휘태커(Whitaker)와 사티어(Satir)의 상징-경험적 모델

1) 휘태커(Whitaker)의 상징-경험적 모델

휘태커(Whitaker)는 가족원에게 가족의 부분으로서 소속감을 가지게 하는 동시에 독립된 개인으로서 자유를 인식할 수 있도록 원조하려고 노력하였다. 그는 가족이 치료를 받으러 오는 이유는 그들이 서로 가까워지는 능력과 개별화하는 능력이 부족하기 때문으로 과거의 경험을 통해 우리 내면의 깊은 곳에 잠재되어 있는 충족되지 못한 욕구와 기대에 관해 드러내 놓는 것을 건강하게 되는 방법으로 생각하였다. 따라서 치료자는 치료과정을 통하여 이와 같은 잠재력을 쉽게 표현할 수 있도록 가족의 특징에 따라 자극을 하기도 하고 따뜻하게 지지하기도 하면서 도와주는 것이다.

2) 사티어(Satir)의 인간성장 모델

사티어(Satir)의 성장의사소통적 치료는 자신의 자아존중감을 높이고 자기 인생에 대한 선택권을 스스로 갖도록 돕는 개인성장을 최대의 목표로 삼았다. 한 개인의 성장은 가족체계의 건강과 통합됨으로써 이루어지는 것으로 이를 위해서는 가족이 희망을 찾고 미래에 대한 꿈을 갖도록 도와야하며 가족이 서로 협력하는 과정과 기술을 강화하도록 도왔다. 또한 사티어(Satir)는 구체적으로 치료를 통해 개인의 낮은 자존심을 회복시켜 자신의 가치를 인정할 수 있는 감정과 자원을 발견하도록 도왔으며 치료목표의 달성을 위한 가족체계에 다음과 같은 변화를 시도하였다.

(1) 자기 자신과 다른 사람에 관하여 보고, 듣고, 느끼고, 생각하는 것에 관해 분명하게 말할 수 있어야 한다.

(2) 각 개인은 자신이 다른 사람과 다른 점에 관해 말할 수 있으며 그것은 존중되어야 한다. 또한 어떤 것을 결정할 때 강요에 의해서가 아니라, 탐색과 협상을 통해서 결정하도록 한다.

(3) 서로의 차이점을 인식하며 성장을 위하여 이러한 차이점을 사용하도록 한다.

75

답 ⑤

해 가족상담자가 가정폭력 개입 시 가장 중요한 원칙은 피해자(아동)의 안전 보호이다. 따라서 아동학대인 경우 아동을 다시 가정에 돌려보내는 것은 잘못된 개입이다. 아동보호전문기관 등 관계 기관과 협력하여 아동의 안전 확보가 우선되어야 한다.

✏️ 문항설명

① 폭력 중지 우선 : 즉각적으로 폭력을 중단시키는 것이 최우선이다.
② 행위자-피해자의 관계체계 파악 : 폭력은 개인 문제뿐 아니라 관계적·체계적 맥락에서 다뤄야 한다.
③ 피해자의 두려움·의지 평가 : 상담을 진행할 수 있을지 여부를 평가하는 과정이 필요하다.
④ 원인 규명과 설명 제공 : 폭력을 정당화하는 게 아니라, 이해를 통해 개입 전략을 세우는 과정에서 필요할 수 있다.

MEMO

정답 및 해설

1교시

2교시

2024

제1과목 청소년 상담의 이론과 실제 (필수)

01	④	02	④	03	⑤	04	②	05	①
06	②	07	①	08	③	09	③	10	④
11	②	12	②	13	③	14	⑤	15	⑤
16	①	17	①	18	⑤	19	③	20	②
21	⑤	22	②	23	①	24	④	25	③

01

답 ④

해 한국청소년상담복지개발원에 의하면 청소년상담사 2급의 역할로 [청소년상담의 전반적 업무 수행, 청소년의 각 문제영역에 대한 전문적 개입, 심리검사 해석 및 활용, 청소년상담과 관련된 독자적 연구 설계 및 수행, 3급 청소년상담사 교육 및 훈련] 등을 제시하고 있다.

cf) ④ 청소년상담사는 내담자의 결정을 대신하는 구원자의 역할이 아닌 내담자가 건강한 삶의 결정을 할 수 있도록 도와주는 협력자, 지지자, 동반자의 역할을 한다.

02

답 ④

해 [ㄹ]. 화상상담은 상담실 이외의 공간에서 비대면 상담이 이루어지므로 내담자가 면대면 상담보다 편한 마음(비방어적)으로 상담에 참여할 수 있어, 내담자가 방어적 태도가 줄어든다.

03

답 ⑤

해 게슈탈트 상담에서 알아차림 접촉 주기는 물러남(배경) - 감각(욕구자각 : 욕구출현) - 알아차림 - 에너지 동원 - 행동 - 접촉 - 물러남(배경) 과정으로 반복된다.

[암기법] 알아차림 접촉 주기 = 배감(배욕) / 알지 / 행접

✓오답노트

① 게슈탈트 상담목표는 개인의 통합(상담자는 내담자가 양극성 요소들을 알아차리고, 자신의 부정적인 부분을 인정하고 수용할 수 있도록 도와줌)을 이루는 것이다.

cf) 정신분석상담은 내담자의 증상을 제거하는 것이 목표이다.

---

② **공포층 또는 연기층**은 부모나 환경의 기대에 따라 행동하며 살아가는 단계이다.

③ **실험 기법**은 새로운 방식을 실험해 보도록 하는 기법이다. 즉, 상담자는 내담자가 새로운 행동을 시도해보고 삶에 대한 실험적 태도로 자기 자신에 대해 배울 수 있도록 적극적인 관계를 맺는다.

cf) 뜨거운 의자(뜨거운 자리, hot seat) : 내담자의 자아각성을 촉진시키기 위해 사용하는 기법으로, 집단상담 장면에서 많이 사용된다. 상담자는 집단의 한 구성원과 마주앉아 힘들게 하는 문제를 집중적으로 다루면서 미해결 과제를 해결할 수 있도록 도와준다.

④ **편향**은 감각을 둔화시켜 자신 및 환경과의 접촉을 약화시키는 접촉경계장애이다.

04

답 ②

해 **바디워크(bodywork)**는 「body(몸)」와 「work(일)」의 합성어로 몸이 제대로 기능할 수 있도록 치유하는 작업이라는 뜻이다. **인체의 구조를 변화시켜 바른 자세와 균형을 회복하고 신체 기능을 개선하기 위한 일련의 기법**을 말한다. 바디워크는 대체의학 분야에서 신체를 접촉(touch) · 비접촉(non-touch)하는 물리적 요법 · 에너지 요법 · 심리적 요법들을 모두 포괄하는 통합적인 개념으로, 인간의 신체(손 · 언어 · 에너지)를 이용하는 치료적 요법(therapeutic work), 힐링요법(healing work), 인간계발요법(personal development work) 등을 통칭한다.

cf) 자해 청소년에 대한 상담개입은 **변증법적 행동치료에서 제시하고 있는 마음챙김 훈련, 정서조절 훈련, 고통감내 훈련, 대인관계 훈련** 등이 근거기반치료로 제시되고 있다.

실력다지기　　　　**바디워크의 종류**

한방에서 비뚤어진 뼈를 밀고 당기며 맞추는 추나(推拏)요법, 고대 인도의 민간요법인 아유르베다(ayurveda) 의학과 심신단련법인 요가(yoga), 고대 그리스의 히포크라테스 의학에서 강조한 신체접촉요법인 마사지(massage), 척추교정요법인 카이로프랙틱(chiropractic), 뼈를 맞추는 정골의학(osteopathic medicine), 근막이완요법(myofascial release), 두개천골요법(CST : craniosacral technique), 소마틱스(somatics), 알렉산더요법(Alexander technique), 펠덴크라이스요법(Feldenkrais method), 트레이거요법(Trager approach), 생물에너지학(bioenergetics), 고유수용감각촉진(PNF : proprioceptive neuromuscular facilitation) 등이 있다.

05

답 ①

해 아들러의 개인심리학에서는 인간을 사회적 맥락에서 끊임없이 변화하고 발전하는 존재로 스스로 창조해 가며 열등감을 극복하여 자기완성을 추구한다고 본다. **상담기법으로 초기회상과 역할놀이(마치 ~인 것처럼)를 사용한다.**

cf) 문제에서 `A가 기억할 수 있는 가장 어린 시절의 기억을 떠올려보세요.` 는 생활양식을 판단하기 위해 **초기 어린 시절에 배운 삶에 대한 기억**이 현재의 개인과 어떻게 연결되어 있는가를 탐색하기 위한 질문이다. `B가 마치 발표를 아주 잘하는 사람처럼 행동해 봅시다.` 라는 것은 역할놀이로 **마치 발표를 잘 하는 사람처럼 행동해봄으로써** 발표불안에 노출시켜 불안을 낮추는 기법이다.

06

답 ②

해 상담자는 학업을 중단한 내담자에게 꿈드림센터에서 지원하는 상담, 교육, 자립 지원, 직업 체험 등에 대한 **정보를 제공**하고 있다.

✓ **오답노트**

▶ **상담기법의 적용 시점에 대한 질문**

① **상담의 주제나 초점을 이동하고자 할 때**: 학업을 중단하고자 하는 이유가 수업을 듣는 것이 큰 의미가 없어서라고 했는데, 친구들은 당신이 학교를 그만둔다고 했을 때 무엇이라고 이야기했나요?

③ **내담자 문제의 원인을 설명하고자 할 때**: 학업을 중단하고자 하는 이유가 무엇인가요?

④ **내담자의 사고나 감정, 행동 등을 탐색하고자 할 때**: 막상 학교를 그만둔다고 생각하니 기분이 어떤가요?

⑤ **내담자의 감정을 변별하고 표현할 수 있도록 돕고자 할 때**: 친구들이 괴롭혀서 학교를 그만두고 싶다고 이야기 하는데, 나를 싫어하는 친구들에게 어떤 말을 해 주고 싶나요?

07

답 ①

해 A는 야구 시합을 할 때마다 불안이 심해지고, 높은 불안을 회피하기 위해 술을 마시고 있다. A에 대한 행동치료적 개입으로 **체계적 둔감법과 이완훈련**을 통해 불안에 대한 노출훈련을 시도할 수 있다. 또한, 상담자의 시범을 통해 불안을 관리하는 방법을 **모델링**함으로써 내담자가 불안을 다루는 법을 습득할 수 있다. 내담자와 **행동계약을 통해** 상담 기간 동안 내담자가 해야 할 행동을 정해놓고 지키기로 계약을 맺는 것인데, 내담자가 계약을 잘 지킬 경우 내담자와 합의한 보상을 준다.

실력다지기 | **재결단 작업**

교류분석상담은 부적절한 생활각본(인생각본)을 버리고 생산적인 생활각본을 지니도록 돕는다. 이를 위한 기법으로 재결정(재결단 작업), 구조분석, 의사교류 분석, 게임분석, 생활각본 분석이 있다. **재결단 작업이란, 내담자에게 남아 있는 인생각본을 변화시키고 자신의 문제를 스스로 결정하고 책임지며 자율성을 성취하여 통합된 어른 자아를 확립하는 것이다.**

08

답 ③

해 사례개념화는 상담자가 면접과 심리검사, 관찰 등을 통해 얻은 내담자의 문제에 대한 정보를 의미 있는 방법으로 종합하여, 상담자의 이론적 경험과 임상적 경험을 가지고 내담자 문제의 특성과 원인, 해결방법 등에 대한 **잠정적인 가설**을 세우는 것이다. 이러한 가설은 내담자에 대한 정보가 추가될 때마다 수정·보완할 수 있다. 사례개념화를 할 때 **이론적 개념에 따른 추상적인 용어보다는 내담자의 상황에 맞는 구체적이고 사실적인 용어**를 사용하는 것이 좋다. 예를 들어 [내담자는 어린 시절 부모와의 불안정 애착으로 현재 대인관계에서 어려움을 겪고 있다.]라고 설명하기보다 [내담자는 어린 시절 부모의 돌봄 부족으로 인해 회피애착이 형성되어 대인관계에서 상처받지 않기 위해 회피와 고립을 선택함으로써 외로움을 호소하고 있다.]라고 설명하는 것이다.

사례개념화의 정의

1) 내담자에 대한 정보를 모아서 조직화하고, 내담자의 상황과 부적응적 패턴을 이해하고 설명하며, 상담을 안내하고 초점을 맞추고, 도전과 장애를 예상하고, 성공적인 종결을 준비하기 위한 방법 및 임상적 전략이다.
2) 내담자 문제, 원인, 개입방향이나 방법에 대해 이론적 개념을 사용하여 설명하는 것이다. 즉, 내담자의 문제를 진단하고 평가해서 자신의 상담이론을 적용해서 구체적인 상담개입의 방법을 찾는 것이다.
3) 상담자의 상담이론과 상담경험에 근거하여 내담자의 문제에 관한 다양한 단서나 정보를 종합하고, 이를 바탕으로 내담자 문제의 원인을 가설적으로 설명하여 내담자의 문제해결을 위한 상담목표와 전략을 구상하는 역동적인 과정이다.

09

답 ③

해 수용전념치료(Acceptance and Commitment Therapy, ACT)의 철학적 핵심은 모든 인간은 고통을 받는다는 것을 전제로 한다. 따라서 ACT는 피할 수 없는 고통을 수용하는 내적 언어를 사용함으로써 풍요롭고 의미 있는 삶을 창조하도록 한다. 수용전념치료는 6가지 심리적 경직성인 경험 회피, 인지적 융합, 경직된 주의, 개념화된 자기, 가치명료화·접촉의 결여, 무활동·충동성·회피 지속이 정신병리를 일으킨다고 가정한다. 상담목표는 심리적 유연성을 증대시키는 것이며, 6가지 치료과정을 통해 개인이 추구하는 가치에 기여하는 행동을 지속할 수 있는 능력을 증대시키는 것이다. ACT의 6가지 치료과정은 수용, 탈융합, 현재 순간의 자각, 맥락으로서의 자기, 가치, 그리고 전념 행동이다.

수용전념치료(ACT)의 6가지 치료과정

1) 맥락으로서의 자기
   언어로 인해 개념화된 자기나 과도한 융합으로 인한 심리적 경직성을 지금-여기의 경험을 조망하는 자기, 관찰하는 자기로 경험하기 위해 마음챙김, 명상 등 체험적인 연습과 비유를 사용한다.
2) 현재에 존재하기(현존하기)
   언어로 인해 과거와 미래에 집착하는 것으로부터 벗어나 지금-여기의 체험을 알아차리며 현재에 존재하도록 하는 것이다.
3) 가치
   개인이 실현하기를 원하는 삶의 중요한 가치나 목표를 의미한다.
4) 전념 행동
   소중한 목표나 가치를 실현하기 위해 구체적인 행동에 전념하는 것이다.
5) 인지적 탈융합
   생각, 심상, 감정, 기억을 언어적 개념으로 추상화하지 말고 있는 그대로 체험하도록 하는 것이다.
6) 수용
   비(非)판단적인 태도를 지니고 자신의 생각, 감정, 신체적 감각 등의 경험을 능동적으로 껴안는 것이다.

10

답 ④

해 **해석**은 치료적 관계에서 나타나는 내담자 행동의 의미를 설명하는 것으로, 행동에 대한 단순한 설명이 아닌, **자아가 더 깊은 무의식의 내용을 탐색할 수 있도록 도와주는 기술**이다. 해석은 내담자가 받아들일 수 있는 시기에 현실적으로 제공해야 한다.

cf) **즉시성**은 **지금-여기에서** 일어나는 상담자와 내담자 사이의 **역동을 피드백하는 것**으로 내담자는 자신에 대한 통찰을 얻게 된다.

11

답 ②

해 융의 분석심리학에서 **사고, 감정, 감각, 직관으로 구성되는 정신적 기능**은 MBTI의 이론적 기반이 되었다. 융의 콤플렉스는 **개인무의식 내용으로 구성되는데, 즉 콤플렉스는 개인무의식에 많은 기억을 축적하는 과정에서 발생한다.** 원형은 집단무의식을 구성하고 있는 정신적 소인이며 성격(원형)의 주요한 구성요소로 페르소나, 아니마와 아니무스, 그림자, 자기 등이 있다. 분석심리치료의 단계는 고백단계, **해석단계(증상의 의미, 아니마와 아니무스, 그림자 등을 알아차리도록 함)**, 교육단계, 변환단계의 순이다.

cf) [ㄹ]. 아들러학파 개인심리학의 4단계 상담과정은 치료관계의 형성 - 개인 역동성 탐색 - 통합과 요약 - 재교육(재정향 = 방향 재조정)이다.

실력다지기	분석심리학의 치료과정

1) 고백단계
   내담자가 자신의 억제된 감정이나 숨겨왔던 비밀 등을 치료자에게 털어놓고 토로하며 공유하는 과정
2) **해석단계**
   꿈, 환상, 전이, 억압된 소망 등의 무의식적 의미를 해석함으로써 내담자로 하여금 자신의 무의식 세계에 대한 이해를 확장하고 심화시키는 과정
3) 교육단계
   무의식의 통찰을 구체적인 현실 속에 적용하여 행동의 변화를 촉진하고 훈습시키는 과정
4) 변환단계
   치료자와 내담자의 깊은 인격적 교류를 통해서 내담자의 심오한 변화가 생성되는 과정

12

답 ②

해 인지적 탈융합(cognitive defusion)은 자신의 생각 그 자체를 그대로 바라보는 것으로 **수용전념치료**의 주요 개념이다.

cf) 멜라니 클라인의 대상관계이론에 따르면 유아는 **편집 - 분열의 자리, 우울의 자리**로 심리적으로 발달한다.

실력다지기	대상관계 이론가와 중심개념

① 코헛(H. Kohut) – 자기대상(self - object), 이상적 자기 - 쌍둥이 자기 - 거울 자기
② 클라인(M. Klein) – 편집 - 분열의 자리, 우울의 자리, 좋은 젖가슴 - 나쁜 젖가슴
③ 페어베언(W. Fairbairn) – 분열 자리(schizoid position), 리비도 자아 - 반리비도 자아
④ 위니컷(D. Winnicott) – 과도적 대상(transitional object), 충분히 좋은 엄마, 진짜 자기 - 가짜 자기
⑤ 말러(M. Mahler) – 분리개별화(separation - individuation), 자폐 - 공생 - 분리개별화

13

답 ③

해 스마트폰 과의존 자가진단 척도(S - 척도)는 한국정보화진흥원에서 2011년 개발하였고, 총 15문항, 4점 척도로 이루어져 있다. **45점 이상 고위험 사용자군, 44~42점 잠재적 위험 사용자군, 41점 이하 일반 사용자군**이다. 고위험 사용자군은 스마트폰 사용으로 인하여 일상생활에서 심각한 장애를 보이면서 내성 및 금단 현상이 나타난다. 스마트폰 중독 경향성이 매우 높으므로 관련 기관의 전문적 지원과 도움이 요청된다. 잠재적 위험 사용자군은 고위험 사용자군에 비해 경미한 수준이지만 일상생활에서 장애를 보이며, 필요 이상으로 스마트폰 사용시간이 늘어나고 집착을 한다. 학업에 어려움이 나타날 수 있으며, 심리적 불안정감을 보이지만 절반 정도는 자신이 아무 문제가 없다고 느낀다. 일반 사용자군은 스마트폰 중독 문제를 보이지 않는다.

14

답 ⑤

해 키치너(K. Kitchener)의 윤리적 의사결정 원칙(암기법 : **충무공 / 자선**)에는 충실성, 무해성, 공정성, 자율성, 선의 능이 있다. [ㄱ]에서 상담자 A는 내담자에게 더 나은 상담을 제공하기 위해 다른 상담지에게 의뢰하였다. 이는 **선의(상담자는 내담자의 정신건강이나 복지에 최선을 다해서 그들이 긍정적 방향으로 성장할 수 있게끔 도와야 한다)**에 해당된다. [ㄴ]에서 상담자 B는 위클래스에서 상담을 받고 싶어 하는 내담자의 **자율성(상담자는 타인의 권리를 해치지 않는 한 내담자의 자율적 선택과 행동을 최대한으로 존중해 주어야 한다)**을 수용하였다.

15

답 ⑤

해 **현실치료는 변명거부의 입장의 취한다.** 즉, 내담자의 욕구를 실현하기 위해 처벌이나 비난은 비효과적이며, 계획을 실천하지 못할 경우 **변명이나 회피를 허용하지 않는다.**

16

답 ①

해 청소년상담사 윤리강령은 청소년상담사로서의 전문적 자세, 내담자의 복지, 상담관계, 비밀보장, 심리평가, 수퍼비전, 청소년 사이버상담, 지역사회 참여 및 제도 개선에 대한 책임, 상담기관 설립 및 운영, 연구 및 출판, 자격취소, 청소년상담사 윤리강령 제·개정 및 해석 등의 항목으로 구성되어 있다. [① **청소년 내담자에게 무력, 정신적 압력을 사용하지 않는다.**]은 내담자의 권리와 보호 항목에 있는 내용이다.

✓오답노트

② **심리평가** : 청소년상담사는 심리검사를 실시하고 해석할 수 있는 능력을 배양해야 한다.
③ **연구 및 출판** : 청소년 문제 해결을 위해 윤리적 기준에 따라 과학적인 방법으로 연구를 수행한다.
④ **비밀보장** : 내담자에게 전문적인 서비스를 제공하기 위해 상담내용을 기록하고 보관한다.
⑤ **비밀보장** : 청소년상담사는 사적 대화에서 내담자의 신원확인이 가능한 정보를 공개하지 않는다.

실력다지기 | **청소년상담사 윤리강령 중 내담자의 권리와 보호**

1) 청소년상담사는 내담자의 복지를 증진하고 존엄성을 존중하는 것에 최우선 가치를 둔다.
2) 청소년상담사는 내담자가 상담 계획에 참여할 권리, 상담을 거부하거나 개입방식의 변경을 거부할 권리, 거부에 따른 결과를 고지 받을 권리, 자신의 상담 관련 자료를 복사 또는 열람할 수 있는 권리 등을 보장해주어야 한다. 단, 기록물에 대한 복사 및 열람이 내담자에게 해악을 끼친다고 판단될 경우 내담자의 기록물 복사 및 열람을 제한할 수 있다.
3) 청소년상담사는 외부 지원이 적합하거나 필요할 때 의뢰를 요청할 수 있으며 이를 청소년 내담자 및 보호자(만 14세 미만 내담 청소년의 경우)에게 알리고 서비스를 받을 수 있도록 노력한다.
4) 청소년상담사는 자신의 질병, 죽음, 이동, 퇴직 등으로 인하여 상담을 중단해야 하는 경우 이에 대한 적절한 조치를 취해야 한다.
5) **청소년상담사는 청소년 내담자에게 무력, 정신적 압력 등을 사용하지 않는다.**

17

답 ①

해 [ㄹ]. **탈근대주의와 사회구성주의 영향**을 받아 치료자는 전문가가 아니라, 가족들이 자신의 신념을 가지고 문제를 해결해 가도록 돕는 협조자로서의 역할을 강조하였다.

[ㅁ]. 심리평가에 의해 진단하기보다 **내담자의 결함이나 장애를 다루지 않는다.** 즉, 무엇이 잘못되었고 고착되었는지 찾기보다 **무엇이 잘 되었고 그것을 어떻게 활용하는가에 초점을 둔다.**

18

답 ⑤

해 교류분석상담에서 교류의 종류는 상보적 교류, 교차적 교류, 이면적(암시적) 교류 3가지가 있다.

cf) ⑤ 교차적 교류는 개인이 보낸 메시지의 방향이 서로 어긋나는 것으로, 의사소통 방향이 서로 어긋날 때 예상치 못했던 반응이 나타나 갈등이 유발된다.

▶ **교차적 교류의 사례**

- 자녀 : 엄마, 내 미술 준비물 어디에 있어요?
- 엄마 : 자기 준비물은 자기가 잘 챙겨야지, 나한테 물어보면 어떻게 하니?

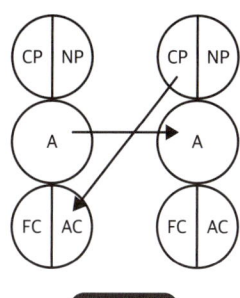

교차적 교류

심화학습　　　　　　　　**카프만(S. Karpman)의 드라마 삼각형**

1) 에릭 번은 게임이란 인간관계를 악화시키기도 하고 비(非)건설적인 결과를 초래하기도 하는 행동 패턴이라고 주장한다. 게임이란 라켓 감정을 유발하는 이면교류이다.

2) 카프만은 게임을 분석할 수 있는 드라마 삼각형(drama triangle)를 제시하였다. 인간은 게임을 할 때 박해자(persecutor), 희생자(victim), 구원자(rescuer)라는 세 가지 인생각본 역할 중 하나를 맡게 된다. 박해자는 주도권을 쥐고 있으며, 지배적인 힘을 발휘하고 상대방의 행동을 억압하거나 지시하는 역할을 한다. 희생자란, 대립되는 관계에서 힘의 균형을 유지하기 위해 희생이 되는 역할을 한다. 구원자는 희생자를 원조하고 박해자를 지지하며 친절을 가장한 겉치레로 타인을 자신에게 의존하는 역할을 한다.

19

답 ③

해 청소년상담은 대면상담과 함께 다양한 매체를 활용하여 상담한다. 청소년상담은 다음과 같은 특징을 가진다.

1) 발달적 특성을 고려 : 청소년은 심리적 발달과정에 있으므로 자아정체성, 독립성, 심리적 변화를 이해하고 지원함으로써 잠재가능성을 실현할 수 있도록 돕는다.

2) 라포 형성과 신뢰의 중요성 : 비자발적이고 의뢰된 상담이 많으므로 자신을 존중하고 신뢰할 수 있는 상담자와의 관계가 중요하다. 따라서 청소년상담자는 청소년의 의견을 존중하고 비판적이지 않은 태도를 유지해야 한다.

3) 매체상담 활용 : 청소년은 다양한 매체를 통해 정보에 노출되고 소통한다. 따라서 청소년상담에서는 텍스트 메시지, 소셜 미디어, 온라인 플랫폼 등을 활용하여 의사소통을 할 수 있어야 한다.

4) 자살·자해 등 위험 행동 예방과 관리 : 청소년의 뇌는 발달과정에 있으므로 정서조절력이 떨어진다. 따라서 자살·자해와 같은 위기상황이 일어나지 않도록 교육·예방 및 위기개입이 중요하다.

5) 가족 및 학교 연계 : 필요한 경우 가족과 학교와 협력하여 청소년의 발달과 문제해결을 지원해야 한다.

6) 다양성 고려 : 청소년상담은 다양한 문화적, 종교적, 성적 소수자 집단을 고려해야 한다. 이를 위해 상담자는 문화 감수성을 가지고 있어야 하며 다양성을 존중하고 이해해야 한다.

20

답 ②

해 **선택적 추론(추상)**이란, **전반적 상황을 보지 못하고 어떤 특정한 부정적 부분에만 집중하여 추상하고 결론짓는 것**이다. 내담자는 작품 발표회에서 다수가 긍정적인 반응을 보인 것에 집중하지 않고, **부정적 반응을 보인 몇몇 자극에 선택적 주의를 기울임**으로써 자신의 작품은 **실패했다고 단정 지어 결론을 내렸다면 이는 선택적 추론**에 해당한다.

21

답 ⑤

해 합리정서행동상담은 인지, 정서, 행동이 상호작용하는 과정에서 인지적 요인이 핵심이 된다는 관점을 가지고 있다. 치료는 내담자가 느끼는 정서적 장애를 해결하기 위해 **이성에 입각한 논박을 통해 비합리적 신념을 합리적 신념으로 바꾸는 것**이다.

✓오답노트

① **정신분석치료** : 인간의 본성에 대해 결정론적인 입장을 강조한다.

② **게슈탈트치료** : 심리적 문제는 미해결과제가 해소되지 못할 때 발생한다.

③ **게슈탈트치료** : 상담목표는 내담자의 억압된 정서를 자각하게 하는 것이다. 게슈탈트치료의 기본적인 도구는 자각이다. **억압된 상태에 있는 감정들과 혼동된 상태에 있는 감정들 그리고 외부로 투사된 감정들을 자각**하여 그러한 감정들을 통합할 수 있고 이를 바탕으로 성장이 가능하다.

④ **인간중심치료** : 내담자가 자기실현 경험을 바탕으로 이상적 자기에 부합하도록 돕는다.

22

답 ②

해 [ㄹ]. 종결 – 추수 회기(계획), [ㅁ]. 초기 – 문제탐색과 정보수집이다.

실력다지기	상담단계별 과업

1) 초기단계	
(1) 관계 형성	(2) 호소문제 탐색과 사례개념화
(3) 상담의 구조화	(4) 상담목표 설정
2) 중기단계	
(1) 저항의 처리	(2) 구체적 탐색과 직면
(3) 과정목표 설정 및 달성	(4) 대안탐색 및 변화의 시도
3) 종결단계	
(1) 이별 감정 다루기	(2) 변화 요인 탐색 및 유지
(3) 미해결 문제의 점검	(4) 상담성과 평가 및 추후계획

23

답 ①

해 청소년안전망은 청소년들을 위한 지원과 통합서비스를 제공하는 종합적인 네트워크이다. 청소년안전망은 청소년들이 직면할 수 있는 다양한 문제들에 효과적으로 대응하기 위해 상담, 긴급구조, 보호, 의료지원 등을 지원한다. 필수 연계 기관에는 청소년상담복지센터, 청소년복지시설, 청소년지원시설, 지방자치단체, 시·도 교육지원청, 초·중등학교, 청소년 비행예방센터, 지방경찰청 및 경찰서, 보건소, 학교밖청소년지원센터, 보호관찰소 등이 포함되어 있다.

cf) ① 지역사회 청소년통합지원체계(CYS-Net, 청소년안전망)은 「청소년기본법」에 명시되어 있다.

24

답 ④

해 내담자에게 설명해야 할 사전동의(informed consent) 항목으로는 상담자의 자격과 경력, 상담 비용과 지불 방식, 치료 기간과 종결 시기, 비밀보장 및 한계, 상담을 거부할 권리, 상담 약속과 취소 및 필요시 연락 방법, 상담 참여의 잠재적 위험, 내담자가 본인 상담 자료를 열람할 수 있는 권리 등이 있다.

cf) ④ 상담 성과에 대한 보장은 사전동의(informed consent) 항목에 해당하지 않는다.

25

답 ③

해 청소년상담의 통합적 접근은 내담자에게 동일한 치료관계와 방법을 적용하기 위해 고안해낸 접근법이 아니라, 특정 상담이론의 한계를 극복하고자 포괄적으로 접근하는 시도이다. 통합적 접근을 지향하는 상담자들은 자신이 사용하는 한 가지 치료이론의 한계를 발견하고 다양한 상담이론을 통합한다.

cf) 통합적 접근은 기술적 통합, 이론적 통합, 공통요인 접근법, 동화적 통합을 모두 포함한다. 1) 기술적 통합은 라자루스 (A. Lazarus)의 다중양식치료, 2) 이론적 통합은 인지행동치료, 3) 공통요인 접근법은 치료적 동맹, 공감적 경청, 등이 며 4) 동화적 통합은 마음챙김 기반 인지치료(MBCT) 등이 있다.

심화학습	통합적 접근의 유형

1) 기술적 절충주의

특정한 심리치료 이론에 동의하지 않고 어떠한 이론도 취하지 않으며 다양한 심리치료 이론에서 기술을 빌려올 수 있다는 입장으로 심리치료의 다양한 접근 중에서 효과가 입증된 기법을 통합하는 방법 – 사례: 라자루스의 복합모형치료(BASIC ID)

2) 이론적 통합주의

심리치료의 이론과 더불어 기술적 통합을 강조하는 입장으로 둘 또는 그 이상 심리치료 이론의 가장 좋은 요소들을 통합하여 새로운 치료이론을 만들어 내는 방법 – 사례: 인지치료와 행동치료의 통합모델인 인지행동치료, 변증법적 행동치료(DBT)

3) 공통요인 접근법

비록 서로 다른 심리치료 이론들이라 할지라도 치료를 성공적으로 만드는 것은 '치료에 도움이 되는 핵심적인 공통요인이 있다'는 입장을 가지는 방법 – 사례: 치료적 동맹, 공감적 경청, 감정 정화, 새로운 행동의 적용과 연습

4) 동화적 통합주의

특정 이론적 접근에 근거하여 다른 치료적 접근의 기법 중 장점을 선택적으로 결합하는 방법 – 사례: 인지치료 과정에서 게슈탈트치료의 빈의자 기법을 사용하는 것, 인지치료에 마음챙김을 적용하는 것(MBCT)

제2과목　상담연구방법론의 기초(필수)

26	③	27	⑤	28	②	29	①	30	③
31	②	32	③	33	⑤	34	①	35	②
36	④	37	⑤	38	⑤	39	③	40	⑤
41	③	42	①	43	④	44	④	45	②
46	④	47	②	48	①	49	④	50	⑤

26

답 ③

해 문제의 사례는 **경로분석("A는 M을 통해 B에 정적인 영향을 미칠 것이다.")에서의 A의 간접효과를 알아보는 것**이다. 경로분석에서 한 변인이 다른 변인에게 미치는 영향력은 세 가지이며, 1) 직접효과, 2) 간접효과, 3) 총 효과 또는 효과계수(직접효과 + 간접효과)이다. **간접효과 계산법은 간접경로의 유의미한 경로계수를 곱한다.**

▶ 경로분석
1) 회귀분석의 원리를 사용하여 다양한 변인간의 관계를 동시적으로 파악하는 방법이다.
2) 특히 독립변인간의 관계도 파악하고 총 효과, 직접 효과, 간접효과 크기를 파악하는데 초점이 있다.

　cf) ② 매개효과는 독립변수와 종속변수 간의 매개적 역할을 하는 변수(매개변수)가 필요하다.

27

답 ⑤

해 자료분석 결과가 연구자의 예측과 다르게 나타나더라도 연구가설을 수정해서 논문에 보고하면 안 된다. 윤리적으로 문제가 된다.

　cf) ② 유의수준보다 유의확률(p값)이 작으면 영가설을 기각하며, 연구가설은 채택한다.
　　④ 영가설을 기각했을 때 이 결정이 오류일 확률을 1종 오류(암기법 : 영-사-기 = 1종 오류)라고 한다.

28

답 ②

해 [ㄴ]. 관련 이론과 **선행 연구들이 부재한 상황이라면 정성적 방법(질적 방법), 관련 자료조사, 관찰, 심층인터뷰의 과정을 거치는 연구가 먼저 필요**하다.
　[ㄹ]. 자기보고식 검사를 사용하더라도 참여자들에 대한 측정에서 **체계적 오류와 비체계적 오류가 발생**할 수 있다.
　cf) 연구의 독특성, 의의 및 실행 가능성 등을 고려하여 연구 주제와 연구문제를 결정하는 것이 바람직하며, 양적 연구 수행 시 연구의 내적타당도(인과성 추론의 정도)뿐 아니라 연구 결과의 일반화 가능성(외적타당도)도 중요한 고려 사항이다.

29

답 ①

해 눈덩이표집은 **비확률표집**의 일종이다.

cf) 확률표집은 단순무작위 표집, 층화표집(=유층표집), 집락표집(=군집표집), 계통적 표집(=체계적 표집)이 있다.

✎ 문항설명

> 군집분석은 사람뿐 아니라 진술문이나 검사문항을 범주화(군집화)하는 목적으로 활용 가능하며, 자기보고식 검사(객관적 검사, 양적 연구)는 심층면접(질적 연구)에 비해 상대적으로 실시하기 용이하다. 또한 이론은 인간 행동을 개념화할 뿐 아니라, 가설 도출 및 검증의 기반이 되어, 연역법을 적용한다. 마지막으로 연구자마다 다른 이론을 토대로 동일한 변인을 다르게 조작적으로 정의할 수 있다. 즉, 연구자는 자신이 설계한 연구에 적합하게 조작적 정의의 과정을 거친다. 따라서 같은 연구 주제 또는 동일한 변인이라고 할지라도 연구자에 따라 조작적 정의는 각기 달라질 수 있다.

30

답 ③

해 ① 일반적으로 구성주의[1] 관점을 따른다. → **질적 연구 패러다임**

② 주로 영역코딩, 축코딩, 개방코딩 등 귀납적인 자료분석을 실시한다. → **질적 연구 패러다임(근거이론)**

③ 표본의 대표성, 관찰의 객관성, 실증주의적 관점을 중시한다. → **양적 연구 패러다임**

④ 근거이론, 현상학적 연구, 합의적 질적 연구가 해당된다. → **질적 연구 패러다임**

⑤ 참여관찰을 통해 연구대상이 상황에 부여하는 의미를 이해하고자 한다. → **질적 연구 패러다임**

31

답 ②

해 연구참여자들을 실험집단과 통제집단에 무선할당(random assignment)하면 일반적으로 **내적타당도가 증가한다.** 실험집단과 통제집단에 무선할당(random assignment)하는 설계는 진실험설계이며, 이는 인과관계를 규명하기 위한 설계로, 높은 내적타당도가 특징이다. **무선할당(random assignment)을 통해 두 집단의 동질성을 확보할 수 있고, 가외변인을 통제하기 때문에 내적타당도가 높다.**

✎ 문항설명

> ① 무선표집(random sampling) 즉, 확률표집을 실시하면 표본의 대표성이 확보되어 일반적으로 외적타당도가 증가한다.
> ③ 일반적으로 실험연구는 가외변인(외생변인)을 통제하기 때문에 내적타당도가 높다.
> ④ 연구 수행 중에 참여자들이 이탈하는 것은 상실요인이며, 측정도구가 바뀔 경우는 도구요인으로 이는 연구의 내적타당도가 위협받는다.
> ⑤ 두 변인이 상관성이 있더라고 인과성이 없을 수 있다. 즉, 변인 간 상관관계를 토대로 인과관계를 단정할 수 없다.

---

[1] 구성주의(Constructivism) 관점은 인간이 자신의 경험으로부터 지식과 의미를 구성해낸다는 사전적인 의미가 있는데 즉, 사람들마다 경험이 다르기 때문에 다른 세계관을 갖는다는 것이다. 그 의미는 개인들은 자신이 살고 있는 세계에 대해 이해하려고 하는데, 이는 주관적인 의미를 갖는다. 상담연구에서는 질적 연구방법에 대한 접근으로 이해된다.

실력다지기	가외변인을 통제하는 방법

1) 가외변인

   독립변인 이외에 종속변인에 영향을 미칠 수 있는 연구자가 의도하지 않은 변인

2) 통제방법

   (1) 실험집단과 통제집단의 피험자를 서로 짝짓는 방법

   (2) 무선화(무선할당)를 사용하여 실험집단과 통제집단을 나누는 방법

   (3) 가외변인의 효과를 제거하기 위하여 가외변인 수준이 동질적인 피험자만을 선발하여 실험집단과 통제집단에 배치하는 방법

   (4) 가외변인을 하나의 독립변인으로 간주하여 적절히 실험설계에 포함시키는 방법

32

답 ③

해 [ㄱ]. 2종 오류(β)의 크기는 통계적 검정력과는 관련이 있다. 2종 오류(β)의 크기가 클수록 통계적 검정력은 낮아진다.

   [ㄷ]. 통계적 검정력($1-\beta$)이 1에 가깝다는 것은 2종 오류인 β가 줄어든다는 것이다. 이는 1종 오류(α)와 반비례 관계이기 때문에 0에서 멀어진다. 예를 들어 $\alpha = 0.001$에서 $\alpha = 0.05$가 된다.

🖉 문항설명

1종 오류와 2종 오류는 반비례 관계이다. 즉, 1종 오류(α)의 수준을 보수적으로 설정하면(예: .001), 2종 오류는 증가하여 통계적 검정력이 떨어져 실제 효과가 있을 때 효과가 있다고 결론내리기 어려워진다. 그리고 통계 검정의 가정이 위배되면 일반적으로 통계적 검정력은 감소한다.

심화학습	통합적 접근의 유형

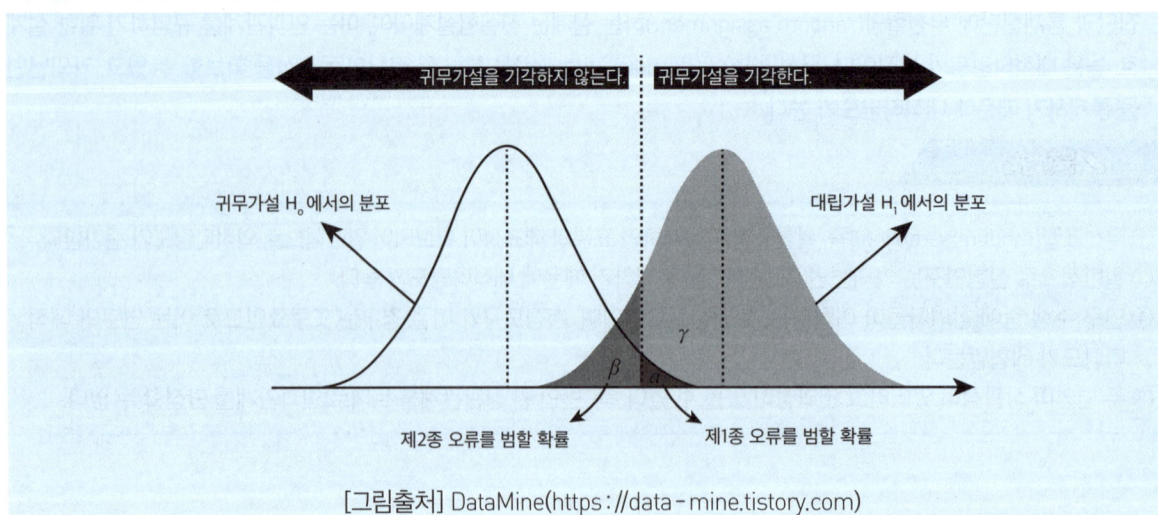

[그림출처] DataMine(https://data-mine.tistory.com)

▶ 상황 → 검정 결과 → 판정

1) 귀무가설(H_0)이 사실일 때 → H_0을 기각하지 않음 → 바른 결정(1-α)

2) 귀무가설(H_0)이 사실일 때 → H_0을 기각함 → **1종 오류(α)**

3) 대립가설(H_0)이 사실일 때 → H_0을 기각하지 않음 → **2종 오류(β)**

4) 대립가설(H_0)이 사실일 때 → H_0을 기각함 → 바른 결정 (1-β)

33

답 ⑤

해 척도의 타당도를 평가할 수 있는 방법으로 옳은 내용이다.

[ㄱ]. 요인분석 → **요인타당도**

[ㄴ]. 문항의 내용 및 척도 구성에 대한 전문가의 판단 → **내용타당도**

[ㄷ]. 타당성이 확보된 기존 척도와의 상관 → **준거타당도 중 공인타당도**

[ㄹ]. 다특성-다방법(multitrait-multimethod) 접근 → **구성타당도**

실력다지기 **다특성-다방법 타당도(다특성 중다방법 행렬표, MTMM)를 확인하는 절차**

1) 둘 이상의 특성을 둘 이상의 방법으로 측정하는 방식이다.

2) 캠벨과 피스크(Campbell, Fiske)가 제안한 확인적 요인분석의 하나로서, 구성타당도를 경험적으로 확인하는 방법이다.

3) 이는 한 개념이 복수의 특징들과 복수의 방법으로 측정되면, 각 특징 내에서의 항목들 간 상관관계는 다른 특징 항목들과의 상관관계보다 높아야 한다는 것이다.

예 자아존중감의 개념 중에 자긍심, 자신감, 자기노출, 개방성의 특징이 있는데 자긍심의 측정항목이 T1, T2, T3 3가지가 있고, 자신감의 측정항목이 T4, T5, T6 3가지가 있는 경우 T1, T3의 경우는 상관관계가 높고 T1, T5는 상관관계가 낮아야 한다는 것이다. → 구성타당도가 확보된 것으로 여긴다.

34

답 ①

해 검사-재검사법은 시간 간격을 두고 동일 대상자에게 동일한 측정도구를 사용하기 때문에 반복된 측정으로 인한 연습효과가 예상된다. 따라서 이를 보완하기 위해 동일한 시점에 두 가지의 측정도구(유사한 도구 제작)를 사용하여 회수하는 동형검사(parallel forms) 사용을 고려하는 것이 좋다.

√오답노트

② 측정도구의 신뢰도가 높더라도 타당도는 낮을 수 있다.

③ 측정도구 선정 시 검사의 경제성, 피검자의 피로도(비체계적 오류 발생 원인)는 고려할 사항에 해당한다.

④ 측정도구가 특정 연령대를 대상으로 타당화되었다고 하더라도 다른 연령대에도 타당도가 확보된 것은 아니다. 측정의 정확성은 연령에 따라 달라질 수 있기 때문이다.

⑤ 한 개의 측정도구로 특정 구성개념을 완벽히 구인할 수 없다. 따라서 구성개념을 측정하기 위해 두 개 이상의 측정도구를 사용할 필요가 있다.

35

답 ②

해 [ㄹ]. 문항들의 내용이 서로 유사하면 척도의 내적 일관성은 커진다. 그 이유는 내적 일관성은 여러 문항들이 측정하고자 하는 하나의 개념을 측정해야 한다는 개념이기 때문이다.

✔오답노트

[ㄱ]. 반분법은 양분된 측정도구의 문항 수는 그 자체가 완전한 척도를 이룰 수 있을 만큼 충분해야 한다. 즉, 반분된 문항 수는 적어도 8 ~ 10개는 되어야 한다. 척도의 문항이 1개일 경우 반분신뢰도 계수를 산출할 수 없다.

[ㄴ]. 같은 척도를 연령대가 다른 참여자들에게 실시한다면 신뢰도 계수는 변한다.

[ㄷ]. Cronbach의 alpha는 문항내적 합치도 또는 내적 일관성 방법을 적용한 신뢰도를 나타낸다.

36

답 ④

해 [ㄱ]. 연구자는 '자기수용척도'의 하위척도(자기수용 - 1, 자기수용 - 2, 자기수용 - 3) 점수의 프로파일을 토대로 연구 참여자들을 적극적 자기수용자, 소극적 자기수용자, 비수용자로 구분했다. → 연구 참여자들을 범주화하였기 때문에 군집분석에 해당한다.

　　[ㄴ]. 연구자의 관심은 A와 B의 관계를 C가 조절하는지를 확인(조절효과)하는데 있다. 이를 위해 연구자는 1단계에 공변인을 투입하고, 2단계에 A와 C를 투입하고, 마지막 3단계에 A와 C의 상호작용 항을 투입해서 B를 설명하는 모형을 설정한 후 상호작용 항이 통계적으로 유의한지 확인했다. → 위계적 회귀분석

위계적 회귀분석은 연구자의 경험적 근거를 이용하여 영향력이 큰 변수를 하나씩 투입해가면서 독립변수 중에서 가장 영향력이 큰 변수가 무엇인지 찾아내는 방법으로, 영향력이 가장 작은 것이 무엇인지도 알 수 있다.

📝예제

▶ 위계적 회귀분석을 활용한 조절효과분석

조절변수의 조절효과를 검증하기 위하여 연령을 통제한 후 조절변수의 상호작용항을 구성하여 위계적 회귀분석을 실시한다. 1단계에서는 통제변수를, 2단계에서는 독립변수, 3단계에서는 조절변수를, 4단계에서는 독립변수와 조절변수를 조합한 상호작용항을 투입하여 분석한다.

37

답 ②

해 논문 작성 시 '논의 및 결론'에 포함될 내용에 시사점을 작성하는데, 즉 연구 결과가 상담 실무 및 관련 이론에 갖는 시사점을 기술한다.

✔**오답노트**

① 연구 가설을 지지하지 않는 연구결과도 보고하고 해석한다.

③ 연구에서 활용한 척도 및 자료 수집 절차를 상세히 기술한다. → 본론의 [연구방법] 부분에 서술함

④ 연구의 배경이 되는 이론과 선행연구들을 소개하고 가설을 진술한다. → 본론의 [이론적 배경] 부분에 서술함

⑤ 연구 참여자들의 인구통계학적 정보를 표로 제시한다. → 본론의 [자료 분석 결과] 부분에 서술함

38

답 ⑤

해 ① 연구의 필요성과 목적 → 서론(연구 필요성과 목적)

② 가설 검정을 위한 자료 분석 결과 → 본론(분석 결과)

③ 연구 결과 요약 및 선행 연구와의 비교 → 결론(요약, 논의 및 결론)

④ 가설 설정의 근거가 되는 이론과 선행연구 결과 → 본론(이론적 배경)

⑤ 참여자 모집 절차 및 선정 기준 → 본론(연구방법)

39

답 ③

해 진실험설계가 충족해야 할 조건(3가지 조건)으로는 ① 무작위 집단 배정(무작위할당)으로 인한 외생(extraneous)변수의 통제, ② 독립변수의 조작, ③ 종속변수값 간의 비교이다.

cf) ③ 현장실험은 해당되지 않는다.

40

답 ⑤

해 ① 근거이론 연구는 자료의 총체로부터 귀납적으로 이론을 개발하는 방법으로서, 연구자는 수집한 자료에 기초하여 가설을 설정하고 검증하며, 분석적 귀납법이라고 부르는 과정을 통해 이론을 개발하는 연구방법이다.

귀납적 분석은 구체적인 관찰에서부터 출발하여 일반적인 원리를 구축한다. 질적 연구의 이론은 실제 상황에 토대를 두고 있는 근거이론(grounded theory)이다. 분석적 귀납법은 최초의 사례를 조사하여 연구가설을 개발한 후 다음 사례를 토대로 가설을 수정하는 방법으로, 초보적 문제의 규정 → 문제의 가상적 설명 → 가설의 적합성을 결정하기 위한 사례의 검토 → 가설과 적합지 않은 사례가 발견되었을 때 가설을 중단하든지 또는 문제를 새롭게 규정 → 부정적인 사례로 인한 가설의 재설정 → 부정적인 사례가 더 이상 발견되지 않을 때까지 이 과정을 계속해 나가면서 보편적인 관계를 설정(이론 도출)하는 것이다.[2]

---

2 출처: 김윤옥 외(1996). 교육 연구를 위한 질적 연구방법과 설계. 문음사

41

답 ③

해 총변동(SST; sum of squares total) 중 선형관계로 설명되지 않는 변동(SSE; sum of squares error)이 차지하는 비중이 $\frac{1}{5}$이라면 결정계수 R^2의 값은 $(1-\frac{1}{5})=\frac{4}{5}$이다.

그 이유는 **결정계수 R^2의 값은 1-선형관계로 설명되지 않는 변동 즉, 입력변수로 설명할 수 없는 변동비율[1-(SSE/SST)]로 구할 수 있기 때문이다.**

총변동(SST) = 회귀제곱합(SSR) + 선형관계로 설명되지 않는 변동(SSE)

SST는 Y의 총 분산(변동성)이며, SSE는 회귀직선으로 설명 불가능한 분산(변동성)이고, SSR은 회귀직선으로 설명 가능한 분산(변동성)을 의미한다.

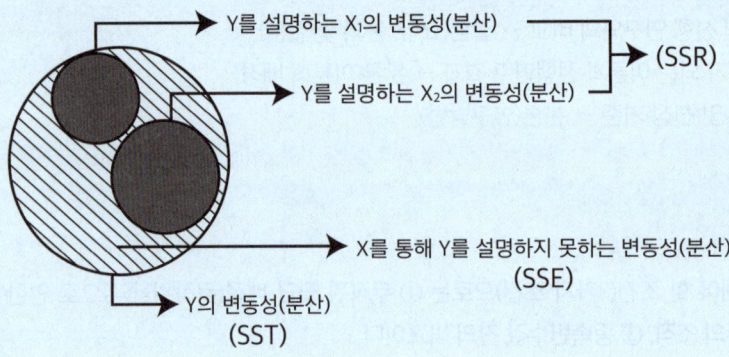

그림출처 : 딥러닝과 머신러닝 이야기(https://bluediary8.tistory.com)

실력다지기   추정된 회귀선이 표본 자료에 적합한가를 측정하는 결정계수(R^2)의 특성

1) R^2은 제곱합의 상대적 비율이므로 음(-)의 값을 가질 수 없다.

2) R^2은 0 에서 1 사이에 값을 갖는다(0 $\leq R^2 \leq$ 1).

3) R^2값이 0 이라면 표본회귀선으로 설명 가능한 부분이 없다는 뜻이므로 두 변수 X와 Y 사이에는 전혀 관계가 없다. 그러므로 R^2값이 0 에 가까우면 회귀분석을 적용함에 적합하지 않다는 뜻이다.

4) R^2값이 1이라면, 표본회귀선은 완전히 적합하다는 뜻이므로 두 변수 X와 Y 사이에는 잔차가 전혀 없는 하나의 수학적 함수이다. 그러므로 R^2값이 1 이라면 회귀분석을 적용할 수 없다.

cf) $\dfrac{RSS(잔차의\ 제곱합)}{TSS(총\ 변량크기)}$ 또는 $\dfrac{회귀\ 제곱합(SSR)}{총\ 제곱합(SST)}$

5) 회귀분석에서 결정계수 R^2이 통계적으로 유의미하면 회귀모형이 적합한 것으로 평가한다.

6) R^2값이 1에 가까울수록 설명력이 크고, 추정된 회귀식의 적합도가 높다.

7) 결정계수 R^2은 독립변수의 개수 및 표본크기의 영향을 받는다.

→ R^2은 독립변수가 늘어날수록 증가하는 경향이 있다.

42

답 ①

헤 집단 간 설계는 2개 이상의 집단으로 나누어 진행하기 때문에 진실험설계인 [ㄱ]. 사후검사 통제집단 설계와 [ㄴ]. 솔로몬 4집단 설계집단 간 설계에 해당한다.

✓오답노트

[ㄷ]. 교차설계, [ㄹ]. 라틴정방형(Latin square) 설계는 집단 내 설계에 해당한다.

집단 내 설계는 한 집단 내에서 실험 조건을 변경하는 것을 의미한다. 교차설계는 한 집단 내에서 실험 조건을 서로 교차하여 적용하는 방법이며, 라틴정방형(Latin square) 설계는 실험 조건을 행과 열에 따라 균등하게 배치하여 적용하는 방법이다.

43

답 ④

헤 귀납적 분석은 구체적인 관찰에서부터 출발하여 일반적인 원리를 구축한다. 따라서 질적 연구의 경우 이론과 가설은 수집된 자료로부터 귀납적 방법으로 진화하여 발견된다.

① 자연스러운 상황에서 수행되고 밀접한 상호작용이 자료의 원천이다.
② 면접, 관찰, 문서 등 다양한 형태의 자료들을 수집한다.
③ 참여자의 관점·의미 또는 참여자의 다양한 주관적 견해에 초점을 맞춘다.
⑤ 연구 설계에 있어서 초기계획이 엄격하게 규정되지 않고, 연구과정이 유연하다.

44

답 ④

헤 예상되는 실험결과나 연구결과는 인간침여자를 대상으로 한 연구에서 연구 참여에 대한 동의를 받을 때 고지해야 하는 사항이 아니다.

실력다지기　　　　상담연구 수행 시 고지된 동의(informed consent)

1) 고지된 동의의 형태는 명확하고 알기 쉬운 언어로 이루어져야 한다.
2) 연구의 목적, 연구에 관련된 위험, 연구의 기간과 절차, 연구의 참여로 인한 보상, 동의를 거부하거나 철회할 수 있는 권리, 동의에 수반되는 시간계획(예상되는 기간 및 절차), 연구의 비밀보장의 한계 등이 고지된 동의에 포함되어야 한다.
3) '고지된 동의'(informed consent)는 연구참여자가 결정에 참여할 수 있다는 소극적인 의미보다, 주어진 정보를 바탕으로 연구참여자 스스로 연구를 선택, 결정한다는 적극적인 주체적인 의미를 지닌다고 할 수 있다.

45

답 ②

해 존재하지 않은 연구결과를 허위로 만들어 내는 것은 위조에 해당한다. 변조는 연구 재료·장비·과정 등을 인위적으로 조작하거나 연구 원자료 또는 연구자료를 임의로 변형·삭제함으로써 연구 내용 또는 결과를 왜곡하는 행위이다.

cf) ⑤ 이전에 출판된 자신의 연구결과를 해당 사실을 밝히지 않고 사용하는 것도 연구부정행위에 해당한다.
　　　 → '부당한 중복게재'

| 심화학습 | 연구윤리 확보를 위한 지침 제12조(연구부정행위의 범위) |

1) 연구부정행위는 연구개발 과제의 제안, 수행, 결과 보고 및 발표 등에서 이루어진 다음을 말한다.
　(1) '위조'는 존재하지 않는 연구 원자료 또는 연구자료, 연구결과 등을 허위로 만들거나 기록 또는 보고하는 행위
　(2) '변조'는 연구 재료·장비·과정 등을 인위적으로 조작하거나 연구 원자료 또는 연구자료를 임의로 변형·삭제함으로써 연구 내용 또는 결과를 왜곡하는 행위
　(3) '표절'은 다음 각 목과 같이 일반적 지식이 아닌 타인의 독창적인 아이디어 또는 창작물을 적절한 출처표시 없이 활용함으로써, 제3자에게 자신의 창작물인 것처럼 인식하게 하는 행위
　　① 타인의 연구내용 전부 또는 일부를 출처를 표시하지 않고 그대로 활용하는 경우
　　② 타인의 저작물의 단어·문장구조를 일부 변형하여 사용하면서 출처표시를 하지 않는 경우
　　③ 타인의 독창적인 생각 등을 활용하면서 출처를 표시하지 않은 경우
　　④ 타인의 저작물을 번역하여 활용하면서 출처를 표시하지 않은 경우
　(4) '부당한 저자 표시'는 다음 각 목과 같이 연구내용 또는 결과에 대하여 공헌 또는 기여를 한 사람에게 정당한 이유 없이 저자 자격을 부여하지 않거나, 공헌 또는 기여를 하지 않은 사람에게 감사의 표시 또는 예우 등을 이유로 저자 자격을 부여하는 행위
　　① 연구내용 또는 결과에 대한 공헌 또는 기여가 없음에도 저자 자격을 부여하는 경우
　　② 연구내용 또는 결과에 대한 공헌 또는 기여가 있음에도 저자 자격을 부여하지 않는 경우
　　③ 지도학생의 학위논문을 학술지 등에 지도교수의 단독 명의로 게재·발표하는 경우
　(5) '부당한 중복게재'는 연구자가 자신의 이전 연구결과와 동일 또는 실질적으로 유사한 저작물을 출처표시 없이 게재한 후, 연구비를 수령하거나 별도의 연구업적으로 인정받는 경우 등 부당한 이익을 얻는 행위
　(6) '연구부정행위에 대한 조사 방해 행위'는 본인 또는 타인의 부정행위에 대한 조사를 고의로 방해하거나 제보자에게 위해를 가하는 행위
　(7) 그 밖에 각 학문분야에서 통상적으로 용인되는 범위를 심각하게 벗어나는 행위
2) 대학 등의 장은 제1항에 따른 연구부정행위 외에도 자체 조사 또는 예방이 필요하다고 판단되는 행위를 자체 지침에 포함시킬 수 있다.

46

답 ④

해 [ㄱ]. 혼합연구방법은 **양적연구와 질적 연구에 숙련된 연구자에게 적합한 연구방법**이다.

실력다지기 **혼합연구방법의 종류[3]**

1) 삼각검증 설계 (Triangulation design)
   (1) 양적 방법과 질적 방법에서 얻은 결과를 직접적으로 대조시켜 각각의 결과의 유효성을 검증하는데 이용된다.
   (2) 양적 자료와 질적 자료가 대등한 위상을 가지기 때문에 둘 중 하나가 빠지면 연구문제에 대답하기 힘들다.
2) 내재적 설계 (Embedded design)
   (1) 양적자료와 질적 자료를 동시에 사용하는 것은 맞으나, 한 쪽이 뒷받침하는 방식으로 진행된다.
   (2) 두 자료가 연구문제에 직접적으로 대답하는 것은 아니지만, 뒷받침하는 쪽의 자료가 없을 경우 뒷받침 받는 쪽의 자료의 분석과 해석이 불가능해진다.
3) 순차적 혼합법 (Sequential mixed methods)
   (1) 연구자들이 질적 연구로 자료수집과 분석을 한 다음, 이 결과를 토대로 후속적인 양적 연구를 설계하여 수행하는 방법이다.
   (2) 예를 들면 근거이론으로 자료수집과 분석을 한 다음, 양적 분석인 구조방정식과 같은 연구를 수행할 수 있다.

47

답 ②

해 실험실 상황이 아닌 실제 상황에서 독립변수를 조작해 연구하는 설계인 유사실험설계(quasi-experimental design)는 진실험설계(true experimental design)에 비해 **내적타당도 측면에서 취약하다. 인과관계의 추론 조건들에 있어 한계가 있기 때문이다. 예를 들어 두 집단을 구분할 때, 무작위할당을 하지 않기 때문에 외생변인의 통제가 불확실하다.**

48

답 ①

해 단일사례연구설계(single-case research design)는 **사례 수가 1이기 때문에 일반화가 어려워 외적타당도가 낮다.**

문항설명

한 개인 또는 집단을 상대로 연구대상 내 차이를 분석하여 처치효과를 추정하는 것을 목적으로 하는 단일사례연구설계 (single-case research design)의 경우 통계적 검증보다는 임상가에 의한 임상적 유의미성을 더욱 중시한다. 유형으로는 ABAB설계(reversal design)와 복수요인설계(ABCD설계), 다중기저선설계(multiple-baseline design) 등이 있다. 복수요인설계(ABCD설계)의 경우 연구를 진행하면서 연구설계 또는 연구절차를 유연하게 수정할 수 있다.

---

[3] 출처: 위키백과 참조

49

답 ④

해 **모의상담연구는 변수의 조작적 정의를 구체화 할 수 있다는 것이 장점**이다. 즉, 연구자의 의도대로 상담과정을 조작할 수 있다.

실력다지기	모의상담연구[4]의 장점과 단점

1) 모의상담 연구의 장점

(1) **실험조건의 통제가 용이하다. - 연구자의 의도대로 상담과정을 조작할 수 있다.**

(2) 연구문제와 관련이 없는 다른 변인들을 무작위화시키거나 또는 다른 방법으로 통제하기 용이하다.

(3) **모의상담 과정을 실제보다 단순화시킴으로써 결과를 해석하기가 용이하다.**

(4) **상담연구에서 자주 발생할 수 있는 윤리적인 문제를 줄일 수 있다.**

(5) **대리(surrogate) 내담자의 활용을 통해 재정적 부담을 완화할 수 있어, 실제 상담연구의 한계를 약화시킬 수 있다.**

2) 모의상담 연구의 단점

(1) 실험조건을 통제하면 할수록 연구의 외적 타당도가 낮아진다.

(2) 모의상담 상황은 실제 상황보다 지나치게 단순화되어 있다.

(3) 모의상담 방법에 의한 연구결과는 실제 상황에 일반화시키는 데 문제점이 많다. 즉, 외적 타당도가 낮아진다.

50

답 ⑤

해 **우연적 사건(역사요인, 외부사건), 성숙효과(성장요인)는 내적타당도를 저해하는 가외변인**에 해당한다.

cf) 처치를 인위적으로 조작하여 종속변인이 어떤 변화를 보이는지를 분석하는 실험실 실험연구는 인과관계 규명이 목적이기 때문에 종속변인에 영향을 미치는 처치변인 외에 가외변인에 대한 통제가 중요하다. 상담 연구의 실험실 실험연구에는 모의상담이 해당할 수 있으며, 일반적으로 현장 실험연구에 비해 일반화가 어려워(실험실 상황이기 때문에) 외적타당도가 낮다.

---

4 모의상담 연구(Analogue Research)는 실험실 실험연구의 대표적인 예로서, 관찰하려는 상담현상 자체를 좀 더 단순화시키는 연구전략이다. 이는 외적 타당도는 낮지만, 높은 내적 타당도를 얻을 수 있다.

제3과목   심리측정 평가의 활용(필수)

51	①	52	③	53	①	54	④	55	③
56	⑤	57	③	58	⑤	59	⑤	60	②
61	③	62	①	63	③	64	②	65	⑤
66	①	67	②	68	④	69	②	70	①
71	①	72	②	73	④	74	②	75	④

51

답 ①

해 규준(norm)이란 원점수의 상대적인 위치를 설명해주기 위해 비교 기준이 되는 점수로, 모집단을 대표하는 표본에서 얻은 점수를 기초로 하여 만들어진다. 준거(criterion)란 한 검사에서 개인이 획득한 점수를 미리 세워놓은 목표 점수, 즉, 성패나 당락을 결정하는 점수이다.

52

답 ③

해 살인 등과 같이 형법에 저촉되는 행동을 한 사람들의 정신감정과 같이 법률에 의해 검사가 의뢰된 경우 수검자에게 평가 동의를 받지 않아도 된다.

✔오답노트

① 표준화된 검사인 경우 결과 해석 시 수검자의 문화적 차이를 고려해야 한다. 예를 들어 한국어 구사가 능통하지 못한 다문화 학생의 웩슬러 지능검사의 언어이해 지표 점수는 한국인에 비해 낮을 수 있다.

② 심리검사를 동의할 능력이 없는 미성년자인 청소년에게 심리평가의 본질과 목적에 대해 알려주면 평가에 대한 동기가 높아질 수 있다.

④ 다른 사람에게 해를 끼칠 위험은 비밀보장의 예외적 조항에 포함된다.

⑤ 심리검사를 하게 되면 평가 결과를 수검자에게 알려준다. 그런데 평가 결과를 보여주면 안 되는 경우에는, 사전에 수검자에게 이 사실을 알려주어야 한다.

53

답 ①

해 심리평가의 목적은 호소 문제를 해결하기 위한 내담자의 인지적 기능, 정서적 상태, 자아 강도, 성격 구조와 특성, 증상의 심각도, 강점과 약점과 그 주변 환경을 이해함으로써 치료 목표와 전략을 수립할 수 있는 계기를 마련하는 데 있다.

cf) ① 심리평가의 정확도를 위해 라포 형성이 필요하지만, 라포 형성을 하는 것이 심리평가의 목적은 아니다.

54

답 ④

해 로버트 여키스(Robert Yerkes)와 그 외 여섯 명은 **Army Alpha의 한계점을 보완하기 위해 동작성 검사인 Army Beta를 제작**하였다. 즉, 문자 해독력이 낮거나 외국어를 구사하는 군인은 알파시험의 비언어적 버전인 베타지능검사(Army Beta)를 택할 수 있도록 후에 개발되었다.

55

답 ③

해 면담이란 심리적 특징을 알아보는 방법으로서 질문과 응답으로 이루어지는 대화나 언어적 의사소통을 통해 피면담자의 언어적 반응내용과 방식을 정밀히 분석하고 수량화하는 방법이다.

cf) 정신상태검사에 포함되는 것은 전반적인 외양, 행동 특성과 태도, 표현 언어, 사고 내용, **인지나 지적 기능**, 기분과 정동, 통찰과 판단력, 충동 조절 등에 관한 평가와 관찰이 포함된다.

✔오답노트

① 면담 시 **명료화 기술**은 수검자가 말하려는 주제와 표현이 서로 다를 때(모호성이 있을 때) **명확하게 해 달라고 요청**하는 것이다.

② K-SADS는 **아동 및 청소년**의 주요 정신질환을 평가하기 위한 반구조화된 면담 도구이다.

④ **내담자가 자유롭게 말할 수 있는 충분한 면담 시간이 부족할 때 면담 초기에 개방형 질문을 사용하는 것이 좋다.** 개방형 질문을 통해서 중요한 정보가 내포된 영역을 탐색하는 것이 가능하고, 폐쇄형 질문으로 인해 내담자가 민감한 영역들에 대해 방어적인 태도를 취하게 될 가능성을 낮출 수 있다.

⑤ **비구조화된 면담**은 수검자에게 얻은 자료를 양적으로 바꾸기 어렵다.

56

답 ⑤

해 행동평가란 행동에 선행하는 사건(상황)과 행동에 수반하는 결과에 초점을 맞춰 인간의 행동 특성을 평가하는 심리평가 기법의 한 종류이다. 행동평가를 통해 문제행동과 더불어 문제행동의 결정요인으로 작용하는 환경요인, 또는 개인과 환경과의 상호작용을 양적으로 평가할 수 있다. 행동평가는 개인의 성향보다 주어진 상황에서 개인이 어떻게 행동하는지를 평가하는 행동주의 이론에서 출발하였다. 관찰하고자 하는 개인의 표적행동을 정해놓고 관찰하고 기록하는 개인 특이적 접근을 따른다.

cf) 행동평가에는 행동면담 기법, 행동관찰 기법, **정신-생리학적 측정(심박수나 혈압과 같은 생리적 측정)** 등이 있다.

57

답 ③

해 전반적인 성격을 측정하기 위해 **16PF, MBTI, 캘리포니아 성격검사(CPI), NEO 성격검사(NEO-PI-R)**를 실시한다.

✔오답노트

① 병리적 성격을 진단하기 위해 **PAI**를 실시한다.

② 성인의 지능을 평가하기 위해 **웩슬러 지능검사(K-WAIS-Ⅳ)**를 실시한다.

---

④ ADHD를 변별하기 위해 **CAT 주의집중력 검사, 위스콘신 카드분류검사(WCST), 스트룹 검사**를 실시한다.

⑤ 직업적성을 알아보기 위해 **일반직업적성검사(GATB)**를 실시한다.

58

답 ⑤

해 검사결과는 반영구적이거나 영구적으로 해석되는 것이 아니라, **수검자가 검사를 실시하는 시점에서 해석된다.**

59

답 ⑤

해 심리검사는 특정 영역에서 행동 전집을 수집하여 측정하는 것이 아니라, **특정 영역에 해당하는 증상과 관련된 행동을 수집하고 측정해야 한다.** 예를 들어 **ADHD를 측정할 때 부주의와 과잉행동에 대한 행동을 측정하는 곳이 바람직하며,** 도덕적 행동이나 불안 행동 등을 모두 측정하는 것은 아니다.

60

답 ②

해 심리검사의 제작 순서는 **[검사목적의 명료화 → 검사의 내용과 방법 결정 → 문항의 개발 → 문항 분석 → 검사 규준과 요강 작성]**이다.

심화학습 　　　　표준화 검사 제작 순서

1) 검사의 목적을 구체적으로 결정한다. - **검사목적의 명료화**
2) 검사의 내용과 객관식 검사인지, 투사적 검사인지 결정한다. - **검사내용 및 검사방법 결정**
3) 합리적인 문항 형식을 선택하고 이에 따라 다수의 문항을 제작하되, 문항 수는 최후검사에 포함시키려는 문항 수의 두 배 이상은 되어야 한다. - **예비 문항 작성**
4) 제작된 문항으로 예비검사를 구성하고, 활용 대상 집단을 대표히는 표집을 대상으로 예비조사를 실시한 후 문항분석을 실시한다. - **예비조사와 문항분석**
5) 문항분석의 결과에 따라 문항을 수정하고 선택된 문항을 가지고 최후검사를 완성한다.
   - **문항의 세련화와 최종 검사문항 완성**
6) 규준을 제작하기 위해 검사의 활용대상인 모집단을 대표하는 대단위 표집을 하여 검사를 실시하며 이 때 표집군이 모집단을 충분히 대표할 수 있어야 한다. - **본 조사 실시**
7) 정해진 방법에 의하여 채점하고, 검사 자체의 신뢰도와 타당도를 검증한다. - **채점 및 신뢰도와 타당도의 산출**
8) 여러 가지 통계적 조작을 통하여 규준을 만들고, 이러한 과정을 거쳐 제작된 검사는 검사지와 검사요강의 형태로 산출되는데, 검사요강에는 검사의 실시방법, 채점방법, 규준, 활용방법, 검사의 신뢰도나 타당도와 같은 정보를 수록한다.
   - **검사 규준과 요강 작성**
9) 결론적으로 검사의 제작과정은 **[검사목적의 명료화 → 검사의 내용과 방법 결정 → 문항의 개발 → 문항 분석 → 검사 규준과 요강 작성]**의 순서가 된다.

61

답 ③

해 집단의 개인차가 크고, 측정집단이 이질적이고, **측정의 표준오차 값(측정의 표준오차 : SEM)이란 관찰점수(검사 점수)를 가지고 진점수(true score)를 추정할 때 생기는 오차의 정도)이** 작을수록 신뢰도는 높아진다.

✔오답노트

① 검사 문항 수가 **많을수록** 신뢰도는 높아진다. 그 이유는 문항이 많을수록 우연적 오차(추측)에 의한 영향을 적게 받기 때문이다.

② 공인타당도와 예측타당도는 **준거타당도**의 한 종류이다.

④ **검사-재검사 신뢰도**는 시간경과에 따른 검사의 안정성을 측정하는 신뢰도이다.

⑤ 크론바하 알파(Cronbach's alpha) 계수는 **신뢰도** 측정의 한 방법이다.

62

답 ①

해 **그림기억**은 제한시간 내에 사물들이 그려진 자극 페이지를 제시한 후, 반응 페이지에 있는 사물들 중 자극 페이지에서 보았던 것들을 가능한 한 순서대로 고르도록 한다.

✏문항설명

② 순차연결 : 아동에게 연속되는 숫자와 글자를 읽어주고, 숫자는 오름차순으로, 글자는 [가나다] 순으로 암기하도록 한다.

③ 선택 : 제한시간(45초) 내에 무선으로 배열된 그림과 일렬로 배열된 그림을 훑어보고 표적그림을 표시한다.

④ 공통그림 찾기 : 두 줄 또는 세 줄로 이루어진 그림들을 보고 각 줄에서 공통된 특성으로 묶을 수 있는 그림들을 고른다.

⑤ 행렬추리 : 미완성인 행렬을 보고, 행렬을 완성시키는 적절한 보기를 선택한다.

63

답 ③

해 K-WAIS-Ⅳ의 핵심 소검사는 **공통성, 어휘, 상식, 토막 짜기, 행렬추론, 퍼즐, 산수, 숫자, 동형 찾기, 기호쓰기** 등이다.

cf) ③ **빠진 곳 찾기는 지각추론의 보충소검사**이다.

지표	언어이해	지각추론	작업기억	처리속도
핵심 소검사	공통성 어휘 상식	토막짜기 행렬추론 퍼즐	산수 숫자	동형찾기 기호쓰기
보충 소검사	이해	무게비교 **빠진 곳 찾기**	순서화	지우기

64

답 ②

해 써스톤(Thurstone)의 7가지 기본정신능력(PMA : Primary Mental Ability)은 **언어이해력 요인, 언어 유창성 요인, 지각요인, 추리요인, 기억요인, 수요인, 공간요인** 등이다.

cf) [ㄹ]. 문제해결 영역은 없다.

실력다지기 **써스톤(Thurstone)의 7가지 기본정신능력(PMA : Primary Mental Ability)**

인간의 지능은 하나의 일반요인이 아닌 7가지 일반요인(기본정신능력)으로 구성된다.

1) 언어이해력 요인 : 언어를 이해하고 사용할 줄 아는 능력
   예 어휘능력, 문장이해 능력
2) 언어유창성 요인 : 어휘와 문장을 적절히 사용하고 표현하는 능력
   예 어휘의 표현 능력, 시간제한 검사로 측정
3) 지각요인 : 외적으로 주어진 환경을 지각하여 해결하는 능력
   예 인지속도, 그림 속의 작은 차이점들을 인식하는 과제 등으로 측정
4) 추리요인 : 미해결된 구조를 추리하는 능력
   예 추론, 유추능력, 비유, 수열 완성과제 등의 검사로 측정
5) 기억요인 : 대상물을 기억하여 오래 정보를 저장할 수 있는 능력
6) 수요인 : 수를 사용하여 문제를 해결하는 능력
   예 수학적 이해, 계산, 수학적 문제해결 검사로 측정
7) 공간요인 : 공간관계를 보아서 알고 해결하는 능력
   예 기호, 기하학적 형태의 지적 조작 능력

65

답 ⑤

해 RC8 : 비현실감, 환각 증싱이 나타난다.

실력다지기 **MMPI-2에서 재구성 임상척도**

척 도 명			내 용
RCd	dem	의기소침	순수 F(비전형성)값으로 산출함. 전반적인 정서적 불편감, 정서적 혼란, 불안감과 관련된 문항, 환자가 된 것 같은 느낌
RC1	som	신체증상 호소	건강염려와 집착, 신체증상 호소, 대인관계 곤란
RC2	lpe	낮은 긍정적 정서	긍정적인 정서 경험의 부족, 불행감, 불안, 우울증 가능성
RC3	cyn	냉소적 태도	순진하고 속기 쉬움. 타인을 이용하거나 믿을만하지 못함
RC4	asb	반사회적 행동	RCd 점수에 영향을 받음. 분노, 공격성, 법적문제, 가족갈등
RC6	per	피해의식	불신, 의심, 피해의식, 대인관계 과민성, 관계형성 곤란

척 도 명			내 용
RC7	dne	역기능적 부정적 정서	불안·짜증·혐오, 반추적 사고, 깊은 근심, 평가에 대한 두려움, 죄책감, 대인관계에서 지나치게 수동적·복종적
RC8	abx	기태적 경험	망상, 환각, 자아기능 손상, 기태적 경험, 정신증적 가능성
		• RC8 > 75 : 조현병, 망상장애 가능성	
		• 65 < RC8 < 74 : 분열형(조현형) 성격특성 가능성	
RC9	hpm	경조증적 상태	심신 에너지 항진, 고양된 기분, 과도한 자신감
		• RC9 > 75 : 경조증/조증삽화 양극성 장애 가능성	
		• 65 < RC9 < 74 : 적응적이고 활력이 높은 외향적인 사람	

66

답 ①

해 **예술적(Artistic) 유형**은 상상력이 풍부하고, 감수성이 강하며, 자유분방하며, 개방적이고, 독창적이고, 개성이 강하다.

실력다지기 RIASEC 세부 특징

1) 현실형(Realistic) : 남성적이고, 솔직하고, 성실하며, 검소하고, 지구력이 있고, 신체적으로 건강하며, 소박하고, 말이 적으며, 고집이 있고, 단순하다.
2) 탐구형(Investigative) : 탐구심이 많고, 논리적, 분석적, 합리적이며, 정확하고, 지적 호기심이 많으며, 비판적, 내성적이고, 수줍음을 잘 타며 신중하다.
3) 사회형(Social) : 사람들을 좋아하며, 어울리기 좋아하고, 친절하고, 이해심이 많으며, 남을 잘 도와주고, 봉사적이며, 감정적이고, 이상주의적이다.
4) 기업형(진취형, Enterprising) : 지배적이고, 통솔력, 지도력이 있으며, 말을 잘하고, 설득적이며, 경쟁적, 야심적이며, 외향적이고, 낙관적이고, 열성적이다.
5) 관습형(사무형, Conventional) : 정확하고, 빈틈없고, 조심성이 있으며, 계획성이 있으며, 변화를 좋아하지 않으며, 완고하고, 책임감이 강하다.

67

답 ②

해 **감각(S)과 직관(N)은 사람이나 사물을 인식하고 정보를 받아들이는 지표**이다.

cf) 감각형(S)은 오감을 통해 인식되는 정보에 주의를 기울이고 실존하는 것을 선호하며 실용적이고 현실감각이 있다. 반면, 직관형(N)은 육감을 통해 얻은 정보에 관심을 기울이고 실제로 존재하는 것보다 있을법하고 숨어있는 의미를 알아차린다.

실력다지기 MBTI의 양극차원

1) 세상에 대한 일반적인 태도(에너지와 관심의 방향) : 개인의 주의집중과 에너지의 방향이 인간의 외부로 향하는지 아니면 내부로 향하는지 나타내는 지표

(1) 외향형(E) : 에너지가 외부 세계의 일이나 사람에게 향하는 것을 선호하고 폭넓은 활동력과 적극성을 가지고 있다.

(2) 내향형(I) : 에너지를 내부 세계와 아이디어에 집중하며 신중하고 조용하다.

2) 감각형과 직관형의 지표는 정보를 인식하는 방식에서의 경향성(정보를 수집하고 지각하는 지표)을 반영한다.

(1) 감각형(S) : 감각적 기능을 선호하는 사람들은 모든 정보를 오감에 의존하여 받아들이는 경향이 있다.

(2) 직관형(N) : 직관적 기능을 선호하는 사람들은 오감보다는 육감이나 영감에 의존한다.

3) 정보사정 스타일(판단 기능) : 인식된 정보를 가지고 판단을 내리는 지표

(1) 사고형(T) : 객관적인 기준을 바탕으로 정보를 비교 분석하고 논리적 결과를 바탕으로 판단한다.

(2) 감정형(F) : 온화하고 우호적이며 인간관계의 협력을 추구하며 개인적 가치에 근거해 결정을 내린다.

4) 생활양식(외부세계로 향한 태도) : 외부세계에 대한 태도나 적응에서 어떤 과정을 선호하는지 의사결정을 나타내는 지표

(1) 판단형(J) : 일에 대해 준비하고 계획하며 조직력과 통제성을 추구하며 목적의식이 명확하다.

(2) 인식형/지각형(P) : 개방적이고 수용적이며 결정을 내리기보다 과정을 즐기며 새로운 가능성에 대한 융통성과 포용력이 있다.

68

답 ④

해 MMPI-A의 해석에서 무응답 반응이 30개 이상으로 너무 많으면 전체 척도를 신뢰하기 힘들어, 무효 프로파일로 간주한다.

✓오답노트

① L척도(부인)의 상승은 솔직하지 않은 검사태도를 시사한다.

② 냉소적 태도(A-cyn) 척도의 상승은 타인이 자신을 이용할 목적으로 친구를 사귀기 때문에 아무도 믿지 않는 것이 가장 안전한 길이라고 믿음으로써 타인을 경계한다.

③ 소외(A-aln)척도의 상승은 타인과 정서적 거리감을 느끼며, 정당한 대접을 받지 못한다는 믿음이 강하며, 타인이 자신을 이용하려 하거나 자신에게 불친절하나고 느낀다.

⑤ 임상척도에서 반사회적 척도의 상승은 다양한 행동화, 비행과 관련된다.

69

답 ②

해

실력다지기

요인	NEO-PI-R		아동용		청소년 및 성인용	
N 신경증	N1:불안 N2:적대감 N3:우울	N4:자의식 N5:충동성 N6:심약성	N1:불안 N2:적대감 N3:우울	N4:충동성 N5:사회적 위축 N6:정서충격	N1:불안 N2:적대감 N3:우울 N4:충동성 N5:위축	N6:정서충격 N7:심약성 N8:특이성 N9:신체신경 N10:자존감

요인	NEO-PI-R		아동용	청소년 및 성인용	
E 외향성	E1:온정 E2:사교성 E3:주장	E4:활동성 E5:자극추구 E6:긍정적 정서	E1:사회성 E2:지배성 E3:자극추구	E1:사회성 E2:지배성	E3:자극추구 E4:활동성
O 개방성	O1:상상 O2:심미성 O3:감정의 개방성	O4:행동 개방성 O5:사고 개방성 O6:가치 개방성	O1:창의성 O2:정서성 O3:사고유연성	O1:창의성 O2:정서성	O3:사고 유연성 O4:행동진취성
A 우호성	A1:온정성 A2:신뢰성 A3:관용성	A4:이타성 A5:겸손 A6:동정	A1:온정성 A2:신뢰성 A3:관용성	A1:온정성 A2:신뢰성	A3:공감성 A4:관용성
C 성실성	C1:유능감 C2:정연성 C3:충실성	C4:성취동기 C5:자기규제성 C6:신중성	C1:유능감 C2:조직성 C3:책임감	C1:유능감 C2:성취동기	C3:조직성 C4:책임감

✓오답노트

① 16PF는 올포트의 특질이론을 근거로 만든 성격검사지로 지능을 성격의 기본적 구성요소로 간주한다.

③ 개방성(Openness) 척도가 낮은 사람은 관습적, 현실적이다.

④ 성실성(Conscientiousness) 척도의 하위척도에 신중성이 포함되어 있다.

⑤ 개방성(Openness) 척도가 높은 사람은 창조적, 독창적이다.

70

답 ①

해 TCI는 기질척도와 성격척도가 있다. 기질척도에는 자극 추구, 위험 회피, 사회적 민감성, 인내력 등이 있고, 성격척도에는 자율성, 연대감, 자기초월 등이 있다.

cf) 자기초월은 우주 만물과 자연을 수용하고 동일시하는 경향이다.

✓오답노트

[ㄴ]. 자율성: 자신의 행동을 상황에 맞게 통제, 조절, 적응시키는 능력

[ㄷ]. 인내력: 지속적 강화가 없더라도 보상 받은 행동을 일정한 시간 동안 지속하려는 성향

71

답 ①

해 PAI의 임상척도(11가지)에는 신체적 호소, 불안, 불안관련 장애, 우울, 조증, 망상, 정신분열병(조현병), 경계선적 특징, 반사회적 특징, 알코올문제, 약물문제 등이 있다.

cf) ① 강박증(OBS)은 해당되지 않는다.

신체적 호소 (SOM/24)	건강과 관련된 문제에 대한 집착과 신체화장애 및 전환증상 등의 구체적인 신체적 불편감을 의미하는 문항들
불안 (ANX/24)	불안의 상이한 여러 특징을 평가하기 위해 불안현상과 객관적인 징후에 초점을 둔 문항들
불안관련 장애 (ARD/24)	구체적인 불안과 관련이 있는 증상과 행동에 초점을 둔 문항들
우울 (DEP/24)	우울의 증상과 현상에 초점을 둔 문항들
조증 (MAN/24)	조증과 경조증의 정서적, 인지적, 행동적 증상에 초점을 둔 문항들
망상 (PAR/24)	망상의 증상과 망상형 성격장애에 초점을 둔 문항들
정신분열병(조현병) (SCZ/24)	광범위한 정신분열병(조현병)의 증상에 초점을 둔 문항들
경계선적 특징 (BOR/24)	불안정하고 유동적인 대인관계, 충동성, 정서적 가변성과 불안정, 통제할 수 없는 분노 등을 시사 하는 경계선적 성격장애의 특징에 관한 문항들
반사회적 특징 (ANT/24)	범죄행위, 권위적 인물과의 갈등, 자기중심성, 공감과 성실성의 부족, 불안정, 자극 추구 등에 초점을 둔 문항들
알코올문제 (ALC/12)	문제적 음주와 알코올 의존적 특징에 초점을 둔 문항들
약물문제 (DRG/12)	약물사용에 따른 문제와 약물 의존적 특징에 초점을 둔 문항들

72

답 ②

해 ▶ 한국판 아동·청소년 행동평가 척도(K-CBCL 6-18)

　1) 내재화 문제 : 불안/우울, 위축/우울, 신체 증상의 합

　2) 외현화 문제 : 규칙 위반, 공격 행동의 합

　3) 총 문제행동 : 전체 문제행동 문항의 합

✔오답노트

① K-CBCL 6-18의 평가대상은 초등학생~고등학생(6~18세)이며 양육자(부모)가 실시한다.

③ 위축/우울 척도는 내재화 척도에 해당된다.

④ 문제행동 총점은 사회적 미성숙, 사고 문제, 주의집중 문제, 기타 문제의 총점을 합산한 점수이다.

⑤ 규칙 위반 척도는 규칙을 어기거나 사회적 규범에 어긋나는 문제행동들을 충동적으로 하는 성향을 나타낸다.

실력다지기	한국판 아동 · 청소년 행동평가 척도(K-CBCL 6-18) 해석 기준

척도		척도명
문제행동 척도	문제행동 증후군 척도	범주: 내재화, 외현화, 총 문제 행동 < 하위척도들로 구성됨 >
	DSM 진단척도	6개 소척도 (정서, 불안, 신체화, ADHD, 반항행동, 품행문제)
	문제행동 특수척도	3개 소척도 (강박증, PTSD, 인지속도 부진)
적응척도		적응척도 총점
		사회성, 학업 수행

< 문제행동 증후군 척도 >

하위척도		평가내용
내재화	불안/우울	정서적으로 우울하고 지나치게 걱정이 많거나 불안함
	위축/우울	위축되고 소극적인 태도, 주변에 흥미를 보이지 않음
	신체증상	의학적으로 확인된 질병이 없음에도 여러 신체적 증상을 호소함
외현화	규칙 위반	규칙을 지키지 못하거나 사회적 규범에 어긋난 문제행동을 충동적으로 함
	공격행동	언어적·신체적으로 파괴적이고 공격적 행동이나 적대적 태도
사회적 미성숙		나이에 비해 어리고 미성숙한 면, 비사교적인 측면 등 사회적 발달
사고 문제		특정한 행동이나 생각을 지나치게 반복하거나 실제로 존재하지 않는 현상을 보거나 소리를 듣는 등 비현실적이고 기이한 사고·행동
주의집중 문제		주의력 부족, 과잉행동 양상, 계획 수립에 곤란을 겪음
기타 문제		8가지 증후군에 포함되지 않지만 유의미한 수준의 빈도로 나타나는 문제행동

73

답 ④

해 [ㄱ]. 로샤(Rorschach) 검사는 무채색(흑백) 5장(Ⅰ, Ⅳ, Ⅴ, Ⅵ, Ⅶ), 유채색 5장(Ⅱ, Ⅲ, Ⅷ, Ⅸ, Ⅹ), 총 10장의 잉크반점 카드로 구성되어 있다.

cf) 문 그림은 피검자의 대인관계에 대한 태도를 보여주는데, 집 그림에서 문의 유무와 크기, 모양에 따라 다양하게 해석된다. 그리고 창문 그림은 환경과 간접적인 접촉을 하는 매개체로, 인간의 '눈'과 같은 역할을 하며, 외부환경에의 예민함, 경계심, 방어 등의 정보를 준다.

74

답 ②

해 [ㄷ]. 검사실시와 해석의 간편성은 **객관식 검사의 장점**이다.

구분	객관적 검사	투사적 검사
장점	• 검사가 표준화되어 신뢰도와 타당도 수준이 비교적 높다. • **검사의 시행 채점 해석이 용이하다.** • 검사자나 상황 변인의 영향을 덜 받고 검사자의 주관성이 배제되어 객관성이 보장된다.	• **수검자의 독특한 검사반응을 이끌어낸다.** • **수검자의 방어적 반응이 어려우므로 솔직한 응답이 유도된다.** • **모호한 자극으로 풍부한 심리적 특성 및 무의식적 요인이 반영된다.**
단점	• 반응경향성의 영향으로 사회적 바람직성요인으로 쉽게 왜곡할 수 있다. • 수검자의 감정이나 신념, 무의식적 요인을 평가하기 어렵다. • 문항내용과 응답의 범위가 제한적이어서 자신의 의견을 자유롭게 표현할 수 없다.	• 검사도구의 신뢰도가 낮고 해석에 대한 타당도 검증이 빈약하다. • 검사의 채점 및 해석에 있어서 높은 전문성이 요구된다. • 검사자나 상황적 요인의 영향을 받아 객관성이 결여된다.

75

답 ④

해 문장완성검사(SCT)는 개인용 - 집단용 검사로 모두 사용할 수 있다. 자유연상을 이용하기에 정답과 오답이 없으며, **반응 시간에 제한이 없다.** 검사를 시작한 시간과 끝낸 시간을 기록한다.

제4과목   이상심리(필수)

76	③	77	①	78	④	79	④	80	①
81	⑤	82	③	83	②	84	①	85	⑤
86	⑤	87	②	88	④	89	⑤	90	③
91	④	92	⑤	93	③	94	④	95	①
96	⑤	97	④	98	③	99	③	100	②

76

답 ③

해 이상심리 행동주의 모형에서는 이상행동에 대해 엄밀하고 과학적인 접근을 추구한다. 정신분석이론과 같이 개인 내부에서 일어나는 추상적이고 모호한 접근을 지양하고 객관적으로 관찰되고 측정할 수 있는 행동만을 연구해야 한다고 주장한다. 따라서 이상행동을 무의식적 욕구불만이나 갈등이 아닌 조건형성을 통해 설명한다. 즉, 이상행동은 어렸을 때부터 환경으로부터의 잘못된 학습에 기인한 것이라고 주장하며 다양한 학습원리를 제시하고 있다.

77

답 ①

해 DSM-5의 외상 및 스트레스 사건 관련 장애의 범주에는 반응성 애착장애, 탈억제 사회관여장애, 외상 후 스트레스 장애, 급성 스트레스 장애, 적응 장애 등이 있다.

cf) ① 지속성 비탄장애는 DSM-5-TR(수정판)의 외상 및 스트레스 사건 관련 장애에 추가된 장애이다. 지속성 비탄장애는 친밀했던 사람의 최소 1년(아동청소년은 최소 6개월) 전의 죽음 때문에 지속적인 비적응적 비탄 반응을 나타내는 증상을 말한다.

실력다지기

▶ DSM-5-TR 정신질환의 진단 및 통계 편람(제5판 수정판)

DSM-5-TR은 명확성을 위하여 기존에 출판된 70개 이상 질환에 대한 DSM-5 진단기준의 수정사항을 포괄적으로 업데이트한 것이다. 2013년 발행된 DSM-5에 대한 모든 이전 온라인 업데이트를 통합하여, 반복적인 개정 과정을 통해 특정 과학적 발전 및 ICD-10-CM 부호화 조정에 대응한다. 자살 및 비자살적 자해 행동을 보고하기 위한 새로운 진단, 지속성 비탄장애(애도장애), 증상 부호가 추가되었다.

대부분의 DSM-5-TR 질환 본문은 DSM-5의 최초 출판으로부터 9년이 지난 후 일부 개정되었으며, 압도적 다수가 상당한 개정을 가졌다. 가장 광범위하게 업데이트된 본문 부분은 유병률, 위험 및 예후 인자, 문화와 관련된 진단적 쟁점, 성 및 젠더와 관련된 진단적 쟁점, 자살 사고 혹은 행동과의 연관성, 동반이환이다.

출처: 학지사

▶ 지속성 비탄장애(Prolonged Grief Disorder : PGD) 진단기준(DSM-5-TR)[5]

지속성 비탄장애는 DSM-5에서 추가 연구가 필요한 진단에 있었던 지속적 복합 애도장애가 지속적 비탄장애라는 이름으로 외상 후 스트레스 관련 장애에 추가된 것이다.

A. 지속성 비탄장애의 진단을 위해서는 사랑하는 사람의 상실이 성인의 경우 최소 1년 전에, 어린이 및 청소년의 경우 최소 6개월 전에 발생해야 한다. 또한 슬픔에 잠긴 사람은 진단을 받기 전, 적어도 한 달 동안 거의 매일 아래의 증상 중 최소 3가지를 경험해야 한다.

　1) 정체성 붕괴(자신의 일부가 죽은 것 같은 느낌)
　2) 죽음에 대한 뚜렷한 불신감
　3) 그 사람이 죽었다는 사실을 떠올리는 것을 회피
　4) 죽음과 관련된 강렬한 감정적 고통(분노, 쓰라림, 슬픔 등)
　5) 재통합의 어려움(친구와의 관계 문제, 관심사 추구, 미래 계획 등)
　6) 정서적 무감각(정서적 경험의 부재 또는 현저한 감소)
　7) 인생이 무의미하다는 느낌
　8) 극심한 외로움(외로움 또는 다른 사람으로부터 분리된 느낌)

B. 개인의 사별은 사회적, 문화적 또는 종교적 규범에 따라 예상되는 것보다 오래 지속되어야 한다.

78

답 ④

해 ▶ 정신장애 분류의 장점은 다음과 같다.

　1) 이상행동에 대한 일관적이고 공통적인 용어를 제공한다.
　2) 임상적 지식을 축적 시켜 체계적으로 정리하여 치료계획에 대한 정보를 제공한다.
　3) 객관적인 기준에 의한 신뢰로운 분류체계는 과학적 연구와 이론 개발을 위한 기초를 제공한다.
　4) 심리장애를 지닌 환자들 간의 유사성과 차이점을 인식하는 데 도움을 준다.
　5) 환자에 대한 치료 계획을 세우고, 치료효과를 예측하고 판단하는 중요한 근거가 된다.

　cf) ④ 정신장애 분류로 인해 진단된 장애의 속성에 따른 공통된 증상과 특성을 고려하여 치료 계획을 세울 수 있다.

79

답 ④

해 지적장애(metal retardation)는 개인의 발달특성, 교육 및 훈련가능성, 직업적응도를 고려하여 4가지(경도, 중등도, 고도, 최고도)로 분류할 수 있다. 중등도 지적장애(IQ 35~49)는 훈련 가능급이다. 학령기 전에 말하거나 의사소통이 가능하고, 학령기에는 사회적·직업적 기술훈련으로 도움을 받을 수 있으나, 초등학교 2학년 수준 이상의 학습은 곤란하다. 성년이 되면 적절한 지도하에 비숙련 또는 반숙련 노동이 가능하다.

　cf) [ㄱ]. 말 표현 시 어휘나 문법에 상당한 제한이 있다는 것은 고도 지적장애에 대한 설명이다.

---

5 출처 : 마음그루 아동가족상담연구소 홈페이지

실력다지기	지적장애(중등도)

1) 개념적 영역

모든 발달기간에 걸쳐, 개념적 기술은 또래들에 비해 뒤쳐져 있다. 학령전기에는 언어기술과 학습준비기술의 발달이 느리다. 학령기에는 읽기와 쓰기, 수학, 시간과 돈에 대한 이해가 느리게 발달하며 또래와 비교할 때 한계가 뚜렷하게 나타난다. 성인기에는 학업적 기술발달이 일반적으로 초등학교 수준이라서 직업생활과 사생활에서 요구되는 학업적 기술을 사용하기 위해서는 도움이 필요하다. 일상생활에서의 개념적인 일을 수행하기 위해서는 날마다의 일과에 기초한 지속적인 도움이 필요하여, 다른 사람이 그 사람을 위해 이러한 책임을 전적으로 대신하기도 한다.

2) 사회적 영역

모든 발달기간에 걸쳐, 사회적 행동과 의사소통 행동에서 또래들과의 차이가 뚜렷하게 나타난다. 구어가 사회적 의사소통을 위한 가장 일반적인 수단이 되지만, 또래들과 비교할 때 복잡성이 훨씬 떨어진다. 대인관계에 대한 능력이 있어 가족과 친구들과의 유대관계가 존재하며, 삶의 전반에 걸쳐 성공적인 우정을 나눌 수도 있고 때때로 성인기에 로맨틱한 관계를 가질 수도 있다. 그러나 사회적 단서들을 정확하게 인식하거나 해석하지 못하는 경향이 있다. 사회적 판단능력과 결정하는 능력에 제한점이 있어, 보호자가 중요한 결정을 내릴 때 반드시 도와주어야만 한다. 일반적으로 발달하는 또래들과의 친구관계에서 자주 의사소통의 한계나 사회적 한계가 나타난다. 성공적인 직업 환경을 위해서는 사회적이며 의사소통 활동에서 특별한 도움이 필요하다.

3) 실행적 영역

일반 성인들처럼 식사나 옷 입기, 배설, 위생관리가 포함된 개인적 욕구를 처리할 수 있지만, 이러한 영역들이 독립적이 되기 위해서는 추가적인 교육과 시간이 필요하며 이러한 일을 상기시켜주는 것이 필요할 수도 있다. 성인기가 되면 집안일도 할 수 있지만 앞의 내용과 유사하게 추가적인 학습기간이 필요하며 일반적으로 성인 수준의 수행을 위해서는 지속적인 도움이 필요하다. 제한된 개념적 기술과 의사소통이 요구되는 직업에 독립적인 취업이 가능하지만, 사회적 기대와 복잡한 업무를 해내기 위해서는 동료나 감독자, 다른 사람들의 도움이 필요하며 일정관리, 교통수단이용, 의료보험, 금전관리와 같은 부수적인 책임에서도 마찬가지의 도움이 요구된다. 일반적으로 추가적인 도움과 학습 기회는 추가적인 기간 이상에 걸쳐 요구된다. 부적응 행동이 소수 존재하여 사회적 문제의 원인이 된다.

80

답 ①

해 투렛장애는 음성틱(중얼거리는 소리와 욕)이나 운동틱(눈을 깜박이고, 머리와 목을 빠르게 움직이고, 어깨를 들썩거림)이 1년 이상 반복적으로 나타나는 증상이다. 투렛장애 진단 시 운동틱과 음성틱이 항상 동시에 나타나지 않아도 된다. 음성틱의 경우 외설스러운 말이 욕을 반복적으로 하는 경우가 많다.

81

답 ⑤

해 조현병의 음성증상은 무감동(감정이 없어 전혀 표현이 안 되는 경우, 감정이 메말라 감정 표현이 없거나 기쁘거나 슬프다는 정상적인 감정 표현을 잘하지 못하고 무표정해짐 : 정서적 둔마), 무의욕(기운이 없거나 어떤 새로운 계획을 시작하는 데 어려움을 겪거나 끝마치는 것이 어려움), 무흥미(주변의 것들에 흥미나 기쁨을 느끼지 못하고 자신이 좋아하던 것조차 흥미를 잃어버리며 어떤 일을 하려고도 하지 않음), 무언어(말이 간단해지고 내용이 없어지며 지속적인 대화가 어려움) 등의 증상을 보인다.

cf) ① 상황에 맞지 않는 부적절한 정서(상황에 맞지 않게 심각하거나, 슬픈 말을 하는 상황에서 웃는 등과 같이 부적절한 감정 표현), ② 망상, ③ 환각, ④ 와해된 언어는 **양성증상**이다.

82

답 ③

해 **망상장애의 아형에는 색정형, 과대형, 질투형, 피해형, 신체형, 혼재형, 불특정형 등**이다.

망상장애로 진단받은 후에는 다음과 같이 유형을 세분화 한다.

1) 색정형 : 보통 높은 지위에 있는 다른 사람이 자신과 사랑에 빠졌다고 믿는 망상

2) 과대형 : 확대된 가치, 힘, 지식, 정체감, 또는 신격화된 인물이나 유명인과의 특별한 관계에 대한 망상

3) 질투형 : 연인이 부정하다는 망상

4) 피해형 : 누군가가 (또는 친한 사람이) 악의적으로 행동한다는 망상

5) 신체형 : 신체적 결함이나 일반적인 의학적 상태가 있다고 생각하는 망상

6) 혼재형 : 위의 유형 가운데 한 가지 이상의 특징을 보이지만, 어느 한 가지 특징도 두드러지지 않는 경우

7) 불특정형

cf) ③ **공격형은 망상장애의 아형에 속하지 않는다.**

83

답 ②

해 [ㄱ]. 조현병 : 망상, 환각, 혼란스러운 언어, 심하게 혼란스러운 행동이나 긴장증적 행동, 음성 증상(정서적 둔마, 무논리증 또는 무욕증)들 중 **최소 2가지 이상(망상, 환각, 와해된 언어 중 최소 1가지는 포함되어야 함)의 진단기준이 1개월 중 상당 기간 동안 존재해야 한다. 장애의 징후가 적어도 6개월 이상 지속되어야 한다.** 6개월의 기간은 활성기 증상이 적어도 1개월의 기간을 포함하고 있어야 하며, 이 기간은 전구기와 잔류기를 포함할 수 있다.

[ㄹ]. 단기 정신병적 장애 : 망상, 환각, 와해된 언어, 극도로 와해된 또는 긴장성 행동의 지속 기간이 **1개월 미만**이다.

cf) **장애의 삽화가 1개월 이상 6개월 이내로 지속되는 장애는 조현양상장애이다.**

84

답 ①

해 ▶ 조증 삽화는 아래와 같다. (불면증 ×)

1) **팽창된 자존심 또는 심하게 과장된 자신감**

2) 수면에 대한 욕구 감소(**예** 단 3시간의 수면으로도 충분하다고 느낌)

3) 평소보다 말이 많아지거나 계속 말을 하게 됨

4) **사고의 비약 또는 사고가 연달아 일어나는 주관적인 경험**

5) 주의 산만(**예** 중요하지 않거나 관계없는 외적 자극에 너무 쉽게 주의가 이끌림)

6) **목표 지향적 활동의 증가(직장이나 학교에서의 사회적 또는 성적인 활동) 또는 정신운동성 초조**

7) 고통스러운 결과를 초래할 쾌락적인 활동에 지나치게 몰두(**예** 흥청망청 물건 사기, 무분별한 성행위, 어리석은 사업투자)

85

답 ①

해 **반응성(외인성) 우울증**은 갑작스러운 외부의 극심한 스트레스 상황(가족과의 사별, 실연, 실직, 중요한 시험에의 실패, 가족의 불화나 질병)에 따른 **세로토닌 분비 시스템에 이상**이 생겨 우울증 증상이 발현되는 질환이다.

실력다지기

▶ **외인성(반응성) 우울증과 내인성 우울증**[6]

우울증은 증상을 유발한 외부적 촉발사건이 있는지의 여부에 따라서 외인성 우울증과 내인성 우울증으로 구분하기도 한다.

1) **외인성 우울증(반응성 우울증)**

외인성 우울증은 가족과의 사별, 실연, 실직, 중요한 시험에서의 실패, 가족의 불화나 질병 등과 같이 비교적 분명한 환경적 스트레스가 계기가 되어 우울 증상이 나타나는 경우로 반응성 우울증이라고 부르기도 한다.

2) 내인성 우울증

내인성 우울증은 이러한 환경적 사건이 확인되지 않으며, 흔히 유전적 요인 또는 호르몬 분비나 생리적 리듬 등과 같은 내부적인 생리적 요인에 의해서 우울증상이 나타나는 경우를 의미한다.

▶ **신경증적 우울증과 정신증적 우울증**

우울 증상의 심각성에 따라 신경증적 우울증과 정신증적 우울증으로 구분하기도 한다.

1) 신경증적 우울증은 현실 판단력에 현저한 손상이 없는 상태에서 다만 우울한 기분과 의욕상실을 나타내며, 자신에 대한 부정적 생각에 몰두하지만 이러한 생각이 망상 수준에 도달하지는 않으며, 무기력하고 침울하지만 현실 판단 능력의 장애는 보이지 않는다.

2) 정신증적 우울증

매우 심각한 우울 증상을 나타냄과 동시에 현실 판단력이 손상되어 망상 수준의 부정적 생각이나 죄의식을 지니게 된다. 정신증적 우울증에서는 환각과 망상이 나타나며 현실 세계로부터 극단적으로 철수하는 경향을 보인다.

▶ 이 밖에도 우울증은 ① 행동과 사고가 느려지고 침체되는 지체성 우울증과, ② 걱정과 불안을 동반하며 흥분된 모습을 나타내는 초조성 우울증으로 나누어지기도 한다.

86

답 ⑤

해 불안장애의 하위유형은 **범불안장애, 특정공포증, 광장공포증, 사회불안장애, 공황장애, 분리불안장애, 선택적 함구증** 등 7가지가 있다.

[암기법] 불안장애 = **선분 / 공사 / 특광범**

---

[6] 출처 : 권석만(2000).우울증(이상심리학 시리즈 2). 학지사

87

답 ②

해 공황장애는 몇 분 내에 두려움이나 불쾌감이 급등하여 절정에 달하는 동안에 예기치 않은 공황발작이 반복되며, 최소한 한 번 이상의 공황발작 후, 공황발작의 결과에 대해 지속적인 걱정과 염려 및 심각한 부적응 행동의 변화가 **1개월 이상** 나타난다.

실력다지기

▶ **공황장애의 신경생물학적 관점[7]**

공황장애는 뇌의 공포 회로가 이상 작동을 하면서 발생하는 뇌질환이다. **뇌간에 있는 청반핵에서 노르에피네프린이 갑자기 상승하면서 공황이 발생하고,** 공포 경험 후에는 위협 자극에 매우 민감해진다. 공포를 관장하는 뇌 영역 가운데 하나인 편도체가 오작동해 알람이 울리면, 위협적인 상황이 아닌데도 위험을 감지했을 때와 같은 자율신경계의 반응이 갑자기 나타난다. 즉 뇌의 공포 신경계의 오작동은 몸의 자율신경계에 증상을 만들고, 자율신경계에 나타난 신체 증상들로 인해 뇌는 뭔가 큰일이 일어났고 죽을 수도 있다고 판단하는 것이다. 이러한 뇌의 판단은 몸의 각성과 불안 반응을 더욱 가속화한다.

▶ **공황장애치료기법: 신체감각에 대한 민감성을 떨어뜨리는 훈련 3가지[8]**

1) **공황통제치료(panic control treatment)**

발로(Barlow)의 공황통제치료는 환자에게 치료실에서 과호흡을 시켜, 공황상태에서 경험했던 두려운 신체감각을 다시 유발한다. 공황이 왔을 때와 치료실에서의 과호흡 때 나타난 증상들을 비교하여 과호흡으로 인해 나타나는 증상들이 해롭지 않다는 것을 알게 한다. 작은 공황발작으로 고양된 신체감각에 노출시켜 익숙해지도록 하고, 다양한 불안통제기술을 적용해 파국적 오해석을 방지함으로써 효과적으로 공황장애를 치료한다.

2) **복식호흡**

복식호흡은 불안할 때 나타나는 증상을 가라앉힐 수 있다. 공황 발작 때 나타나는 호흡 증상에 대한 공포감을 줄임으로써 공황증상을 완화하는 것이 목적이다.

3) **제이콥슨(Jacobson)의 긴장이완 훈련**

이완 훈련을 통해 공황장애 환자기 느끼는 다양한 신체감각의 불안을 완화하는 치료이다.

88

답 ④

해 급성스트레스장애는 외상에 노출된 이후 **3일에서 1개월 이내**에 침습 증상(플래시백[9]), 회피 증상(자동차를 타지 못함), 각성 증상(불면), 부정적 기분, 해리 증상이 나타나 심각한 고통이나 사회적, 직업적 혹은 다른 중요한 기능 영역에서 장해를 초래하는 장애이다.

---

7 출처 : 세브란스병원 홈페이지
8 출처 : (주) 마음성장센터 홈페이지
9 플래시백(flashback)은 현실에서 어떠한 단서를 접했을 때 그것과 관련된 강렬한 기억에 몰입하는 현상이다. 이 현상은 단순히 과거를 떠올리는 회상과는 다른 의미이며 현실과 완전히 격리된다. 이 경험은 공포, 행복, 슬픔, 자극 등 수많은 정서에 해당할 수 있다. 이 용어는 특히 비자발적으로 기억이 회상될 때 사용된다(출처 : 위키백과).

89

답 ⑤

해 강박사고와 강박행동 **둘 중 하나만 존재해도** 강박장애 진단을 내릴 수 있다. 강박장애 환자는 대부분 강박사고와 강박행동이 같이 있지만, 일부 환자에서는 강박사고, 또는 강박행동만 보이기도 한다.

cf) **노출 및 반응방지법(ERP)은 불안을 일으키는 강박사고, 충동, 상황을 일부러 만들어 불안을 줄이기 위해 해왔던 의례화 된 강박행동을 미루거나, 줄이거나, 하지 않도록 하는 것**이다. 예를 들어, 오염에 대한 불안으로 손을 과도하게 씻는 강박행동이 있다면, 오염에 대한 공포가 유발되는 상황에서 손 씻기 시간 및 횟수 등을 단계별로 줄여보는 것이다.

＊ 참고

▶ **강박장애의 역학**

강박장애의 평생 유병률은 2~3%로 알려져 있으며 비교적 흔한 정신장애에 속한다. 강박장애는 흔한 정신장애이지만 이들 중 치료를 받는 환자의 비율은 낮다. 발병 시기는 사춘기에서 성인초기이며, 어른이 된 후에 처음 발병할 수도 있다. 사춘기에 발병하는 강박장애는 남자에서 더 많고, 성인기에 발병하는 강박장애는 여성이 더 많다. 그러나 전체적으로 남녀비는 비슷하다. **발병의 평균연령은 20세이며, 남자가 여자보다 약간 더 일찍 발병한다.** 환자의 2/3는 25세 전에 발병하고 15% 미만에서만 35세 이후에 발병한다. 2세 정도의 어린이에서도 발병할 수 있다. 기혼자보다 미혼자에서, 그리고 흑인보다 백인에게서 더 많으며 유전성 및 가족성 발병경향을 보인다.

90

답 ③

해 **신해리 이론(neo-dissociation theory)**이란 힐가드(Hilgard, 1977)가 해리현상이 발생하는 심리구조를 설명한 것이다. 억압은 억압 장벽에 의해 수평분할이 생기고 기존의 내용들이 무의식으로 눌러 내려가게 되는 반면, **해리에서는 수직분할이 생기고 사고의 내용들은 수평적인 의식 속에 머물러 있게 된다.** 위계적 관계를 지니고 있는 인지체계에서 가장 높은 위치에 있는 중앙통제체계인 집행적 자아에서 일부 하위 인지체계가 고립되어 해리가 된다. 즉, **독립된 여러 인지체계가 번갈아 의식에 나타나는 것이다.**

＊ 참고

1) 4요인 이론 : 클러프(Kluft, 1984)는 해리성 정체감 장애(다중인격)를 유발하는 4가지 요인을 제시하였다.
  (1) 해리 능력 : 외상에 직면했을 때 현실로부터 해리될 수 있는 내적 능력
  (2) 외상 경험 : 신체적·성적 학대와 같은 외상경험
  (3) 응집력 있는 자아의 획득 실패
  (4) 진정(위로) 경험의 결핍
2) 빙의 이론
  두 개 이상의 다른 성격상태로 인한 정체감의 분열을 일부 문화에서는 빙의(possession)되었다고 표현하기도 한다. DSM-5에서는 빙의 경험을 해리성 정체감 장애의 증상과 근본적으로 동일하다고 여기고 있다. 빙의는 개인의 생각과 행동이 내면적 자아가 아닌 외부의 존재에 의해서 지배되는 현상으로서 자기정체감의 뚜렷한 변화와 더불어 기억상실로 나타난다.

91

답 ④

해 인위성장애(허위성 장애, 가성장애, 뮌하우젠 증후군, Factitious Disorder)는 환자의 역할을 하기 위하여 신체적 또는 심리적 증상을 의도적으로 만들어 내거나 위장하는 경우를 말한다. 이러한 증상으로 인하여 아무런 현실적인 이득이 없음이 분명하고 단지 **환자의 역할을 하려는 심리적 욕구**(명백한 보상이 없는 상태에도 기만적 행위가 분명함)에 기인한 것으로 추정될 때 이러한 진단이 내려진다. 허위성 장애와 구분되는 꾀병은 의도적으로 증상을 만들거나 과장하지만, 목적(2차 이득)이 있다는 것이 허위성 장애와 다른 점이다.

뮌하우젠 증후군의 증상은 실제 증상이 없음에도 질환이 있는 것처럼 가장하여 병원, 의사 쇼핑을 하는 것이다. 환자는 증상, 병원 검사 등에 대해 잘 알고 있다. 환자는 이러한 지식을 의료계통에서 일하면서 얻기도 한다. 실제로 환자 중에 의료계통에서 종사하는 사람이 많다. 이런 환자는 과거력을 숨기고 자신의 상황을 과장하기도 한다. 이 이유로 검사 결과가 정상으로 나오며, 시험적 개복술이 시행된 이후에야 환자의 주장이 거짓임이 드러난다.[10]

92

답 ⑤

해 해리장애(dissociative disorder)는 의식, 기억, 행동 및 자기정체감의 통합적 기능에 갑작스러운 이상을 나타내는 장애이다. 하위유형으로는 **해리성 정체감 장애**(자신의 정체감을 망각/변화하는 것), **해리성 기억상실증**(해리성 둔주 동반, 개인적인 사건을 회상하지 못하거나 **거주지로부터 멀리 떨어져 낯선 곳에서 방황하는 것**), **이인증**(자신의 생각, 감정, 감각, 신체 또는 행동을 생생한 현실로 느끼지 못하고 그것과 분리되거나 외부 관찰자가 된 경험 ; 지각의 변화, 시간감각의 이상, 자신이 낯설거나 없어진 듯한 느낌, 정서적 또는 신체적 감각의 둔화), **비현실감 장애**(주변 환경이 비현실적인 것으로 느껴지거나 그것과 분리된 듯한 느낌을 경험 ; 사람이나 물체가 현실이 아닌 것으로 인식되거나 꿈이나 안개 속에 있는 것처럼 느껴지거나 생명이 없거나 왜곡된 모습으로 보임), **미분류형 해리장애**(해리성 황홀경 ; 빙의, 신 내림)과 **갠서증후군**(다소 의식이 혼탁한 상태에서 질문의 의미를 알면서도 유사한 대답을 적당히 하고 넘어가는 등 의도적으로 정신과적 증상을 나타내는 경우) 등이다.

93

답 ③

해 B씨는 **반복되는 폭식 삽화**(2시간 안에 많은 음식을 섭취하는 행동을 몇 개월간 매일 해왔음), **보상행동**(변비약 복용 및 장시간의 운동), **부정적 자기평가**(자신이 가치 없고 못생겼다고 생각함) 등 신경성 폭식증 증상을 보인다.

실력다지기 | **신경성 폭식증(bulimia nervosa) : DSM-5 진단기준**

A. 반복되는 폭식 삽화, 폭식 삽화는 다음 2가지로 특징지어 진다.
  1. 일정 시간 동안(예 : 2시간 이내) 대부분의 사람이 유사한 상황에서 동일한 시간 동안 먹는 것보다 분명하게 많은 양의 음식을 먹음
  2. 삽화 중에 먹는 것에 대한 조절 능력의 상실감을 느낌(예 : 먹는 것을 멈출 수 없거나, 무엇을 혹은 얼마나 많이 먹어야 할 것인지를 조절할 수 없는 느낌)

---

[10] 출처 : 서울아산병원 홈페이지

B. 체중이 증가하는 것을 막기 위한 반복적이고 부적절한 보상행동, 예를 들면 스스로 유도한 구토, 이뇨제, 관장약, 다른 치료약물의 남용, 금식 혹은 과도한 운동 등이 나타난다.

C. 폭식과 부적절한 보상행동이 둘 다 평균적으로 적어도 3개월 동안 일주일에 1회 이상 일어난다.

D. 체형과 체중이 자기평가에 과도하게 영향을 미친다. → 부정적 자기평가

E. 이 장애가 신경성 식욕부진증의 삽화 기간 동안에만 발생하지 않는다.

　다음의 경우 명시할 것

　1) 부분 관해 상태: 이전에 신경성 폭식증의 진단기준을 전부 만족시켰으며, 현재는 기준의 일부를 만족시키는 상태가 유지되고 있다.

　2) 완전 관해 상태: 이전에 신경성 폭식증의 진단기준을 전부 만족시켰으며, 현재는 어떠한 기준도 만족시키지 않는 상태가 유지되고 있다.

　현재의 심각도를 명시할 것

　* 심각도의 최저수준은 부적절한 보상행동의 빈도를 기반으로 하고 있다. 심각도 수준은 다른 증상 및 기능적 장애의 정도를 반영하여 증가할 수 있다.

　(1) 경도: 일주일에 1~3회의 부적절한 보상 행동 삽화가 있다.

　(2) 중등도: 평균적으로 일주일에 4~7회의 부적절한 보상 행동 삽화가 있다.

　(3) 고도: 평균적으로 일주일에 8~13회의 부적절한 보상 행동 삽화가 있다.

　(4) 극도: 평균적으로 일주일에 14회 이상의 부적절한 보상 행동 삽화가 있다.

94

답 ④

해 수면위생은 수면에 도움이 되는 환경과 조건을 제공하기 위한 기본 원칙이다.

잘못된 수면 습관을 바꾸는 것으로 다음과 같은 방법이 제안된다.[11]

1) 매일 같은 시간에 잠자리에 들어가고 나오도록 한다. → 낮에 길게 낮잠을 자는 것을 피한다.

2) 매일 꾸준한 운동을 한다. 하루의 이른 시간에 점차적인 격렬한 운동 프로그램으로 신체를 단련시키고, 잠자리에 들기 3~4시간 이내의 격렬한 운동은 피해야 한다.

3) 침실의 소음, 불빛, 냉방, 난방이 지나치지 않도록 조절한다.

4) 매일 일정한 시간에 먹고, 잠자리에 들기 전에 배가 고프면 가벼운 간식을 먹는다. 많은 음식을 먹는 것은 피한다.

5) 저녁 무렵에는 중추신경계 작용 약물(카페인, 니코틴, 알코올, 흥분제) 복용을 피하고 예민한 사람은 이런 약물 복용을 중지하는 것이 좋다. 자다 깨어났을 때 담배를 피워서도 안 된다.

6) 침대에서는 텔레비전을 보지 않는다.

7) 수면제는 계속 복용해서는 안 된다.

8) 침대에서는 잠만 자고 일을 하거나 언쟁을 해서는 안 된다.

9) 침대에 누워 있는 시간을 수면장애 전의 수준으로 제한한다.

10) 초저녁 흥분을 피하고, 텔레비전 대신 라디오나 편안한 독서로 바꾼다.

11) 자명종이 있는 시계가 수면에 방해가 되는 것 같으면 치운다.

12) 잠자리에 들기 전에 체온을 올릴 수 있도록 따뜻한 물에 20분 정도 목욕한다.

13) 야간 빈뇨가 있는 경우에는 저녁 무렵에는 물이나 음료수를 마시지 않는다.

---

11 출처: 송윤미(2001). 불면증의 치료. 가정의학회지, 22(8).

95

답 ①

해 성별 불쾌감 장애 환자는 **이성(반대 성)이 되고 싶은 강한 갈망이 있고 자신이 이성이 이성(반대 성)이라고 주장한다.**

A. 자신의 경험된/표현되는 성별과 할당된 성별 사이의 현저한 불일치가, **최소 6개월**의 기간으로, 최소한 다음 6가지를 보인다(진단기준 A1을 반드시 포함).

1. **이성이 되고 싶은 강한 갈망 또는 자신이 이성이라고 주장함**
2. **남자아이(할당된 성별)는 이성 옷을 입거나 여성 복장의 흉내 내기를 강하게 선호하고,** 여자아이(할당된 성별)는 전형적인 남성 복장만 착용하기를 강하게 선호하고 전형적인 여성 복장을 착용하는 것에 강한 저항을 보임
3. **가상 놀이 또는 환상 놀이에서 이성의 역할을 강하게 선호함**
4. 이성에 의해 사용되거나 참여하게 되는 인형, 게임, 활동을 강하게 선호함
5. 이성 놀이 친구에 대한 강한 선호
6. 남자아이(할당된 성별)는 전형적인 남성 인형, 게임, 활동에 대한 강한 거부감과 난투 놀이에 대한 강한 회피, 여자아이(할당된 성별)는 전형적인 여성 인형, 게임, 활동에 대한 강한 거부감을 보임
7. **자신의 해부학적 성별에 대한 강한 혐오**
8. 자신이 경험한 성별과 일치하고자 하는 일차적 또는 이차적 성적 특징에 대한 강한 갈망

B. 이 상태는 사회적, 직업적, 또는 다른 중요한 기능 영역에서 임상적으로 현저한 고통이나 손상과 연관된다.

96

답 ⑤

해 품행장애의 증상은 사람과 **동물에 대한 공격성**(신체적 손상을 위한 무기를 지님, 타인을 괴롭히고 협박함, 성적행위를 강요함, 동물에게 잔인한 행동을 한다), **재산의 파괴(방화)**, 사기 또는 도둑질(절도), 심각한 규칙위반(늦은 귀가, 가출, 무단결석) 등이다. **13세 이진부터 무단결석을 자주 하며,** 18세 이상일 경우 반시회적 성격장애의 진단기준과 맞지 않아야 한다.

cf) ⑤ 자주 화를 내고 크게 분개한다. – 파괴적 충동조절 및 품행장애 중 적대적 반항장애

★ 참고

▶ **적대적 반항 장애**

A. 분노/과민한 기분, 논쟁적/반항적 행동 또는 보복적 양상이 적어도 6개월 이상 지속되고, 다음 중 적어도 4가지 이상 존재한다. 이러한 증상은 형제나 자매가 아닌 적어도 한 명 이상의 다른 사람과의 상호작용에서 나타나야 한다.

1. 자주 욱하고 화를 낸다.
2. 자주 과민하고 쉽게 짜증을 낸다.
3. **자주 화를 내고 크게 분개한다.**
4. 권위자와 잦은 논쟁, 아동이나 청소년의 경우는 성인과 논쟁함
5. 자주 적극적으로 권위자의 요구나 규칙을 무시하거나 거절함
6. 자주 고의적으로 타인을 귀찮게 한다.

7. 자기 실수나 잘못된 행동을 남의 탓으로 돌린다.

8. 지난 6개월 안에 적어도 두 차례 이상 악의에 차있거나 앙심을 품는다.

B. 행동의 장애가 개인 자신에게 또는 자신에게 직접적으로 관련 있는 사회적 맥락 내에 있는 상대방에게 고통을 주며, 그 결과 사회적, 학업적 또는 직업적 기능에 임상적으로 부정적인 영향을 초래한다.

C. 이 행동은 정신병적 장애, 물질사용장애, 우울장애 또는 양극성장애의 경과 중에만 국한해서 나타나지 않는다. 또한 파괴적 기분 조절 부전장애의 진단기준을 충족하지 않아야 한다.

97

답 ④

해 병적 도벽(절도광)은 개인적으로 필요하지도 않고 금전적인 목적이 없음에도 물건을 훔치고 싶은 충동을 억제하지 못하여 물건을 훔치는 행위를 반복하는 질환을 의미한다.

cf) ④ 보통 청소년기에 시작되며 도둑질을 미리 계획하지 않고 충동적으로 훔친다. 물건을 훔치기 직전에 긴장감이 고조되며, 훔치고 난 후 충족감, 안도감 등 긴장감이 이완된다.

✔오답노트

① 전 인구의 1.3~0.6%로 추정되며 남성에 비해 여성의 유병률이 높다.

② 체포될 것에 대해 염려하지만, 충동을 이기지 못한다.

③ 발병 연령은 보통 청소년기에 시작된다.

⑤ 돈이 필요하거나 물건이 꼭 필요해서 훔치는 행위를 하는 것이 아니라 훔치는 행동이 목적이다.

출처 : 서울대학교 홈페이지 병원뉴스

98

답 ③

해 자해의 개인력은 자살행동 및 비자살적 자해에 해당한다. DSM-5-TR(수정판)에서 수정된 내용으로 문제를 수정, 보완하였다. 아래의 해설을 잘 읽어보길 바란다.

'임상적 주의의 초점이 될 수 있는 기타의 상태' 중 '임상적 초점이 될 수 있는 추가적 상태 또는 문제'로는 1) 정신질환과 연관된 배회, 2) 단순 사별, 3) 생의 단계 문제, 4) 종교적 또는 영적 문제, 5) 성인 반사회적 행동, 6) 아동 또는 청소년 반사회적 행동, 7) 의학적 치료를 멀리함, 8) 과체중 또는 비만, 9) 꾀병, 10) 나이 관련 인지 쇠퇴, 11) 경계성 지적 기능, 12) 손상적 감정 폭발이다.

실력다지기	DSM-5-TR(수정판)에 포함된 '임상적 주의의 초점이 될 수 있는 기타의 상태'
1) 자살행동 및 비자살적 자해	2) 학대 및 방임
3) 관계문제	4) 가족환경과 관련된 문제
5) 교육문제	6) 직업문제
7) 주거문제	8) 경제문제
9) 사회환경과 관련된 문제	
10) 사법체계와의 상호작용과 관련된 문제	

11) 기타 정신사회적·개인적·환경적 상황과 관련된 문제

12) 의학적 치료 및 기타 건강관리에 대한 접근과 관련된 문제

13) 개인력의 상황

14) 상담과 의학적 조언을 위한 기타의 건강 서비스 대면

15) **임상적 초점이 될 수 있는 추가적 상태 또는 문제**

99

답 ③

해 ▶ 조현형 성격장애(Schizotypal personality Disorder)의 특징은 다음과 같다.

1) 친밀한 인간관계를 불편해하고**(시골에서 혼자 살고 타인과 거의 접촉하지 않음)**

2) 인지적 또는 지각적 왜곡과 더불어 기괴한 행동을 나타내는 성격장애이다**(자신만의 정수 시스템을 개발하며, 자신의 옷을 직접 만들어 입고, 온몸을 과도하게 감싸고, 마스크를 씀)**.

3) 심한 사회적 불안을 느끼며 마술적 사고나 기이한 신념에 집착하고 말이 상당히 비논리적이고 비현실적이며 기괴한 외모나 행동을 나타내는 경향이 있다**(공기와 물에 포함된 유해한 화학물질이 건강에 해가 될 것이라는 신념)**.

4) 친밀한 대인관계에 대한 현저한 불안감, 인간관계를 맺는 제한된 능력, 인지적 또는 지각적 왜곡 그리고 기이한 행동으로 인해 생활 전반에서 대인관계와 사회적 적응에 현저한 손상이 나타난다.

5) 이러한 특성이 성인기 초기에 시작되고 다양한 상황에서 나타난다.

100

답 ②

해 대안적 DSM-5모델에서 도출될 수 있는 특정 성격장애 진단에는 **반사회성 성격장애, 회피성 성격장애, 경계성 성격장애, 자기애성 성격장애, 강박성 성격장애, 조현형 성격장애**가 있다.

[암기법] 대안적 DSM-5모델의 성격장애 = **형(A) / 경자반(B) / 회강(C)**

| 심화학습 | 성격장애에 대한 대안적 DSM-5모델(Alternative DSM-5 Model for Personality Disorders)[12] |

1) 성격장애에 대한 현재의 접근은 DSM-5의 Ⅱ편(범주적 접근[13])에 있으며, DSM-5를 위해 개발된 대안적 모델은 Ⅲ편(차원적 접근[14])에 제시되어 있다. DSM-5에 두 모델을 모두 포함시킨 것은 현재의 임상 활동과의 연속성을 유지하면서 **성격장애에 대한 현재의 접근이 지니는 수많은 단점을 해결하기 위해 새로운 접근을 도입하려는 미국 심리학회(APA)의 결정을 반영한다.**

2) 예를 들어, 특정 성격장애의 진단기준을 충족하는 전형적인 환자는 빈번하게 다른 성격장애의 진단기준도 충족한다. 또한 달리 명시된 / 명시되지 않는 성격장애 역시 환자가 오직 하나의 성격장애와 일치하는 양상의 증상을 나타내지 않는 경향이 있다.

3) **대안적 DSM-5 모델에서 성격장애는 (1) 성격 기능의 손상과 (2) 병리적 성격 특질로 특징지어지며,** 대안적 DSM-5 모델에서 도출될 수 있는 특정 성격장애 진단에는 **반사회성 성격장애, 회피성 성격장애, 경계성 성격장애, 자기애성 성격장애, 강박성 성격장애, 조현형 성격장애**가 있다.

---

12 출처: 「마음의 예술 심리연구소」 블로그
13 범주적 접근의 기본 가정은 (1) 문제가 되는 성격특징은 있거나 없거나 둘 중 하나, (2) 한 개인은 성격장애를 가지고 있거나 없거나 둘 중 하나, (3) 한 성격장애를 가진 사람은 그 외 다른 성격 문제는 뚜렷하게 나타내지 않는다는 것을 기본가정으로 한다. 그러나 이러한 가정은 임상현장에서 쉽게 모순에 부딪힌다.
14 차원적 접근은 (1) 역기능의 유형이 아닌 역기능의 정도의 차이(증상의 유무가 아닌 정도), 주요 성격 특성에서 정상-비정상 간의 경계가 있기보다는 연속선 상에서 다양성을 보인다고 간주한다.

제2과목 집단상담(선택)

26	②	27	②	28	①	29	④	30	③
31	①	32	①	33	⑤	34	③	35	⑤
36	②	37	②	38	④	39	④	40	③
41	①	42	②	43	④	44	⑤	45	⑤
46	⑤	47	③	48	⑤	49	①	50	②

26

답 ②

해 집단상담의 치료적 요인은 얄롬이 제시한 집단상담 치료적 요인 11가지는 [희망의 고취, 보편성(문제의 일반화), 정보 전달, 이타주의, 교정적 정서체험, 사회화 기술의 발달, 모방행동, 대인관계 학습(입력), 집단 응집력, 감정 정화, 실존적 요인]이다.

cf) 보기는 희망의 고취(용기가 생김), 대인관계 입력(자신이 어떻게 다른 사람에게 비춰지는지 스스로 인식하게 됨)을 설명한 것이다.

1) 희망의 고취 : 집단상담을 통해 변화, 문제해결이 가능하다는 희망을 가질 수 있음
2) 대인관계 입력(대인관계 학습) : 자신의 대인관계 문제를 인식하고 통찰해, 새로운 대인관계 패턴을 습득함

27

답 ②

해 코리((G. Corey)의 집단의 발달단계 중 '작업단계'는 1) 지금-여기에서의 의미 있는 상호작용이 이루어지고 집단원들이 기꺼이 위험을 감수한다. 2) 신뢰와 응집력의 수준이 높다. 3) 개방적 의사소통을 하며, 자신의 경험에 대한 접촉과 자각이 증진된다. 4) 자유롭고 직접적인 상호작용을 한다. 5) 모험 감수를 하며 자기노출을 기꺼이 한다. 5) 집단원들과 자신의 문제를 스스로 논의한다. 등의 특징을 가진다.

cf) ② 가까운 집단원끼리 하위집단을 만들면 전체 집단의 응집력에 좋지 않은 영향을 미칠 수 있다.

28

답 ①

해 집단상담의 과정은 집단 준비단계, 초기단계, 과도기적 단계, 작업단계, 종결단계, 추수작업의 순서로 이루어진다. 종결 단계에서는 집단상담 전체과정을 평가하고 지속적 변화를 격려한다. 종결단계의 과업은 다음과 같다.

1) 집단원들이 학습결과를 잘 정리하여 이를 실천하겠다는 의지와 희망을 갖게 돕는다.

2) 이별에 대한 아쉬움의 감정을 표현하고 상호 간에 공유할 수 있게 돕는다.

3) 집단 경험을 정리하고 소감을 나눈다.

4) **집단원의 성장 및 변화 평가한다.**

5) 미해결 과제를 다룬다.

6) 집단상담에서 경험한 집단원의 행동변화에 대한 피드백을 나눈다.

7) **지속적인 성장을 위한 촉구(격려)를 한다.**

✓ 오답노트

② **과도기적 단계** : 집단원들이 자신의 방어적 패턴을 인식할 수 있도록 돕는다.

③ **초기단계** : 집단원들이 구체적인 개인목표를 설정하도록 돕는다.

④ **초기단계** : 집단상담의 일반적인 지침과 진행방법에 대해 안내한다.

⑤ **초기단계** : 집단원들이 친숙해질 수 있도록 분위기를 조성한다.

29

답 ④

해 집단발달 단계의 특징은 집단원들 간의 낮은 신뢰감과 높은 불안감, 집단에 대한 막연한 기대감(초기단계) → **집단상담자에 대한 도전, 저항과 방어적 태도 형성(과도기적 단계)** → 강한 집단 응집력, 피드백 교환의 활성화(작업단계) → 복합적 감정, 소극적 참여, 양가감정 다루기(종결단계)의 순서로 이루어진다.

cf ④ 집단상담자에 대한 적대감이나 저항의 표면화가 일어난다는 내용은 **과도기적 단계의 특징**이다.

30

답 ③

해 합리적 정서행동치료(REBT) 집단상담은 **A(선행사건), B(비합리적 신념), C(정서적/행동적 결과), D(상담자의 논박), E(효과)의 순서**로 이루어진다. 합리적 정서행동치료(REBT) 집단상담이 단계는 이러한 상담과정에 따른 다음의 순서를 따른다.

cf 문제의 내용을 올바른 순서대로 나열하면, 다음과 같다. **[ㄴ]. 집단원이 문제를 이야기 하도록 한다. → [ㄹ]. a-b-c 모델을 기반으로 집단원의 비합리적 신념을 확인한다. → [ㄱ]. 논박을 통해 합리적 사고를 할 수 있도록 돕는다. → [ㄷ]. 행동과제를 내주고 다음 회기에 그 결과를 토의한다.**

31

답 ①

해 **해결중심상담을 지향하는 집단상담자**는 다양한 질문기법을 활용하며, **치료원리 중 작고 구체적이며 실천 가능한 상담목표를 설정한다는 원칙**이 있다.

- 당신이 우울하지 않을 때는 언제인가요? → **예외질문**
- 당신이 기분이 좋다는 것을 친구들이 무엇을 보면 알 수 있을까요? → **기적질문**("뭔가 변했다는 것을 알 수 있는 작은 증거라도 좋습니다. 뭔가 달라졌다는 것을 알 수 있다면, 무엇을 보거나 듣고 알 수 있을까요?"라는 질문을 추가로 던져본다.
- 화내는 대신에 무엇을 다르게 하고 있을 것 같나요? → **욕구 또는 자원탐색의 촉진**

✏ **문항설명**

② 과거경험이 현재 성격에 미치는 영향에 초점을 둔다. → **정신분석 집단상담**
③ 문제의 원인을 파악하는 것이 해결의 지름길이라고 본다. → **정신분석 집단상담**
④ 집단원의 전이 감정에 대한 전문적인 해석을 내린다. → **정신분석 집단상담**
⑤ 집단원이 책임을 회피하는 방식을 점검하도록 한다. → **현실치료 집단상담**

32

답 ①

해 집단구성원을 하나로 묶는 **집단원들 간 감정의 양방적 흐름인 텔레(tele)**가 중시된다.

　cf 심리극 집단상담은 일정한 대본 없이 집단원에게 어떤 역할과 상황을 주어 연기(지금 - 여기 시점)를 하게 하여 억압된 감정과 갈등을 표출하게 하여 치료하는 집단치료 접근으로, 말보다는 행동(＝역할연기)으로 직접 표현하도록 한다. 심리극 집단상담의 과정은 준비과정(워밍업), 행동(시연), 나누기(종결, 종합)으로 진행된다.

✏ **문항설명**

① 참만남이란, 사이코드라마의 핵심이며, 이러한 과정을 통해 타인을 서로 깊고 의미 있는 수준으로 이해한다. 참만남은 한 집단 속에서 공동체 의식을 증진시키고, 공동체 의식은 생산적 활동에 필수적인 신뢰를 쌓아 올린다. **텔레(tele)[15]**는 진정한 참만남의 과정 속에서 증진된다. 모레노는 텔레를 집단원들 간 감정의 양방적 흐름 혹은 **"치료적 사랑"**으로 정의하였다. 그는 이것을 **"서로에 대한 감정으로 집단을 함께 묶어 주는 연결체"**라 불렀다. 텔레가 상호적으로 긍정적이고 강렬할 때 집단 응집력이 커지고 감정이입의 가능성도 높아지게 된다. 긍정적 텔레는 다른 사람을 이해하는 능력을 키운다. 텔레가 긍정적일 때 사람들은 더 자발적으로 되어 사람 간의 갈등을 다룰 창조적인 대안을 더 쉽게 찾을 수 있다.
④ **심리극 집단상담은 잉여 현실을 다룬다.** 즉, 상상으로만 일어나는, 실제로 일어나지 않은 것까지 연기함으로써 집단원의 희망과 공포, 기대, 표현되지 않는 소원, 투사, 태도를 생생하게 경험할 수 있게 된다.

33

답 ⑤

해 **아들러의 개인심리학**에서는 사회적 관심과 우월성의 추구를 목표로 개입하며 [격려, 역설적 의도, 버튼 누르기, 마치 ~ 처럼 행동하기]를 집단상담 기법으로 사용한다.

　cf ⑤ 꿈을 토대로 무의식적 소망과 성적 억압을 해석한다는 내용은 **정신분석이론 집단상담**자의 역할이다.

34

답 ③

해 게슈탈트 치료에서 접촉경계혼란은 내사, 투사, 융합, 반전, 편향, 자기도취를 말한다.

---

15 텔레(tele)는 본래 거리(a far)를 의미하는 그리스어로, 인간들 사이에서 서로 끌리고 반발하는 무형의 힘이다. 이를 모레노(Moreno)는 의사소통 및 대인관계를 의미하는 것으로 보아 '사회특성조사에 의해 측정된 사회적 대인관계 감정의 단위'라고 정의하였다.

cf) ③ 융합이란 밀접한 관계에 있는 두 사람이 서로 간에 차이점이 없다고 합의함으로써 발생하는 접촉경계혼란을 말한다. 융합관계는 흔히 공허감이나 고독감을 피하기 위한 목적으로 시작되고 유지되는 측면이 있다. 이러한 관계에 있는 집단원은 겉으로 보기에는 서로 지극히 보살펴 주는 사이인 것처럼 보이지만 내면적으로는 서로 독립적으로 행동하지 못하고 의존관계에 빠져 있는 경우가 많다.

35

답 ⑤

해 **교류분석 집단상담은 정서적 접근을 지향하는 것은 아니다.** 인간관계에서 일어나는 스트로크, 라켓분석(게임분석), 의사거래분석(교류분석), 자아상태 분석(구조분석), 인생각본 분석 등을 한다. 따라서 **인지적 개입을 이해할 수 있는 정도로 어느 정도의 지적 능력**이 필요하다.

36

답 ②

해 [ㄴ]. **공감은 다른 집단원의 내적 참조틀을 통해 그 집단원의 세계를 보는 능력을 말한다.**

　　[ㄹ]. 인간중심 집단상담자는 집단원을 근본적으로 자기실현을 추구하는 성장지향적 존재이며, 자기를 실현할 수 있는 기본적 동기와 능력을 가지고 있기 때문에 과거에 얽매인 존재가 아니라 **현재를 살고 미래를 추구하는 존재**로 본다. 따라서 집단원의 과거경험들에 대한 자료 수집에 중점을 두지 않는다.

　　cf) 로저스(C. Rogers)는 집단상담자를 상담관계를 촉진하는 '촉진자'라고 불렀다.

37

답 ②

해 **훈습이란 집단원이 의식적 노력을 계속하도록 하는 반복적이 과정이 요구된다. 그리고 집단원이 깨달은 내용을 바탕으로 자신의 저항이나 문제를 점진적으로 수정해 나가도록 지속적으로 정교화하고 확대하는 노력을 하는 것**이다.

　　cf) '차례로 돌아가기'란 돌림 차례법이라고도 하며, 집단원 중에 한 사람씩 택하여 모든 집단원들이 그 사람을 볼 때 마음에 연상되는 것은 무엇이든 이야기하게 하는 정신분석 집단상담 기법이다.

38

답 ④

해 집단상담자는 집단원 바다가 말한 것을 집단원 보라와 연결시키고 있고, 집단원 향기의 경험과 연결되는 다른 집단원을 찾고 있다. 이러한 연결하기 기법은 집단원들 사이의 공감대를 형성하고 서로 비슷한 경험을 공유하고 있다는 보편성을 통해 안도하게 한다.

　　cf) ④ **집단원의 말과 행동의 모순 및 비일관성을 알게 하는 것은 직면 기법이다.**

39

답 ④

해 정신분석적 집단상담은 주로 전이의 분석으로 이루어진다. 집단상담자는 집단원의 전이와 저항에 주의를 기울여야 하는데 **긍정적인 전이 감정은 집단의 흐름을 활성화시킨다.**

심화학습	전이의 징조들[16]

1) 전이에는 두 종류가 있다. 긍정적 전이와 부정적 전이가 그것이다. 긍정적 전이가 생기면 분석가를 좋아하는 감정이 생기고, 부정적 전이가 생기면 분석가를 미워하는 감정을 갖는다. **전이가 긍정적일 때는 치료에 큰 도움이 된다.** 그러나 이를 지나치면 분석가의 마음에 들려고만 하고 사랑받으려고만 한다. 따라서 분석이 정상적으로 진행되지 못한다(Freud, 1938).

2) 긍정적 전이가 발생했을 때와 부정적 전이가 발생했을 때의 환자의 행동이 달라지는데, 이러한 행동을 전이의 징조 (transference sign)라고 한다. **긍정적 전이의 대상으로 분석가를 보게 되었을 때는,** 치료시간 전에 도착하고, 옷차림이나 외모에 관심이 많아지고, 치료실 환경에 대한 관심이 높아져서 치료실에 대한 언급이 많아진다. 또한 꿈의 내용이 분석가와 관련된 것들이 많아지고, 치료효과가 좋다는 말을 자주 한다. 집에서도 치료시간이나 분석가에 대한 생각을 많이 하고, 분석가의 신상에 대한 궁금증이 많아진다.

3) **부정적 전이의 경우는,** 치료 때문에 불편을 겪고 있다는 말을 자주 한다. 예를 들어, 병원 주차장 시설이 형편없다거나 치료시간을 내느라 직장에서 곤란을 겪고 있다고 말한다. 다른 의사들을 욕하기도 한다. 또한 성공하지 못한 치료의 예를 얘기하며, 치료실의 물리적 환경이 싫다고 불평하고 정신분석 이론에 대한 비판을 하기도 한다. 또 치료비 지불을 지연시키고, 비싸다는 뜻을 암시하는 꿈을 가져오기도 한다.

40

답 ③

해 집단상담자는 다양한 역할을 한다. 집단원이면서 학습경험의 촉진자이며, 집단원의 본보기가 되는 모범자이며, 집단원들이 집단상담을 통해 해를 입지 않도록 보호해주는 보호자의 역할을 하기도 한다. 전문적 지식과 역량을 갖춘 집단지도자는 자신이 바람직하다고 생각하는 방향으로 집단을 이끌어나가는 데, 여러 가지 지도력을 발휘한다.

cf) **③ 집단상담자의 강화자의 역할은 집단원의 성숙한 행동을 강화하고 미성숙한 행동을 제거시키는 상벌의 단서로 작용하는 일종의 사회적 자극이 된다.**

41

답 ①

해 집단상담자의 자질로는 인간적 자질과 전문적 자질로 구분한다. 인간적 자질은 인간에 대한 선의, 진솔성, 유머, 각성, 용기, 자기수용, 창조성, 수용성, 개방성 등이다. 전문적 자질은 집단상담을 운영할 수 있는 전문성으로 집단상담 계획 및 조직 능력, 상담·심리치료 이론에 관한 지식, 집단원으로서의 집단상담 경험, 집단상담을 운영해 본 리더 경험, 인간에 대한 폭넓은 이해를 집단상담에 적용하는 능력 등이다.

cf) **① 충실한 자기돌봄은 인간적 자질이다.**

42

답 ②

해 반영 기술은 내담자의 말과 행동에서 표현된 기본적인 감정 생각 및 태도를 상담자가 다른 참신한 말로 부연해 주는 것이다. **집단상담자는 시험결과를 엄마에게 이야기하지 못하고 걱정하는 집단원의 불안한 마음을 거울에 비추듯이 반영해주고 있다.**

16 출처: [상담이론] 고전적 정신분석과 현대 정신분석 치료_전이(transference) 분석. 한국상담심리교육연구소

43

답 ④

해 집단상담 계획서에 포함되어야 할 내용으로는 집단의 목적과 필요성, 집단원 선발방법, **집단원의 자격**, 집단 유형, **집단 회기의 빈도와 시간**, 집단활동 내용, 기대효과 및 **집단성과의 평가 계획** 등이다.

cf) [ㄹ]. **집단의 명시적, 암묵적 규범은 집단상담 계획서에 포함되지 않고 집단상담의 초기에 이를 정할 수 있다.**

44

답 ⑤

해 집단상담에서 말한 내용 중 **비밀보장의 예외조항**에 해당하는 것은 부모와 학교관계자에게 비밀을 보장하지 못한다는 사실을 미리 이야기 한다.

45

답 ⑤

해 ▶ 청소년상담사 윤리강령 중 내담자의 복지 영역에 '다양성 존중' 항목이 다음과 같이 명시되어 있다.

1) 청소년상담사는 모든 인간의 기본적인 권리, 존엄성, 가치를 존중하며 성별, 장애, 나이, 성적 지향, 사회적 신분, 외모, 인종, 가족형태, 종교 등을 이유로 내담자를 차별하지 않는다.

2) 청소년상담사는 내담자의 다양한 문화적 배경을 이해하고, 청소년상담사 자신의 고유한 문화적 정체성이 상담과정에 영향을 주지 않도록 노력해야 한다.

3) **청소년상담사는 자신의 개인적 가치, 태도, 신념, 행위를 자각하고 내담자에게 자신의 가치를 강요하지 않는다.**

✏ 문항설명

① 집단상담을 시작할 때 집단원의 권리와 책임을 알려준다. → **내담자 복지**
② 집단원과 연애 관계 및 기타 사적인 관계를 맺지 않는다. → **상담관계**
③ 내담자의 보호자 또는 법정대리인에게 상담에 대한 사전 동의를 받는다. → **내담자 복지**
④ 훈련받지 않은 상남기법을 오남용하지 않는다. → **청소년상담시로서의 전문적 자세**

46

답 ⑤

해 모두 옳은 내용이다. 청소년 집단원들은 자발적 참여보다는 학교나 부모에 의해 참여시키게 되는 비자발적인 경우가 많다. 이런 경우 비자발적 참여자는 집단에 대해 무관심하고 반항적인 태도를 가지고 도전할 수 있다. **비자발적인 청소년을 대상으로 집단상담을 할 때에도 집단원에게 사전 동의서를 받아야 한다.** 만약, 집단상담자가 권위적인 태도를 가진다면 집단상담은 실패할 확률이 높다. 따라서 **집단원들이 집단 참여에 대해 느끼는 부정적인 감정을 솔직하게 표현할 기회를 준다.** 또한, **집단원 스스로 집단활동 참여 여부를 선택할 권리가 있음을 말해준다.** 만약 **집단을 중도 탈퇴할 경우 발생할 결과에 대해 안내하고 선택할 수 있도록 한다.** 단, 의무적으로 집단상담을 수료해야 할 경우, 중도 탈락하면 불이익이 생길수도 있음을 미리 고지한다.

47

답 ③

해 [ㄷ]. 집단원과 집단상담자와의 관계를 통해 친구 사귀는 법을 학습하고, 좀 더 독립적으로 대인관계를 할 수 있도록 돕는다.

[ㄱ]. 부정적 감정을 다루는 방법을 연습할 수 있도록 해준다. → **감정정화 또는 학습경험**

[ㄴ]. 다른 또래도 나와 비슷한 감정을 갖고 있음을 알게 된다. → **보편성**

[ㄹ]. 또래와의 대화를 통해 자신과 타인에 대한 관심과 이해의 폭이 확대된다. → **자신과 타인에 대한 이해**

48

답 ⑤

해 모두 옳은 내용이다. 청소년 집단상담의 목표는 1) 청소년들이 집단상담을 통해 각자의 환경을 수용하고 이에 적응하도록 돕는다. 2) 청소년들이 발달과정에서 발생하는 다양한 요구를 사회 속에서 충족시키는 방법을 배운다. 3) 자신의 느낌과 태도를 점검하는 것을 통해 행동의 동기를 이해한다. 4) **자신의 흥미와 관심, 능력, 진로 및 적성에 대한 이해를 증진시킨다.** 5) 자신의 능력에 자신감을 갖고 자기존중감·자기효능감을 향상시키도록 돕는다. 6) **집단 상호작용을 통해 대인관계 기술을 향상시킨다.** 7) **신체적·인지적·정서적 변화에 대처하는 능력을 키운다.** 8) **타인의 감정을 고려하여 자신의 솔직한 느낌을 표현할 수 있도록 한다.**

49

답 ①

해 청소년 집단상담자는 청소년들이 자유롭게 자신을 표현할 수 있도록 신뢰와 안전이 보장된 환경을 조성해야 한다. 이를 위해 집단상담자는 청소년에 대한 호감과 이해하는 태도, 비밀 유지, 비(非)판단적인 경청, 집단원의 가치와 생각의 존중, 상호 존중의 규칙이 적용되도록 한다. 청소년 집단상담이 언어로만 진행될 경우 지루해하기 때문에 흥미를 끌기 위해 아이스 브레이킹(ice-breaking: 새로운 사람을 만났을 때, 어색하고 서먹서먹한 분위기를 깨뜨리는 일)이나 다양한 매체와 도구를 사용할 수 있다.

cf) ① **집단이 진행될수록 권위자(상담자)로서의 주도권이 낮아지고 집단원들이 주도권을 갖는 것이 좋다.**

50

답 ②

해 감수성 훈련(T-그룹)이란 자신과 타인의 언행이나 그 이면에 숨어있는 감정과 욕구에 대해 정확하게 이해하고 잘 표현할 수 있도록 훈련하기 위해 고안된 집단상담 과정이다. 감수성 훈련은 지금-여기에서의 상호작용을 통한 알아차림과 통찰을 대인관계를 증진시키는 것을 목표로 한다.

cf) ② **심각한 기능상의 문제와 증상 치료를 목표로 하는 것은 '치료집단'이다.**

제3과목 가족상담(선택)

51	③	52	⑤	53	①	54	④	55	①
56	②	57	③	58	⑤	59	②	60	①
61	②	62	④	63	④	64	③	65	⑤
66	④	67	③	68	④	69	③	70	④
71	⑤	72	①	73	②	74	①	75	②

51

답 ③

해 가족상담 초기단계에서는 상담의 구조화, 비밀보장에 대한 안내, 상담자 역할의 범위와 한계 설명, 가족의 행동규범에 관한 안내, 구체적인 상담 목표의 설정 등 가족상담에 대한 안내와 구조화 및 라포 형성을 한다.

cf) ③ 직면을 통해 문제에 관한 통찰을 유도하는 것은 중기과정에 대한 설명이다.

52

답 ⑤

해 경험적 가족상담은 즉각적이고 지금-여기에서의 경험을 중요시 하는 인본주의 심리학(칼 로저스의 현상학적 이론)에 뿌리를 두고 있다. 통찰이나 해석보다 가족 특유의 갈등과 행동양식에 맞는 경험을 제공한다. 과거를 들추기보다는 현재에 초점을 맞추고, 이론적 접근보다는 가족이 직접 경험하는 것에 관심이 있다. 주요 인물로는 휘태거, 사티어, 켐플러, 캔터 등이 있다.

cf) ⑤ 가족의 경계와 위계를 파악하는 데 초점을 두는 것은 구조적 가족치료이다.

53

답 ①

해 구조적 가족상담의 실연하기(enactment)란 가속구성원 간의 교류를 상담 과징에서 실제로 재현(상황 재현)시키는 기법이다.

✓오답노트

② 모방(흉내) - 가족원의 언어나 몸짓을 그대로 따라하는 기법

③ 증상 과장하기 - 가족 구성원 중 증상을 가진 사람에게 집중된 관심을 치료자가 도전하거나, 상담 과정에서 증상을 더 크게 드러나게 하는 기법

④ 긴장고조 기법 - 가족들의 긴장을 고조시켜 치료자가 직접 개입하는 기법

cf) 강점인식 기법 - 가족의 긍정적인 면을 부각시키고 강화함으로써 상호작용 흐름의 방향을 바꾸는 기법

⑤ 증상 재명명하기 - 가족 구성원이 나타내는 증상을 다른 이름을 붙임으로써 증상을 다른 시각에서 보도록 하는 기법

cf) 유지(maintenance)기법 - 가족이 기존의 상호작용을 계속하도록 격려하는 기법

실력다지기 구조적 가족상담의 '증상 활용기법'[17]

가족의 재구조화를 위해 증상을 활용하는 것이다. 치료를 요청하는 가족은 증상을 가진 사람에게 초점을 맞추기를 기대하는 데, 치료자는 가족의 이러한 경향에 도전하거나 제시된 증상을 직접 다룬다. 이를 위해 몇 가지 전략을 사용한다.

1) 증상에 초점 맞추기

IP의 증상은 대개 가족이 스트레스를 해결하는 방법으로 기능하기 때문에 가족의 상호작용에 의해 지지를 받는다. 이때 치료자가 증상에 초점을 둔 과제를 부여하거나 증상과 관련된 상호작용을 실연하게 하거나 증상을 계속 유지하도록 할 때, 가족은 증상을 둘러싼 가족 상호작용에 새로운 의미를 부여하거나 증상을 새로운 각도에서 바라볼 수 있다.

2) 증상을 과장하기(증상의 강조)

이는 증상을 과장하여 표현하도록 하는 전략이다. 증상은 치료대상자 개인이나 가족을 힘들게 하지만, 이것으로 인한 이차적인 이득을 치료대상자 본인이나 가족이 모두 얻고 있기 때문에 가족에서 유지되어 온 것이 사실이다. 증상의 강조란 더 이상 증상에서 이차적 이득이 일어나지 못하도록 증상을 과장하는 것이다. 예를 들어 화가 나면 소리를 지르는 아들에게 더 소리를 지르라고 하는 것이다. 이 같은 치료대상자(IP)의 증상은 가족에게 제거되어야 하는 증상이라는 신념을 만들었지만, 사실 이러한 믿음에서 가족의 역기능적 상호작용 유형이 발생하는 것이다. 증상은 그것이 발생한 맥락을 놓고 볼 때 오히려 정상적인 것이기 때문에 증상을 제거하려 하지 않고 오히려 과장하여 표현하도록 하는 개입이 바로 '증상의 강조'이다.

3) 증상을 축소하기

치료대상자(IP)가 가진 증상을 다른 문제와 비교해 다른 문제를 더욱 부각시킴으로써 상대적으로 현재의 증상을 경시하도록 만드는 것이다. 이것도 역시 치료대상자(IP) 증상 위주의 가족 상호작용 유형을 변화시키기 위한 기법이다. 예를 들어 화가 나면 소리를 지르는 아들의 문제는 정서 표현을 전혀 안하는 것보다는 아들이 언제 화가 나는지를 알 수 있는 신호를 제시하기 때문에 더 나은 상태라고 인식하도록 해주는 것이다.

4) 증상에 무관심하고 새로운 증상으로 이동하기

증상에 의도적으로 무관심하고 증상을 둘러싼 가족의 내재된 갈등이나 다른 증상에 초점을 둔다. 이는 가족원 한 명의 증상은 가족체계의 역기능과 연관이 있다는 가정에 기초한다. 예를 들어 10대 자녀의 비행이라는 증상에는 일부러 무관심하고 증상을 둘러싼 부부간의 부정적인 상호작용으로 치료의 초점을 이동한다.

5) 증상을 재명명하기

증상이란 겉으로 표현된 개인의 부정적인 정서나 행동 상태이다. 그러나 구조적 가족치료에서 볼 때, 증상은 역기능적 가족구조의 표현이다. 증상을 재명명한다는 것은 증상이 역기능적 가족구조를 표현하거나 연관이 있다고 재정의해서 말해 주는 것이다. 예를 들어 대학생 딸의 식이장애는 부모의 통제에서 벗어나 독자적이 생활을 하려는 시도라고 재명명할 수 있고, 늘 친구들과 돌아다니면서 놀기만 좋아하는 아들을 둔 어머니에게 "대인관계 능력이 참 좋은 아들이네요." 라고 새로운 의미를 부여 증상을 재명명하게 되면 가족은 증상을 새로운 각도, 특히 가족구조의 기능으로 볼 수 있고, 이것은 가족구조가 변화되는 데 도움이 될 수 있다.

54

답 ④

해 삼각관계 (Triangulation)는 가족 간 갈등 해결을 위한 대체 수단으로 발현되는 것이다. 삼각관계를 두 사람 간의 갈등이나 불안을 해결하기 위해 제3의 사람이나 일을 끌어들이는 것이다. 일반적으로 가족의 정서적 융합 정도가 높을수록,

17 출처: 정문자 외(2007). 가족치료의 이해. 학지사

즉 가족원의 분화 정도가 낮을수록 삼각관계를 만들려는 노력이 더욱 필요한 반면, 가족원의 분화수준이 높을수록 삼각관계를 만들지 않고도 긴장을 다루고 불안을 관리할 수 있다. 문제에서 아내는 남편에 대한 불만과 갈등을 회피하기 위해 딸을 끌어들임으로써 삼각관계를 만들고 있다.

cf) 리츠(Litz)에 의하면, '부부 균열'이란 부부가 모든 중요한 부분에서 서로의 의견이 다르고 매번 다툼이 많은 관계를 말한다. 반면, '부부 불균형'이란 부부 사이의 잘못된 균형을 말하는 것으로 어느 한쪽의 배우자가 의사결정권과 가정에서의 힘을 갖고 있는 부부관계이다.

cf) 윈(Lyman Wynne)에 의하면, '거짓상호성'은 겉으로 드러난 가족원 간의 친밀한 상호작용이 사실은 진실한 모습이 아니라 거짓된 모습임을 나타내는 것으로, 가족원 간의 갈등이나 이견을 겉으로 드러내서는 안 되며, 가족원 모두 결속된 모습을 보여야 한다고 믿기 때문에 거짓으로라도 가족원이 서로 친밀한 모습을 보여야 한다는 데 지나치게 몰두한다. 반면, '거짓적대성'은 가족원이 진실한 모습으로 상호작용하는 것이 아니라 겉으로 거리감을 두거나 적대적인 방식으로 상호작용하는 상황을 나타낸다. 이런 가족의 구성원은 친밀감을 나누는 것뿐 아니라 갈등이나 불화를 직접적으로 다루는 데 어려움을 느낀다.

55

답 ①

해 [ㄷ]. 내담자에게 가족상담자 자신의 관점과 가치를 받아들이도록 요구하지 않는다.
　　[ㄹ]. 상담내용은 내담자의 동의 없이 연구 등 공공 목적을 위해 활용할 수 없다.

56

답 ②

해 보웬의 가족상담 기법으로 관계실험이란 주요한 삼각관계를 구조적으로 변화시키기 위한 목적으로 실시된다. 관계실험은 정서적으로 의존하려는 사람에게는 상대방에 대한 의존을 자제하고, 상대방에 대한 요구를 중지하며, 정서적 연결에 대한 압력을 줄이고, 자신과 상대방과의 관계에 어떤 일이 발생하는지 보게 하는 기법이다.

✏ 문항설명

① 나 입장(I-position) 취하기 : 다른 사람이 무엇을 '하는가' 대신에 자신이 무엇을 '느끼는가'를 말함으로써 자기 입장을 취하는 것은 정서적 반응의 악순환을 깨는 가장 직접적인 방법이다. 긴장된 상황에 놓여 있을 때 정서적 충동에서 벗어나 '나의 입장'을 취하여 조용하고 분명하게 진술하는 것은 상황을 안정시키는 효과가 있다.

③ 과정질문 : 격앙된 감정을 가라앉히고 객관적인 관찰과 사고를 할 수 있도록 가족 각자에게 일련의 질문을 한다. 과정질문은 앞으로 가족치료사가 가족들과 맺을지도 모르는 삼각화를 포함하여 가족 간의 삼각화를 처리하고 중립화시키는 데에도 사용할 수 있다. 과정질문은 불안을 진정시키고 가족들이 문제를 어떻게 지각하고 있고 문제를 어떻게 끌어가고 있는지 정보를 얻기 위해 사용한다. 과정질문을 통해 불안이 감소되면 보다 분명하게 사고할 수 있게 된다. 이러한 명료성은 문제를 해결할 수 있는 보다 많은 가능성을 발견하게 해준다.

④ 코칭 : 치료자가 내담자의 삼각관계에 끌려가지 않으면서도 가족 스스로 가족의 정서과정을 이해하고 개인의 역할을 이해할 수 있도록 돕는 방법으로, 치료자가 내담자에게 열린 마음으로 다가가서 가족들과 더불어 계획, 예상, 연습, 과제 등을 하게 하여 가족들이 자율적으로 변화하게 하는 것이다.

⑤ 가계도 : 가계도는 도식적 형태로 가계배경을 표현함으로써 치료자와 가족구성원 모두가 그들이 세대 간 맥락 속에서 가족의 정서과정체계의 굴곡을 관찰할 수 있도록 해주는 유용한 수단이다.

57

답 ③

해 사회구성주의 관점(후기 가족상담 이론)에서 실재는 상호작용을 통해 사회적으로 구성된다고 보며, 자신이 세상을 어떻게 지각하느냐에 따라 현실이 만들어진다고 보는 입장이다. 즉, 그 누구도 객관적인 실재를 알 수 없다. 또한 가족문제는 객관적으로 존재하는 것이 아니라, 가족에 의해 만들어진 것이라고 본다. 실재(현실)는 언어를 통해 조직되고 유지되며, 절대적(본질적)인 진실은 존재하지 않는다.

cf) 후기 가족상담 이론에 영향을 준 사회구성주의는 가족원의 주관적 견해를 중시하기 때문에 전문가의 전문적인 지식을 중요시하는 관점과 거리가 멀다.

58

답 ⑤

해 헤일리의 전략적 가족치료의 고된 체험기법(ordeal technique)은 증상이 나타날 때마다 내담자가 괴로워하는 일을 수행하도록 지시하는 기법이다. 이 기법은 내담자가 증상을 포기하는 것보다 증상을 유지하는 것이 더 고통스럽다는 것을 알게 될 때 그 증상을 포기할 수 있다는 전제를 가진다(예: 우울해질 때마다 집안을 대청소하세요).

✏️ **문항설명**

> ① 경험적 가족상담의 가족조각기법 – 가족조각(family sculpture)은 어느 시점을 선택하여 그 시점에서의 인간관계, 타인에 대한 느낌과 감정을 동작과 공간을 사용하여 표현하는 비언어적인 기법이다.
> ③ 구조적 가족상담의 추적하기 – 추적(tracking)은 치료자가 가족의 상호작용과 행동양식을 관찰하고 그들의 대화내용을 따라가면서 가족원들이 계속 이야기를 하도록 격려하여 가족구조와 하위체계의 기능을 탐색하는 것이다.
> ④ 전략적 가족상담의 긍정적 의미부여 – 긍정적인 의미부여란 IP의 증상이나 그것에 반응한 가족성원의 행동을 긍정적으로 재정의를 하거나 재해석하는 것이다.

59

답 ②

해 [ㄴ]. 가족구성원의 자아분화 수준이 **낮을수록** 자율성이 부족하며, 감정적으로 반응한다.

cf) 자아분화란 타인으로부터의 자기의 분리 및 감정과 정서를 지적체계인 사고에 의해서 적절하게 잘 통제하고 분별하는 능력의 정도이다. 따라서 미분화 가족 자아군은 온 가족이 감정적으로 한 덩어리가 되어 고착되어 있는 상태이다.

[ㅁ]. 개인의 문제는 그 개인이 속한 특정 세대의 역기능적 구조에 의해 발생하는 것이 아니라, **여러 세대(다세대)에 걸친 가족 정서체계에 의해 발생한다.**

• 개념 정리

1) 핵가족 정서체계 – 가족들이 감정적으로 서로 강한 결속력과 연결 정도를 나타내는 것으로, 원가족에서부터 형성된 강한 정서적 유대감을 핵가족에서도 다시 반복한다. 즉, 원가족에서부터 자아분화가 안 된 사람은 결혼을 하여도 부부관계에서 강한 융합을 이루려는 경향이 있다.

2) **가족의 투사과정** – 가정에서 심한 스트레스나 위기의 상황, 갈등과 싸움의 관계를 바람직하게 해결하지 못하고, 부모의 문제나 갈등을 자녀에게 전가시키는 것이다.

3) 다세대간 전이과정 – 자녀들의 자아분화 수준이 현재 속해 있는 핵가족에서만 형성되는 것이 아니라, 여러 세대를 거치는 동안에 형성되어 온 것으로 본다. 부모의 낮은 자아분화수준이 세대를 넘어 또 다음 세대에도 전달되고 점점 더 낮은 자아분화로 이어진다.

4) **출생순위에 따른 형제자매 위치** – 가족 안에서 똑같은 자녀라도 첫째인지, 둘째인지, 막내인지의 출생순서에 따라 가족들과 감정적 교류가 다른 방식으로 작용하기 때문에 성격이 독특하게 그리고, 다르게 형성된다는 것이다.

60

답 ①

해 사티어(V. Satir)와 위태커(C. Whitaker)의 경험적 가족상담의 목표는 1) **내담자의 인간적 성장을 통한 자존감을 높인다.** 2) **내담자 자신이 삶의 선택권자가 될 수 있도록 자발성을 증진시킨다.** 3) 가족규칙을 합리적, 현실적, 인간적으로 만든다. 4) **내담자가 의시소통상 일치형의 사람이 되도록 경험을 확대시킨다.** 5) **자신이 알아차린 감정을 일치형의 언어로 표현**한다.

cf) ① 당면문제 해결의 경우는 해결중심 가족치료, 전략적 가족치료의 목표이다.

61

답 ②

해 구조적 가족치료에서 제휴는 가족 구성원들의 상호작용 과정에서 협력하거나 다른 사람에게 반대하는 상황에 따라 결정된다. 제휴의 송류에는 **누 사람이 제3사에게 내항하기 위하여 제휴하는 연합(coalltion)**과 두 사람이 제3자와 공동의 목적 달성을 위해 제휴하는 동맹(alliance)의 두 가지가 있다.

cf) 문제에서 어머니는 자녀들과 **연합하여** 아버지의 폭력에 맞서고 있다.

62

답 ④

해 맥매스터 모델(McMaster Model)은 캐나다 맥매스터(McMaster) 대학의 엡스타인(Epstein) 등이 체계이론에 입각해서 개발하였으며, 가족기능을 평가하고 진단하는 모형이다. 가족기능을 6가지 측면과 함께 '전반적 기능'까지 포함하여 총 7개의 하위범주로 구성하고 있다. 가족기능의 6가지 측면은 **문제해결 기능, 의사소통 기능, 역할 기능, 정서적 반응 기능, 정서적 관여 기능, 행동통제 기능**이다.

[암기법] 맥매스터 모델 = 의문 / 역행정(반관)

1) 문제해결 기능

가족의 통합과 기능을 위협하는 문제에 대해 효과적인 가족기능을 유지하면서 그 문제를 해결해 나가는 능력을 말한다. 건강한 가족일수록 새로운 문제 상황에 체계적으로 접근하기 때문에 사정은 문제를 해결하려는 노력에 초점을 둔다.

2) 의사소통 기능

가족 내에서 정보가 어떻게 교환되는지를 보는 것으로서 이 모델에서는 주로 언어적 정보에 제한을 둔다. 이는 비언어적 의사소통을 통해서는 정보의 수집이 용이하지 않다고 판단했기 때문으로 추론된다.

3) 가족의 역할 기능

개인이 가족기능을 충족시키기 위해 배분된 역할에서 요구하는 활동을 실행한 정도를 말한다. 건강한 가족일수록 가족기능이 대부분의 가족을 충족시킬 수 있고 역할분담과 책임도 명백하다.

4) 정서적 반응성 기능

주어진 자극에 따라 적절한 내용과 수준의 감정으로 반응할 수 있는 능력을 말한다. 건강한 가족은 적절한 강도와 지속성을 가지고 다양한 정서적 반응을 할 수 있는 능력이 있다. 안정감과 위기감 두 가지 내용으로 나눌 수 있다.

5) 정서적 관여 기능

가족구성원들이 서로에 대해 보이는 관심이나 배려의 질과 양의 문제로 가족 전체가 가족 개인의 관심사, 활동, 가치관에 관심의 보이는 정도를 말한다.

6) 행동통제 기능

가족이 현재 상태를 유지하거나 새로운 상황에 적응하기 위해 가족들을 통제해야 할 때 사용할 수 있는 4가지 방법에 관한 것이다. 경직된 통제, 유연한 통제, 방임된 통제, 혼돈된 통제 중 유연한 통제가 예측가능하고 건설적이다.

＊ 참고

▶ **다양한 가족기능 사정척도**

1) Moos의 FES(Family Environment Scale)

2) Beavers 체계 모델에 입각한 SFI(Self-report Family Inventory)척도

3) Olson 등의 순환모델에 근거한 FACES(Family Adaptability and Cohesion Evaluation Scale)척도

4) Epstein, Baldwi 및 Bishop의 맥매스터가족기능 사정모델(MMFF : McMaster Model of Family Functioning)에 따른 FAD(Family Assessment Device)척도

63

답 ④

해 카터와 맥골드릭은 결혼한 성인자녀를 부모세대와 자녀세대를 연결하는 3세대 중심의 6단계 가족생활주기 뿐 아니라 이혼, 재혼가족의 발달단계를 제시하였다. 6단계 가족생활주기는 결혼전기 - 결혼적응기 - 자녀아동기 - 자녀청소년기 - 자녀 독립기 - 노년기의 순서이다.

cf) ④ 자녀독립단계(자녀독립기)는 자녀의 결혼이나 분가(결혼하지 않더라도 거주지를 달리함)로 부부체계가 다시 2인 관계로 축소되면서 부부관계가 재정립되는 시기이다. 이 시기 자녀는 부모와 성인 대 성인의 관계로 발전되며 자율성을 획득한다.

64

답 ③

해 올슨(Olson) 등의 써컴플렉스 모델(순환모델)인 FACES(Family Adaptability and Cohesion Evaluation Scale)척도는 가족의 응집성과 적응성을 측정하는 자기보고식 가족 사정척도이다.

적응성	적응성은 가족의 안정과 변화 간의 구조적 수준을 의미하는 개념으로, 적응성의 수준에 따라 경직적, 구조적, 융통적, 혼돈적의 4가지 수준이다. 적응성 너무 낮으면 경직된 가족, 적응성이 너무 높으면 혼돈된 가족이며 2가지가 적절해야 최적의 수준이 된다.
응집성	응집성은 가족 간의 정서적 친밀감과 결속을 반영하는 개념으로, 응집성 수준에 따라 유리, 분리, 연결, 밀착의 4가지 수준으로 나눈다. 유리된 가족은 개인주의적이며, 밀착된 가족은 자율성이 낮다. 1) 과잉분리 가족(=유리된): 매우 낮은 응집력으로 가족 구성원들이 자율성을 극대화하며, 가족과 자신을 동일시하지 않는다. 2) 분리 가족: 자율성을 중시하지만, 가족의 통합과 정체감도 함께 유지하려 한다. 3) 연결 가족: 친밀감을 중요시하며, 자율성의 발달을 인정하고 지원한다. 4) 밀착 가족: 가족의 친밀성을 최우선으로 하여 자립을 방해한다.

65

답 ⑤

해 A의 잦은 지각과 결석 및 성적저하, 문제행동(음주와 흡연), 및 자해가 일시적으로 잦아졌다면 교우관계나 가족관계의 갈등이 있었는지 탐색해보아야 한다. 부모 이혼과 같은 가족 내 위기 때문에 A의 일탈행동이 갑자기 증가되었다면 개인상담 뿐 아니라 가족상담 역시 고려되어야 한다.

66

답 ④

해 [ㄴ]. 학교폭력의 한 형태인 집단따돌림은 왕따, 집단 괴롭힘, 불링(bullying) 등으로 불리고 있다. 따돌림을 당하는 피해 학생은 교사나 부모에게 도움을 요청하는 등 적극적으로 따돌림 상황을 해결하려고 하기보다, 혼자 견디려 하거나, 등교하지 않으려 하는 등 회피하는 경향이 있다. 이유는 자신이 바보 같고 수줍음이 많고 조용하고 복종적이며 지존감이 낮고 매력적이지 못하다고 생각하기 때문이다.

67

답 ③

해 [ㄱ]. 필요한 경우(상황에 따라) 모든 가족원이 상담에 참석하지 못할 수도 있다.

[ㄹ]. 상담 초기에는 불안이 높기 때문에 상담의 구조화와 라포 형성을 하고, 가족 구성원들이 자신의 이야기를 터놓고 이야기 할 수 있도록 편안한 분위기를 조성하는 것이 좋다.

68

답 ④

해 가족 구성원 중 중독자(도박, 쇼핑, 인터넷)가 있으면 온 가족이 중독자 때문에 힘들어한다. 온 가족이 중독자에게 관심을 가지게 되면, 관심의 대상에서 제외된 가족 구성원은 소외감을 느낄 수도 있고, 만약 중독자가 자녀라면 부부갈등이 심화될 수도 있다. 중독은 가족 체계나 구조의 붕괴 및 가족의 부정적 상호작용으로 발생할 수 있다.

cf ④ 따라서 중독자가 아니라 건강한 가족구성원들이 중심이 되어 움직이는 것이 바람직하다.

69

답 ③

해 **타인의 폭력행위를 모방함으로써 폭력을 학습하는 관점은 행동주의 관점이다.** 즉, 행동주의 관점에서 폭력은 가족을 비롯한 타인의 폭력행위를 모방함으로써 폭력을 학습하게 된다고 본다. 어린 시절 아버지에게 폭력을 당하며 자란 아들이 성장해서 결혼한 후 아내와 자녀에게 폭력을 가하는 것처럼, 인간은 보고 배운 대로 행동하게 된다는 관점은 행동주의 관점에 대한 설명이다.

※ 부연

⑤ 이야기치료에서는 폭력에 기여하는 가부장적 담론을 파악하고 해체하여 대안적 이야기를 구축한다.

☞ 본 연구는 **직장 내에서 후배들을 폭언과 폭력으로 대했던 중년 남성의 정체성이 이야기치료를 통해 어떻게 변화하는지 그 과정을 분석한 단일사례연구**이다. 연구 목적을 위해 치료 전 과정을 녹취, 분석하여 폭력을 행사한 중년 남성의 정체성의 변화 과정과 결과를 이야기치료 지도와 도표로 도식화하였다. **폭력 행위자는 입장진술 Ⅰ을 통하여 폭력 행동에 대한 사회적 지배문화의 담론과 부정적 정체성을 해체할 수 있었다. 입장진술 Ⅱ를 통해서는 지배의 윤리가 아닌 돌봄의 윤리를 스스로 발견하여 독특한 결과 및 대안적 이야기를 구성할 수 있었다.** 이야기치료 접근은 진술 재진술 과정을 통해 폭력 행위자의 대안적 정체성 이야기를 재구성할 수 있게 도왔고, 외부증인과 치료적 문서를 통해 심리사회적 지지체계와 결속력 및 소속감을 인식하고 정체성 이야기를 확장하고 재정립할 수 있었다. 본 연구는 대안적 정체성 이야기가 폭력 행위자의 삶에 어떤 영향을 미치는지 그 과정을 살펴볼 수 있다. 결론적으로 **이야기치료는 폭력 행위자의 문제 중심적인 정체성을 해체하고 대안적 이야기를 구축할 수 있게 의미를 부여하였고** 심리사회적 지지체계를 통해 자신의 희망과 가치에 근거한 삶을 계획하고 구성할 수 있도록 도왔다.[18]

70

답 ④

해 포스트모더니즘과 사회구성주의적인 시각에 근거하여 탄생한 이야기치료는 화이트(C. White)와 앱스턴(D. Epston)에 의해 제안되었다. 이야기치료에서는 **문제가 문제이지, 사람이 문제가 아니라고 본다.** 예를 들어 우울증이 걸린 사람들은 문제로 제기되는 지배적인 이야기(예 나는 어린 시절에 우울하게 지냈기 때문에 앞으로도 평생 우울하게 살아야 한다)가 있다. 따라서 **지배적 담론을 해체하기 위해 문제 이야기를 경청하고 해체하며, 대안적 이야기를 만들고 대안적 정체성을 구축한다.**

※ 부연

▶ **이야기 치료 과정**

문제의 해체 → 독특한 결과의 해체 → 대안적 이야기 구축 → **대안적 정체성 구축**

1) 문제의 해체
   문제 중심 이야기 경청하고 공감하며 확인하여, 문제와 사람을 분리하며, 문제의 역사와 사회문화적 맥락 탐색

2) 독특한 결과의 해체
   문제 이야기 속에서 가족의 예외적인 독특한 결과인 문제해결 기술, 지식, 유능함 탐색

3) 대안적 이야기 만들기
   독특한 결과를 동원하여 새로운 관계방식과 대안적 이야기의 구성

4) 대안적 정체성 구축
   대안적 이야기를 계속하고 풍요로워지도록 원조하여, 대안적 정체성을 구축함

---

18 출처 : 최지원(2018). 폭력 행위자에 대한 이야기치료 단일사례연구 : 중년 남성의 정체성 재구성을 중심으로. 한국웰니스학회. 13(3) : 39-49

71

답 ⑤

해 헤일리(역설적 기법), 마다네스(가장 기법), 파라졸리(가족 게임), 잭슨(MRI의 상호작용 모델)은 전략적 가족상담자이다.
cf) 컨버그(O. Kernberg)는 정신분석적 대상관계이론가이다.

실력다지기	전략적 가족치료의 3가지 학파

1) MRI 모델 : 잭슨(D. Jackson), 바츨라비크(P. Watzlawick)
2) 전략적 가족치료모델 : 헤일리(J. Haley), 마다네스(C. Madanes)
3) 밀란(이탈리아 밀란) 모델 : 셀비니-파라졸리(Mara Selvini-Palazzoli)

72

답 ①

해 해결중심상담의 질문 기법에는 첫 상담 이전 변화에 대한 질문, 보람질문, 예외질문, 기적질문, 척도질문, 대처질문, 관계성질문 등이 있다.

문항설명

② 예외질문 : 내담자들이 이미 효과적인 해결책을 사용하고 강점과 자원을 갖고 있으면서도 의식하지 못할 때 문제보다는 해결책을 모색하는 것으로 관심을 전환시키는데 도움이 되는 기법이다.
③ 척도질문 : 내담자가 인식하는 문제의 정도, 해결가능성, 상담의 진척 정도 등을 숫자로 표현하도록 하는 기법이다.
④ 관계성질문 : 내담자와 중요한 관계에 있는 사람의 생각, 의견, 가치관, 반응 등에 관하여 질문하는 것으로 다른 사람의 관점에서 생각하고 이해하도록 돕기 위한 기법이다.
⑤ 보람질문 : 한국에서 해결중심모델을 적용하는 과정에서 명명된 질문으로 상담을 통해 어떤 상태가 되면 보람 있다고 생각하는지 질문하는 기법이다.

73

답 ②

해 이야기치료의 문제의 외재화(외현화) 기법은 문제를 사람과 분리시키고 문제를 외부로 추출해 표면화하는 것이다. 문제를 객관화하고 구체화시키는 접근을 사용한다. 문제의 사례에서 가족상담자는 남편이 아내를 괴롭히는 것이 아니라, 남편의 거짓말 때문에 아내가 괴로워하고 있다고 말하며 문제를 외재화하고 있다.

심화학습

▶ 정의예식(외부증인 실천)
1) 이야기치료에서 정의예식(정체성을 재정의하는 예식)은 내담자의 자기 이야기를 풍부하게 발전시키는 장(場)으로, 내담자의 삶을 인정해주고 격상시키는 의식이다. 내담자에게 신중하게 선발된 외부증인 앞에서 자신의 삶을 이야기하고 재현할 수 있는 장을 제공한다. 외부증인은 내담자의 이야기를 들은 후, 특정 형식에 맞춰 다시 말하기(retelling)로 응답한다.

2) 정의예식의 구조
  (1) 말하기(telling) : 정의예식의 주인공인 내담자가 자신에게 의미 있는 삶의 이야기를 한다.
  (2) 다시 말하기(retelling) : 외부증인으로 초대받은 사람들이 주인공의 이야기에 대해 말한다.
  (3) 다시 말하기에 대한 다시 말하기(retelling of retelling) : 외부증인의 다시 말하기를 듣고, 내담자가 그에 대해 다시 말하기를 한다.

▶ 독특한 결과의 영향력 탐색
1) 독특한 결과, 예외상황, 문제해결 기술이 삶에 어떤 영향을 미치는지를 탐색한다.
2) 독특한 결과가 발생한 경우가 언제인지, 그때 가족의 사고, 행동, 감정은 어땠는지 등을 계속 질문하고, 독특한 결과의 목격자가 어떻게 생각할지를 추측해보도록 한다.
3) 독특한 결과의 영향력 탐색을 통해 가족은 자신들의 경험에 대해 폭넓은 시각과 풍부한 이야기를 할 수 있게 되고, 이를 계기로 자신들이 바라는 변화의 근거를 만들 수 있다.

74

답 ①

해 체계론적 가족상담(초기 가족상담)은 가족 문제의 원인을 과거보다는 현재에서 파악하고자 한다. 체계론적 가족상담(초기 가족상담)은 가족을 하나의 사회체계이며 유기체로 본다. 가족구성원은 역동적으로 상호작용하기 때문에 정서적 결합의 중요성을 주장한다. 가족은 유기체로 항상성을 유지하는데, 만약 증상이 항상성을 유지하는 기능을 한다면 증상이 순환적으로 반복된다.
② 순환적 인과관계를 통해 문제를 이해하고자 한다. → 순환적 인과성
③ 가족구성원 간의 상호 관계성에 주목한다. → 상호성(≒ 순환적 인과성)
④ 체계를 구성하는 개인 간 관계에 초점을 두고 개입한다. → 체계성, 관계성
⑤ 가족구성원 간 행위의 연쇄적인 패턴을 파악하고자 한다. → 순환적 인과성(체계적 관점에서 악순환적인 연쇄 고리를 파악한다)

75

답 ②

해 정적 피드백(positive feedback)은 현재 체계의 안정적인 상태를 거부하고 체계를 변화시키려는 방향(앞으로 나아감)으로의 피드백을 의미한다. 대칭적 관계란 가족구성원이 평등하고 유사한 역할을 하는 관계를 의미한다.
  [ㄴ]. 부적 피드백(negative feedback)은 체계가 변화를 거부하고 균형을 유지하려는 방향(역으로 되돌아감)으로의 피드백을 의미한다.
  [ㄹ]. 상보적(보완적, complementary) 관계는 가족구성원 각자가 서로 균형을 맞추거나 보완해주는 역할을 하는 관계를 의미한다.

정답 및 해설

2023

제1과목 청소년 상담의 이론과 실제 (필수)

01	①	02	②	03	⑤	04	④	05	③
06	②	07	⑤	08	②	09	①	10	②
11	④	12	④	13	④	14	③	15	⑤
16	②	17	④	18	⑤	19	①	20	③
21	③	22	③	23	①	24	②	25	⑤

01

답 ①

해 합리화란 용납되기 어려운 충동이나 행동을 도덕적, 합리적, 논리적으로 설명함으로써 비판으로부터 자신을 보호하여 자존심을 유지하고자 하는 방어기제이다. 내담자는 입사 면접에서 불합격한 이유에 대해 자신의 실력이 없어서가 아니라 과중한 업무를 부과하고 복지가 열악하다고 탓하며 합리화하고 있다.

02

답 ②

해 부적응 문제는 내재화 문제와 외현화 문제로 분류된다. 내재화 문제는 우울과 불안 등 자신의 정서를 과잉 통제하거나 억압하는 것이고, 외현화 문제는 약물중독, 품행문제, 학교폭력 가해 등 행동화(acting out)하는 것이다.

cf) ② 사례의 청상이는 학교생활의 부적응에 대해 불안, 우울과 섭식장애 등의 내재화 증상으로 보이고 있다.

03

답 ⑤

해 모두 옳은 내용이다. 충분히 기능하는 사람의 특징은 다음과 같다.

[암기법] 충분히 기능하는 사람의 특징 = 경실신자창

(1) 경험에 대해 개방적이다. (2) 실존적인 삶을 산다.
(3) 자신을 신뢰한다. (4) 자유로운 행동과 선택을 한다.
(5) 창조적이다.

04

답 ④

해 에릭 번의 교류분석 상담 과정은 계약, 구조분석, 교류분석, 게임분석, 각본분석, 재결단의 순서로 이어진다.

(ㄱ) 상담계약 : 내담자의 현재 행동이 자신의 삶에 미치는 부정적인 영향을 파악하고 치료계획 수립을 통해 변화하고자
　　하는 책임을 강조하며 상담계약을 맺는다.

(ㅂ) 구조분석 : 내담자의 자아상태(부모 자아, 성인 자아, 어린이 자아)를 분석한다.

(ㄴ) 교류분석 : 내담자의 교류 패턴(상보적 교류, 교차적 교류, 이면적 교류)을 분석한다.

(ㅁ) 게임분석 : 내담자가 타인과 주고받는 게임(박해자, 구원자, 희생자)을 분석한다.

(ㄷ) 각본분석 : 내담자의 인생 각본을 분석한다.

(ㄹ) 재결단 : 내담자에게 남아 있는 인생 각본을 변화시키고 자신의 문제를 스스로 결정하고 책임지며 자율성을 성취하
　　여 통합된 어른 자아를 확립한다.

05

답 ③

해 얄롬(I. Yalom)이 제안한 실존적 조건의 궁극적 관심사는 **죽음, 고독(소외), 자유, 무의미**이다. 이 네 가지의 자각이 실존
적 불안을 일으킨다.

　　　　　　　　　　　　　　　[암기법] 얄롬(I. Yalom)이 제안한 실존적 조건의 궁극적 관심사 = **죽자고무**

　　cf) ③ 의지는 해당이 되지 않는다.

06

답 ②

해 게슈탈트 치료에서 접촉경계혼란은 내사, 투사, 융합, 반전, 편향, 자의식이다. 반전이란, 자신이 타인이나 환경에 대하여
하고 싶은 행동을 자기 자신에게 하는 것, 혹은 타인이 자신에게 해주기를 바라는 행동을 스스로에게 하는 것을 말한다.

　　cf) ② 보기의 사례는 **내담자는 자신에게 집착하는 어머니에 대한 분노를 표현하지 않고 스스로를 해치는 방식(자살시
　　도)으로 반전시키고 있다.**

07

답 ⑤

해 행동주의 상담이론에서는 이상행동이나 문제행동을 정상에서 이탈된 질환이 아니라 **잘못된 학습경험이 강화된 것**이라
고 생각한다.

08

답 ②

해 현실치료에서 인간은 자신이나 환경을 통제할 수 있으며 자신의 목표를 스스로 선택하고자 하는 욕구를 가지고 있다고
본다. 또한 자신의 욕구나 바램에 따라 자신이 하고자 하는 행동을 결정하는 책임을 강조한다.
② **현실치료는 욕구를 실현하기 위해 처벌이나 비난은 비효과적이며 변명이나 회피를 수용하지 않는다.**

09

답 ①

해 길리건(Gilligan)은 남성 중심의 규범윤리학을 비판하고, 남성과는 다른 여성만의 특성을 강조하는 배려 윤리(ethics of
care)를 제시하였다. **길리건은 자신의 모형을 '배려의 도덕성'이라 한 반면, 콜버그(L. Kohlberg)의 모형을 '정의의 도덕
성'이라고 보았다.**

10

답 ②

해 **상상적 청중**이란 청소년들이 과장된 자의식으로 인해 자신이 타인의 집중적인 관심과 주의의 대상이 되고 있다고 믿는 현상을 말한다. **사례의 내담자는 자신 외모와 행동이 주변인의 관심의 대상이 되고 있다고 과도하게 믿으며 불안해하며 스트레스를 받고 있다.**

11

답 ④

해 인지치료는 협력적 경험주의 원칙에 기초하여, 상담자가 내담자의 자동적 사고와 인지오류를 확인시키기 위해 소크라테스식 대화를 사용하고, 내담자에게 자신의 신념이 타당한지 스스로 검토해 볼 수 있도록 행동 실험을 요구한다. **소크라테스 논박**의 예는 다음과 같다.

- 논리적 논박 : 그와 같은 신념이 타당하다는 논리적 근거는 무엇인가?
- 경험적 논박 : 그와 같은 신념이 타당하다는 현실적·경험적 근거는 무엇인가?
- 실용적(기능적) 논박 : 그와 같은 신념이 당신이 추구하는 목적을 달성하는 데 어떠한 도움이 되는가?

12

답 ④

해 **게슈탈트 상담**에서는 내담자의 문제를 억압된 미해결 과제가 해소되지 못할 때 발생한다고 본다.

cf) 게슈탈트 상담에서 '미해결 과제(Unfinished Business)'란 과거에 충분히 표현되지 못하거나 마무리되지 않은 감정적 경험이나 관계적 사건이 현재 삶에 영향을 미치는 심리적 잔재를 의미한다.

13

답 ④

해 초기에 설정한 목표가 달성되면 상담이 종결된다. 설사 목표가 달성되지 않았다 하더라도 종결은 내담자가 상담을 하면서 터득한 것들을 정리하고 종합하는 과정이다.

④ 종결단계에서는 새로운 목표를 설정하지 않는다.

14

답 ③

해 **위기청소년들에게는 위기의 정도를 사정하고 안정화하기 위한 직접 개입을 우선적으로 해서 청소년의 안전을 먼저 확보해야 한다.** 예를 들어, 자해를 하거나 자살사고가 있는 청소년이 있다면 부적응의 원인을 가족역동을 이해하기 위한 심리치료를 하기보다 자살과 자해의 위험성을 제거하는 직접적 개입이 먼저 선행되어야 한다는 것이다.

15

답 ⑤

해 모두 옳은 내용이다. 청소년상담사의 전문적 자질은 주요 상담이론의 활용 능력, 청소년 정책에 대한 이해와 적용, 청소년의 발달 특성에 대한 이해, 위기나 돌발 상황에 대한 대처능력, 청소년 상담기관의 행정절차 숙지 및 청소년상담 프로그램을 기획하고 실행 및 추진하는 능력이다.

16

답 ②

해 다문화 배경을 가진 내담자를 위한 검사선택 시 내담자의 사회문화적 맥락을 신중히 고려해야 한다. 예를 들어 한국어를 못하는 다문화 학생에게 웩슬러 지능검사를 실시할 때, 언어성 지능이 낮게 나올 수 있다는 것이다.

> ✓ 오답노트
>
> ① 11세 아동에게 **본인과 부모의 동의를 받아** 심리검사를 실시해야 한다.
> ③ 논문에 제시해야 할 검사결과는 **최신 결과물을 사용해야 한다.**
> ④ 심리검사는 상담사가 관심 있는 것을 사용하는 것이 아니라 **내담자의 증상을 진단하기에 적절한 검사를 선택해야 한다.**
> ⑤ **보호자의 요청이 있더라도 검사자가 검사에 대한 전문성이 없다면 심리검사를 실시하고 해석해서는 안 된다.**

17

답 ④

해 [ㄷ]. 청소년 내담자의 보호자가 상담기록의 삭제를 요청할 경우 삭제하는 것에 협조해야 하지만 **공공기관이나 교육기관에서는 의무적으로 보관해야 하는 기록보관 연한**이 있으므로 이를 따라야 한다. 그러나 보호자가 강력하게 기록 삭제를 요청할 경우 상담일시만 남기고 상담내용을 삭제하고 보관할 수도 있다.

18

답 ⑤

해 접수면접은 상담을 시작할 때 하는 것으로 내담자 기본정보나 가족정보를 파악하고, 호소문제를 탐색한다. 이때 접수면접자는 내담자의 언어적 비언어적 태도와 행동을 관찰한다.

cf) ⑤ **통찰 촉진을 위한 직면은 상담의 중반부 이후(상담중기)에 다루는 내용이다.**

19

답 ①

해 상담자의 즉시성(내담자의 경험, 행동, 사고에 대한 상남사의 경험 또는 감정을 구두로 진달하는 것)에 대한 시례이다. 내담자가 상담시간에 계속 지각하고 시계를 보며 집중하지 못하는 것에 대해 상담자는 내담자가 저항이나 방어를 하는 것이 아닌지 탐색해야 한다. 상담회기 중 시계를 볼 때, 상담자는 즉시성을 발휘하여 상담에 집중하지 못하는 이유에 대해 직접적으로 물어볼 수 있다. 즉시성을 사용하여 내담자들을 직면시킬 때 상담자들은 내담자가 기분이 상하거나 화를 내지 않을까 걱정하기도 한다. 하지만 즉시성은 내담자의 자기탐색을 촉진할 수 있다.

cf) ① 내담자로 하여금 다른 관점으로 문제를 볼 수 있도록 행동, 사고, 감정에 새로운 의미를 제공하는 기법은 **긍정적 의미부여(positive connotation)**이다.

20

답 ③

해 **직면이란 내담자의 말과 행동의 모순이나 불일치를 맞닥뜨리게 하는 것으로 내담자가 미처 알아차리지 못하는 자신의 모습을 일깨워주는 기법이다.** 사례에서 내담자는 어른에게 예의바르게 행동해야 한다고 말만하고 행동은 그 반대로 욕을 하고 있다. 이때 상담자는 내담자의 말과 행동의 불일치를 직면시키고 있다.

21

답 ③

해 **단추 누르기는 아들러 상담기법으로 내담자에게 자신이 감정을 통제할 수 있음을 인식하도록 하는 기법이다.** 방법은 내담자에게 유쾌하거나 불쾌했던 상황을 상상해 보도록 하고, 그 이미지에 동반되는 감정들을 살펴보게 한 후, 버튼 누르기를 하며 감정을 번갈아가며 스위치 시키는 경험을 통해 어떤 감정을 선택할 것인지를 스스로 결정할 수 있음을 경험하게 하는 것이다.

22

답 ③

해 사이버상담은 인터넷에서 이루어지는 상담으로 매체상담의 하나이다. 오프라인 상담에서는 내담자가 상담실에 직접 방문해야 하므로 자신의 인적사항과 실물이 노출되지만, 사이버상담은 내담자가 자신에 대한 최소한의 정보만 제공하고도 상담이 가능 하는 등 익명성이 보장된다. **내담자는 익명성의 보장으로 좀 더 적극적으로 자기를 개방할 수 있는 용기가 주어진다.**

cf) ③ 사이버상담은 상담자가 적극적으로 자기를 개방하게 되는 상담은 아니다.

23

답 ①

해 **「청소년복지지원법」 제29조에 규정되어 있는 청소년안전망(CYS-Net)은 청소년상담복지센터에서 위기상황에 처한 청소년들을 발견하고 통합적인 상담복지 서비스를 제공하는 사업이다.** 청소년안전망은 '위기청소년 발견', '상담개입', '통합서비스 제공'이라는 세 가지 운영 모듈을 가지고 있다. 만 9세~24세 청소년이라면 언제든지 지역 내 청소년상담복지센터를 통해 위기개입, 긴급구조, 일시보호 등 의 서비스를 제공받을 수 있다. 1388청소년지원단은 위기청소년을 조기에 발견하고 지원하는 역할을 수행하기 위한 민간의 자발적 참여조직으로서 전국의 청소년상담복지센터에 소속되어 '발견·구조', '의료·법률', '복지지원', '상담·멘토'등의 다양한 활동을 수행한다.

24

답 ②

해 **명료화란 내담자의 언어적 반응 속에 암시되거나 내포된 의미를 분명히 해주는 상담기법이다.** 사례에서 내담자는 학교에 가는 것이 재미가 없다는 것을 핵노잼이라고 표현했다. 이때 상담자는 핵노잼이라는 의미가 짝꿍이랑 놀지 못해서 재미가 없는 것으로 명료화 하였다. 또한 다른 학생들이 자신을 무시하는 느낌에 대해 구체적인 상황을 질문하는 명료화 하는 기법을 사용하고 있다.

25

답 ⑤

해 사례에서는 내담자는 **학교생활에서** 제대로 하는 것이 없어서 자신에게 실망했지만 달리 해결할 방법을 찾지 못해 의기소침해 하고 있다. 이때 상담자는 **현재 느끼는 감정을 알아차리기 위해 그 상태에 머물러보라고 이야기하며 이때 느껴지는 몸의 감각에 대해서도 집중해보라고 한다.** 즉 현재 감정 및 신체의 자각 기법을 사용하고 있다.

제2과목 상담연구방법론의 기초(필수)

26	⑤	27	③	28	③	29	⑤	30	③
31	①	32	②	33	①	34	④	35	①
36	④	37	②	38	④	39	④	40	④
41	①	42	③	43	②	44	④	45	③
46	②	47	④	48	⑤	49	⑤	50	③

26

답 ⑤

해 간주관성(상호주관성, inter-subjectivity)이란, '동일한 여건 하에서 다른 연구자가 동일한 연구방법으로 연구를 수행하면 동일한 결론을 얻을 수 있어야 한다는 의미이다.

실력다지기 | **과학적 연구의 특징**

1. 논리적
   두 가지의 배타적인 상태는 동시에 일어날 수 없으며, 말이나 현상 등이 앞뒤 이치에 맞아야 한다.
   사례 하나의 동전을 던지면 동전의 앞과 뒤가 동시에 나올 수 없다. 또는 불을 지피지도 않았는데 연기가 먼저 날 수 없다.

2. 결정론적
   모든 과학적 현상은 스스로 발생할 수 없으며, 그에 상응하는 원인이 존재한다.
   사례 대통령 선거에서 유권자가 특정 후보에 투표하는 경우, 특정 후보를 선택하게 된 원인요인(사회계층, 지연, 학연 등)이 존재한다.

3. 일반화 목적
   과학적 연구는 개별적인 특정 사건이나 현상의 설명을 목적으로 하지 않고, 대부분의 일반적 사건이나 현상들에 적용하여 설명할 수 있는 논리나 이해 추구를 목적으로 한다.

4. 간결성
   과학적 연구는 최소한의 정보로 최대한의 설명력을 확보할 수 있어야 한다.
   사례 100개의 변수를 사용한 모형의 정확도가 99%이며, 3개의 변수를 이용한 모형의 정확도가 70%일 때 후자의 모형이 더 바람직한 모형일 수 있다.

5. 검증 가능성
   과학적 연구에 의하여 형성된 지식은 그 산출과정이 명확해서 다른 연구자가 같은 연구자가 같은 방법을 사용해서 이를 다시 검증할 수 있어야 한다.

6. 간주관성 또는 상호 주관성(inter-subjectivity)
   1) 과학적 연구는 연구자에 의해 계획되어 수행되기 때문에 주관적인 성격을 포함하고 있어, 동일한 목적의 연구라도 사용하는 연구방법에 따라 서로 다른 결과가 나올 수 있다. 그러나 연구자마다 서로 다른 주관적인 판단과 지식을 바탕으로 연구를 계획하고 수행해도 동일한 여건 하에서 다른 연구자가 동일한 연구방법으로 연구를 수행하면 동일한 결론을 얻을 수 있어야 한다.

7. **수정 가능**

과학적 연구결과로 입증된 이론이나 사실들은 변할 수 있다. 과학적 연구는 항상 수정을 전제로 하며 수정이 가능해야 한다.

27

답 ③

해 연구 보고서에서 연구 대상, 자료 수집, 측정을 상세히 기술하는 부분은 **본론 부분의 연구방법**이다.

28

답 ③

해 과학으로서의 상담학 연구는 과학적 연구의 특징을 참고하여 이해하면 좋다. [ㄱ]. 증거 자료를 확보하여 결론을 도출해야 한다. / [ㄴ]. 자료는 합리적이고 체계적으로 수집해야 한다는 내용은 기본적으로 '과학적'이라는 의미를 담고 있다.

[ㄷ]. **기존에 확립된 이론은 수정 가능하다. 즉, 과학적 연구결과로 입증된 이론이나 사실들은 변할 수 있다. 과학적 연구는 항상 수정을 전제로 하며 수정이 가능해야 한다.**

29

답 ⑤

해 조작적 정의는 다양한 속성의 측정을 위해 복수지표가 활용될 수 있다. 예를 들어, **부부관계의 속성을 측정하기 위해 하루 동안의 싸움의 빈도, 하루 동안의 의사소통의 횟수 등을 통해 부부관계의 속성을 측정할 수 있다.**

✓오답노트

① 조작적 정의는 양적연구에서 지향하는 것이며, **행위자가 행위에 부여한 의미를 탐색하는 것은 질적 연구의 과정이다.**
② **연구의 객관성을 확보하기 위한 정의화이다.**
③ 개념을 구성하는 하위요인을 **경험적으로 검증하기 위한 과정이다.**
④ 구체적인 관찰의 대상을 **연역적으로 구체화하는 과정이다.**

30

답 ③

해 가설은 이론의 검증을 위해 수립된 잠정적 진술(~ 일 것이다 또는 ~ 할 것이다)이며, 가설의 도출은 연역적 과정으로, 기존의 이론 또는 새로운 현상의 관찰로부터 이루어진다.

[ㄷ]. 대립가설은 귀무가설과 대립되는 가설이다.

[ㄹ]. 통계적 가설 검정 시, **사전에 설정한 유의수준과 계산된 검정통계량을 비교하여 기각 또는 채택여부를 결정하다.**

31

답 ①

해 첫째, 전년도 자료를 통해 알려진 B시 청소년들의 성별, 연령별, 학교급별 분포 자료를 바탕으로 하였기 때문에 사전정보를 이용하였고, 둘째, 범주별 구성 비율을 적용하였기 때문에 범주별로 할당하여 총 1,000명 규모의 표본을 추출한 것으로 보아 할당표본추출법을 활용한 것이다.

cf) 참고로 할당표본추출법은 비확률 추출법이며, 만약 무작위로 표집을 하였다면 확률 추출법인 층화표본추출법이 된다.

32

답 ②

해 비율척도는 측정수준이 가장 높은 척도이기 때문에 사칙연산이 가능하여 평균과 표준편차를 구할 수 있다.

> ✓오답노트
> ① 측정하고자 하는 속성에 절대 영점이 존재할 경우 비율척도 활용은 가능하다.
> ③ 등간척도에서 측정값들 간의 간격은 동일하다.
> ④ 연구대상의 거주지역 변수에 임의로 수치를 부여하는 것은 명명척도에 해당한다. 거주지역은 분류만을 목적으로 하기 때문이다.
> ⑤ 하나의 속성에는 하나의 척도만이 가능한 것이 아니라, 둘 이상도 가능하다. 높은 수준의 척도는 보다 낮은 수준의 척도로 표현이 가능하기 때문이다.

33

답 ①

해 분석결과의 일반화 가능성을 중시한다. → 일반화는 양적연구의 특징이다.

② 심층적 기술을 바탕으로 특정 사례에 대한 이해를 시도한다. → 질적 연구의 특징

③ 문헌 속 내용이 갖는 시·공간적 의미에 대한 해석을 중시한다. → 질적 연구의 특징

④ 연구대상의 행위가 발생한 독특한 맥락에 주목한다. → 질적 연구의 특징

⑤ 개별 사례가 갖는 독자성과 주관적 의미를 강조한다. → 질적 연구의 특징

34

답 ④

해

> • 가설 : 부모의 사회경제적 지위(독립변수)가 자녀의 학업성취(종속변수)에 영향을 미칠 것이다.
> • 조사 : 고등학교 2학년 집단 1,000명 표본추출 및 자기기입식 설문조사
> • 변수 측정(조작적 정의) : 부모의 사회경제적 지위(상/중/하), 자녀의 학업성취(전년도 전교 등수)
> • 분석 : 다중회귀분석 모형에 투입된 변수는 응답자 성별, 부모의 사회경제적 지위, 전년도 사교육비 지출 금액, 그리고 자녀의 학업성취 수준

① 자녀의 학업성취는 **종속변수**이다.

② 응답자 성별은 **통제변수**이다.

③ 가설에서 독립변수는 **서열척도(상/중/하)**로 측정되었다.

④ 가설에서 종속변수는 서열척도(전교 등수, 석차)로 측정되었다.

⑤ 전년도 사교육비 지출 금액은 **통제변수**이다. 매개효과 분석은 다중회귀분석 모형으로 검증하지는 않는다. 매개효과 분석은 바론, 케니 방법(Baron & Kenny), 소벨 테스트(Sobel Test), 부트스트랩을 이용한 간접효과 검증(Boot strap/ Indirect Effect)으로 한다.

cf) 응답자 성별과 전년도 사교육비 지출 금액을 통제하여 순수하게 부모의 사회경제적 지위가 자녀의 학업성취에 미치는 영향을 검증한 것이다.

35

🔲 ①

🔲 준거 관련 타당도(criterion-related validity)에 해당하는 것들은 **공존(=공인, 동시concurrent)타당도, 예측(=예언, predictive)타당도**이다.

cf) ④ 수렴(convergent)타당도, 판별(discriminant)타당도는 구인타당도(construct validity)에 속한다.

36

🔲 ④

🔲 내적 일관성(internal consistency)을 판단하는 신뢰도 측정 방법은 다양하다. 내적 일관성 신뢰도 가운데 검사를 한 번 실시하여 양분하지 않고 문항 간의 일치 정도를 추정하는 방법은 **KR-20, KR-21, Hoyt 신뢰도, 크론바흐 알파(Cronbach α계수) 등이 있다.**

cf) [ㄱ]. 검사-재검사 신뢰도는 안정성 계수를, [ㄹ]. 동형검사 신뢰도는 동등성 계수를 통해 신뢰도를 측정한다. 또한 반분검사 신뢰도(split-half reliability)는 한 번에 실시한 검사문항을 동형이 되도록 두 부분으로 나누어 두 부분에서 얻은 점수들이 어느 정도 일치하는가의 정도를 의미한다. 반분검사 신뢰도는 하나의 검사를 가지고 추정해낸 동형검사 신뢰도라는 점에서 아주 간편하고 경제적인 방법이다. 반분검사 신뢰도는 한 개 검사를 반쪽으로 나누어 구한 상관계수이므로 스피어만-브라운(Spearman-Brown)의 수정공식을 교정하여 문항수를 두 배로 증가시켰을 때의 신뢰도를 구하면 된다.

37

🔲 ②

🔲 **비확률표집보다 확률표집을 사용할 때 외적 타당도가 높다. 확률표집의 경우 일반화가 더욱 용이하기 때문이다.** 비확률표집은 질적 연구에서 활용하는 것들도 있다

📖 **읽을거리**

▶ **외적 타당도**[1]

외적 타당도는 조사 결과를 다양한 시점과 대상, 상황에 일반화할 수 있는 정도를 의미한다. 조사 결과를 일반화하려면 조사의 대상이 된 표본이나 상황이 일반적인 대상과 상황을 잘 대표할 수 있어야 한다. 즉, 조사 대상 표본이 모집단을 잘 대표할수록 외적 타당도가 높아진다. 표본의 크기가 클수록 표본은 모집단의 특성을 좀 더 반영할 수 있다. 그리고 표본을 뽑을 때 확률 표집 방법을 사용할수록 대표성이 높아진다. 다른 방법으로는 호손 효과(hawthorne effect)가 있다. 조사 대상자들이 자신이 조사되고 있다는 인식이 적을수록 외적 타당도는 높아진다. 조사 대상자들이 자신을 연구 대상자임을 인식하게 되면 평소와 다르게 행동할 확률이 높기 때문이다. 관찰자를 의식해서 의도와는 다른 행동을 할 수도 있다. 따라서 연구자는 호손 효과가 생기지 않도록 조사를 수행해야 한다. 정확한 실험을 위해 통제집단을 추가해서 조사 설계하는 방법도 있다. 외적 타당도는 여러 상황과 대상을 반복적으로 조사해서 재현했을 때 더 높아진다. 반복적으로 재현함으로써 축적된 결과는 일반화하는 것에 유리하기 때문이다. 그리고 조사 상황이 일반적인 상황을 잘 반영할수록 외적 타당도는 높아진다. 따라서 연구자는 조사 상황을 설계에 맞게 잘 설정하도록 노력해야 한다. 내적 타당도는 외적 타당도의 필요조건이지만 충분조건은 아니다. 외적 타당도를 따지기 위해 내적 타당도가 전제되어야 한다. 그러나 내적 타당도만으로 외적 타당도를 담보할 수 없으므로 위의 방법을 사용하여 연구자가 조사를 진행하는 것이 바람직하다.

38

답 ④

해 판별분석을 통해 신뢰도를 평가할 수 있는 것이 아니라, **신뢰도 분석은 36번 문제 해설(안정성 계수, 동등성 계수, 동질성 계수 등)에서 기술한 것처럼 다양한 방법들을 통해 가능하다.** 참고로 판별분석이란 측정된 변수들을 이용하여 각 개체들이 2개 이상의 집단 중 어느 집단에 속하는지를 판별하는 분석방법을 말한다.

cf) 신뢰도란 측정하고자 하는 현상이나 대상을 일관성 있게 측정하는 정도를 의미하기 때문에 문항들의 내용이 유사할수록 신뢰도가 증가한다. 그리고 타당도란 측정하고자 하는 개념을 정확하게 측정하는 정도를 의미하며, 요인분석을 통해 요인타당도를 평가할 수 있다.

39

답 ④

해 [ㄴ]. **유의확률에 대한 해석은 유의수준과 밀접하게 관련되어 있으며 통계적 검증에서 중요한 것이다. 예를 들어, 유의확률이 .045라면 유의수준 0.05에서 영가설은 기각되고, 연구가설은 채택된다.**

cf) [ㄱ]. 유의수준(level of significance)은 1종 오류의 가능성을 보통 1% 또는 5%로 임계값(critical value)을 설정하고 귀무가설을 채택하거나 기각하는데 이를 유의수준(significance level)이라고 한다. **예를 들어, 유의수준 5%란 표본을 추출해서 나온 검정통계량(차이 또는 효과)이 우연히 나타날 확률 5% 미만이라는 의미이다.**

cf) [ㄷ]. 연구자가 수집한 자료는 모집단에서 추출한 표본이기 때문에 항상 오류의 가능성이 존재한다. 즉, 표본의 크기는 1종 및 2종 오류 확률에 모두 영향을 미친다. 따라서 통계적 결정을 할 때에는 발생할 수 있는 오류를 최소화해야 한다. 즉, 통계적 가설검정을 할 때에도 발생할 수 있는 통계적 오류를 최소화해야 옳은 판단을 할 확률을 높일 수 있다.

[1] 출처 : https://bbbright000.com/entry/

실력다지기	1종 오류(영 - 사 - 기 : 1종)와 2종 오류(영 - 거 - 채 : 2종)

1) 제1종의 오류는 귀무가설이 참일 때 귀무가설을 기각하고 대립가설을 수락할 때 발생하는 오류를 말한다. 이것을 흔히 알파 오류라고도 하며, 유의수준 또는 검정의 크기(size of the test)라고도 부른다.

2) 반면, 제2종의 오류는 귀무가설이 참이 아닌데도 귀무가설을 기각하지 않을 때 발생하는 오류를 말한다. 이를 흔히 베타 오류라고 부르며, 이를 검정력이라고 부른다.

3) 표본의 크기가 고정되어 있을 때에 제1종의 오류와 제2종의 오류는 서로 역비례 한다(Blalock 1981).

4) 따라서 제1종의 오류에 관해 보수적인 입장을 취하면 제2종의 오류에 대한 값을 치를 수밖에 없다. 예를 들어, 제1종의 오류 또는 유의수준을 0.05에서 0.01로 내린다면 이것은 더 큰 제2종의 오류를 감수하지 않으면 안 된다는 것을 말한다.

40

답 ④

해 영가설은 '모든 집단의 평균은 차이가 없을 것이다'이므로 '모든 집단의 평균은 같다'로 표현이 가능하다.

② 집단 간 자유도가 2이기 때문에 분석에 투입된 집단의 수는 3개(k - 1)이다.

③ 분석결과, 유의확률이 .000이기 때문에 유의수준 .05에서 영가설을 기각할 수 있으며 연구가설은 채택된다.

④ 분석에 투입된 총 사례 수는 15이다.

cf) 집단 내 자유도(N-k)는 12이기 때문에 (전체 인원 - 집단의 수)의 공식에서 전체 인원 - 3 = 12, 따라서 분석에 투입된 총 사례 수는 15이다.

⑤ A는 7이다. F값 = MSB(집단 간 평균제곱)/MSW(집단 내 평균제곱) = 105/15 = 7

41

답 ①

해 편향된 선택(표본선택의 오류, selection biases)은 실험집단과 비교집단을 선택하는 과정에서 발생한 차이가 실험 결과로 보일 수 있는 것을 의미한다. 연구자 A는 폭력적 게임이 공격적 행동에 미치는 영향을 알아보기 위하여 한 집단에는 남자 청소년 100명을, 다른 집단에는 여자 청소년 100명을 배치하였는데, 이는 실험집단과 비교집단을 선택하는 과정에서 차이가 발생하였기 때문에 내적타당도가 위협받을 수 있다.

42

답 ③

해 [ㄷ]. 사후 측정은 실험집단과 통제집단 모두에서 실시한다.

cf) 사전-사후 측정 통제집단 설계는 순수 실험설계 중 하나로, 독립변인의 순수 효과 검증에 효과적인 설계이며, 두 집단에 실험대상자를 무선 배치(무선할당)하고, 사전검사 결과를 공변수(covariate)로 분석에 투입할 수 있다.

실력다지기   **공변수(공변량, covariate)**

1) 공변량이라는 변수는 독립변수라기보다는 하나의 개념으로서 여러 변수들이 공통적으로 함께공유하고 있는 변량을 뜻한다.
2) 어떤 연구를 하고자 할 때의 주요 목적은 연구하고자 하는 독립변수들이 종속변수에 얼마나 영향을 주는지 알고자 하는 것이다. 그러나 잡음인자(외생변수)가 있을 경우에는 독립변수의 순수한 영향력을 검출해 낼 수 없으므로 실험적 방법과 통계적인 방법으로 잡음인자를 통제할 수 있다.
3) 그 중에서 통계적 방법을 이용한 잡음인자를 통제하는 방법 중의 하나가 바로 공변량이며, 이러한 공변량은 종속변수에 대하여 독립변수와 기타 잡음인자들이 공유하는 변량을 의미한다.

43

답 ②

해 [ㄱ]. 피어슨 적률상관계수의 범위는 -1에서 +1이다.

[ㄴ]. 각 변수에 양의 상수를 곱할 경우, 피어슨 적률상관계수는 변하지 않는다.

피어슨(Pearson) 적률상관계수는 단위를 갖지 않는다. 즉, 측정단위와 독립적으로 정의된다. 하나의 변수가 취하는 모든 값에 상수를 더하거나 빼는 변환을 해도 상관계수는 변하지 않으며, 하나의 변수가 취하는 모든 값에 양의 상수를 곱하거나 양의 상수로 나누는 변환을 해도 상관계수는 변하지 않는다.

공분산(covariance)과 상관계수(correlation coefficient)
1) 연관성의 방향 - 두 변수간의 연관성은 방향을 갖는다.
  (1) 한 변수의 값이 커질 때(작아질 때) 다른 변수의 값도 커지면(작아지면) 두 변수는 정(+)의 연관성이 있다.
  (2) 한 변수의 값이 커질 때(작아질 때) 다른 변수의 값이 작아지면(커지면) 두 변수는 부(-)의 연관성이 있다.
2) 상관계수(correlation coefficient)는 공분산으로부터 유도되기 때문에 '공변동성(covariation)에 대한 표준화된 측정치'이다.
3) 상관계수는 (공분산)/(표준편차의 곱)으로 계산한다.

44

답 ④

해 1에 가까운 R^2값(상관계수의 제곱)은 X와 Y간 인과관계의 필요조건이 된다. 즉, 상관관계는 인과관계의 필요조건이지 충분조건은 아니다. 회귀분석은 변수와 변수 간의 인과관계를 탐구할 수 있는 통계방법이기 때문에 이를 활용하고 있다

상관관계는 곧바로 인과관계로 이어지지 않는다, 상관관계만으로는 인과관계를 장담할 수 없다, 상관관계는 인과관계를 암시하지 않는다, 상관관계는 인과관계의 필요조건(necessary condition)이지만, 충분조건은 아니다. 변인 A와 변인 B가 상관관계에 있다고 해서 한쪽 변인이 다른 한 쪽의 변인의 원인임이 반드시 입증되지 않는다. 원인이 되는 변인이 단 하나가 아니고, 수많은 변인들이 원인으로서 작용하는 사례들이 있기 때문이다[2].

---

2 출처 : 나무위키

① 결정계수(R^2)가 1에 가까우면 반응 변수의 변동 중 많은 부분이 회귀에 의해 설명된 것이고, 0에 가까우면 반응변수의 변동 중 대부분이 회귀에 의해 설명되지 않았다는 것을 나타낸다. **R^2값은 X를 사용하여 설명될 수 있는 Y의 변동 비율을 측정한다. 즉, X에 의해 설명되는 Y분산의 비율을 의미한다.**

② **b_1(기울기)은 독립변수 X가 한 단위 변화할 때 Y가 변화하는 양이다.**

> 회귀분석에 원인이 되는 변수를 독립변수(X), 결과로 되는 변수를 종속변수(Y)라 하는데, 두 변수의 관계는 회귀식 $Y_i = b_0 + b_1 X_i + \epsilon_i$로 표현할 수 있다. **회귀계수 b_1는 X가 한 단위 변화할 때 Y가 변화하는 양을 나타낸다.** 회귀분석을 하는 목적은 두 변수의 관계가 회귀식으로 간단하게 설명하고, 한 변수로 다른 변수의 값을 추정하거나 예측하기 위한 것이다.

③ **ϵ_i의 기댓값은 0이다.** / ⑤ **b_0(절편)는 X가 0일 때 Y의 값이다.**

> **단순회귀 모형의 기본가정**
>
> $Y_i = b_0 + b_1 X_i + \epsilon_i$
>
> b_1과 b_0은 미지의 절편과 기울기 모수이며 회귀변수 X는 수학변수로 가정한다.

> 오차항 ϵ_i는 다음과 같은 기본가정을 가진다.
>
> 1) **ϵ_i의 기댓값은 0이다.**
> 2) ϵ_i의 분산은 일정하다.
> 3) $i \neq j$일 때 ϵ_i와 ϵ_j는 서로 상관이 없다.
> 4) X_i가 확률변수가 아니고 ϵ_i와 상관이 없다.
> 5) ϵ_i는 정규분포 $N(0, \sigma^2)$을 따른다.

45

답 ③

해

	중학생	고등학생	합 계
A 상담기법	50명	20명	70명
B 상담기법	50명	30명	80명
C 상담기법	50명	100명	150명
합계	150명	150명	300명

③ 카이제곱 검정에서 각 범주에 기대되는 빈도를 기대빈도라고 한다. 이때 기대빈도는 열 빈도수×행 빈도수/전체 빈도수이므로 B 상담기법을 선호하는 중학생과 고등학생의 각각의 기대빈도는 중학생의 경우 150 ×80 / 300 = 40이며, 고등학생의 경우 150 ×80 / 300 = 40이다. 따라서 기대빈도의 합은 80이다.

46

답 ②

해 보기에 해당하는 연구패러다임은 질적 연구이다. 즉, 질적 연구는 연구대상의 행위를 연구함에 있어 그들이 어떻게 상황을 정의하고 또 그들의 행위에 어떤 의미를 스스로 부여했는지를 이해하고자 하고, 인간의 행위를 수치화하여 일반적인 경향이나 관계를 파악하고자 하는 시도인 양적연구가 갖는 한계에 주목한다. 따라서 ② 실재의 객관성을 중시한다는 내용은 옳지 않다.

47

답 ④

해 합의적 질적 연구법은 수집된 자료를 바탕으로 중심 주제를 추출하는(cross case analysis) 2중의 분석과정을 거친 후, 최종 연구 참여자들 간의 합의를 유도함으로써 질적연구의 유연성과 양적 연구의 정밀함을 겸비한 연구모델이라고 볼 수 있다. 합의적 질적 연구는 3 ~ 5명의 분석자(judges, primary team)로 구성하고 합의를 통해 자료의 의미를 영역(domain)코딩, 핵심개념(중심개념 코딩, core ideas) 교차분석(cross‑analyses)의 절차로 판단한다. 그리고 연구팀이 분석한 결과를 최종적으로 감수자(auditor)의 검토를 거친다.

cf) ④ 연계 분석(sequential analysis)은 문제해결을 위한 데이터 분석을 수행하는 과정에서 데이터 간에 서로 결합하여 분석을 수행하는 것이다.

48

답 ⑤

해 근거이론 방법론을 활용한 연구에서 사용하는 일반적인 코딩의 순서는 개방코딩 – 축코딩 – 선택코딩이다.

[암기법] 근거이론 = 개축선

실력다지기	근거이론 방법론 연구에서 사용하는 코딩(Strauss & Corbin, 1998)

1) 개방코딩
   개방코딩은 개념을 밝히고, 그 속성과 차원을 자료 안에서 발견해나가는 분석과정으로 개념화 또는 추상화, 범주를 발견하기가 있다.
2) 축 코딩
   축 코딩은 범주를 하위범주와 연결시키는 과정으로 코딩이 한 범주의 축을 중심으로 일어나며 속성과 차원의 수준에서 범주들을 연결시키는 작업이다.
3) 선택코딩
   마지막 과정으로 이론을 통합시키고 정교화 하는 과정이며 이때 이론의 통합을 도와주는 기법으로 메모와 도표가 사용된다.

49

답 ⑤

해 '부당한 중복게재(중복출판)'는 연구자가 자신의 이전 연구결과와 동일 또는 실질적으로 유사한 저작물을 출처표시 없이 게재한 후, 연구비를 수령하거나 별도의 연구업적으로 인정받는 경우 등 부당한 이익을 얻는 행위이다.

| 심화학습 | 연구윤리 확보를 위한 지침 제12조(연구부정행위의 범위) |

① 연구부정행위는 연구개발 과제의 제안, 수행, 결과 보고 및 발표 등에서 이루어진 다음 각 호를 말한다.

　1. '위조'는 존재하지 않는 연구 원자료 또는 연구자료, 연구결과 등을 허위로 만들거나 기록 또는 보고하는 행위

　2. '변조'는 연구 재료·장비·과정 등을 인위적으로 조작하거나 연구 원자료 또는 연구자료를 임의로 변형·삭제함으로써 연구 내용 또는 결과를 왜곡하는 행위

　3. '표절'은 다음 각 목과 같이 일반적 지식이 아닌 타인의 독창적인 아이디어 또는 창작물을 적절한 출처표시 없이 활용함으로써, 제3자에게 자신의 창작물인 것처럼 인식하게 하는 행위

　　가. 타인의 연구내용 전부 또는 일부를 출처를 표시하지 않고 그대로 활용하는 경우

　　나. 타인의 저작물의 단어·문장구조를 일부 변형하여 사용하면서 출처표시를 하지 않는 경우

　　다. 타인의 독창적인 생각 등을 활용하면서 출처를 표시하지 않은 경우

　　라. 타인의 저작물을 번역하여 활용하면서 출처를 표시하지 않은 경우

　4. '부당한 저자 표시'는 다음 각 목과 같이 연구내용 또는 결과에 대하여 공헌 또는 기여를 한 사람에게 정당한 이유 없이 저자 자격을 부여하지 않거나, 공헌 또는 기여를 하지 않은 사람에게 감사의 표시 또는 예우 등을 이유로 저자 자격을 부여하는 행위

　　가. 연구내용 또는 결과에 대한 공헌 또는 기여가 없음에도 저자 자격을 부여하는 경우

　　나. 연구내용 또는 결과에 대한 공헌 또는 기여가 있음에도 저자 자격을 부여하지 않는 경우

　　다. 지도학생의 학위논문을 학술지 등에 지도교수의 단독 명의로 게재·발표하는 경우

　5. '부당한 중복게재'는 연구자가 자신의 이전 연구결과와 동일 또는 실질적으로 유사한 저작물을 출처표시 없이 게재한 후, 연구비를 수령하거나 별도의 연구업적으로 인정받는 경우 등 부당한 이익을 얻는 행위

　6. '연구부정행위에 대한 조사 방해 행위'는 본인 또는 타인의 부정행위에 대한 조사를 고의로 방해하거나 제보자에게 위해를 가하는 행위

　7. 그 밖에 각 학문분야에서 통상적으로 용인되는 범위를 심각하게 벗어나는 행위

② 대학 등의 장은 제1항에 따른 연구부정행위 외에도 자체 조사 또는 예방이 필요하다고 판단되는 행위를 자체 지침에 포함시킬 수 있다.

50

답 ③

해 인간 대상 연구의 윤리적 원칙을 다룬 벨몬트 보고서(The Belmont Report)에서 제시한 3가지 윤리적 원칙은 인간존중(respect for persons), 정의(justice), 선행(beneficence)이다. 아래 [심화학습]은 벨몬트 보고서(The Belmont Report)의 일부이다. 잘 읽어보길 바란다.

심화학습 | **벨몬트 보고서(The Belmont Report)[3]**

- 인간 피험자 보호를 위한 윤리 원칙과 지침 -

(생명의료 및 행동 연구의 인간 피험자 보호를 위한 국가위원회, 1979년 4월 18일)

1) 기본적 윤리 원칙들

기본적 윤리 원칙'이라는 표현은 여러 가지 특정 윤리적 처방을 정당화하는 기초이자 인간 행동을 평가하기 위한 일반적 판단 기준을 가리킨다. 우리 문화 전통 속에서 일반적으로 받아들여지는 원칙들 가운데 특히, 다음 세 가지 기본 원칙이 인간 피험자를 포함하는 연구 윤리와 관련이 깊다. 인간 존중의 원칙, 선행의 원칙, 그리고 정의의 원칙이 그것이다.

벨몬트 보고서는 인간 존중(Respect for Person), 선행(Beneficent), 정의(Justice), 신의(Fidelity), 악행금지(Non-Maleficence), 진실(Veracity)을 여섯 개의 기본 윤리 원칙으로 설정했으며, 이 원칙들 중에서 같거나 유사한 개념이 정리되어 현재 모든 임상시험의 기초가 되는 인간 존중, 선행, 그리고 정의의 세 가지 기본 윤리 원칙들이 제시되었다.

(1) 인간 존중(respect for persons)

인간 존중은 최소 두 가지의 윤리적 신념을 하나로 묶는다. 첫째, 인간은 자율적 존재로 취급되어야 하며, 둘째, 자율 능력이 부족한 인간은 보호를 받을 권리가 있다는 것이다. 그러므로 인간 존중의 원칙은 두 가지 서로 다른 도덕적 요구로 분리된다. 그 하나는 자율성 인정에 대한 요구이고, 다른 하나는 자율성이 부족한 인간에 대한 보호의 요구이다.

자율적인 인간은 자의적으로 자신의 목적을 숙고할 능력 그리고 그 방향으로 행동할 능력이 있는 개인이다. 자율성 존중이란 자율적인 인간의 숙고된 의견과 선택을 그들의 행동이 다른 이들에게 명백한 피해를 주지 않는 한 방해하지 않고 존중하는 것이다. 불가피한 이유가 없는데도 도덕 행위자의 숙고된 판단을 무시하거나, 그 숙고된 판단에 따라 행위 할 자유를 부인하거나, 숙고된 판단을 내리는데 필요한 정보를 감추는 것은 자율적 도덕 행위자를 존중하지 않는 것이다.

하지만, 모든 인간이 자기결정 능력을 가지고 있는 것은 아니다. 자기결정 능력은 성장과 더불어 증대되며 어떤 사람들은 질병, 정신이상, 또는 자유가 심하게 제한되는 상황 등으로 인해 이 능력의 전체 또는 일부분을 상실한다. 미성년자와 무능력자(the incapacitated)에 대한 존중은 그들이 성장해 가는 동안, 또는 그들이 장애를 가지고 있는 동안 그들을 보호할 것을 요청한다.

사회적 실험과 관련된 문제는 생의학적, 행동학적 연구와는 상당히 다르기 때문에 본 위원회는 이 시점에서 그런 연구와 관련된 어떤 정책도 결정하지 않기로 한다. 그 대신 그런 문제는 본 위원회의 후속기구에서 다루어져야 한다고 생각한다.

어떤 사람들은 그들에게 해를 줄지도 모르는 행위들로부터 그들을 배제시키는 정도로까지 광범위한 보호를 필요로 한다. 다른 이들은 그들이 나쁜 결과의 위험을 인식하는 가운데 자유롭게 행동할 수 있음을 보장하는 것 외에 별다른 보호를 필요로 하지 않는다. 제공되는 보호의 수준은 예상되는 위험과 이득의 정도에 달려 있다. 누군가가 자율성을 결여하고 있다는 판단은 주기적으로 재평가되어야 하며 상황에 따라 다양할 것이다.

---

[3] 터스키기 매독 연구(Tuskegee Syphilis Study)의 심각성을 인지한 미국 의회는 1974년 7월 12일 국가연구법(National Research Act)를 통과시켰다. 이 법의 통과와 함께 보건복지부 규정(45 CFR 46), 식약청 규정(21 CFR 50)등을 비롯한 연방 규제 법안이 입법되었다. 이 해에 미국 의회는 '생명의학 및 행동 연구에서의 피험자 보호를 위한 국가위원회(The National Commission for the Protection of Human Subjects of Biomedical and Behavior Research)'를 승인하였다. 의회는 이 위원회를 통해 임상시험의 바탕이 되는 윤리원칙을 정의하도록 촉구하였으며, 이 위원회는 1978년 '임상시험의 인간 피험자를 보호하기 위한 윤리원칙과 가이드라인(Ethical Principles and Guidelines for the Protection of Human Subjects of Research)'을 발표하였고 이는 1979년 4월 18일에 '벨몬트 보고서(Belmont Report)'로 발간되었다.

인간 피험자와 관련이 있는 대부분의 연구에서 인간 존중은 그 피험자가 충분한 정보를 가지고 자발적으로 연구에 참여하기를 요구한다. 그러나 어떤 상황에서 이 원칙의 적용은 그리 분명하지 않다. 피험자로서 죄수의 참여는 교육적인 예를 제공한다. 한편으로는 인간 존중의 원칙이 죄수도 연구에 자발적으로 참여할 수 있는 기회를 박탈당해서는 안 됨을 요구하는 것처럼 보인다. 다른 한편으로는 수감 생활 속에서 그들이 그렇지 않다면 '자원'하지 않았을 연구에 참여하도록 미묘한 압력을 받거나 부당한 영향을 받을 수도 있다. 그렇다면 인간 존중의 원칙은 죄수가 보호 받아야 함을 요구한다. 죄수로 하여금 '자원'하게 할 것이냐, 또는 '보호'할 것이냐 하는 문제는 딜레마이다. 대부분의 곤란한 사례에서 인간 존중은 종종 그 원칙 자체에 의해 요구되는 대립하는 주장들 사이의 균형을 잡아가는 일이다.

(2) 선행(beneficence)

사람들을 윤리적으로 대우하는 방식에는 그들의 결정을 존중하고 위험으로부터 보호하는 것 외에도 그들의 복지를 보증하려고 노력하는 방식이 있다. 이때 후자의 대접 방식은 선행 원칙의 범주에 포함된다. '선행(beneficence)'이라는 용어는 엄격한 의무를 넘어서는 친절, 또는 자선을 의미하는 것으로 종종 이해된다. 이 보고서에서는 선행이란 그보다는 좀 더 강한 의미로서, 하나의 의무로 이해된다. 이런 의미의 선행에 대한 일반적인 규칙을 다음 두 가지의 상호 보완적인 표현으로 정식화할 수 있다. ① 해를 입히지 말 것, ② 가능한 한 이익을 극대화하고 가능한 한 해악을 극소화할 것.

'해를 입히지 말라'라는 히포크라테스의 격률(格率)은 오랫동안 의료 윤리의 기본적인 원칙이었다. 클로드 베르나르는 이를 연구의 영역까지 확장시켜, 타인에게 이득이 되는지 여부를 불문하고 누구에게든 해를 입히지 말라고 말했다. 그러나 해를 입히지 않기 위해서라도 무엇이 해악인지 알아야 한다. 그리고 이런 정보를 얻는 과정에서 사람들은 해악의 위험에 노출되기 마련이다. 더욱이 히포크라테스 선서는 의사들에게 '최선의 판단에 따라' 환자들에게 이득을 줄 것을 요구한다. 사실상 무엇이 이득이 될 것인가를 알기 위해서 사람들을 위험에 노출시켜야 하는 경우도 있다. 이런 정언적 명령이 제기하는 문제는 위험에도 불구하고 특정한 이득을 추구하는 것이 정당화될 수 있는 경우와 위험 때문에 이득을 포기해야만 하는 경우를 결정해야 한다는 것이다.

선행의 의무는 개별 연구자와 사회 일반 모두에게 영향을 미치는데, 왜냐하면 선행의 의무가 특정 연구 프로젝트는 물론 연구 행위 전반에까지 확장되기 때문이다. 특정 프로젝트의 경우 연구자와 그 기관의 종사자들은 그 연구로부터 생길지도 모르는 해악을 최소화하는 한편 이득을 극대화하기 위해 사전에 숙고해야만 한다. 일반적인 과학 연구의 경우 사회 구성원들은 장기적인 관점에서 지식의 발전, 새로운 의학적, 심리치료적, 사회적 과정의 발달로부터 야기될 수 있는 이득과 위험을 인식해야만 한다.

선행의 원칙은 종종 인간 피험자와 관련된 연구의 여러 영역에서 잘 정의된 정당화의 역할을 한다. 어린이 대상의 연구에서 한 예를 발견할 수 있다. 어린이 질환을 치료하는 효과적인 방법과 건강 증진법의 개발은 설령 개별적 연구 대상이 이득의 수혜자가 아니라 하더라도 어린이 대상 연구를 정당화하는 데 도움이 되는 이득이다. 연구를 통해서 이전에 일반적으로 활용되었던 시술법을 자세히 조사함으로써 그 시술법의 적용에 기인하는 위험을 피할 수도 있다. 그러나 선행의 원칙의 역할은 언제나 그리 분명한 것은 아니다. 예컨대 관련 어린이에게 직접적인 이득이 즉각적으로 기대되지 않으면서 최소한의 위험 이상의 것이 예상되는 경우 어려운 윤리적 문제는 그대로 남는다. 어떤 이들은 그런 연구가 용인되어서는 안 된다고 주장해 온 반면에, 다른 이들은 만약 그런 연구를 제한한다면 미래의 어린이들에게 큰 이득을 가져올 장래성 있는 수많은 연구가 배제될 것이라는 점을 지적해 왔다. 다른 어려운 문제들과 마찬가지로 여기서도 다시 한번 선행의 원칙에 근거한 서로 다른 주장은 충돌을 일으키고 어려운 선택을 강요한다.

(3) 정의(justice)

누가 연구에서 생기는 이득을 누리고 누가 그 부담을 감당해야 하는가? 이것은 '분배의 공정성', 또는 '합당한 응분'이라는 의미에서, 정의의 문제이다. 자격이 있는 사람에게 어떤 이득이 정당한 이유 없이 부인되거나 또는 어떤 부담이 부당하게 지워질 때 불의가 발생한다. 정의의 원칙을 이해하는 또 다른 방법은 동등한 것은 동등하게 취급해야 한다는 것이다. 그러나 이 진술은 해설을 필요로 한다. 누가 동등하고 누가 그렇지 않은가? 불균등한 분배를 정당화하려면 무엇을 고려해야 하는가? 거의 모든 주석가는 경험, 나이, 결핍, 의사결정능력, 공적, 그리고 지위에 근거한 분배가 특정 목적을 위한 차별적인 대우를 정당화하는 기준을 실제로 구성하는 경우가 가끔 존재한다는 점을 인정한다. 그렇다면 사람들이 어떤 점에서 동등하게 취급받아야 하는지를 설명해야 할 필요가 있겠다. 부담과 이득의 공정한 분배를 위해 널리 받아들여지는 몇 가지 정식(定式)이 있다. 각 정식은 부담과 이득을 분배할 때 기초로 삼아야 할 관련 속성에 관해 언급하고 있다. 이러한 정식들은 ① 각자에게 똑같은 몫을, ② 각자의 개별적인 필요에 따라, ③ 각 개인의 노력에 따라, ④ 각자의 사회적 기여도에 따라, ⑤ 각자의 공적에 따라 분배하라는 것이다.

정의의 문제는 오랫동안 처벌, 과세, 그리고 정치적 대의(代議)제도와 같은 사회적 실천과 관련을 가져 왔다. 얼마 전까지만 해도 이런 문제들은 과학 연구와는 대개 관련이 없었다. 하지만 그런 문제들은 인간 피험자를 포함하는 연구의 윤리적 측면을 조금만 성찰해 보더라도 그 징조를 금방 발견할 수 있다. 예컨대 19세기와 20세기에 연구 피험자로서의 부담은 주로 가난한 병동 환자들의 몫이었으며 반면 연구에 따른 의학적 진보의 이득은 대개 부유한 환자들에게 돌아갔다. 다음으로, 나찌 수용소 수용인들에 대한 착취는 특히 극악한 불공정의 예로 비난을 받았다. 미국에서는 1940년대에 터스키기 매독 연구가 치료받지 않을 경우 그 병의 진행 과정을 연구하기 위해 결코 이 병이 그들에게만 국한된 문제가 아니었음에도 불구하고 시골의 가난한 흑인 남성들을 이용하였다. 연구의 계속적인 수행을 이유로 이 피험자들에게는 효과적인 치료가 제대로 제공되지 않았는데, 그러한 치료 방법이 일반에 널리 보급된 이후에도 그러했다.

이런 역사적인 배경에 비추어 본다면 정의라는 개념이 인간 피험자 연구와 어떻게 관련되는지 알 수 있다. 예컨대 연구 대상의 선정이 특정 계층(저소득층, 소수 민족과 특정 인종, 또는 시설 수용자 등)이 연구 주제와 직접적으로 관련이 있기 때문이 아니라, 그들이 단지 시간이 많고 처지가 어려우며 조종하기 쉽다는 이유로 체계적으로 선택된 것은 아닌지의 여부를 세밀히 검토하여야 한다. 끝으로, 공공기금이 지원을 받는 연구가 치료 기술이나 장치의 개발을 목적으로 할 때에는 그것들을 활용할 여유가 있는 사람에게만 편익이 되어서는 결코 안 되며, 그 연구 결과의 적용을 받는 수혜자가 될 가능성이 없는 집단에서 그런 연구의 피험자를 부당하게 뽑아서는 안 된다는 것을 정의는 요구한다.

제3과목　심리측정 평가의 활용(필수)

51	③	52	③	53	④	54	②	55	⑤
56	③	57	③	58	⑤	59	③	60	①
61	①	62	⑤	63	②	64	④	65	①
66	④	67	②	68	②	69	⑤	70	②
71	④	72	①	73	②	74	①	75	⑤

51

답 ③

해 심리적 구성개념은 직접 관찰하기가 어려운 것이며, 심리검사는 심리적 구성개념(구인)을 간접적으로 관찰하기 위한 도구이다. 예를 들어 지능을 직접적으로 관찰하기 어렵기 때문에 지능검사 도구를 통해 간접적으로 지능을 측정하는 것이다.

52

답 ③

해 지능지수는 2가지 종류가 있는데 비율 지능지수와 편차 지능지수이다. 비율 지능지수는 실제 연령에 비해 정신 연령이 얼마나 높은지로 판단하는 지능지수이고, 편차 지능지수는 같은 연령대에서 얼마나 높은 위치에 있느냐에 따른 지능지수이다.

③ 웩슬러 지능검사는 편차지능지수를 사용한다.

53

답 ④

해 엑스너(J. Exner)는 로샤(H. Rorschach)의 전통적 채점 방식에서 탈피하여 경험적으로 근거를 가진 실증적 방법론을 이용하여 로샤 해석의 종합체계 방식을 만들어 수검자들의 반응을 부호화하고 채점할 수 있도록 체계화하였다.

✔오답노트
① 로샤 검사는 신경심리학 검사가 아니라 개인의 심리적 특징과 성격을 검사하는 도구이다.
② 로샤(H. Rorschach)의 전통적 채점 방식을 탈피하였다.
③ 정성적인 분석보다 정량적인 분석을 더 강조하였다.
⑤ 정신분석적으로 해석 가능한지 여부보다 경험적 연구결과를 중시하고 있고 결과를 통합할 때 관련 있는 해석적 논리와 전략을 강조하고 있다.

54

답 ②

해 **DSM을 사용하는 구조적 임상면접(SCID** : Structured Clinical Interview for DSM)는 주요 DSM-5의 진단(이전의 1축 진단)을 내리기 위한 반구조화된 면담 지침서이다.

✓**오답노트**

① 면담은 심리검사보다 비구조화되어 신뢰도가 낮다.

③ 면담은 심리검사보다 수집할 수 있는 정보의 한계가 더 모호하다.

④ 수검자가 면담에서 숨기고자 하는 마음을 행동관찰을 통해 파악할 수 있기 때문에 행동관찰은 면담보다 '지금-여 기'에 해당하는 정보를 더 많이 수집한다.

⑤ 면담은 일반적인 대화와 달리 목표를 두고 진행한다.

55

답 ⑤

해 모두 옳은 내용이다. 웩슬러(D. Wechsler)는 지능검사를 개발할 때 비네-시몽(Binet-Simon) 척도와 군대용 α(Army Alpha) 검사 및 군대용 β(Army Beta) 검사 문항을 모두 차용하였다. 군대용 α(Army Alpha) 검사는 언어성 지능으로 군대용 β(Army Beta) 검사는 동작성 지능의 토대가 되었다.

56

답 ③

해 행동평가는 개인의 성향보다 주어진 상황에서 개인이 어떻게 행동하는지를 평가하는 행동주의 이론에서 출발하였 다. 관찰하고자 하는 개인의 표적행동을 정해놓고 관찰하고 기록하는 개인 특이적 접근을 따른다. 행동평가법에는 자연관찰법, 유사관찰법, 자기관찰법, 참여관찰법이 있다. 관찰법을 사용할 때 기록방법으로 이야기식 기록법, 시간 표집법, 사건기록법, 평정기록법이 있다. 이야기식 기록법(일화기록, narrative recording)은 핵심적 단어 혹은 짧은 구절에 기초하며 몇 초에서 몇 분 정도의 사건에 대한 서술석인 설명으로 기록시간이 적게 걸리고 특벌한 계획, 양식지, 시간구성 등을 요구하시 않는다.

✓**오답노트**

ㄴ. 시간표집법 : 정해진 시간 내에 사건이 일어나는지 기록한다.

ㄷ. 평정기록법 : 특정한 행동에 대해 척도 상에 값을 평정하게 된다.

57

답 ③

해 벤더도형검사 2판(BGT-II)의 경우는 원판 9장에 자극카드 7장이 추가되어 16장으로, 저연령층(만 4세 ~ 7세 11개월)을 위한 자극카드 4장과 고연령층(8세 ~ 85세)을 위한 자극카드 3장으로 구성되어 있다.

58

답 ⑤

해 레이-오스테리스 복합도형검사(Rey-Osterrieth complex figure test)는 시공간 구성 능력과 시공간 기억력을 평가하는 검사이다. 주어진 복잡한 그림을 보고 따라 그리기, 즉각적 회상하기, 지연 회상하기의 조건에서 도형을 그린다. 평가 영역은 계획능력, 조직화 기술, 선택적 기억, 지각적 왜곡, 시각-운동 협응능력이다. 레이-오스테리스 복합도형검사는 인지기능의 평가 뿐 아니라 간질과 파킨슨과 같은 신경계 질환과 조현병과 같은 정신병 및 틱 장애와 같은 뇌신경계에 이상이 있는 환자의 인지기능을 평가하는데 사용된다.

cf) ⑤ 범주 유창성은 단어연상검사에서 사용된다.

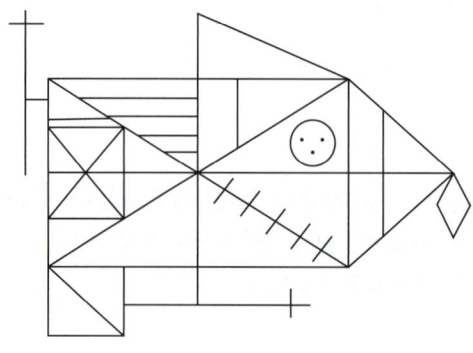

[레이-오스테리스 복합도형[4]]

59

답 ③

해 Hh는 가사용품(Household)으로 식기, 의자, 칼, 램프, Ad로 채점하는 모피깔개를 제외한 깔개로 반응할 때 채점된다. ③ "램프 안에 불이 타올라요."의 경우 부여될 수 있다.

cf) 참고로 Ad는 동물 부분(Animal Detail)으로 말발굽, 가재의 집게발, 개의 머리, 모피, 짐승가죽 등으로 반응할 때 채점된다.

60

답 ①

해 L(Lambda : 람다)는 경험에 대한 개방성을 의미한다. 순수 F 반응 빈도를 비교한 비율(전체 반응에서 순수 형태반응이 차지하는 비율)로 산출식은 L = F/(R - F)이다. 람다값이 .33 ~ .99의 범위에 있을 때 정상으로 간주한다.

61

답 ①

해 로샤(Rorschach)검사 결과, **전체 반응수가 14개 이하일 경우** 해석적인 가치가 줄어들 수 있으므로 반응을 더 해 달라고 부탁하고 검사를 다시 할 수 있다.

4 그림출처 : 서울대학교 병원 홈페이지

62

답 ⑤

해 머레이(H. Murray)는 주제통각검사(TAT)의 수검자 반응을 '욕구'와 '압력'의 측면에서 분석하는 해석체계를 제시하였다.

심화학습 | **주제통각검사(TAT) 검사 결과의 분석법**

머레이(H. Murray)는 주제통각검사(TAT)의 수검자 반응을 '욕구'와 '압력'의 측면에서 분석하는 해석체계를 제시하였다.

1) 주인공 : TAT 이야기를 분석하는 가장 첫 단계는 주인공을 선택하는 것이다. 일반적으로 수검자는 주인공과 자신을 동일시하는 것으로 생각되고 있다. 그러므로 주인공에게 강요되는 압력은 수검자에게 영향을 미치는 압력과 같고, 주인공의 욕구는 수검자의 욕구와 같으며, 주인공이 야기하는 대상, 활동 및 감정은 수검자에 의해서 야기되는 것과 동일한 것임을 가정할 수 있다.

2) 주인공의 행동 : 욕구

TAT에서는 주제의 분석을 기본으로 하며, 주제의 설정은 곧 개인이 갖고 있는 욕구와 압력의 관계에서 나오는 것이다. 다시 말하면 주제는 개체와 환경과의 상호작용에서 나오는 것이며, 개체의 행동이 곧 욕구이고, 환경의 자극이 곧 압력인 것이다.

3) 환경 자극 : 압력

TAT 이야기 가운데 서술된 환경은 그 행동이 일어나는 일반적인 환경과 특수 환경 자극의 성질에 비추어 분석되며, 일반적인 환경은 다음과 같은 측면에 비추어 설명할 수 있다.

(1) 환경이 주인공의 발달을 촉진하는가? 또는 방해하는가?

(2) 주인공이 환경을 적당하다고 보는가? 또는 부적당하다고 보는가?

(3) 주인공이 환경과 조화하고 있는가? 또는 대립하고 있는가?

(4) 주인공이 환경을 만족스럽게 생각하고 있는가? 또는 불안을 느끼고 있는가?

63

답 ②

해 소외지표 Isolate/R(The Isolation Index)는 대인관계에 대한 제한된 흥미, 대인관계 고립, 사회적 위축, 회피행동을 의미한다. 공식은 Isolate/R = (Bt+2*Cl+Ge+Ls+2*Na)/R로 식물, 구름, 지도, 풍경, 자연의 5가지 범주들의 반응수기 지표 계산에 사용된다. Isolate/R > .33일 경우 대인관계로부터의 심각한 소외 및 현실접촉이 단절되어 있을 가능성이 높다.

✓오답노트

① 지표를 계산할 때 전체 반응의 수가 필요하다.

③ 대인관계에 대한 제한된 흥미, 대인관계 고립, 사회적 위축, 회피행동의 정도를 알려준다.

④ 우울지표(DEPI : Depression Index)를 구성하는 요소이다.

⑤ 구조적 요약 가운데 대인관계 영역에 포함된다.

64

답 ④

해 NEO-PI는 5가지 성격차원을 검사한다. **4가지 성격 차원(외향-내향, 감각-직관, 사고-감정, 판단, 의식)의 조합으로 16가지 성격유형을 평가하는 도구는 마이어스-브릭스 성격유형 지표인 MBTI이다.**

65

답 ①

해 습관적 수행검사(정의적 검사)는 개인이 평소에 보이는 일상적인 행동 특성이나 정의적 특성을 알아보기 위한 검사이다. 정의적 특성을 측정하는 검사로 흥미, 태도, 인성, 가치관 검사 등이 있다. 직업적성검사를 제외한 나머지 검사 모두 습관적 수행검사이다.

cf) ① 직업적성검사는 개인의 능력을 검사하는 극대수행검사(인지적 검사)이다.

66

답 ④

해 **심리검사의 제작 단계는 [ㄴ]. 검사내용의 정의 → [ㄱ]. 검사방법의 결정 → [ㄷ]. 문항개발 → [ㄹ]. 사전검사의 실시** → 검사도구의 세련화 → 본 검사 실시 → 규준개발의 순으로 이루어진다.

67

답 ③

해 웩슬러 지능검사의 IQ의 평균은 100점이고, 1표준편차는 15점이다. 따라서 웩슬러 지능검사의 IQ 70의 T점수는 -2표준편차에 해당한다. T점수의 평균은 50점이고, 1표준편차는 10점이다. 따라서 30T는 -2표준편차에 해당한다. 따라서 **IQ 70과 T점수 30의 백분위는 같다.**

✓ 오답노트

① 웩슬러 지능검사의 IQ(이하 IQ)의 평균은 100점이고, 1표준편차는 15점이다. 따라서 웩슬러 지능검사의 IQ 115는 1표준편차가 된다. 또한 T점수의 평균은 50점이고, 1표준편차는 10점이다. **따라서 IQ 115에 해당하는 T점수는 60과 같다.**

② T점수 70은 2표준편차이다. **이는 웩슬러 지능검사의 IQ 130의 백분위와 같다.**

④ T점수 40은 -1표준편차이다. 따라서 이에 해당하는 **웩슬러 지능검사의 IQ는 IQ 85와 같다.**

⑤ 웩슬러 지능검사의 IQ 85(-1표준편차)는 **T점수 40의 백분위와 같다.**

68

답 ②

해 자아존중감 검사의 평균이 60이고 표준편차가 10인 정규분포에서 학생 A의 자아존중감 검사의 원점수가 70점이면 1표준편차에 해당한다. 따라서 A의 점수에 해당하는 T점수는 60이다. 왜냐하면 **T 점수의 평균이 50점이므로 1표준편차에 해당하는 점수는 60T이기 때문이다.**

69

답 ⑤

해 행렬추론 소검사는 수검자가 일부가 빠져 있는 행렬 매트릭스를 보고 행렬 매트리스를 완성할 수 있는 반응 선택지를 고르는 것이다. 행렬추론 소검사는 시공간 추론 및 추상적 추론 능력, 시각적 조직화 및 전체를 부분으로 분석하는 능력, 및 시공간 정보에 대한 동시처리 능력을 측정한다. **행렬추론 소검사는 유동성 지능(fluid intelligence)을 측정한다.** 아래의 그림을 참고하길 바란다.

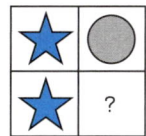 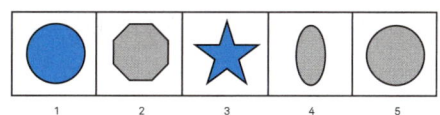

| 실력다지기 | 유동적 추론[5] |

인지 기능에 대한 이론들이 유동적 추론의 중요성을 강조하기 때문에(Carroll, 1993 ; Cattell, 1943, 1963 ; Cattell & Horn, 1978 ; Daneman & Carpenter, 1980 ; de Jonge & de Jonge, 1996 ; Sternberg, 1995), **웩슬러 지능검사는 유동적 추론에 대한 측정을 향상시키기 위해서 행렬 추리, 공통그림 찾기, 단어 추리와 같은 새로운 소검사들을 포함하였다.** 유동적 추론을 요구하는 과제들은 "추상적 개념, 규칙, 일반화, 논리적 관계를 조작하는"과정과 관련된다(Carroll, 1993, p. 583).

70

답 ②

해 동형찾기 소검사는 시각적 탐색 및 정보처리의 속도, **주의력, 시각적 판별력,** 학습능력 및 계획력, **정보의 부호화 및 단기기억력, 시각-운동 협응 능력**을 측정한다.

cf) ② 시각적 추론능력 즉, 지각적 추론 소검사는 공통그림 찾기와 행렬추리이다.

| 심화학습 | K-WISC-IV의 하위검사 구성[6] |

1) 토막짜기(BD)
  아동이 제한시간 내에 흰색과 빨간색으로 이루어진 토막을 사용하여 제시된 모형이나 그림과 똑같은 모양을 만든다.
2) 공통성(SI)
  아동이 공통적인 사물이나 개념을 나타내는 두 개의 단어를 듣고, 두 단어가 어떻게 유사한지를 말한다.
3) 숫자(DS)
  숫자 바로 따라하기에서는 검사자가 큰소리로 읽어 준 것과 같은 순서로 아동이 따라한다. 숫자 거꾸로 따라하기에서는 검사자가 읽어준 것과 반대 방향으로 아동이 따라한다.
4) 공통그림 찾기(PCn)
  아동에게 두 줄 또는 세 줄로 이루어진 그림들을 제시하며, 아동은 공통된 특성으로 묶일 수 있는 그림을 각 줄에서 한 가지씩 고른다.

---
5 오미영(2011). K-WISC-IV의 이해와 해석, 2011 상담역량 강화교육 자료집. 한국청소년상담원
6 출처 : (주)아딘스 홈페이지

5) 기호쓰기(CD)

  아동은 간단한 기하학적 모양이나 숫자에 대응하는 기호를 그린다. 기호표를 이용하여 아동은 해당하는 모양이나 빈 칸 안에 각각의 기호를 주어진 시간 안에 그린다.

6) 어휘(VC)

  그림문항에서 아동은 소책자에 있는 그림들의 이름을 말한다. 말하기 문항에서는, 아동은 검사자가 크게 읽어주는 단어의 정의를 말한다.

7) 순차연결(LN)

  아동에게 연속되는 숫자와 글자를 읽어주고, 숫자가 많아지는 순서와 한글의 가나다 순서대로 암기하도록 한다.

8) 행렬추리(MR)

  아동은 불완전한 행렬을 보고, 다섯 개의 반응 선택지에서 제시된 행렬의 빠진 부분을 찾아낸다.

9) 이해(CO)

  아동은 일반적인 원칙과 사회적 상황에 대한 이해에 기초하여 질문에 대답한다.

10) 동형찾기(SS)

  아동은 반응 부분을 훑어보고 반응 부분의 모양 중 표적 모양과 일치하는 것이 있는지를 제한 시간 내에 표시한다.

11) 빠진 곳 찾기(PCm)

  아동이 그림을 보고 제한시간 내에 빠져있는 중요한 부분을 가리키거나 말한다.

12) 선택(CA)

  아동이 무선으로 배열된 그림과 일렬로 배열된 그림을 훑어본다. 그리고 제한 시간 안에 표적 그림들에 표시한다.

13) 상식(IN)

  아동이 일반적 지식에 관한 광범위한 주제를 다루는 질문에 대답을 한다.

14) 산수(AR)

  아동이 구두로 주어지는 일련의 산수 문제를 제한 시간 내에 암산으로 푼다.

15) 단어추리(WR)

  아동이 일련의 단서에서 공통된 개념을 찾아내어 단어로 말한다

71

답 ④

해 [ㄱ]. 이해는 언어이해 지표(VCI)의 **핵심 소검사**이다.

  [ㄷ]. 선택은 처리속도 지표(PSI)의 **보충 소검사**이다.

| 심화학습 | WAIS-IV(성인용) / WISC-IV(아동용)의 지표 비교 |

(1) WAIS-IV(성인용) / WISC-IV(아동용) 지표별 소검사

( ) 부분은 보충 소검사

WAIS-IV	WISC-IV	WAIS-IV	WISC-IV
언어이해 지표 (VCI)		지각추론 지표 (PRI)	
상식	이해	토막짜기	토막짜기
어휘	어휘	행렬추론	행렬추리
공통성	공통성	퍼즐	공통그림찾기
(이해)	(단어추리, 상식)	(빠진곳 찾기, 무게비교)	(빠진곳 찾기)
작업기억 지표 (WMI)		처리속도 지표 (PSI)	
숫자	숫자	기호쓰기	기호쓰기
산수	순차연결	동형찾기	동형찾기
(순서화)	(산수)	(지우기)	(선택)

72

답 ①

해 **PAI 심리검사에서 대인관계 척도는 지배성 척도와 온정성 척도이다.** 이 척도들은 양극적 차원이기 때문에 높은 점수뿐만 아니라 낮은 점수도 해석적 의미가 있다. 먼저, 지배성 척도는 개인이 대인관계에서 통제성, 순종성 또는 자율성을 평가하기 위한 척도이다. 이 척도의 문항들은 대인관계에서 독립성, 주장성, 지시 및 조정에 관한 내용을 포함한다. 다음으로 온정성 척도는 대인관계에서 관여하고 공감하는 정도와 거절적이고 불신하는 정도를 평가하기 위한 척도이다. 이 척도의 문항들은 사교적, 동정적, 친애적인 내용으로 구성되어 있다.

73

답 ②

해 FB, FP는 VRIN, TRIN과 더불어 MMPI-2에 새롭게 추가된 타당도 척도들이다. 이 척도들은 F척도가 갖는 해석적인 함의의 어느 하나에 특화됨으로써 F척도 상승의 의미를 보다 명확히 하고 있다. **F(B)는 비전형 후반부 척도이다. 비전형-후반부 F(B)척도(back infrequency)는 F척도의 역할을 후반부에 대신 할 수 있도록 만들어진 40개의 문항으로 모든 문항이 280번 이후에 있고, 절반 정도는 마지막 100문항에 들어있다. F척도와 함께 고려하여 태도 변화를 알아볼 수 있다. 공황, 우울, 자살, 알코올 남용 등 심각한 정동적 상태와 관련이 있다.** F(B)≥90일 때 해석이 불가능하다. F(B) - F ≥ 30일 때, 검사후반부에 배치되는 보충척도, 내용척도 및 기타척도를 해석하지 않는다.[7]

✔️오답노트

[ㄷ]. F : 정상 성인 규준집단 중에 응답률이 10% 미만의 비정상적인 방향으로 응답한 60문항으로 구성되어 있다. 65T 이상이면 임상적으로 주목할 만하고, 80T에 이르면 정신병적 상태와 관련이 있다.

[ㅁ]. F(P) : 실제 정신병적 문제인지 또는 어려움에 관한 과대보고인지를 변별한다.

7 출처 : 월덴 2, MMPI-2 해석상담, 마음사랑 / 네이버 지식백과

74

답 ①

해 **건강염려증(Hs)은 스트레스를 겪을 때 육체적 피로감, 두통, 감각 이상 등 신체증상을 보인다.** 이들은 모호한 신체적 증상에 과도하게 집착하며 불평을 하며 병원을 찾지만 특별히 몸에 이상이 없다. 이유는 심리적 고통에 대한 통찰이 부족하고 정서적으로 무감하여 신체증상을 통해 심리적 고통을 우회적, 간접적으로 표현하기 때문이다.

75

답 ⑤

해 보기의 설명은 **Pa3(순진성)에 대한 설명이다. Pa3의 특징은 <타인에 대해 비현실적인 낙관적인 태도를 가진다. 스스로를 적대감이나 부정적인 충동이 없다고 생각한다. 매우 높은 도덕적 기준을 가지고 있다. 타인을 의심하지 않는다고 표현한다.>**

⊠ 문항분석

① Sc3(자아통합 결여 – 인지적) : 사고장애, 비현실감, 집중력과 기억력의 문제, 정신을 잃을 것 같은 두려움
② Sc4(자아통합 결여 – 동기적) : 삶이 긴장의 연속이라고 느끼고 우울하다고 느낌. 과도하게 걱정하고 스트레스 상황에서 공상과 백일몽에 빠짐
③ Ma4(자아 팽창) : 비현실적 웅대성. 권위상 등 타인의 지배와 영향을 받는 것에 대해 저항하는 경향성을 반영
④ Pa2(예민성) : 신경질적이고 예민함. 외롭고 오해 받는다고 느낌. 기분이 좋아지려고 위험하거나 자극적인 활동 찾음

제4과목　이상심리(필수)

76	①	77	⑤	78	⑤	79	②	80	③
81	④	82	⑤	83	③	84	①	85	②
86	④	87	④	88	④	89	⑤	90	①
91	②	92	④	93	③	94	②	95	③
96	②	97	①	98	⑤	99	①	100	②

76

답 ①

해 ▶ 이상심리의 생물학적 입장은 다음과 같다.

1) 생물학적 입장은 신체적 원인론의 전통에 뿌리를 두고 있으며 모든 정신장애는 신체질환과 마찬가지로 신체적 원인에 의해서 생겨나는 일종의 질병이라고 본다.

2) 생물학적 입장은 정신장애를 유발하는 주요한 생물학적 요인으로 유전적 요인, 뇌의 구조적 결함, 신경 전달물질이나 내분비 계통의 신경화학적 이상 등에 초점을 맞추고 있다.

3) 정신장애를 치료하는 생물학적 방법으로는 약물치료, 전기충격치료, 뇌 절제술 등이 있으며 뇌의 신경전달물질에 영향을 주는 약물을 통해 치료하는 약물치료가 가장 흔히 사용된다.

77

답 ⑤

해 정상과 이상을 구분하는 기준은 적응기능의 저하와 손상, 주관적 불편감과 개인의 고통, 통계적 평균의 일탈, 사회문화적 규범 또는 기준 등 4가지이다. 모두 옳은 내용이다.

78

답 ⑤

해 DSM-5 등의 분류체계는 정신장애를 치료하는 의사나 연구자들 간 소통에 도움을 주어 불필요한 혼란과 모호함을 감소시켜 준다.

✔오답노트

① 이상행동의 분류 작업은 18세기까지 매우 초보적인 상태를 벗어나지 못하였으며 19세기 말 독일의 정신의학자인 크레펠린(Kraepelin)에 의해서 정신장애의 체계적 분류 작업이 시작되었다. 그가 제시한 분류체계는 현재의 관점에서 보면 주관적이었지만 오늘날의 정신장애 분류체계로 발전하는 기초가 되었다. 현재 연구와 임상 장면에서 가장 널리 사용되고 있는 정신장애 분류체계는 DSM-5와 ICD-11이다.

② 미국 정신의학회(APA)는 DSM 체계를 개발하였다.

③ 세계보건기구(WHO)는 ICD 체계를 개발하였다.

---

④ 다축체계는 임상현장에서 지속적으로 활용되어 왔음에도 불구하고, 그 유용성과 타당성이 부족하다는 비판을 받아왔다. DSM-5에서는 이러한 비판점을 수용하고 의학과 정신장애 간의 인위적인 구별을 없애기 위해 다축체계를 폐지하였다.

79

답 ②

해 신경발달장애의 하위유형은 지적장애, 의사소통장애, 자폐스펙트럼장애, 주의력 결핍 과잉행동장애, 특수학습장애, 운동장애 등이다.

② 특정학습장애의 하위유형으로는 읽기장애, 쓰기장애, 산수장애가 있다.

> **＊ 참고**
>
> 1) 읽기장애 : 읽은 내용의 의미를 이해하기 어렵다.
> 2) 산수장애 : 덧셈, 뺄셈 등 연산절차에 어려움을 보인다.
> 3) 쓰기장애 : 철자법에 어려움을 보인다.

80

답 ③

해 신경발달장애(Neuro-developmental Disorders)의 하위유형은 지적장애(Intellectual Developmental Disorder), 의사소통장애(Communication Disorders), 자폐스펙트럼 장애(Autism Spectrum Disorders), 주의력 결핍 과잉행동장애(ADHD), 특수 학습장애(Specific Learning Disorder), 운동장애(Motor Disorders) 등이다.

cf) ③ 이식증은 적어도 1개월 동안 비(非)영양성 물질을 지속적으로 먹는 장애로 <급식 및 섭식장애(Feeding and Eating Disorders)>의 하위유형에 해당한다.

81

답 ④

해 DSM-5 상 우울장애와 양극성장애는 서로 다른 범주이다.

심화학습

▶ **DSM-5 상 월경전 불쾌감장애의 진단기준**

A. 대부분의 월경 주기에서 월경 시작 1주 전에 다음의 증상 가운데 5가지 또는 그 이상이 시작되어 월경이 시작되고 수일 안에 증상이 호전되며 월경이 끝난 주에는 증상이 경미하거나 없어져야 한다.

B. 다음 중 적어도 한 가지 또는 그 이상이 포함되어야 한다.

  1. 현저하게 불안정한 기분(예. 갑자기 울고 싶거나 슬퍼진다거나 거절에 대해 민감해지는 것)

  2. 현저한 과민성, 분노 또는 대인관계에서 갈등 증가

  3. 현저한 우울감, 절망감 또는 자기비난적 사고

  4. 현저한 불안, 긴장, 신경이 곤두서거나 과도한 긴장감

C. 다음 증상 중 적어도 한 가지는 추가적으로 존재해야 하며, 진단 기준 B에 해당하는 증상과 더해져 총 5가지의 증상이 포함되어야 한다.

   1. 일상 활동에서의 흥미 저하

   2. 집중이 어려운 주관적 느낌

   3. 기면, 쉽게 피곤함, 현저한 무기력감

   4. 식욕의 현저한 변화, 즉 과식 또는 특정 음식에 대한 탐닉

   5. 과다 수면 또는 불면

   6. 압도되거나 자제력을 잃을 것 같은 주관적 느낌

   7. 유방의 압통이나 부종, 두통, 관절통, 근육통, 부풀거나 체중이 증가된 느낌과 같은 다른 신체적 증상

▶ **DSM-5 상 파괴적 기분조절부전장애의 진단기준**

1. 언어적 또는 행동적으로 표현되는 심한 분노 발작이 반복적으로 나타나며, 상황이나 촉발자극의 강도나 기간에 비해서 현저하게 과도한 것이어야 한다.

2. 분노 발작은 발달수준에 부적절한 것이어야 한다.

3. 분노 발작은 평균적으로 매주 3회 이상 나타나야 한다.

4. 분노 발작 사이에도 거의 매일 하루의 대부분 짜증이나 화를 내며 이러한 행동은 다른 사람들(부모, 교사, 동료)에 의해서 관찰될 수 있다.

5. 1-4의 증상이 12개월 이상 지속적으로 나타나야 하며, 1-4의 증상 없이 지낸 기간이 연속 3개월을 넘어서는 안 된다.

6. 1-4의 증상이 3가지 상황(가정, 학교, 또래와 함께 있는 상황) 중 2개 이상에서 나타나야 하며 1개 이상에서 심하게 나타나야 한다.

7. 이 진단은 6세 이상부터 18세 이전에만 부여될 수 있다.

8. 1-5의 증상은 10세 이전에 시작되어야 한다.

9. 조증이나 경조증 삽화의 증상 기준에 부합된 적이 없어야 한다.

10. 이러한 행동들이 주요 우울장애의 삽화 중에만 나타나는 것이 아니어야 하며, 다른 정신장애로 더 잘 설명되지 않아야 한다.

11. 이러한 증상들이 물질이나 다른 의학적 질환, 신경학적 질환의 생리적 효과들로 인한 것이 아니어야 한다.

82

답 ④

해 조현병은 양성증상과 음성증상으로 나눌 수 있는데, 양성증상은 망상, 환각, 와해된 언어와 행동 등 정상적으로는 있지 말아야 되는 증상을 가진 것을 말한다. 반면, 음성증상은 언어의 제한, 흥미와 에너지의 결여, 무논리증, 무욕증, 정서적 둔마 등으로 정상적으로 있어야 하는 특성의 부족을 의미하는데, 음성증상은 양성증상처럼 두드러지지는 않아도 환자의 기능에 심각하게 영향을 미친다.

[ㄷ]. 불안은 조현병 진단기준에 해당되지 않는다.

83

답 ③

해 주요 우울장애 (Major depressive disorder)의 증상을 정리하면 우울감과 절망감, 흥미나 쾌락의 현저한 저하, 저하되거나 증가된 식욕과 체중, 수면량의 감소나 증가, 신체적 초조 또는 활동 속도의 지체, 성욕의 상실이나 피로감, 부적절한

죄책감과 책임감, 무가치감, 집중력의 저하 또는 우유부단함, 죽음이나 자살에 대한 생각 등이 2주 이상 지속되고, 사회적 · 직업적으로 장애를 일으키는 증상을 말한다.

[ㄴ]. 조증 삽화나 경조증 삽화가 동반되는 경우 양극성장애로 진단된다. 주요 우울장애의 증상에 조증 삽화나 경조증 삽화는 동반되지 않는다.

84

답 ①

해 불안장애의 하위유형은 7가지(분리불안장애, 선택적 함구증, 특정 공포증, 사회불안장애, 공황장애, 광장공포증, 범불안장애)이다.

[암기법] 불안장애 하위범주 = 공사 / 선분/ 특광범

① 강박장애는 불안장애가 아니라 강박 및 관련 장애의 하위유형이다. 여기에는 강박장애, 저장장애, 신체변형장애, 모발 뽑기장애, 피부 벗기기 장애)가 있다.

85

답 ②

해 DSM-5의 제II형 양극성장애는 목표지향적 활동이 증가되면서 수면욕구가 줄어든다.

제II형 양극성장애는 1회 이상의 주요우울 삽화와 1회 이상의 경조증 삽화가 있는 것이 특징이다. 주요우울 삽화는 최소 2주 이상 지속되어야 하고, 경조증 삽화는 최소 4일 동안 지속되어야 한다. 진단기준을 보면, [비정상적으로 들뜨거나 의기양양하거나, 과민한 기분, 그리고 활동과 에너지의 증가가 적어도 4일 연속으로 거의 매일, 하루 중 대부분 지속되는 분명한 기간이 있다]라고 되어 있다.
제I형 양극성 장애와 제II형 양극성 장애를 정리하면 다음과 같다.
1) I형 양극성 장애 : 조증 + 주요 우울증 / 불규칙한 조증삽화 / 혼재삽화
2) II형 양극성 장애 : 경조증 + 주요 우울증 / 불규칙한 경조증 삽화 / 혼재삽화

병적이지 않은 상태	양극성 장애 1	양극성 장애 2
들뜬상태 / 우울한상태	들뜬상태 / 우울한상태	들뜬상태 / 우울한상태

<I형 양극성 장애와 II형 양극성 장애[8]>

8 출처: 국가정신건강정보포털

86

답 ④

해 특정 공포증은 특정 대상이나 상황에 대하여 극심한 공포나 불안이 유발되는 경우를 말한다.

| 실력다지기 | 범불안장애(generalized anxiety disorder)의 증상[9] |

1) 일상생활에 대해서 지나치게 불안해하거나 걱정하는 기간이 최소 6개월 이상이며, 다양한 상황에서 만성적 불안과 과도한 걱정을 나타내는 경우를 말한다.

2) 일상생활 속에서 겪게 되는 여러 가지 사건이나 활동에 대해서 지나치게 걱정함으로써 지속적인 불안과 긴장을 경험한다.

3) 이런 상태가 오랫동안 지속되면 개인은 몹시 고통스러우며 현실적인 적응에도 어려움을 겪게 되는데, 이러한 상태를 범불안장애라고 하며 '일반화된 불안장애'라고 부르기도 한다.

4) 범불안장애를 지닌 사람들은 매사에 잔 걱정을 많이 한다.

5) 늘 불안하고 초조해하며 사소한 일에도 잘 놀라고 긴장한다.

6) 불안이 특정 대상에 국한되지 않고, 생활 전반에 걸친 다양한 주제로 이리저리 옮겨 다니기 때문에 부동불안(浮動不安)이라고 불리기도 한다.

7) 늘 과민하고 긴장된 상태에 있으며 짜증과 화를 잘 내고 쉽게 피로감을 느낀다.

8) 때로는 지속적인 긴장으로 인한 근육통과 더불어 만성적 피로감, 두통, 수면장애, 소화불량, 과민성 대장 증후군 등의 증상을 함께 나타내기도 한다.

9) 범불안장애를 지닌 사람들은 대부분 신체적 증상을 동반하며 깜짝깜짝 잘 놀라는 과장된 반응을 흔히 보이며 이들은 불필요한 걱정에 집착하기 때문에 우유부단하고 꾸물거리는 지연행동을 나타내어 현실적인 일을 잘 처리하지 못하는 경향이 있다.

87

답 ④

해 불안장애의 하위유형은 분리불안장애, 선택적 함구증, 특정공포증, 사회불안장애, 공황장애, 광장공포증, 범불안장애 등 7가지이다.

④ 공황상애는 공황발작(심장박동이 빨라지고 강렬함, 진땀을 흘림, 몸이나 손발이 떨림, 숨이 가쁘거나 막히는 느낌, 질식할 것 같은 느낌, 가슴의 통증이나 답답함, 구토감이나 복부통증, 어지럽고 몽롱하며 기절할 것 같은 느낌, 한기를 느끼거나 열감을 느낌, 감각 이상증, 이인증, 자기통제를 상실하거나 미칠 것 같은 공포) 증상으로 죽을 것 같은 공포를 느낀다.

88

답 ④

해 강박 및 관련 장애(Obsessive-Compulsive and Related Disorders)의 하위유형은 강박장애(Obsessive-Compulsive Disorder), 신체변형장애(신체이형장애, Body Dysmorphic Disorder), 저장장애(수집광, Hoarding Disorder), 모발뽑기장애(발모광, Trichotillomania, Hair-Pulling Disorder), 피부 벗기기 장애(피부뜯기 장애, Excoriation, Skin-Picking Disorder), 다른 의학적 상태로 인한 강박 및 관련 장애 등이 있다.

④ 반추장애는 급식 및 섭식장애(Feeding and Eating Disorders)의 하위유형에 해당한다.

9 오미영(2011). K-WISC-IV의 이해와 해석, 2011 상담역량 강화교육 자료집. 한국청소년상담원

89

답 ⑤

해 모두 옳은 내용이다. 아래 [실력 다지기]를 참고하길 바란다.

| 실력다지기 | 해리장애(dissociative disorder) |

해리장애(dissociative disorder)는 의식, 기억, 행동 및 자기정체감의 통합적 기능에 갑작스러운 이상을 나타내는 장애이다. 해리의 기능은 감당하기 어려운 충격적 경험(학대/성폭력)에 대한 기억을 억압(repression)을 통해 자신을 보호하는 것이다. 하위유형으로는 해리성 정체감 장애(자신의 정체감을 망각/변화 하는 것), 해리성 기억상실증(개인적인 사건을 회상하지 못하거나 거주지로부터 멀리 떨어져 낯선 곳에서 방황하는 것), 이인증(자신의 생각, 감정, 감각, 신체 또는 행동을 생생한 현실로 느끼지 못하고 그것과 분리되거나 외부 관찰자가 된 경험; 지각의 변화, 시간감각의 이상, 자신이 낯설거나 없어진 듯한 느낌, 정서적 또는 신체적 감각의 둔화), 비현실감 장애(주변 환경이 비현실적인 것으로 느껴지거나 그것과 분리된 듯한 느낌을 경험; 사람이나 물체가 현실이 아닌 것으로 인식되거나 꿈이나 안개 속에 있는 것처럼 느껴지거나 생명이 없거나 왜곡된 모습으로 보임), 미분류형 해리장애(해리성 황홀경; 빙의, 신 내림)과 갠서증후군(다소 의식이 혼탁한 상태에서 질문의 의미를 알면서도 유사한 대답을 적당히 하고 넘어가는 등 의도적으로 정신과적 증상을 나타내는 경우) 등이다.

▶ 해리성 기억상실의 진단 기준(DSM-5)
A. 통상적인 망각과는 일치하지 않는 외상성의 중요한 자전적 정보를 회상하지 못한다. 해리성 기억상실에는 주로 특별한 사건들에 대한 선택적 기억상실이 있다. 또한 정체성과 생활사에 대한 전반적 기억상실도 있다.
B. 증상은 사회적, 직업적, 또는 다른 중요한 기능 영역에서 임상적으로 현저한 고통이나 손상을 초래한다.
C. 해리성 기억상실은 알코올이나 약물남용, 치료 약물의 생리적 효과나 신경학적 상태 또는 발작, 일과성 기억상실, 두부 손상에 의한 후유증으로 인한 것이 아니다.
D. 장애는 해리성 정체성장애, 외상후 스트레스장애, 급성 스트레스장애, 신체증상장애, 주요 또는 경도 신경인지장애로 더 잘 설명되지 않는다.

▶ 해리성 기억상실의 부수적 특징[10]
해리성 기억상실을 가진 많은 사람들은 만족스러운 대인관계를 형성하고 유지하는 능력에 만성적인 손상이 있다. 그들에게는 외상, 아동 학대, 피해의 과거력이 흔하다. 해리성 기억상실의 어떤 사람들은 해리성 플래시백으로 인해 외상성 사건에 대한 행동적 재경험을 보고한다. 많은 경우 자해, 자살 시도, 그리고 다른 사고의 위험성이 높은 행동의 과거력이 있다. 우울증상과 기능성 신경학적 증상이 흔하고, 이인증, 자가 최면증상 그리고 높은 최면 가능성도 흔하다. 또한 성기능부전이 흔하기도 하다. 경도 외상성 뇌 손상이 해리성 기억상실에 선행될 수 있기 때문에 자세한 과거력 조사가 필수적이다.

90

답 ①

해 악몽장애는 밤에 잠을 자다가 끔찍하고 무서운 꿈을 꾸어 잠에서 깨어나는 일이 반복되는 경우를 말한다. 주로 생존이나 안전을 위협하는 내용과 관련된 불쾌한 꿈에서 깨면 빠르게 지남력을 회복한다. 청소년기 후기나 성인기 초기에 유병률이 가장 높다. 악몽이 발생한 빈도에 따라 경도(1주일에 1번 미만), 중등도(1주일에 1번 이상이지만, 매일 밤은 아님), 중증도(매일 밤 악몽을 꾸는 경우)로 심각도를 구분한다.
① 여성과 남성의 비율은 3:1 정도로 여성이 남성에 비해 더 많이 나타난다.

10 출처: 박지훈 정신건강의학과 홈페이지

91

답 ②

해 경도 신경인지장애는 하나 이상의 인지 영역에서 이전에 비해 경도의 저하가 나타나는 후천적 질병이다. 장애의 원인은 주요 신경인지장애와 동일하며 경도의 인지 저하는 자신 또는 잘 아는 지인에 의해 인식될 수 있으므로 조기에 발견하면 치료를 통해 증상을 늦출 수 있다. 반면
② 주요 신경인지장애는 인지손상이 일상생활의 독립적 능력을 방해한다.

92

답 ④

해 조현성(분열성) 성격장애는 감정적 냉담, 고립 혹은 단조로운 정동의 표현 등을 보이며 타인에 대한 관심이 없고 고립적이다.
cf) ④ 이들은 **가까운 가족 이외의 대인관계를 원하지도 않고 사회적 기술이 부족하여 고립되는 것을 편안하게 생각하며 대부분 혼자서 활동한다.**

93

답 ③

해 DSM-5에서는 물질 관련 장애를 10가지 중독성 물질, 즉 알코올, 니코틴, 카페인, 흡입제, 아편류, 환각제, 대마계 제제, 자극제(암페타민, 코카인, 등), 진정제, 수면제 또는 항불안제에 따라 구분하고 있다. 다만, **DSM-5에서는 담배(tobacco)는 물질중독(intoxication) 진단명을 인정하지 않았고, 물질 사용장애에서는 카페인 사용장애 진단명은 인정하지 않았다.**

94

답 ②

해 **신경성 식욕부진증은 사춘기 이전에 비해 청소년기 혹은 성인기 초기에 주로 나타난다.** 신경성 식욕부진증은 마른 몸매에 대한 강한 욕구로 인해 부적절한 체중 조절을 하는 등 극단적 다이어트에 비정상적으로 집착하는 질환이다.

✔오답노트

ㄱ. **음식 섭취 후 자신에 대한 혐오감을 느낀다는 내용은 진단기준에 포함되지 않는다.** 다만 체중증가나 비만에 대한 강한 공포를 가지고 있거나 체중이나 체형에 대한 부정적인 자기평가를 가지고 있다.

ㄷ. 하위유형을 세분화 하면 제한형과 폭식/하제 사용형으로 나뉜다. 그 중 **제한형은 지난 3개월 동안 폭식이나 구토행동을 반복적으로 하지 않는 경우이다.** 이 유형은 체중감소의 목적이 주로 다이어트, 단식, 또는 과도한 운동으로 이루어지고 있음을 의미한다. 반면 **폭식/하제 사용형은 금식, 과도한 운동 및 하제, 이뇨제, 관장제 등을 오용하는 경우이다.**

ㄹ. 신체질량지수(BMI)에 따라 현재의 심각도를 경도(BMI ≥ 17), 중등도(BMI = 16~16.99), 고도(BMI = 15~15.99), 최중증도(BMI < 15)로 구분한다. 참고로 체질량 지수(BMI)는 자신의 몸무게(kg)를 키의 제곱(m)으로 나눈 값이다.

| 실력다지기 | 신경성 식욕부진증(Anorexia Nervosa) 진단기준(DSM-5) |

A. 필요한 양에 비해 지나친 음식물 섭취 제한으로 연령, 성별, 발달과정 및 신체적인 건강 수준에 비해 현저하게 저체중을 유발하게 된다.

B. 체중이 증가하거나 비만이 되는 것에 대한 극심한 두려움, 혹은 체중 증가를 막기 위한 지속적인 행동을 보이며, 이러한 행동은 지나친 저체중일 때도 이어진다.

C. 기대되는 개인의 체중이나 체형을 경험하는 방식에 장애, 자기평가에서 체중과 체형에 대한 지나친 압박, 혹은 현재의 저체중에 대한 심각성 인식의 지속적 결여를 보인다.

- 제한형 : 지난 3개월 동안, 폭식 혹은 제거 행동이 반복적으로 나타나지 않는다. 해당 아형은 주로 체중관리, 단식 및 과도한 운동을 통해 유발된 경우이다.

- 폭식/제거형 : 지난 3개월 동안, 폭식 혹은 제거 행동(자기유발 구토, 하제, 이뇨제, 관장제 오용)이 반복적으로 나타났다.

- 심각도는 성인의 경우 체질량 지수body mass index(BMI)를 기준으로 한다. 아동/청소년의 경우 BMI 백분위수를 기준으로 한다.

  cf) 경도 : BMI ≥ 17, 중등도 : BMI 16 ~ 16.99, 고도 : BMI 15 ~ 15.99, 극도 : BMI < 15

95

답 ③

해 성도착장애(변태성욕장애)란 비정상적인 성적 만족을 위하여 반복적으로 특정 행위 및 대상에 대한 성적 선호를 보이는 증상으로, 원인은 아동기나 사춘기 시절의 왜곡되거나 비정상적인 성적 경험이다.

✓오답노트

[ㄱ]. 복장도착장애(의상전환장애 ; 이성의 옷을 착용함으로써 성적 흥분을 느낌)와 물품음란증(이성의 물건에 집착함)은 함께 나타날 수 있다.

[ㅁ]. 소아성애장애는 소아에 대한 성적 충동이나 공상으로 자신에게 현저한 고통이나 대인관계의 어려움을 초래한다.

96

답 ②

해 의존성 성격장애는 보호받고 싶은 과도한 욕구로 인하여 복종적이고 매달리는 행동과 이별에 대한 두려움을 나타낸다. 그들은 자신의 능력을 스스로 과소평가하기 때문에 타인의 충고와 지지 없이는 일상적 결정을 하기가 어렵다.

✓오답노트

① 연극성 성격장애는 피암시성(타인이나 환경에 영향을 쉽게 받는 것으로, 타인 등의 암시(suggestion)를 받아들이고 그에 따라 행동하는 경향)이 높아서 환경에 의해 쉽게 영향을 받는다.

③ 저장강박증 환자들은 낡고 가치 없는 물건을 버리지 못하고 계속 간직한다.

④ 의존성 성격장애는 동기나 활력이 부족해서라기보다는 판단과 능력에 대한 자신감이 부족하기 때문에 일을 혼자서 시작하거나 수행하기 어렵다.

⑤ 의존성 성격장애는 친밀한 관계가 끝났을 때, 필요한 지지와 보호를 얻기 위해 또 다른 사람을 급하게 찾는다.

97

답 ①

해 파괴적, 충동조절 및 품행장애(Disruptive, Impulse-Control, and Conduct Disorders)의 하위유형에는 적대적 반항장애(Oppositional Defiant Disorder), 간헐적 폭발장애(Intermittent Explosive Disorder), 품행장애(Conduct Disorder), 반사회성 성격장애(Antisocial Personality Disorder), 방화광(Pyromania), 도벽광(Kleptomania) 등이 있다.

방화광은 1번 이상의 계획적이고 목적이 있는 방화를 한다(방화광은 방화를 하기 위해 사전에 충분한 준비를 한다). 방화 행위 전에 긴장 또는 흥분을 느낀다. 불이나 방화 상황에 대해 매혹을 느끼거나, 흥미를 느끼고, 호기심과 함께 이끌린다. 불을 지르거나, 불이 나는 것을 목격하거나, 그 결과에 참여할 때 기쁨, 만족, 또는 안도감을 느낀다. 방화는 금전적인 이득을 위해서, 사회정치적인 이념을 구현하기 위해서, 범죄행위를 은폐하기 위해서, 분노나 복수심을 표출하기 위해서, 생활환경을 개선하기 위해서, 망상이나 환각에 대한 반응으로, 또는 판단력 장애로 인한 것이 아니어야 한다.

✓오답노트

② 병적 도벽은 보통 청소년기에 시작되며 훔치고 난 후 긴장감이 이완된다.

③ 간헐적 폭발장애의 공격적 행동폭발은 즉흥적으로 일어나며 미리 계획을 세우지 않는다.

④ 품행장애와 적대적 반항장애는 동시에 진단할 수 있다.

⑤ 적대적 반항장애는 증상이 여러 가지 상황에서 나타나는데 가정이나 학교에서 어른에게 불복종하고, 거부적이며, 적대적이고, 반항적인 행동을 지속적으로 나타내는 경우를 말한다.

98

답 ⑤

해 아동학대의 하위유형에는 신체적 학대, 정서적 학대, 성적학대, 방임 등이다. 학대 또는 방임 등은 '보호자'가 아동을 학대하거나 유기, 또는 방임하는 것으로, 특히 방임은 의식주를 포함한 기본적인 보호, 양육, 치료를 하지 않고 방치하는 행위를 뜻한다.

99

답 ①

해 외상 및 스트레스 관련 장애(Trauma and Stress-related Disorders)의 하위유형으로는 반응성 애착장애(Reactive Attachment Disorder), 탈억제 사회관여 장애(Disinhibited Social Engagement Disorder), 외상 후 스트레스장애(Posttraumatic Stress Disorder), 급성 스트레스장애(Acute Stress Disorder), 적응장애(Adjustment Disorder) 등이 있다.

① 급성 스트레스장애와 외상 후 스트레스장애에서 공통적으로 나타나는 진단기준은 침습증상, 각성증상, 회피증상, 부정적 기분이 있다. 과도한 놀람 반응은 각성증상에 해당한다.

cf) ②, ③, ④, ⑤번의 경우 외상후 스트레스장애의 진단기준에 해당한다.

심화학습

▶외상후 스트레스장애 : DSM-5 진단기준

A. 실제적인 것이든 위협을 당한 것이든 죽음, 심각한 상해 또는 성적인 폭력을 다음 중 한 가지 이상의 방식으로 경험한다.

1. 외상 사건을 직접 경험하는 것

2. 외상 사건이 다른 사람에게 일어나는 것을 직접 목격하는 것

3. 외상 사건이 가까운 가족이나 친구에게 일어났음을 알게 되는 것

4. 외상 사건의 혐오스러운 세부 내용에 반복적으로 또는 극단적으로 노출되는 것(전자매체, TV, 영화, 사진을 통한 것이 아님)

B. 외상 사건과 관련된 침투 증상이 다음 중 한 가지 이상 나타난다.

1. 외상 사건에 대한 고통스러운 기억의 반복적이고 침투적인 경험

2. 외상 사건과 관련된 고통스러운 꿈의 반복적 경험

3. 외상 사건이 실제로 일어난 것처럼 느끼고 행동하는 해리반응(예 : 플래시백)

4. 외상 사건과 유사하거나 그러한 사건을 상징하는 내적 또는 외적 단서에 노출될 때마다 강렬한 심리적 고통의 경험

5. 외상 사건을 상징하거나 그와 유사한 내적 또는 외적 단서에 대한 심각한 생리적 반응

C. 외상 사건과 관련된 자극 회피가 다음 중 한 가지 이상의 방식으로 지속적으로 나타난다. 이러한 변화는 외상 사건이 일어난 후에 시작된다.

1. 외상 사건과 밀접히 관련된 고통스러운 기억, 생각, 감정을 회피하거나 회피하려는 노력

2. 외상 사건과 밀접히 관련된 고통스러운 기억, 생각, 감정을 유발하는 외적인 단서들(사람, 장소, 대화, 활동, 대상, 상황)을 회피하거나 회피하려는 노력

D. 외상 사건에 대한 인지와 감정의 부정적 변화가 다음 중 두 가지 이상 나타난다. 이러한 변화는 외상 사건이 일어난 후에 시작되거나 악화될 수 있다.

1. 외상 사건의 중요한 측면을 기억하지 못한다.

2. 자신, 타인, 세상에 대한 과장된 부정적 신념이나 기대를 지속적으로 지닌다.

3. 외상 사건의 원인이나 결과에 대한 왜곡된 인지를 지니며 이러한 인지로 인해 자신이나 타인을 책망한다.

4. 부정적인 정서 상태(예 : 공포, 분노, 죄책감이나 수치심)를 지속적으로 나타낸다.

5. 중요한 활동에 대한 관심이나 참여가 현저하게 감소한다.

6. 다른 사람에 대해서 거리감이나 소외감을 느낀다.

7. 긍정 정서(예 : 행복감, 만족감, 사랑의 감정)를 지속적으로 느끼지 못한다.

E. 외상 사건과 관련하여 각성과 반응성의 현저한 변화가 다음 두 가지 이상 나타난다. 이러한 변화는 외상 사건이 일어난 후에 시작되거나 악화될 수 있다.

1. (유발 자극이 거의 없거나 전혀 없음에도) 전형적으로 사람 또는 사물에 대해 언어적 또는 신체적 공격성으로 표현되는 이자극성과 분노 폭발

2. 무모하거나 자기 파괴적인 행동

3. 과 각성

4. 과장된 놀람 반응

5. 집중의 어려움

6. 수면 어려움(잠들기 어려움 또는 잠을 이어서 자기 어려움 또는 불안정한 수면)

F. 위에 제시된 (B, C, D, E의 기준을 모두 충족시키는) 장해가 1개월 이상 나타난다.

G. 이러한 장해로 인해서 심각한 고통이 유발되거나 사회적, 직업적 또는 중요한 기능에 현저한 손상이 나타난다.

H. 이러한 장해는 약물이나 신체적 질병에 의한 것이 아니어야 한다.

- 청소년과 성인에게 적용되는 진단기준이며 아동의 경우에는 다른 진단기준이 적용됨

▶급성 스트레스장애 : DSM-5 진단기준

A. 실제적이거나 위협적인 죽음, 심각한 부상, 또는 성폭력에의 노출이 다음과 같은 방식 가운데 한 가지(또는 그 이상)에서 나타난다.

 1. 외상성 사건(들)에 대한 직접적인 경험것

 2. 그 사건(들)이 다른 사람에게 일어난 것을 생생하게 목격함

 3. 외상성 사건(들)이 가족, 가까운 친척 또는 친한 친구에게 일어난 것을 알게 됨

 cf) 주의점 : 가족, 친척또는 친구에게 생긴 실제적이거나 위협적인 죽음의 경우에는 그 사건(들)이 폭력적이거나 돌발적으로 발생한 것이어야만 한다.

 4. 외상성 사건(들)의 혐오스러운 세부 사항에 대한 반복적이거나 지나친 노출의 경험(예: 변사체 처리의 최초 대처자, 아동 학대의 세부사항에 반복적으로 노출된 경찰관)

 cf) 주의점 : 진단기준 A4는 노출이 일과 관계된 것이 아닌 한, 전자미디어, 텔레비전, 영화 또는 사진을 통해 노출된 경우에는 적용되지 않는다.

B. 외상성 사건이 일어난 후에 시작되거나 악화된 침습, 부정적 기분, 해리, 회피와 각성의 5개의 범주 중에서 어디서라도 다음 증상 중 9가지(또는 그 이상)에서 존재한다.

 ☞ 침습증상

 1. 외상성 사건(들)의 반복적, 불수의적이고, 침습적인 고통스러운 기억

 cf) 주의점 : 아동에서는 외상성 사건(들)의 주제 또는 양상이 표현되는 반복적인 놀이가 나타날 수 있다.

 2. 꿈의 내용과 정동이 외상성 사건(들)과 관련되는 반복적으로 나타나는 고통스러운 꿈

 cf) 주의점 : 아동에서는 내용을 알 수 없는 악몽으로 나타나기도 한다.

 3. 외상성 사건(들)이 재생되는 것처럼 그 개인이 느끼고 행동하게 되는 해리성 반응(예. 플래시백) (그러한 반응은 연속선상에서 나타나며, 가장 극한 표현은 현재 주변 상황에 대한 인식의 완전한 소실일 수 있음)

 cf) 주의점 : 아동에서는 외상의 특정한 재현이 놀이로 나타날 수 있다.

 4. 외상성 사건(들)을 상징하거나 닮은 내부 또는 외부의 단서에 노출되었을 때 나타나는 극심하거나 장기적인 심리적 고통 또는 현저한 생리적 반응

 ☞ 부정적 기분

 5. 긍정적 감정을 경험할 수 없는 시속적이 무능력(예, 행복, 만족 또는 사랑의 느낌을 경험할 수 없는 무능력)

 ☞ 해리 증상

 6. 주위 환경 또는 자기 자신에의 현실에 대한 변화된 감각(예. 스스로를 다른 사람의 시각에서 관찰, 혼란스러운 상태에 있는 것, 시간이 느리게 가는 것)

 7. 외상성 사건(들)의 중요한 부분을 기억하는 데의 장애(두부 외상, 알코올 또는 약물 등의 이유가 아니며 전형적으로 해리성 기억상실에 기인)

 ☞ 회피 증상

 8. 외상성 사건(들)에 대한 또는 밀접한 관련이 있는 고통스러운 기억, 생각 또는 감정을 회피하려는 노력

 9. 외상성 사건(들)에 대한 또는 밀접한 관련이 있는 고통스러운 기억, 생각 또는 감정을 불러일으키는 외부적 암시(사람, 장소, 대화, 행동, 사물, 상황)를 회피하려는 노력

☞ 각성 증상

10. 수면교란(수면을 취하거나 유지하는데 어려움 또는 불안한 수면)

11. 전형적으로 사람 또는 사물에 대한 언어적 또는 신체적 공격성으로 표현되는 민감한 행동과 분노폭발(자극이 거의 없거나 아예 없이)

12. 과각성

13. 집중력의 문제

14. **과장된 놀람 반응**

C. 장애(진단기준B의 증상)의 기간은 외상 노출 후 3일에서 1개월까지다.

　cf) 주의점 : 증상은 전형적으로 외상 후 즉시 시작하지만, 장애 기준을 만족하려면 최소 3일에서 1개월까지 증상이 지속되어야 한다.

D. 장애가 사회적, 직업적. 또는 다른 중요한 기능 영역에서 임상적으로 현저한 고통이나 손상을 초래한다.

E. 장애가 물질(예. 치료약물이나 알코올)의 생리적 효과나 다른 의학적 상태(예. 경도 외상성 뇌손상)로 인한 것이 아니며 단기 정신병적 장애로 더 잘 설명되지 않는다.

100

답 ②

해 신체증상 및 관련장애(Somatic Symptoms and Related Disorders)의 하위유형에는 신체증상장애(Somatic Symptom Disorder; 신체화 장애), 질병불안장애(Illness Anxiety Disorder; 건강염려증), 전환장애(Conversion Disorder), 의학적 상태에 영향을 미치는 심리적 요인(Psychological Factors Affecting Other Medical Conditions), 허위성 장애(Factitious Disorder) 등이 있다.

전환장애는 수의적인 운동기능이나 감각기능을 나타내는 1가지 이상의 증상을 동반한다. 증상 유형에는 쇠약감이나 마비, 이상운동, **음식 삼키기 어려움**, 경련 또는 발작, 무감각증이나 감각상실, 특이한 감각증상, 이러한 증상들이 혼재되어 있는 것이다. 증상은 기간에 따라 급성 삽화(6개월 이하)와 지속성(6개월 이상)으로 세분하며, 심리적 스트레스가 있을 때와 없을 때를 세분하는데 스트레스가 있을 때는 스트레스 요인을 명시한다.

✓오답노트

① 증상지속 기간에 따라 급성 삽화와 **지속성 삽화**로 나뉜다.

③ **스트레스 유무를 명시하는데 스트레스가 있을 때는 스트레스 요인을 명시해야 한다.**

④ **허위성장애는 진단 시 증상을 고의적으로 만들었다는 판단이 필요**하다.

⑤ 증상이나 결함이 사회적, 직업적, 또는 다른 중요한 기능 영역에서 **임상적으로 심각한 고통이나 손상을 초래**하고, 의학적 평가를 필요로 한다.

심화학습

▶**전환장애의 진단기준[11] : DSM-5**

A. 하나 이상의 변화된 수의적 운동이나 감각 기능의 증상이 있다.

B. 임상 소견이 증상과 인정된 신경학적 혹은 의학적 상태의 불일치에 대한 증거를 제공한다.

C. 증상이나 결함이 다른 의학적 장애 또는 정신질환으로 더 잘 설명되지 않는다.

D. 증상이나 결함이 사회적, 직업적, 또는 다른 중요한 기능 영역에서 임상적으로 현저한 고통이나 손상을 초래하거나, 의학적 평가를 필요로 한다.

▶**전환장애 증상유형은 다음과 같이 진단명에 명시할 수 있다.**

1. 쇠약감이나 마비 동반

2. 이상 운동 동반(예 : 떨림, 근육긴장 이상, 간대성 근경련, 보행장애)

3. **음식 삼키기 증상 동반**

4. 언어 증상 동반(예 : 발성곤란, 불분명한 언어)

5. 발작동반

6. 무감각증이나 감각 손실 동반

7. 특정 감각 증상 동반(예 : 시각, 후각 또는 청각장애)

8. 혼합 증상 동반

☞ 다음의 경우를 명시한다.

  1) **급성삽화 : 증상이 6개월 이하로 존재할 때**

  2) **지속성 : 증상이 6개월이나 그 이상 지속될 때**

☞ 다음의 경우도 명시한다.

  1) **심리적 스트레스 요인을 동반하는 경우(스트레스 요인을 명시할 것)**

  2) **심리적 스트레스 요인을 동반하지 않는 경우**

[11] 출처 : 박지훈 정신건강의학과 홈페이지

제2과목 집단상담(선택)

26	②	27	⑤	28	①	29	④	30	④
31	④	32	②	33	②	34	⑤	35	②
36	⑤	37	②	38	⑤	39	③	40	④
41	③	42	①	43	④	44	④	45	③
46	①	47	⑤	48	③	49	①	50	③

26

답 ②

해 집단의 목표를 설정하는 이유는 집단상담의 효과를 평가하기 위해서이다. 집단의 방향을 분명하게 하기 위해 집단 초기에 집단원에게 집단상담의 목표를 명료하고 진솔하게 이해시킬 필요가 있다. 이때 개인적인 목표 뿐 아니라 집단 전체의 목표를 모두 설정하는 것이 필요하다.

② 집단의 목표가 초기에 설정되었다고 하더라도 집단과정에서 너무 빨리 목표가 이루어졌거나, 이루어질 수 없는 목표라는 집단원의 합의가 이루어진다면 **집단과정 전체에 걸쳐 수정되고 추가될 수 있다.**

27

답 ⑤

해 자조집단은 알코올이나 가정폭력 등 공통의 문제나 관심을 가진 사람들이 모여 문제를 효율적으로 대처해 나가기 위한 집단의 유형이다. 특정 문제를 겪었거나 극복한 집단원으로 구성되며, 특정 문제에 대한 경험을 증언하기 때문에 집단원들이 치료적 경험을 할 수 있다. 집단원 간의 위계가 없기 때문에 비슷한 책임과 권위가 주어지게 된다.

🔲 문항분석

① 치료집단 : 집단 활동을 통해 구성원의 문제 행동을 변화하거나 개선하고 기능을 회복하는 데 목적을 둔다. 주로 병원이나 임상장면에서 치료목적으로 장기 집단 형태로 운영하는 집단이다.

② 교육집단 : 구성원의 지식, 정보, 기술 향상에 목적을 둔다. 체계적 교육목표를 가지고 강의, 교수 등 구조화된 방법을 사용하는 집단 유형이다.

③ 성장집단 : 집단 활동을 통해 대인관계에서 자신의 생각, 감정, 행동을 인식하고 바꿀 수 있는 기회를 가지고, 자신의 잠재력을 최대한 발휘하는데 목적을 둔다. 병리적인 부분을 치료하기 보다는 심리사회적인 건강에 초점이 있는 집단 유형이다.

④ 과업집단 : 과업달성과 결과의 도출을 위해, 또는 과업을 수행하기 위해 만들어진 집단으로 문제에 대한 해결책과 새로운 아이디어를 도출하기 위한 집단 유형이다.

28

답 ①

해 정화는 내면에 억압된 여러 가지 감정과 생각들을 집단상담을 통해 노출하는 것이다. 내면에 쌓여있던 고통과 감정이 정화를 통해 표현됨으로써 신체적·정신적 해방감을 경험한다. 정화는 집단원들의 신뢰를 통해 이루어지므로 집단과정에서 감정정화를 하는 것을 관찰하며 집단원 간 신뢰감과 상호유대감이 높아진다. 감정정화(카타르시스)를 경험하는 집단원은 정화를 통해 감정패턴과 관련된 생각이나 가치관을 통찰하는 것이 중요하다.

☒ 문항분석

② 보편성 : 다른 집단원들도 자신과 비슷한 환경이나 문제를 가지고 있다는 것을 깨달음으로써 불필요한 방어를 줄이고 상담작업을 촉진하게 하는 치료적 요인이다.
③ 피드백 : 집단역동성을 이해하기 위한 영역으로 집단상담자와 집단성원 간, 집단성원들 간의 상호작용을 말한다.
④ 자기이해 : 집단상담의 목표에 해당하며 자신의 몸과 마음에 관한 모든 것을 사실 그대로 이해하는 것을 말하며 이는 다른 사람에 대한 이해를 촉진한다.
⑤ 인지적 요인 : 합리적-정서적(REBT) 집단상담의 치료기법으로 인지적 재구성 및 자각 등을 포함한다.

29

답 ④

해 얄롬이 제시한 집단상담 치료적 요인 11가지는 (희망 심어주기, 보편성, 정보전달, 이타주의, 교정적 정서체험, 사회화 기술의 발달, 모방행동, 대인관계 학습, 집단 응집력, 감정 정화, 실존적 체험) 등이다.
④ 집단원을 위한 목저의 저절성은 해당되지 않는다.

심화학습　　　　　집단상담의 치료요인 (얄롬)

1) 희망을 심어주기
　(1) 집단의 구성원들은 종종 비슷한 문제를 지녔으나 치료의 효과로 인해 회복된 다른 사람과 만나게 된다.
　(2) 집단치료가 끝날 무렵 환자들이 다른 환자의 회복을 지켜보는 것이 얼마나 중요했는지에 관한 언급을 하는 것을 종종 듣곤 하며, 이로 인해 치료효과에 대한 희망이 생길 수 있다.
2) 보편성
　모임의 초기 단계에서 나만 이렇다는 환자의 느낌이 사실이 아님을 보여주는 것은 환자에게 상당한 위안이 된다.
3) 정보전달
　치료자나 환자들이 제공하는 충고, 제안 또는 직접적 지도뿐만 아니라 치료자가 제시해 주는 정신건강, 정신질환, 일반 정신역동에 관한 교수적 강의를 포함한다.
4) 이타주의
　자기가 남들에게 중요할 수 있다는 사실을 발견하는 경험은 생기를 주며 그들의 자아존중감을 북돋워 준다.

5) 모방행동

(1) 치료초기에는 동일시할 집단의 치료자를 더 필요로 하기 때문에 모방행동은 집단치료의 후기보다는 초기에 더 중요한 역할을 한다.

(2) 모방행동이 오래 가지는 못할지라도 새로운 행동을 실험할 수 있도록 경직된 개인을 풀어 주고 결국 이를 통해 적응적 연속순환을 시작할 수 있게 된다.

6) 초기가족의 교정적 재현

가족 내 갈등이 교정적으로 다시 살아난다.

7) 사회화 기술의 발달

기본적인 사회기술의 개발인 사회학습은 가르칠 기술의 본질과 그 과정의 명료성이 집단치료의 유형에 따라 매우 다양하기는 하지만, 모든 집단치료에서 작용하는 치료적 요인이다.

8) 대인관계학습

집단성원과의 상호작용을 통해 자신의 대인관계에 대한 통찰과 자신이 원하는 관계 형성에 대한 아이디어를 가질 수 있으며, 대인관계 형성의 새로운 방식을 시험해 볼 수 있다.

9) 집단 응집력

응집력은 집단원들이 집단에 남아 있도록 하는 모든 힘의 합이나, 좀 더 간단히 구성원들이 느끼는 집단의 매력이며 구성원들이 집단에서 따뜻함과 편안함, 소속감을 느끼고 집단을 가치 있게 여긴다.

(1) 응집력이 높은 집단은 자기개방을 많이 한다.

(2) 응집력은 집단상담의 성공에 매우 중요한 요소가 된다.

(3) 응집력이 높은 집단은 지금-여기에서의 사건이나 일에 초점을 맞춘다.

(4) 응집력이 높은 집단은 집단의 규범이나 규칙을 지키지 않는 다른 집단원을 제지한다.

10) 정화

정서를 개방적으로 표현하는 것은 집단치료에 절대적으로 필요한 것이다.

11) 실존적 요인들

자신이 다른 사람들로부터 아무리 많은 지도와 지지를 받는다 할지라도 자기 인생을 살아가는 방식에 대한 궁극적인 책임은 자신에게 있다는 점을 알게 된다.

30

답 ④

해 집단상담 초기단계에서 집단상담자는 라포 형성, 신뢰로운 분위기 형성, 구조화, 모델링을 통한 자기개방 등을 다루어야 한다. 이를 위해 집단의 기본적인 규칙을 정하고, 구체적인 개인 목표를 설정할 수 있도록 돕고, 집단원의 이야기에 적극적인 경청과 반응을 보여야 한다. 집단상담자는 집단원에게 **[ㄴ]. 집단상담의 결과와 효과에 대해 집단상담자와 집단원은 공통의 책임을 가지고 있다**는 것을 언급하여 집단상담에 성실히 임할 필요가 있다고 알려준다.

실력다지기	집단의 초기단계(initial stage)

1) 오리엔테이션과 탐색의 시기이다.

2) 집단원들은 사회적으로 수용될 만하다고 생각되는 자신의 측면만을 진술하는 경향이 있다.

4) 집단원들은 한계를 깨닫고 자신을 실험하는 데, 이때 자신이 집단에 수용될지 의문을 품고 있기 때문에 적극적인 참여를 주저하게 된다.

5) 집단원의 기대와 관심사와 불안이 공개적으로 표현되는 것이 허용되어야 한다.

6) 집단을 지배하는 규범을 발달시키게 되고, 집단에 대한 기대를 탐색하고, 개인적인 목표를 정립하며, 개인적인 주제를 명료화한다.

31

답 ④

해 신뢰가 높은 집단은 집단응집력이 높은 집단이다. 이들은 집단 활동에 적극적으로 참여하고, 자기개방을 통해 다른 집단원들과 친밀감을 형성하며, 다른 집단원을 지지하고, 집단의 안과 밖에서 위험을 감수한다. 하위집단(소집단) 형성은 집단 내에 파벌(성별, 연령, 출신학교, 출신지역, 종교, 학력, 직업, 결혼유무, 사회경제적 지위, 민족, 인종 등 기준)을 형성하는 것이다.

④ 일부 집단원들이 집단 내에 집단을 만들어 그들 나름의 세력을 형성하고 단합해서 다른 집단원들의 행동과 **집단의 역동에 부정적인 영향**을 미친다.

32

답 ②

해 치료적 관계를 통해 성장의 장애물을 자각하고 자아이상과 자아실현 욕구를 추구하는 것은 로저스 **인간중심 집단상담**에 관한 설명이다.

심화학습 　　**실존주의 치료의 집단상담의 적용**

1) 기본원리
  (1) 실존이란 인간존재의 특유한 존재방식을 뜻하며, 인간의 현재에 관계하는 것이다.
  (2) 실존은 현실이 존재, 사실이 존재, 진실의 존재에 대한 새로운 표현으로 본질에 선행한다.
  (3) 인간을 무(無)에서 시작된 자유로운 존재로 보며, 그 무엇에 의해서도 규정되어 있지 않기 때문에 자신을 규정할 수 있는 힘은 오로지 자신에게만 있다.
  (4) 개인은 자신의 자유의지에 따라 선택하고, 행동하고, 그 결과에 책임지며 자신의 본질을 만들어 가는 것이다.

2) 집단상담의 목표
  (1) 집단원이 자기 존재의 본질에 대하여 각성하고 현재 자기가 경험하고 있는 정서적 장애의 원인이 자기 상실 내지 논리의 불합리성에 있다는 것을 각성하게 하며, 자신의 삶을 수동적으로 살아갈 것이 아니라 자기 주관을 가지고 능동적으로 삶의 방향을 선택하도록 도와주는데 있다.
  (2) 실존주의 집단상담자는 집단원의 주관적인 세계를 이해하는데 관심을 가져야 하는데 이는 사람들이 새로운 이해와 선택을 하도록 돕기 위해서이다.

3) 집단상담자의 역할과 기능
  (1) 집단상담자는 모든 집단원과 친밀한 관계를 형성하기 위해 최선을 다한다.
  (2) 적극적이고 반영적인 책임감을 가지며, 항상 모험하기를 생각하면서 시도한다.
  (3) 집단원의 관심사를 자각하고 그것에 민감하게 반응한다.
  (4) 전문가 역할보다 집단원과 함께하는 인생의 동반자 역할을 취한다.

(5) 집단원이 느끼는 불안 및 불편한 감정을 더 깊은 자각에 이르도록 조력한다.

(6) 집단원의 의미 있는 변화는 서로 간의 개인적 접촉 및 상호작용이 있을 때만 일어나며 나-당신의 참 만남에서 변화가 일어난다.

(7) 집단원의 불일치적인 언행을 직면시키고, 자신이 부딪혀 왔던 관심사에 대한 본보기로서의 역할을 수행한다.

4) 집단상담의 기법

(1) 특별한 기법을 사용하거나 강조하지 않으며, 집단원이 겪은 실존적 불안을 다룬다. 다만, 집단원이 겪는 실존적 공허감이 그의 궁극적 관심사와 관련이 있다는 전제에서 진솔하게 그 문제와 직면할 수 있도록 격려한다.

(2) 얄롬이 제안한 궁극적 관심사는 죽음, 자유, 고립, 무의미성이다.

(3) 프랭클이 제안한 역설적 의도와 탈숙고 기법을 살펴본다.

① 역설적 의도

공포나 불안을 가진 집단원들은 특정 사건의 재발을 두려워한다. 사건에 대한 두려운 기대는 그에게 기대 불안을 야기한다. 기대불안은 '지나친 주의'나 '지나친 의도'의 원인이 된다. 이는 자신이 원하는 것을 하지 못하도록 하는 원인이 되며, 이 과정에서 자신의 불안이 가져올 잠재적 효과에 대한 걱정이 '불안에 대한 불안'으로 나타나 불안이나 공포의 자기유지적인 악순환이 되풀이 된다.

결과적으로 '공포에 대한 공포'는 공포를 증가시키고, '불안에 대한 불안'은 불안을 증가시킨다. 이런 악순환으로부터 탈피하기 위해서는 그것과 직면하도록 해야 한다. 즉, 집단원이 두려워하는 그 일 자체를 하도록 하거나 일어나기를 소망하도록 격려함으로써 의도와 반대되는 결과를 생성하게 하고, 집단원의 의도와 정반대인 상황에 직면하게 함으로써 공포증의 악순환에서 이탈하게 한다. 즉 역설적 의도를 통해 공포증의 돛에서 바람을 제거함으로써 공포의 악순환을 막는다.

② 탈숙고

'지나친 의도'처럼 지나친 숙고로 인한 기대 불안의 악순환에서 벗어나게 하기 위해 사용된다. 프랭클이 소개한 다음의 이야기로 탈숙고의 의미를 대변한다.

"지네가 있었는데 그의 적이 지네에게 '너의 다리들이 어떤 순서로 움직이는가?'라고 물었다. 지네가 그런 질문에 주의를 기울였을 때, 지네는 전혀 움직일 수가 없었다."

이처럼 지나친 숙고는 자신의 자발성과 활동성에 방해가 되므로 지나친 숙고를 상쇄시킴으로써 자발성과 활동성을 회복시켜 준다.

33

답 ②

해 행동주의 집단상담 이론의 목표는 집단원이 가진 문제를 학습 과정을 통해 습득된 부적절한 행동으로 보고, **부적절한 행동을 제거하고 보다 적절한 새로운 행동을 학습하도록 하는 것이다.** 이를 위해 집단상담자는 지시적이며 조언자이자 문제해결자로서 기능한다. 집단상담자는 집단원의 행동을 보다 건설적으로 변화시키기 위해 구체적인 문제행동을 파악하고 치료를 위해 기능적 분석을 실시한다.

🔲 문항분석

① 실존주의 : 얄롬은 인간 실존의 궁극적인 조건 불안을 지니고 삶의 의미와 목적을 추구한다. 인간의 궁극적 관심사를 죽음, 자유, 고립(소외), 무의미성으로 제안하였다. 자기를 인식하고 타인과의 관계를 경험하며, 실존의 의미를 확장하여 삶의 목적과 중요성에 대한 답을 자기 스스로 발견하는 법을 배우게 된다.

③ 인간중심 : 인본주의적 요소를 강조하는 인간중심상담은 잠재력에 대한 신뢰, 수용적 분위기 형성(수용적 존중), 주관적 경험 세계에 대한 민감성(공감), 자신의 감정이나 태도에 대한 진솔함 등을 중요하게 생각한다.

④ 게슈탈트 : 게슈탈트 집단상담은 개인이 전경과 배경을 지각하여 게슈탈트가 형성되도록 돕고, 집단원들이 '지금-여기'의 실존을 경험하여 자각에 이르도록 하고, 자기수용을 통해 성격의 통합을 이루도록 돕는다. 게슈탈트 집단상담의 기법은 지금-여기, 접촉, 알아차림, 자각(awareness), 과장하기, 뜨거운 자리, 차례대로 돌아가기기 등이 있다.

⑤ 정신분석 : 정신분석 집단상담에서 집단상담자는 자유연상을 촉진시키고, 저항 및 전이에 대한 분석에 의하여 무의식적 역할을 의식화함으로 건전한 자아를 발달시키는 역할을 수행한다. 집단상담자는 권위자로서 독단적인 태도를 취하지 말아야 하며, 해석적 기능을 잘 수행할 수 있어야 한다.

34

답 ⑤

해 **[ㄱ], [ㄴ], [ㄷ], [ㄹ] 모두 정신분석 집단상담에 관한 설명이다.** 정신분석 집단상담의 목적은 집단원의 과거 경험이 현재의 성격에 미치는 영향에 초점을 두고, 성격을 재구조화 하는 것이다. 비슷한 특성을 가진 집단원들 보다는 다양한 특성을 지닌 집단원들의 모임이 전이를 충분히 불러일으킬 수 있다. 집단상담자는 집단원의 자유연상을 촉진시키고 꿈·환상·저항 및 전이에 대한 해석을 통해 집단원의 무의식적 역할을 의식화함으로써 건전한 자아를 발달시키는 역할을 수행한다.

35

답 ②

해 아들러의 집단상담 기법으로는 스프에 침 뱉기, 마치 ~인 것처럼 행동하기, 단추 누르기, 수렁피하기, 즉시성, 격려, 하던 일 멈추기, 상상하기, 역설적 의도, 과제 설정과 계약, 인생 과제와 신리치료, 종결과 면담 요약하기 등이 있다.

cf) ② '행동 조성하기'는 행동주의 집단상담의 기법이다.

36

답 ⑤

해 **현실치료 상담에서 제시한 인간의 기본욕구는 사랑과 소속, 힘과 성취, 즐거움(재미), 자유, 생존의 욕구 등 5가지이다.**

실력다지기 　　　현실치료 집단상담자의 역할

1) 집단원 모두가 집단에 관여토록 하고 현실에 맞닥뜨리도록 돕는다.
2) 집단원들로 하여금 그들이 선택한 행동의 책임을 알고 그 책임을 받아들이며, 현명한 선택을 통해 자신의 삶을 효과적으로 통제할 수 있다는 점을 알도록 한다.

3) 집단원들이 이전과 다른 행동과 생각을 선택함으로써 그들의 느낌을 통제할 수 있다는 점을 이해토록 한다.

4) 집단원들의 참여를 촉진시키되 무책임하거나 비효과적인 행동에 대해서는 변명을 받아주지 않도록 한다.

5) 집단원들이 내적인 자기평가를 하도록 돕는다.

6) 집단원들이 원하는 것을 현실적으로 획득할 수 있는 것인지를 평가하는 과정을 소개하고 실제로 할 수 있도록 돕는다.

7) 집단원들이 행동의 변화를 위한 행동계획을 세우고, 이를 실천토록 하고, 실천한 정도를 평가하도록 한다.

8) 집단원들이 선택이론의 기본 원리와 절차를 알고 적용하도록 돕는다.

37

답 ②

해 교류분석의 구조분석은 P(부모자아), A(성인자아), C(아동자아) 세 가지 자아상태를 검토하도록 돕는 과정이다. 교류분석의 4가지 삶의 자세는 자기긍정-타인긍정의 긍정적 삶의 자세와 자기긍정-타인부정, 자기부정-타인긍정, 자기부정-타인부정의 부정적 삶의 자세를 포함한다. 교류분석에서 게임이란, 숨겨져 있지만 이득을 얻기 위해 계획된 이면적 교류의 연속이다. 시간을 구조화 하는 방법에는 철회, 의례적 행동, 활동, 여흥, 게임, 친밀성이 있다.

cf) ② 두 가지 내용이 동시에 전달되는 경우로 바깥으로 직접 나타나는 자아와 실제로 기능하는 심리적 자아가 다른 것을 이면적 교류(암묵적 교류)라고 한다.

38

답 ⑤

해 합리적 정서 행동치료의 집단상담 기법으로는 소크라테스식 질문법, 논박하기, 인지적 과제, 수치심 깨뜨리기, 상상하기, 대처카드, 행동수정, 독서치료, 역할놀이, 자기주장 훈련 등이 있다.

cf) ⑤ 마술가게는 심리극(사이코드라마)의 상담기법에 해당한다.

39

답 ③

해 [ㄱ], [ㄴ], [ㄹ]의 내용은 게슈탈트 이론을 적용한 집단상담자의 개입으로 옳은 것이다.

[ㄷ]. 친구에게 속상한 감정을 점수로 매긴다면 5점 중 몇 점인지 이야기 해보세요.

→ 해결중심 집단상담의 척도질문에 해당한다.

실력다지기	게슈탈트 치료기법

1) 욕구와 감정자각

지금-여기에서 체험되는 욕구와 감정을 자각하는 것이다.

2) 신체자각

현재 상황에서 느끼는 신체감각 중 특히 에너지가 많이 집중되어 있는 신체부분에 대한 자각을 중시한다.

3) 환경자각

사물과 환경에 대한 자각을 통해 미해결 과제를 자각하고 해결할 수 있는 힘을 얻도록 돕는다.

4) 언어자각

언어사용 습관에 따라 다양한 행동특성이 드러나기 때문에 내담자의 언어사용 습관을 면밀히 관찰하는 것이 중요하다.

5) 책임자각

과거의 문제로 아주 심한 장애를 가진 내담자라 하더라도 지금 여기에서 다시 성장할 수 있는 가능성은 있기 때문에 과거를 탓하고 있기 보다는 자신이 스스로 선택을 내리는 책임 있는 행동을 통해 성숙할 수 있도록 돕는다.

6) 실험

치료자와 내담자가 함께 행하는 모든 탐색적 활동을 말하며, 내담자와 함께 하나의 상황을 연출해냄으로써 문제 해결을 돕는 기법이다.

7) 현재화 기법

과거사건을 마치 지금-여기에서 일어나는 사건인 것처럼 체험하게 해줌으로써 과거 사건과 관련된 내담자의 생각이나 감정, 욕구, 환상, 행동 등을 지금-여기에 일어나는 현상들로 다룰 수 있게 해준다.

8) 실연(enactment)

자신에게 중요했던 과거의 어떤 장면이나 또는 미래에 있을 수 있는 장면들을 현재 상황에 벌어지는 장면으로 상상하면서 어떤 행동을 실제로 연출해보는 것이다.

9) 현실검증

자신의 상상이나 투사를 현실과 혼동하기 때문에 겪는 어려움을 현실이 내담자가 상상하는 것과는 다를 수 있다는 것을 알게 해줌으로써 현실감각을 키워주는 방법이다.

10) 빈 의자 기법

현재 치료 장면에 와 있지 않은 사람과 관련된 사건을 다룰 때 사용한다.

11) 자기 부분 간의 대화

내담자의 인격이 내사된 부분들로 인해 서로 분열됨으로써 통합되어 있지 못할 때, 내담자의 내적 부분들끼리 서로 대화를 시킴으로써 내담자의 내면을 통합할 수 있도록 도와주는 기법이다.

12) 직면

내담자의 회피행동을 지적하는 동시에 자신의 진정한 동기를 직면시켜줌으로써 미해결 과제를 해소해주는 방법이다.

13) 과장하기

내담자의 어떤 행동이나 언어를 과장하여 표현하도록 요구함으로써 내담자로 하여금 자신의 무의식적 욕구나 감정 혹은 행동을 명료하게 자각하도록 도와주는 방법이다.

14) 머물러 있기(staying with)

내담자로 하여금 자신의 미해결 감정들을 회피하지 않고 직면하여 견뎌냄으로써 이를 해소하도록 도와주는 기법이다.

15) 알아차림 연속

지금-여기에서 자신과 환경에 일어나는 모든 것을 일어나는 그대로 연속해서 알아차리는 것이며, 즉 전경으로 떠오르는 것을 그때그때 놓치지 않고 계속해서 알아차리는 것을 말한다.

16) 양극성의 통합

우리의 내면은 양극성으로 이루어져 있는데 상황에 따라, 관점에 따라 그리고 개인적 배경에 따라 스스로를 부정적으로 평가하게 된다. 자신의 양극성에서 소외된 측면들을 접촉하도록 하여 이를 통합하도록 도와주는 것이다.

17) 반대로 하기

내담자가 지금까지 회피해왔던 행동을 하게 함으로써 오히려 문제를 극복할 수도 있다.

18) 창조적 투사

　　타인에게 투사한 내담자 자신의 욕구나 충동, 감정 혹은 사고내용들에 대해 의도적으로 투사놀이를 해봄으로써 이 것이 자기 자신의 부분들이었다는 사실을 깨닫게 해주고, 다시 자신의 부분으로 받아들이고 통합하도록 도와주는 방법이다.

19) 꿈 작업

　　꿈을 우리 자신의 일부를 외부로 투사한 것으로 보고 꿈을 활동하여 내담자의 내면세계를 탐색하는 방법이다.

20) 통찰과 의미발견

　　자신의 문제를 야기하는 여러 원인에 대해 통찰을 하도록 도와주는 한편, 새로운 행동을 통하여 문제들을 극복하는 체험을 하도록 해줌으로써 자신의 문제와 삶에 대해 새로운 조망을 얻고 의미를 발견하도록 도와주는 방법이다.

21) 숙제

　　치료 상황에서 새롭게 체험하고 발견한 사실들을 밖에서 실험해보도록 숙제를 내줄 수 있다.

40

답 ④

해 적극적 경청은 코리(G. Corey)가 제시한 집단상담자의 인간적 자질에 해당되지 않고, 로저스의 인간중심 집단상담의 인간적 자질에 해당된다.

심화학습　　코리(G. Corey)가 주장한 유능한 집단 지도자의 개인적 특성

1) 정체감을 가지고 있다. 즉, 자신이 현재 어떤 사람이며, 미래에 어떤 사람이 될 수 있을 것이며 무엇을 원하며, 무엇이 중요한지를 알고 있고, 타인의 기대나 희망의 반영이 아닌 자신의 내적 기준에 따라 살아가려고 노력한다.

2) 자기 존중감과 안정감이 있다.

3) 강한 사람이 될 수 있고 자신의 힘을 인식하고 수용한다.

4) 변화에 개방적이고 인간적인 자아를 유지하며 자발적으로 모험한다.

5) 자신과 타인에 대한 인식을 확장시키려한다.

6) 불확실성을 기꺼이 수용하고 견디어 낸다.

7) 자신의 독특한 상담양식을 개발한다.

8) 집단원의 세계를 경험하고 이해하지만 비소유적으로 공감한다.

9) 생기가 있고 생활 지향적인 선택을 한다.

10) 진실하고 솔직하며 일치성이 있고 순수하며 정직하다.

11) 유머를 쓸 줄 안다.

12) 현재에 산다.

13) 실수도 하고 그것을 기꺼이 인정한다.

14) 자신의 일에 깊이 관여하고 창조적 과제에 몰두한다.

15) 자신을 다시 창조할 수 있고 자신의 삶에서 의미 있는 관계를 재창조 할 수 있다.

16) 자신의 삶을 자신이 선택한다.

17) 존경과 배려와 신뢰, 그리고 자기에 대한 가치의식에 바탕을 두고 집단원의 복지에 진실한 관심을 갖는다.

18) 일을 열심히 하며 일에서 의미를 찾는다.

41

답 ③

해 소극적 참여는 집단원이 침묵으로 일관하거나 철수 행동을 하며, 적극적으로 참여하지 않는 형태이다. 집단원이 소극적으로 참여를 할 때 이유를 물어보고, 생산적인 침묵의 경우에는 적극적으로 참여할 수 있는 기회를 제공한다. 비생산적인 침묵의 경우에는 소극적 집단원의 태도의 의미를 탐색할 기회를 제공한다. 이때 탐색 질문으로 [ㄱ]. 이 집단에 있다는 것이 영희에게 어떻게 느껴지나요? [ㄴ]. 철수의 이야기를 들으며 영희는 어떤 느낌이 들었나요? [ㄷ]. 이 집단에 참여하기 힘든 이유가 무엇인지 이야기해 줄 수 있나요?]를 사용할 수 있다.
[ㄹ]. 집단에서 가만히 있는 것은 좋지 않으며 집단에서는 본인 이야기를 해야 한다고 집단원(영희)을 다그치는 것은 옳지 않다.

42

답 ①

해 청소년들이 집단이라는 환경 속에서 의존성을 높여가는 것은 집단상담의 이점에 해당되지 않는다. 청소년 집단상담의 이점은 다음과 같다.

1) 자존심의 회복(자존감 회복)	2) 성적 갈등의 해소
3) 외로움과 고립감의 극복	4) 새로운 가치 추구
5) 자아의 발견과 진로 결정	6) 자아정체감의 발달
7) 새로운 변화의 시도	8) 자기인식과 타인 조망

43

답 ④

해 상담자는 집단원이 지금 집단에서 느끼고 있는 불편한 감정(어떤 사람? 어떤 상황? 어떤 기억?)에 대해 초점을 맞추고 있다.

⊠ 문항분석

① 명료화하기 : 어떤 중요한 문제의 밑바닥에 깔려있는 혼돈되고 갈등적인 느낌을 가려내어 분명히 해주는 기술이다.
② 반영하기 : 집단원이 전달하고자 하는 의사의 본질을 스스로 볼 수 있게 반사 혹은 반영해 주는 기술을 말한다.
③ 해석하기 : 집단원의 행동이나 징후에 대하여 설명을 해줌으로써 무의식적 동기를 의식화하도록 도우려는 기술이다.
⑤ 행동 제한하기 : 집단원이 바람직하지 못한 행동을 할 때 적절히 제한하면서 생산적인 활동이 되도록 돕는 기술이다.

44

답 ④

해 [ㄱ]. 집단상담에 참여하기 위해서는 자발적이든(부모나 교사에 의해 의뢰된), 비자발적이든 상관없이, 집단원 모두에게 사전 동의를 받아야 한다.

[ㄴ]. 집단 참여 중 집단원은 **집단을 떠날 수 있다.**

[ㄷ]. 집단상담 진행 중에라도 개인상담이 필요한 집단원은 **개인상담과 병행하며 진행할 수 있다.**

[ㄹ]. 집단상담의 내용은 비밀이 보장되어야 하므로 **집단상담실 앞에 참여자 명단을 제시하는 것은 바람직하지 않다.**

45

답 ③

해 **[ㄱ], [ㄴ], [ㄷ]의 내용은 모두 옳은 내용이다.**

[ㄹ]. 공동리더 간 갈등은 집단에 위해를 가할 수 있으므로 공동 리더 간 협의와 상호피드백은 필수적이다.

실력다지기	공동상담자 활용의 장점

1) 한 상담자가 직접 집단 활동에 참여하거나 집단을 지도하고 있는 동안 다른 상담자는 집단 전체를 객관적인 입장에서 관찰할 수 있다.

2) 협동상담의 형태를 취하는 경우 혼자서는 전 집단을 한꺼번에 모두 관찰하고 그들의 비언어적 의사소통 메시지를 전부 파악하는 것이 어려우므로, 두 상담자가 서로 마주보고 앉는 것이 바람직하다.

3) 각각 자기의 시야에 들어오는 반 정도 이상의 집단원들의 거동을 파악할 수 있다.

4) 필요한 경우 두 상담자끼리 상호작용을 함으로써 집단원들에게 시범을 보일 수도 있다.

46

답 ①

해 집단상담 평가의 목적은 효과성 평가와 관련된 것으로 집단 활동을 통해 어느 정도의 목표가 달성되었으며 얼마만큼의 진전이 이루어졌는가에 대해 알아보는 과정으로 집단원의 바람직한 변화를 조력하기 위한 활동이다.

② 평가계획은 주로 **계획단계에서 다룬다.**

③ 평가 시점에 따라 **진단평가, 형성평가, 총괄평가로 구분된다.**

④ 결과평가는 **종결시점에 이루어진다.**

⑤ 평가는 면접, 관찰, 검사 등의 정보를 수집하여 평가하며 **심리검사가 필수는 아니다.**

47

답 ⑤

해 학교 집단상담의 시행절차는 [집단상담 기획 및 요구조사], [집단주제 선정 및 계획서 작성], [집단상담 실시에 대한 학교장 승인], [집단상담 홍보 및 참여자 모집], [집단 참여 학생의 보호자에게 사전 동의서 받기], [집단상담 실시], [집단상담 평가] 등의 순서로 이루어진다.

학교 집단상담의 계획에서는 집단 주제와 집단 크기 및 회기 수 등을 선정하고, 학교장의 승인을 받은 후 학생, 교사, 학부모를 대상으로 요구조사 실시 및 집단에서의 이점 등을 명확히 설명해야 한다.

cf) ⑤ 치료집단은 심각한 정서·행동문제나 정신장애를 가진 환자를 대상으로 주로 병원이나 임상장면에서 치료목적으로 장기간 운영된다. 치료집단을 진행하기 전에 집단 참가자(환자)들의 정신병리적 진단·평가를 활용한 정보를 확인함으로써 집단목표와 전략을 설정한다. **치료집단의 경우 보호자의 동의를 반드시 받아야 한다.**

48

답 ③

해 청소년은 신체적 및 생리적 변화로 인해 외모에 관심이 많고 자아중심적이고 자기의식적인 특성을 보인다. 청소년 집단원들은 자발적 참여보다는 학교나 부모에 의해 참여시키게 되는 비자발적인 경우가 많다. 이런 경우 비자발적 참여자는 집단에 대해 무관심하고 반항적인 태도를 가지고 도전할 수 있다.

cf) ③ 청소년들은 또래관계가 형성되는 중요한 시기로 일반적으로 **또래의 기준에 동조하거나 승인받는 것에 매우 예민하며 관심이 높다.**

49

답 ①

해 보기의 내용은 비구조화된 동질적 구성의 분산적 집단이다. **집단상담자와 참여자가 매 회기 합의하여 주제를 선정하는 것은 비구조화된 집단의 유형이며, 같은 학년의 같은 성별(중학교 3학년 여학생)을 대상으로 하는 것은 동질적 집단의 유형이고, 매주 1회기씩 10주 동안 진행되는 것은 분산적 집단의 유형이다.**

> ◇ 부연
>
> ▶ 집단의 유형
> 1) 구조화 집단 : 특정 주제와 목표를 달성하기 위한 일련의 구체적인 활동으로 구성되며 집단상담자가 사전에 마련한 계획과 절차에 따라 집단상담을 진행하는 집단이다.
> 2) 이질적 집단 : 성질이 서로 다른 참여자들로 구성된 집단으로 연령, 성별 등에서 성질이 다른 참여자들로 구성된 집단이다.
> 3) 집중적 집단 : 마라톤 집단과 같이 24시간이나 48시가 동안 집중적으로 활동하는 집단이다.

50

답 ③

해 청소년 및 성인 집단상담 모두 집단 참여를 거부할 수 있고, 사전면담을 통해 집단원을 선별할 수 있다.

> ✓ 오답노트
>
> [ㄱ]. 비밀보장 원칙은 미성년자 청소년과 성인 집단에 차이가 있다. 예를 들어 미성년자 청소년의 경우 부모에게 양육을 위해 집단상담의 내용 중 필요한 최소한의 정보를 제공할 수 있다.
> [ㄴ]. 성인 집단의 경우 반드시 자발적으로 참여한 집단원만 참여할 수 있는 것은 아니다. 예를 들어 범죄를 저지른 경우 그 벌로 교정집단에 참여시키는 것이다.

제3과목 　 가족상담(선택)

51	①	52	④	53	⑤	54	①	55	⑤
56	④	57	①	58	④	59	②	60	③
61	①	62	③	63	②	64	⑤	65	⑤
66	③	67	②	68	①	69	⑤	70	⑤
71	①	72	④	73	④	74	①	75	⑤

51

답 ①

해 보웬의 다세대 가족상담의 주요 개념은 자아분화, 삼각화, 핵가족 정서체계, 가족투사과정, 정서적 단절, 다세대 전수과정 등이다. 핵가족 정서체계는 핵가족 내에서 가족이 정서적으로 기능하는 패턴을 말한다. 핵가족 정서체계는 세대를 관통하여 지속되며 이전 세대에서 제대로 정리되지 않은 문제가 다음 세대에 넘어가서 문제를 일으킨다고 본다. 따라서 가족 구성원이 자신의 원가족에서 심리적으로 분리하고 자아분화의 수준을 높이는 것을 치료의 목표로 삼는다.

> ✔오답노트
>
> ② 정서적 단절은 개인이 불안을 관리하기 위해 가족구성원과 감정적 교류를 더 이상 하지 않는 것이다.
>
> ③ 다세대 전수과정에서 증상의 유형과 정도는 분화수준이 낮거나 외부의 스트레스 요소가 커질수록 증가한다. 자아분화 수준이 높은 사람은 스트레스를 받을 때 더 유연하고 현명하게 사고한다.
>
> ④ 삼각화(삼각관계)는 한쪽 부모가 가족체계를 안정시키기 위해 자녀 중 가장 불안한 자녀를 자신의 정서적 문제에 끌어들이는 것이다.
>
> ⑤ 치료적 삼각관계를 통해 가족 내 삼각관계를 해체하는 탈삼각화 작업을 한다. 다세대 가족상담의 목표는 정서적 단절을 극복하고 탈삼각화 및 자아분화 수준을 향상시키는 것이다.

52

답 ④

해 [ㄱ], [ㄴ], [ㄷ]은 사티어의 가족상담 이론이다. 그러나 [ㄹ]은 사티어와 헤일리의 은유(metaphor)기법에 대한 설명이다. 헤일리의 전략적 가족상담의 기법은 증상처방, 고된 체험 기법, 위장 기법, 은유기법 등이 있다. 은유기법은 내담자가 문제를 밝히는 것에 대해 꺼려하는 경우, 비유나 이야기를 통해 변화를 유도하는 기법이다. 문제행동을 치료하기 위해 행동목표를 정한 후 직접적 행동수정보다 좀 더 쉬운 은유적 행동을 선택하여 실행한다.

[ㄹ]. 은유(metaphor)기법은 간접적이고 비유적인 표현을 사용하기 때문에 내담자가 안전하게 느낄 수 있다.

53

답 ⑤

해 폭력으로 문제를 해결하려는 부모에 대한 분노는 청소년에게 대인간 갈등해결에 있어 조그마한 갈등에도 불안해하거나, 폭력을 사용하여 해결하려고 하거나, 분노하는 등 대인관계에서의 어려움을 느낄 수 있다.

54

답 ①

해 사티어의 경험주의 가족상담 이론에서는 의사소통 유형을 회유형, 비난형, 초이성형, 산만형, 일치형 등 5가지로 설명한다. **회유형은 비굴한 자세를 취하며 타인의 비위와 의견에 자신을 맞추려 하지만 긍정적인 측면에서 보자면 타인에 대해 예민하게 돌보는 것으로 볼 수 있다.**

✔오답노트

② **산만형**은 자아존중감의 요소 중 자신과 타인 그리고 상황을 모두 무시한다.
③ **비난형**의 자원은 강한 자기주장이다.
④ **일치형**의 행동은 창조적이고 생동적이다.
⑤ **초이성형**은 말과 행동을 일치시키기 위해 경직된 태도를 보인다.

55

답 ⑤

해 해결중심 단기가족상담에서 내담자 유형은 고객형, 불평형, 방문형이 있다.

cf) ⑤ **불평형 내담자**는 문제를 인식하고 서술하지만, 상황변화를 위해 어떤 것도 하지 않고 또한 그렇게 할 의향도 없다.

56

답 ④

해 가족상담은 문제의 원인과 해결을 개인 내적인 것에 집중하지 않고, 개인을 둘러싸고 있는 관계 속에서 일어나는 문제에 더 많은 관심을 가진다.

✔오답노트

① **개인상담**은 문제의 인과관계를 선형적으로 본다.
② **개인상담**은 내담자를 수동적이고 반응적인 존재로 본다.
③ **개인상담**은 문제의 진단과 해결과정에서 기계론적 세계관에 기초한다.
⑤ **개인상담**은 문제 이해를 위해 내담자의 내면에서 무엇이 일어나고 있고 내담자의 어떤 행동으로 인해 문제가 생겼는지 탐색한다.

57

답 ①

해 [ㄴ]. **거짓상호성(pseudo-mutuality)**: 가족원 간에 안정을 추구하는 관계로서 표면적으로는 개방되고 상호이해하고 만족하는 것 같지만 실제는 그렇지 않다. 반대되는 개념은 거짓적대성(pseudo-hostility)이다.

　[ㄹ]. **동귀결성(= 동일 결과성)**: 다양한 출발에서 동일한 결과에 이른다는 것을 나타내며, 특정 원인이나 결과에 주목하기보다 체계의 과정에 주목할 필요가 있음을 강조한다. 참고로 이와 반대되는 개념은 다중귀결설(= 동일 잠재성)이다.

58

답 ④

해 Y(13세, 여)는 잦은 부모님의 부부싸움으로 인한 불안과 스트레스로 학교생활에서 부적응을 겪고 있다. 상담자는 부모님이 부부싸움을 할 때 화풀이로 Y를 학대하지 않는지 점검해야 한다. 또한 Y가 학교생활을 안정적으로 할 수 있도록 상담을 통해 도움을 주어야 한다. 가능하면 Y를 설득하여 상담에 자발적으로 참여하도록 독려하며, 학부모에게 Y가 학교생활에 적응할 수 있도록 협조를 요청해야 한다. Y의 개인상담과 함께 가족상담을 실시할 수 있는데, 이때 가족상담에 참여한 모두가 힘의 균형을 유지하고 갈등 해결을 위해 서로를 비난하지 않고 상호수용 가능한 의사결정을 내릴 수 있도록 돕는다.

cf) ④ 상담자 윤리에 의하면 학교상담자는 Y의 가족과 진행한 상담 내용에 대해 **비밀을 보장해야 할 의무**가 있다.

59

답 ②

해 보기는 보웬의 다세대 가족상담의 질문기법 중 과정질문에 관한 예이다. **과정질문은 내담자의 불안을 가라앉힐 수 있게 인지에 초점을 두는 질문으로, 가족들이 맺는 관계유형 방식을 살펴보는 질문기법이다. 보기에서 상담자는 남편과 아내 및 아들 사이에서 일어나는 불안과 분노 감정에 대해 과정질문을 함으로써 세 사람이 관계 맺는 방식을 확인하고 있다.**

60

답 ③

해 해결지향적 질문기법에 대한 문제이다.

③ **대처질문** : "어머니는 그 어려운 상황 속에서 어떻게 지금까지 견딜 수 있었습니까?"

61

답 ③

해 듀발의 가족생활주기는 결혼전기, 자녀 출산기, 학령 전 아동기, 아동기 자녀기, 청소년 자녀기, 청년 자녀 떠나보내기, 중년기 부모기, 노년기 가족 등 8단계이다. 청소년 자녀기는 청소년기의 자녀를 양육하는 시기로 아동기 자녀기와 달리 청소년 자녀의 의존과 독립을 허용하는 부모-자녀 관계로의 변화의 시기이다. 이 시기는 다가올 중년기 부부의 결혼생활 및 직업에서의 변화나 퇴직 등에 초점을 맞춘다. 각자 부모의 질병이나 죽음 등 노인 세대를 돌보기 위한 준비를 시작한다.

[ㄷ]. 부모, 조부모 역할이 포함되도록 확대가족과의 관계가 형성되는 가족생활주기는 **중년기 부모기**이다.

62

답 ③

해 가족체계이론에서는 가족을 작은 사회체계로 취급한다. 가족체계 안에 있는 가족 구성원 각각은 각자가 하나의 하위체계이며, 부부, 부모와 자녀, 형제 및 자매 등 다양한 양자관계는 또 다른 하위 체계로 존재한다. 이러한 하위 체계들이 일정한 위계를 이루며 결과적으로는 전체적인 하나로 유지된다.

cf) ③ 체계가 건강하게 기능하기 위해서는 **(명확하고 안정된) 융통성이 있는 경계선**이 필요하다.

63

답 ②

해 대안적 이야기 구축(스캐폴딩) 작업이란, "내담자의 삶의 이야기를 다시 쓰는 재저작 작업에서 관련 사건을 찾고 사건의 시간 순서에 따라 특정한 주제나 구성을 찾아 이야기로 발전하도록 돕는 것"이다. 이 과정이 건축물의 임시 지지대를 세우는 작업과 유사하다고 하여 스캐폴딩이라 부른다. **이야기치료에서는 ② 재저작 대화로 "게임과 핸드폰이 나를 조종해서 어머니와 갈등하게 만든다고 생각하니 어떤 마음이 드니?"를 통해 C가 자신의 문제를 외현화 할 수 있다.**

64

답 ⑤

해 이야기치료는 포스트모던 사회구성주의 영향으로 탄생하였다. 사회구성주의 관점에서 개인의 행동은 맥락 속에서 만들어지므로 가족의 문제를 외현화시키기 위해 고안된 이야기에 가족을 관여시킨다. 이야기치료에서는 문제가 문제이지 사람이 문제가 아니라는 입장([ㄱ]. 개인의 정체성과 문제와 증상은 별개의 것)을 취하며 문제로 제기되는 가족의 지배적 이야기([ㄹ]. 인간은 자신의 경험을 특정한 방식으로 해석하고 의미를 부여)에 경청한다. 문제 이야기를 해체([ㄴ]. 개인적 삶의 이야기에 포함된 복합적인 내용을 파악)하고 대안 이야기를 구축함([ㄷ]. 개인이 속한 사회적 전제는 자신을 보는 방식에 영향을 미침)으로써 가족의 문제를 해결한다.

[ㄱ], [ㄴ], [ㄷ], [ㄹ] 모두 옳은 내용이다.

65

답 ⑤

해 가족상담사의 윤리는 사생활과 비밀보장의 원칙, 내담자의 자율성 존중, 다중관계(사적인 친밀관계, 성적 관계, 동업자 관계) 금지 등이 있다.

cf) **⑤ 상담내용을 학술연구에 활용할 경우에는 내담자의 동의를 구해야 한다.**

66

답 ③

해 전략적 가족치료는 MRI의 상호작용 모델[잭슨(Don Jackson), 바츨라비크(Paul Watzlawick)], 헤일리(Jay Haley)의 전략적 구조주의 모델, 밀란학파의 체계적 모델[셀비니-파라졸리(MaraSelvini-Palazzoli)], 마다네스 모델 등이 있다.

cf) **패터슨, 리버만, 스튜어트는 인지행동주의 가족치료 이론가**이다.

67

답 ②

해 이야기치료의 기법은 문제의 외재화, 사람과 문제 중 누가 책임이 있는지 찾기, 문제 이야기의 행간 읽기, 독특한 결과 찾기(독특한 결과 탐색), 전체 이야기 다시쓰기(대안적 이야기 찾기), 새로운 이야기 강화하기, 파괴적 담화 해체하기(문제 해체하기)로 이루어져 있다.

② 경계의 명료화는 구조적 가족치료 기법이다.

68

답 ①

해 추적(Tracking)이란 미누친의 구조적 가족상담 기법으로 상담자가 가족구조를 지각하고 분석할 때, 가족구조를 의도적으로 지지해주는 방법이다. 가족이 지금까지 해 온 의사소통과 행동을 존중하며 가족의 흐름에 방해하지 않고 따라가는 것이다. 이때 가족원이 계속 말을 할 수 있도록 물어보고 지지함으로써 가족에게 합류한다.

🗵 문항분석

② 관찰 : 치료자의 개입이 없는 상태에서 가족의 상호작용을 보는 것이다.
③ 모방 : 치료자가 가족의 행동, 속도, 감정 흉내 내는 것이다.
④ 연합 : 제휴의 종류에는 두 사람이 제 3자에게 대항하기 위하여 제휴하는 연합(coalition)과 두 사람이 제 3자와 공동의 목적 달성을 위해 제휴하는 동맹(alliance)의 2가지가 있다.
⑤ 균형 : 가족 내에서 지위나 권력의 구조이다.

69

답 ⑤

해 해결중심 단기 가족상담 - 과거 문제 발달사보다 내담자의 강점이나 건강한 특성 및 성공경험에 초점을 둔다.

70

답 ⑤

해 노년기는 자녀의 결혼, 퇴직, 배우자의 죽음 등 가족구성원이 감소하여 사별과 혼자 사는 것에 적응해야 하는 시기이다.

71

답 ①

해 증상처방과 의식(ritual)은 전략적 가족상담기법이다.

[ㄱ]. 증상처방 : 환자가 증상을 포기하거나 또는 증상이 자율적인 통제 아래 있다는 것을 인정하도록 하는 역설적 기법이다. 예를 들어, 아이를 과보호하는 어머니에게 '보다 더 보호하라'고 한다.

[ㄴ]. 의식(ritual) : 가족게임을 과장하게 인식하도록 하는 기법이다. 예를 들어, 아내를 비난하는 남편에게 일주일에 하루 시간을 정해놓고 아내를 비난하는 시간을 갖도록 한다.

✔오답노트

ㄷ. 기적질문 : 해결중심 가족상담의 질문 기법이다. 예를 들어, '3일 후에 지금 겪고 있는 불안감이 해결되었다면 어떻게 알 수 있을까요?'라고 한다.
ㄹ. 재정의(재명명) : 증상을 바라보는 가족의 시각을 긍정적 의미로 바꾸는 전략적 가족상담 기법이다. 예를 들어, '자녀의 우울증이 가족을 보호하는 기능을 하고 있어요'라고 말한다.

72

답 ④

해 가족 사정에서의 양적 평가 모델은 ENRICH 모델, 가족모델 환경(FES), BEAVERS모델, 올슨의 순환모델, McMaster 모델 등이 있다.

cf) ④ 올슨(D. Olson)의 순환모델은 가족기능을 응집성과 적응성, 의사소통으로 평가한다.

73

답 ④

해 가족사정이란, 가족 내부 및 외부 체계 그리고 이들 간의 상호작용을 파악하기 위해 자료를 수집, 분석, 종합하여 가족에 대한 개입을 계획하는 것이다. 구체적인 가족 사정을 위해 가족 자료의 해석, 의미부여, 가족문제의 규정, 개입방향의 결정을 포함한다. 가족에 대한 자료 수집은 동시에 일어나며 순환적으로 진행하고 가계도, 생태도, 생활력 도표 등이 가족 사정도구로 활용된다.

74

답 ①

해 IP는 15세의 여자이다.

① IP는 부와 정서적으로 소원하다(- - - - - - - - - - - - -).

② IP의 모와 외조모는 갈등관계이다(∧∧∧∧∧∧∧).

③ IP의 부와 친조모는 밀착된 관계이다(═══════════ 과잉밀착(over involvement)).

④ IP의 외조부모는 정서적으로 단절되어 있다(____||____).

⑤ IP의 조부와 부에게 알코올 문제가 이어지고 있다(◨).

75

답 ⑤

해 미누친의 구조적 가족상담의 목표는 가족의 재구조화이다. 가족은 부모, 부부, 부모-자녀, 형제자매의 하위체계를 가진다. 경계선은 직접 보이지 않으나 개인과 하위체계 간 접촉의 양과 종류를 구분하는 선이다. 가족의 순기능을 위해서는 경계선이 명료해야 한다. 자녀독립기에 명확하고 독립적인 경계선을 확립하도록 하지 않으면 부모에게 계속 의존하게 된다. 기능적 가족은 부모의 위계구조 아래 자녀의 위계구조가 위치한다.

⑤ 경계선이 밀착된 가족은 애매한 경계선을 가지며 부모가 자녀에게 적절한 권력을 행사하지 못하고 가족 구성원 간 서로 지원하고 염려해주지만 독립과 자율성이 부족하므로 적절한 하위체계의 분리를 이루어야 한다.

MEMO

정답 및 해설

1교시

2교시

2022

제1과목　청소년 상담의 이론과 실제 (필수)

01	④	02	③	03	④	04	②	05	⑤
06	②	07	⑤	08	③	09	②	10	⑤
11	②	12	①	13	②	14	④	15	③
16	①	17	③	18	①	19	①	20	⑤
21	⑤	22	④	23	④	24	③	25	③

01

답 ④

해 비자발적인 청소년 내담자의 경우 대체로 자신의 의사와는 상관없이 부모나 교사 및 타인에 의해 상담실을 방문한다. 이들은 상담의 필요성이나 문제해결의 동기가 약하므로 문제에 대한 책임감이 없거나, 자신의 문제를 인정하지 않는 경향이 있다. 그래서 가능한 한 상담을 빨리 끝내려고 상담자에게 저항한다. 따라서 상담자는 상담 신청 경위를 탐색하고 원치 않음에도 상담에 오게 된 내담자의 마음을 수용하고 공감한다. 내담자의 긍정적인 측면을 부각시켜 인정해 주고, 상담의 내담자의 심리적 어려움을 해소할 수 있도록 돕는 것임을 안내한다. 또한 상담자의 역할에 대해 알려주고 상담에 대한 구조화, 비밀보장의 윤리에 대해 안내한다.

④ 내담자가 하는 말의 진위 여부를 확인하는 것보다 내담자의 어려움을 들어주고 공감해주는 것이 중요하다.

02

답 ③

해 상담의 초기 단계에 이루어지는 내용은 접수면접, 상담의 구조화, 라포 형성, 비밀보장과 비밀보장의 한계에 대한 설명, 내담자에 대한 정보 수집 및 심리평가, 사례개념화, 상담 목표 설정 등이다.

[ㄹ]. 내담자 문제에 대한 심층적인 해석은 상담의 중기 단계에서 이루어진다.

03

답 ④

해 개인심리학의 상담기법으로는 역할놀이(마치 ~ 인 것처럼), 단추 누르기, 수프에 침 뱉기, 과제 설정하기, 역설적 의도 등이 있다.

✓오답노트

① 정신분석 - 직면, 해석, 전이, 통찰, 훈습

　cf) 현실치료 - 유머 사용, 역설적 기법, 직면

② 인지치료 - ABC 기법, 자동적 사고, 중간신념, 핵심신념

　cf) 생활양식 분석 - 아들러의 개인심리상담

③ 의미치료 - 탈숙고, 역설적 기법

⑤ 이야기치료 - 문제의 외현화, 외부증인 활용, 지배적 이야기의 해체, 대안적 이야기의 구축, 긍정적 정체성 강화

　cf) 과제부여 - 미누친의 구조적 가족치료

04

답 ②

해 분석심리학의 심리치료 단계는 고백단계, 해석단계, 교육단계, 변환단계이다.

　② 내담자의 무의식적 의미를 해석하고 통찰을 촉진하는 것은 해석단계이다. 각 단계에 대한 설명은 다음과 같다.

---

1) 고백단계

　내담자가 자신의 억제된 감정이나 숨겨왔던 비밀 등을 치료자에게 털어놓고 토로하며 공유하는 과정을 의미한다.

2) 해석단계

　꿈, 환상, 전이, 억압된 소망 등의 무의식적 의미를 해석함으로써 내담자로 하여금 자신의 무의식 세계에 대한 이해를 확장하고 심화시키는 과정을 뜻한다.

3) 교육단계

　정신분석의 훈습과 유사한 것으로서 무의식의 통찰을 구체적인 현실 속에 적용하여 행동의 변화를 촉진하는 과정이다.

4) 변환단계

　치료자와 내담자의 깊은 인격적 교류를 통해서 내담자의 심오한 변화가 생성되는 과정을 의미한다.

출처: 임상심리사 1급 실기 기출문제집, 나눔book

05

답 ⑤

해 변증법적 행동치료(Dialectical Behavior Therapy, DBT)란 정서조절장애 치료를 위해 마샤 리네한(Marsha Linehan)이 개발한 것으로 자살, 경계선 성격장애, 섭식장애, 치료 거부적 우울증, 약물남용, 기타 다양한 정신장애를 가진 성인뿐만 아니라 자살위기에 처한 청소년 치료를 위해서도 효과적이다. DBT의 목표는 회복탄력성을 증진시키고 가치 있는 삶을 경험하도록 도와준다. 또한 우리 앞에 놓인 상황을 어떻게 변화시켜 나갈 것인지와 어떻게 수용할 것인지를 통합하는 방법을 가르쳐 준다. 구체적으로 우리가 매 순간을 있는 그대로 수용하며 어떻게 살아가야 할지 가르쳐 준다. 우리가 원치 않는 감정, 생각 그리고 정서적 고통을 인정해줌으로써 내담자 스스로 자신의 경험을 온전히 받아들이고 극단적이고 강렬한 정서를 바라보고 알아차리도록 한다. 이러한 감정의 홍수를 버틸 수 있는 여러 가지 방법을 배우고 훈련한다. 그에 덧붙여 감정에 영향을 주는 가장 큰 요인 중 하나인 대인관계 문제들을 해결해 나갈 수 있는 기술을 안내한다.

출처: 이상심리 증상별 사례개념화, 나눔book

06

답 ②

해 내현화 문제에는 불안, 우울, 자살, 사회적 위축, 신체 증상 등이며, 외현화 문제에는 일탈, 공격행동, 충동성, 규칙 위반 등이 있다.

cf) 자살은 내현화(우울 등)와 관련된 문제이다.

07

답 ⑤

해 아들러는 사회적 관심과 활동수준에 따른 생활양식을 **지배형(the ruling type), 기생형(the getting type), 회피형(the avoiding type), 사회적 유용형(the socially useful type)**으로 설명하였다. 지배형, 기생형, 회피형은 바람직하지 않는 유형으로, 사회적 관심이 부족하다는 공통점이 있으나 활동수준에는 차이가 있다.

cf) 분리형은 틀린 내용이다.

08

답 ③

해 상담 종결 단계에서 이루어지는 내용으로는 **상담목표 달성 여부의 점검, 상담 종결 시점의 논의, 종결에 대한 감정 정리 및 종결 경험 다루기, 추수 상담에 대한 논의** 등이다. 상담 종결 평가 요인은 목표성취, 전반적 긍정적 변화, 기간 종료, 예상 기간의 지나친 초과, 상담 비효과성, 내담자의 종결의사, 무의식적 갈등, 내담자 사정, 상담자 사정 등이다.

> [ㄴ]. 상담목표에 부합하는 전략 수립 – 계획단계
> [ㄷ]. 정서 및 행동 패턴 파악 – 사정단계

09

답 ②

해 토큰강화는 프리맥(Premack)의 원리를 적용한 기법이라기보다는 강화의 원리를 적용한 것이다.

> 프리맥의 원리(Premack's principle)란 선호하는 반응은 덜 선호하는 반응을 강화하여 행동의 발생 빈도를 증가시킬 수 있다는 원리이다. 예를 들어 축구를 좋아하는 학생에게 숙제를 다하면 축구하게 해주겠다고 하는 것이다. 반면 토큰 경제는 강화의 원리를 이용하여 행동변화를 일으키는 것이다. 바람직한 행동들에 대한 체계적인 목표를 정한 후, 행동이 이루어질 때 그에 상응하는 보상(토큰)을 하는 기법이다. 예를 들어 조현병 환자에게 매일 아침 침대를 정리하면 토큰을 줌으로써 환자들이 토큰을 모아 원하는 것을 매점에서 살 수 있도록 함으로써 정리하는 습관을 가질 수 있게 하는 것이다.

10

답 ⑤

해 자살 사고가 있는 청소년은 자신의 상황이 부모에게 알려지는 것을 원치 않는다. **상담자가 부모에게 자살 사고 사실을 알려야 한다고 내담자를 밀어붙일 때 내담자는 상담자에게 공감 받지 못한다는 생각을 하게 되고 상담을 그만둘 수도**

있다. 상담자는 죽음을 생각할 만큼 힘든 내담자의 마음을 공감하고 자살을 생각하게 된 어려움이 무엇인지 구체적으로 살펴보고 자살의 위험성을 평가한다. 또한 부모에게 알리고 싶지 않은 이유를 탐색하고 비밀유지 예외상황에 대해 고지한 후 내담자 스스로 부모에게 이 사실을 알리도록 권유한다.

11

답 ②

해 내담자 A는 상담자에게 상담의 효과를 느끼지 못한다고 불만을 이야기하고 있다. 이때 **상담자는 [내가 내담자 A를 충분히 이해하지 못하고 있다는 생각이 들어서 안타깝다]고 현재형으로 진술하여 지금-여기의 자신의 경험을 드러내고 있다.**

12

답 ①

해 **직면기법은 내담자의 사고, 감정, 행동에 있는 불일치나 모순을 드러내는 것이다.**

cf) 명료화는 내담자의 불분명하고 추상적인 이야기를 보다 더 구체화하기 위한 기법이다.

13

답 ②

해 해결중심상담의 질문기법으로는 척도질문, 대처질문, 예외질문, 기적질문, 과정질문, 악몽질문 등이 있다.

② 문제 보기의 [지난 일주일 동안 문제가 일어나지 않은 때는 언제였나요?, 문제가 발생하지 않았다는 것을 어떻게 알 수 있나요?, 힘든 시기에도 좋은 기분을 느낄 수 있었던 때가 있었나요?]의 내용은 **내담자가 문제로 생각하고 있는 행동이 일어나지 않는 상황에 대한 질문으로 예외질문이다.**

실력다지기 | 해결중심 상담의 질문기법

해결중심 상담의 질문기법은 상담사가 문제와 해결방법을 제시하는 과정에 능동적으로 참여하는 것을 말한다.

1) 첫 상담 전 변화에 관한 질문 : 내담자가 상담 약속을 한 후 상담을 받으러 오기 전에 문제 상황에 변화가 일어났음을 전제로 내담자에게 질문을 한다. '상담약속을 잡으신 후 문제에 변화를 일으킨 어떤 행동을 했습니까?'와 같은 질문을 통해, 내담자 스스로 변화하고 있음을 격려한다.

2) 예외질문 : 내담자가 살아오면서 지금 문제로 지목하는 그 일이 문제가 되지 않았던 때가 있었다고 전제하고 예외적인 상황을 탐색한다.

cf) 'oo님께서 지금까지 살면서 문제가 일어나지 않거나 덜 심각한 때는 언제입니까?'

3) 기적질문 : 상담자는 '하룻밤 사이에 기적이 일어나 당신의 문제가 해결된다면 당신은 그것을 어떻게 알 수 있으며, 무엇이 달라질까요?'라고 질문하고 내담자에게 문제가 아직 있는 것을 알지만 달라질 것을 실행해보도록 한다.

4) 척도질문 : 0에서 10까지의 척도를 통해 내담자의 변화를 세밀하게 관찰하고 내담자가 문제에 완전하게 패배한 것이 아니라는 점을 내담자에게 알려주기 위해 사용한다.

cf) '오늘 여기 가지고 오신 문제가 전부 해결이 되어 최상의 상태가 될 때를 10점이라고 하고, 지금까지 경험했던 것 중에 가장 힘든 상태가 1점이라고 한다면, 지금은 몇 점이나 될까요?'

5) 대처질문 : 자신과 자신의 미래를 절망적으로 보는 내담자에게 '그런 심각한 문제를 가지고 어떻게 지금까지 지내올 수 있었는지' 질문하면서 내담자가 대처해 온 경험에 대해서 격려하고, 내담자가 스스로 자신이 대처기술을 가졌음을 깨닫게 된다.

5) 관계성질문 : 내담자와 중요한 관계에 있는 사람들이 자신을 어떻게 보고 있을 것인가를 질문하면서 자신에게 중요한 타인의 입장에서 자신을 보게 되면서 변화의 가능성을 만들어낼 수 있다.

cf) '아들이 귀가가 늦는다고 어머니께 전화하면, 아들은 어머니께서 어떻게 반응하기를 바랄까요?'

7) 첫 회기 과제 공식질문 : 첫 회기와 둘째 회기 사이에 내담자가 수행하도록 상담자가 부여하는 과제의 형식을 말한다. '지금부터 다음번 우리가 만날 때까지 당신에게서 앞으로 계속 일어나기 원하는 어떤 일이 일어나는지를 관찰해보세요'라고 하고, 두 번째 회기에서 내담자에게 무엇을 관찰했으며 앞으로 어떤 일이 일어나기를 바라는 지를 질문한다.

14

답 ④

해 청소년상담자가 갖추어야 할 자질은 전문적 자질(주요 상담이론에 대한 이해 능력, 상담기법을 활용하는 능력, 상담 윤리강령의 숙지, 심리검사에 대한 전문성, 청소년 정책에 대한 이해와 적용 능력, 자신과 타인의 감정이해)과 인간적 자질(인간에 대한 깊은 이해와 존중, 상담에 대한 열의, 상담자 자신을 인정하고 돌봄, 상담자 자신의 심리적 안정과 조화, 내담자의 미성숙한 행동의 이해와 수용 능력, 올바른 가치관의 수용, 타인에 대한 열린 마음)이다.

cf) ④ 전문적인 상담용어 사용은 청소년상담자의 자질로 옳지 않다.

15

답 ③

해 청소년상담 방법은 1:1의 개인상담뿐만 아니라 소규모 또는 대규모 형태의 집단교육 및 훈련, 컴퓨터나 전화 등을 이용한 매체상담 등 다양한 방법을 활용한다.

③ 정신병리 문제나 자살 및 자해 등 고위기 내담자의 경우 대면상담이 적합하다.

16

답 ①

해 인간중심상담에서 상담자와 내담자의 성장촉진적 관계를 위해서는 상담자의 무조건적 긍정적 존중, 공감, 진솔성이 요구된다. 이 중 진솔성은 상담관계 촉진을 위한 상담자의 태도이다. 진솔성은 상담자 자신의 내면에서 일어나는 다양한 경험에 대해 개방적이며 상담자 자신의 수치스럽거나 혼란스러운 감정도 부정하지 않고 수용하는 것이다. 상담자의 진솔성은 내담자의 현재 문제가 아니라 내담자 존재 자체에 관심을 갖고 내담자의 성장과정을 도와 현재 직면하고 있는 문제들과 앞으로의 문제들에 더 잘 대처할 수 있도록 도와준다.

17

답 ③

해 청소년 상담자의 태도에 대한 오답 노트는 다음과 같다.

✔오답노트

① 내담자에게 도움이 되는 적합한 상담이론을 사용한다.
② 내담자를 이해하기 위해 상담 초기에 심리검사를 실시할 수 있지만, 내담자가 원치 않는다면 하지 않는다.

---

④ 내담자의 연령과 발달수준을 고려하여 적합한 상담기법을 사용하였다.

⑤ 청소년 내담자의 고민이나 문제행동이 부모의 양육태도나 자녀이해가 부족한 경우, 또는 부모와의 갈등 등의 경우로 부모상담이 내담자에게 도움이 될 경우 실시한다.

18

답 ①

해 게슈탈트상담에서 접촉-경계 혼란의 종류는 내사, 투사, 융합, 반전, 편향, 자의식 등이 있다. 반전이란, 개체가 타인에게 하고 싶은 행동을 자기 자신에게 하는 것, 혹은 타인이 자기에게 해 주기를 바라는 행동을 스스로 자기 자신에게 하는 것이다. [내담자 A는 엄마가 밉고 화가 나는 것을 스스로의 머리를 때리며 화를 낸다.] 이러한 경우를 반전이라고 한다.
편향이란, 개체가 환경과의 접촉을 피해 버리거나 혹은 자신의 감각을 둔화시켜 버림으로써 환경과의 접촉을 약화시키는 것이다. [내담자 B는 엄마와의 관계에 대한 불편을 해결하려기보다 회피하려고 한다.] 이러한 경우를 편향이라고 한다.

19

답 ①

해 청소년상담사 윤리강령에 명시된 '전문가로서의 책임'은 다음과 같다.

1) 청소년상담사는 청소년 기본법에 따라 청소년의 권리와 책임을 다 할 수 있게 지원해야 한다.

2) 청소년상담사는 자기의 능력 및 기법의 한계를 인식하고, 전문적 기준에 위배되는 활동을 하지 않도록 한다.

3) 청소년상담사는 검증되지 않고 훈련 받지 않은 상담기법의 오·남용을 하지 않도록 유의한다.

4) 청소년상담사는 청소년과 관련된 정책, 규칙, 법규에 대해 정통해야 하고 청소년 내담자를 보호하며 청소년 내담자가 최선의 발달을 이루도록 노력해야 한다.

✓오답노트

▶청소년상담사 윤리강령에 명시된 '다중관계'는 다음과 같다.

1) 청소년상담사는 법적, 도덕적 한계를 벗어난 다중관계를 맺지 않는다.

2) 청소년상담사는 내담자와 연애 관계 및 기타 사적인 관계를 맺지 않는다.

3) 청소년상담사는 내담자와 상담 비용을 제외한 어떠한 금전적, 물질적 거래 관계도 맺지 않는다.

4) 청소년상담사는 내담자와 상담 이외의 다른 관계가 있거나, 의도하지 않게 다중관계가 시작된 경우에는 적절한 조치를 취해야 한다.

▶청소년상담사 윤리강령에 명시된 '내담자의 권리와 보호'는 다음과 같다.

1) 청소년상담사는 내담자의 복지를 증진하고 존엄성을 존중하는 것에 최우선 가치를 둔다.

2) 청소년상담사는 내담자가 상담 계획에 참여할 권리, 상담을 거부하거나 개입방식의 변경을 거부할 권리, 거부에 따른 결과를 고지 받을 권리, 자신의 상담 관련 자료를 복사 또는 열람할 수 있는 권리 등을 보장해주어야 한다. 단, 기록물에 대한 복사 및 열람이 내담자에게 해악을 끼친다고 판단될 경우 내담자의 기록물 복사 및 열람을 제한할 수 있다.

3) 청소년상담사는 외부 지원이 적합하거나 필요할 때 의뢰를 요청할 수 있으며 이를 청소년 내담자 및 보호자(만 14세 미만 내담 청소년의 경우)에게 알리고 서비스를 받을 수 있도록 노력한다.

4) 청소년상담사는 자신의 질병, 죽음, 이동, 퇴직 등으로 인하여 상담을 중단해야 하는 경우 이에 대한 적절한 조치를 취해야 한다.

5) 청소년상담사는 청소년 내담자에게 무력, 정신적 압력 등을 사용하지 않는다.

20

답 ⑤

해 모두 옳은 내용이다.

지역사회청소년통합지원체계(CYS-Net) 필수연계 기관은 지방자치단체, 시·도 교육청 및 교육지원청, 각급 학교, 청소년비행예방센터, 경찰관서, 지방고용노동관서, 공공보건의료기관 및 보건소, 청소년복지시설 및 청소년지원시설, 학교 밖 청소년 지원센터, 보호관찰소 등이다.

실력다지기

청소년복지 지원법령상 지역사회 청소년통합지원체계(청소년안전망) 구성 시 반드시 포함하여야 하는 필수연계기관별 협력의무는 다음과 같다.

1) 지방자치단체 : 통합지원체계(청소년안전망)의 활성화를 위하여 필수연계기관의 활동을 상호 연계하거나 협력을 촉진하기 위한 조치의 추진

2) 시·도 교육청 및 교육지원청 : 관할지역 안의 학교폭력, 학업중단 등 위기상황에 처한 학생에 대한 상담 지원 의뢰 및 학교 내 상담 활성화를 위한 협조

3) 각급 학교 : 해당 학교의 학생이 학교폭력 등 위기상황, 학교부적응 등의 사유로 결석하거나 자퇴를 희망하는 경우 또는 그 밖에 전문적인 상담서비스의 제공이 필요하다고 판단되는 경우 상담지원 의뢰

4) 청소년비행예방센터 : 위기청소년에 대한 비행예방교육 및 상담활동 협조

5) 경찰관서 : 가출 등으로 위기상황에 처한 청소년을 발견한 경우 보호 의뢰 및 긴급구조를 필요로 하는 위기청소년에 대한 구조 협조

6) 지방고용노동청 : 위기청소년에 대하여 직업훈련 또는 취업지원을 요청하는 경우

7) 공공보건의료기관 및 보건소 : 위기청소년에 대하여 진료 또는 치료지원을 요청하는 경우

8) 청소년복지시설 및 청소년지원시설 : 청소년에 대한 일시·단기 또는 중장기적 보호 협조

9) 학교밖청소년지원센터 : 위기청소년에 대하여 「학교 밖 청소년 지원에 관한 법률」에 따른 업무에 관한 지원을 요청하는 경우

10) 보호관찰소 : 보호관찰 대상 청소년에 대하여 전문적인 상담·복지서비스의 제공이 필요하다고 판단되는 경우 상담·복지지원 등의 의뢰

21

답 ⑤

해 합리정서행동상담에서 인지적 기법은 비합리적 신념 논박하기, 인지적 과제 주기, 내담자의 언어를 변화시키기, 독서요법, 자조서(self-help book) 읽기 등이 있다.

⑤ 자기표현 훈련하기는 행동적 기법에 가깝다.

◇ 부연

합리정서행동상담에서 역할연기는 정서적 요소와 행동적 요소가 모두 포함되어 있다. 내담자가 자신의 말을 통해 스스로 혼란을 야기하는 것과 자신의 부적절한 가정을 적절한 감정으로 변화시킬 수 있다는 것을 보여주기 위해 상담자 개입한다. 내담자는 어떤 행동을 시연함으로써 그 상황에서 느끼는 것을 알아볼 수 있다. 내담자는 행동시연을 통해 비합리적 신념과 이에 따른 감정의 관계를 탐색할 수 있다.

22

답 ④

해 임의적 추론이란 충분한 근거도 없이 막연히 느껴지는 감정에 근거하여 결론을 내리는 오류이다. 예를 들어 '내가 그렇게 느껴지는 것을 보니, 사실임에 틀림없다.', '불길한 느낌이 들어 일이 잘못된 게 틀림없어.'라고 생각하는 경우에 해당한다. **내담자는 여자 친구가 연락을 자주 하지 않는 것을 자신과 헤어지려고 하기 때문이라고 임의적 추론을 하고 있다.**

23

답 ④

해 [ㄹ]. 기적질문이란 문제가 해결된 상황을 상상해봄으로써 해결하기를 원하는 것을 구체화하는 것이다. 예를 들어 "잠자는 동안 기적이 일어나 당신을 연기에 오게 한 그 문제가 극적으로 해결되었습니다. 아침에 일어나 지난 밤 기적이 일어나 모든 문제가 해결되었다는 것을 어떻게 알 수 있을까요?"라고 질문하는 것이다. 따라서 보기의 [ㄹ]. 기적질문은 **문제의 원인을 파악하는 것이 아니라, 문제해결하기 원하는 것을 파악하는 것이다.**

실력다지기 **해결중심상담의 기본원리**

1) 건강하고 긍정적인 것에 초점 둔다.
2) 강점, 자원, 증상까지 치료에 활용한다.
3) 탈이론, 비규범, 내담자 견해 존중한다.
4) 간단하고 단순한 방법을 선호한다.
5) 변회는 불가피하고, 변화는 항상 일어나고 있으며 작은 변화를 통해 큰 변하를 날성한나
6) 현재에 초점을 맞추고 미래지향적이다.
7) 내담자와의 협력관계를 중요시한다.
8) 효과가 있다면 계속 더 하고, 효과가 없다면 다른 것을 시도한다.
9) 상담은 긍정적인 것, 해결책 그리고 미래에 초점을 둘 때 원하는 방향으로 변화를 촉진한다.
10) 고민이나 문제를 정상적인 개념으로 재진술하면 문제해결의 가능성이 열린다.
11) 상담자와 내담자는 모든 문제에서 예외를 찾아낼 수 있으며, 예외를 해결책으로 사용한다.
12) 사람들은 자신의 문제를 해결할 자원을 가지고 있다.

24

답 ③

해 현실치료에서는 내담자의 행동변화를 유도할 수 있는 구체적인 상담절차모형(우볼딩, WDEP모형)을 제시하고 있다.

1) 제1단계 : Want : 바람, 욕구, 지각 탐색하기
  (1) 자신이 원하는 것을 정확하게 이해할수록 그것을 얻을 수 있는 가능성도 높아진다.
  (2) 진정으로 원하는 것이 무엇인지 적어보고, 가장 원하는 것부터 상대적으로 덜 중요한 바람까지 순서를 정해본다.
  (3) 각각의 바람이 얼마나 실현가능한지도 생각해본다. 이를 통해 내담자가 자신의 바람을 명확하게 인식하게 한다.
2) 제2단계 : Doing : 현재의 행동 파악하기
  (1) 내담자의 전 행동을 탐색하는 과정으로 현재 행동을 탐색한다.
  (2) 하루의 일과를 살펴보고 다른 사람들과 어떻게 소통하는지, 시간은 어떻게 사용하고 있는지 등을 확인한다.
3) 제3단계 : Evaluation : 바람, 행동, 계획 평가하기
  (1) 이전 단계에서 관찰한 자신의 행동이 어떤 도움 혹은 해가 되는지 평가한다.
  (2) 현재의 행동들이 자신이 진정으로 원하는 것을 얻는 데 도움이 되는지 또는 해가 되는지 자기평가를 한다.

  • 당신이 원하는 것이 현실적이고 실현 가능한 것입니까?
  • 지금 하고 있는 것이 당신이 원하는 것을 얻는 데 도움이 됩니까?
  • 상담의 진행과 당신의 변화에 대해 어떻게 약속하시겠습니까?

4) 제4단계 : Planning : 행동 계획과 실천하기
  (1) 자신이 진정으로 원하는 것을 얻을 수 있도록 새로운 계획을 세운다.
  (2) 이러한 계획은 구체적이고(언제, 무엇을, 어디서, 얼마나 할 것인가) 현실적이어야 하며, 즉시 실행할 수 있는 것이어야 한다.
  (3) 반복해서 할 수 있는 계획을 세우는 것이 좋다.

25

답 ③

해 교류분석상담은 상담계약 → 구조분석 → 교류분석 → 게임분석 → 각본분석 → 재결단의 단계를 거친다.

[암기법] : 구교계각

1) 상담계약 : 내담자의 현재 행동이 자신의 삶에 미치는 부정적인 영향을 파악하고 치료계획 수립을 통해 변화하고자 하는 책임을 강조하며 상담계약을 맺는다.
2) 구조분석 : 내담자의 자아상태(부모 자아, 성인 자아, 어린이 자아)를 분석한다.
3) 교류분석 : 내담자의 교류 패턴(상보교류, 교차교류, 이면교류)을 분석한다.
4) 게임분석 : 내담자가 타인과 주고받는 게임(박해자, 구원자, 희생자)을 분석한다.
5) 각본분석 : 내담자의 인생 각본을 분석한다.
6) 재결단 : 내담자에게 남아 있는 인생 각본을 변화시키고 자신의 문제를 스스로 결정하고 책임지며 자율성을 성취하여 통합된 어른 자아를 확립한다.

제2과목　상담연구방법론의 기초(필수)

26	②	27	③	28	③	29	①	30	①
31	⑤	32	⑤	33	②	34	④	35	④
36	③	37	④	38	⑤	39	⑤	40	①
41	④	42	②	43	②	44	④	45	③
46	②	47	③	48	①	49	⑤	50	③

26

답 ②

해 중심 극한 정리(central limit theorem)란, 표본을 사용하여 모수를 추정할 경우 모집단의 실제분포와 상관없이 표본의 수가 많다면(적어도 30사례 이상) 표본평균의 표본분포는 정규분포(normal distribution)에 근접한다는 것이다.

---

* 참고

① 베이즈 정리(Bayes' theorem)

　사건 B가 발생함으로써(사건 B가 진실이라는 것을 알게 됨으로써, 즉 사건 B의 확률 P(B)=1이라는 것을 알게 됨으로써) 사건 A의 확률이 어떻게 변화하는지를 표현한 정리이다. 따라서 베이즈 정리는 새로운 정보가 기존의 추론에 어떻게 영향을 미치는지를 나타낸다.

③ 베르누이 시행(Bernoulli trial)

　확률론과 통계학에서 임의의 결과가 '성공' 또는 '실패'의 두 가지 중 하나인 실험을 뜻한다. 다시 말해 '예' 또는 '아니오' 중 하나의 결과를 낳는 실험을 말한다.

④ 구간추정(interval estimation)

　하나의 수치를 구하는 것이 아니라, 추정량의 분포를 이용하여 표본으로부터 모수 값을 포함하리라고 예상되는 구간을 제시하는 것이다.

　cf) 점추정은 말 그대로 모수를 하나의 수치로 추정하고자 하는 것이다.

⑤ 유의수준(level of significance)

　1종 오류의 가능성을 보통 1% 또는 5%로 임계값(critical value)을 설정하고 귀무가설을 채택하거나 기각하는데 이를 유의수준(significance level)이라고 한다. 예를 들어, 유의수준 5%란 표본을 추출해서 나온 검정통계량(차이 또는 효과)이 우연히 나타날 확률 5% 미만이라는 의미이다.

27

답 ③

해 이항분포 검정(Binomial test)은 결과가 두 가지 값을 가지는 확률변수의 분포를 판단하는데 효과적이며, 이산변량을 대상으로 한다. 즉, 명목척도로 측정된 점수를 토대로 이항분포 검정을 실시한다.

　③ 서열척도로 측정된 점수를 토대로 변동계수 계산과 같은 통계분석은 불가능하다. 서열척도로 측정된 점수를 토대로 빈도분석, 카이제곱 분석(chi-square), 스피어만(Spearman) 서열(순위)상관분석을 실시할 수 있다.

> ▶변동 계수(변동의 정도를 표시하는 통계량, coefficient of variation)를 계산하는 방법
>
> 변동 계수 = 표본 표준편차/표본 평균(%)
>
> 표본 표준편차라는 값으로 충분히 변동의 정도를 알 수도 있는데, 표본 표준편차를 표본 평균으로 나누어, 즉 각 변수들의 표본평균으로 나누어 줌으로써 단위의 차이를 제거하고 표준적인 변동의 정도를 알 수 있다. **이는 비율척도에서 사용할 수 있다.**
>
> **등간척도**
>
> 1) 서열척도의 특징인 분류성, 순위성을 포함하면서 등간성이라는 새로운 규칙을 적용하기에 적합한 척도로 예를 들어, 각각의 1, 2, 3, 4 사이의 차이는 양적으로 동일하다.
> 2) 등간척도는 임의의 영점을 지니고, 덧셈법칙은 성립하지만 곱셈법칙은 성립하지 않는다.
> 3) 임의의 영점은 척도의 단위에 있어서 절대적으로 정해진 것이 아니라, 사람들의 합의에 의해서 아무것도 없지 않음(존재함)에도 일정 수준에서 '0'이라는 숫자를 부여한 것을 뜻한다.
> 4) **서열척도에서 구할 수 있는 통계량뿐만 아니라, 등간척도는 평균과 표준편차와 같은 통계량도 할 수 있다.**

⑤ 비율척도에서는 0의 의미를 자의적으로 해석할 수 없다. 절대영점을 지니고 있는 척도가 비율척도이기 때문이다.

실력다지기	척도수준에 따른 통계분석 방법

1)빈도분석

빈도분석은 **명목척도, 서열척도, 등간척도, 비율척도를 사용할 수 있으며,** 대부분 표본의 인구통계학적 특성 등을 확인할 때 사용한다.

2) 신뢰도 분석(Reliability Analysis)

신뢰도 분석은 **등간척도, 비율척도로 구성된 변수에 사용하며,** 설문통계에서 요인분석을 실시한 후, 설문문항의 내적 일관성, 동질성, 신뢰도를 측정하기 위해 사용하는 분석방법이다.

3) 요인분석(Factor Analysis)

요인분석은 **등간척도, 비율척도로 구성된 변수를 사용하며,** 일반적으로 설문통계방법에서 문항의 요인들의 상관관계와 타당성을 검증하고, 공통된 요인의 문항으로 축약하는 분석방법이다.

4) 카이제곱 분석(chi-square)

카이제곱 분석은 **명목척도, 서열척도로 구성된 변수에 대해 교차분석 후,** 집단 간 차이를 확인하는 분석방법이다.

5) t 검정(t-test)

t 검정은 **독립변수가 명목척도, 종속변수가 등간척도, 비율척도로 구성되어 있을 때 사용**하는 분석방법이다.

6) 분산분석(ANOVA)

분산분석(ANOVA)은 **t 검정과 같이 독립변수가 명목척도, 종속변수가 등간척도, 비율척도로 구성되어 있을 때 사용하며,** 3개 이상의 표본의 평균차이 비교를 분석하는 방법이다.

7) 상관분석(Correlation Analysis)

일반적으로 상관분석은 회귀분석의 진행과정에 변수간의 인과관계를 확인하기 위해 사용하는 분석 방법으로 **등간척도, 비율척도는 피어슨(Pearson)의 상관분석을 사용한다.**

(단, **서열척도는 스피어만(Spearman) 서열(순위)상관분석을 실시한다.**)

8) 회귀분석(Regression Analysis)

　회귀분석은 등간척도, 비율척도로 구성된 변수들에 대해(독립변인이 종속변인에 미치는 영향) 인과관계를 파악하기 위한 분석방법으로, 독립변수와 종속변수에 따라 단순회귀분석, 다중회귀분석, 조절회귀분석, 매개회귀분석, 로지스틱회귀분석이 있다.

28

답 ③

해 [ㄷ]. 연구자와 연구대상 사이의 상호작용 중시 : **질적 연구의 특징**

실력다지기

▶**양적 연구의 특징**

1) **사회적 실재는 객관적으로 존재한다고 가정한다.** : 실증주의

2) 기계론적 인과론을 갖고 있다.

3) 행위 또는 관찰 가능한 현상을 주로 연구한다.

4) 모집단 전체 또는 모집단을 대표하는 표본 집단을 대상으로 연구한다. → **연구결과의 일반화 시도**

5) **객관성을 지향(가치중립적)하는 것으로서 가치개입적인 것은 아니다.**

6) 할당표집이나 유의표집과 같은 비확률표집 방법에서도 활용될 수 있지만, 주로 확률표집을 이용하며, 현상들과의 관련성, 즉 상관관계나 인과관계를 탐색할 때 많이 활용된다.

▶**질적 연구의 특징**

1) 해석학 또는 현상학적 인식론의 입장에서 인간을 연구한다. : 해석주의

2) 질적 연구의 목적은 맥락화, 이해, 해석으로, **전형적인 사례를 선별하여 공통된 특성을 뽑아내는 상호주관성(inter-subjectivity)을 이용하여 본질을 파악하는 것이 목적이다.**

3) 현상을 관찰한 후 이론을 세우는 귀납적인 방식을 취하며, 연구 윤리가 강조된다.

4) 질적 연구는 연구자의 가치가 개입될 수 있다.

29

답 ①

해 군집표집(cluster sampling)은 확률표집이다.

확률표집	비확률표집
• 단순무선표집 • 계통표집(체계표집) • 군집표집(집락표집, 덩어리표집) • 층화표집(유층표집) • 행렬표집	• 목적표집(의도적 표집, 유의표집, 판단표집) • 편의표집(우연적 표집) • 눈덩이표집(누적표집) • 할당표집

30

답 ①

해 경험적으로 관찰된 개별 사례나 현상에 근거하여 일반적인 사실을 추론하고 이를 토대로 이론을 구성하는 방법은 **귀납법이며, 이는 질적 연구에서 활용한다.**

---

1) 연역적 방법은 현상의 관찰로부터 가설을 설정하고, 그 가설을 검증하는 과정을 통하여 이론이나 자연법칙을 이끌어내는 과학적 방법이다.
2) 연역적 방법은 양적연구 방법을 사용하여 실험을 통한 가설검증으로 이루어진다.
3) 연역적 접근법에서는 기존 이론에 관한 분석이 필요하다.
4) 귀납적 방법은 가설을 설정하지 않고, 관찰(탐색)을 통해 현상을 파악한다.
5) **귀납적 방법은 경험적 관찰을 통해 다양한 개별 사례를 수집하여 정리하고 분석한 후, 이론을 도출하여 잠정적인 이론을 내리는 질적연구방법을 사용한다.**
6) 귀납적 접근법은 현실세계에 대한 관찰을 통해 경험적 일반화를 추구한다.
7) 연역적 접근법은 **가설검증**에, 귀납적 접근법은 **탐색적 연구**에 주로 사용된다.
8) 연역적 접근법과 귀납적 접근법은 **상호보완적**으로 사용된다.

31

답 ⑤

해 신뢰수준과 관련한 Z값의 제곱값과 ② 모집단의 표준편차 제곱값을 곱한 값을 ③ 허용오차의 제곱값으로 나눈 값을 표본의 크기로 정한다.[1] 또는 Z값과 모집단의 표준편차(σ)를 곱한 값을 허용오차(E)값으로 나눈 결과를 제곱한 것이다.

---

1) 조사하고자 하는 변수의 분산값이 클수록 표본의 크기가 커야 한다.
2) 추정치에 대한 높은 신뢰수준을 원할수록 표본의 크기가 커야 한다.
3) 최대 허용오차(오차의 한계)가 작을수록 표본의 크기가 커야 한다.

📄 사례

어느 과자 회사에서 생산하는 A과자의 평균용량은 250g으로 알려져 있다. 그래서 실제로 그러한지를 알아보려고 하는데, 평균에 대해서 허용할 수 있는 오차는 10g으로 설정하였다. 그리고 과거의 데이터를 분석해보니 표준편차는 30g이라고 한다. 이때 신뢰수준 90%에 적합한 표본크기를 구하시오.

풀이) 90%의 신뢰수준이기에 $Z_{\alpha/2}$ = 1.645이고 σ = 30이다. 그리고 허용오차 E = 10이므로, 공식을 사용해서 문제를 풀어보면 24.3542가 나온다. 그래서 적당한 표본크기는 25개라는 것을 알 수 있다.

$$공식 : 표본크기(n) = \{(Z_{\alpha/2} \times \ ) / E\}^2$$

✳ 참고

표본크기 결정요인

표본의 크기에 영향을 미치는 요인으로는 **모집단의 표준편차, 모집단의 동질성, 이론 및 표본설계, 자료수집의 방법 및 분석방법(연구방법에 따른 연구유형), 분석할 범주, 통계적 방법(통계적 검정력, 신뢰구간 접근법 등), 최대 허용오차** 등이 있다.

---

1 출처 : https://math100.tistory.com/56

32

답 ⑤

해 주로 기존의 이론적 체계나 선행연구에 근거해서 수행되는 것은 **연역법으로 이는 양적연구에서 이루어진다.**

실력다지기

▶**근거 이론 : 사회학자인 Glaser와 Strauss에 의해 개발됨**

1) 이론적 표본 추출

　(1) 다음 수집할 대상을 조정해나가는 표집 방법으로, 자료수집에 있어서 연구자가 자료를 수집하고 분석하는 동안 출현하는 이론적 개념에 근거하여 이루어지며, 연구자는 다음 자료 수집 표본을 어디에서 찾을지를 결정하게 된다.

　(2) 이론적 표본추출을 멈추는 시기는 이론적 포화에 따라 결정된다.

2) 지속적 비교 방법(constant comparative method, 반복비교를 통한 분석)

　(1) 얻은 자료에 대해 잠정적 개념이나 범주를 만들어 내고, 다시 자료를 분석하는 과정으로, 자료에 대한 재검토 결과, 더 이상 새로운 통찰을 이루지 못할 때까지 지속된다.

　(2) 순환적 과정에서의 지속적 비교와 노력이 요구된다.

▶**상징적 상호작용론**[2]

상징적 상호작용론은 인간이 상호작용을 통해 개인과 사회에 관한 의미를 어떻게 창출해 내는가에 관심을 두는 이론이다. 상징적 상호작용론은 규칙성을 지닌 어떤 구조나 사회체계는 존재하지 않으며 사람들이 상호작용하는 사회적 맥락 안에서 의미 있는 구조나 사회체계가 만들어진다고 본다. 그래서 **상징적 상호작용론은 사람들이 의사소통하면서 의미를 지니는 말, 몸짓, 상징, 개념 등을 중요하게 다룬다.** 그런데 이것들은 고정된 의미를 지닌 것이 아니고 상황이나 문화에 따라 그 의미가 달라지는 다의성을 지닌 것이다. 예컨대, 일본 국기는 자신들에게는 충성의 표지지만 한국인에게는 반감의 상징일 수 있다(김병욱, 2008).

상징적 상호작용론은 민속방법론과 함께 해석학적 접근이론 중의 하나로 언어, 제스처, 신호, 그림, 음악 등의 상징을 매개로 하여 사람과 사람 간의 상호작용을 한다고 한다. 문화나 사회도 상징체계를 통하여 표출된 상호작용의 결과이다. 이러한 상징적 상호작용을 통해서 개인을 보는 시각, 세상을 보는 눈이 길러진다. 인간은 타인과의 상호작용을 통해 타인이 언행, 사고방식, 신념 등, 타인이 상징을 통해 문화를 배운다. 또한 인간은 다양한 사회적 상황 속에서 역동적으로 전개되는 상호작용을 통해 인지, 해석, 재정의를 인가적 발달(사회화 과정)이 진행된다(김흥규, 2017).

또한 상징적 상호작용론 또는 상징적 상호작용주의는 사회적 상호작용의 핵심인 언어와 상징에 초점을 맞추어 탐구하는 접근 일체를 가리키는 말이다. 조지 허버트 미드(George Herbert Mead, 1863~1931)에 의하면, 인간은 항상 상징(주로 언어, 문자 등)을 통해 다른 인간과 세상과 상호작용 한다. 이 세상은 이 상호작용을 중심으로 분석해야 한다고 한다. 그는 개인의 자아조차도 사실 생물학적으로 주어지는 것이 아니라 상호작용의 과정에서 만들어지는 사회적 자아라고 주장하였다(Anthony Giddens and Philip W. Sutton, 2017).

33

답 ②

해 추상적 개념을 실증적으로 검증하기 위해 변수를 측정 가능한 형태로 계량화하는 것을 **조작적 정의(operational definition)**라고 한다.

---

[2] 출처 : 교육문화연구소(2021). 질적 연구방법 – 상징적 상호작용론(symbolic interactionism). 재인용

```
                          * 참고

개념적 정의와 조작적 정의
1) 개념적 정의
   변인을 이미 존재하는 다른 개념과 관계 지어 명명하는 것으로, 특정현상을 일반화시켜 나타내는 추상적 개념을 사
   전에서 동의된 보편적 언어로 정의하는 것이다.
2) 조작적 정의
   연구하고자 하는 개념이 추상적이어서 직접 조사하기 어려운 경우, 개념적 정의를 토대로 검증과정에서 관찰 가능한
   실제 현상과 연결시켜 측정 가능한 형태로 정의한 것이다. 조작적 정의를 통해 변수를 측정할 수 있다.
```

34

답 ④

해 1) 가설이란 연구를 하기 위한 둘 또는 그 이상의 변수들 간의 관계에 대한 잠정적인 진술이다.

2) 가설은 이론적인 근거를 토대로 해야 하며, 경험적인 검증이 가능해야 한다.

3) **가설은 간결하게 표현되어야 하며, 동의 반복적(유의어 반복)이지 않아야 하며, 계량화(수량화, 측정 가능)가 가능해야 한다.**

4) 가설은 변수들 간의 관계를 나타내는 조건문 형태(~ 하면(일수록) ~ 일 것이다)의 문장으로 나타낸다.

5) 자명한 관계에 대한 가설 설정을 지양한다.

35

답 ④

해 ▶ 무스타카스(Moustakas, 1994)의 현상학적 연구에서의 자료 분석 방법

1) **괄호 치기(bracketing) 과정 : 열린 태도, 새로운 눈을 통해 현상을 새롭게 경험하는 것**

2) 수평화 작업(horizonalizing) : 얻어진 각종 개념들에게 모두 동일한 중요성을 부여하는 것

3) 조직적 진술(textural description) : 수집된 개념들을 하나의 의미 단위를 만드는 것

4) 상상적 변형(imaginative variation) : 다양한 모습을 상상하고 변하지 않고 존재하는 본질을 찾아내는 것

5) 구조적 진술(structure description) : 연구 구조에 맞게 기술하고 최종적으로 현상을 전체적으로 이해할 수 있는 본질이 파악되게 됨

| 실력다지기 | 현상학적 연구 : 질적 연구 중 하나 |

현상학적 연구는 하나의 개념이나 현상에 대해 개인들이 체험의 공통 의미를 기술해내는 방법을 활용한 연구이다. 현상학의 기본적인 목적은 현상에 대한 개인의 경험에서 보편적 본질에 대한 기술을 포착하여 기술하는 것이며, 이러한 기술은 그들이 '무엇'을 경험 했는지와 그것을 '어떻게' 경험 했는지로 구성된다. 자료 분석 절차의 체계적인 단계와 조직적/구조적 기술을 조합하는 지침을 담고 있는 무스타카스(Moustakas, 1994)의 접근은 다음과 같다.

1) 현상학에 가장 적합한 문제 유형 선택 : 한 가지 현상에 대한 여러 개인들의 공통된 또는 공유된 경험을 이해하는 것이 중요할 경우에 그 문제는 현상학 연구에 가장 적합하다고 할 수 있다. 구체적으로 실천이나 정책 개발을 위하여, 현상의 특성을 더 깊이 이해하기 위해 사용될 수 있다.

2) 연구의 관심이 되는 현상을 확인한다.

3) 현상학의 광범위한 철학적 가정들을 인식하고 상술 : 이 절차에서는 연구 참여자들이 바라보는 현상을 완전히 기술하기 위해 연구자 자신의 경험을 가능한 한 많이 배제 시켜야 한다(괄호 치기, 판단 중지).

4) 현상을 경험해 온 개인들로부터 자료 수집 : 주로 심층면접과 여러 차례의 면접으로 구성되며, 관찰, 예술, 시 등의 예술형태나 간접 경험하는 자료들로 수집될 수도 있다.

5) 연구 참여자들에게 질문 수집 : 주어진 질문은 크게 두 가지이다. '현상에 관하여 무엇을 경험하였는가?', '현상에 대한 경험에 전형적으로 영향을 준 맥락이나 상황은 무엇인가?'로 조직적 기술과 구조적 기술을 이끌어내는 질문을 제공한다.

6) 현상학적 자료 분석 : 수집된 자료와 질문을 활용하여 의미 있는 진술들이나 문장, 인용문을 강조하여 주제로 발전시킨다.

36

답 ③

해 자아개념은 **매개변인**이다. → 상담프로그램 유형이 회복탄력성에 미치는 영향은 자아개념을 통해 중개되기 때문

cf) 조절변인은 '독립변인과 조절변인 간의 상호작용'이 종속변인에 영향을 미치는가가 초점을 두는 변인이다. 예를 들어, 남성의 월수입이 행복지수에 미치는 영향과 여성의 월수입이 행복지수에 미치는 영향의 차이를 보는 것으로, 월수입이 행복지수에 미치는 영향에서 성별은 조절(중재)효과를 보일 것이다. → **월수입과 성별의 상호작용으로 인해**

▶ **문제의 변인을 분석하면 다음과 같다.**

1) 독립변인 : 상담프로그램 유형

2) 종속변인 : 학교폭력 피해 청소년의 회복탄력성

3) 매개변인(중개변인) : 자아개념

4) 조절변인(중재변인) : 사회적 지지

4) 통제변인 : 내담자의 성별 특성

* 참고

독립변수와 종속변수를 중개하는 변수는 매개변수이며, 중재하는 변수는 조절변수이다.

37

답 ④

해 **영가설이 거짓일 경우 이를 기각하는 것(2종 오류)을 $1-\beta$(통계적 검정력)이라고 한다.**

		채택	기각
영가설	참	$1-\alpha$ (신뢰수준)	1종 오류 = α (유의수준)
	거짓	2종 오류 = β	$1-\beta$ (통계적 검정력)

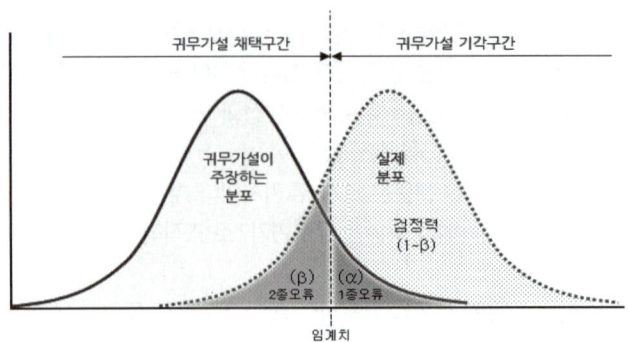

[그림출처] : 브릿지원 경영지도사 블로그

38

답 ⑤

해 모두 내적타당도가 저해될 수 있는 상황이다.

[ㄱ]. 연구가 진행되는 동안 측정에 사용되는 측정도구의 변화가 있었다. → **도구의 문제(도구요인)**

[ㄴ]. 연구기간 동안 예상치 못한 특정 사건이 발생했다. → **역사요인(외부사건)**

[ㄷ]. 시간경과에 따른 연구대상 집단의 신체적·심리적 특성 변화가 있었다. → **성숙요인**

실력다지기	내적타당도의 저해요인

1) **성숙요인(시간경과에 따른 연구대상 집단의 신체적·심리적 특성 변화가 있었다.)**

2) **역사요인(연구기간 동안 예상치 못한 특정 사건이 발생했다.)**

3) 선발요인(정책이나 프로그램 집행 후에 실험집단과 통제집단 간의 결과변수에 대한 측정값의 차이가 프로그램 집행의 차이라기보다는 단순히 두 집단구성원들이 다르기 때문에 나타나는 경우이다.)

4) 상실요인(실험연구에서 자주 나타나는 문제로서 실험 대상자들이 어떤 이유에서든 실험 도중에 실험을 끝까지 참여하지 않고, 중도에 바뀌는 경우가 있다.)

5) 통계적 회귀요인(극단적인 측정값을 갖는 사례들을 재측정 할 때, 평균값으로 회귀하여 처음과 같은 극단적 측정값을 나타낼 확률이 줄어드는 현상이다, 즉 종속변수의 값이 극단적으로 높거나 낮은 경우 프로그램 실행 이후 검사에서는 독립변수의 효과가 없더라도 높은 집단은 낮아지고 낮은 집단은 높아지는 현상이다.)

6) 검사요인(프로그램의 실시 전과 실시 후에 유사한 검사를 반복하는 경우 프로그램 참여자들이 시험에 친숙도가 높아져서 측정값에 영향을 미치는 현상이다.)

7) **도구요인(연구가 진행되는 동안 측정에 사용되는 측정도구의 변화가 있었다.)**

8) 모방효과 또는 확산효과(분리된 집단들을 비교하는 조사연구에서 적절한 통제가 안 되어, 실험집단에서 실시되었던 프로그램이나 특정한 자극들에 의해서 실험집단의 사람들이 효과를 얻게 되고, 그 효과들이 통제집단에게 영향을 미치는 것을 의미한다.)

9) 피험자 탈락요인(실험연구에서 자주 나타나는 문제로서 실험 대상자들이 어떤 이유에서든 실험 도중에 실험을 끝까지 참여하지 않고, 중도에 바뀌는 경우가 있다.)

10) 인과적 시간요인(시간적 우선성을 경험적으로 보여줄 수 없는 설계의 형태인 비실험설계에서는 원인변수와 결과변수 사이의 인과관계의 방향을 결정하기가 곤란하다.)

39

답 ⑤

해 타당도는 검사도구(검사문항)가 측정하려는 개념(구인)을 정확하게 측정하는 정도를 말하는 것으로, 연구의 방법 또는 절차의 결과가 실제로 의도한 목적과 일치하는 정도를 의미한다. 신뢰도는 측정하고자 하는 검사도구의 일관성을 보이는 정도로, 연구의 방법 또는 절차의 결과가 각각의 측정에서 일치하는 정도를 말한다.

따라서 ⑤ **측정도구 선택에 있어서 신뢰도보다는 타당도가 중요하다.**

cf) ④ 무작위 오차(비체계적 오차)는 신뢰도(일관된 측정의 어려움)와 관련이 있고, 체계적 오차는 타당도(정확한 측정의 어려움)와 관련이 있다.

40

답 ①

해 온도 : 36.5℃는 등간척도이지만, 비율척도가 아니다. 온도는 절대영점이 아닌 임의의 영점이기 때문이다.

변수수준	척도	독특한 특징	사례	연산
이산변수	명명척도	분류	**성별**, 혈액형	≠, =
	서열척도	순위	**석차(순위)**, 소득수준	<, >
연속변수	등간척도	간격	**온도**, 시험점수	덧셈과 뺄셈
	비율척도	절대영점	**몸무게(체중)**, 나이	사칙연산 가능

41

답 ④

해 신뢰도의 추정을 위한 측정방법으로 **채점자 간 신뢰도, 검사-재검사법(안정성 계수), 동형법(동형성 계수), 반분법(동질성 계수, 스피어만-브라운공식), 문항내적 합치도(동질성 계수, 크론바 알파, 쿠더 리처드슨 신뢰도, 호이트 신뢰도)를 통해 측정한다.**

> *cf)* 이중맹검(double-blind)
> 1) 이중맹검(double-blind)법은 연구자와 실험참여자의 의식에서 나타날 수 있는 주관적 편차(subjective bias)와 개인 선호(personal preferences)를 없애기 위해 더욱 엄격한 실험방법이다.
> 2) 이중맹검(double-blind)법에서는 연구자와 실험참여자 모두 어떤 참여자가 대조군(control group)에 속하는지, 어떤 참여자가 실험군(experimental group)에 속하는지 모르며, 모든 자료가 기록된 후에만 어떤 집단인지 연구자가 알 수 있다.

42

답 ②

해 외적타당도는 연구결과의 일반화 정도를 나타낸다. 연구결과의 일반화란 표본을 대상으로 한 연구결과가 효과가 나타났다면, 전체 모집단을 대상으로 적용했을 때도 효과가 있을 것이라는 것을 의미한다. **무선 배치(실험연구에서의 무작위할당)는 내적 타당도를 높이고, 무선 표집(무작위 표본추출)은 외적타당도를 높일 수 있다.**

43

답 ②

해 연구윤리 확보를 위한 지침(교육부훈령 제263호)에 의하면 '변조'란 연구자가 연구의 재료·장비·과정 등을 인위적(임의적)으로 조작하거나 연구 원 자료 또는 연구결과를 임의로 변형하거나 삭제함으로써 연구내용 또는 결과를 왜곡하는 행위를 말한다.

실력다지기 | 연구윤리 확보를 위한 지침 제12조(연구부정행위의 범위)

① 연구부정행위는 연구개발 과제의 제안, 수행, 결과 보고 및 발표 등에서 이루어진 다음 각 호를 말한다.
  1. '위조'는 존재하지 않는 연구 원자료 또는 연구자료, 연구결과 등을 허위로 만들거나 기록 또는 보고하는 행위
  2. '변조'는 연구 재료·장비·과정 등을 인위적으로 조작하거나 연구 원자료 또는 연구자료를 임의로 변형·삭제함으로써 연구 내용 또는 결과를 왜곡하는 행위
  3. '표절'은 다음 각 목과 같이 일반적 지식이 아닌 타인의 독창적인 아이디어 또는 창작물을 적절한 출처표시 없이 활용함으로써, 제3자에게 자신의 창작물인 것처럼 인식하게 하는 행위
    가. 타인의 연구내용 전부 또는 일부를 출처를 표시하지 않고 그대로 활용하는 경우
    나. 타인의 저작물의 단어·문장구조를 일부 변형하여 사용하면서 출처표시를 하지 않는 경우
    다. 타인의 독창적인 생각 등을 활용하면서 출처를 표시하지 않은 경우
    라. 타인의 저작물을 번역하여 활용하면서 출처를 표시하지 않은 경우
  4. '부당한 저자 표시'는 다음 각 목과 같이 연구내용 또는 결과에 대하여 공헌 또는 기여를 한 사람에게 정당한 이유 없이 저자 자격을 부여하지 않거나, 공헌 또는 기여를 하지 않은 사람에게 감사의 표시 또는 예우 등을 이유로 저자 자격을 부여하는 행위
    가. 연구내용 또는 결과에 대한 공헌 또는 기여가 없음에도 저자 자격을 부여하는 경우
    나. 연구내용 또는 결과에 대한 공헌 또는 기여가 있음에도 저자 자격을 부여하지 않는 경우
    다. 지도학생의 학위논문을 학술지 등에 지도교수의 단독 명의로 게재·발표하는 경우
  5. '부당한 중복게재'는 연구자가 자신의 이전 연구결과와 동일 또는 실질적으로 유사한 저작물을 출처표시 없이 게재한 후, 연구비를 수령하거나 별도의 연구업적으로 인정받는 경우 등 부당한 이익을 얻는 행위
  6. '연구부정행위에 대한 조사 방해 행위'는 본인 또는 타인의 부정행위에 대한 조사를 고의로 방해하거나 제보자에게 위해를 가하는 행위
  7. 그 밖에 각 학문분야에서 통상적으로 용인되는 범위를 심각하게 벗어나는 행위
② 대학 등의 장은 제1항에 따른 연구부정행위 외에도 자체 조사 또는 예방이 필요하다고 판단되는 행위를 자체 지침에 포함시킬 수 있다.

44

답 ④

해 ▶ 상관계수(=피어슨 상관계수, Pearson Correlation coefficient)를 활용한 Cronbach's α값 공식은 다음과 같다.

Cronbach's α = (항목의 개수×상관계수 평균)/(1+{(항목의 개수-1)×상관계수 평균})

따라서 Cronbach's α = (6×0.8)/(1+{(6-1)×0.8}) = 4.8/5 = 0.96이다.

45

답 ③

해 평균의 표준오차(SEM, standard error of the mean)는 평균의 표본분포가 갖는 표준편차이며, 이는 숱하게 많은 표본
평균들을 쭉 늘어놓은 분포에서 그 표본평균들이 사방으로 산포되어 있는 정도를 의미한다.

$$\text{SEM(standard error of the mean)} = \sigma / \sqrt{n}$$

이를 공식에 대입하면,

$2 = \sigma / \sqrt{25}$ 이므로 $\sigma = 10$, 따라서 $1 = 10/\sqrt{100}$ 으로 표집크기(n)은 100이다.

46

답 ②

해 혼합연구방법은 질적 연구방법과 양적 연구방법을 결합한 연구방법이다. 현상에 대한 이해를 넓히고 깊이 있는 연구가
가능하기 때문에 숙련 연구자에게 적합한 연구방법이다.

47

답 ③

해 **문제 보기의 설명은 모의 상담연구의 내용이다.** 모의 상담연구는 실제 상담 장면과 유사한 조건을 준비해놓고, 연구자
가 보려는 특정한 독립변인을 조작하여 그 결과를 분석하는 연구방법이다.

▶ 모의 상담연구의 장점과 단점은 다음과 같다.

장점	① 독립변인 이외의 가외변인(혼입변인)을 통제할 수 있기 때문에 내적타당도가 높다. ② 실험자에게 연구에 대한 동의를 받으므로 **실험과정에서 발생할 수도 있는 윤리적 문제를 회피할 수 있다.** ③ **연구자가 관심을 가지는 독립변인의 조작이 쉬워 실험 상황을 통제할 수 있다.** ④ **모의상담과정이 실제 상담과정보다 단순해서 그 결과를 해석하기 쉽다.** ⑤ **대리 내담자의 활용을 통해 재정적 부담을 완화할 수 있다.**
단점	① 연구결과를 실제 상담에 일반화하기 어렵다. ② 실제 상담과 유사성이 낮은 편이다.

48

답 ①

해 **단일사례연구설계는 한 개인 또는 한 집단 등을 상대로 연구대상 내 차이를 분석하여 처치효과를 추정하는 것으로, 상
담연구에서는 통계적 검증보다 임상적 유의미성을 보다 더 중시한다.** 단일사례연구설계의 종류로는 AB설계, ABA설계,
ABAB설계, BAB설계, ABCD설계, 다중기초선설계 등이 있다.

cf) 단일사례이므로 연구결과의 일반화 가능성에 제약이 있다.

49

답 ⑤

해 집중경향(central tendency) 측정치로는 평균값(산술평균, 조화평균), 중앙값, 최빈값 등이 있다. **최빈값은 변량 X의 측정값 중에서 출현도수가 가장 많은, 즉 도수분포표에서는 도수가 가장 많은 값이다.** 명목변인은 어떤 사물을 지칭하거나 분류하기 위해 부여한 임의의 수치나 기호를 말한다. 예를 들어 종교를 명목변인으로 할 경우 기독교, 천주교, 불교, 기타로 명목변인의 하위변인들을 설정할 수 있다.

⑤ 따라서 **명목변인을 대상으로 하는 연구에 적합한 집중경향(central tendency) 측정치는 최빈값이다.**

실력다지기   **집중경향(central tendency) 측정치**

1) 하나의 변수에 관한 자료의 중앙경향 분석(또는 집중경향 측정치, analysis of central tendency)은 자료의 분포를 대표하는 단일의 수치(single number)를 찾아내는 것이다.
2) 흔히 평균(averages)이라고 부르는 대표 값을 말한다(Matlack, 1980).
3) 집중경향(central tendency) 측정치는 평균, 중위수(중앙값), 최빈수 등을 통해 가능하다.
4) 평균(mean)은 산술평균, 기하평균 및 조화평균 등이 있으나 대체로 산술평균을 사용한다.
5) 산술평균(arithmetic mean)은 대상 집단에 포함된 모든 자료 값의 합을 자료의 수로 나눈 값이며, 중위수(median)는 자료를 크기 순서로 배열했을 때 한 가운데 위치하는 자료의 값을, 그리고 최빈수(mode)는 자료의 분포에서 가장 빈도가 높은 값을 말한다.
6) 등간척도나 비율척도에 의해 측정된 변수는 세 가지 지표(평균, 중위수, 최빈수) 중에서 필요에 따라 골라서 사용할 수 있지만, 서열척도로 측정된 변수는 평균을 계산할 수 없고, 명목척도로 측정된 변수는 중위수와 평균을 계산할 수 없고, 오직 최빈수만 사용할 수 있다.

50

답 ③

해 실험설계의 유형에는 진실험설계와 준실험설계, 원시실험설계가 있다. **진실험설계(순수실험설계)는 실험대상의 무작위화(무선할당), 실험변수의 조작, 외생변수의 통제, 비교집단의 설정과 같은 실험조건을 갖춘 실험설계이다.** ③ 따라서 **비교집단과 무선할당을 모두 사용하는 실험설계는 진실험설계(true experimental design)이다.**

cf) 준실험설계(유사실험설계)는 실험집단, 통제집단이 무선적으로 배치되지 않는 상태(인위적으로 배정)에서 행해지는 설계로, 현실적으로 진실험설계에서는 인위적인 통제가 어렵다는 점을 감안할 때 준실험설계가 현장연구에서 많이 적용된다.

> ① 원시실험설계(전실험설계, pre-experimental design) - 타당도 수준이 가장 낮은 설계
> ② 비동일통제집단설계(nonequivalent control group design) - 준실험설계 중 하나
> ④ 다중시계열설계(복수시계열 설계, multiple time-series design) - 준실험설계 중 하나

제3과목   심리측정 평가의 활용(필수)

51	③	52	⑤	53	①	54	⑤	55	①
56	③	57	②	58	⑤	59	④	60	④
61	⑤	62	④	63	②	64	④	65	①
66	②	67	③	68	④	69	②	70	⑤
71	③	72	③	73	④	74	①	75	②

51

답 ③

해 준거타당도에는 공인타당도와 예측타당도가 있다.

✓오답노트

① 검사의 문항이 많을수록 신뢰도는 높아진다.
② 측정의 표준오차 값이 작을수록 신뢰도는 높아진다.
④ 검사점수와 준거변인의 상관이 높을수록 공인타당도가 높아진다.
⑤ 신뢰도를 측정하는 한 방법은 크론바하 알파(Cronbach's α) 지수를 알아보는 것이다.

52

답 ⑤

해 공격성 척도(AGGR)는 수검자의 분노, 공격성, 지배욕구, 학교에서의 행동문제, 가정폭력, 체포나 구금 등의 과거력, 적개심과 관련된 태도와 행동 특징을 측정한다. **공격성 척도의 T점수가 65 이상일 때 언어적·신체적으로 타인을 공격하는 것을 즐기며 타인이나 상담자를 지배하고 통제하려고 한다.**

⑤ '다른 사람에게 없는 이상한 감각 혹은 지각적 경험을 한다'는 성격병리 5요인 척도(PSY-5)의 정신증 척도(PSYC)에 해당한다. 정신증 척도(PSYC)기 T점수 65 이상일 때 기태적 감각 및 지각 경험, 현실 검증력 결여, 정신병적 상태, 현실과 단절경험, 관계망상, 대인관계결여 및 소외감, 빈약한 직업적응력 등을 의미한다.

53

답 ①

해 **검사상황 변인은 결과에 영향을 미친다.** 예를 들어, 불안이 높은 수검자의 경우 웩슬러 지능검사의 작업기억 지표 점수가 낮게 측정될 수 있다. 기출문제 중 심리검사에 관련된 내용을 정리하면 다음과 같다.

---

1) 심리검사는 전집이 아닌 일부 집단의 행동을 측정한다.
2) 표준화된 심리검사는 개인 간 비교를 할 수 있다.
3) 심리검사는 심리평가를 위한 중요한 자료원으로 잠정적인 것이다. 왜냐하면 심리검사는 전체를 측정하는 것이 아닌 일부를 측정하여 추정하는 것으로 심리검사를 통해 얻어진 정보는 완전하거나 충분하지 않기 때문이다.

---

4) 심리검사는 심리적 속성을 간접적으로 측정된 반응을 통해 추정하며, 투사적 검사에 의해 질적인 해석도 가능하다.

5) 심리검사와 면접 및 행동관찰, 전문지식으로 얻은 정보를 통합한 결과는 심리평가에 해당한다.

6) 심리검사를 진행할 때 검사의 목적이나 필요성 등을 수검자에게 충분히 설명한다.

7) 검사자는 심리검사를 할 때 수검자의 저항이나 긴장을 풀어주기 위해 노력한다.

8) 웩슬러(Wechsler) 지능검사에서는 수검자의 심리 상태에 따라 검사 문항을 수정하여 실시하는 것은 아니며, 필요에 따라 소검사를 변경할 수 있다.

9) 타인에게 명백한 위험이 초래될 때는 심리검사 결과에 대한 비밀보장의 원칙을 지키지 못할 수 있다.

10) 표준화된 심리검사도 검사자의 전문성을 요구한다.

54

답 ⑤

해 K-WAIS-IV는 네 가지 지표를 가지고 있다. 언어이해 지표(Verbal Comprehension Index)는 교육수준이나 가정환경 및 문화적 요인의 영향을 받는다.

☞ 지각추론 지표(Perceptual Reasoning Index)는 경험이나 학습의 영향보다는 유전적, 신경생리학적 영향을 반영하며 개인의 문제해결능력을 측정한다.

☞ 작업기억 지표(Working Memory Index)는 짧은 시간 동안 정보를 기억하고 정신적인 조작을 수행하면서 결과를 산출하고 반응하는 능력을 측정한다.

☞ 처리속도 지표(Processing Speed Index)는 치매, 외상성 뇌손상, ADHD, 학습장애 등 인지적 문제에 민감하며, 심사 숙고하는 사람은 처리속도 지표 검사에서 시간이 오래 소요될 가능성이 있다.

출처 : 통합심리검사. 나눔book

✓오답노트

① 총 15개의 소검사로 구성되어 있다.

② 전체 지능지수(FSIQ)는 하위 네 가지 지수점수로 산출된다.

③ 처리속도 지수(PSI)는 비언어적 문제를 해결할 때 요구되는 정신적 속도 및 운동 속도를 반영한다.

④ 지우기는 처리속도 지수(PSI)의 보충 소검사이다.

55

답 ①

해 주제통각검사(TAT)는 31장의 그림판이 있는데 모두 20매의 그림(11매는 공통, 성인 남자용 9매, 성인 여자용 9매, 소년용 9매, 소녀용 9매)을 제시하고 이 그림이 어떤 상황인지, 과거에 어떤 일로 인해 지금의 상황이 되었는지, 그리고 앞으로 이 일이 어떻게 진행되어 갈 것인지에 대해 상상력을 최대한 동원하여 이야기를 꾸며보라고 지시한다.

① Murray(1943)는 검사실시 요강에서 수검자 유형에 따라 두 가지의 지시문 형식을 제시하였다. 형식 A는 평균 지능과 교양을 갖춘 청소년과 성인에 적합한 첫 번째 지시문이고, 형식 B는 아동, 교육수준이나 지능이 낮은 성인, 조현병 환자를 위한 지시문이다.

| 심화학습 | 주제통각검사(TAT)의 두 가지 지시문(Murray, 1943) |

(1) 형식 A : 평균 지능과 교양을 갖춘 청소년과 성인에 적합한 첫 번째 지시문

"이것은 지능의 한 형태인 상상력 검사입니다. 지금부터 한 번에 한 장씩 몇 장의 그림을 보여드리겠습니다. 각각의 그림을 보면서 될 수 있는 한 드라마틱한 이야기를 만들어 내십시오. 그림에 나타난 장면이 있기까지 어떤 일들이 있었고, 현재 무슨 일이 일어나고 있으며, 그림 속의 인물들이 무엇을 느끼고 생각하고 있는지 이야기해 주십시오. 그리고 현재의 상황이 어떤 결과로 이어질지도 이야기해 주십시오. 머리에 떠오르는 대로 이야기해 주십시오. 자, 어떻게 하는 것인지 이해가 갑니까? 10장의 카드를 보는 데 50분의 시간이 걸릴 테니, 한 카드당 5분 정도 이야기할 수 있습니다. 자, 여기 첫 번째 그림이 있습니다."

☞ 형식 A의 두 번째 지시문

"오늘은 어제와 같습니다. 단지 더 자유롭게 상상해 주실 수 있을 것입니다. 지난번 본 열 장의 그림들도 좋은 것이긴 하지만, 일상생활에서 마주치는 사실들에 이야기를 제한시켜야 했습니다. 이제 그런 일상적 현실을 무시하고 상상하고 싶은 대로 상상하십시오. 신화, 동화, 우화같이 말입니다. 자, 여기 첫 번째 그림이 있습니다."

(2) 형식 B : 아동, 교육수준이나 지능이 낮은 성인, 조현병 환자를 위한 첫 번째 지시문

"이것은 이야기를 만들어내는 검사입니다. 제가 가지고 있는 그림을 당신에게 보여줄 것입니다. 당신이 각 그림마다 이야기를 만들어주세요. 이 그림을 보고 이전에 무슨 일이 있었으며 지금 무슨 일이 일어나고 있는지 말해 주십시오. 그림 속의 사람들이 어떻게 느끼고 생각하는지와, 그 결과 앞으로 어떻게 될 것인지 말해보세요. 당신이 하고 싶은 어떤 이야기라도 만들 수 있습니다. 자, 어떻게 하는 것인지 이해가 갑니까? 그럼, 여기 첫 번째 그림이 있습니다. 이야기를 만들 수 있는 시간은 5분입니다. 얼마나 잘할 수 있는지 볼까요." 이 지시문은 나이, 지능수준, 성격 등에 따라 변경될 수 있으며 첫 번째 그림에 대한 이야기를 다 하고나서 지시문대로 수행되지 않은 경우 다시 한 번 지시문을 일깨워 줄 필요가 있으나 이후부터는 가급적 아무 말도 하지 않는 것이 좋다.

☞ 형식 B의 두 번째 지시문

"오늘은 몇 장의 그림을 더 보여줄 것입니다. 이 그림은 더 좋고 재미있기 때문에 이번에는 더 쉬울 것입니다. 지난번에 아주 좋은 이야기를 해 주었는데, 이번에 조금 더 잘할 수 있을지 봅시다. 할 수 있다면 지난번 했던 것보다 더 흥미 있는 이야기를 만들어 주세요. 꿈이나 동화처럼 말입니다. 여기 첫 번째 그림이 있습니다."

출처 : 통합심리검사. 나눔book

56

답 ③

해 심리평가를 구성하는 요인으로는 면담, 행동관찰, 심리검사, 검사자의 전문지식 등이다.

[ㄹ]. 검사자의 성격은 해당하지 않는다.

57

답 ②

해 HTP검사는 투사적 검사로 집-나무-사람의 순서로 그리게 한다.

✔️**오답노트**

① HTP검사는 구조적 해석 방법(그림을 그려나간 순서, 그림의 크기, 그림을 그린 위치, 필압, 획이나 선의 특징과 운필, 세부묘사, 지우기, 대칭, 왜곡 및 생략, 움직임, 투명성, 종이의 회전, 부가물)을 사용한다.

③ 각 그림마다 그리는 시간이 정해져 있지 않고 검사자가 그림의 완성시간을 측정한다.

④ 집을 그릴 때는 수검자에게 가로로 종이를 제시하고, 나무와 사람을 그릴 때는 세로로 종이를 제시한다.

⑤ 사람을 그릴 때는 수검자에게 어떤 성(性)을 먼저 그릴지 선택하도록 한다.

심화학습 ▶ **HTP검사에 대한 지시는 다음과 같이 한다.**

1) "지금부터 그림을 그려봅시다. 잘 그리고 못 그리는 것과는 상관없으니 자유롭게 그려 보세요"

이렇게 말하고 나서, 피검자에게 16절지 한 장을 가로로 제시하며 "여기에 집을 그려 보세요"라고 말하고, 그리는 시간을 측정한다. 피검자가 여러 질문을 할 수 있는데 이에 대해 "마음 내키는 대로 그리라"고만 대답한다. 그림을 그릴 줄 모른다고 하는 피검자에게는 "그림솜씨를 보려는 것은 아닙니다."라고 말해준다.

2) 집 그림이 끝나면 두 번째 종이를 세로로 제시하며 "이번에는 나무를 그려 보세요"라고 말하고 그리는 시간을 측정한다.

3) 나무 그림이 끝나면 세 번째 종이를 역시 세로로 제시하면서 "여기에 사람을 그려 보세요"라고 말한다. 얼굴만 그리는 피검자에게는 "전신 그림을 그리도록"지시한다. 그려진 그림이 만화적이거나 막대형의 그림(뼈대만 그리는 것)이라면 '온전한 사람'을 다시 한번 그리도록 한다. 사람을 다 그리면 그림의 성별을 묻고 피검자가 응답한 성별과 함께 첫 번째 사람 그림이라는 점을 완성된 종이에 표시해 둔다.(**예** : ①M)

4) 다음에는 네 번째 종이를 세로로 제시하면서 방금 그린 그림의 반대 성을 그리도록 지시하고 시간을 측정한다.(**예** "이번에는 '여자'를 한번 그려보세요.")

5) 검사 수행 시 피검자의 말과 행동을 관찰, 기록해 둔다. 이는 모호한 상황에서 피검자가 어떻게 대처하는지에 대한 단서를 제공한다.

출처 : 한국통합심리상담협회 자료

58

답 ⑤

해 BDI검사는 벡이 개발한 우울증 검사지이다.

✔️**오답노트**

① 직업흥미 평가를 위해 홀랜드(Holland) 진로적성검사를 실시한다.

② 자폐스펙트럼장애 평가를 위해 아동기 자폐증 평정척도(CARS)검사를 실시한다.

③ 지능 평가를 위해 K-WAIS, K-ABC검사를 실시한다.

④ 성격 평가를 위해 MBTI, MMPI-2, PAI검사를 실시한다.

실력다지기 **아동기 자폐증 평정척도(Childhood Autism Rating Scale : CARS)**

1) 자폐증이 있는 아동을 진단하기 위해 15개의 항목으로 구성된 행동평정척도이다.

2) 15개의 항목은 사람과의 관계/ 모방/ 정서반응/ 신체 사용/ 물체의 사용/ 변화에 대한 적응/ 시각 반응/ 척각 반응/ 미각, 후각, 촉각 반응 및 사용/ 두려움 또는 신경과민/ 언어적 의사소통/ 비언어적 의사소통/ 활동수준/ 지적 기능/ 전체적 인상 등이다. 각 항목에 대한 정의는 다음 표와 같다.

구성	내용
① 사람과의 관계	다양한 상황에서 타인과 어떻게 상호작용하는 가에 대한 평가
② 모방	아동의 언어적, 비언어적 행동의 모방능력을 측정
③ 정서반응	아동이 즐겁거나 불쾌한 상황에 어떻게 반응하는가에 대한 평가
④ 신체사용	신체 움직임의 적절성과 협응에 관한 평가
⑤ 물체의 사용	장난감과 다른 물체에 대한 아동의 관심과 그것의 사용에 관한 평가
⑥ 변화에 대한 적응	정해진 일상생활이나 형태를 변화시키거나 한 행동에서 다른 행동으로 변화시키는데 있어서의 어려움에 관한 것
⑦ 시각 반응	비정상적 시각적 주의 형태에 관한 평가
⑧ 청각 반응	소리에 대한 비정상적 반응 또는 청각 행동에 대한 평가
⑨ 미각, 후각, 촉각 반응 및 사용	맛, 냄새, 촉각 등의 근거리 감각에 대한 아동의 반응과 감각 양상의 사용에 관한 평가
⑩ 두려움 또는 신경과민	특이하거나 이유 없는 두려움에 관한 평가
⑪ 언어적 의사소통	아동이 사용하는 말과 언어의 모든 측면에 대한 평가
⑫ 비언어적 의사소통	얼굴표정, 자세, 몸짓, 움직임 등 아동의 비언어적 의사소통에 대한 평가
⑬ 활동 수준	제한되거나 제한되지 않은 상황에서 아동이 얼마나 움직이는가에 대한 평가
⑭ 지적기능	지적 기능의 일반적 수준과 기능의 항상성 또는 균등성에 관한 평가
⑮ 전체적 인상	자폐증의 정도에 대한 주관적 평가로 자폐증의 전반적 상태를 평가

3) CARS평가는 심리검사, 교실에서의 참여정도 관찰, 부모의 보고, 병력 기록 등 여러 자료를 기초로 한다.

4) 검사사는 분항을 읽고, 각 분항에서 해낭하는 섬수 1섬에서 4섬까지 매길 수 있는 데, 1점과 2점 사이에 해당하면 1.5점을, 2점과 3점 사이에 해당하면 2.5점을, 3점과 4점 사이에 해당하면 3.5점을 부여한다. 긱 항목에 한 평정 기준은 다음 표와 같다.

1점	해당 연령에서 정상범위 내
1.5점	해당 연령에서 매우 경미한 정도로 비정상
2점	해당 연령에서 경증 비정상
2.5점	해당 연령에서 경증 - 중간 비정상
3점	해당 연령에서 중간 비정상
3.5점	해당 연령에서 중등 - 중간 비정상
4점	해당 연령에서 중등 비정상

5) 해석 : CARS의 15개 항목을 평가한 후 전체 점수의 합산을 구한다.

전체 CARS 점수	진단적 분류	기술적 수준	TEACCH % 전집
15 ~ 29.5	자폐증 아님	자폐증 아님	46%
30 ~ 36.5	자폐증	경증의 자폐증	27%
37 ~ 60.0	자폐증	경증의 자폐증	27%

출처 : 한국베라르AIT연구소 홈페이지(http://www.kait.pe.kr)

59

답 ④

해 언어이해 지수는 공통성, 어휘, 상식, 이해이다. 지각추론 지수는 토막 짜기, 행렬추론, 퍼즐, 무게비교, 빠진 곳 찾기이다. 작업기억 지수는 산수, 숫자, 순서화이다.

④ 처리속도 지수는 동형 찾기, 기호쓰기, 지우기이다.

60

답 ④

해 ▶ 심리평가 보고서를 작성할 때 다음과 같은 점을 유의하면 좋다.

1) 의뢰사유와 함께 보고서를 읽게 될 독자를 고려하여 쓰는 내용과 용어의 난이도를 조절한다.

2) 의뢰 사유에 부합하며 수검자의 특성에 대한 심층적인 이해와 진단을 돕는 내용으로 조직화하여 통합한다.

3) 현학적이고 추상적인 용어를 사용하지 않고, 문장이 간결해 읽기가 편하며, 핵심적인 내용이 중복되지 않도록 한다.

4) 수검자의 치료계획에 대해 현실적이고 구체적인 제안을 포함해야 한다.

61

답 ⑤

해 MMPI-2의 89/98 코드타입의 특징은 [보기]의 내용에 추가하여 다음과 같은 특징을 보인다.

1) 과잉 활동적이고 주의산만하고 정서가 불안정하다.

2) 일상생활에서 자제력이 부족하여 쉽게 흥분하고 화를 낸다.

3) 기분 변화가 있으면서 사고 혼란으로 심리치료에 잘 오지 않아 대부분 병원에서 진단된다.

4) 사회적 회피와 대인관계에 대한 두려움으로 치료를 진행하기 어렵고 하나의 주제에 집중을 하지 못한다.

62

답 ④

해 기질적 뇌손상 환자가 BGT에서 나타낼 수 있는 반응 특성은 중복 곤란, 중첩 경향 및 중첩 곤란, 단순화, 심한 단편화, 용지의 심한 회전, 선의 굵기가 일정하지 않음 등이다.

실력다지기 | **벤더게슈탈트 검사(BGT)의 평가 항목들과 해석**

BGT에서 평가되는 항목들은 조직화 방식(organization), 크기의 일탈(deviation in size), 형태의 일탈(deviation in form), 전체적 왜곡(gross distortion), 그려나가는 방식(movement) 등 5개 유목으로 나누어진다.

1) 조직화 방식(organization) - 개인의 조직성, 계획성 등과 관련

(1) 배열순서(Sequence) - 9개 도형을 용지에 배열하는 순서의 규칙성

① 일반적으로 왼쪽에서 오른쪽, 위에서 아래로 배열하며, 일반적 방식에서 벗어날 때, 피검자가 정한 순서에 변화가 일어날 때 평가의 대상이 된다.

② 채점 : 일반적 방식에서 벗어날 때(오른쪽에서 왼쪽, 아래에서 위로 배열) 1회 변화이탈로 채점, 순서가 달라질 때마다 그 회수를 세어 둔다.

③ 1회 정도의 이탈은 정상적인 것으로 본다.

　㉠ 아주 정확한 순서로 배열 - 강박적인 경우

　㉡ 계획성 없이 혼란된 방식 - 불안이 매우 심하거나 정신증적 증상을 가진 경우

　㉢ 질서 있게 그리다가 갑자기 혼란된 방식 - 욕구 좌절에 대한 인내심이 약하거나 잠재적인 불안, 우유부단, 과도한 엄격성, 강박적인 의심

　㉣ 오른쪽에서 왼쪽으로 - 소극적 또는 반항적

　㉤ 2매 이상의 용지 사용 - 일단 정상이 아닌 경우로, 정신병 환자, 자기중심적, 조증환자, 과대 망상적인 분열성 환자

(2) 도형A의 위치(position of first drawing) - 도형 A를 어디에 그리는가에 대해서 평가 용지 상부의 1/3 이내, 가장자리에서 (어느 가장자리에서 그리든) 2.5cm 이상 떨어져 있다면 정상적인 위치에 있는 것으로 본다.

① 왼쪽 또는 오른쪽 아래 모서리 - 매우 병리적인 상태, 조현병, 심한 불안신경증, 편집증

② 극단적 왼쪽 위 모서리, 크기 작음 - 소심, 겁이 많은 경우

③ 용지 중앙배치, 크기 큼 - 자기중심적이고 주장적인 경우

(3) 공간의 사용(use of space) - 그린 도형들 사이의 공간 크기에 대해 평가

연속되는 두 도형 간 공간이 앞 도형의 해당 축(수평 또는 수직)의 크기보다 1/2 이상 떨어져 있거나 1/4로 좁으면 비징싱이다.

① 도형 사이 공간이 지나치게 큼 - 적대적, 괴정을 잘하며 독단적인 성격을 가진 사람에게서 많이 나타남

② 공간이 좁은 경우 - 수동적 경향, 퇴행, 분열성 성격 특성, 억압된 적의나 피학대 음란증적 경향

(4) 그림의 중첩(collision) - 한 그림이 다른 도형에 접해 있거나 겹쳐서 그려진 것으로 평가

① 7세 이하의 어린 아동에게서 비교적 쉽게 관찰되며, 말초신경계 장애와 근육장애에 해당함

② 평가 - 자아기능에 장애가 있음을 시사하고 계획 능력의 빈약, 극단적 충동성 반영, 뇌기능 장애 환자에게서도 나타남

(5) 가장자리의 사용(use of margin)

① 가장자리에 지나치게 치우쳐 그리는 것 - 내재된 불안의 지표가 될 수 있으며, 외부의 도움을 받아 자아통제를 유지해보려는 노력의 일환으로 해석이 가능함

② 모든 그림을 가장자리에 붙여 그리는 것 - 뇌손상 환자, 심하게 불안한 사람, 망상을 가지고 있는 사람에서 나타날 수 있음

③ 도형을 용지 가장자리에서 2cm 이내에 배치하는 것이 정상이며 7개 이상의 도형에서 나타나야 함

(6) 용지의 회전(shift in the position of the paper)
　① 주어진 용지를 수평위치로 회전시키는 것, 90도 정도 회전시키게 됨
　② 제멋대로 하려는 것을 시사하고 심술궂음, 잠재적 또는 외현적 저항, 자기중심적 경향, 아는 체하거나 수다스런 사람
2) 크기의 일탈(deviation in size)
　(1) 전체적으로 크거나 작은 그림 - 자극 도형의 수평축의 크기보다 1/4 이상 크거나 작게 그린 것이 5개 이상일 때 유의미함
　　① 매우 작음 - 퇴행, 불안, 두려움, 내면의 적대감과 관련됨
　　② 매우 클 때 - 독단적, 반항적, 자기중심적인 경향, 부적절감, 무력감이 있을 때
　(2) 점진적으로 커지거나 작아지는 그림 - 6개 이상의 도형이 뚜렷이 점점 커지거나 작아질 때 / 통제가 빈약하고 욕구 좌절에 견디는 힘이 부족한 경우에 나타남
　　① 작아질 때 - 에너지 수준의 저하로 나타나는 것으로 해석함
　　② 커질 때 - 충동성 반영
　(3) 고립된 그림
　　① 한 도형 내에서 일부분이 아주 크거나 작은 경우(1/3 정도)
　　② 어느 한 도형이 다른 도형들에 비해 아주 크거나 작은 경우(1/4 정도)
　　③ 도형 A의 경우 각 부분의 크기가 변하는 것은 여성상(원)과 남성상(장방형)에 대한 상대적인 태도를 반영한다고 봄
3) 형태의 일탈(deviation in form)
　(1) 폐쇄곤란(closure difficulty) - 도형 A, 2, 4, 7, 8 / 한 도형 내에서 폐곡선을 완성시키지 못하거나 부분들을 접촉시키는 데 어려움이 있는 것
　　→ 적절한 대인 관계 유지 곤란을 시사하며, 대인관계 관련 정서문제를 반영하는 지표
　(2) 교차곤란(crossing difficulty) - 도형 6, 7 / 다각형들의 교차 곤란을 의미 / 선이 교차되는 지점에서 지우고 다시 그리거나 스케치하는 경우 / 선을 지나치게 꼭 눌러 그리는 경우
　　→ 심리적 단절(psychological blocking)의 지표가 될 수 있으며, 강박증과 공포증 환자, 대인관계의 곤란을 겪는 사람들에게 많이 나타남
　(3) 곡선묘사 곤란(curvature difficulty) - 도형 4, 5, 6 / 진폭이 커지거나 작아져서 곡선의 성질이 명백히 변화된 것 / 정서와 밀접한 관련 있음
　　① 진폭 커짐 - 정서적 민감성, 반응성이 큼을 의미함
　　② 진폭 작아짐 - 정서적 민감성, 반응성이 작음 의미함 (예 우울)
　　③ 곡선 불규칙 - 정서적 행동의 불규칙성
　(4) 각의 변화(change in angulation) - 도형 2, 3, 4, 5, 6, 7 / 각도가 15도 이상 커지거나 작아지는 것 / 지적 발달이나 지각의 문제와 관련이 있음
　　① 부정확한 각 - 기질성 뇌손상, 정신지체와 관련성 고려가 필요함
　　② 각도에 의미 있는 변화 - 감정조절과 충동통제가 안 되고 있음을 반영함
4) 전체적 왜곡(gross distortion) - 심한 정신 병리의 지표
　(1) 지각적 회전
　　자극도형과 용지는 정상적인 표준위치를 유지하고 있는데도 불구하고 묘사된 도형의 주된 축이 회전된 것 / 회전의 오류를 알고 있는 자는 지각영역에서 전환곤란을 나타내는 것이고, 알지 못하는 자는 퇴행적 정신병환자와 기질적 환자

① 심한 회전 – 자아기능 수행에 심한 장애를 시사하며, 뇌기능 장애, 정신지체(지적장애), 정신증 환자들에게서
흔히 볼 수 있음

② 시계방향 회전 – 우울증과 관련됨

③ 역 시계방향 회전 – 반항적 경향과 관련됨

(2) 퇴영

자극도형을 유치한 형태로 묘사하는 것 / 도형 2에서 원을 고리모양 또는 점으로 그림 / 도형 1, 3, 5에서 점 대신 봉
선으로 그리는 경우 / 심리적 외상에 대한 비교적 심하고 만성적인 방어 상태에서 나타남 / 자아통합과 자아기능
수행의 실패를 나타내 주는 것 / 조현병 환자나 방어기제가 약화된 심한 신경증 환자에게서 나타나는 경우도 많음

(3) 단순화

자극도형을 단순화하여 그림(점이나 곡선의 수 감소) / 도형 A에서 두 부분을 접촉시키지 않는 경우 / 도형 1, 2, 3,
5에서 구성 요소들의 수 최소 3개 이상 감소 / 도형 6에서 곡선의 수 감소 / 도형 7, 8에서 다각형을 장방형으로 그
리는 경우 / 외적 대상이나 사물에 대한 집중력의 감소 / 업무를 완수하는 데 필요한 에너지를 충분히 사용하지 않
으려는 경향(꾀부림) / 행동의 통제나 자아기능의 장애와 관련

(4) 단편화

자극의 형태가 본질적으로 파괴된 것 / 도형의 묘사를 분명하게 완성하지 못하는 경우 / 형태가 결합되어 있지 않
고 부분이 떨어져 있는 모양으로 묘사되어 전체 형태가 상실된 경우 / 지각–운동 기능 수행에 심한 장애를 반영,
추상적 사고능력과 통합능력의 저하와도 관련됨

(5) 중첩곤란

도형 A, 4, 7 / 존재하지 않는 중복을 크게 겹쳐 그리는 것(A, 4) / 두 부분을 겹치지 못한 것, 겹치는 시점에서 어느
한 쪽 그림의 여러 부분을 단순화하거나 왜곡시키는 것(7) / 중첩 곤란은 뇌기능 장애와 관련이 있음

(6) 정교화 또는 조잡

너무 정교하게 그리거나 낙서하듯이 되는 대로 그려서 그 모양이 크게 변해버린 것 / 원래 도형 모양에 고리나 깃
모양을 덧붙인다거나 선 또는 곡선을 더하는 것 / 조증 삽화를 보이는 환자들에게 보임, 충동 통제의 문제와 불안
과 관계있음

(7) 보속성

앞 도형의 요소가 뒤 도형에 이어서 이용됨(도형 1에서 사용된 점이 도형 2에서 원 대신 점으로 그래도 사용) / 한
도형의 요소들이 자극 도형에서 요구되는 이상까지 연장해서 그림(도형 1에서 12개 점 대신 14개 : 고집 경향)

① 보속성은 장면을 변화시킬 능력의 부족이나, 이미 설정된 장면을 유지하려는 완고성을 나타냄

② 자아 통제력, 현실 검증력 저하

③ 경미한 보속성 : 도형 묘사의 부주의성의 정도

④ 심한 보속성 : 기질적 환자와 악성 조현병 환자

(8) 도형의 재묘사

첫 번째 모사한 것을 완전히 지우지 않고 그대로 둠 / 지우개를 사용하지 않고 줄을 그어 지워버리고 다시 그림 /
이러한 현상이 한 번 일어나면 현재 불안 수준이 상승되어 있음을 반영함 / 한 번 이상 일어나면 계획 능력의 부족
또는 지나친 자기 비판적 태도

5) 그려나가는 방식(movement)
  (1) 그려나가는 방향에서 일탈
    도형의 선과 곡선을 그리는 데 있어서, 처음에 피검자가 정하고 시작한 방향으로부터의 일탈이 일어난 경우 일반 적인 운동방향은 역시계 방향, 위에서 아래, 도형의 내부에서 외부 / 역시계 방향의 운동은 정상적인 성격 적응 / 시계 방향의 운동은 수동-공격적인 경향과 자기중심성 시사함
  (2) 그려나가는 방향의 비일관성
    그려나가는 방향이 일정하지 않고 비일관되게 변화하는 경우 / 긴장 때문에 발생 가능 / 그 도형이 피검자에게 특 징적이고 상징적인 의미를 가지는 경우 / 현재의 어떤 심리적 갈등을 시사함
  (3) 선의 질
    지나치게 굵은 선, 협응이 빈약하고 지나치게 굵은 선, 지나치게 가는 선, 협응이 빈약하고 지나치게 가는 선, 빈약 한 협응 및 스케치한 선 등 / 뇌기능 장애, 강렬한 불안, 적응을 못하는 사람

63

답 ②

해 T 점수는 평균이 50이고 표준편차가 10이고, Z 점수는 평균이 0이고 표준편차가 1이다. 따라서 T=40일 때 Z=-1이다.

64

답 ④

해 해서웨이와 맥킨리는 미네소타 대학의 정신과 환자들과 그의 가족 및 병원을 찾는 사람들을 대상으로 한 광범위한 자료 를 수집해서 분석한 **경험적인 방법을 적용하여 MMPI의 다양한 척도들을 구성**하였다.

심화학습

▶**MMPI(Minnesota Multi Personality Inventory, 다면적 인성검사)**
현재 세계적으로 가장 널리 사용되고 광범위한 연구가 이루어진 구조화된 성격검사이다. 미네소타 대학의 Starke Hathaway 박사와 J. Charnley McKinley 박사에 의해 1943년에 처음 출판되었다. 원래 MMPI는 정신질환자들을 평가 하고 진단함에 있어서 보다 효율적이고 신뢰로운 심리검사를 개발하려는 목적으로 제작된 검사이다. **해서웨이와 맥킨 리는 미네소타 대학의 정신과 환자들과 그의 가족 및 병원을 찾는 사람들을 대상으로 한 광범위한 자료를 수집해서 분 석한 경험적인 방법을 적용하여 MMPI의 다양한 척도들을 구성**하였다. 이러한 방법은 어떤 문항이 개인이 속한 집단 을 잘 변별하고 있는지를 경험적으로 검토한 뒤에 문항을 선정하는 방법으로서 오늘날에는 일반적으로 사용되고 있는 방법이지만 MMPI 제작 당시에는 상당히 혁신적인 것이었다.

▶**심리검사의 제작 방법**
1) 외적 준거접근 및 경험적 준거 타당도방식
  통제집단과 특정집단을 구분해주는 검사문항을 선별하여 제작하는 방법으로 MMPI, CPI 검사가 대표적이다.
2) 내적 구조접근 및 요인분석
  비교집단이 없으며, 많은 사람에게 공통적으로 해당되는 검사문항을 선별하여 제작하는 방법으로 16PF, NEO-PI-R이 있다.
3) 내적 내용접근 및 연역적 접근(이론적 접근)
  합리적 추론이나 이론에 따라 검사문항을 선별하여 제작하는 방법으로 BDI, MBTI 검사가 대표적이다.

65

답 ①

해 [ㄱ]. MMPI-2는 19세 ~ 78세까지 사용할 수 있다.

✓오답노트

K-WPPSI(2세 6개월 ~ 7세 7개월), K-ABC(2세 6개월 ~ 12세 5개월), MMTIC(아동용 MBTI), K-CBCL(1세 6개월 ~ 5세)의 연령에서 사용할 수 있다.

＊ 참고

검사도구	실시 연령
K-WAIS(성인용 웩슬러지능검사)	16세 0개월 ~ 69세 11개월
K-WISC(아동용 웩슬러지능검사)	6세 0개월 ~ 16세 11개월
K-WPPSI(유아용 웩슬러지능검사)	2세 6개월 ~ 7세 7개월
MMPI-2	19세 ~ 78세
MMPI-A	13세 ~ 18세

66

답 ②

해 K-WISC-Ⅳ 소검사 중 시간제한이 있는 소검사는 토막짜기, 빠진 곳 찾기, 산수, 동형찾기, 기호쓰기, 선택이다.

② 숫자는 시간제한이 없는 소검사이다.

심화학습 **K-WAIS-Ⅳ - 시간측정**

1) 엄격한 시간제한이 있는 소검사도 있고 시간제한이 없는 소검사도 있는데, **토막짜기, 산수, 동형 찾기, 퍼즐, 기호쓰기, 무게비교, 지우기, 빠진 곳 찾기 소검사는 엄격한 시간제한이 있다.**

2) 이들 소검사에서는 정확한 시간측정을 위해 초시계를 사용해야 한다

3) 문항 지시의 마지막 단어를 말하고 난 후 시간측정을 시작하여 수검자가 반응을 완성했을 때 시간 측정을 마친다.

4) 시간제한이 다 되어갈 무렵에 수검자가 거의 완성단계에 있는 경우라면 라포의 유지를 위해 문항을 완성할 수 있도록 약간의 부가적인 시간을 줄 수도 있지만, 시간제한을 초과한 후 완성한 문항에 점수를 주어서는 안 된다.

5) 이런 경우라면 시간제한 시점에서 수검자의 수행을 기록하고 점수를 부여해야 한다.

6) 시간 보너스 점수는 토막 짜기에서 신속하고 정확한 수행에 대한 보상이 될 수 있으며, 시간 보너스 점수를 부여하는 것에 관한 구체적인 절차는 3장과 기록용지의 토막 짜기 소검사 지시에 제시되어 있다.

67

답 ③

해 [ㄷ]. 이해는 언어이해 지수(VCI)의 보충 소검사이다.

심화학습

지표	언어이해(VCI)	지각추론(PRI)	작업기억(WMI)	처리속도(PSI)
핵심 소검사	공통성 어휘 이해	토막짜기 **행렬추리** 공통그림찾기	순차연결 숫자	동형찾기 **기호쓰기**
보충 소검사	상식, 단어추리	무게비교 빠진 곳 찾기	산수	선택

▶ **WAIS-IV의 주요 구성** - [   ]는 보충 소검사이며, 나머지는 핵심 소검사이다.
1) 언어이해 지표(VCI) : 공통성, 지식(상식), 어휘, [이해]
2) 지각추론 지표(PRI) : 토막 짜기, 퍼즐, 행렬추리, [빠진 곳 찾기, 무게비교]
3) 작업기억 지표(WMI) : 숫자, 산수, [순서화]
4) 처리속도 지표(PSI) 기호쓰기, 동형 찾기, [지우기]

▶ **WAIS-IV 핵심 소검사 [암기법]**
1) 언 (언어이해) : 공 / 상 / 어
2) 지 (지각추론) : 토 / 퍼 / 행
3) 작 (작업기억) : 산 / 수
4) 처 (처리속도) : 기 / 동

▶ **WAIS-IV 보충 소검사 [암기법]**
 : 이 / 빠 / 무 / 순 / 지

68

답 ④

해 TRT(치료예측 척도)는 PAI의 치료(고려) 척도에 해당하지 않는다.

부정적 치료 지표(TRT)는 낮은 동기, 낮은 자기개방, 정신건강치료에 대한 부정적 태도 등을 측정하는 MMPI-2의 내용 척도이다. 부정적 치료 지표(TRT)의 내용 소척도는 낮은 동기(TRT1), 낮은 자기개방(TRT2)이다.

> PAI의 치료고려척도는 공격성, 자살관념, 스트레스, 비지지, 치료거부 척도로 이루어져 있으며 환자의 치료동기, 치료적 변화 및 치료결과에 민감하다.

69

답 ②

해 [ㄷ]. 가족력, [ㄹ]. 약물복용은 정신상태검사(Mental Status Examination)에 포함되지 않는다.

▶ 정신상태검사(Mental Status Examination)는 개인의 인지기능을 검사하기 위해 실시한다. 정신상태검사는 면담 시 관찰한 것과 면담 중 받은 인상의 총체를 기술하는 임상적 평가의 일부분으로서 수검자 문제의 원인, 진단, 예후, 치료를 결정하는 데 도움이 된다. **정신상태검사는 전반적인 외양, 행동 특성과 태도, 표현 언어, 사고 내용, 인지, 기분과 정동(감정과 정서), 통찰력과 판단력, 충동 조절 등에 관한 평가와 관찰이 포함**된다.

● 정리

영역	세부내용
일반적 기술	외모, 행동과 정신운동활동, 면담 시 태도
감정과 정서	기분, 정서적 표현, 적절성
말	양, 속도, 연속성
지각	환각, 착각
사고(Thought)	사고과정, 사고내용
감각과 인지	의식수준(명료함, 착란, 섬망, 혼미, 의식상실, 혼수상태), 지남력(시간, 사람, 장소), 기억력, 지능, 인지기능(판단력, 추상적 사고, 주의력/집중력)
판단과 병식(통찰력)	상황적 판단력, 사회적 판단력

70

답 ⑤

해 MMPI-2의 보충척도인 대학생활 부적응척도(College Maladjustment ; Mt)는 대학생을 대상으로 한 심리적 부적응, 주관적 불편감을 측정한다. **대학생 C씨는 현재 대학생활에서 학업 및 교우관계의 어려움과 부적응을 경험**하고 있다.

71

답 ③

해 대학생 P씨는 심각한 교통사고와 동승자의 사망사고를 경험한 이후 식욕 및 집중력 저하, 불안감, 대중교통 회피, 악몽, 우울감, 알코올 복용, 대인관계 회피, 학교 적응 등 외상 후 스트레스 증상을 경험하고 있다. 우울감을 경험하므로 MMPI-2의 임상척도인 D(우울증) 점수가 상승하고, MMPI-2의 보충척도인 PK(외상 후 스트레스) 점수가 상승한다.

✓ 오답노트

일반적으로 로샤(Rorschach)검사에서 D 점수는 지금 현재의 적응 수준을 말한다. D > 0일 때 문제해결을 위해 사용할 수 있는 개인의 자원이 풍부하고 스트레스 대응능력이 높다. D = 0일 때 스트레스가 적당히 있지만, 자원도 충분한 적응적 상태이다. D < 0일 때 제한된 스트레스 대응능력으로 불안, 긴장, 초조, 안절부절. 좌절 인내력이 부족하다. D < -1일 때 스트레스 상황에서 압도되고 불안정해질 가능성이 높다.

따라서 대학생 P씨의 경우 현재 극심한 스트레스 상태로 적응 능력이 떨어져 있으므로 D 점수가 +3인 것은 적합하지 않다.

72

답 ③

해 로샤검사의 특수지표 중 CONTAM(오염반응 : Contamination)은 두 가지 이상의 대상들이 비현실적으로 하나의 반응에 중첩되거나, 하나의 반점 부분이 두 개가 겹쳐진 것처럼 보이거나, 애매모호하고 형태의 경계를 결정하지 못하는 표현일 때 채점된다. CONTAM은 CONTAM1과 CONTAM2로 채점된다. CONTAM1의 예를 들면, '이것은 피와 섬인 것 같은데, 피를 흘리는 섬이네요.'이고 CONTAM2의 예를 들면 '곤충의 얼굴과 황소의 얼굴이 겹쳐서 보이니까 곤충황소의 얼굴처럼 보여요.'이다.

73

답 ④

해 주제통각검사(TAT)의 실시와 해석은 투사적 검사로서 무의식적 요소의 발견과 관련이 있기 때문에 검사 결과의 해석은 심리적 결정론을 전제한다. 또한 벨락은 TAT의 기본 가정으로 통각(apperception)과 외현화(externalization), 정신결정론(psychic determination)이라는 용어를 사용하였다.

✔오답노트

① TAT를 실시할 때 각 개인은 20장의 그림을 보게 된다.
② 모든 수검자에게 적용되는 공통카드는 11장이다.
③ TAT는 30장의 흑백카드와 1장의 백지카드로 구성된다.
⑤ 카드 뒷면에 "B"라고 적힌 경우는 소년에게 제시되는 카드를 의미한다.

실력다지기 　　　　주제통각검사(TAT)

1) 30장의 흑백그림카드와 1장의 백지카드 등 총 31장 구성되어 있다.
2) 모든 수검자에게 공통적으로 11매를 제시하고, 성인 남자용 9매, 성인 여자용 9매, 소년용 9매, 소녀용 9매를 각각 제시한다. 31장의 TAT카드를 성별과 연령을 고려하여 20개의 카드를 선정하여 두 번에 걸쳐(통상 1~10번 카드는 첫 회기에, 11~20번 카드는 두 번째 회기에 시행) 나누어 검사한다. 머레이는 두 번의 시행 사이에 적어도 하루 정도의 시간 간격이 있어야 한다고 제안하였다.
3) 그림카드 뒷면에 공용도판, 남성 공용도판(BM), 여성 공용도판(GF), 성인 공용도판(MF), 소년/소녀 공용도판(BG), 성인남성 전용도판(M), 성인여성 전용도판(F), 소년 전용도판(B), 소녀 전용도판(G)으로 구분되어 있다. ☞ 카드 뒷면에 "B"라고 적힌 경우는 소년에게 제시되는 카드를 의미한다.
4) 주제통각검사(TAT)의 실시에서 필요한 정보가 있으면 수검자가 반응을 하고 있을 때 질문을 가급적 삼가하고, 수검자가 검사 실시 동안 자유롭게 상상하고 언어로 표현할 수 있도록 동기부여를 시킨다.
5) 검사도중 검사자가 수검자에게 하는 중도질문은 이야기의 전개과정에서 과거, 현재, 미래의 내용이 빠졌을 경우나 이야기 속의 인물의 성별이 불확실한 경우 등 특별한 경우가 아니면 가급적 삼간다.
6) 벨락은 TAT의 기본 가정으로 통각(apperception)과 외현화(externalization), 정신결정론(psychic determination)이라는 용어를 사용하였다.

74

답 ①

해 **숫자 소검사의 경우 한 번만 읽어주고 반복하지 않는다.**

숫자 소검사는 3가지 유형(바로 따라 하기, 거꾸로 따라 하기, 순서대로 따라 하기)으로 구성되어 있다.

> **실력다지기**　　　　**숫자 소검사의 실시요령**

1) 각 시행을 실시할 때, 숫자를 1초에 한 개씩 읽으며, 마지막 숫자에서는 목소리를 조금 낮추고 아동이 반응할 수 있도록 잠시 멈춘다.
2) 아동이 해당 문항을 다 읽어주기 전에 반응하려고 하면 나머지 숫자를 다 제시한 후에 반응하도록 한다. 아동이 한 반응에 대하여 채점을 한 후 "내가 다 끝내고 나서 대답해야 합니다."라고 말한다.
3) 어떤 시행도 다시 읽어주지 않는다. 아동이 다시 읽어주기를 요구한다면, "다시 불러줄 수 없어요. 잘 기억해서 해 보세요."라고 말한다.

> **심화학습**　　　　**K-WISC-Ⅳ의 실시 상 반응기록**

기록용지에 표기하기 쉬운 권장 약어 목록
1) Q : 추가질문을 사용했을 때
2) P : 촉구를 사용했을 때
3) R : 문항을 반복했을 때
4) DK : 아동이 모른다고 말했을 때
5) NR : 아동이 반응하지 않았을 때
6) PC : 아동이 정확하게 가리켰을 때
7) PX : 아동이 부정확하게 가리켰을 때

75

답 ②

해 **보기의 내용은 A-las(낮은 포부) 척도의 특징이며, 추가적인 특징은 다음과 같다.**

1) 일반적으로 성공하는 것에 대한 흥미가 없다.
2) 공부를 하거나 책을 읽는 것을 좋아하지 않고 성취에 관심이 없으므로 저조한 학업 수행을 보인다.
3) 일을 시작하는 것을 힘들어하고 일이 잘못되면 쉽게 포기한다.
4) 타인에게 문제해결의 책임을 떠맡기고, 자신은 어려움을 직면하지 않으려 회피한다.
5) 타인이 자신의 성공을 가로막는다고 믿고 주변인으로부터 게으르다는 평가를 받는다.

> ＊ 참고
> ① A-biz : 기태적 정신상태,　　③ A-sod : 사회적 불편감,　　④ A-fam : 가정 문제,　　⑤ A-lse : 낮은 자존감

제4과목　이상심리(필수)

76	⑤	77	②	78	①	79	⑤	80	④
81	③	82	④	83	①	84	③	85	③
86	②	87	②	88	⑤	89	①	90	⑤
91	①	92	⑤	93	③	94	⑤	95	②
96	④	97	④	98	③	99	②	100	④

76

답 ⑤

해 주요 우울장애는 지속적인 우울한 기분과 흥미나 즐거움의 현저한 저하를 필수 증상으로 포함한 **9가지 중 5개 이상의 증상이 연속적으로 2주 이상 나타나고**, 이전 기능으로부터의 변화가 있다. 주요 우울 삽화의 발생이 조현정동장애(분열정동장애), 조현병, 조현형 장애, 망상장애 또는 기타 조현병 스펙트럼 장애들로 설명되지 않아야 한다. 또한 **조증 삽화나 경조증 삽화가 있었던 적이 없어야 한다.** 중요한 상실에 대한 반응(가족이나 애완동물)에서 문화적 차이(동양권과 서양권)를 고려해야 한다.

77

답 ②

해 망상장애는 최소한 1개월 또는 그 이상의 기간 동안 1가지 이상의 망상이 존재한다. 망상장애의 아형으로는 피해형, 과대형, 질투형, 색정형, 신체형, 혼합형 등이 있다. 이 중 ② 과대형은 자신이 굉장한 통찰력을 지녔다고 여긴다.

> ✔오답노트
> ① **신체형** – 망상의 중심주제가 감각 이상으로 나타남
> ③ **색정형** – 다른 사람이 자신을 사랑하고 있음
> ④ **질투형** – 자신이 사랑하는 대상에만 한정됨
> ⑤ 망상이 **정신약물의 생리적 효과로 인한 것이 아니어야 함**

78

답 ①

해 동일결과론(equifinality)은 아동기에 각기 다른 경험(따돌림을 당한 사람 또는 시험에서 계속 실패한 사람)과 경로를 거쳤지만 동일한 질병(우울증)을 나타내는 것이다.

> ✔오답노트
> [ㄴ]. 다중결과론(multifinality)은 아동기에 동일한 경험(따돌림을 당한 사람)과 경로를 거쳤지만 각기 다른 질병(우울증, 대인불안, 피해망상)을 나타내는 것이다.
> [ㄷ]. 동일결과론과 다중결과론은 행동발달의 보편적 주제(학령기에는 학업과 교우관계, 청년기에는 사랑과 취업, 중년기에는 퇴직과 이혼, 노년기에는 사별)를 인정한다.

79

답 ⑤

해 **선택적 함구증(아동기)**, 분리불안(아동기와 청소년기), **특정공포증(청소년기), 공황장애(청소년기와 성인기), 광장공포증(성인기)** 등의 순서로 발병한다.

80

답 ④

해 정신역동 모델은 심리학적 모델 중 가장 오래되었고 잘 알려진 모델이다. 정신역동 모델에서는 **정상이든, 이상이든 인간의 행동은 무의식적 심리적 에너지 및 초기 아동기의 관계 경험과 외상에 의해 결정된다**고 한다.

81

답 ③

해 범불안장애 환자들은 매사에 잔걱정이 많고, 늘 불안하고 초조하며, 사소한 일에도 잘 놀라고 긴장한다. 따라서 늘 과민한 상태에 있으며 짜증과 화를 잘 내고 쉽게 피로감을 느낀다. 때로는 지속적인 긴장으로 인한 근육통과 더불어 만성적 피로감, 두통, 수면장애, 소화불량, 과민성 대장증후군 등의 증상을 함께 나타내기도 한다.
③ 사고의 비약은 조증에서 나타나는 증상이다.

82

답 ④

해 주의력결핍 과잉행동장애(attention deficit hyperactivity disorder, ADHD)는 자신의 행동을 적절하게 통제하지 못하고 부주의하며 충동적인 과잉행동을 나타내는 경우를 말한다.
④ 주의력 결핍 및 과잉행동장애(ADHD)는 부주의 우세형, 과잉행동 - 충동성 우세형, 복합형의 3가지가 있다.

심화학습　　　ADHD의 진단 기준(DSM-5)

1. 부주의 및 과잉행동 - 충동성의 지속적인 패턴이 나타난다. 이러한 패턴은 개인의 기능과 발달 저해하며, 아래 1)항과 2)항 중 1가지 이상에 해당 되어야 한다.
   1) 부주의 : **다음 9개 증상 가운데 6개월 이상 지속적으로 나타나고,** 이러한 증상이 발달수준에 맞지 않으며, 사회적, 학업적/직업적 활동에 직접적으로 부정적인 영향을 미친다.
      주의 : 이러한 증상은 단지 반항적 행동, 적대감 또는 과제나 지시 이해의 실패로 인한 양상이 아니어야 한다. 후기 청소년이나 성인(17세 이상)의 경우에는 적어도 5가지의 증상을 만족해야 한다.
      (1) 흔히 세부적인 면에 대해 면밀한 주의를 기울이지 못하거나, 학업, 직업, 또는 다른 활동에서 부주의한 실수를 저지른다(예 : 세부사항을 간과하거나 놓침, 작업이 정확하지 못함).
      (2) 흔히 일을 하거나 놀이를 할 때 지속적으로 주의를 집중하는데 어려움이 있다(예 : 강의, 대화, 긴 독서 중에 집중을 유지하기가 어려움).
      (3) 흔히 다른 사람이 직접 말을 할 때 경청하지 않는 것으로 보인다(예 : 뚜렷하게 집중을 방해하는 것이 없는데도 정신이 다른 곳에 가 있는 것처럼 보임).
      (4) 흔히 지시를 완수하지 못하고, 학업, 집일, 작업장에서의 업무를 수행하지 못한다(예 : 과업을 시작하지만, 곧 초점을 잃고 쉽게 옆길로 빠짐).

(5) 흔히 과업과 활동을 체계화하지 못한다(例 : 순차적인 과업을 처리하는데 어려움, 자료와 소지품을 정리하는데 어려움, 지저분하고 정리되지 않은 업무, 형편없는 시간관리, 마감기한을 맞추지 못함).

(6) 흔히 지속적인 정신적 노력을 요구하는 과업에 연관되기를 피하고, 싫어하고 꺼린다(例 : 학업이나 숙제, 청소년기 후기나 성인기에 보고서 준비, 서식 작성하기, 긴 서류 검토하기).

(7) 흔히 과업이나 활동하는데 필요한 물건을 잃어버린다(例 : 학교자료, 연필, 책, 도구, 지갑, 열쇠, 서류, 안경, 핸드폰).

(8) 흔히 외부자극에 쉽게 산만해진다(청소년기 후기나 성인에게는 관련 없는 생각들이 포함될 수 있음).

(9) 흔히 일상적인 활동을 잊어버린다(例 : 잡일, 심부름, 청소년기 후기나 성인에게는 회답 전화하기, 공과금 내기, 약속 지키기).

2) 과잉행동-충동성 : 다음 9개 증상 가운데 6개월 이상 지속적으로 나타나고, 이러한 증상이 발달수준에 맞지 않으며, 사회적, 학업적/직업적 활동에 직접적으로 부정적인 영향을 미친다.

　주의 : 이러한 증상은 단지 반항적 행동, 적대감 또는 과제나 지시 이해의 실패로 인한 양상이 아니어야 한다. 후기 청소년이나 성인(17세 이상)의 경우에는 적어도 5가지의 증상을 만족해야 한다.

(1) 흔히 손발을 가만히 두지 못하거나 톡톡 두드리고, 또는 자리에 앉아서도 몸을 옴지락거린다.

(2) 흔히 앉아 있도록 요구되는 상황에서 자리를 떠난다(例 : 교실, 사무실이나 작업장).

(3) 흔히 부적절한 상황에서 뛰어다니거나 기어오른다(청소년이나 성인에서는 안절부절못하는 느낌으로 제한될 수 있다).

(4) 흔히 조용하게 여가 활동에 참여하거나 놀지 못한다.

(5) 흔히 '끊임없이 활동하거나' 마치 '전동기에 의해 움직이는 것'처럼 행동한다.

(6) 흔히 지나치게 수다스럽게 말을 한다.

(7) 흔히 질문이 채 끝나기 전에 성급하게 대답한다(例 : 사람들의 문장을 자신이 끝맺음, 대화 중에 자기 차례를 기다리지 못함).

(8) 흔히 차례를 기다리지 못한다(例 : 줄을 기다리는 동안).

(9) 흔히 다른 사람의 활동을 방해하고 간섭한다(例 : 대화, 게임, 활동에 참견을 함, 허락을 구하거나 받지 않고 다른 사람의 물건을 쓰기도 함. 청소년이나 성인은 다른 사람이 하는 것을 함부로 침범하거나 탈취할 수도 있음).

2. 몇몇 부주의나 과잉행동-충동성의 증상이 12세 이전에 나타난다.

3. 몇몇 부주의나 과잉행동-충동성 증상이 2가지 이상의 상황에서 존재한다(例 : 집, 학교, 직장, 친구들이나 친척들과 함께 있을 때, 다른 활동 중에).

4. 이러한 증상들이 사회적, 학업적, 또는 직업적 기능을 방해하거나 그 질을 저하시킨다는 명백한 증거가 있다.

5. 이러한 증상들이 정신분열증이나 다른 정신증적 장애의 경과 중에만 나타나는 것을 아니어야하고, 다른 정신장애(例 : 기분장애, 불안장애, 해리장애, 성격장애, 물질중독 또는 금단)로 더 잘 설명되지 않아야 한다.

어느 것인지 명시할 것

• 복합형 : 지난 6개월 동안 진단기준 1의 1) 부주의와 2) 과잉행동-충동성에 모두 부합되는 경우

• 부주의 우세형 : 지난 6개월 동안 진단기준 1의 1) 부주의에는 부합되지만, 2) 과잉행동-충동성에는 부합되지 않는 경우

• 과잉행동-충동성 우세형 : 지난 6개월 동안 진단기준 1의 2) 과잉행동-충동성에는 부합되지만, 1) 부주의에는 부합되지 않는 경우

현재의 심각도 구분
- 경도 : 증상이 사회적 또는 직업적 기능에 가벼운 손상 이상을 초래하지 않음
- 중등도 : 증상이나 기능적 손상이 '경도'와 '중증도' 사이에 존재함
- 중증도 : 특별히 심각한 여러 증상들이 존재하거나 또는 증상이 사회적 또는 직업적 기능에 뚜렷한 손상을 초래함

출처 : 김청송(2017). 사례중심의 이상심리학. 서울 : 싸이북스 출판사. pp. 99–101.

83

답 ①

해 ② 순환성 장애는 **최소한 2년 동안(아동과 청소년의 경우 최소한 1년)**, 경조증과 우울증의 기간이 최소한 절반 가까이 있어 왔고, 증상이 없었던 기간이 2개월 이상 지속된 적이 없었다.

③ 순환성 장애는 **남녀의 발병률이 비슷하지만**, 임상장면에서는 여성이 남성보다 치료를 받는 비율이 더 높다.

④ 제 I 형 양극성 장애는 **남녀의 발병률이 비슷하다**. 남성은 보통 조증 삽화가 먼저 시작되고, 여성은 주요 우울 삽화가 먼저 시작되는 경우가 많다.

⑤ 제 II 형 양극성 장애의 자살(자해)시도 빈도는 제 I 형보다 높다.

cf) 양극성 장애 제 I 형 환자의 자살률은 일반인에 비해 30배 이상 높다. 자살 위험성은 질환의 초기에 가장 높다. **양극성 장애 제 II 형은 제 I 형에 비하여 더욱 만성적인 경향을 보이며 우울증을 자주 나타내고 10% 이상의 높은 자살 성공률을 보이며** 사회공포와 단순 공포증의 높은 유병률을 보인다[4.]

84

답 ③

해 [ㄷ]. **연상이완은 사고장애로 조현병의 양성증상**이다.

조현병은 환각, 망상, 와해된 행동, 둔마된 정동을 특징으로 하는 정신증이다. 양성증상은 망상, 환각, 사고장애, 와해된 행동이며, **음성증상은 둔마된 정동, 제한된 정서, 무의욕증, 흥미의 결여, 빈곤한 언어, 감퇴된 언어표출, 사회적 고립 등이다.** 조현병 초기에 주로 양성증상이 나타나고 만성으로 진행될수록 음성증상이 나타난다. 음성증상에 비해 양성증상은 약물치료에 의해 쉽게 호전되며 지적 손상이 적으며 경과가 상대적으로 좋은 편이다.

실력다지기 　　　 **사고장애의 종류**

1) 망상(delusion)
　사실과 다른 신념으로서 그 사람의 교육 정도나 환경과 맞지 않고 현실과 동떨어진 생각이며 비합리적이어서 이성적 논리적인 방법으로 교정이 어려운 잘못된 믿음 또는 허망한 생각
2) 지리멸렬(incoherence)
　사고 진행이 와해되어 논리적 연결이 없고 조리가 없어 도무지 줄거리를 알 수 없는 언어로서 구절이나 단어들이 흩어진 상태, 말이 조리 있게 안 됨

3) 사고 비약(flight of idea)

한 생각에서 다른 생각으로 연상이 너무 빨리 진행되어 원래의 주제에서 벗어나 탈선하므로 사고 목표에 도달하지 못하는 사고

4) 강박 사고(obsession)

반복적이고 지속적인 사고, 충동 또는 심상, 이 주요 증상은 장애가 경과하는 도중 어느 시점에서 침입적이고 부적절한 것이라고 경험되며, 현저한 불안이나 고통을 일으킴, 자기 생각이 병적인 줄 알고, 안 하려고 노력함에도 불구하고 안 할 수 없이 자꾸 떠오르는 생각, 느낌, 충동을 말함

85

답 ③

해 [ㄹ]. 무선화(randomized) 실험은 실험설계에 해당한다. **무선화(randomized)는 실험에서 독립변수와 종속변수에 영향을 미치는 모든 변수를 통제하는 기법**이다.

실력다지기 **단일사례 실험설계에 사용되는 전략들은 다음과 같다.**

1) 철회(withdrawal) 설계

중지반전설계라고도 한다. 외부 사건을 더 잘 통제하기 위해 A(제 1 기초선 측정) - B(제 1 처치) - A(관찰, 제 2 기초선 측정) - B(제 2 처치) 기간을 갖는다. 개입을 한 상태와 개입을 하지 않은 상태를 두 번 관찰함으로써 개입이 변화를 일으켰다는 확신을 가질 수 있다.

2) 추세(trend) 분석

반복적인 관찰을 통한 경향(trend)과 변화를 파악하는 것이다.

3) 반복(repeated) 측정

반복적인 관찰을 통한 개입(처치)의 효과성을 파악하는 것이다.

4) 다중(multiple) 기저선 설정

다중 기초선 설계(다중 기저선 설정)는 개입의 대상자가 2명 이상의 소수이거나(대상자 간 다중 기초선 설계), 한 명이라 하더라도 2개 이상의 문제에 대한 개입을 실시할 경우(문제 간 다중 기초선 설계), 그리고 여러 가지 상황 하에서(상황 간 다중 기초선 설계) 사용이 가능하다.

86

답 ②

해 사회불안장애는 사회적 상호작용, 관찰 당하는 상황, 다른 사람 앞에서 수행을 하는 상황에서 타인의 부정적 평가에 뚜렷한 공포나 불안을 느끼는 장애이다. 전형적으로 공포, 불안, 또는 회피가 6개월 이상 지속되어야 하며 이러한 장애가 사회적·직업적으로 현저한 고통이나 손상을 초래한다.

② 아동의 경우 일상생활이나 또래집단에서의 울음, 떼쓰기, 얼어붙음, 매달리기, 움츠러들기, 또는 사회적 상황에서 말을 하지 못하는 것으로 불안이 표현될 수 있다.

87

답 ②

해 신경발달장애는 지적장애, 의사소통장애, 자폐스펙트럼 장애, 주의력 결핍 과잉행동 장애, 특정 학습장애, 운동장애(발달성 운동협응 장애, 상동증적 운동장애, 틱장애) 등이 있다.

② 신경인지장애에는 주요 신경인지장애, 경도 신경인지장애, 섬망 등이 있다. 경도 신경인지장애는 신경발달장애가 아니라 신경인지장애이다.

88

답 ⑤

해 고전적인 범주적(classical categorical) 접근은 이상행동이 정상행동과는 질적으로 구분되며 흔히 독특한 원인에 의한 것이기 때문에, 정상행동과는 명료한 차이점을 지니고 있다는 가설로 흑백논리적인 분류의 특성을 지닌다.

> cf) 차원적 접근은 특정 질병을 연속선에서 기술하고 평가하는 것으로, 정상행동과 이상행동의 구분이 부적응성의 문제일 뿐 질적인 차이는 없다는 가정에 근거한다. DSM-5는 2013년도의 새로운 업데이트 버전으로, 이전 버전에서의 범주적 접근과 함께 보다 유연한 해석을 위해 차원적 접근을 추가했다.

89

답 ①

해 동물을 학대하는 것은 '품행장애'의 진단 기준에 해당한다.

실력다지기 **적대적 반항장애**

적대적 반항장애는 분노/짜증내는 기분, 논쟁적/반항적 행동, 악의적인 복수심의 3가지 범주와 8가지 증상 중 4가지 이상이 적어도 6개월 이상 지속된다. 8가지 증상은 다음과 같다.

1) 자주 버럭 화를 낸다.
2) 권위 있는 대상이나 어른과 논쟁한다.
3) 권위 있는 대상이나 어른의 요구나 규칙을 무시하거나 거절한다.
4) 타인을 고의적으로 괴롭히거나 귀찮게 한다.
5) 자신의 실수나 잘못된 행동을 남의 탓으로 돌린다.
6) 자주 과민하거나 쉽게 짜증을 낸다.
7) 자주 분노하고 원망한다.
8) 지난 6개월 이내에 최소한 2번 이상 악의적이거나 앙심을 품은 적이 있다.

90

답 ⑤

해 외상 및 스트레스 관련 장애의 하위 유형에는 반응성 애착장애, 탈억제 사회관여 장애(탈억제성 사회적 유대감 장애), 외상 후 스트레스 장애, 급성 스트레스 장애, 적응장애 등이다.

⑤ **탈억제성 사회적 유대감 장애는 생후 9개월 이상 된 아동이 애착 외상 또는 애착 결핍 때문에 처음 본 사람 누구에게든지 무분별한 친밀감을 나타내고, 망설임 없이 애착을 나타내는 증상을 보인다.**

91

답 ①

해 섬망은 의식 장애와 주의를 집중하고, 유지하고, 이동하는 능력의 감퇴, 인지의 변화(기억력 장애, 지남력 장애, 언어 장애 등) 또는 지각 장애가 이미 존재하거나 확진되거나 진행 중인 치매로 잘 설명되지 않는다.

① 섬망은 **잠을 과도하게 자거나 거의 자지 않는 것처럼 수면-각성주기가 뒤바뀌는 경우가 있다.** 이러한 증상은 낮 동안에는 증상이 호전되지만 밤에는 증상이 악화되는데 이를 일몰증후군이라고 한다.

✓ **오답노트**

② **노년층**의 유병률이 가장 높다.

③ 섬망의 핵심증상은 주의 장애와 인식 장애, 기억력 감퇴, 언어능력의 저하, 현실 판단능력의 결함, **정보처리능력의 결함 등이 나타난다.**

④ 섬망은 **조기에 발견하여 즉각적인 진단과 적극적인 치료를 요구한다.**

⑤ 섬망은 단기간에 발생하여 악화되고 **하루 중에도 그 심각도가 변동하는 특징**이 있다.

92

답 ⑤

해 1 해리장애는 강한 심리적 충격이나 외상을 경험한 후, **개인의 통합적인 기능(의식, 기억, 자기정체감, 그리고 환경에 대한 지각)에서 붕괴가 나타나는 정신장애**이다.

2 해리장애는 의식, 기억, 행동 및 자기 정체감의 통합적 기능에 갑작스러운 이상을 나타내는 정신장애로서 **충격적인 경험을 한 이후 발생되는 경향**이 있다.

3 개인들이 이인증(자신의 생각, 감정, 감각, 신체 또는 행동을 생생한 현실로 느끼지 못하고 그것과 분리되거나 외부 관찰자가 된 경험)이나 비현실감(주변환경이 비현실적인 것으로 느껴지거나 그것과 분리된 듯한 느낌을 경험)을 경험하는 동안 **현실 검증력은 유지**된다.

4 해리성 기억상실증은 개인적인 사건을 회상하지 못하거나 거주지로부터 멀리 떨어져 낯선 곳에서 방황하는 증상으로, **통상적인 망각과 차이가 있다.**

93

답 ③

해 강박성 성격장애는 지나치게 완벽주의적이고 세부적인 사항에 집착하며 과도한 성취지향성과 인색함을 특징적으로 나타내는 성격장애를 말한다. 다음 8가지 중 4개 이상의 항목을 충족시켜야 한다.

1) 사소한 세부사항, 규칙, 목록, 순서, 시간계획이나 형식에 집착하여 일의 큰 흐름을 잃게 된다. ☞ ⑤ **세부사항에 집착한다.**

2) 과제의 완수를 저해하는 완벽주의를 보인다(지나치게 엄격한 기준에 맞지 않기 때문에 과제를 끝맺지 못함).

3) 일과 생산성에만 과도하게 몰두하여 여가 활동과 우정을 희생한다(분명한 경제적 필요성에 의한 경우가 아님). ☞ ① **일과 생산성에 집중한다.**

4) 도덕, 윤리 또는 가치문제에 있어서 지나치게 양심적이고 고지식하며 융통성이 없다(문화적 또는 종교적 배경에 의해서 설명되지 않음). ☞ ② **도덕적 가치 문제에서 양심적이다.**

5) 닳아빠지고 무가치한 물건, 그리고 이 물건이 감상적 가치조차 없는 경우에도 버리지 못한다.

6) 자신이 일하는 방식을 그대로 따르지 않으면 타인에게 일을 맡기거나 같이 일하려 하지 않는다. ☞ ④ **타인에게 일을 위임하지 않는다.**

7) 자신과 타인 모두에게 구두쇠처럼 인색하고 돈은 미래의 재난에 대비해서 저축해두어야 하는 것으로 생각한다. ☞ ③ **현재의 삶에 집중하지 못하고 미래를 불안해한다.**

8) 경직성과 완고함을 보인다.

94

답 ⑤

해 신체증상장애(Somatic Symptom Disorder)는 장기간 지속되어 온 다양한 종류의 신체적 증상을 호소하는 장애이다. 신체증상장애는 주로 여자에서 나타나며, 주된 발병연령은 10대 후반이며, 보통 호전과 악화를 반복하는 만성 재발 경과를 보인다.

[ㄱ]. **특히 사회 경제 및 교육 수준이 낮은 계층에서 많이 발생하는 경향이 있다.**

신체증상장애(Somatic Symptom Disorder) 특징

1) 부정적 감정을 억압할 때 생겨날 수 있으며 신체적 증상으로 인한 이차적 이득에 의해서 강화된다.

2) 신체증상장애를 지닌 사람은 신체적 변화에 주의를 많이 기울이고 신체 감각을 증폭하여 지각하며 신체적 증상의 원인을 질병으로 잘못 해석하는 경향이 있다.

3) 만성적인 경과를 나타내며 치료하기 어려운 장애로 알려져 있다.

4) 다양한 신체 증상을 가진 환자는 신체질환이 있을 거라는 생각에 여러 병원에서 신체 질환에 대한 검사를 받는 경우가 많고 검사 결과 특별한 이상이 없다는 의사의 말을 믿지 못하고 다른 병원에 가서 다시 검사를 반복하는 doctor shopping의 모습을 보인다.

5) 뚜렷한 병명 없이 신체 증상이 지속되기 때문에 환자는 희망을 잃고 무력감, 좌절감을 느껴 우울증 등을 동반하기도 하며, 집중력 감소, 식욕부진, 짜증이 많이 나고 예민해짐, 결단력이 없어짐, 멍한 느낌, 불면 등의 정신적인 어려움을 흔히 호소하기도 한다.

95

답 ②

해 성 관련 장애의 하위유형으로는 성불편증, 성기능장애, 성도착장애가 있다. 성도착장애(변태성욕장애)의 하위 유형으로는 성적가학/피학장애, 노출장애, 관음장애, 소아성애장애, 접촉마찰장애, 물품음란장애, 의상전환장애 등이 있다. 이 중 물품음란장애는 무생물(물품 등)에 대해 성적 흥분을 느끼는 장애이다.

✔오답노트

① 관음장애 : 타인의 나체나 성행위를 관찰하며 성적 쾌감을 느낌(18세 이상)

　예 의상전환장애 : 이성의 옷으로 바꿔 입음으로써 성적으로 흥분함

③ 성적피학장애 : 맞거나 때리는 것을 즐기며 쾌감을 얻음

　예 성적가학장애 : 상대방이 굴욕이나 고통을 겪게 함으로써 성적 흥분을 느낌

④ 마찰도착장애 : 동의하지 않는 상대에게 신체(성기)를 접촉하여 문지르는 증상

⑤ 노출장애 : 눈치 채지 못한 사람에게 성기를 노출하여 성적으로 흥분함

　예 소아성애장애 : 사춘기 이전 13세 이하의 아동을 상대로 최소 3개월 이상 성적 흥분을 느낌

96

답 ④

해 신체변형장애(신체이형장애, Body Dysmorphic Disorder)는 강박 및 관련장애의 하위 유형으로 실제로는 외모에 결점이 없거나 사소한 것임에도 자신의 외모에 심각한 결함이 있다는 생각에 과도하게 사로잡히는 장애이다. 외모에 대한 높은 미적 민감성을 가지고 자기 신체(얼굴)을 과도하게 관찰하고(자기 얼굴의 미묘한 비대칭성을 발견한다) 자신의 외모를 고치기 위해 성형수술이나 피부과 시술에 중독되지만 이를 통해 궁극적인 만족감을 느끼지 못한다.

④ 이들은 아동기 학대를 경험했거나 자존감이 낮은 경향이 있다.

실력다지기	신체변형장애의 진단기준

1) 타인이 알아볼 수 없거나 혹은 미미한 정도인 하나 혹은 그 이상의 신체적 외모의 결함을 의식하고 이에 대해 지나친 몰두와 집착을 보인다.

2) 외모에 대한 걱정 때문에 질환 경과 중 어느 시점에 반복적 행동(예. 거울보기, 과도한 치장, 피부 뜯기, 안심하려고 하는 행동)이나 심리 내적인 행위(예. 자신의 외모를 다른 이와 비교하는 것)를 보인다.

3) 이런 집착은 사회적, 직업적, 또는 다른 중요한 영역에서 임상적으로 현저한 고통이나 손상을 초래한다.

4) 외모에 대한 집착이 섭식장애의 진단을 만족하는 증상을 보이는 사람의 신체 지방이나 몸무게에 대한 염려로 더 잘 설명되지 않는다.

5) 다음의 경우 명시할 것
　근육이형증 동반 : 자신의 체격이 너무 왜소하거나 근육질이 부족하다는 믿음에 사로잡혀 있다. 흔히 있는 경우지만 다른 신체부위에 사로잡혀 있을 때도 역시 추가 서술될 수 있다.

97

답 ④

해 수면-각성장애의 하위 유형에는 불면장애, 과다수면장애, 수면 무호흡증, 수면-각성주기장애, 사건수면 등이 있다. 이 중 중추성 수면 무호흡증은 수면 다원검사[3]에서 수면 시간당 5회 이상의 중추성 무호흡이 나타난다.

> ▶ **중추성 수면무호흡(central sleep apnea)**
>
> 수면 중에 호흡 욕구(respiratory drive)가 없어지면서 호흡이 멈추는 증상이며, 이에 따른 폐 소포의 환기부족으로 저산소증과 이에 동반된 임상증상을 야기할 수 있다. 수면다원검사를 통해 무호흡 시에 동반되는 호흡노력이 없을 때 비교적 쉽게 중추성 수면무호흡으로 진단 할 수 있으며, 수면다원검사에서 측정된 수면무호흡의 50% 이상이 중추성으로 나타날 때 중추성 수면무호흡증(central sleep apnea syndrome)으로 진단할 수 있다. 중추성 수면무호흡증은 다른 수면 질환과 마찬가지로 수면의 질을 떨어뜨리고, 주간졸음증이나 피로감, 심혈관계 질환의 위험을 증가시킨다고 알려져 있다.[4]

✔오답노트

① **과다수면장애** : 과도한 주간 졸림을 특징으로 하며, 과도한 수면 시간에도 불구하고 각성의 질 저하와 수면 무력증과 같은 증상을 보인다.

② **불면장애** : 수면을 개시하는 과정에서 어려움을 보이며(잠들기까지 너무 오래 걸리거나), 수면의 양과 질이 불만족스러운 상태(잠 든 후 자주 깨거나, 새벽에 너무 일찍 깨어 다시 잠들기 어렵거나, 자고 일어나도 개운하지 않은 상태)를 말한다. 불면증은 남자보다 여자에서 좀 더 흔하며 노인인구에서 불면증을 포함한 수면질환이 중대한 건강문제임이 널리 알려져 있다.

③ **기면증(수면발작)** : 주간에 깨어 있는 상태에서 갑자기 저항할 수 없는 졸음을 느끼며 수면에 빠지는 증상이다.

⑤ **하지불안 증후군** : 움직이지 않고 정적인 상태에서 사지에 불쾌한 감각을 나타나고 자꾸 움직이고 싶은 충동이 일면서 움직여 주면 증상이 일시적으로 완화되고, 증상이 낮 보다는 주로 밤에 더 심해지는 증상이다.

예 **사건수면** : 잠자는 도중이나 잠이 덜 깬 상태에서 일어나는 비정상적인 행동이나 생리적 사건을 말한다. 사건수면에는 수면 보행증(몽유병), 야경증, 수면마비(가위눌림), 수면섭식장애, 악몽장애, 야뇨증, 렘수면 행동장애, 하지불인 증후군 등이 있다.

---

3   수면다원검사는 수면장애를 진단하기 위한 검사이다. 수면다원검사는 수면 중 뇌파, 안구운동, 근육의 움직임, 호흡, 심전도 등을 종합적으로 측정하고 동시에 수면 상태를 비디오를 통해 녹화한다. 검사에서 얻어진 기록을 분석하여 수면과 관련된 질환을 진단하고 치료방침을 정하게 된다. 수면다원검사는 비침습적이며 안전하고 편안하게 시행할 수 있는 검사로 수면뿐만 아니라 수면 중 여러 가지 중요한 신체기능도 검사할 수 있다. (출처 : 서울아산병원 의료정보)
4   출처 : 조양제(2009). 입면기 중추성 수면무호흡. J Kor Sleep Soc. Volume 6

98

답 ③

해 편집성 성격장애는 타인의 동기를 악의적으로 해석하여 타인에 대한 지속적 의심과 원한을 품는 성격장애이다.

　③ 절도 등의 불법적인 일을 지속적으로 실행하는 증상은 반사회성 성격장애의 특징이다.

실력다지기　　　　　편집성 성격장애 진단기준

성인기 초기에 시작되어 여러 가지 상황에서 나타나며 다음 7가지 특성 중 4개 이상을 만족시켜야 한다.

1) 충분한 근거 없이 다른 사람에게 착취당하고 해를 당하거나 속임을 당하고 있다고 의심한다.

2) 친구나 동료의 성실성이나 신용에 대한 부당한 의심을 한다.

3) 정보가 자기에게 악의적으로 사용될 것이라는 부당한 공포 때문에 터놓고 이야기하기를 꺼린다.

4) 타인의 말이나 사건 속에서 자신을 비하하거나 위협하는 숨겨진 의미를 찾으려 한다.

5) 원한을 오랫동안 풀지 않으며 자신에 대한 모욕, 손상, 경멸을 용서하지 않는다.

6) 타인은 그렇게 생각하지 않지만 자신의 인격이나 명성이 공격당했다고 인식하고 즉시 화를 내거나 반격한다.

7) 이유 없이 배우자나 성적 상대자의 정절에 대해 반복적으로 의심한다.

99

답 ②

해 A의 증상은 간헐적 폭발성장애(Intermittent Explosive Disorder)로 진단될 수 있다. 간헐적 폭발성장애는 공격적인 충동이 조절되지 않아 심각한 파괴적 행동(A의 경우 집안의 물건을 부수는 행동)으로 나타난다. 공격적이고 폭발적인 행동을 하기 전에 긴장감이나 각성상태를 먼저 느끼는데 공격적 행동을 하고 나서는 즉각적인 안도감을 느끼며 자신의 행동을 후회한다.

　② 언어적 공격, 신체적 공격(물리적 공격)이 3개월 동안 평균 일주일에 2번 정도 발생한다.

실력다지기　　　　　간헐적 폭발성 장애 체크리스트

☑ 3개월 동안 매주 평균 2번 이상, 동물 및 다른 사람을 향한 언어적 공격이나 신체적 공격을 나타났다.

☑ 재산 피해나 파괴를 초래하는 행동적 폭발, 또는 동물이나 다른 사람을 대상으로 신체적 손상을 입히는 공격이 지난 12개월 내에 발생했다.

☑ 공격성의 강도가 요인에 비해 지나치게 과도하다.

☑ 반복적인 폭발행동이 미리 중재될 수 없으며 어떤 목적을 얻기 위해 저지르는 것은 아니다.

☑ 공격적 폭발들이 개인에게 고통을 초래하거나, 직업이나 대인관계적인 기능을 손상시키고 경제적이거나 법적 결과와 관련되어 있다.

☑ 연령이 6세 이상이다.

100

답 ④

해 신경성 폭식증(bulimia nervosa)은 체중과 체형이 자기 평가에 지나치게 큰 영향을 미치는 것으로, 반복되는 폭식 삽화와 체중이 증가하는 것을 막기 위한 반복적이고 부적절한 보상 행동(구토, 이뇨제, 관장약, 약물남용, 금식, 과도한 운동)을 보이는 장애이다. 평균적으로 최소 1주일에 1회 이상 3개월 동안 폭식과 부적절한 보상 행동을 실행한다. 심각도 수준은 1주일 동안 보이는 보상 행동의 횟수에 따라 달라지는데 경도(1~3회), 중등도(4~7회), 고도(8~13회), 극도(14회 이상)로 나눈다.

[ㄹ]. 문화적으로 용인된 관습에 의해 더 잘 설명되지 않는다는 내용은 진단기준에 해당하지 않는다.

심화학습   신경성 폭식증(bulimia nervosa) : DSM-5 진단기준

A. 반복되는 폭식 삽화, 폭식 삽화는 다음 2가지로 특징지어 진다.
  1. 일정 시간 동안(예 : 2시간 이내) 대부분의 사람이 유사한 상황에서 동일한 시간 동안 먹는 것보다 분명하게 많은 양의 음식을 먹음
  2. 삽화 중에 먹는 것에 대한 조절 능력의 상실감을 느낌(예 : 먹는 것을 멈출 수 없거나, 무엇을 혹은 얼마나 많이 먹어야 할 것인지를 조절할 수 없는 느낌)

B. 체중이 증가하는 것을 막기 위한 반복적이고 부적절한 보상행동, 예를 들면 스스로 유도한 구토, 이뇨제, 관장약, 다른 치료약물의 남용, 금식 혹은 과도한 운동 등이 나타난다.

C. 폭식과 부적절한 보상행동이 둘 다 평균적으로 적어도 3개월 동안 일주일에 1회 이상 일어난다.

D. 체형과 체중이 자기평가에 과도하게 영향을 미친다.

E. 이 장애가 신경성 식욕부진증의 삽화 기간 동안에만 발생하지 않는다.

다음의 경우 명시할 것 :
  1) 부분 관해 상태 : 이전에 신경성 폭식증의 진단기준을 전부 만족시켰으며, 현재는 기준의 일부를 만족시키는 상태가 유지되고 있다.
  2) 완전 관해 상태 : 이전에 신경성 폭식증의 진단기준을 전부 만족시켰으며, 현재는 어떠한 기준도 만족시키지 않는 상태가 유지되고 있다.

  현재의 심각누를 명시한 것 :
  * 심각도의 최저수준은 부적절한 보상 행동의 빈도를 기반으로 하고 있다. 심각도 수준은 다른 증상 및 기능적 장애의 정도를 반영하여 증가할 수 있다.
  (1) 경도 : 일주일에 1~3회의 부적절한 보상 행동 삽화가 있다.
  (2) 중등도 : 평균적으로 일주일에 4~7회의 부적절한 보상 행동 삽화가 있다.
  (3) 고도 : 평균적으로 일주일에 8~13회의 부적절한 보상 행동 삽화가 있다.
  (4) 극도 : 평균적으로 일주일에 14회 이상의 부적절한 보상 행동 삽화가 있다.

제2과목 집단상담(선택)

26	③	27	⑤	28	①	29	③	30	③
31	③	32	①	33	④	34	①	35	⑤
36	④	37	⑤	38	②	39	②	40	⑤
41	①	42	④	43	⑤	44	⑤	45	④
46	④	47	④	48	②	49	⑤	50	②

26

답 ③

해 [ㄹ]. 이전에 받아들이지 않았던 자신의 부분을 발견하고 수용한다. → **자기이해 및 수용**

실력다지기 **간헐적 폭발성 장애 체크리스트**

얄롬(I. Yalom)이 제시한 치료적 요인이란 집단원의 성장과 변화를 촉진시키는 요인이다. 얄롬의 치료적 요인 11가지는 보편성, 희망 심어주기, 정보 나누기, 이타주의, 교정적 정서체험, 사회화 기술 촉진, 모방행동, 대인관계 학습, 집단응집력, 감정정화, 실존적 요인이다.

얄롬은 실존적 요인을 다음과 같이 이야기 하고 있다.

1) 인생이 때로 부당하고 공정하지 않다는 것을 인식한다.

2) 궁극적으로 인생의 고통이나 죽음은 피할 길이 없음을 인식한다.

3) 내가 아무리 다른 사람과 가깝게 지내더라도, 여전히 홀로 인생에 맞닥뜨려야 한다는 것을 인식한다.

4) 나의 삶과 죽음에 대한 기본적인 문제들을 직면하고, 그럼으로써 좀 더 솔직하게 나의 삶을 영위하고 사소한 일에 얽매이지 않는다.

5) 내가 다른 사람들로부터 아무리 많은 지도와 지지를 받는다 할지라도 내 인생을 살아가는 방식에 대한 궁극적인 책임은 나에게 있다는 점을 알게 된다.

27

답 ⑤

해 모두 집단상담의 잠재적 위험에 해당한다.

1) 상담자는 집단 안에서 힘과 지위를 오용할 수 있다. ☞ **상담자의 권력 남용**

2) 사적인 삶의 노출로 사생활을 침해할 소지가 있다. ☞ **사생활 침해**

3) 공개된 내용의 일부가 집단 내에서 유지되지 않을 수 있다. ☞ **비밀보장의 어려움**

4) 직면은 유익하고 강력한 도구이지만, 파괴적인 방법으로 사용될 수 있다. ☞ **직면의 위험성**

28

답 ①

해 집단상담의 작업단계는 집단원의 행동변화를 촉진하는 단계로 자기노출, 피드백, 맞닥뜨림을 생산적으로 취급할 수 있을 정도의 응집력이 형성되어 집단원들이 삶에서 겪고 있는 심각한 문제를 내어놓고 취급할 수 있게 된다.

문제에서 철수는 평소 다른 사람들이 자신을 멍청하다고 생각하고 비난할까봐 자기표현을 하지 못하고 주저하며 망설이고 있다. 이때 상담자는 집단원들을 믿고 두려워하지 말고 자기표현 해 볼 것을 권유하는 것이 바람직한 개입이다.

29

답 ③

해 [ㄷ]. 집단상담 상황은 집단원 자신의 일상적인 대인관계 양식을 반영하는 자연스러운 사회적 상호작용의 축소판이다.

⊠ 내용분석

개인은 저마다 '서로 다른 내적 세계'를 갖고 있어서, 동일한 자극이라도 '각자에게 다른 의미'를 지닌다. 따라서 '서로 다른 반응들은 개인의 내적 세계를 이해'할 수 있게 해주는 '깊이 있는 정보'를 제공한다. 집단상담을 통해 집단원들은 상호작용에 의해 각자의 대인관계에서 대처양식을 드러낸다.

얄롬에 의하면, 이 같은 특징은 집단치료 상황에서 더욱 두드러져서, 집단의 발달이 방해받지 않는다면, 각 집단원의 사회환경이 반영되는 '축소된 사회'로 발전시킨다. 이렇게 만들어진 축소된 이 사회는 집단원들의 특정한 방어적 행동을 이끌어 낸다. 또한 '피드백, 카타르시스, 의미 있는 자기개방, 사회화 기술들의 습득' 등을 용이하게 해준다. 이러한 결과 집단이라는 축소된 사회에서 나타내는 부적응적인 대인관계 행동을 알게 되고 그것을 치료적으로 활용하는 능력을 발달시키는 것은 집단상담자의 주요 과제가 된다.

30

답 ③

해 다른 사람도 나만큼 혼란스러운 가족관계가 있음을 알게 되는 것은 문제의 일반화(보편성)에 해당한다.

얄롬(I. Yalom)의 치료적 요인 중 '대인관계 - 입력'은 집단원들이 자신의 대인관계에서의 문제들을 집단상담을 통해 해결하고 새로운 대인관계 패턴을 습득하는 것이다.

31

답 ③

해 [ㄹ]. 집단과 다른 집단원에게 부정적인 감정을 표현하는 경우 이러한 감정이 발생하게 된 상황에 대한 생각이나 감정을 솔직하게 표현하고 집단원들과 소통하게 한다.

차단하기 기법은 집단원이 바람직하지 못한 행동을 할 때 적절히 제한하면서, 생산적인 활동이 되도록 돕는 기술이다.
보기에서 비생산적인 집단원의 행동은,
[ㄱ]. 한 사람이 다른 사람의 대변인 역할을 하는 경우 ☞ 해당 집단원이 자신의 이야기를 스스로 할 수 있도록 함
[ㄴ]. 집단 밖의 사람, 상황, 사건에 관해서만 이야기되는 경우 ☞ 집단원들 간에 일어나는 지금-여기에서의 생각이나 감정을 나누기
[ㄷ]. 발언하기 전과 후에 꼭 상담자나 다른 사람의 승인을 구하는 경우 ☞ 집단 안에서는 누구나 표현의 자유가 있다는 것을 알리고 승인을 구하지 않아도 된다고 이야기 함

32

답 ①

해 집단원은 평소 권위자에게 불만이 있을 때 꾹 참고 표현하지 않고 부정적인 감정을 억압해왔다. 그런데 **집단상담을 통해 대인관계 학습 즉, 다른 집단원들이 상담자에게 솔직하게 자신의 감정을 표현한 후 관계가 더 좋아지는 것을 경험을 한 후 권위자인 상담자에게 자신의 불만을 솔직하게 표현(산출)하고 있다.**

33

답 ④

해 응집력이 높은 집단원은 더 많은 자기개방을 한다. 특히 부정적인 감정을 표출할 때 강한 지지를 보내주고 용기를 준다. 집단상담자의 자기개방은 집단원에게 모델링이 될 수 있다. 상담자는 집단 과정에서 집단원에 의해 어떻게 영향을 받고 있는지를 적절하게 표현하고, 상담자도 한 인간이며 완벽하지 않다는 것을 느낄 수 있도록 충분히 자신을 드러낸다. 자기개방을 하나의 기법으로 사용하기보다는 상담자의 진솔성으로 적절하다고 판단될 때 자발적으로 표현한다.

④ 이러한 자기개방은 진솔성 차원에서 상담자 개인적 삶의 모든 측면을 공개하는 것이 아니라 집단에 도움이 되는 적절한 수준에서 자신에 대한 감정이나 정보를 공유하면 긍정적인 효과를 갖는다.

34

답 ①

해 갈등상황을 충분히 다루는 일에 대한 가치를 집단원들이 경험하게 하는 것은 **과도기적 단계에서 상담자의 역할이다.**

집단상담 초기단계에 집단상담자는 집단상담에 대한 오리엔테이션, 집단의 구조화, 집단원들 간 신뢰감 형성, 집단원의 불안을 낮추는 역할을 한다. 집단상담자는 집단과정을 신뢰하고 집단원들이 의미 있는 변화를 만들어 내는 능력이 있음을 믿고, 집단원의 의존성을 부추기지 않으면서 집단원이 혼란스럽지 않도록 집단을 구조화 한다. 또한 집단원은 서로를 잘 모르기 때문에 낯설어하거나 불안이 높을 수 있다. 이때 상담자는 집단원들의 두려움과 기대를 표현하도록 돕고 개방적이고 존중하는 태도로 집단원의 이야기를 듣고 집단원의 경험을 가치 있게 여기도록 독려한다.
집단상담의 과정은 초기단계(집단원들 간의 낮은 신뢰감, 높은 불안감), 과도기적 단계(집단상담자에 대한 도전, 저항과 방어적 태도 형성), 작업단계(강한 집단 응집력, 피드백 교환의 활성화), 종결단계(복합적 감정, 소극적 참여, 양가감정 다루기)의 순서로 이루어진다.

35

답 ⑤

해 직면하기(Confrontation)이란 집단원의 말과 행동의 모순(불일치) 또는 행동 간의 상반성 등을 맞닥뜨리는 것으로, 집단원이 미처 알지 못하는 자신의 모습에 대해 일깨워 줌으로써 삶의 통합과 성숙을 가져오려 하는 것이다.

내용분석

보기에서 [ㄱ]. 집단상담자는 집단원이 아버지가 좋은 분이라는 말을 하면서 아버지에게 꾸중 받을 때 이야기를 할 때 편안하지 않고 흥분하고 있는 감정의 불일치를 직면하고 있다**(발언의 내용과 감정의 차이).**
또한 [ㄴ]. 지난번에는 시험에 자신 있다고 했는데, 오늘은 자신 없다고 하면서 막연해 하는 지난회기와 현재 회기에서의 시험에 대한 자신감에 대한 발언의 차이를 직면하고 있다**(전후 발언의 차이).**

36

답 ④

해 얄롬은 실존치료에서 인간 실존의 궁극적인 조건 불안을 지니고 삶의 의미와 목적을 추구한다. **이때 인간의 궁극적 관심사를 죽음, 자유, 소외(고립), 무의미성으로 제안하였다.**

실존주의 집단상담에서는 자기를 인식하고, 타인과의 관계를 경험하며, 실존의 의미를 확장하여 삶의 목적과 중요성에 대한 답을 자기 스스로 발견하는 법을 배우게 된다.

37

답 ⑤

해 **지금-여기의 행동양식에 대한 동기를 탐색하고 다른 관점에서 자신을 보도록 잠정적인 가설을 제시하는 것은 '통합과 요약의 단계'이다.** 통합과 요약의 단계에서 상담자는 내담자의 생활양식, 현재의 심리적 문제, 잘못된 신념 등을 깨닫도록 해석해 준다. 해석의 일반적인 지침은 다음과 같다.

1) 내담자 행동의 목표를 추구하되 단정적인 해석은 피한다.

2) 한 번 내린 해석이라도 영구적이 아니라 변화될 수 있다.

3) 상담자의 해석이 완벽하지 않을 수 있음을 인정하고 내담자가 그 해석을 받아들이지 않을 권리가 있음을 존중한다.

4) 내담자가 보이는 지금-여기의 행동과 감정을 인식하고 있어야 한다.

5) 내담자의 장점을 인정해주고 격려조로 상담을 진행한다.

아들러학파 개인심리학의 4단계 상담과정은 치료관계 형성 - 개인 역동성 탐색 - 통합과 요약 - 재교육(재정향 = 방향 재조정)이다. 재정향과 재교육 단계에서 상담자는 집단원이 잘못된 신념에 도전하고, 대안적 행동을 할 수 있도록 조력한다. 재정향에 사용되는 기법으로는 즉시성, 격려, 마치 ~인 것처럼 행동하기, 하던 일 멈추기, 상상하기, 내담자 수프에 침 뱉기, 수렁 피하기, 역설적 의도, 과제 설정과 계약, 버튼 누르기, 인생 과제와 심리치료, 종결과 면담 요약하기 등이다.

38

답 ②

해 교류분석에서 라켓감정(racket feeling)이란 아동기에 금지되었던 '진정한 감정'에 대해 대체된 감정으로 내 의사와 다르게 표현되는 감정이다. '진정한 감정'은 금지되기 이전에 실제 느꼈던 원초적인 감정을 말하며, 라켓감정은 대체된 것이기에 '진정하지 않은 감정'이라고 불린다.

집단에서 손님(집단원 A)이 주인(집단원 B)에게 물건 값을 주었는데, 주인(집단원 B)은 받은 적이 없다고 하는 상황이 생겼다. **이 상황에서 손님이 잘못인지 주인이 잘못인지 가리고 잘못한 사람이 사과하고 끝내면 된다. 그런데 이러한 상황에서 손님이 억울함과 분노의 감정을 과도하게 느끼고 분노를 표출한다면 상담자는 내담자의 억울한 상황에서의 라켓감정을 분석해야 한다.**

39

답 ②

해 개체가 환경과의 접촉을 통해 자신에게 필요한 것들을 외부로부터 받아들여 이를 소화하고 동화시킴으로 성장한다. 그런데 **개체가 환경으로부터 이러한 자신의 공격성을 사용하는 것을 제지당하게 되면 권위자의 행동이나 가치관을 무비판적으로 받아들이는 것을 내사(introjection)라고 한다.** 즉, 권위자의 행동이나 가치관을 무비판적으로 수용함으로써 자기 것으로 동화시키지 못한 채 내면에서 갈등을 일으키는 현상이다.

심화학습 — 접촉 경계 혼란 6가지

1) 내사(introjection)
개체가 환경으로부터 자신의 공격성을 사용하는 것을 제지를 당하게 되면 권위자의 행동이나 가치관을 무비판적으로 받아들이게 된다. 이때 이렇게 무비판적으로 받아들임으로써 자기 것으로 동화하지 못한 채 남아 있으면서 개체의 행동이나 사고방식에 악영향을 미치는 타인의 행동 방식이나 가치관이다.

2) 투사(projection)
내담자는 흔히 자신의 생각이나 욕구, 감정 등을 타인의 것으로 지각하는 데, 이러한 현상을 투사라고 부른다. 이러한 현상은 개체가 자신의 욕구나 감정을 자신의 것으로 자각하고 접촉하는 것을 두려워한 나머지 그것에 대한 책임 소재를 타인에게 돌림으로써 나타난다.

3) 융합(confluence)
밀접한 관계에 있는 두 사람이 서로 간에 차이점이 없다고 합의함으로써 발생하는 접촉경계혼란을 융합이라고 한다. 융합관계는 흔히 공허감이나 고독감을 피하기 위한 목적으로 시작, 유지되는 측면이 있다. 이러한 관계에 있는 사람들은 겉으로 보기에는 서로 지극히 보살펴주는 사이인 것처럼 보이지만 내면적으로는 서로 독립적으로 행동하지 못하고 의존관계에 빠져 있는 경우가 많다.

4) 반전(retroflection)
개체가 다른 사람이나 환경에 대하여 하고 싶은 행동을 자기 자신에게 하는 것 또는 타인이 자기에게 해 주기를 바라는 행동을 스스로 자신에게 하는 것을 뜻한다.

5) 자의식(egotism)
개체가 자신에 대해 지나치게 의식하고 관찰하는 현상을 자의식이라고 한다. 이것은 자신의 행동에 대한 타인의 반응을 지나치게 계산하고 의식화할 때 개체의 행동은 자연스러움이 없어지고 인위적이 된다.

6) 편향(deflection)
내담자는 흔히 환경과의 접촉이 자신이 감당하기 힘든 심리적 결과를 초래할 것이라 예상할 때, 이러한 경험으로부터 압도당하지 않기 위해 환경과의 접촉을 피해 버리거나 또는 자신의 감각을 둔화시켜버림으로써 환경과의 접촉을 약화시킨다.

40

답 ⑤

해 인지행동치료 집단상담자는 내담자가 평소 문제가 발생했을 때의 자동적 사고를 탐색하고, 이러한 자동적 사고를 분석하여 중간신념과 핵심신념에 접근하여 부적응적인 핵심신념을 바꾸도록 한다.

합리적 정서행동치료 집단상담의 목표는 내담자들이 일상생활에서 겪는 사건들을 불행하게 해석함으로 인해 발생한 부정적인 정서를 감소시키기 위한 기술을 가르치는 것이다. 이를 위해 집단상담자는 집단상담에서 ABC 분석, 비합리적 신념 논박, 합리적 정서적 상상, 역할 연기, 주장 훈련, 행동 시연, 수치심 공격 연습, 모델링, 모험행동 해보기와 같은 행동적·지시적 기법을 사용한다.

41

답 ①

해 문제의 질문을 사용하는 집단상담자는 해결중심 집단상담을 사용하고 있다. 해결중심 집단상담에서는 기적질문, 간접적인 칭찬을 활용한다.

- 무엇이 달라지면 당신이 7점 대신에 8점에 있다는 것을 알 수 있을까요? → **문제해결에 관한 전망에 관련된 척도질문**
- 오늘 집단상담이 끝날 즈음, 무엇이 달라지면 이 상담에 온 보람이 있다고 하실까요? → **목표설정 질문**

기적질문

1) 기적질문은 문제 자체를 제거시키거나 감소시키지 않고 문제와 떨어져서 해결책을 상상하게 하는 것이다. 이 질문을 통해 치료자는 내담자가 바꾸고 싶어 하는 것을 스스로 설명하게 하여 문제에 대한 집착으로부터 벗어나 해결 중심 영역으로 들어가게 한다.

2) 예시 : "이제 좀 다른 질문을 하고자 합니다. 이번에는 상상력을 발휘해야 할 것 같군요. 오늘 치료 후에 집에 가서 잠을 잔다고 상상해 보십시오. 잠자는 동안 기적이 일어나 당신을 여기 오게 한 그 문제가 극적으로 해결됩니다. 당신은 잠을 자고 있어서 이런 기적이 일어났는지를 모르겠지요. 그런데 아침에 일어나서 지난밤 기적이 일어나 모든 문제가 해결되었다는 것을 어떻게 알 수 있을까요? 당신이 처음 무엇을 보면 기적이 일어났다는 것을 알 수 있을까요?"

간접적인 칭찬 : 어떻게 그렇게 할 수 있었습니까?

내담자의 어떤 측면에 대해 긍정적임을 암시하는 질무이다. 간접적인 칭찬은 내담자가 자신이 강점이나 자원을 스스로 발견하도록 하므로 직접적인 칭찬보다 더 바람직하다.

✓ 오답노트

② 집단원의 투사를 해석한다. → **게슈탈트 집단상담**

집단상담자는 갈등이 지나치게 심화되기 전에, 자신의 감정과 입장을 밝혀서 집단원들의 투사를 자각시켜 주는 것이 좋다. 그러나 집단상담자가 집단원들의 행동을 해석하여 그들의 투사를 지적하기보다 집단원들이 자신들의 투사를 스스로 알아차리도록 간접적 도와주는 것이 좋다(Resnick, 1990).

③ 집단원의 현재 삶을 방해하는 과거 경험을 회상하도록 한다. → **정신역동적 집단상담**

④ 집단원의 잘못된 신념을 명료화한다. → **인지행동 집단상담**

⑤ **해결중심 집단상담은 협력의 원리는 강조한다.** 이 원리는 상담에 참여하는 모든 사람들이 동등하게 협력해야 한다는 것으로, 진정으로 협력적인 치료관계란, 집단원들이 집단상담자에게 협력하여야 할 뿐 아니라, 집단상담자도 집단원에게 협력하여야 하는 것이다.

42

답 ④

해 아빠를 실망시켜 드려서 미안해하고 있는 민주에게 지수는 걱정하지 말라고 상처 싸매기를 하고 있다. 이때 상담자는 **일시적으로 구원하는 집단원 지수를 차단**하며 아빠를 실망시킨 민주의 감정이 무엇인지 더 이야기할 수 있도록 촉진하고 있다.

43

답 ⑤

해 집단원의 마음을 정확하게 이해하고 수용하고 있음을 전달한다. → **'공감적 이해'**

'공감적 이해'는 집단원의 감정을 함께 느끼고 이해한 것을 언어적, 비언어적 행동으로 나타내는 것으로, 민감하고 정확하게 이해한 것을 토대로 상호교류 할 수 있는 기술이다.

> 집단상담의 전문적 기술 중 연결하기란 한 집단원이 행동하거나 말한 것을 다른 집단원의 관심과 연결시키는 방식을 말한다. 철수는 시험이 다가오면 걱정되고 불안해 공부에 집중할 수 없다고 말하고 있다. 이때 **상담자는 철수와 비슷하게 시험불안이 있는 집단원이 있는 지 자신의 이야기하게 연결함으로써 집단원들이 서로의 유사성에 대해 알게 하고 누구나 시험을 앞두고 불안할 수 있는 보편성을 경험할 수 있도록 하고 있다.** 이러한 연결기법은 집단원의 상호작용을 촉진하고 집단 응집력을 증가시킨다.

44

답 ⑤

해 **회기 초기에 오랜 침묵을 허용하는 것은 상담자의 지도력 발휘가 안 된 것이므로, 상담자의 개입이 요구된다.**

> 집단상담자는 집단에서 문제행동을 보이는 집단원을 어떻게 대처해야 하는지 알아야 한다.
> 집단원의 문제행동은 독점하기, 침묵하기, 산만하게 행동하기, 상처 싸매기, 우월하게 행동하기, 주지화 하기, 보조지도자처럼 행동하기 등이다.
> 소극적이고 침묵하는 집단원에게 집단상담자는 특별히 신경을 쓰고, 침묵하는 집단원의 표정, 몸짓에 대해 언급함으로써 집단에 참여할 기회를 열어주어야 한다. **집단상담에서의 침묵은 집단 초기에는 큰 영향을 주지 않지만, 다른 집단원들이 침묵하는 집단원을 비난하거나 공격적으로 대하거나 돌봄을 제공하거나 불안해하는 등 회기가 지나갈수록 점차 다른 집단원이 침묵하는 집단원에게 신경을 쓰게 되고 집단의 분위기를 침체시키는 등 집단응집력에 영향을 미칠 수 있다.** 따라서 집단상담자는 집단원의 침묵이 생산적 침묵인지, 비생산적 침묵인지 검토하고 생산적 침묵이 생겨나 침묵하는 집단원이 말할 수 있도록 다른 집단원에게 기다려달라고 요청할 수 있다.

45

답 ④

해 [ㄴ]. 평가도구는 집단 사전·사후 질문지(양적 평가) **또는 소감문, 체크리스트, 집단 활동지 분석, 비표준화된 심리검사 등 질적 평가도 사용할 수 있다.**

> 집단상담 평가의 주요 목적은 집단상담의 목표가 제대로 달성되었는지를 확인하는 것이다.
> 평가 방법에는 면접, 심리검사, 행동관찰이 있다. 집단상담자는 집단을 계획하는 단계에서부터 평가 계획을 세운다. 집단상담은 평가 대상에 따라 집단원 평가, 집단상담자 평가, 집단상담 프로그램 평가, 집단상담 기관 평가로 구분되며, 평가 주체에 따라 집단상담자 평가, 집단원 자기평가, 집단상담 기관평가로 구분된다.

46

답 ④

해 **상담자가 개인적으로 싫어하거나 전이 문제가 생길 것 같은 예비 집단원을 배제하는 바람직하지 않다.** 다만, 반사회성, 급성 정신병 등 위기에 처한 예비 집단원은 집단과정에 방해가 될 수 있어 상담집단에서 제외한다. 또한, 집단경험으로 인해 전이 문제가 생겨 위험할 것 같은 집단원은 참여하지 않도록 권유한다.

실력다지기

> **집단원 선별 기준**
> 1) 집단의 목적에 부합되는 요구와 목적을 가진 자
> 2) **집단과정을 방해하지 않을 자**
> 3) **집단경험에 의해 자신의 안녕이 위협받지 않을 자** 등이다.
> 4) 반사회성, 급성 정신병 등 위기에 처한 예비 집단원은 집단과정에 방해가 될 수 있어 상담집단에서 제외한다. **또한, 집단경험으로 인해 전이 문제가 생겨 위험할 것 같은 집단원은 참여하지 않도록 권유한다.**
>
> **집단원 선별 과정**
> 1) 집단상담자가 한 명이 아니라 **공동지도자라면 두 사람이 함께 집단원 개개인을 면담**하는 것이 바람직하다.
> 2) 집단상담자는 집단원들을 사전 면담하여 **예비 집단원이 집단상담에서 궁금한 것을 집단상담자에게 질문할 기회를 준다.**
> 3) **상담자가 집단원을 선별하기도 하지만 집단원도 집단 참여 여부를 결정할 수 있다.**
> 4) 집단원에 대한 사전면담에서는 집단 참여자의 비현실적인 기대와 불안을 줄이고 집단상담의 목적을 알려주며, 집단상담의 참여 여부를 스스로 결정하게 하며 집단상담의 운영과 관련된 정보와 집단과정에 대한 간략한 설명 등이 이루어진다.

47

답 ④

해 현실치료는 책임(responsibility), 현실(reality), 옳고 그름(right and wrong)을 강조한다.

현실치료에서는 내담자의 실수조차도 자신의 선택이며, 이러한 실수를 통제할 수 있다고 본다.

집단상담자는 집단원 B가 실수를 두려워한다고 변명하는 것이 아니라, 실수조차도 선택하고 책임질 수 있도록 맞닥뜨리도록 돕는다. 따라서 B가 의도적으로 실수를 한다면 B는 실수를 할 것인지 말 것인지 **선택**할 수 있다는 것이며, 실수를 하지 않는다면 이는 실수를 **통제**할 수 있다는 것이다.

48

답 ②

해 [ㄱ]. **다문화 집단원**의 성장과 치유를 위해 집단을 활용한다.

[ㄹ]. 상담자와 집단원간의 문화 차이를 비교하고 토론하는 것은 **윤리적으로 바람직하지 않다.**

> **다문화 청소년 집단상담에서 상담자는 다문화적 유능성을 가져야 한다.**
> 다문화적 유능성이란 집단원의 문화적 가치를 이해하고, 다문화, 민족성, 인종 등에 대한 상담자의 편견을 알아차리는 것이다. 또한 **상담자는 다문화 집단원의 성장과 치유를 돕고**, 집단원 간의 문화적 차이를 이해하고 문화적 편견이 없는지 되돌아보고 다문화 집단원간 서로를 이해할 수 있도록 돕는다.

49

답 ⑤

해 집단상담 사전 동의서에 포함될 내용으로는 **집단상담의 목적과 목표, 집단상담자의 자격과 경력, 집단상담 비용과 지불방식, 집단에서의 비밀보장 및 한계, 집단상담 참여에 따르는 위험과 이점, 제공될 수 있는 집단상담 서비스** 등이 있다.

⑤ 집단의 암묵적 규범은 집단상담 사전 동의서에 포함될 내용으로 옳지 않다.

50

답 ②

해 심리극의 상담기법으로는 미래투사 기법, 마술가게 기법, 역할전환 기법, 거울 기법, 이중자아 기법, 독백 기법, 빈 의자 기법, 죽음 기법 등이 있다.

② 보기는 미래투사 기법에 대한 설명이다. **미래투사 기법은 집단원이 상상하고 있는 자신의 미래의 상황을 무대에서 현실로 직접 경험하는 것이다.**

실력다지기　　　**심리극의 상담기법**

1) 마술가게 기법

　문제해결의 우선순위나 목표에 혼동을 느끼는 경우에 사용되며 주인공을 마술가게에 초대해서 주인공의 희망, 소원, 갈망 등을 교환하는 것이다.

2) 역할전환 기법

　가까운 두 사람에게 장애가 되는 태도를 교정하기 위해 사용하는 기법으로, 어떤 장면이나 상황에서의 두 사람의 역할을 바꾸는 것이다.

3) 거울 기법

　주인공은 관객석에 앉아 있고, 보조자아가 주인공의 역할을 하면서 주인공의 몸짓, 말, 자세, 행동방식 표현방법, 생활방식 등을 연기하는 것이다. 이때 주인공은 타인의 시선에서 자신이 사회적으로 어떻게 보이는지 알게 된다.

4) 이중자아 기법

　주인공의 깊은 감정을 표현할 수 있도록 하는 목적으로 사용되는 기법으로 보조자아가 주인공의 뒤에 서서 주인공의 또 다른 자아의 역할을 하는 것이다.

5) 독백 기법

　주인공이 혼자서 어떤 장면을 연기하면서 일상적으로는 혼자서 말하지 않는 그때의 머리 속에 떠오르는 생각이나 느낌을 말하도록 하는 것이다.

6) 빈 의자 기법

　주인공이 이야기하고 싶거나 보고 싶은 사람이 의자에 앉아 있는 것처럼 상상하고 마음속에 있는 것을 말하게 한 후, 주인공이 그 대상이 되어 의자에 앉아 주인공이 한 말에 대답을 하도록 하는 것이다.

7) 죽음 기법

　주인공이 고인에 대한 애도작업을 할 때 당시의 죽음 장면으로 가서 죽은 사람과의 역할 바꾸기를 통해 주인공에게 유언을 하게끔 함으로써 고인에 대한 감정을 명료화시키고 고인과의 이별을 받아들이게 하는 것이다.

제3과목   가족상담(선택)

51	③	52	②	53	⑤	54	②	55	③
56	③	57	④	58	②	59	④	60	①
61	⑤	62	①	63	⑤	64	②	65	③
66	②	67	①	68	①	69	④	70	④
71	③	72	⑤	73	①	74	①	75	⑤

51

답 ③

해 [ㄱ]. **체계의 행동적 특성 중 하나이며, 항상성은 체계의 진화적 특성 중 하나로 다른 개념이다.** 정적(positive) 피드백은 체계의 안정적인 상태를 거부하고 체계를 변화시키려는 방향으로의 피드백이다. 항상성은 체계 스스로가 역동적인 균형상태를 이루려 하는 성질을 의미한다.

피드백

가족체계도 끊임없는 피드백 과정에 의해 안정성이 유지되기도 하고 변화되기도 한다. 체계가 변화나 이탈을 거부하고 안정성을 유지하는 방향으로의 피드백을 부적(negative) 피드백이라고 한다. 한편, 체계의 안정적인 상태를 거부하고 체계를 변화시키려는 방향으로의 피드백을 정적(positive) 피드백이라고 한다. 여기서 '부적' 혹은 '정적'은 가치 판단적 용어가 아니다. 즉, 어느 피드백이 더 좋다거나 나쁘다는 판단을 할 수 없다. 체계이론에서 볼 때, 좋음과 나쁨은 상대적인 용어이며 특정 맥락에 따라 다르게 평가될 수 있기 때문이다.

[ㄹ]. **체계의 요소들은 개별적으로 존재하는 것이 아니라, 시스템이기 때문에 서로 유기적으로 연결되어 있어 독립적이라기보다 유기적인, 체계적인 이해가 필요하다.**

---

* 참고

일반체계이론은 생물학자 베르탈란피(L. Bertalanffy)에 의해 개발되었고, 수학자 와이너가 개발한 사이버네틱스(cybernetics)와 동일한 관점과 세계관을 기초로 발전되었다.

> 1) 사이버네틱스는 자기조절 체계에서 피드백 기제에 관한 것으로, 가족이 어떻게 안정성을 유지하는가를 설명하기 위한 은유로 사용되었다.
> 2) 사이버네틱스의 핵심에는 피드백 고리가 있다.
> 3) 1차 수준의 사이버네틱스는 일반체계이론과 동일한 것으로 간주되기도 한다. 1차 수준의 사이버네틱스는 체계론적 상담이론과 관련이 있다.

52

답 ②

해 청소년 자녀가 있는 가족에서 부모는 자녀가 원하는 것을 무조건 허용하기보다 **자녀의 성장과 발달에 도움이 되는 것을 선별해서 허용하거나 금지할 필요가 있다.**

| 실력다지기 | 청소년 자녀가 있는 가족의 발달과업 |

1) **자녀의 의견을 존중하고 스스로 역할을 할 수 있도록 허용하는 방식으로 변화하는 것**
2) 조부모의 노화로 빚어지는 문제의 경우, 조부모와의 동거나 교류가 친밀할 수 있도록 받아들이는 마음가짐을 가져야 하며, 이러한 과정을 통하여 부모세대의 내면에 여러 가지 변화가 일어나도록 노력하여 그러한 내면의 변화가 부모를 인간적으로 성숙하게 되는 것을 도와주어야 함
3) 부모들은 자신들의 세대를 거친 관계 유형을 추적하고, 현재의 갈등을 과거의 미해결 과제와 연결 지음으로써 가족 구성원의 상호관계 유형에 대해 더욱 객관적인 시각을 가져 보아야 함
4) 부부관계의 재정립 → 부부관계의 재적응과 재협상

53

답 ⑤

해 **보스조르메니 나지(Ivan Boszormenyi - Nagy)에 의해 만들어진 맥락적 가족치료 이론에서는 관계윤리의 회복을 중요하게 강조한다.** 관계윤리는 인간에게 가장 기본이 되는 힘으로써 인간으로서 살아가도록 하는 역할을 한다. 어떤 관계윤리의 맥락에서 태어났는가에 따라 인간의 성장과 발달이 건강하게 이루어지는지 결정된다.

* 참고

불변의 처방
(1) 역기능적 가족의 게임에 유사성이 있음을 발견하고 가족으로 하여금 그에 대한 대항방식을 형성, 게임을 중단하도록 한다.
(2) 부모의 동맹을 강화하고 다른 가족연합을 해제함으로써 가속의 경직되고 파괴적인 상호작용에서 벗어나도록 유도함

• 정리

가족상담 모델의 중심 키워드와 상담기법
1) 보웬의 다세대 가족치료
　　자아분화, 탈삼각화, 삼각관계, 코칭, 핵가족 정서체계, 정서적 단절·융합, 가족투사, 가계도 분석, 치료적 삼각관계, 나의 입장(I - position)기법, 탈삼각화, 과정질문 등
2) 사티어의 경험적 가족치료
　　자아존중감, 가족조각, 원가족 삼인군, 의사소통 유형, 원가족 도표, 가족조각기법, 역할극, 빙산탐색, 가족규칙, 심상기법, 최면, 영향력의 수레바퀴, 초기회상 등
3) 미누친 구조적 가족치료
　　가족구조, 하위체계, 경계, 경계선, 제휴, 권력, 균형 깨기, 교류와의 합류, 교류의 창조, 교류의 재구성, 긴장 고조시키기, 실연, 경계 만들기, 과제부여, 증상활용, 동맹 맺기 등

4) 전략적 가족치료

불변의 처방, 권력과 통제, 위계, 역설적 기법, 은유적 기법, 순환질문, 재구성, 가장기법(위장기법), 시련 체험기법 등

> **전략적 치료(밀란학파)**
> 순환질문, 불변의 처방, 긍정적 의미부여(긍정내포), 의례화 처방 등

5) 보스조르메니-나지의 맥락적 가족치료

관계맥락, 관계윤리의 회복, 실존과 대화의 원리, 부모화, 분열된/보이지 않는 충성심, 자기 타당화(self-validation), 편파성(partiality), 해방(exoneration), 회전판(revolving slate) 등

6) 화이트의 이야기치료

문제의 외재화와 해체, 독특한 결과 찾기, 대안적 이야기와 재창작, 이야기 편지쓰기, 정의 예식, 회원재구성 대화 등

54

답 ②

해 이야기치료에서 상담자는 질문의 형태를 취한다. 이때 어떤 것을 주장하거나 해석하지 않는다. **정의예식(definitional ceremony)은 내담자가 자신이 선호하는 삶을 청중 앞에서 이야기함으로써 사회적으로 인정받는 경험을 갖게 하는 기법이다.** 정의예식은 말하기(telling), 다시 말하기(retelling), 다시 말하기에 대한 다시 말하기(retelling of retelling)의 순서로 이루어진다.

> ✔오답노트
>
> ① 독특한 결과(unique outcome) 대화 - **내담자가 이전에 무시함으로써 내담자의 이야기의 주요 범주에 속하지 않았던 내용을 포함하는 창조적이고 긍정적인 경험을 되찾는 대화**이다.
>
> 예 당신이 게으름과 싸워 물리친다면 가장 놀랄만한 사람은 누구인가요?
>
> ③ 외부증인집단의 다시 말하기(re-telling) - 정의예식의 과정으로, 정의예식의 주인공인 내담자가 자신의 이야기를 외부증인에게 이야기를 한 후, 외부 증인으로 초대받은 사람들이 주인공의 이야기에 대해 다시 말하는 기법이다.
>
> ④ 외재화(externalization) 대화 - **문제의 사회문화적 발생 맥락을 반영하여 문제를 사람과 분리시키는 기법이다.** 외재화 대화는 이야기치료의 질문의 형태로 내담자를 문제와 분리시키는 것을 목적으로 한다. 이때 문제는 의인화되며, 가족구성원을 지배하려는 침입자로 묘사된다.
>
> 예 죄의식이 당신에게 뭐라고 말합니까?
>
> ⑤ 회원재구성(re-membering) 대화 - **개인의 정체성이 인생 클럽을 통해 회원 공동으로 생산되는 복합적 성격의 것임을 가정하는 대화이다.** 즉, 내담자가 어떤 클럽의 회원이 되어 이 클럽에 속해 살아가는 것이라는 관점을 가지고 나누는 대화이다.
>
> 예 당신의 삶에서 당신을 인정하셨던 분은 누구인가요?

55

답 ③

해 **실연기법은 구조적 가족상담 기법 중의 하나로 상담시간에 가족구성원간 교류를 실제로 재현하게 하는 것**이다. 딸(5세) 이 상담실을 돌아다니며 이것저것 만지면서 산만하게 행동할 때 어머니가 딸에게 어떻게 지도하는지 상담실에서 직접 실연하게 함으로써 평소 어머니의 양육방식을 파악할 수 있다.

실력다지기	**구조적 가족상담의 증상활용 기법**

가족은 증상을 가진 사람(IP)에게 초점을 맞추기를 기대하는데 치료자가 가족의 이러한 경향에 도전하거나 제시된 증상을 직접 다루는 방법이다. 이를 위해 다음과 같은 전략을 사용한다.

1) 증상에 초점 맞추기(증상 유지)

　증상에 초점을 맞춘 과제를 부여하여 증상을 유지하도록 하여 가족 이 증상을 둘러싼 상호작용에 새로운 의미를 부여하거나 새로운 각도로 바라볼 수 있다.

2) **증상을 과장하기**

　증상을 과장하게 하여 가족들이 발생맥락을 볼 수 있도록 하여 가족들의 역기능적 상호교류를 보게 한다.

3) 증상에 무관심하고 새로운 증상으로 이동하기

　증상을 둘러싼 가족의 내재된 갈등이나 다른 증상에 초점을 둔다.

4) 증상을 재명명하기

　증상을 역기능적 가족 구조의 산물임을 재명명화를 통해 알려주는 작업으로 이로 인해 증상을 새로운 각도로 보고 가족구조의 변화를 가져올 수 있다.

56

답 ③

해 후기 가족상담의 발전에 영향을 미친 이론적 기초는 ① 실재(reality)는 사회적 상호작용을 통해 함께 구성하는 것이라고 전제하는 **사회구성주의**와 ② 다양성과 차이 및 비본질주의를 강조하는 **포스트모더니즘(post-modernism)**이다.

[ㄴ]. 전문가가 개인 내면의 구성요소를 탐색하고 해석함으로써 진실을 밝힐 수 있다고 가정하는 것은 **정신역동적 접근** 이며, [ㄷ]. 체계와 환경의 상호작용 및 단순 피드백에 초점을 두고 체계를 이해하는 것은 **체계론적 관점으로 모두 초기 가족상담과 관련이 있다.**

심화학습	**후기 가족상담의 발전**

후기 가족상담은 1980년대 들어 초기 가족치료 모델간의 뚜렷한 경계가 무너지면서 발달하기 시작하였으며, 포스트모더니즘 성향의 후기 구조주의와 사회 구성주의의 발전은 후기 가족치료 모델이 탄생하기 위한 배경이 되었다. 후기 구조주의의 일부는 포스트모더니즘으로 발전하게 된다. 특히 후기구조주의에 따르면, 절대적이고 객관적인 진리는 정치적 사회적 권력에 의해 만들어진 담론에 불과하다고 본다. 따라서 치료자는 이러한 담론을 해체하고 내담자의 준거틀, 신념, 판단을 검토함으로써 내담자를 이해해야 한다고 본다.

후기 가족상담에 영향을 준 대표적인 이론은 다음과 같다.

1) 사회구성주의

사회구성주의는 누구도 객관적 실체를 알 수 없다는 구성주의에서 출발하며, 인간의 사회적 현상이나 의식이 사회 속에서 인간의 상호작용에 의해 형성된다고 보는 이론이다. 사회 구성주의의 기본 전제는 다음과 같다.

(1) 실재는 사회적으로 구성된다.

(2) 실재는 언어를 통해 구성된다.

(3) 실재는 이야기를 통해 조직되고 유지된다.

(4) 본질적인 진실이란 존재하지 않는다.

2) 포스트모더니즘

포스트모더니즘은 본질주의, 보편주의, 이분법적 사고를 강조한 모더니즘과는 달리, 다양성과 상대적인 차이, 비본질주의를 강조한다. 포스트모더니즘은 탈중심적이고 다원적인 사고, 탈이성적인 사고를 강조하는데, 이는 2차 사이버네틱스 관점과 일치한다. 체계는 자율적이고 자기조직적인 특징이 있으므로 피드백 과정에도 여러 수준이 있다고 이해하는 2차 사이버네틱스에 따르면, 가족구성원이 자율적으로 구성하는 의미의 세계에 주목해야 한다고 주장한다.

57

답 ④

해 재혼관계에서 부모간의 갈등이 자녀에게 우회되고 있는 것이 아니라, **계부와 모는 명료한 경계선을 보이고 있다.**

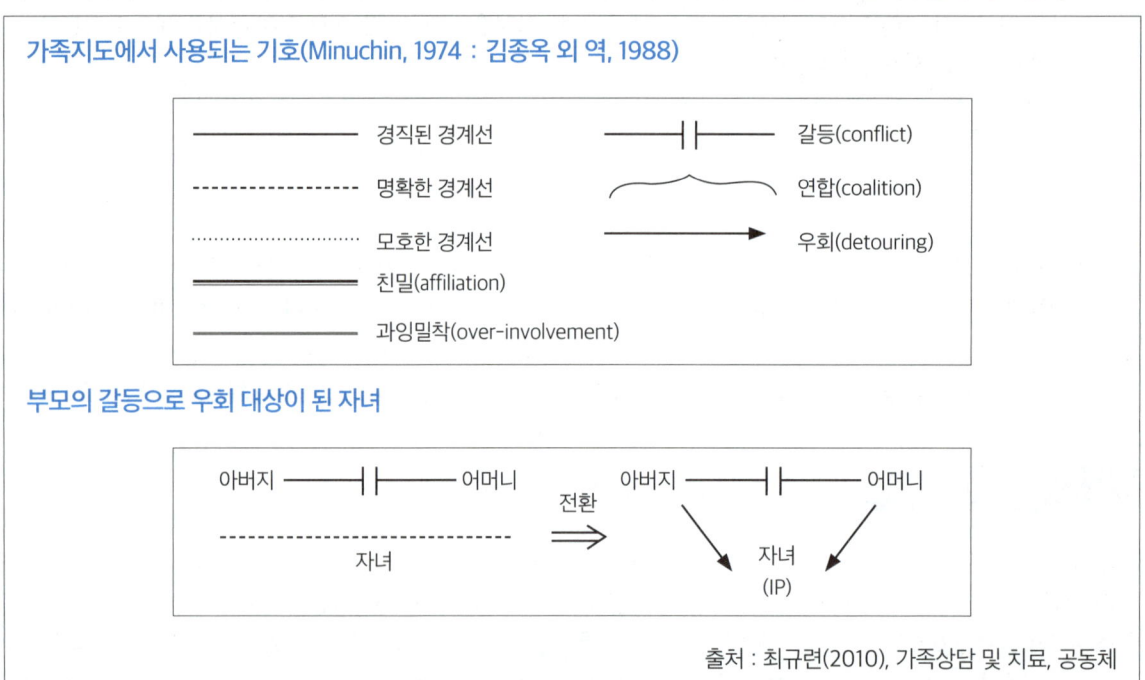

58

답 ②

해 ① 밀란학파의 파라졸리(Palazzoli) - 가족의례
　③ 보스조르메니 - 나지(I. Boszormenyi - Nagy) - 다각적 편파성
　④ 사티어(V. Satir) - 영향력의 수레바퀴
　⑤ 헤일리(J. Haley) - 증상처방
　cf) 헤일리의 전략적 가족상담과 관련된 것은 지시 기법(직접적 지시, 은유적 과제), 역설적 개입(증상처방, 제지기법, 재정의, 가장(위장)기법), 고된 체험기법, 위계질서 등이 있다.

가장기법 - 마다네스/헤일리

1) 마다네스가 개발한 것으로 계속적인 가족의 저항에 직면하면서 가족을 변화시켜야 하는 목적을 지닌 역설적 기법이며, 유사한 목적을 가졌지만 더 부드러운 기법이다.
2) 이 기법은 가장 상황을 조성하고 반항심을 유발하는 대신에 놀이를 하는 기분으로 저항을 우회시킨다.
3) 헤일리와는 달리, 마다네스의 지시는 보통 부모로 하여금 권력행사를 통한 통제를 목적으로 하지 않고, 부모와 자녀가 즐길 만한 기회를 만들어 줌으로써 직접 서로 돌보거나 보호하도록 하는 것을 목적으로 한다.

실력다지기　　　　　구조적 가족상담의 증상활용 기법

1) 영향력의 수레바퀴

경험적 가족치료(사티어)의 기법으로, 영향력의 수레바퀴는 스타(star)에게 중요한 영향을 주었던 인물들을 드러내주기 위해 도입되는 도구이다. 이 그림은 스타(star)를 중심으로 위치하고 긍정적이든 부정적이든 영향을 주었던 사람들의 관계를 표시하고 있다. 굵은 선은 더욱 밀접한 관계를 드러내 주는 것이다.

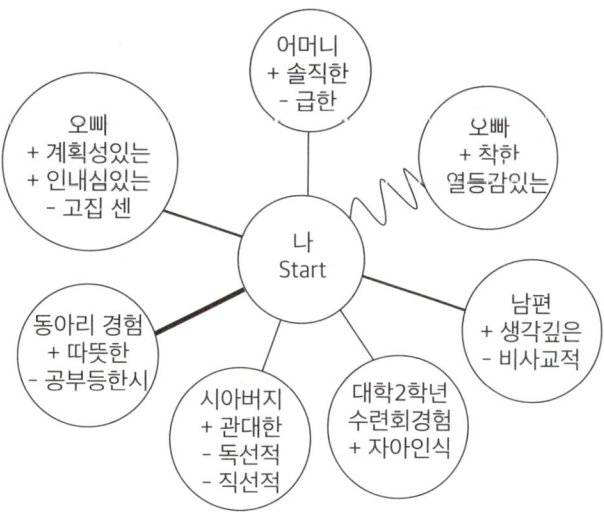

[그림출처] : You & Me 심리상담연구소

2) 편파성(partiality)

맥락적 가족치료(보스조르메니-나지)의 기법으로, 치료자가 가족 구성원들 중 어느 한 사람에 대해서 특별한 배려와 관심을 갖는 활동을 편파성이라고 한다. 이 방법은 가족 구성원들이 가지고 있는 여러 가지 영역들 중에서 윤리의 맥락이 실현되지 않은 경우에 사용하는 기법이다.

3) 증상처방

전략적 가족치료(헤일리)의 기법으로, 내담자에게 증상행동을 자발적으로 계속하도록 격려하는 지시나 과제를 준다. 예를 들어, 권위적인 남편에게 아내에게 더욱 지배적으로 행동하도록 지시를 내린다.

59

답 ④

해 보웬치료의 목표는 내담자가 정서체계에 따라 행동하고 반응하게 하는 것이 아니라, 탈삼각화와 자아분화 수준의 향상으로 불안을 감소시키는 것이다. 보웬은 가족의 문제를 가족 간 정서적 융합의 결과로 나타난다고 한다. 삼각관계는 가족체제 내에서 정서적인 융합을 가장 잘 나타내주는 예이다. 가족원은 가족과 융합된 정서를 분화시켜야 한다.

④ 정서적으로 엉켜지고 융합된 가족역동에 의해 가족 구성원 개인의 정서에 예속되거나 혼합되어 자신의 정체감을 잃지 않고 자주적이고 독립적인 행동을 함으로써 자아분화의 수준을 높인다. 구성원 개인의 명료하고 엄격한 분리를 통한 것은 바람직하지 않다.

관계실험(relationship experiments)

1) 관계실험은 주요 삼각관계를 구조적으로 변화시키기 위해 사용한다.

2) 목표는 가족들이 체계과정을 인식하고 그 과정 내에서의 자신의 역할을 깨닫도록 학습시키는 것이다.

3) 이 기법은 정서적으로 의존하려는 자와 거리를 두려는 자에게 사용하며 의존하려는 사람에게는 상대방에 대한 의존을 자제하고 요구를 중지하고 정서적으로 연계되는 압력을 감소시키고, 자신과 상대방과의 관계에 어떤 일이 발생하는지 보게 한다.

4) 이 경험은 개입되고 있는 정서적 과정을 명료화시키도록 돕는다.

60

답 ①

해 이야기치료는 1970년대 후반 베이트슨(G. Bateson)의 영향(사람들이 어떻게 세상을 바라보는가에 대해 말하는 것)을 받았다.

✓오답노트

② 인간의 정체성은 심층적인 자기의 내적 표현에 의해 구성된다고 가정한다.

③ 이야기치료자는 '탈중심적이고 영향력 있는 위치'를 고수해야 한다.

④ 이야기 재저작(re-authoring)은 내담자의 문제해결을 위해 지배적 구상에 맞서는 대안적 구상을 찾아 새로운 이야기를 생성하는 것이다. '재저작 대화'라고도 하며, 주요 목적은 우리의 수많은 경험이 모두 내담자의 지배적인 이야기 안에 들어가지 않으므로 새로운 이야기를 생성함으로써 우리가 사용해온 기존의 지배적인 삶의 각본을 수정하는 것이다.

⑤ 이야기치료에서 telling-retelling의 4단계 반응이란, 표현(expression), 이미지(image), 공명(resonance), 이동(transport)이다. 상담자는 내담자의 삶의 가치를 잘 보여주는 표현에 주목하여 이미지나 형상을 떠올린 후, 그 이미지를 통해 내담자의 존재방식이나 추구하는 가치 등을 본다. 이때 **공명(resonance) 대화란, 내담자의 이야기 중 어떤 이야기나 표현이 끌렸는지, 내담자의 삶의 경험 가운데 어떤 것이 떠올랐는지 주목하는 일련의 대화이다. 즉, 문제 중심의 지배적 이야기와 맞는 일련의 일화를 말하는 것**이다. 마지막으로 이동(transport)이란 내담자의 이야기가 내담자를 어떻게 삶으로 움직였는지 보는 것이다.

61

답 ⑤

해 해결중심 단기 가족상담에서 변화는 삶의 일부로서 불가피하며, 계속적으로 일어난다고 가정한다.

✓오답노트

① 해결중심 단기 가족상담은 후기 가족치료로서 사회구성주의 입장을 취한다. 따라서 **객관적인 사실과 실재보다 개인의 주관적 견해와 경험과 문제해결을 중시한다.**
② 해결중심치료에서는 **내담자 스스로 문제해결의 전문가로 본다.**
③ 해결중심 단기 가족상담은 **일반적으로 현재를 중요시한다.**
④ **불평형 내담자**에게는 일반적으로 관찰 과제를 부여한다. 불평형 내담자는 자신의 문제에 대해 관찰자 역할만 하기 때문에 불평형에 대한 과제는 생각하기(생각과제)와 관찰과제에 국한시켜야 한다.

62

답 ①

해 사티어의 의사소통유형은 회유형, 비난형, 초이성형, 혼란형, 일치형이 있다. 일치형이 가장 바람직하며, 이는 의사소통의 내용과 내적 감정이 일치하는 유형으로, 의사소통이 매우 진실 되며 자기감정을 잘 알아차리고 이를 적절하기 표현하고, 매우 생동적이고 창조적이며 독특하고 유능한 행동 양식을 보인다.

▶ 각 유형별 특징은 다음과 같다.

유형	자신	타인	상황	특징
일치형	존중			1) 진솔한 의사소통, 분명하고 직접적인 메시지 2) 언어적 메시지와 비언어적 메시지의 일치
회유형	무시	존중		1) 자신의 감정을 숨기고 타인의 비위를 맞추려 함 2) 자아존중감이 낮음 3) 돌봄과 양육 및 민감성이라는 자원이 있음
비난형	존중	무시	존중	1) 타인의 결점을 찾아서 비난함 2) 상대방을 복종시켜 자신의 낮은 자존감을 감추려 함
초이성형 (계산형)	무시	무시	존중	1) 매사에 비판적이고 분석적이며 평가적임 2) 자신의 감정을 잘 표현하지 않음
혼란형 (산만형)	무시			1) 주의를 끌기 위해 행동하고 초점이 없음 2) 타인의 말이나 행동 또는 분위기와 어울리지 않는 의사소통

② 혼란형은 자신, 타인, 상황 요소 모두를 무시하는 성향을 보인다. / 비난형은 상황을 존중한다.

③ 초이성형은 상황만을 고려하면서 규칙과 옳은 것을 중시하고 극단적으로 객관성을 보인다.

④ 회유형은 유머가 풍부해 상담에서 심리적으로 접촉하기가 가장 쉬운 유형이 아니라, 다른 사람의 의견에 무조건 동조하고 비굴한 자세를 취하며, 사죄와 변명을 하는 등 지나치게 착한 행동을 보인다. / 산만형은 자신, 타인, 상황을 모두 고려하지 않는다.

⑤ 비난형은 외적으로 공격적인 행동을 보이지만, 내적으로 소외감을 느끼는 경향이 크다.

63

답 ⑤

해 이탈리아의 정신분석가인 파라졸리(Palazzoli)는 보스콜로(Boscoli), 체친(Cecchin), 프라타(Prata)와 함께 '밀란 가족연구센터'를 설립하였다. 이후 정신과 의사인 브로콜로(Boscolo)가 합류하였다. 밀란학파의 가족치료는 MRI모델과 헤일리(Haley)의 영향을 받았지만 이와 다른 독특한 접근방법을 개발하였다. 밀란 모델은 사이버네틱스의 영향을 받아 가족규칙과 항상성에 대한 발전된 베이트슨의 순환적 인식론에 일치한 체계적 가족치료 모델로 불린다.

심화학습   **밀란학파의 가족치료 모델의 특징**

1) 증상을 가진 가족의 '게임규칙'에 초점을 두고 그 규칙에서 벗어나지 못하는 가족에게 역설적으로 접근하였다.

2) 가족이 고착되어 있는 그릇된 신념체계에 개입함으로써 가족체계에 새로운 정보를 유입시켜 역기능적 가족관계 유형을 변화시키고자 하였다.

3) 치료자는 중립적 위치에서 가족게임의 규칙을 파악하고 순환질문과 같은 언어기반 접근을 통해 가족원이 스스로의 인식론을 검토하여 새로운 신념체계를 도입하도록 유도한다.

4) 가족을 항상적인 체계로 보는 관점에 기초하여 치료하고 연구하였다.

5) 주요 개념은 가족게임, 가족전제, 의사소통의 원리, 인식론과 인식론적 오류, 의미 vs 행동, 언어의 횡포, 순환적 인식론 등이다.

6) 치료모임의 구성은 매 회기의 면담을 면담전 모임(presession), 면담회기(session), 중간모임 회기(intersession), 개입 및 결론 회기(intervention), 면담후 모임(종합회기, postsession)의 표준화된 5단계로 실행된다.

7) 치료횟수는 한 달에 한번, 치료기간은 1년 정도로 전체 치료모임은 10회로 엄격하게 규정하고 '장기적 단기 치료(long, brief therapy)'라고 명했다. 치료 간격은 가족 규칙 변화가 연속적으로 일어남으로써 어떤 변화가 파급되어 후속 변화가 통합되고, 가족이 재조직되기 위한 시간을 확보하기 위함이다. 또한 치료 횟수를 10회로 엄격히 제한함으로써 가족이 책임의식을 갖게 되고, 시간과 비용 부담을 더는 이중효과를 얻게 된다.

8) 치료기법은 긍정내포(긍정적 의미부여), 의례화 처방, 불변 처방, 협동치료, 가설설정, 중립성, 순환질문 등이다.

64

답 ②

해 해결중심 단기 가족상담은 **내담자가 중요하다고 판단하는 것을 목표로 한다.**

> **해결중심치료의 원리/목표 설정 시 고려해야 하는 원칙**
> 1) 내담자의 긍정적(건강한) 측면 초점을 둔다.
> 2) 누구나 자신의 문제를 해결할 자원(증상도 자원)이 있다
> 3) 내담자는 자기 문제의 해결 전문가이다.
> 4) 상담자는 내담자와 협력관계를 구축한다.
> 5) 내담자의 강점과 자원, 과거보다 현재와 미래에 초점을 둔다.
> 6) **내담자에게 중요한 것은 작은 것, 구체적이고 명확하며 행동적인 것, 지금 - 여기에서 시작하는 것, 현실적이고 성취 가능한 것이다.**
> 7) 상담자는 '알지 못함의 자세'로 내담자의 문제해결의 과정에 주목하며, 해결중심적 대화를 확대한다.
> 8) **목표 수행이 힘들고 어려운 일이라고 인식하게 함으로써 내담자로 하여금 자기문제에 책임을 가지게 한다.**
> 9) **문제를 없애는 것보다 새로운 행동을 시작하는 것을 목표로 한다.**

65

답 ③

해 [ㄹ]. 자아분화 수준이 높은 사람은 독립적으로 사고하고, 신중하며, 융통성이 있고, 사려가 깊으며, 스트레스 상황에서도 자율적으로 행동한다. 반면에 **자아분화 수준이 낮고 융합된 사람은 감정의 세계에 쉽게 빠져들거나 정서성에 의해 영향을 받게 되어 쉽게 정서적 반사행동을 나타내며, 공감능력이나 감정 표현이 부족하다.**

> ◇ 부연
>
> **보웬의 다세대 가족치료**
> 1) 보웬의 다세대 가족치료는 문제의 내용을 파악하고 증상을 처방하는 것이 아니라 가족 간에 전수되고 있는 정서를 파악하여 자아분화 수준을 높이는 과정중심 치료이다.
> 2) 다세대 가족치료에서 가족문제는 가족성원이 자신의 원 가족에서 심리적으로 분회하지 못히는 데 (자아 미분화) 기인한다고 보며, 정서적인 관계는 최소한 3대에 걸쳐 전달되는 과정이라고 보았다.
> 3) 다세대 가족치료 상담자의 분화수준만큼 내담자도 그 정도로 자아가 분화된다고 가정하기 때문에 상담자의 자아분화도 중요하게 여겨진다.

66

답 ②

해 이중구속 이론은 가족상담 발달초기에 조현병 환자 가족의 역기능을 설명하기 위해 제시된 개념이다. **이중구속(double bind)은 베이트슨(Gregory Bateson)이 소개하였으며, 언어적 및 비언어적 메시지가 일치하지 않는 의사소통 상황을 말한다.** 조현병 가족의 역기능을 설명하기 위한 개념에는 이중구속 외에도 부부균열, 부부불균형, 고무울타리, 거짓적 대성, 거짓친밀성, 낮은 자기분화, 가족투사과정 등이 있다.

심화학습 조현병 가족의 역기능을 설명하기 위한 개념들

1) **이중구속**

베이트슨(Gregory Bateson)이 소개하였으며 언어적 및 비언어적 메시지가 일치하지 않는 의사소통 상황을 말한다. 이중 메시지를 받은 수신자는 이러지도 저러지도 못하게 된다.

2) **부부균열**

리즈(T. Lidz)가 소개하였으며 부부가 중요한 영역에서 서로 의견을 달리할 뿐 아니라 갈등을 일으키는 관계로, 부부가 서로 역할을 교환할 수 없고 목표를 공유하거나 보완할 수 없는 상황을 말한다.

3) **부부불균형**

리즈(T. Lidz)가 소개하였으며 부부사이의 권력이 지나치게 불균형을 이루어 강자가 약자를 지배하는 상황을 말한다.

4) 이중구조

(1) **거짓 친밀성**

가족원 모두 결속된 모습을 보여야 하기 때문에 가족 내 갈등, 분열을 감추고 서로 친밀한 척하거나 개인적인 특성이나 분화를 인정하지 않는 것을 말한다.

(2) **거짓 적대성**

윈(L. Wynne)이 소개하였으며 가족원이 진실한 모습으로 상호작용하는 것이 아니라 겉으로 거리감을 두거나 적대적인 상호작용하는 관계를 말한다.

(3) **고무 울타리**

가족을 둘러싼 심리적 경계를 말하는데, 가족원 개인의 정체성을 찾으려는 시도가 무시되고 가족이 함께해야 한다는 믿음으로 가족의·경계를 확장해 가는 상황을 말한다.

5) 낮은 자기분화

자기분화는 개인이 가족의 정서적인 혼란으로부터 자유롭고 독립적인 사고나 행동을 할 수 있는 과정을 말한다. 조현병 환자 가족은 자기분화 과정이 낮은 경향을 보인다.

6) 가족 투사과정

부모가 자신의 낮은 분화수준을 자녀들에게 전달하는 과정이다.

67

답 ①

해 해결중심 질문에는 예외질문, 기적질문, 척도질문, 대처질문, 악몽질문, 관계성질문 등이 있다. 문제의 사례는 물건을 던지고 분노를 표출하는 M(17세)의 행동 때문에 부부싸움이 계속 되었는데, 부모는 서로를 비난하며 다투다가 몸싸움을 하기도 하였고, 부모 간의 싸움은 서로에 대한 저주와 자신의 고통을 하소연하는 것으로 자주 끝이 나는 상황이었다. 이에 가족상담자는 상담 초기에 그렇게 힘든 상황을 어떻게 견디었고 어떻게 해서 상황이 더 나빠지지 않을 수 있었는지 살펴보기 위해 대처질문을 하며 M의 긍정적인 자원을 먼저 찾아주는 상담자의 개입이 요구된다.

✓ 오답노트

② 관계성 질문은 내담자와 중요한 관계에 있는 사람들을 활용하여 하는 질문이다. 자신의 희망, 힘, 한계, 가능성 등을 지각하는 방식은 자신에게 중요한 타인이 자신을 어떻게 보고 있을 것이라는 생각과 밀접한 관계가 있다. 내담자는 문제가 해결되었을 때 자신의 생활에서 무엇이 달라질 것인지에 대하여 전혀 예측하지 못하는 경우가 있다. 그러나 자신에게 중요한 타인의 눈으로 보게 되면 가능성을 만들어 낼 수도 있다.

> 예시 :
> ☞ "○○씨, 어머니가 여기 계시다고 가정하고 제가 어머니께 ○○씨 문제가 해결될 때 무엇이 달라지겠느냐고 묻는다면, 어머니는 뭐라고 말씀하실까요?"
> ☞ "아드님이 귀가가 늦는다고 어머니께 전화를 하면, 아드님은 어머니께서 어떻게 반응하기를 바랄까요?"

③ 문제가 발생하지 않았던 상황인 예외질문을 한다.

④ 위장기법(pretend technique)은 증상을 가진 내담자에게 시간을 정해 아이가 증상을 '가진 척'하고, 부모는 '도와주는 척'하는 연극적인 기법(환상과 유머, 놀이에 기초하여 내담자의 저항 극복)으로, 위장기법을 이용해 가족이 통제할 수 없다고 믿는 증상에 대해 자발적으로 통제하는 상황을 연출한다.

⑤ 이야기치료에서 문제를 사람으로부터 분리하기인 문제의 외재화는 물건을 집어 던지며 분노를 표현하는 상황에 이름이나 제목을 붙여보라고 요청한다.

68

답 ①

해 [ㄱ]. 듀발(E. Duvall)과 힐(R. Hill)은 가족생활주기는 8단계(결혼 전 가족형성기, 자녀 출산 가족, 학령전 아동가족, 아동기 자녀가족, 청소년 자녀가족, 청년자녀 떠나보내기, 중년기 부모, 노년기 가족)로 나뉘며, 가족생활의 각 단계마다 수행해야 할 과업을 구분함으로써 발달론적 관점을 가족에 적용하였다.

[ㄴ]. 가족생활주기란 결혼으로 가족이 형성된 이후부터 자녀의 출산이나 성장과 독립, 직업에서의 은퇴, 배우자의 사망 등에 이르기까지 가족의 구조와 관계의 발달 및 변화를 포함한다. 개인의 발달단계마다 발달과업이 존재하듯 가족도 생활주기에 따라 성취해야 할 발달과업이 있고 새로운 단계로 전환할 때 위기를 경험한다. 가족생활주기의 개념온 구성원 개인의 변화 뿐만 아니라, 가족의 난계별 변화에 적응하기 위해 재조직되어야 한다.

[ㄷ]. 카터(B. Carter)와 맥골드릭(M. McGoldrick)의 가족생활주기는 6단계로 결혼전기 - 결혼적응기 - 자녀 아동기 - 자녀 청소년기 - 자녀 독립기 - 노년기이다. 결혼으로부터 시작되는 것이 아니라, 결혼전기부터 시작되며, 이혼과 재혼의 단계는 따로 제시하였다. 재혼가족 생활주기는 3단계로 새로운 관계의 시작 - 새로운 결혼생활과 가족에 대한 계획 - 재혼과 가족의 구성이다.

[ㄹ]. 에릭슨(M. Erickson)의 가족생활주기는 6단계(구애기, 결혼초기, 자녀 양육기, 중년기, 자녀 독립기, 노년기)로 나뉘며, 자녀 독립기에는 자녀의 독립으로 부부의 공통 관심사가 사라져 가족의 안정성이 깨진다.

심화학습 에릭슨(M. Erickson)의 가족생활주기(6단계)와 가족치료

단계	문제	치료목표	개입방법
구애기	1) 신체적 외모에 대한 콤플렉스 2) 원가족과의 분화문제 3) 또래관계의 문제	부적응 개인을 도와 직업과 배우자를 얻게 하여 기능적인 사회 구성원이 되는 것	1) 사고, 행동방식을 수용하면서 변화로 이끄는 생각과 행동을 소개함 2) 치료자 자신과 지역사회의 자원을 최대한 활용함 3) 자신에 대한 인식, 특히 신체상을 재개념화 시킴
결혼 초기	1) 배우자 및 원가족과의 마찰 2) 성적 부적응, 배우자의 외도	여러 가지 문제를 극복하고 부부생활을 유지하면서 자녀양육기로 넘어가는 것	1) 증상을 이용해 원가족과 독립할 수 있게 함 2) 성적 부적응을 병리적으로 다루지 않음 3) 배우자의 외도는 상황에 따라 직접적으로 개입함
자녀 양육기	1) 한쪽 배우자가 자녀와 밀착되어 부부문제를 아동을 통해 다룸 2) 자녀양육으로 부부 또는 원가족과 갈등 3) 습관적인 의사소통 문제 4) 가족 간의 경계선 파괴	부모와 자녀를 분리하여 부부생활과 자녀양육 생활을 독자적으로 하는 것	1) 개인을 둘러싸고 있는 상황을 모두 고려함 2) 부모의 권위는 인정하고 상황에 따라 아동과 치료적 동맹 맺음 3) 과잉 간섭하는 부모를 아동에게서 분리시킴 4) 아동의 잘못된 행동보다는 올바르게 행동하는데 초점을 둠
중년기	1) 주도권을 갖기 위한 힘겨루기 2) 가족 안정성을 유지하려고 역기능적 상호작용을 고수함	부부의 습관적이고 주기적인 상호작용에 내재된 갈등을 해결하는 것	1) 부부를 함께 상담 2) 부부의 역기능적 관점을 바꿈 3) 모순적인 과제부여로 변화를 야기함 4) 직면을 사용함
자녀 독립기	1) **자녀의 독립으로 부부의 공통요소가 사라져 그 동안 유지해온 가족의 안정성이 깨짐** 2) 부모의 관심, 자비, 과잉보호 때문에 부모-자녀관계가 동료관계로 옮겨가지 못함	자녀는 독립하여 성인의 역할을 수행하게 하고 부모는 자녀를 독립된 개체로 인정하며 이전과 다르게 상호작용하는 것	1) 필요에 따라 부모와 자녀를 함께 또는 따로 작업함 2) 자녀를 가족과 분리시키면서도 가족과의 유대를 지속하게 함
노년기	1) 은퇴에 따른 역할 상실감 2) 부부가 갑자기 24시간 함께 있게 됨으로써 문제 발생	변화에 대한 희망보다는 피할 수 없는 일을 수용하게 함	1) 부부가 애정적이고 서로 도움이 되는 역할을 하도록 함 2) 배우자가 먼저 사망할 경우 다른 가족 간의 관계를 도움 3) 질병의 고통을 덜어주기 위해 최면술을 사용함

69

답 ④

해 J(15세)는 부모의 이혼으로 8세부터 친할머니가 양육했다. 지난 3개월 전에 친할머니가 돌아가신 슬픔에 휩싸여 있으므로 ① 친할머니의 상실에 대한 애도작업을 한다. 부모의 이혼으로 인한 돌봄의 부재에 대한 분노나 섭섭함이 있을 수 있으므로 ② J의 부모에 대한 **분열된 충성심(한쪽 부모에 대해 아이가 충성심을 가지게 됨으로 다른 쪽 부모에 대해 충성심을 나타낼 수 없을 때 나타나는 심각한 모순)**을 다룬다. 친할머니와 지내다가 중학생이 되면서 아버지와 합가하게 되었으므로 아버지와 서먹서먹할 수 있다. 따라서 ③ 아버지와의 친밀감 향상을 위한 작업을 한다. 또한 친어머니가 재혼한 후 만나지 못해 그리워할 수 있으므로 ⑤ 어머니와의 정서적 단절 이슈에 대해 작업한다. **J의 반항행동은 이렇게 힘든 상황에 대한 아버지에 대한 원망의 마음이 표출된 것이므로 행동수정 작업만 하는 것은 옳지 않은 설명이다.**

실력다지기 | **맥락적 가족치료(보스조르메니-나지)의 중요 개념인 '분열된 충성심(split loyalty)'**

1) 한쪽 부모에 대해 아이가 충성심을 가지게 됨으로 다른 쪽 부모에 대해 충성심을 나타낼 수 없을 때 나타나는 심각한 모순을 분열된 충성심이라고 부른다.
2) 분열된 충성심은 아버지(또는 어머니)가 자녀에게 어머니(또는 아버지)에 대한 효성을 희생하고 자신에게만 충성할 것을 요구할 때 나타난다.
3) 분열된 충성심의 어려움은 아이가 강제로 그(그녀)가 다른 부모의 사랑을 선택해야 함으로써 다른 부모를 배반해야 하는 대가를 치러야 한다는 것이며, 이러한 험악한 상태는 부모들이 서로를 불신하고 경멸함으로 더 깊게 분열될 때 표면화된다.
4) 분열된 충성심을 보이는 아이는 이러한 삼각관계의 어느 한 쪽에 신뢰의 기초를 만들기 위해 노력한다.
5) 분열된 충성심의 부정적인 결과는 아이로 하여금 파괴적 부모화의 기초를 만들게 하며, 자살과 같은 심각한 인성문제를 야기 시킬 수 있다.

70

답 ④

해 **부모의 가족투사과정은 보웬의 다세대 가족치료 이론에 해당한다.** 보웬 이론의 핵심 키워드는 자아분화, 삼각관계, 핵가족의 정시과정, 가족투사과징, 다세대 전수과정, 정서적 단절과 사회석 성서과정 등이다. 가족투사과정에 대한 설명은 다음과 같다.
1) 분화 수준이 낮은 가정일수록 투사 경향이 심하다.
2) 자아분화 수준이 낮은 부모는 미분화에서 오는 불안을 삼각관계를 통해 회피하려고 한다.
3) 가족투사 과정은 다음 세대를 희생시키면서 불안을 경감시키려 한다.
4) **부모가 자신의 미분화를 자녀에게 전달함으로써 미분화는 세대를 걸쳐 진행한다. 이때 투사대상이 된 자녀는 최소한의 자기분화 수준을 유지한 채, 부모와 밀착관계를 가진다.**

실력다지기 | **사티어(V. Satir)의 경험적 가족치료**

1) 사티어(V. Satir)는 잭슨 등을 도와 MRI(Mental Research Institute, 정신건강연구소)를 설립하였고, 그곳에서 최초의 가족치료훈련 프로그램을 고안하였다.

2) 사티어(V. Satir)는 인본주의 철학에서 더 나아가 사람들이 자신의 감정을 인정하고 자신의 것으로 받아들이고 표현 하도록 할 뿐 아니라, 지금-여기에서 감정을 어떻게 다룰지에 대해 선택하도록 격려하였다.

3) 주요 개념은 자아존중감, 의사소통 유형(회유형, 초이성형, 비난형, 산만형, 일치형), 가족규칙, 개인의 빙산탐색(행동, 대처방식, 감정, 감정에 대한 감정, 지각, 기대, 열망, 자아), 원가족 삼인군 치료, 가족조각, 역할극, 가족그림, 유머, 신체적 접촉, 심상기법, 영향력의 수레바퀴 등이다.

71

답 ③

해 가족구성원 중 먼저 오는 사람 편에서 동맹관계를 맺는 것은 바람직하지 않다.

72

답 ⑤

해 가족체계의 전체 역동과 특성을 파악하기 위해 구성원 개인별로 성격유형 검사를 실시하기보다는 가족체계의 전체 역동과 특성을 파악하기 위해 가족 사정도구(가계도, 가족지도, 원가족 삼인군 도표 등)를 사용한다.

내용분석

① 가족구성원 개인의 내적 경험을 이해하기 위해 빙산기법을 활용한다. - 경험적 치료
② 가계도를 활용하여 가족의 정서적 역동과 패턴을 살펴본다. - 다세대적 치료
③ 부모-자녀하위체계가 적절한 기능을 하는지 살펴본다. - 구조적 치료
④ 가족의 부적절하고 역기능적인 위계구조를 살펴본다. - 전략적 치료

73

답 ①

해 순환모델의 FACES 척도는 가족기능을 측정함

써컴플렉스 모델(순환모델)
가족체계이론을 바탕으로 가족기능에 관한 50여 개의 개념을 추출하고 분석하여 귀납적으로 발전시킨 개념이다. 4가지 수준의 응집성과 적응성을 교차시키면 16개 유형이 나온다.

1) **적응성**
　적응성은 안정과 변화 간의 구조적 수준을 의미하는 개념으로, 적응성의 수준에 따라 경직형, 구조형, 융통형, 혼돈형의 네 가지로 나뉜다. 적응성이 낮은 가족은 경직형, 반대로 적응성이 지나치게 높으면 혼돈형이 된다. 구조형 또는 융통형 가족은 적절한 수준의 적응성을 지녀 변화에 안정적으로 대응하면서도 유연성을 유지한다.

2) **응집성**
　응집성은 가족 간의 정서적 친밀감과 결속을 반영하는 개념으로, 응집성 수준에 따라 유리, 분리, 연결, 밀착의 4가지 수준/유리된 가족은 개인주의 성향, 밀착된 가족은 자율성 저하의 특징을 보인다.

3) 순환 모델을 바탕으로 개발된 평가도구로서 내부자 척도(자기보고식)인 FACES(Family Adaptability and Cohesion Scale)와 외부 관찰자 척도인 CRS(Clinical Rating Scale)가 있다.

② 응집력과 적응력 측정 – 순환모델의 FACES 척도

ENRICH 검사

미국 미네소타주립대 올슨(D. Olson)에 의해 개발되었다. 결혼 만족에 대한 10개의 핵심 영역을 검사한다. 10여 가지 결혼만족 영역 외에도 커플과 가족지도, 4가지 관계역동척도, 5대 성격 요인을 알아보는 SCOPE 성격척도 및 개인 스트레스척도 등을 통해 상담자가 체계적으로 커플을 진단할 수 있다.

③ 가계도는 비계량적 척도(정질적 도구)로 가족의 다세대 역동과 관계의 정도를 평가한다.

④ 생태도는 가족을 둘러싼 사회적 환경과의 관계를 탐색하는데 사용한다.

⑤ McMaster 모델의 가족사정척도(FAD)는 구성원들의 내적인 경험을 시각적으로 평가하는 것이 아니다.

McMaster 모델의 가족사정척도(FAD)

총 60문항의 일곱 개 하위범주로 구성되어 있다. 캐나다의 맥매스터 대학 정신과에 재직하던 엡스테인 등에 의해 개발된 맥매스터 모델은 가족기능을 평가하고 진단하는데 뛰어난 개념적 준거 틀을 제공하고 있다는 평가를 받고 있다. 가족기능을 문제해결, 의사소통, 가족의 역할, 정서적 반응성, 정서적 관여, 행동통제의 6가지(문제해결/의사소통/가족의 역할/정서적 반응성/정서적 상호작용/행동통제) 측면을 측정한다.

74

답 ①

해 IP는 모와 정서적인 융합관계이다. 나머지는 옳은 내용이다.

75

답 ⑤

해 가족상담을 시작하기 전에 내담자에게 고지하고 동의를 구해야 하는 내용으로 모두 옳은 내용이다.

실력다지기 　　　**내담자에게 고지하고 동의를 구해야 하는 내용**

1) 비밀보장의 범위와 한계
2) 내담자가 상담을 중단할 수 있는 권리
3) 상담 참여에 따르는 잠재적 이익과 위험
4) 상담 기록의 성격과 범위
5) 다른 가족원에게 폭력을 행사하지 않기
6) 상담 중에 음식이나 술, 담배 등을 금하는 것
7) 상담시간의 제한
8) 상담비용과 지불방법
9) 녹음이나 녹화, 일방 등

MEMO

정답 및 해설

1교시

2교시

2021

제1과목 청소년 상담의 이론과 실제 (필수)

01	④	02	③	03	③	04	②	05	④
06	④	07	①	08	①	09	④	10	③
11	⑤	12	①	13	②	14	③	15	⑤
16	②	17	③	18	②	19	③	20	①
21	④	22	①	23	④	24	⑤	25	⑤

01

답 ④

해 [ㄹ]. 공동체 상담모형(=또래상담 프로그램 모형)은 **청소년상담복지센터 뿐 아니라 다른 전달체계에서도 사용이 가능하다. 즉, 청소년관련기관에서 사용할 수 있는 상담모형**이다.

> **＊ 참고**
>
> 청소년을 위한 상담 프로그램은 청소년들의 자기모순과 양극성 그리고 고독한 감정을 다루고 만족스러운 삶을 위해 건설적인 선택을 하도록 돕는 데 초점을 두어야 한다(Corey & Corey, 2008). 쉐트맨(Shechtman, 2004)은 "청소년은 우정에 관심이 많으며, 부모로부터의 분리와 자아정체성의 문제로 투쟁을 한다"고 하였다(Corey & Corey, 2008에서 재인용). 따라서 또래집단은 청소년을 지지하는 중요한 원천이 되어 집단상담은 그들에게 최상의 치료 공간이 된다(Shechtman, 2004). 이러한 청소년의 특징들은 상담 프로그램 개발에 영향을 끼치게 된다.[1]

02

답 ③

해 인터넷게임 과몰입의 증상은 **강박적 사용**(인터넷게임을 계속 사용하고 싶은 욕구나 생각)으로 인한 **내성**(인터넷게임을 하는 시간이 점차 증가함)과 **금단**(인터넷게임을 하지 않으면 안절부절, 짜증, 불안, 충동적이고 공격적인 행동, 수면장애, 틱장애 등의 증상)으로 **일상생활의 장애**(성적하락이나 지각, 부모님과의 갈등)이다.

---

[1] 박민수(2019). 『심리상담 프로그램 개발』. 시그마프레스

03

답 ③

해 타임아웃은 자녀의 부적절한 행동을 멈추기 위한 벌로써 일정한 장소에서 몇 분간 격리시키는 것을 말한다. 타임아웃은 훈육의 수단으로 사용되므로 과도하게 사용할 경우 불안, 우울, 위축된 행동, 자신감 저하를 유발할 수 있으므로 올바르게 사용해야 한다. 부모는 아동의 문제행동을 명확히 알려주고 문제행동을 일으킬 때 그칠 수 있도록 미리 알려주고, 계속해서 문제행동을 일으킬 경우 타임아웃이 임박했음을 경고한다. ③ **타임아웃을 시킬 때는 격리될 장소를 미리 알려주고**, 격리된 장소에서 자신의 문제행동을 멈추고 생각하는 시간을 갖도록 하며, 타임아웃을 잘 끝냈을 때 규칙 준수를 칭찬한다.

04

답 ②

해 **체계적 둔감화는 고전적 조건형성의 원리에 기초하여 상호제지이론(불안과 양립할 수 없는 근육이완을 불안을 야기하는 자극과 함께 연합하면 불안은 힘을 잃게 된다는 것)에 근거를 두고 울피(Wolpe)가 개발한 행동치료 기법으로**, 이완된 상태에서 불안을 발생시키는 상황들을 위계적으로 상상하게 하고 불안과 양립할 수 없는 이완을 연합시켜 불안을 감소 혹은 소거시킨다.

05

답 ④

해 **[ㅁ]. 삼각화 : 보웬(Bowen)에 따르면 분화가 이루어지지 않은 두 가족 구성원들 간의 불안이 높아지면, 다른 가족 구성원을 끌어들여 삼각관계(삼각화)를 형성한다.** 예를 들어, 부부관계가 좋지 못할 때 아내는 남편을 대신하여 자녀에게 지나치게 관여함으로써 삼각관계를 형성한다. 삼각관계에 있는 자녀는 부모의 갈등을 중재하기 위한 행동을 하거나 혹은 문제 행동을 나타냄으로써 부모가 다시 사이가 좋아질 수 있도록 행동한다.

> 아들러가 주장한 사회적 관심 또는 공동체 의식을 정신건강의 중요한 요소로 강조한 점은 개인주의가 팽배한 현대사회에서 주목할 만하디. 일상생활 속에서 일어나는 문제들에 대한 일상적인 해결책을 제시하면서 일반인들을 위한 이론을 발전시켰다.[2] - [중략] - **인간 상호간의 이해는 공동체 생활의 기본조건이다. 주변 사람들에 대한 우리의 태누는 서로를 얼마나 이해하느냐에 따라 달라질 수 있다. 서로에 대한 이해가 깊어질수록 공동체 생활을 저해하는 요소들은 사라지고 좀 더 나은 삶을 함께 영위할 수 있다.**

06

답 ④

해 인간중심 상담은 내담자의 성장 가능성을 믿어주고 내담자가 가진 현재의 어려움에 진심어린 공감을 해 주는 것이다. 내담자가 위기 상황이라는 것은 현재 고통스러운 상황에 처해 어찌할 수 없이 옴짝달싹하지 못하는 어려움에 처해 있다는 것을 의미한다. ④ **따라서 상담자는 내담자의 위기 수준을 사정(평가)해 안전을 확보하고, 내담자로 하여금 현재의 고통을 충분히 표현하고 카타르시스를 경험할 수 있도록 적극적 경청 및 공감적 이해를 전달한다.**

---

2 『인간 이해』 아들러, 1927. 서문 중에서

07

탑 ①

해 [ㄱ] **내사는 타인의 행동이나 가치관을 무비판적으로 받아들임으로써 개인의 행동이나 사고에 악영향을 미치는 것**, 즉 다른 사람들이 내담자에게 그렇게 하기를 원할 때 일어난다. [ㄴ] **투사는 자신의 생각이나 욕구, 감정 등을 타인의 것으로 지각하는 것**, 즉 내담자가 다른 사람들에게 그렇게 해주기를 요구할 때 일어난다.

실력다지기	게슈탈트상담에서 '접촉경계 혼란' 행동의 종류[3]

1) **내사** : 타인의 행동이나 가치관을 무비판적으로 받아들임으로써 개인의 행동이나 사고에 악영향을 미치는 것
2) **투사** : 자신의 생각이나 욕구, 감정 등을 타인의 것으로 지각하는 것
3) 융합 : 밀접한 관계에 있는 두 사람이 서로 간에 차이점이 없다고 느끼도록 은연중에 합의함으로써 발생하는 접촉 경계혼란
4) 반전 : 개체가 타인에게 하고 싶은 행동을 자기 자신에게 하는 것, 혹은 타인이 자기에게 해 주기를 바라는 행동을 스스로 자기 자신에게 하는 것
5) 자의식 : 개체가 자기 자신에 대해 지나치게 의식하고 관찰하는 현상
6) 편향 : 개체가 환경과의 접촉을 피해 버리거나 혹은 자신의 감각을 둔화시켜 버림으로써 환경과의 접촉을 약화시키는 것

08

탑 ①

해 내담자가 상담에서 자신의 신경증적 문제를 드러낸다(전이)고 가정하는 상담이론은 정신분석이론이다.

09

탑 ④

해 ① 당위적 사고 : 자신에게 ' ~ 라면 당연히 ~ 해야 한다' 또는 ' ~ 하지 말아야 한다.'라는 말로 동기를 부여하려 애쓰는 것
  cf) 세상 사람들에게 인정받으려면 당연히 명문 대학에 가야한다.
  ② 선택적 추상화 : 전체를 보지 않고 하나의 부정적인 세부사항을 근거로 부정적 결론을 내리는 것
  cf) 수능시험에서 언어영역을 망쳤으니 명문 대학에 원서를 넣을 수 없을 거야.
  ③ 개인화 : 부정적인 상황을 마치 나의 일인 것처럼 받아들이는 것
  cf) 부모님이 나를 쳐다보는 눈길이 차가운 것은 아마도 내가 명문 대학에 합격하지 못해서일거야.
  ④ **이분법적 사고** : **전부 아니면 전무(all or nothing)나 흑백논리로 사건을 보는 것**
  cf) **명문 대학에 가지 못하면 내 인생은 실패한 것이다.**
  ⑤ 과잉일반화 : 하나의 사건을 세상 모든 사람들에게 적용하는 것
  cf) 명문 대학에 합격하지 못한 사람들은 모두 무능한 사람들이다.

---

[3] 출처 : 게슈탈트 심리치료. 김정규. 학지사

10

답 ③

해 여성주의 상담에서 상담자는 내담자에게 전통적으로 가치 내면화된 여성의 성역할(여자는 나이가 들면 결혼해서 남편을 잘 보필하고 자녀의 양육을 책임져야 한다) 고정관념을 줄이기 위해 돕고, 이러한 전통적 신념이 자신에게 어떤 부정적 가치관(예쁘지 않으면 결혼하기 힘들고 결혼하지 못하면 여성으로서 가치가 없다)을 심어주는지 이해하도록 돕고, 외모가 아닌 다른 부분에서 개인적 능력감과 사회적 능력감을 기르도록 돕는다. 결혼을 할지 말지는 개인적인 취향이다. ③ 결혼하지 않고 살 수 있도록 돕는다는 내용은 해당되지 않는다.

11

답 ⑤

해 A는 선행사건(Antecedent), B는 행동(Behavior)이며, C는 결과(Consequence)이다.

◇ 부연

선행조건, 행동, 그리고 결과

1) 선행조건(A ; Antecedent)
  (1) 행동 직전에 일어난 사건으로, 명령이나 부탁 등의 언어 또는 신체적으로 주는 자극이다.
  (2) 즉, 어떤 표적이 되는 행동을 발생하기 직전에 앞서 일어나는 자극사건(stimulus event)이다
  (3) 여기에는 학습상황에서의 규칙, 절차, 수업과제, 동료 및 교사 학생 간 상호관계, 교사의 교수 기술 등이 포함된다.
2) 행동(B ; Behavior)
  (1) 실제적인 행동으로, 치료대상이 선행자극에 대해 보이는 반응이나 무반응이다.
  (2) 행동(B ; Behavior)은 관심의 대상이 되는 관찰 가능한 행동의 조작적 정의로 명시되어야 한다.
3) 결과(C ; Consequence)
  (1) 행동의 결과를 의미하며, 원하는 행동을 보였을 경우에 주는 긍정적 보상, 또는 바람직하지 못한 행동을 보였을 때 벌이나, 무반응을 보이는 것 등이다.
  (2) 결과(C ; Consequence)는 행동 대상자의 표적 행동 직후에 뒤따르는 사건으로 교사나 또래의 반응 등이 포함될 수 있다.

12

답 ①

해 인지치료는 협력적 경험주의 원칙에 기초하여, 상담자가 내담자의 자동적 사고와 인지오류를 확인시키기 위해 소크라테스식 대화를 사용하고, 내담자에게 자신의 신념이 타당한지 스스로 검토해 볼 수 있도록 행동 실험을 요구한다. 참고로 합리적 정서행동치료는 ABCDE 모형을 따른다.

✱ 참고

인지치료자들은 구성원들에게 평가과정을 통해 왜곡되고 역기능적인 인지방식을 가려내는 방법을 가르친다. 집단지도자는 구성원들이 가설을 만들고 그들의 가정을 검증해 보도록 하는데 이것을 협력적 경험주의라고 한다. 그들은 구성원들이 상상하는 최악의 결과에서 벗어나지 못할 때를 찾아내어 "일어날 수 있는 최악의 일은 무엇입니까?" "만약 그 일이 일어난다면 어떤 부정적인 결과가 나타납니까?"와 같은 질문을 하며 도움을 줄 수 있다.[4]

---

4 출처 : https://hcmc.tistory.com/38(인지행동접근과 집단상담 : 집단단계, 치료기법과 절차)

13

답 ②

해 해결중심상담에서 질문의 종류는 기적질문, 대처질문, 예외질문, 척도질문, 관계질문 등이 있다. "어떻게 지난 주보다 더 나빠지지 않았나요?"는 지난 주 동안 어떻게 더 나빠지지 않게 행동을 다르게 하며 지냈는지에 대한 대처질문(극복질문)이다.

14

답 ③

해 청소년상담은 성인에 비해 상담동기가 낮고 인지나 정서적 분화가 덜 되어 있으므로 청소년기 발달에 적합한 상담접근을 적용한다.

15

답 ⑤

해 청소년상담자에게 요구되는 자질로 윤리규정 숙지, 상담이론에 대한 이해, 문화적 차이에 대한 이해, 자신의 태도와 가치관에 대한 이해 등이다. ⑤ 내담자의 결정을 이끄는 구원자 역할은 해당되지 않는다.

16

답 ②

해 청소년상담자의 태도로 공감적 이해, 솔직하고 따뜻한 태도, 언어적 행동과 비언어적 행동의 일치, 내담자 자체의 가치를 순수하고 깊게 수용, 등이 있다. ② 즉각적인 직면은 바람직하지 않다.

17

답 ③

해 ① 청소년상담사는 「청소년기본법」에 따라 청소년의 권리와 책임을 다 할 수 있게 지원해야 한다.

② 청소년상담사는 현행법을 우선적으로 준수하되, 윤리강령이 보다 엄격한 기준을 설정하고 있다면, 윤리강령을 따른다.

④ 청소년상담사는 자신의 전문성을 유지·향상시키기 위해 법적으로 정해진 보수교육에 반드시 참여한다.

⑤ 사이버상담의 운영 특성 상, 한명의 내담자가 여러 명의 사이버상담자를 만나게 되는 경우 상담자들 간에 정보를 공유할 수 있음을 내담자에게 알린다.

18

답 ②

해 즉시성이란 상담자가 내담자나 상담관계 및 과정에 대한 즉각적인 사고나 느낌을 개방하는 것이다. 문제에서는 내담자가 상담에 대해 도움이 되지 않는다고 이야기했을 때 상담자는 내담자에게 즉시성으로 자신의 섭섭함을 표현하였다.

19

답 ③

해 어떤 상담자라도 특정 개입전략을 사용하기에 전문성이 부족하면 사용하지 않아야 한다.

관련된 윤리강령 내용

1) 청소년상담사는 자기의 능력 및 기법의 한계를 인식하고, 전문적 기준에 위배되는 활동을 하지 않도록 한다.

2) 청소년상담사는 검증되지 않고 훈련 받지 않은 상담기법의 오·남용을 하지 않도록 유의한다.

3) 청소년상담사는 다양한 사람들을 상담함에 있어 상담에 필요한 이론적 지식과 전문적 상담 및 연구능력을 향상시키기 위해 교육, 자문, 훈련 등 지속적인 노력을 기울여야 한다.

20

답 ①

해 긴급전화, 상담전화, 정보제공 등의 기능을 수행하는 **청소년상담 전용전화는 1388이다.**

21

답 ④

해 ①, ②, ③, ⑤번은 정서적 공감이며, **④번은 상담자의 자기개방에 해당된다.**

22

답 ①

해 ② 내담자가 만 14세 미만의 청소년인 경우, 보호자 또는 법정대리인의 상담활동에 대한 **사전 동의가 필요하다.**

③ 사이버상담이 청소년 내담자에게 부적절하다고 간주되는 경우는 **내담자가 원해도 진행하지 않는다.**

④ **상담을 시작한 청소년 내담자가 다른 정신건강전문가에게 상담을 받고 있음을 알았을 때, 향후 상담을 어떤 식으로 진행해야 할지 내담자와 함께 상의한다.**

⑤ 청소년상담사 윤리강령에는 **내담자가 상담계획에 참여할 권리 보장에 대해 언급하고 있다.**

청소년상담사 윤리강령 중 내담자의 복지 규정

1. 내담자의 권리와 보호

가) 청소년상담사는 내담자의 복지를 증진하고 존엄성을 존중하는 것에 최우선 가치를 둔다.

나) 청소년상담사는 내담자가 상담 계획에 참여할 권리, 상담을 거부하거나 개입방식의 변경을 거부할 권리, 거부에 따른 결과를 고지 받을 권리, 자신의 상담 관련 지료를 복사 또는 열림힐 수 있는 권리 등을 보상해주어야 한다. 단, 기록물에 대한 복사 및 열람이 내담자에게 해악을 끼친다고 판단될 경우 내담자의 기록물 복사 및 열람을 제한할 수 있다

다) 청소년상담사는 외부 지원이 적합하거나 필요할 때 의뢰를 요청할 수 있으며 이를 청소년 내담자 및 보호자(만 14세 미만 내담 청소년의 경우)에게 알리고 서비스를 받을 수 있도록 노력한다.

라) 청소년상담사는 자신의 질병, 죽음, 이동, 퇴직 등으로 인하여 상담을 중단해야 하는 경우 이에 대한 적절한 조치를 취해야 한다.

마) 청소년상담사는 청소년 내담자에게 무력, 정신적 압력 등을 사용하지 않는다.

23

답 ④

해 [ㄱ]. 상담목표의 달성 정도 파악, [ㄷ]. 행동변화 요인에 대한 평가, [ㄹ]. 향후 계획에 대한 논의, [ㅁ]. 추수 상담 논의는 상담의 종결 시 다루어야 할 내용이다. [ㄴ]. **내담자의 문제행동 파악은 상담의 초기에 다루어야 할 내용이다.**

24

답 ⑤

해 **CYS-Net(community youth safety-net)은 청소년복지지원법 제29조에 규정되어 있다. 현재는 청소년안전망으로 이를 명명하고 있다.**

25

답 ⑤

해 [ㄱ]. 조례 제정 및 예산 준비, [ㄴ]. 긴급 상황에 투입할 전문인력 준비, [ㄷ]. 지역사회청소년상담지원체계 사전 구축, [ㄹ]. 지역사회청소년상담지원체계 협력에 대한 사전 협의의 내용 **모두 위기대응을 위한 지역사회 공동체의 사전 준비 내용이다.**

제2과목 상담연구방법론의 기초(필수)

26	④	27	①	28	①	29	⑤	30	③
31	④	32	①	33	②	34	④	35	③
36	③	37	⑤	38	②	39	③	40	④
41	③	42	②	43	④	44	⑤	45	⑤
46	③	47	⑤	48	①	49	③	50	④

26

답 ④

해 [ㄱ]. **변조**는 연구재료, 장비, 과정 등을 인위적으로 조작하거나 연구 자료를 임의로 변형, 삭제함으로써 연구 내용 또는 결과를 왜곡하는 행위이다.

[ㄴ]. **표절**은 타인의 아이디어, 연구내용, 결과 등을 정당한 승인 또는 인용 없이 도용하는 행위이다.

[ㄷ]. **위조**는 존재하지 않는 연구자료, 연구결과 등을 허위로 만들거나 기록 또는 보고하는 행위이다.

27

답 ①

해 판별분석은 개별 관측치들이 어느 집단에 속하는지 예측하는데 사용되며, 기본 가정은 다음과 같다.

1) **종속변수가 질적 변수이거나 최소한 집단을 구분하는 범주여야 한다. 종속변수는 질적 변수(범주형)이고, 독립변수는 연속변수여야 한다.**

2) 정규성 : 독립변수들의 분포가 정규분포를 이루어야 한다.

3) 등분산성 : 각 집단의 분산이 동일하여야 한다.

4) 선형성 : 독립변수와 종속변수는 서로 선형적 관계기 있어야 한디. 즉, 독립변수값이 변하면 종속변수도 일정하게 변해야 한다.

4) 상호 독립성 : 각 독립변수 간의 상관이 높지 않아야 한다.

5) 이상점(outlier)이 없어야 한다.

심화학습	판별분석

1) 판별변수(discriminant variable)

(1) 판별변수는 어떤 집단에 속하는지 판별하기 위한 변수로서 독립변수 중 판별력이 높은 변수를 뜻한다.

(2) 판별변수를 선택하는 데 판별 기여도 외에 고려해야 할 사항은 다른 독립변수들과의 상관관계이다.

(3) 상관관계가 높은 두 독립변수를 선택하는 것보다는 두 독립변수 중 하나를 판별변수로 선택하고, 그것과 상관관계가 적은 독립변수를 선택함으로써 효과적인 판별함수를 만들 수 있다.

2) 판별함수(discriminant function)
(1) 판별함수는 판별변수들의 선형조합으로 '집단의 수 1'과 독립변수의 수 중 작은 값만큼 도출할 수 있다.
(2) 판별함수의 목적은 종속변수의 집단을 정확하게 분류할 수 있는 예측력을 높이는 데 있다.
(3) 판별분석이 이용되기 위해서는 각 개체는 여러 집단 중에서 어느 집단에 속해 있는지 알려져 있어야 하며, 소속집단이 이미 알려진 경우에 대하여 변수들을 측정하고 이들 변수들을 이용하여 각 집단을 가장 잘 구분해 낼 수 있는 판별식을 만들어 분별하는 과정을 포함하게 된다.
(4) 또한, 판별함수를 이용하여 각 개체들이 소속집단에 얼마나 잘 판별되는가에 대한 판별력을 측정하고, 새로운 대상을 어느 집단으로 분류할 것이냐를 예측하는 데 주요 목적이 있다.

28

답 ①

해 스트라우스와 코빈(Strauss & Corbin, 1998)이 만든 근거이론은 동질대상을 피험자로 하여 현상을 추상적, 분석적으로 도식화하여 이론을 만드는 것을 목적으로 한다. 근거이론은 개방코딩, 축코딩, 선택코딩의 절차로 이루어진다.
1) 개방코딩(open coding) : 수집한 자료를 개념화, 범주화 한다.
2) 축코딩(axial coding) : 개념화한 범주를 연결하여 패러다임 모형을 만든다.
3) 선택코딩(selective coding) : 개방코딩과 축코딩에서 찾아낸 범주를 관통하는 핵심 이론을 찾아낸다.

실력다지기	근거이론

1) 실제로 진행되고 있는 것을 발견하기 위해 현장으로 나가, 자료에 근거하여 이론의 관련성 및 적절성을 파악하고 현상 및 인간행동의 복잡성 및 다양성을 파악하며, 의미의 이해와 본질에 대한 민감성·조건·행동·결과 간의 상호관계에 대한 인식의 연구방법으로 적합하다(Strauss & Corbin, 1998).
2) 코딩은 자료를 분해하고 개념화하고 이론을 형성하도록 통합시키는 분석과정으로 개방코딩, 축코딩, 선택코딩으로 구성된다.
3) 개방코딩은 개념을 밝히고, 그 속성과 차원을 자료 안에서 발견해나가는 분석과정으로 개념화 또는 추상화, 범주 발견하기가 있다.
4) 축코딩은 범주를 하위범주와 연결시키는 과정으로 코딩이 한 범주의 축을 중심으로 일어나며 속성과 차원의 수준에서 범주들을 연결시키는 작업이다.
5) 선택코딩은 마지막 과정으로 이론을 통합시키고 정교화하는 과정이며 이 때 이론의 통합을 도와주는 기법으로 메모와 도표가 사용된다.
6) [사례] 시각적인 도형이나 모형을 사용한다.

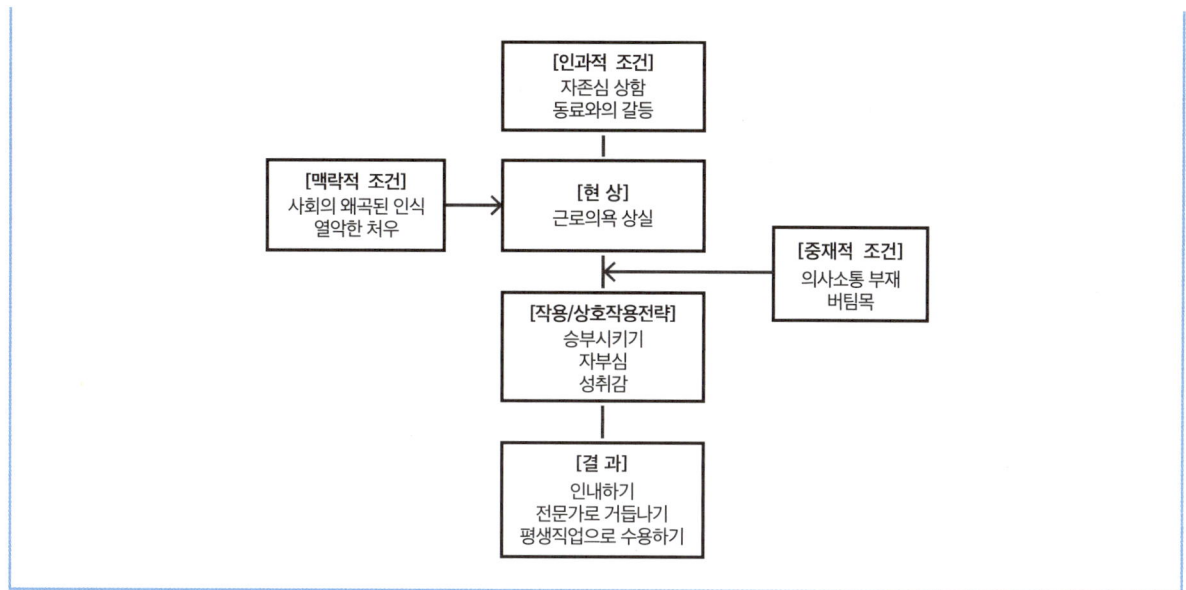

29

답 ⑤

해 진실험설계는 순수실험설계라고도 하며 통제집단 전후 비교설계, 통제집단 후 비교설계, 솔로몬 4집단 설계, 요인설계, 플라시보 통제집단비교 설계가 있다. [ㄱ]. **시계열 설계(time series design)는 준실험설계** 중 하나이다.

30

답 ③

해 LISRFI 이나 AMOS를 이용한 구조방정식모델의 적합도를 평가하는 직접지수는 1) 모델의 선반석 석합도를 평가하는 절대 적합지수(Absolute Fit Index), 2) 기초모델에 대한 제안모델의 적합도를 비교하는 증분적합지수(Incremental Fit Index), 3) 모델의 간명도와 관계된 간명적합지수(Parsimonious Fit Index)가 있다. 적합도 지수의 종류는 아래와 같다.

1) **절대적합도 지수** : CMIN, **GFI**, AGFI, RMSR, **RMSEA**

2) **증분적합도 지수(상대적합도 지수)** : **NFI, CFI, IFI, TLI**

3) 간명적합도 지수 : PGFI, PCFI, PNFI, AIC

따라서 [ㄴ]. GFI(goodness of fit index)와 [ㄹ]. RMSEA(root mean square error of approximation)는 절대적합도 지수로 틀린 답이다.

31

답 ④

해 ① 선행연구 결과를 인용할 경우 **반드시 출처를 밝혀야 한다.**

② 모든 연구가 100% 완전하지 않으므로 **연구의 제한점을 기술한다.**

③ 연구가설은 연구자가 밝히고자 하는 가정적 진술이며, 연구모형은 변수화 된 개념들을 모아 구조화, 도식화시켜 놓은 것으로 복잡한 연구주제를 쉽고 간결하게 표현하기 위해 작성한다. 따라서 **연구가설과 연구모형이 반드시 함께 제시될 필요는 없다.**

⑤ 결론에는 자신이 수행한 **연구결과의 요약과 논의 및 연구의 한계가 포함된다.**

32

답 ①

해 유사실험설계는 무작위 할당에 의하여 실험집단과 통제집단의 동등화를 꾀할 수 없을 때, 무작위할당 대신 다른 방법을 통하여 실험집단과 유사한 비교집단을 구성하려고 노력하는 설계를 의미한다. ① **유사실험설계(quasi-experimental design)는 피험자를 무선할당하지 않으며, 피험자를 무선할당할 경우 진실험설계가 된다.**

33

답 ②

해 미성년자인 고등학생을 대상으로 연구할 때 **본인 및 보호자의 동의를 모두 받아야 한다.**

34

답 ④

해 집단 내 설계란 각 피험자가 둘 이상의 실험조건에 반응하는 설계이며, 집단 간 설계는 둘 이상의 집단 간의 차이를 분석하는 방법이다. ④ **집단 내 설계에는 반복측정설계들로서, 일요인 반복측정설계, 라틴정방형 설계, 교차설계(이요인 반복측정설계)가 있다.**

cf) 참고로 집단 간 설계는 진실험설계와 관련이 있으며, 진실험설계는 통제집단 전후 비교설계, 통제집단 후 비교설계, 솔로몬 4집단 설계, 요인설계, 플라시보 통제집단비교 설계가 있다.

＊ 참고

라틴정방형 설계

1) 라틴정방형 설계는 반복측정 설계의 문제점을 해결하기 위해, 마방진의 특징을 활용한 실험설계이다.

2) 만약 요인의 수준 개수가 3개라고 하면 수준을 나타내는 3개의 문자가 각 행과 열에 한번 씩만 나타나도록 만들어야 한다.

3) 여기서 문자의 사례로 운동프로그램, 명상프로그램, 게임프로그램이라는 이름이 각 행과 열에 한 번씩만 나타나게 해야 한다.

4) 다시 말해, 처리의 행과 열의 개수가 같을 때만 적용할 수 있는 설계이다.

35

답 ③

해 정규분포와 t-분포는 항상 좌우대칭이지만, **카이제곱분포나 F-분포는 항상 좌우대칭은 아니다.**

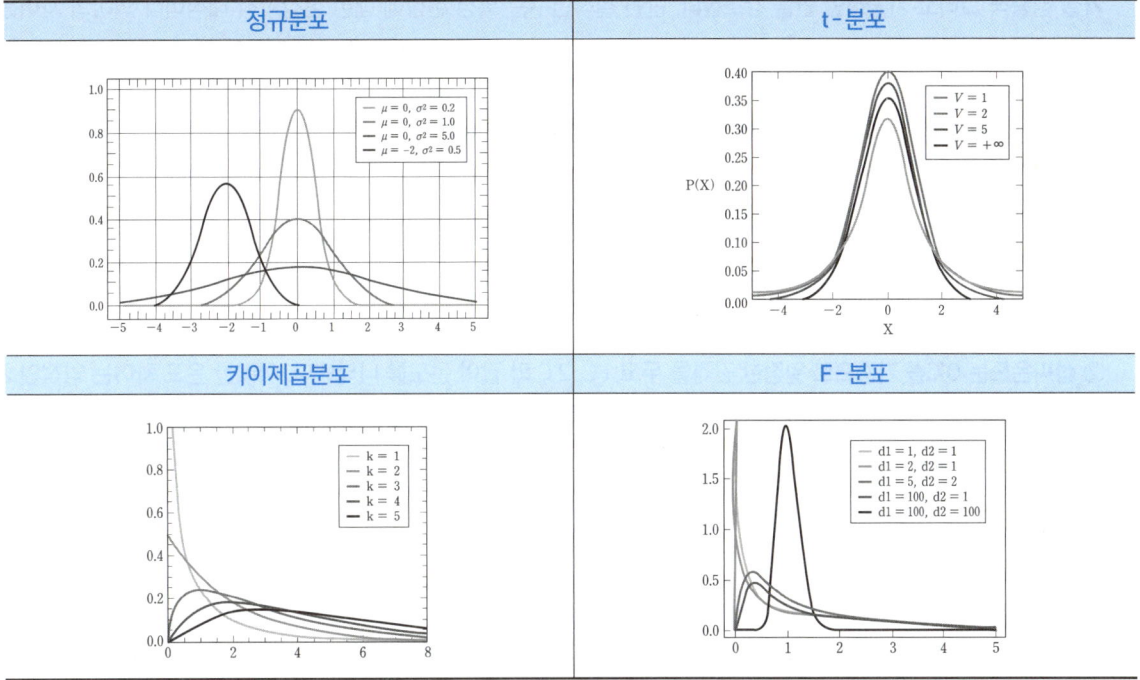

36

답 ③

해 내러티브연구와 근거이론연구는 질적 연구방법이며, 코호트연구나 패널연구, 내러티브 연구는 종단연구이다. **내러티브 연구는 다음과 같은 특성을 가진다.**

1) **한 개인의 인생 이야기(에피소드) 혹은 수수 개인들의 생활경험을 포착하여 탐구하므로 생애사 연구, 전기연구라고 도 한다.**

2) 내러티브 연구의 키워드는 이야기로 인간존재의 중요한 본질을 탐구한다.

3) 개인의 삶의 경험을 중시하여 경험을 이해하기 위한 방법으로 사용된다.

4) 연구자와 참여자 간의 협력 자체가 연구의 질을 좌우한다.

5) **한 개인이 삶에서 경험한 것을 과거, 현재, 미래라는 시간적 흐름에 따라 전개한다.**

6) **주요 자료는 연대기적 형식의 일련의 사건(또는 행동)에 대한 음성 또는 문서 텍스트이다.**

7) **물리적 공간인 장소가 연구 전체 과정에서 지속적으로 고려되어야 할 요소이다.**

37

답 ⑤

해 연구방법에는 양적연구와 질적연구가 있다. **양적연구는 대표성을 가지는 크기가 큰 표본을 활용하며 객관적, 통제적, 가설 검증적 그리고 기술적인 면을 강조한다.** 반면 질적연구는 특정 현상에 대한 현상학적 해석이나 의미의 차이를 이해하기 위해 비구조화된 질적 자료를 수집하여 분석한다. 질적연구는 타당도가 낮기 때문에 연구결과를 일반화시키기 어렵다.

①, ②, ③, ④번은 질적연구의 특징이며, ⑤번은 양적연구의 특징이다.

38

답 ②

해 척도에는 명목척도, 서열척도, 등간척도, 비율척도가 있다. 등간척도는 섭씨온도, 학년, 지능 등이다. 섭씨온도를 예를 들어 보자. 섭씨온도가 0℃라고 하는 것은 측정하려고 하는 에너지가 존재함에도 0이라는 숫자를 부여하는 것이다.

② **섭씨온도는 0℃를 기준으로 일정한 간격을 두고 1℃, 2℃ 와 같이 온도를 나타낸다. 이러한 온도 차이는 양적인 차이는 나타내지만 양의 절대적 크기는 나타내지 못하므로 비율의 계산이 불가능하다. 따라서 20℃는 10℃보다 두 배 뜨겁다고 할 수 없다.**

39

답 ③

해 [ㄱ]. 가설(Hypothesis)이란 연구를 하기 위한 둘 또는 그 이상의 변수들 간의 관계에 대한 잠정적인 진술이다. 가설은 이론적인 근거를 토대로 해야 하며, 경험적인 검증이 가능해야 한다. 즉, 계량화가 가능해야 한다. 영가설은 귀무가설이라고도 하며 통계적 검정의 대상이 되는 가설이며 연구자가 알아보고자 하는 내용의 '반대'되는 내용의 가설이다. 반면,

[ㄷ]. **대립가설은 연구자가 알아보고자 하는 내용의 가설로 변인에 대해 임시로 정한 진술 또는 연구문제를 실질적으로 검정할 수 있도록 표현한 진술이다.**

40

답 ④

해 ① 할당(quota) 표집 - **비확률 표집**

② 군집(cluster) 표집 - **확률 표집**

③ 편의(convenience) 표집 - **비확률 표집**

⑤ 층화(stratified) 표집 - **확률 표집**

확률표집 [암기법 : 단층집행계 = 확률]	비확률표집
• (단순)무선표집	• 지원자 표집
• 계통표집(체계적표집)	• 목적표집(의도적표집, 유의표집, 판단표집)
• 군집표집(집락표집, 덩어리표집)	• 편의표집(우연적 표집)
• 층화표집(유층표집)	• 눈덩이표집(소개법)
• 행렬표집	• 할당표집(할당표본추출)

41

📋 답 ③

📖 사후비교검정 방법으로는 Scheffé(쉐페), Bonferroni(본페로니), Duncan(던컨), Tukey(튜키)의 HSD검증, Dunnett(듀넷), Fisher's(피셔)의 LSD 등이 있다.

cf) **Kolmogorov 검정은 정규성 검정이며, Box의 M 검정은 동질성 검정**이다.

42

📋 답 ②

📖 ① A를 구하는 공식은 집단 간 평균제곱/집단 내 평균제곱 = 20/1 = 20이다.

② **영가설은 '네 집단 간 차이가 없을 것이다'로 설정하기 때문에 옳지 않은 내용이다.**

☞ $H_0 : \mu_1 = \mu_2 = \mu_3 = \mu_4$

③ 사례의 수를 구하는 공식은 집단내 자유도 + 집단 수 = 27 + 4 = 31이다.

④ 집단 간 자유도를 구하는 공식은 (집단 수 - 1)이다. 집단 간 자유도는 3이므로 분석에 사용된 집단의 수는 4개이다.

⑤ 분석결과, 유의확률이 0.000이므로 유의수준 0.0001 수준에서 영가설을 기각한다. 따라서 유의수준 0.05에서도 영가설을 기각하고 연구가설을 채택한다.

43

📋 답 ④

📖 과학적 연구의 특징은 논리성, 결정론적, 일반화, 구체성, 간결성, 검증가능성, **수정가능성**, 상호주관성, 효용성 등이다.

④ **과거의 이론들이 잘못된 것으로 확인될 경우, 현존하는 새로운 이론으로 대체될 수 있어야 한다(수정가능성).**

44

📋 답 ⑤

📖 **평균추정을 위한 표본크기 결정식**

1) 특정한 신뢰수준 하에서 추정되는 오차가 허용오차의 수준을 얼마나 초과하는지를 나타내는 개념이다.

2) 신뢰수준과 관련한 z값의 제곱값과 모집단의 분산 값을 곱한 값을 평균값과 동일한 단위의 허용오차의 제곱값으로 나눈 값을 표본의 크기로 정한다.

3) **평균추정을 위한 표본크기 = [신뢰수준^2 × 모집단 표준편차^2] / 허용오차^2**

---

(1) 조사하고자 하는 변수의 분산(표준편차는 분산을 제곱근한 값)값이 클수록 표본의 크기가 커야함

(2) 추정치에 대한 높은 신뢰수준을 원할수록 표본의 크기가 커야함

(3) 허용오차가 작을수록 표본의 크기가 커야함

따라서 모두 옳은 내용이다.

cf) 표본조사의 결과를 신뢰할 수 있고 일반화할 수 있는 표본크기는 점추정과 구간추정으로 이루어진다. 신뢰구간 추정은 신뢰수준으로 결정하는데 신뢰구간에 모수가 위치할 것이라는 믿음을 의미한다. 신뢰수준은 모집단의 모수에 대한 추정이 잘못될 가능성의 정도, 즉 연구자가 허용할 수 있는 오차수준에 따라 결정된다.

모집단의 평균을 추정하기 위한 표본 크기 계산

1) 표본크기는 오차한계와 신뢰수준을 결정함으로써 결정한다.

2) 오차한계[5]는 표본통계량(표본평균)과 모집단 특성치(모평균)의 최대허용오차를 의미하며 표본추출을 반복함에 따라 표본통계량이 관심 있는 모집단의 특성치를 얼마나 오차 없이 반영하는지를 나타내는 개념이다.

3) 신뢰수준은 표본추출을 반복할 경우 그 결과를 평균적으로 얼마나 신뢰할 수 있는지 나타낸다.

4) 오차한계가 작을수록 모집단 특성치에 대한 유용한 정보를 제공하지만 오차한계가 작아지면 모집단에 대한 추론이 틀릴 가능성도 높아지게 된다.

5) 표본조사의 결과에 대해 평균적으로 어느 정도의 신뢰수준을 확보할 지 결정한 후에 허용 오차한계를 충족하는 최소한의 표본크기를 찾는 방식으로 표본크기를 결정한다.

6) 오차한계는 비율개념으로 볼 때 10%를 넘지 않는 것이 좋으며, 표본조사의 결과 해석이 의사결정의 질적 수준을 하락시키지 않기 위해서는 신뢰수준을 90% 이하로 낮추는 것은 바람직하지 않아, 일반적으로 신뢰수준은 95%가 통용되고 있다.

[문제예시]

A백화점은 자사 신용카드 고객의 월간 평균 카드사용금액을 파악하기 위하여 리서치회사에 조사를 의뢰하였다. 조사자는 A백화점 마케팅 담당자와 협의 후 모집단의 표준편차를 600,000원으로 추정하고 95% 신뢰수준(단, $Z = 1.96$)에서 허용오차를 ±60,000원으로 결정하였다. 평균 카드사용금액 추정에 필요한 표본 크기 도출 공식을 제시하고 표본크기를 추정하시오.

[해설] 표본 크기 계산

$(1.96)^2 \times (600,000)^2 / (60,000)^2 = 384.16$

☞ 계산식 결과 384.16이므로 385명이 표본이 필요하다(소수점 이하를 1명으로 계산해야 함).

45

답 ⑤

해 결정계수 R^2을 구하는 공식은 다음과 같다.

$R^2 = SSR / SST = 1 - \{SSE / SST\}$ 이므로 $1 - \frac{1}{4} = \frac{3}{4}$이다.

결정계수의 의미[6]

1) 결정계수 0.3(30%)이라고 하면 독립변수가 종속변수의 30% 정도를 설명한다는 의미이다.

2) SST는 각각의 실제 관측값에서 그 관측값의 평균을 뺀 값을 제곱하여 모두 더한 값이다.

3) SSE는 각각의 실제 관측값에서 각각의 추정값(예측값)을 뺀 값을 제곱하여 모두 더한 값이다.

4) SSR은 각각의 추정값(예측값)에서 실제 관측값의 평균을 뺀 값을 제곱하여 모두 더한 값이다.

---

5 오차 한계는 설문조사 결과가 전체 모집단의 관점을 반영하는 정도를 얼마나 기대할 수 있는지를 보여주는 백분율이다. 오차 한계가 작을수록 주어진 신뢰수준의 정확한 답변을 받을 확률에 더 가까워진다.

6 출처 : https://agronomy4future.com/

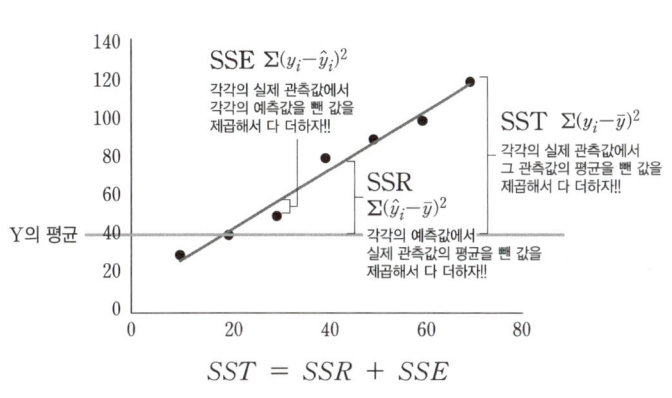

$$SST = SSR + SSE$$

46

📋 ③

🔍 1종 오류란 영가설이 참이지만 영가설을 기각하는 오류로 알파 오류(α error)라고 한다. 2종 오류란 영가설이 거짓이지만 영가설을 채택하는 오류로 베타 오류(β error)라고 한다. 일반적으로 1종 오류를 2종 오류보다 더 심각한 오류로 간주한다. 그래서 대부분의 통계적 추론은 유의수준을 반드시 언급하지만 검정력을 반드시 언급하지는 않는다.

📖 읽을거리

통계학자들은 제1종 오류가 제2종 오류보다 더 심각하다고 생각한다. 그래서 대부분의 통계적 추론은 유의수준을 반드시 언급하지만 검정력을 반드시 언급하지는 않는다.

왜 제1종 오류가 제2종 오류보다 더 심각하다고 생각할까? 그 이유를 실감하는 것은 어려운 일이 아니다. 통계학의 창시자인 파스칼의 이야기를 소개하기로 한다. 흔히 파스칼의 도박(Pascal's Wager)이라고 불리워지는데 '신의 존재에 베팅하라'는 교훈으로 유명하다.

[예시]

우선 신이 존재할 때 신을 믿는 것은 올바른 판단이다. 또한 신이 존재하지 않을 때 신을 믿지 않는 것도 올바른 판단이다. 하지만 신이 존재할 때 신을 믿지 않는 것은 제1종 오류이고, 신이 존재하지 않을 때 신을 믿는 것은 제2종 오류이다. 그렇다면 제1종 오류와 제2종 오류 중 어느 것이 더 심각할까? 제1종 오류는 신이 존재할 때 신을 믿지 않는 것이므로 그 대가는 지옥에 가는 것이다. 반면에 제2종 오류는 신이 존재하지 않을 때 신을 믿는 것이므로 그 대가는 살아생전 종교 활동을 해야 하는 불편이다. 도대체 어느 것이 심각할까? 당연히 제1종 오류가 더 심각한 문제이다. 지옥에 가는 것은 종교 활동의 불편보다 훨씬 심각하기 때문이다.

구분	신을 믿음(참으로 추론)	신을 믿지 않음(거짓으로 추론)
신이 존재(참)	올바른 판단	제1종 오류
신이 없음(거짓)	제2종 오류	올바른 판단

47

답 ⑤

해 준거타당도에는 예측타당도와, 공인타당도가 있으며, **구성타당도에는 수렴타당도, 판별타당도, 요인타당도가 있다.**

48

답 ①

해 **문항 내적일관성(internal consistency) 신뢰도는 Cronbach´s α로 산출한다.**

49

답 ③

해 내적타당도 저해요인은 역사요인(외부사건), 성숙요인, 검사요인, 측정도구의 변화(도구요인), 통계적 회귀(평균으로의 회귀), 선발요인, 상실요인, 처치의 확산 또는 모방(모방효과), 인과적 시간과 순서 요인 등이 있다. ③ **주 효과는 요인설계에서 나타나는 각각의 프로그램 효과를 의미하기 때문에 내적타당도를 저해하는 요인에 해당되지 않는다.**

50

답 ④

해 관찰은 직접 관찰 – 간접 관찰, 조직적 관찰 – 비조직적 관찰, 자연적 관찰 – 인위적 관찰, 참여관찰 – 준참여관찰 – 비참여관찰, 공개적 관찰 – 비공개적 관찰, 체계적 관찰 – 비체계적 관찰 등이 있다.

④ **직접관찰은 연구대상을 관찰자가 직접 보고 관찰한 바를 기록하여 자료를 사용하는 것이며, 간접관찰은 각종 기록물, 문헌, 사후적 흔적 등을 통해 관찰하는 것이다. 따라서 관찰 시점이 관찰대상의 행동이 일어나는 시점과 일치하는지의 여부에 따라 직접(direct) 관찰과 간접(indirect) 관찰로 분류**한다.

＊ 참고

체계적 관찰

체계적 관찰은 관찰의 절차와 대상을 사전에 명백히 정하여 관찰조건을 표준화하고, 계획된 절차에 따라 체계적으로 관찰하는 방법이다. 체계적 관찰 시에는 대개의 경우 관찰표 등의 기록장치가 사전에 마련되어 사용된다.

제3과목　심리측정 평가의 활용(필수)

51	④	52	④	53	④	54	②	55	①
56	②	57	③	58	①	59	①	60	④
61	③	62	①	63	④	64	②	65	②
66	③	67	②	68	③	69	③	70	①
71	④	72	⑤	73	③	74	③	75	⑤

51

답 ④

해 [ㄱ]. **심리측정**이란 개인의 심리적 특성(지능, 적성, 성격)을 관찰 가능한 숫자로 나타내는 것이다.

　[ㄴ]. **심리평가**란 면담, 행동관찰, 심리검사 등을 이용해 개인의 심리적 특성을 종합적으로 평가하는 것이다.

52

답 ④

해 ① 우드워스(Woodworth)의 개인자료기록지(Personal Data Sheet) : **1차 세계대전 때 개발된 최초의 성격검사지**이다. 1차세계대전 때 미군에 입대하려는 사람들 중 정서적으로 불안정한 사람들을 가려내기 위해 개발되었지만 사용되지 못했다. PDS 검사지를 시작으로 MMPI 등 많은 성격검사지가 개발되기 되는 계기가 되었다.

② 비네-시몽(Binet-Simon)검사 : 1904년 프랑스의 비네와 시몽에 의해 개발된 아동용 지능검사로 아동의 정신지체를 가려내기 위한 **개인용 지능검사**이다.

③ 로샤(Rorschach)검사(1921년) : 최초로 잉크반점의 유용성 제안을 사람은 1910년 위플(G. M. Whipple)로서, 최초로 표준화된 잉크반점검사를 선보이면서 그가 수집한 잉크반점검사 실시 결과를 종합적으로 집대성하였다.

⑤ **로샤(Rorschach)검사 : 최초로 제작된 투사적 검사**이다.

실력다지기　　　**잉크브롯 기법**

잉크브롯 기법은 15세기에 다빈치(Leonald da Vinci)가 추상적인 도형을 통해 시각적 자극이나 상상을 자극하는데 사용함으로 그 기원을 찾을 수 있으며, 1895년에 비네(Binet)가 지능검사를 고안하는 과정에서도 이용되었다. 1898년에 디어본(G. V. Dearborn)은 흑백, 유색의 잉크 반점을 만드는 방법과 실험심리학에서의 잉크 반점 사용법을 시사했다(Tulchin, 1940). **1910년 위플(G. M. Whipple)이 최초로 표준화된 잉크 반점검사를 선보이면서 그가 수집한 잉크반점검사 실시 결과를 종합적으로 집대성하였으며,** 또한 영국의 바틀렛(F. C. Bartlett)이나 러시아의 리바코우(T. Rybakow) 등도 잉크브롯을 연구하였다(Exner, 1969). 파슨즈(Parsons, 1917)는 상상력이나 창의력을 평가하는 도구로서 잉크브롯 기법을 이용하였는데 이러한 연구들이 Rorschach Test의 중요한 밑거름이 되었다.

| 실력다지기 | 심리검사개발 순서[7] |

분트의 라이프치히 심리학 실험실 개설(1879) → 골턴 "인간 능력과 그 발달에 관한 탐구" 저술(1883) → 카텔 "정신검사"용어 사용(1890) → 비네-시몬 검사(1905) → 터만의 스탠포드-비네검사(1916) → 육군 Army, 알파·베타 검사(1917) → 로샤검사(1921) → DAP(1926) → TAT(1935) → BGT(1938) → 웩슬러 벨레뷰 지능검사 W-BI(1939) → MMPI(1943) → 16PF(1948) → WISC(1949) → CAT(1954) → WAIS(1955) → MBTI(1957) → WAIS-R(1981)

53

답 ④

해 ① DSM에 의해 반구조화된 면담지이다.

② DSM-5에 맞게 SCID-5-CV(DSM-5 장애에 대한 구조화된 임상적 면담지)와 SCID-5-PD(성격장애에 대한 구조화된 임상적 면담지), SCID-5-SPQ(성격 선별 면담지)가 제작되었다.

③ 시간적 제한을 두지 않고 증상경험에 초점을 맞추어 기록한다.

⑤ DSM에 제시된 정신질환이나 성격장애를 확인하도록 특화되어 있다.

| 실력다지기 | DSM을 사용하는 구조적 임상 면접(SCID : Structured Clinical Interview for DSM) |

1) 심리평가를 위해 DSM에 의해 체계화된 질의-응답의 진단 면담이다.
2) DSM-5에 대한 구조화된 임상적 면담(SCID-5-CV)은 주요 DSM-5진단(이전의 1축 진단)을 내리기 위한 반구조화된 면담 지침서이다.
3) SCID-5-CV(DSM-5 장애에 대한 구조화된 임상적 면담지), SCID-5-PD(성격장애에 대한 구조화된 임상적 면담지), SCID-5-SPQ(성격 선별 면담지)가 제작되었다.
4) DSM-5 진단에 익숙한 임상가나 훈련된 정신건강전문가에 의해 시행된다.
5) 면담대상은 정신건강의학과 환자 또는 일반적인 의학적 환자일 수도 있고, 혹은 자신을 스스로 환자라고 생각하지 않는 사람, 즉 정신장애에 대한 지역사회 조사의 피험자 혹은 정신건강의학과 환자의 가족구성원일수도 있다.
6) 18세 이상의 성인에게 사용되지만 질문의 용어를 수정하면 청소년에게도 사용할 수 있다.

54

답 ②

해 비구조화된 면담은 증상을 진단하기 위한 면담목표를 정한 후에 진행한다.

• 정리

③ 비구조화된 면담은 면담자와의 상호작용이 관여되므로 자기보고식 심리검사에 비해 타당도가 더 낮다.

④ 비구조화된 면담은 검사자의 자세한 질문을 통해 수검자의 개인력에 관한 독특한 세부사항을 수집하는 데 도움이 된다.

⑤ 비구조화된 면담은 언어적 진술로 진행되기 때문에 수검자로부터 수집한 자료를 수량화하기 어렵다.

55

답 ①

해 행동평가는 개인의 성향보다 주어진 상황에서 개인이 어떻게 행동하는지를 평가하는 행동주의 이론에서 출발하였다. 관찰하고자 하는 개인의 표적행동을 정해놓고 관찰하고 기록하는 개인 특이적 접근을 따른다. 행동평가법에는 자연관찰법, 유사관찰법, 자기관찰법, 참여관찰법이 있다. **관찰법을 사용할 때 기록방법으로 이야기식 기록법**, 시간표집법, 사건기록법, 평정기록법이 있다. [ㄹ]. 기록법 중 이야기식 기록법(narrative recording)은 내러티브 방법을 활용하기 때문에 수량화가 용이하지 않다.

56

답 ②

해 투사적 검사의 단점은 수검자가 검사의 상황적 요인에 영향을 받을 수 있고, 채점 과정에서 검사자의 주관이 개입되어 채점 결과의 일치도가 낮기 때문에 신뢰도와 타당도를 확보하는 데 어려움이 있다는 것이다. 투사적 검사보다 **객관적 검사가 반응을 왜곡(무반응이나 고정반응)하기 더 쉽다.**

57

답 ③

해 HTP검사의 나무 검사를 통해 자아강도를 파악할 수 있으며, MMPI-A, PAI, TCI와 같은 기질, 성격, 정서 검사를 통해 우울, 불안, 학교적응 문제를 파악할 수 있다. **인지기능은 웩슬러 지능검사**를 사용해 파악한다.

58

답 ①

해 검사의 종류에는 최대수행검사와 습관적수행검사가 있다. **최대수행검사는 지능검사, 적성검사, 성취검사 등과 같이 주어진 시간 내에 수검자가 자신의 능력을 최대한 발휘해서 반응하도록 만들어진 검사이다. 검사문항에 정답과 오답이 존재하며, 검사 당시 수검자의 정서 상태나 검사에 대한 동기에 영향을 많이 받는다.** 반면, 습관적 수행검사는 성격검사, 흥미검사, 태도검사 등과 같이 수검자가 특정 분야에 대한 정서나 동기 및 습관적 행동을 측정하는 것으로 시간제한과 정답이 없다.

59

답 ①

해 제임스 플린은 20세기 이후 전 세계에 걸쳐 지속적으로 유동성 지능 및 결정성 지능지수가 상승되는 추세를 확인하였다. 이유는 지능검사는 표본 집단의 검사 결과를 이용해 평균을 100으로, 표준편차를 15로 두는 방식으로 일정 기간마다 재표준화한다. 이때 **수검자 표본이 연습효과로 지능지수가 지속적이며 근사적으로 선형 상승하는 추세를 보인다.** 이 효과를 널리 알린 제임스 플린의 이름을 따서 [플린 효과]라고 한다.

60

답 ④

해 원점수가 정규분포를 이루며 이 점수들의 평균은 8.0, 표준편차가 2.0일 때, 관찰되는 A의 원점수 6.0점은 -1표준편차에 해당된다. 표준점수 T점수의 평균은 50점이고, 표준편차는 10점이므로, **A의 T점수는 50점에서 -1표준편차에 해당되는 40점이다. 또한 정규분포에서 -1표준편차의 백분위는 -1표준편차 이하의 면적{100 - (50 + 34)}인 16백분위이다.**

61

답 ③

해 ① r값은 적성검사와 학교성적 간 상관관계이다. r = .56은 양의 상관을 가진다. 따라서 **적성검사의 총점이 높을수록 학교성적도 높다.**

② r = .56이므로, r^2 = 0.31로 설명력은 31%이다.

④ r값이 0보다 크므로, α = .05 기준에서 상관계수가 통계적으로 유의하다.

⑤ p가 .05보다 작으므로, 상관계수가 통계적으로 유의하다.

62

답 ①

해 측정의 표준오차(SEM)는 한 사람에게 동일한 검사를 무수히 많이 시행하여 얻어지는 검사점수의 표준편차를 의미한다. 즉, 한 사람의 점수에 대한 평균적인 오차이다. **측정의 표준오차가 크다는 것은 검사로 수집된 관찰점수들이 진점수를 중심을 더 멀리 떨어져 있다는 것, 즉 0을 중심으로 오차점수들이 더 멀리 떨어져 있다는 것을 의미한다.** 따라서 검사를 반복 시행할 때 동일한 값을 얻을 가능성이 낮아지므로 검사의 신뢰도 또한 낮아진다. ①의 경우, '측정의 표준오차(SEM) 값이 클수록' 진점수의 신뢰구간은 넓어지면서 측정의 정확도는 낮아진다.

> 📑 사례
>
> 신뢰수준이 95%, 표본오차가 ±3%(즉, 2SEM = 3%)인 여론조사에서 A후보와 B후보에 대한 지지율 조사를 했다. 이때, 100명의 사람에게 질문한 결과 A후보와 B후보에 대한 지지율이 각각 평균 40%, 36%가 나왔다. 여기서 우리에게 주어진 정보인 신뢰수준 95%, 표본오차 ±3%에 따르면, A 후보 지지율의 모집단 평균비율은 37 ~ 43% 사이에 존재할 확률이 95%이며, B후보 모집단 평균비율은 33 ~ 39% 사이에 존재할 확률이 95%일 것이다. 여기서 A후보와 B후보에 대한 두 신뢰구간 37 ~ 43%와 33 ~ 39%이 A후보와 B후보에 대한 95% 신뢰구간이다. **이 신뢰구간이 넓어져, 99% 신뢰구간이 되면, 모집단 평균비율이 더 넓어져, 측정의 정확도는 낮아진다.**

63

답 ④

해 K-WAIS-Ⅳ에서 과정점수가 제공되는 소검사는 **토막짜기(시간 보너스 없는 토막짜기), 숫자(숫자 바로 따라하기, 숫자 거꾸로 따라하기, 숫자 순서대로 따라하기, 최장숫자 바로 따라하기, 최장 숫자 거꾸로 따라하기, 최장 숫자 순서대로 따라하기), 순서화(최장 순서화)**이다.

64

답 ②

해 기호쓰기 소검사가 측정하는 능력은 주의력, 단기기억력, 시각-운동 협응능력이다.

[ㄷ]. **지각적 추론은 퍼즐이나 행렬추론 등을 통해 측정할 수 있다.**

65

답 ②

해 터만의 스탠포드-비네 검사는 프랑스의 비네-시몽 검사를 미국 학생들을 대상으로 사용하기 위해 개발되었다. **스탠포드-비네 검사는 윌리엄 슈테른이 제안한 고전적 지능지수를 계산하기 위한 비율지능지수를 사용**하였으며 공식은 아래와 같다.

IQ(Intelligence quotient) = (MA/CA)×100
- MA : 정신연령(mental age)
- CA : 생활연령(chronological age : 실제 나이)

실력다지기 **육군 알파(Army Alpha)/육군 베타(Army Beta) 지능검사의 역사[8]**

1) 제1차 세계 대전 중 많은 군대 신병들을 평가하기 위해 로버트 여키스(Robert Yerkes)와 동료들은 비네 검사를 집단실시용으로 만들었다.
2) 육군의 지능적이고 정서적인 기능을 평가하는 체계적인 방법에 대한 요구 때문에 처음 소개되었다.
3) 언어 능력, 수치 능력, 방향감각 능력 및 정보 지식을 측정한다.
4) 군인의 봉사 능력, 직업 분류, 지도력의 잠재력을 결정하는데 사용되었다.
5) 터만(Terman)의 제자였던 아서 오티스(Arthur Otis)는 스탠퍼드 - 비네 지능척도를 기초로 집단용 언어검사인 육군 알파(Army Alpha)검사와 비언어적 검사인 육군 베타(Army Beta)검사를 개발하였다.
6) 문자해독력이 낮거나 외국어를 구사하는 군인은 육군 베타 검사를 사용하였다.
7) 아서 오티스(Arthur Otis)는 집단용 지능검사의 한계를 극복하기 위해 개인용 검사를 개발하였다. 빠진곳 찾기, 차례 맞추기, 기호쓰기, 모양 맞추기 소검사로 구성된 이 검사는 웩슬러 지능검사 소검사의 토대가 되었다.

66

답 ③

해 VRIN(무선반응 비일관성 척도)은 비일관적으로 응답하는 경향을 탐지하기 위한 척도이다. VRIN 점수가 80이상일 때 해석 불가능하다. VRIN 척도 점수가 상승할 수 있는 경우는 [수검자의 의도적 무선반응, 독해능력의 부족, 정신적 혼란, 반응표기상 실수, 극도의 혼란감]이다.

실력다지기 **VRIN(무선반응 비일관성 척도) / TRIN(고정반응 비일관성 척도)**

1) VRIN 척도는 무선반응, 즉 비일관적으로 응답하는 경향을 탐지하기 위한 척도이다.
2) TRIN 척도는 고정반응, 즉 문항의 내용과 상관없이 특정 방향으로 응답하는 경향을 탐지하기 위한 척도이다.
3) 프로파일에 T가 표시된 경우 '그렇다'라고 응답하는 경향을 시사하며, 「기 표시된 경우 '아니다'라고 응답하는 경향성을 시사한다.
4) TRIN 척도 프로파일에 T나 F 표시가 있다고 해서 프로파일이 타당하지 않다는 뜻은 아니다.
5) T나 F는 수검자의 응답이 '그렇다' 또는 '아니다' 중 어느 방향으로 응답했는지를 나타내며, 해당 프로파일의 타당성 여부는 TRIN 척도의 T점수를 고려하여 판단해야 한다.

67

답 ②

해 내적소외(Pd5)는 다음과 같은 특징을 보인다.
1) 자신의 마음이 편치 않고 불행하다고 묘사한다.
2) 일상생활에서 즐거움이나 보상을 찾지 못한다.
3) 과거의 행동에 대해 후회, 죄책감, 양심의 가책을 표현한다.

8 출처 : 조은문(2021). 통합 심리검사의 이해. 나눔book

실력다지기	임상소척도

1) 가정불화(Pd1) : 현재 가족이나 원가족의 사랑, 이해, 지지가 부족했다고 기술. 가족들이 비판적이고 충분한 자유와 독립을 허용하지 않았다고 느낌.

2) 권위불화(Pd2) : 사회와 부모의 규범과 관습에 대해 적대감을 표현하고 무엇이 옳고 그른지에 대한 단호한 입장을 취하며 자신의 신념을 옹호하며, 학교생활에서 규칙을 따르는데 문제가 있었다고 인정함.

3) 사회적 침착성(Pd3) : 사회적 상황에서 자신감 있고 편안하게 느끼는 것, 여러사항들에 대한 분명한 의견을 가지고 있고 이를 강하게 옹호함.

4) 사회적 소외(Pd4) : 소외되고 고립되어 있으며 다른 사람들과 동떨어진 것처럼 느끼고, 다른 사람들이 자신을 이해 해주지 못하고 부당한 대우를 한다고 믿으며, 자신의 팔자가 나쁘다고 생각함.

5) 내적 소외(Pd5) : 자신의 마음이 편치 않고 불행하다고 묘사하고, 일상생활에서 즐거움이나 보상을 찾지 못함 과거의 행동에 대해 후회, 죄책감, 양심의 가책을 표현함.

68

답 ③

해 **4-6 상승척도 쌍의 해석**은 다음과 같다.

1) 자기 자신을 보호하고 과대평가/과대망상적인 경향이 있다.

2) 과민하고 사회적 관계에서 제멋대로 행동하고 적대감 분노를 표현한다.

3) 관심에 대한 욕구가 많으면서도 사소한 비판이나 거부에도 심한 분노감을 표출한다.

4) 불신감으로 인해 깊은 정서적 교류를 피하며, 분노나 갈등의 원인과 책임을 항상 외부나 타인에게 전가한다.

69

답 ③

해 개방성이란 **자신의 경험을 주도적으로 추구하고 평가하는지의 여부를 측정한다. 즉, 낯선 것에 대한 인내와 탐색의 정도**를 측정한다.

실력다지기	NEO-PI-R : 성격의 5요인

1) 신경증 성향(neuroticism : N)
   적응 대 정서적 불안정을 측정하는 것으로, 심리적 디스트레스, 비현실적 생각, 과도한 열망과 충동, 부적응적인 대처 반응을 얼마나 나타내는지를 측정

2) 외향성(extraversion : E)
   대인관계에서의 상호작용 정도와 강도를 측정하는 것으로, 즉, 활동 수준, 자극에 대한 욕구, 즐거움, 능력 등을 측정

3) 개방성(openness to experience : O)
   자신의 경험을 주도적으로 추구하고 평가하는지의 여부를 측정하는 것으로, 즉, 낯선 것에 대한 인내와 탐색 정도를 측정

4) 우호성(agreeableness : A)
   사고, 감정 그리고 행위적 측면에서 동정심부터 적대감까지의 연속선상에 따라 개인의 대인관계 오리엔테이션이 어느 위치에 있는지를 측정

5) 성실성(conscientiousness : C)
   목표 지향적 행동을 조직하고, 지속적으로 유지하며, 목표 지향적 행동에 동기를 부여하는 정도를 측정

70

답 ①

해 치료고려 척도에는 **공격성 척도, 자살관념 척도, 스트레스 척도, 비지지 척도, 치료거부 척도**가 있다.

실력다지기　　치료고려척도

1) 공격성(AGG) : 언어적 및 신체적 공격행동이나 공격적 행동을 자극하려는 태도와 관련된 분노, 적대감 및 공격성과 관련된 특징과 태도에 관한 문항들 → 공격적 태도(AGG-A), 언어적 공격(AGG-V), 신체적 공격(AGG-P) 등 3개의 하위척도가 있음.

2) 자살관념(SUI) : 무력감과 자살에 대한 일반적이고 모호한 생각에서부터 자살에 관한 구체적인 계획에 이르기까지 자살하려는 관념에 초점을 둔 문항들

3) 스트레스(STR) : 가족, 건강, 직장, 경제 및 다른 중요한 일상생활에서 현재 또는 최근에 경험하는 스트레스와 관련된 문항들

4) 비지지(NON) : 접근이 가능한 지지의 수준과 질을 고려해서 지각된 사회적 지지의 부족에 관한 내용

5) 치료거부(RXR) : 심리적 및 정서적 측면의 변화에 대한 관심과 동기를 예언하기 위한 척도로 불편감과 불만감, 치료에 참여하려는 동기, 변화의 필요성에 대한 인식, 새로운 아이디어에 대한 개방성 및 책임을 수용하려는 의지 등에 관한 문항들

71

답 ④

해 **v는 모호반응으로 구체적인 형태가 없는 하나의 대상을 보고하고, 그 대상의 구체적인 형태를 언급하지 않는 경우에 채점**한다.

실력다지기　　NEO-PI-R : 성격의 5요인

기호	정의	평가기준
+	통합반응 (Synthesized response)	두 가지 이상의 대상이 분리되어 있지만 서로 상호작용이 있고, 그 중 하나는 형태가 있는 경우 cf) 수풀 사이를 걸어가는 개, 모자 쓴 소녀
o	평범 반응 (Ordinary response)	하나의 대상이 형태를 가지고 있거나, 대상 묘사가 구체적인 형태를 나타내는 경우 cf) 고양이, 단풍잎, 코트
v/+	모호-통합반응 (Vague/synthesized)	두 가지 이상의 대상이 분리되어 있지만 서로 상호작용이 있고, 포함된 대상들이 구체적인 형태를 가지고 있지 않는 경우 cf) 한데 뭉치고 있는 구름, 해변 가의 바위
v	모호 반응 (Vague response)	구체적인 형태가 없는 하나의 대상을 보고하고, 그 대상의 구체적인 형태를 언급하지 않는 경우 cf) 하늘, 얼음, 나뭇잎, 구름

72

답 ⑤

해 ① 'P'로 **기호화**한다.

② X-%를 계산하는 공식은 X-%=(FQx에서-기호 반응개수/전체반응수)로 **형태(F)를 사용한 모든 반응**을 사용한다.

③ 로샤 카드마다 **1개 이상의 평범반응 내용과 영역**이 정해져 있다.

④ 정상적인 반응의 범위는 4~7개이며, P반응이 많을수록 **과도한 자기방어나 높은 순응성**을 보인다.

실력다지기 ▶ 평범반응 영역

평범반응 영역

1) 규준집단의 1/3 이상에서 자주 응답되는 반응들로 13개의 평범반응이 있다.

2) 모든 반응은 평범반응이든지 아니든지 둘 중 하나이다.

   (1) $4 \leq P \leq 7$: 적응적인 수준

   (2) $P < 4$: 비일상적인 특이성, 현실검증력의 손상

   (3) $P > 7$: 높은 순응성, 과도한 자기방어

카드 번호	평범반응	반응영역
1	박쥐 / 나비	W / W
2	구체적으로 밝혀진 동물(곰, 개, 코끼리, 양)	D1
3	인간상이나 인형, 만화 등의 묘사	D9
4	인간이나 거인(괴물, 공상과학 생명체)	W or D7
5	박쥐 / 나비	W / W
6	동물가죽, 짐승가죽, 융단이나 모피	W or D1
7	사람의 머리나 얼굴	D9
8	전체 동물상(개, 고양이, 다람쥐)	D1
9	인간 또는 인간과 유사한 형상(마녀, 거인, 괴물)	D3
10	게 / 거미	D1 / D1

73

답 ③

해 삭스(J. Sacks)의 문장완성검사에서 평가하는 4가지 영역은 **가족, 성, 대인관계, 자기개념**이다.

실력다지기	**SSCT 성인용 문장완성검사의 대표적 영역(가족, 성, 대인관계, 자기개념)**

1) 가족영역 : 어머니, 아버지 및 가족에 대한 태도를 측정
2) 성(性) 영역 : 이성관계에 대한 태도를 포함. 사회적인 개인으로서 남성, 여성, 결혼, 성적관계
3) 대인관계 영역 : 친구와 지인, 권위자에 대한 태도를 포함
4) 자기개념 영역 : 자신의 능력, 과거, 미래, 두려움, 죄책감, 목표 등에 대한 태도를 포함

74

답 ③

해 해부학적 표현인 내장이나 성(性) 기관을 그리는 것은 **조증, 신체망상, 조현병을 암시하며 이것은 현실검증의 어려움**을 나타낸다.

75

답 ⑤

해 욕구-압력 분석법에서 사용하는 것은 **주인공 찾기, 환경의 압력 분석하기, 주인공의 반응에서 드러나는 욕구 분석하기, 주인공이 애착을 표현하는 대상을 분석하기, 주인공의 행동 방식을 분석하기, 일의 결말을 분석하기** 등이다. ⑤ 주인공이 느끼는 불안의 본질은 해당되지 않는다.

실력다지기	**TAT 해석 시 머레이(H. Murray)의 욕구-압력 분석법**

1) **주인공**을 찾는다(이야기에서 가장 자주 언급된 사람).
2) **환경의 압력**을 분석한다(적대적, 위험한, 보호하는, 돌보는, 등의 주변인물).
3) **주인공의** 반응에서 드러나는 **욕구**를 분석한다(애정, 공격성, 성취의 의미).
4) 주인공이 애착을 표현하고 있는 대상을 분석한다(악의적인가, 호의적인가).
5) 주인공의 내적인 심리상태를 분석한다(내적갈등, 처벌, 거절, 상실, 애정결핍, 유기, 박탈, 무기력, 삼켜질 것 같은, 불안).
6) **주인공의 행동이 표현되는 방식**을 분석한다(갈등과 두려움에 대한 방어기제 : 부인, 낙천주의, 투사, 공격성, 동일시, 자존감).
7) 일의 결말을 분석한다(자아통합, 문제해결의 적절성).
8) 부가 분석단계 : 주인공이 애착을 표현하고 있는 대상을 분석한다(주인공에게 정적이거나 부정적 감정을 일으키는 사물, 활동, 사람, 관념을 찾아보는 단계).

제4과목   이상심리(필수)

76	②	77	③	78	②	79	②	80	⑤
81	②	82	③	83	①	84	⑤	85	⑤
86	④	87	①	88	④	89	③	90	④
91	③	92	①	93	⑤	94	④	95	②
96	①	97	③	98	④	99	①	100	⑤

76

답 ②

해 ① 코카인(Cocaine) : 코카나무 잎에서 추출한 알칼로이드로 강력한 각성제로 사용하는 마약이다.

② 헤로인(Heroin) : 헤로인은 양귀비로 만드는 아편을 정제한 다음, 가공해서 만든 아편 유사제이다. 바이엘사가 모든 약 중의 영웅이라는 뜻으로 헤로인이라는 상표를 붙였다.

☞ 모르핀 : 아편의 주요 성분인 알칼로이드로 만든 아편 진통 의약품이다.

☞ 필로폰 : 메스암페타민이라고 하며 암페타민 유도체로 중추신경을 흥분시키는 각성제이다.

③ 엘에스디(LSD) : 엘에스디(LSD)는 리세르그산 디에틸아미드의 약자로 강한 환각작용을 가진 합성물질이다.

④ 암페타민(Amphetamine) : 중추신경계 각성제의 일종으로 주의력결핍 과잉행동장애, 기면증, 비만증 치료제이다.

⑤ 마리화나(Marijuana) : 칸나비스, 대마초로 불리며 환각제이다.

☞ 해시시 : 대마진액을 건조시켜 만든 것으로 대마초보다 효과가 강하다.

실력다지기   필로폰[9]

1) 1887년 동경제국대학 의학부 나가이 교수가 종합감기약으로 취급되어 오던 에페드린을 합성하는 도중에 에페드린과 흡사한 각성제의 일종인 메스암페타민을 합성하였다.

2) 메스암페타민이 각성 및 쾌감 작용을 일으키는 것을 확인하고 1930년대 이후 大日本製藥회사에서 필로폰이라는 상품으로 개발하였다.

3) 필로폰은 philo-(좋아한다는 뜻)와 ponos(일, 노동이라는 뜻)의 합성어로 피곤한 줄 모르고 일을 계속 할 수 있다는 의미이다.

77

답 ③

해 [ㄹ]. 환자의 이상행동을 분류 및 평가를 하게 되면, 환자의 정신과적 질환이 의사에 의해 명확히 진단되기 때문에 환자의 자기이행적(self-fulfilling) 예언을 충족시킬 수 없다.

[9] 출처 : 위키백과

자기충족적 예언(self-fulfilling prophecy)

자기충족적 예언(self-fulfilling prophecy)은 '자신의 믿음이 행동의 결과에 영향을 미치는 현상'으로 부정적 결과와 긍정적 결과에 모두 적용된다. 미국 사회학자 윌리엄 아이작 토마스(William Isaac Thomas)가 이 현상을 처음 발견했고 1928년 "토마스 정리(the Thomas theorem, the Thomas dictum)"로 발전시켰다. 미국의 사회학자 로버트 머튼(Robert K. Merton)이 토마스의 이론을 활용하여 "자기충족적 예언"이라는 용어를 만들어 '정확하든 부정확하든 믿음이나 기대는 바라거나 기대한 결과에 영향을 준다."는 이론을 대중화시켰다.

78

답 ②

해 ① 사회적 모델링을 주장한 학자는 반두라(A. Bandura)이다.
③ 체계적 둔감법은 뱀공포증 환자의 경우, 뱀 그림을 보여주고, 뱀이 안전하다는 내용을 포함한 비디오를 보여주고, 뱀 모형을 만지게 하고, 동물원에서 실제 뱀을 관찰하게 하는 순서, 즉 뱀에 대해 안전하다는 경험을 하게 함으로써 뱀에 대한 공포를 단계적으로 점점 줄여주는 기법이다.
④ 부적응적인 행동을 변화시키는 것이 치료의 주된 목표이다.
⑤ 아동이 엄마의 심부름을 한 뒤 칭찬을 받는 것은 정적 강화이다.

79

답 ②

해 품행장애의 증상은 사람과 동물에 대한 공격성(신체적 손상을 위한 무기를 지님, 타인을 괴롭히고 협박함, 성적행위를 강요함, 동물에게 잔인한 행동을 한다), 재산의 파괴(방화), 사기 또는 도둑질(절도), 심각한 규칙위반(늦은 귀가, 가출, 무단결석) 등이다. 13세 이전부터 무단결석을 자주 하며, 18세 이상일 경우 반사회적 인격장애의 진단기준과 맞지 않아야 한다. ② 술을 자주 마시는 것은 해당되지 않는다.

품행장애의 진단 기준

1) 다른 사람의 기본적 권리를 침해하고 나이에 맞는 사회적 규범 및 규칙을 위반하는, 지속적이고 반복적인 행동 양상으로서, 다음 항목 가운데 3개(또는 그 이상) 항목이 지난 12개월 동안 있어 왔고, 적어도 1개 항목이 지난 6개월 동안 있어 왔다.
 (1) 흔히 다른 사람을 괴롭히거나, 위협하거나, 협박한다.
 (2) 흔히 육체적인 싸움을 도발한다.
 (3) 다른 사람에게 심각한 신체적 손상을 일으킬 수 있는 무기를 사용한다(예 곤봉, 벽돌, 깨진 병, 칼 또는 총).
 (4) 사람에게 신체적으로 잔혹하게 대한다.
 (5) 동물에게 신체적으로 잔혹하게 대한다.
 (6) 피해자와 대면한 상태에서 도둑질을 한다(예 노상강도, 날치기, 강탈, 무장 강도).
 (7) 다른 사람에게 성적 행위를 강요한다.

※ 재산의 파괴

(8) 심각한 손상을 입히려는 의도로 일부러 불을 지른다.

(9) 다른 사람의 재산을 일부러 파괴한다(방화는 제외).

※ 사기 또는 도둑질

(10) 다른 사람들의 집, 건물, 차를 파괴한다.

(11) 물건이나 호감을 얻기 위해, 또는 의무를 회피하기 위해 거짓말을 흔히 한다**예**(다른 사람을 속인다).

(12) 피해자와 대면하지 않은 상황에서 귀중품을 훔친다(**예** 파괴와 침입이 없는 도둑질, 위조 문서).

※ 심각한 규칙 위반

(13) 13세 이전에, 부모의 금지에도 불구하고 밤 늦게까지 집에 들어오지 않는다.

(14) 친부모 또는 양부모와 같이 사는 동안 적어도 2번 가출한다(또는 오랫동안 돌아오지 않는 1번의 가출).

(15) 13세 이전에 시작되는 무단결석

2) 행동의 장해가 사회적, 학업적, 또는 직업적 기능에 임상적으로 심각한 장해를 일으킨다.

3) 18세 이상일 경우, 반사회성 인격장애의 진단 기준에 맞지 않아야 한다.

80

답 ⑤

해 DSM-Ⅳ에서 '유아기, 아동기, 또는 청소년기에 통상 처음 진단되는 장애'를 독립적으로 제시하였고, **DSM-5에서는 '신경 발달장애'로 명칭이 변경되었다.**

81

답 ②

해 ① 발달단계는 **쾌락을 추구하는 신체부위**에 따라 구분된다.

③ 심리적 결정론에 의하면 **인간의 모든 행동은 원인 없이 일어나지 않는다.**

④ 역전이분석은 **상담자가 치료과정에서 내담자에게 나타내는 전이현상**을 분석하는 것이다.

⑤ 어린 시절 욕구의 과도한 만족이나 좌절 경험에서 비롯된 **무의식적 갈등이 성격형성에 부정적인 영향을 미치게 되어 성인기에 이상행동을 나타내는 원인**이 된다.

82

답 ③

해 [ㄱ]. 성적대상이 되는 아동들보다 적어도 **5세 연상**이어야 한다.

[ㅁ]. 성적으로 남아 선호, 성적으로 여아 선호, **성적으로 양성 모두 선호를 명시하도록 되어 있기 때문에 남성의 경우 여자 아이만을 대상으로 하는 것은 아니다.**

| 실력다지기 | 소아 성애장애(소아 기호증)의 진단기준(DSM-5) |

A. 사춘기 이전의 아동들(일반적으로 13세 이하)을 상대로 한 성적 활동을 통해 반복적이고 강렬한 성적 흥분이 성적 공상, 성적 충동 또는 성적 행동으로 발현되며 적어도 6개월 이상 지속된다.

B. 개인은 이러한 성적 충동에 따라 행동하거나, 이러한 성적 충동 혹은 성적 공상이 현저한 고통이나 대인관계의 어려움을 초래한다.

C. 이러한 개인은 연령이 적어도 16세 이상이어야 하며, 진단기준 A에 언급된 아동이나 아동들보다 적어도 5세 연상이어야 한다.

cf) 주의점 : 12세 또는 13세의 아동과 지속적인 성행위를 맺고 있는 청소년기 후기의 개인은 포함하지 않는다.

▶ 다음 중 하나를 명시할 것 :
　1) 배타적 유형(아동에게만 매력을 느끼는 경우)
　2) 비배타적 유형

▶ 다음의 경우 명시할 것 :
　성적으로 남아 선호, 성적으로 여아 선호, 성적으로 양성 모두 선호

▶ 다음의 경우 명시할 것 :
　근친상간에 국한된 경우

출처 : 권준수 외, DSM-5 정신질환의 진단 및 통계 편람, 학지사

83

답 ①

해 ② **경계선 성격장애** - 정체감 혼란과 버림받음을 피하기 위한 과도한 노력
③ **의존성 성격장애** - 타인의 충고와 지지 없이는 일상적 결정을 하기가 어려움
④ **회피성 성격장애** - 사회적 상황에서 비난당하거나 거부당할지 모른다는 생각에 사로잡힘
⑤ **연극성 성격장애** - 타인의 애정과 관심을 끌기 위한 과도한 노력

84

답 ⑤

해 강박 및 관련장애의 하위유형으로는 **강박장애, 저장장애, 신체변형장애, 모발뽑기장애, 피부벗기기장애**가 있다. 님불안상애는 불안장애의 하위유형이고, 노출장애는 변태성욕장애(성도착장애)의 하위유형이며, 유뇨증은 배설장애의 하위유형이고, 병적 방화는 파괴적, 충동조절 및 품행장애의 하위유형이다.

| 실력다지기 | 강박 및 관련 장애의 하위유형(DSM-5-TR) |

1) 강박장애(Obsessive-Compulsive Disorder, OCD)
  • 특징 : 원치 않는 반복적인 생각(강박사고)과 이를 완화하기 위한 반복 행동(강박행동)
  • 예시 : 손 씻기, 확인하기, 정렬하기, 숫자 세기 등
2) 신체이형장애(Body Dysmorphic Disorder)
  • 특징 : 외모의 결함이나 흠에 대한 집착. 실제로는 미미하거나 존재하지 않음
  • 행동 : 거울 보기, 피부 만지기, 과도한 미용 시술 등

3) 저장장애(Hoarding Disorder)
- 특징 : 물건을 버리지 못하고 과도하게 저장함. 생활공간이 물건으로 가득 차 기능 저하 초래
- 감정 : 물건을 버릴 때 강한 불안이나 고통을 느낌
4) 털뽑기장애(Trichotillomania)
- 특징 : 반복적으로 자신의 머리카락이나 체모를 뽑는 행동
- 결과 : 탈모, 사회적 위축, 부끄러움
5) 피부뜯기장애(Excoriation Disorder)
- 특징 : 피부를 반복적으로 뜯거나 긁어 상처를 유발
- 결과 : 피부 손상, 감염 위험, 심리적 고통

85

답 ⑤

해 신경발달장애의 하위유형은 지적 장애, 특정 학습장애, 자폐스펙트럼 장애, 주의력결핍-과잉행동장애, 의사소통 장애, 운동장애가 있다. ⑤ 선택적 함구증은 불안장애에 해당한다.

실력다지기 신경발달장애의 하위유형(DSM-5-TR)

1) 지적 장애(Intellectual Disability, Intellectual Developmental Disorder) : 지적 기능과 적응 행동에 현저한 결함이 있는 상태로 심각도에 따라 경도, 중등도, 중증, 최중증으로 구분함.
2) 의사소통장애(Communication Disorders) : 언어장애, 말소리장애, 아동기 발병 유창성장애(말더듬), 사회적 의사소통장애
3) 자폐 스펙트럼 장애(Autism Spectrum Disorders) : 사회적 의사소통의 어려움과 제한적이고 반복적인 행동 양상, 지적 장애나 언어장애와 함께 나타날 수 있음
4) 주의력결핍 과잉행동장애(ADHD) : 부주의형, 과잉행동/충동형, 혼합형
5) 특수 학습장애(Specific Learning Disorder) : 읽기장애, 쓰기장애, 산수장애
6) 운동장애(Motor Disorders) : 발달성 운동조정장애(발달성 운동협응장애), 정형적 동작장애(상동증적 운동장애), 틱장애

86

답 ④

해 해리장애(dissociative disorder)는 의식, 기억, 행동 및 자기정체감의 통합적 기능에 갑작스러운 이상을 나타내는 장애이다. 해리의 기능은 감당하기 어려운 충격적 경험(학대/성폭력)에 대한 기억을 억압(repression)을 통해 자신을 보호하는 것이다. 고등학생 A는 부모님에게 심한 꾸지람을 들은 충격으로 가출 후 낯선 곳에서 발견된 후 자신에게 무슨 일이 일어났는지를 전혀 기억하지 못했다. 이러한 증상은 해리성 기억상실증으로 진단된다.

실력다지기 **해리장애**

1) 해리장애 : 외상으로 인해 의식의 붕괴가 초래되어 통합적인 자아기능이 상실됨.
2) 하위유형
 (1) 해리성 정체감 장애 : 자신의 정체감을 망각/변화 하는 것
 (2) 해리성 기억상실증 : 개인적인 사건을 회상하지 못하거나 거주지로부터 멀리 떨어져 낯선 곳에서 방황하는 것
 (3) 이인증 : 자신의 생각, 감정, 감각, 신체 또는 행동을 생생한 현실로 느끼지 못하고 그것과 분리되거나 외부 관찰자가 된 경험(지각의 변화, 시간감각의 이상, 자신이 낯설거나 없어진 듯한 느낌, 정서적 또는 신체적 감각의 둔화)
 (4) 비현실감 장애 : 주변환경이 비현실적인 것으로 느껴지거나 그것과 분리된 듯한 느낌을 경험(사람이나 물체가 현실이 아닌 것으로 인식되거나 꿈이나 안개 속에 있는 것처럼 느껴지거나 생명이 없거나 왜곡된 모습으로 보임)
 (5) 미분류형 해리장애 : 해리성 황홀경(빙의, 신내림)과 갠서증후군(다소 의식이 혼탁한 상태에서 질문의 의미를 알면서도 유사한 대답을 적당히 하고 넘어가는 등 의도적으로 정신과적 증상을 나타내는 경우)

87
답 ①
해 공황발작 증상은 심장 두근거림, 땀, 손·발·몸 떨림, 숨 막힘, 질식할 것 같은 느낌, 가슴통증, 메스꺼움, 어지러움, 한기 또는 화끈거림, 둔한 감각 또는 따끔거림, 비현실감 또는 이인감, 미칠 것 같은 두려움, 죽을 것 같은 공포 등이다. ① **환각은 조현병 증상**이다.

88
답 ④
해 ① 신경성 폭식증은 **남성보다 여성에서 더 흔하다.**
 ② **이식증은 비영양성 물질을 먹는다는 점에서 다른 섭식장애인 되새김장애(반추장애)가 추가 진단될 수 있다.**
 ③ 12개월 된 영아가 종이, 천, 머리카락 등을 **적어도 1개월 동안 반복해서 먹을 경우** 이식증으로 진단된다.
 ⑤ 신경성 식욕부진증에서는 **부적절한 보상행동(구토, 설사, 이뇨제)이 나타난다.**

실력다지기 **섭식장애 하위 유형(DSM-5-TR)**

1) 신경성 식욕부진증(Anorexia Nervosa)
 필요한 양에 비해 지나친 음식물 섭취 제한으로 연령, 성별, 발달과정 및 신체적인 건강 수준에 비해 현저하게 저체중을 유발하게 된다.
 (1) 제한형 : 지난 3개월 동안, 폭식 혹은 제거 행동이 반복적으로 나타나지 않는다. 해당 아형은 주로 체중관리, 단식 및 과도한 운동을 통해 유발된 경우이다.
 (2) 폭식/제거형: 지난 3개월 동안, 폭식 혹은 제거 행동(자기유발 구토, 하제, 이뇨제, 관장제 오용)이 반복적으로 나타났다.
2) 신경성 폭식증(Bulimia Nervosa)
 반복되는 폭식 삽화, 폭식 삽화는 다음 2가지로 특징지어 진다.
 (1) 일정 시간 동안(예 : 2시간 이내) 대부분의 사람이 유사한 상황에서 동일한 시간 동안 먹는 것보다 분명하게 많은 양의 음식을 먹음
 (2) 삽화 중에 먹는 것에 대한 조절 능력의 상실감을 느낌(예 : 먹는 것을 멈출 수 없거나, 무엇을 혹은 얼마나 많이 먹어야 할 것인지를 조절할 수 없는 느낌)

3) 폭식장애(Binge Eating Disorder)

(1) 단기간에 많은 양의 음식을 반복적으로 섭취하면서도, 이에 대한 통제력을 잃는 것이 특징이다.

(2) 다른 섭식장애와 달리, 구토·이뇨제 사용·과도한 운동 등의 보상 행동이 나타나지 않는다.

4) 이식증(Pica)

이식증(pica)은 유아기 또는 초기 소아기의 급식 및 섭식장애로서 진단 기준은 다음과 같다.

(1) 적어도 1개월 동안 비영양성 물질을 지속적으로 먹는다.

(2) 비영양성 물질을 먹는 것이 발달 수준에 부적절하다.

(3) 먹는 행동이 문화적으로 허용된 관습이 아니다.

(4) 만약 먹는 행동이 다른 정신장애(예 정신지체, 광범위성 발달장애, 정신분열증)의 기간 중에만 나타난다면, 이 행동이 별도의 임상적 관심을 받아야 할 만큼 심각한 것이어야 한다.

5) 반추장애(Rumination Disorder)

(1) 음식을 삼킨 뒤 반복적으로 되새겨 입 안으로 되돌려 오는 행동을 보인다.

(2) 최소 1개월 이상 지속되며, 다른 의학적 상태로 설명되지 않아야 한다.

89

답 ③

해 ① 주요우울장애 삽화는 **2주 이상** 연속으로 지속되어야 한다.

② 한 번 치료되어도 사별과 같은 **상실의 경험을 다시 겪었을 때 재발될 수 있다.**

④ 조증삽화가 동반된 경우 양극성 장애로 진단되기 때문에 **조증삽화 또는 경조증삽화가 존재한 적이 없어야 한다.**

⑤ 청소년기와 성인기에 **남성보다는 여성의 유병율이 높다.**

90

답 ④

해 주의력결핍 과잉행동장애의 주 증상은 부주의, 과잉행동-충동성이다. ④ **교사의 질문이 끝나기 전에 성급하게 대답하는 것은 충동성 증상**이다.

91

답 ③

해 [ㄷ]. 클라인-레빈증후군(Kleine-Levin syndrome)은 하루에 20시간까지 잠을 자는 과잉수면장애이다. 충동적으로 지나치게 음식을 먹은 이상식욕항진증과 비정상적인 성적욕구를 동시에 보인다. 사춘기 남성에게 나타나며 잠에서 깨어있는 동안 과민증, 무기력, 감정의 결여인 무관심, 혼돈감, 환각증상을 주기적으로 보인다. 환자는 수주에서 수개월의 무증상과 증상을 반복적으로 경험한다. 나이가 들면서 빈도가 점차 감소되다가 40~50대에 다시 재발하기도 한다. 정확한 원인은 밝혀져 있지 않으나 유전적 경향이 높은 것으로 보고되며 수면, 식욕, 체온을 담당하는 시상하부의 장애와 연관이 있는 것으로 본다.

[ㅁ]. **수면유지 불면증**은 수면 도중에 자꾸 깨는 시간이 30분 이상인 경우에 해당된다. 아침에 예상한 기상시간보다 일찍 잠에서 깨어 다시 잠을 이루지 못하는 증상은 **수면종료 불면증**이다.

92

답 ①

해 반응성 애착장애는 **외상 및 스트레스 관련 장애의 하위유형**이다.

반응성 애착장애

1) 최소한 9개월 이상의 아동에게서 이러한 장애가 5세 이전에 나타나야 한다.

2) 자폐스펙트럼장애에 해당하지 않아야 한다.

3) 양육결핍이 양육자에 대한 정서적 억제나 위축된 행동을 초래한 것으로 판단되어야 한다.

실력다지기　　　**외상 및 스트레스 관련 장애의 하위유형(DSM-5-TR)**

1) 반응성 애착장애(Reactive Attachment Disorder) : 아동이 주요 양육자와의 안정된 애착 형성에 실패하여 감정적 거리감, 사회적 위축을 보임

2) 탈억제 사회관여 장애(Disinhibited Social Engagement Disorder) : 낯선 성인에게 과도하게 친밀하게 접근하고 경계심이 부족함

3) 외상 후 스트레스장애(Posttraumatic Stress Disorder) : 생명을 위협하는 외상 경험 후 재경험, 회피, 과각성, 부정적 인지 변화 등

4) 급성 스트레스장애(Acute Stress Disorder) : 외상 사건 후 3일~1개월 사이에 PTSD와 유사한 증상이 나타남

5) 적응장애(Adjustment Disorder) : 특정 스트레스 사건(이사, 이혼, 실직 등)에 대한 부적응 반응으로 정서적 또는 행동적 증상이 발생

6) 지속적 비탄장애(Prolonged Grief Disorder) : 사랑하는 사람의 상실 후 12개월 이상 지속되는 극심한 슬픔과 기능 저하

93

답 ⑤

해 망상장애는 색정형, 과대형, 질투형, 피해형, 신체형, 혼합형, 불특정형이 있다. **가장 흔한 아형은 피해형으로**, 자신이 음모의 대상이 되거나, 속임을 당하고 있다거나, 추적을 당하고 있다거나, 자신도 모르게 독약을 먹고 있다고 생각하거나, 악의적으로 중상을 당하고 있다거나, 어떤 장기적인 목표를 추구하는 데 있어서 방해를 받고 있다고 생각한다.

실력다지기　　　**망상장애의 유형**

1) 색정형 : 이 아형은 망상의 중심 주제가 또 다른 사람이 자신을 사랑하고 있다는 것일 경우 적용된다.

2) 과대형 : 이 아형은 망상의 중심 주제가 어떤 굉장한(그러나 확인되지 않은) 재능이나 통찰력을 갖고 있다거나 어떤 중요한 발견을 하였다는 확신일 경우 적용된다.

3) 질투형 : 이 아형은 망상의 중심 주제가 자신의 배우자나 연인이 외도를 하고 있다는 것일 경우 적용된다.

4) 피해형 : 이 아형은 망상의 중심 주제가 자신이 음모, 속임수, 염탐, 추적, 독극물이나 약물 주입, 악의적 비방, 희롱, 장기 목표 주구에 대한 방해 등을 당하고 있다는 믿음을 수반한 경우 적용된다.

5) 신체형 : 이 아형은 망상의 중심 주제가 신체적 기능이나 감각을 수반한 경우 적용된다.

6) 혼합형 : 이 아형은 어느 한 가지 망상적 주제도 두드러지지 않은 경우 적용된다.

7) 명시되지 않는 유형 : 이 아형은 지배적 망상적 믿음이 분명히 결정될 수 없는 경우, 혹은 특정 유형에 기술되지 않은 경우(예 뚜렷한 피해 혹은 과대 요소가 없는 관계망상) 적용된다.

94

답 ④

해 [ㄱ]. 불안장애의 하위유형은 **7가지(분리불안장애, 선택적 함구증, 특정공포증, 사회불안장애, 공황장애, 광장공포증, 범불안장애)**이다.

[ㄴ]. 분리불안장애는 이사나 결혼과 같은 새로운 변화를 두려워하거나 자녀나 배우자에 대한 과도한 걱정 또는 그들과 헤어지는 것에 대한 과도한 불안을 느끼는 형태로 **드물지만 성인에게도 나타날 수 있다.**

실력다지기 **불안장애의 하위유형(DSM-5-TR)**

1) 분리불안장애(Separation Anxiety Disorder) : 애착 대상과의 분리에 대한 과도한 불안
2) 선택적 함구증(Selective Mutism) : 특정 사회적 상황에서 말을 하지 않음
3) 특정공포증(Specific Phobia) : 특정 대상이나 상황(예 동물, 고소공포, 주사 등)에 대한 강한 공포와 회피
4) 사회불안장애(Social Anxiety Disorder) : 타인의 평가에 대한 두려움으로 사회적 상황을 회피
5) 공황장애(Panic Disorder) : 갑작스럽고 반복적인 공황발작과 이에 대한 지속적인 걱정
6) 광장공포증(Agoraphobia) : 탈출이 어렵거나 도움받기 어려운 상황에 대한 공포
7) 범불안장애(Generalized Anxiety Disorder) : 다양한 일상적 상황에 대한 과도하고 지속적인 걱정

95

답 ②

해 ① 인지적 유연성(2개의 개념이나 과제 또는 반응 규칙들 사이에서 전환하는 능력) – **물건을 크기에 따라 정리하기에서 색상에 따라 정리하기**

③ 분할 주의(동일한 시간 내에 2가지 과제에 주의를 기울임) – **음악을 들으면서 계산 문제 풀기**

④ 지각-운동(지각을 목적 있는 운동과 통합하기) – **구멍 뚫린 보드에 못을 빨리 끼워 넣기**

⑤ '**ㅎ**'으로 시작되는 단어 말하기, '**ㅂ**'자나 '**ㄱ**'자로 시작하는 낱말을 말하는 것은 문자형 언어유창성과 관련이 있으며, **최신 기억의 측면들 중 자유회상**은 낱말, 도형 혹은 이야기의 요소를 가능한 한 많이 회상하도록 하는 것인데 이와 관련이 있다.

실력다지기 **지속적 주의와 선택적 주의, 분할 주의**

1) 지속적 주의 : 시간이 흐르는 동안 주의를 유지함.
   예 일정한 시간동안 신호가 들릴 때마다 버튼을 누르기
2) 선택적 주의 : 경합하는 자극들 그리고/또는 방해 자극들이 있음에도 불구하고 주의를 유지함.
   예 읽어 주는 숫자와 문자를 들으면서 문자만 세도록 함
3) 분할 주의 : 동일한 시간 내에 2가지 과제에 주의를 기울임.
   예 읽어 주는 이야기를 습득하는 동안 손가락을 빠르게 두드림
• 작업 기억 : 단기간 정보를 유지하고 그것을 다루는 능력
• 감정의 인식 : 다양한 긍정적 및 부정적 감정을 나타내는 얼굴 이미지에서 감정을 식별함

96

답 ①

해 신체증상 및 관련장애의 하위유형은 신체증상장애(신체화 장애), 질병불안장애(건강염려증), 전환장애, 허위성 장애가 있다. ① **질병불안장애는 건강에 대한 몰두가 6개월 이상 지속되어야 한다.**

실력다지기	신체증상 및 관련 장애 하위유형(DSM-5-TR)

1) 신체증상장애(Somatic Symptom Disorder) : 하나 이상의 신체 증상이 지속되며, 이에 대한 과도한 걱정, 불안, 집착이 동반됨
2) 질병불안장애(Illness Anxiety Disorder) : 실제 증상이 거의 없거나 경미함에도 불구하고 심각한 질병에 걸렸다고 믿고 걱정함
3) 전환장애(Conversion Disorder) : 신경학적 증상(예 마비, 실어증, 발작 등)이 나타나지만 의학적으로 설명되지 않음
4) 인위성 장애(Factitious Disorder) : 의도적으로 신체 또는 정신 증상을 꾸며내거나 유도함

97

답 ③

해 가족양육 관련 문제란 부모나 조부모와 같은 주양육자와 형제자매와 같은 가족의 양육태도와 가족환경과 관련한 부정적인 경험이 이상행동을 유발하는 문제를 말한다. 부모-아동 관계문제, 형제자매 관계문제, 부모와 떨어진 양육, 부모의 관계 불화에 영향 받는 아동 등이 이와 관련된다.

[ㄹ]. **별거나 이혼에 의한 가족 붕괴는 가족 구성원이 분리되는 것으로 가족양육 문제가 지속되다가 단절되는 것을 의미한다.**

98

답 ④

해 조현병 스펙트럼 장애의 하위유형에는 정신병리 심각도에 따른 순서로 조현형 성격장애-망상장애-단기 정신병적 장애-조현양상장애-조현병/조현정동장애 등이 있다. 조현양상장애는 조현병 증상이 1개월 이상 지속되며 최대 6개월을 넘지 않으며 기능 감소가 있어야 한다는 소건은 없다. 증상이 6개월 이상 지속되면 조현병으로 진단된다. A학생은 빈징 선거에서 떨어진 후, **환청과 피해망상을 호소하며 학교생활적응에 어려움을 보이고 있는데, 이러한 증상이 6개월을 넘지 않았기 때문에 조현양상장애로** 진단된다.

| 실력다지기 | 조현병 스펙트럼 및 기타 정신병적 장애 하위유형(DSM-5-TR) |

1) 조현병(Schizophrenia) : 망상, 환각, 와해된 언어, 긴장증적 행동, 음성 증상 중 최소 2가지 이상이 1개월 이상 지속, 전체 장애의 지속기간이 6개월 이상

2) 조현형 장애(Schizophreniform Disorder) : 조현병과 유사한 증상, 전체 장애의 지속기간이 1개월 이상 6개월 미만

3) 단기 정신병적 장애(Brief Psychotic Disorder) : 갑작스러운 정신병적 증상(망상, 환각, 와해된 언어 등), 전체 장애의 지속기간이 1일 이상 1개월 미만, 이후 완전한 회복

4) 망상장애(Delusional Disorder) : 1가지 이상의 망상이 1개월 이상 지속되며, 조현병의 다른 증상은 거의 없음

5) 조현정동장애(Schizoaffective Disorder) : 조현병 증상과 함께 주요 기분장애(우울 또는 조증 삽화)가 동반됨

6) 약화된 정신병 증후군(Attenuated Psychosis Syndrome) : 경미한 정신병적 증상(기이한 사고, 지각 이상 등)이 존재하지만 완전한 정신병은 아님

7) 조현형 성격장애(Schizotypal Personality Disorder) : 대인관계의 어려움, 인지 및 지각의 왜곡, 기이한 행동

99

답 ①

해 중학생 K는 주기적으로 1주일에 사흘 정도는 기분이 좋아서 잠을 3시간만 자도 충분한 것처럼 느끼고(경조증 증상), 사흘 정도는 우울한 감정이 들기도 하는데 그 때는 잠을 많이 자도 피곤함을 느끼고, 하루종일 방에만 틀어박혀 지낸다(경미한 우울증상). 이런 감정의 기복을 계속 느낀 지도 1년이 넘었고(1년 이상 증상이 지속됨) 감정기복으로 학업생활에 어려움이 있다(일상생활 기능 저하). 이러한 증상으로 보아 K는 양극성장애의 하위유형인 순환성장애로 진단된다.

| 실력다지기 | 순환성 장애 |

1) 경미한 우울증상과 경조증이 번갈아가면서 2년 이상(아동 청소년의 경우 1년 이상) 장기적으로 나타난다.

2) 2년의 기간 중 적어도 반 이상의 기간에 우울이나 경조증 증상을 나타내야 하며 아무런 증상이 없는 기간이 2개월 이하여야 한다.

3) 조증 삽화, 경조증 삽화, 주요 우울 삽화를 한 번도 경험한 적이 없어야 한다.

4) 이러한 증상으로 현저한 고통을 겪거나 일상생활의 기능에 상당한 지장이 초래되어야 한다.

100

답 ⑤

해 A가 겪고 있는 성격장애는 편집성 성격장애이다. ⑤ 성격장애는 자신의 증상을 불편해하지 않는 자아동질성을 주로 보인다.

제2과목 집단상담(선택)

26	⑤	27	③	28	④	29	①	30	②
31	③	32	④	33	③	34	①	35	③
36	④	37	⑤	38	①	39	①	40	①
41	④	42	①	43	⑤	44	②	45	⑤
46	②	47	④	48	④	49	⑤	50	②

26

답 ⑤

해 자기 부정 - 타인 긍정 자세는 타인과 비교해서 자신이 무기력하다고 느끼는 우울한 사람의 자세이다.

실력다지기 | 교류분석상담에서의 생활자세

1) 생활자세는 어렸을 때 부모와 주고받은 스트로크(인정자극)를 기초로 형성된 자기나 타인 또는 세상에 대한 기본 태도이다.
2) 생활자세는 생애 초기에 결정되어 자신에 대해 느끼고 타인과 관계 맺는 방식을 결정하는데, 교류분석으로 변화 가능하다.
3) 4가지 생활자세는 자기부정 - 타인긍정, 자기부정 - 타인부정, 자기긍정 - 타인부정, 자기긍정 - 타인긍정이다.

27

답 ③

해 [ㄷ]. 집단상담자는 집단원들에게 무조건적 긍정적 존중을 보인다.

실력다지기 | 로저스의 인간중심 집단상담에서 변화의 필요충분조건

1) 집단상담자와 집단원들 사이에 심리적 접촉이 이루어진다.
2) 집단원은 불일치 상태에 있다.
3) 집단상담자는 집단원들과의 관계에서 일치성을 보인다.
4) 집단상담자는 집단원들에게 무조건적 긍정적 존중을 보인다.
5) 집단상담자는 집단원들의 내적 참조틀에 대해 공감적 이해를 보이며 이러한 경험을 집단원들에게 전달한다.
6) 집단원은 집단상담자의 무조건적 긍정적 존중과 공감적이해를 경험한다.

28

답 ④

해 성장집단은 집단원들의 자기에 대한 인식 증진을 목표로 하며 개인의 사고 변화를 목적으로 하는 집단이다. 청소년기는 가치관 혼란으로 고민하는 시기이므로 성장집단에 적합하다.

[ㄱ]. 자살위기, PTSD, 급성 정신증 청소년은 치료집단에 적합하다.

29

답 ①

해 게슈탈트 집단상담은 개인이 전경과 배경을 지각하여 게슈탈트가 형성되도록 돕고, 집단원들이 '지금-여기'의 실존을 경험하여 자각에 이르도록 하고 자기수용을 통해 성격의 통합을 이루도록 돕는다. 게슈탈트 집단상담의 기법은 지금-여기, 접촉, 알아차림, 자각(awareness), 과장하기, 뜨거운 자리, 차례대로 돌아기기 등이 있다.

30

답 ②

해 [ㄱ]. 모레노(J. Moreno)에 의해 창안된 심리극은 [ㄴ]. 주인공이 자신의 갈등을 행동으로 표현함으로써 마음의 정화 (catharsis)가 일어나 자신에 대해 통찰하거나 문제 상황에 대한 인식을 얻을 수 있다. [ㄷ]. 심리극은 5가지 요소(연출가, 주인공, 보조자아, 관객, 무대)로 구성되며, 보조자아는 반드시 사람일 필요는 없으며 사물이 될 수도 있다. [ㅁ]. 무대 역시 조명이나 음향기구가 없어도 된다. [ㄹ]. 심리극 기법으로는 마술 가게 기법, 역할 바꾸기 기법, 이중 기법, 거울 기법이 있다. 거울기법은 보조자아가 주인공의 몸짓, 말, 자세 등을 비추어줄 때 주인공은 자신의 행동이 사회적으로 어떻게 보이는지 직면할 수 있다.

31

답 ③

해 얄롬의 집단상담 치료적 요인은 희망 심어주기, 보편성, 정보전달, 이타주의, 교정적 정서체험, 사회화 기술의 발달, 모방 행동, 대인관계 학습, 집단 응집력, 감정 정화, 실존적 체험 등이다.

③ 문제에서 집단원 고수는 집단상담을 통해 다른 사람들도 불행하거나 혼란스러운 성장배경을 가지고 있었다는 보편성을 알게 되었다.

32

답 ④

해 집단원 원빈은 부모님이 돈 때문에 싸우는 것이 마음속으로 걱정스러움에도 불구하고(걱정스러운 표정에 감정이 나타남), 부모님의 싸움에 관심이 없다는 식으로 이야기를 했다.

④ 집단상담자는 원빈의 언어적, 비언어적 불일치에 대해 직면시켰다.

33

답 ③

해 현실치료 집단상담의 목표는 5가지 욕구를 현실적으로 충족시킬 수 있도록 내담자로 하여금 **더 나은 선택을 할 수 있도록 돕고, 자신의 선택에 대해 책임지게 하므로** 선택이론이라고도 한다. 상담은 **과거의 경험이나 지금-여기에서 상담자와 내담자의 전이를 해석하기보다** 현재 자신의 욕구를 충족시키기 위한 행동의 통제력을 키우기 위해 **적극적이고, 지시적이며, 교육적인 방법론을 사용한다.**

34

답 ①

해 구조화 집단상담은 특정 주제와 목표를 달성하기 위한 일련의 구체적인 활동으로 구성되며 집단상담자가 사전에 마련한 계획과 절차에 따라 집단상담을 진행한다.

따라서 [ㄷ]. **구체적인 활동이 주어지지 않는 비구조화 집단상담보다 집단상담자의 전문성이 덜 요구된다.** [ㄹ]. **참만남 집단은 지금-여기에서의 자신과 타인과의 보다 의미 있는 만남과 접촉을 통해 인간관계에 대한 학습을 하는 것으로 비구조화 집단상담**이다.

35

답 ③

해 치료집단은 심각한 정서·행동문제나 정신장애를 가진 환자를 대상으로 주로 병원이나 임상장면에서 치료목적으로 장기간 운영된다. **치료집단을 진행하기 전에 집단 참가자(환자)들의 정신병리적 진단·평가를 활용한 정보를 확인함으로써 집단목표와 전략을 설정한다.**

36

답 ④

해 집단상담자의 자질로는 인간적 자질과 전문적 자질로 구분한다. **인간적 자질은 인간에 대한 선의, 진솔성, 유머, 각성, 용기, 자기수용, 창조성, 수용성, 개방성 등이다.**

☞ **전문적 자질은 집단상담을 운영할 수 있는 전문성으로 집단상담 계획 및 조직 능력, 상담·심리치료 이론에 관한 지식, 개인상담의 상담자 경험 등이다.**

37

답 ⑤

해 집단상담자는 나영이가 고수를 위로해주는 행동이 [**어린 시절 자신이 아버지와의 관계에서 힘들었던 기억이 되살아나는 것이 두려워서 피하려 하고 있다**]는 것을 **해석**해주었다.

38

답 ①

해 거의 매 회기마다 집단에 대해 불평을 늘어놓거나 이로 인해 다른 집단원과 자주 논쟁을 벌이는 집단원이 있다. 한 집단원의 불평은 다른 집단원들의 불평으로 번지게 되어 응집력 형성에 부정적인 영향을 미친다. 이러한 경우 **집단에서 불평에 대해 정면으로 지적하지 않고, 초점을 다른 사람이나 주제로 돌려 집단이 끝난 다음 불평을 한 집단원과 불평하는 이유를 알아보고 생산적인 집단을 위해 정중하게 협조를 구한다.** 하지만 습관적이고 만성적으로 불평한다면 작은 불편함이라도 견디거나 수용하지 못하는 자신의 모습을 알아차릴 수 있도록 도와준다.

39

답 ①

해 [ㄷ]. 남성-남성 공동상담자보다 남성-여성 공동상담자의 경우에 부모로서의 부모에 대한 전이가 쉽게 일어나지만, 남성-남성 공동상담자의 경우에도 부모에 대한 전이를 다룰 수 있다.

[ㄹ]. 공동상담자는 집단 회기 전후에 토의하는 시간을 갖는 것이 도움이 된다.

40

답 ①

해 고등학교 3학년 남학생을 대상으로 했으므로 동질집단이고, 진로탐색을 위한 체계화된 프로그램을 사용했으므로 구조화집단이며, **이틀 동안 총 12시간 집중적으로 실시했다. 따라서 구조화된 동질적 구성의 집중적 집단**이 옳은 내용이다.

41

답 ④

해 집단상담의 사전 동의는 집단참여자에게 집단상담을 시작함에 있어 집단상담에 대한 정보를 제공한 후 동의 여부를 묻는 절차이다. 자발적·비자발적 집단원 모두에게 사전 동의를 받아야 하며, 집단상담 참여에 따른 잠재적 이익과 위험에 대해서 알린다. 개방집단에서는 참여자가 집단을 자유롭게 집단에 참여하거나 떠날 수 있고, ④ **폐쇄집단에서도 역시 내담자가 집단을 계속 참여하기 어렵다면 집단을 떠날 권리가 있다.**

42

답 ①

해 아들러 집단상담의 단계는 다음과 같다.

[ㄱ]. 치료적 관계 수립 : 상담자와 내담자는 상호협력, 평등주의, 상호존중에 기초한 좋은 치료적 관계를 설정한다(라포 형성).

[ㄷ]. 분석과 평가 : 내담자의 삶의 과제를 탐색하고 가족구도와 초기기억, 형제서열, 생활양식을 분석한다.

[ㄹ]. 변화를 위한 통찰 : 내담자의 생활양식을 통찰하고 현재 기능하는 자신의 모습을 이해하고 변화를 위한 계획과 다짐을 한다.

[ㄴ]. 재교육과 행동화 : 자신이 변화하고자 하는 목표에 부합하는 새로운 선택과 행동을 실천한다.

43

답 ⑤

해 불안을 유발하거나 수용되지 못할 감정 혹은 충동과 정반대되는 행동을 집단에서 반복적으로 드러내는 것을 반동형성 이라고 한다.

실력다지기　　　단상담자의 4가지 기능 : 슬랩손(S. Slavson)

1) 지도적 기능

　집단이 뚜렷한 목적과 결론 없이 지나치게 피상적인 대화에 빠져 있을 때 밑바닥에 깔려 있는 숨은 주제를 지적하여 야 한다.

2) 자극적 기능

　집단이 억압, 저항, 정서적 피로, 흥미 상실로 인해 무감각 상태에 빠졌을 때 집단이 활기를 되찾을 수 있도록 보다 능동적인 질문을 해야 한다.

3) 확충적 기능

　집단이 상호작용에서 한 영역에 고착되어 있을 때 이를 벗어날 수 있도록 이를 확장시켜야 한다.

4) 해석적 기능

　집단원이 상담자를 어떻게 지각하고 있는가를 살펴 적절한 해석을 실시해야 한다.

44

답 ②

해 동호는 정희가 슬퍼하는 것을 보고 자신도 친구가 어렸을 때 친구와 이별한 경험이 있었는데 별일 아니라고 걱정하지 말라고 위로하고 구원하는 집단원의 행동을 보이고 있다. 이럴 경우 올바른 피드백은 친구와의 이별에 대한 정희의 슬픔을 공감해주는 것이다.

45

답 ⑤

해 집단상담 평가의 구성요소는 다음과 같다.

1) 평가의 일차적인 목적은 목표 관리(집단상담의 목표가 제대로 달성하고 있는가)이다.

2) 평가의 주체(평가 하는 사람)는 집단상담자이다.

3) 평가의 대상(평가 당하는 사람)은 집단원이다.

4) 평가의 과정과 내용에는 집단의 분위기, 응집성, 의사소통 형태, 인간관계 형태 등이다.

46

답 ②

해 집단상담자는 청소년기 자율성을 충족시키기 위해 청소년 집단원들의 자발성을 촉진시키고 스스로 결정을 내릴 수 있도록 돕고 자신의 행동에 대해 책임을 지도록 한다.

② 집단상담자와 집단원은 엄연히 분리되어야 하고 공동상담자가 될 수는 없다.

47

답 ④

해 집단상담자는 **집단목적에 부합하는 참여자를 대상으로 객관적 판단으로** 구조화 집단상담(구체적인 문제해결 및 대처 방안 탐색)을 할지, 비구조화 집단상담(폭넓은 자기탐색 및 관계 경험)을 할지, 집단형태를 결정한다.

48

답 ④

해 학교 집단상담의 시행절차는 **집단상담 기획 및 요구조사, [집단주제 선정 및 계획서 작성], [집단상담 실시에 대한 학교 장 승인], [집단상담 홍보 및 참여자 모집], [집단 참여 학생의 보호자에게 사전 동의서 받기], [집단상담 실시], 집단상담 평가** 등의 순서로 이루어진다.

49

답 ⑤

해 집단상담 초기단계에 있는 집단원들의 특징으로는 [집단원들 간의 낮은 신뢰감, 집단에 대한 비합리적인 기대, 소극적 이고 조심스러운 행동, 자기개방에의 불안감] 등이 있다.

⑤ **집단원을 판단하고 비난하며 경쟁적인 모습을 보이는 것은 과도기적 단계에 나타나는 특징**이다.

50

답 ②

해 [ㄱ]. 분리감정 다루기 : 종결단계

[ㄹ]. 생산적인 성과 산출 : 생산단계

실력다지기

▶**코리(G. Corey)의 과도기 단계(transition stage)에서 집단상담자의 역할은 다음과 같다.**

1) 집단원들에게 불안을 인식하고 표현하는 것이 중요하다는 사실을 가르친다.

2) 집단원들이 방어적으로 반응하는 방식을 깨닫도록 돕고 **저항 심리를 공개적으로 다룰 수 있는 분위기**를 형성한다.

3) **저항현상을 포착하고 그러한 저항은 자연스런 것이며 건강한 것이란 점을 참여자들에게 알려준다.**

4) **집단에서 일어나는 갈등을 인식하고 그것을 공개적으로 다루는 것이 필요하다**는 점을 집단원들에게 알린다.

5) 통제하고자 투쟁하는 행동적 징후를 지적하고 집단의 발달에 대한 공동의 책임을 받아들이도록 가르친다.

6) 인간으로서 또는 전문가로서의 집단상담자에 대한 도전의 문제를 직접적으로 그리고 솔직하게 다루는 모범을 보여 준다.

7) 자율적이고 독립적인 집단원이 될 수 있는 능력에 영향 미칠 문제들을 다룰 수 있도록 돕는다.

제3과목   가족상담(선택)

51	③	52	③	53	⑤	54	④	55	②
56	③	57	⑤	58	③	59	①	60	②
61	②	62	④	63	⑤	64	⑤	65	①
66	⑤	67	②	68	④	69	④	70	①
71	①	72	②	73	④	74	③	75	③

51

답 ③

해 외재화는 이야기 치료의 창시자인 화이트(White)가 고안한 치료기법이다. 외재화란 **내담자에게 내재화되어 있는 문제를 객관화하여 내담자가 자신의 문제에 대한 죄의식과 수치심을 줄이고 대안적 이야기에 대한 발견 가능성을 열어 주기 위한 기법**이다.

실력다지기	외재화의 예

속옷에 변을 묻히는 증상(유분증)이 있는 아동이 변을 속옷에 묻히는 것은 자기 잘못이 아니라 만화 캐릭터인 곰돌이 Poo(푸)라는 말썽꾸러기가 장난을 치고 있는 것이, 모두 푸의 장난에 넘어가는 것이라고 생각하는 것이다. 이 장난에 넘어가지 않으려면 푸의 장난을 제대로 알아야 한다고 말하며 유분증에 대한 치료 전략을 세운다. 이러한 **외재화기법은 아동의 유분증에 대한 죄책감과 수치심을 낮춤으로써 문제를 객관적이고 통합적으로 볼 수 있도록 돕는다.**

52

답 ③

해 해결중심 단기 가족치료의 대표적인 치료자는 스티브 드 세이저와 인수 버그(김인수)이다. 1978년 미국 위스콘신 주 밀워키에서 단기가족치료센터를 설립하여 해결중심 단기가족치료 모델을 발전시켰다. 해결중심 단기가족치료의 핵심은 가족이 일상생활을 영위하기 위해 생긴 욕구를 충족을 돕기 위한 것이다. 문제의 해결이 문제의 원인(병리적)을 아는 것보다 더 중요하고 **인간이 자신의 변화에 필요한 자원을 가지고 있으므로 치료에 임하는 가족을 격려하고 존중해야 한다**고 강조한다.

53

답 ⑤

해 보웬 모델의 주요 개념은 자아분화, 융화, 삼각관계, 핵가족 정서체계, 가족투사과정, 정서적 단절, 다세대 전수과정, 형제위치, 사회적 퇴행 등이다. **핵가족 정서체계는 분화 수준이 비슷한 구성원끼리 결혼을 하게 되며 결국 이들은 불안정한 정서체계를 갖게 된다**는 것이다.

| 실력다지기 | 가족치료의 주요 개념 |

1) 구조적 가족치료의 주요개념 : 구조, 하위체계, 경계선, 제휴, 적응 등이 있다. 실연화는 구조적 가족치료의 치료기법으로 교류의 창조를 위한 기법으로 치료 면담 중에 가족에게 역기능적인 가족성원 간 의 교류를 실제로 재현시키는 것이다.
2) 전략적 가족치료의 주요개념 : 의사소통, 권력과 통제, 역설적 지시, 위계, 가족게임(밀란모델), 가족설정 등이 있다.

54

답 ④

해 [ㄴ]. 해결중심단기가족상담의 치료원리는 **간단하고 단순한 것부터 시작**하여 변화를 이끄는 것이다.

55

답 ②

해 기적 질문은 "오늘밤 당신이 잠자는 동안에 기적이 일어나 모든 문제가 해결되었다고 상상해보십시오. 그런데 당신은 잠자는 동안에 일어난 일이라서 이런 기적을 모르겠지요. 내일 아침에 눈을 떴을 때 무엇을 보면 어젯밤에 기적이 일어나 모든 문제가 해결되었다는 것을 알 수 있을까요? 처음 무엇을 보면 기적이 일어났는지 알 수 있을까요?" 라고 묻는다. 이때 가족이 긍정적으로 대답하도록 질문하고 유도하는 것이 중요하며, 가족 스스로 기적을 현실로 구체화하기 위해 새로운 행동을 하여야 함을 암시할 수 있어야 한다. **기적 질문은 문제가 해결된 상황을 상상해보고 원하는 것을 스스로 설명하게 하여 해결책을 구체적으로 명료화시키기 위한 기법**이다. 기적 질문을 통해 내담 가족은 문제와 떨어져서 상상을 하므로 문제중심에서 벗어나 변화 가능성에 대한 희망을 갖게 되는 경험을 하게 되며 상담 목표를 설정하는 데 도움이 된다.

56

답 ③

해 **문제의 내용은 청소년이 있는 가족의 생활주기에 대한 설명으로**, 이 시기는 자녀의 독립과 의존욕구로 인해 충돌이 생길 수 있어 체계의 경계선 출입이 허용되도록 부모–자녀관계 변화가 필요하다.

57

답 ⑤

해 발견하기 시작한 대안적 이야기의 의미를 찾는데 주력하여, 새로 구성되는 이야기 속의 새로운 의미들은 새로운 감각이나 행위들을 불러일으킬 수 있다.

58

답 ③

해 사티어(Satir)는 인간의 특성은 심리적 존재라고 전제하고 심리적 내면을 빙산에 비유하였다. 수면위에 보이는 것이 사람의 행동이고, 수면 밑에 있는 것이 사람의 **감정, 지각, 기대, 열망, 자기**이다.

실력다지기

빙산에 비유한 인간의 심리 내적 경험[10] : [암기법] 행정/지대/열자

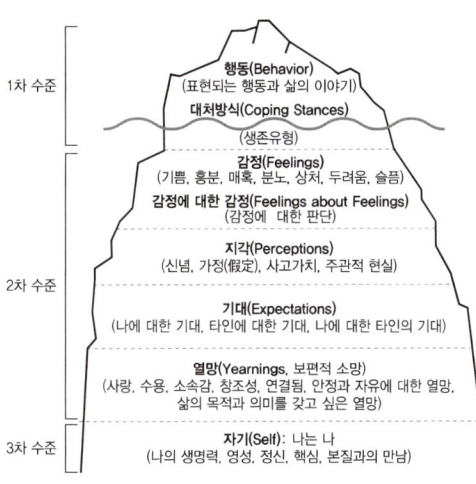

59

답 ①

해 캐나다 맥매스터(McMaster) 대학의 엡스타인(Epstein) 등이 체계이론에 입각해서 개발한, 가족기능을 평가하고 진단하는 모형이다. 맥매스터 모델은 **가족기능을 문제해결, 의사소통, 역할, 정서적 반응성, 정서적 관여, 행동통제의 측면에서 평가**한다.

[ㄴ]. 적합성은 **생태체계관점의 기본 가정 중의 하나로 적응적 개인과 양육적 환경 사이의 상호작용을 통해서 형성되는 상호적 과정**이다.

[ㄹ]. 자아분화척도와 부모–자녀 간 의사소통 척도를 활용하는 모델은 **보웬의 다세대 가족치료**이다.

60

답 ②

해 이야기치료의 기본 전제는 삶이 단선적이지 않고, **다양한 목적과 의미를 지닌 복합적인 이야기들로 구성**되어 있다는 점이다. 이러한 삶의 이야기는 시간과 경험에 따라 **나선형 구조처럼 반복되며 확장되는 과정**으로 이해할 수 있다.

61

답 ②

해 대상관계이론을 기초로 하는 가족상담에서는 **치료자가 가족의 대화, 행동 속에 무의식적으로 억압된 과거를 찾아 탐색하거나 가족의 저항을 극복하기 위해 필요에 따라 직면이나 해석기법을 활용**하기도 한다.

---

10 출처 : 가족치료의 이해, 정문자 외(2007), 학지사

62

답 ④

해 전략적 가족치료의 주요 학자로는 MRI 치료학파(워크랜드, 바츨라빅, 피쉬 등), 헤일리와 마다네스, 밀란 등이 있다. 전략적 치료모델의 형성에 영향을 준 학자는 베이트슨(G. Bateson)과 에릭슨이다.
cf) 코헛(H. Kohut)과 말러(M. Mahler)는 대상관계이론의 학자이다.

63

답 ⑤

해 보웬(M. Bowen)은 자녀의 출생순위, 형제자매 위치가 가족의 정서 체계 안에서 특정한 역할과 기능을 한다고 보았다.
① 정서적 단절은 세대 간의 불안을 처리하는 방법으로 미해결된 정서적 애착으로부터의 도피를 말한다.
② 하위체계 사이의 위계를 변화시켜 재구조화하는 것은 미누친의 구조적 가족치료모델이다.
③ 분화수준이 높은 사람은 독립적이며 친밀한 관계를 맺을 수 있다.
④ 자기 위치 지키기(I-positioning)는 감정보다 이성에 기초한 자신의 입장을 갖도록 돕는 기법으로 가족이 다른 정서적 압력에 직면했을 때 상대의 행동을 비난하거나 지적하기보다 이성적으로 자신의 입장을 밝히도록 돕는다.

64

답 ⑤

해 가족구조가 너무 경직되어 있거나 지나치게 밀착되어 있어서 내적 혹은 외적 요구의 변화에 적응하지 못할 경우에는 가족 내에 역기능이 발생하게 된다. ⑤ 그러므로 밀착된 가족원 간의 상호작용은 그 빈도를 줄여 지나친 밀착을 감소시켜야 한다.

65

답 ①

해 [ㄷ]. 부부 불균형에 대한 설명이다. 부부 균열은 부부가 서로 역할을 교환할 수 없고 목표를 공유하거나 보완할 수 없는 상황을 말한다.
[ㄹ]. 거짓 적대성에 관한 설명이다. 거짓 상호성은 겉으로 드러난 가족원 간의 친밀한 상호작용이 사실은 진실된 모습이 아닌 거짓된 모습을 말한다.

66

답 ⑤

해 ① 체계이론에서 볼 때, 개인의 증상은 역기능적 가족체계의 안정성을 유지하려는 표현이므로 체계구조를 변화시키는 것에 초점을 둔다.
② 원가족 도표는 부모가 사망한 경우에도 도형에 사선을 긋고 사망일을 표기한다.
③ 가족조각은 경험적 치료에서 사용하는 방법이며 어떤 특정한 사건을 신체적 표현으로 나타낸다.
④ 내담자가 원가족 삼인군에서 학습한 역기능적 대처방법의 집착에서 벗어나 가족 규칙과 부모의 규제에서 벗어나 독자적인 개별성을 갖도록 한다.

67

답 ②

해 정적 환류와 부적 환류는 체계에 새로운 정보가 들어왔을 때 체계가 안정을 깨고 일탈을 향해 움직이려는 경향을 증대시키느냐, 아니면 감소시키느냐에 따라 구분하는 것으로서 **어느 것이 더 바람직하다는 것은 무의미하다.**

심화학습　　　　환류 고리(Feedback Loop)

1) 환류란 자신이 수행한 것에 관한 정보를 받는 것이다.
2) 체계는 환류를 통해 새로운 행위를 산출하거나 기존의 행위를 수정하는 자기조절행위를 통해서 자신의 목적을 달성한다.
3) 환류는 정적 환류와 부적 환류가 있다.
4) **정적 환류와 부적 환류는 체계에 새로운 정보가 들어왔을 때 체계가 안정을 깨고 일탈을 향해 움직이려는 경향을 증대시키느냐, 아니면 감소시키느냐에 따라 구분하는 것으로서 어느 것이 더 바람직하다는 것은 무의미하다.**
5) 정적 환류(긍정적 환류, 적극적 환류)
   (1) 정적환류는 현재 자신의 행동이나 변화에 대해 그 행위를 계속하게 하는 정보를 받는 것이다.
   (2) 새로운 행동이나 변화를 생겼을 경우, 변화를 수용하여 그 변화를 유지하게 되는 역할을 한다.
   (3) 내용이 긍정적이거나 부정적인 것에 관계없이 상황이나 행위, 변화를 지속하게 되면 정적 환류이다.
   (4) 가정에서 일어나는 일탈행동이나 갈등상황에 대해 정적 환류를 적용하면 정적환류는 최초의 일탈이나 갈등을 증폭시키는 역할을 한다.
6) 부적 환류(부정적 환류, 소극적 피드백)
   (1) 어떤 상태나 변화 또는 새로운 행동이 부적절하므로 원래의 상태로 되돌아가게 하는 환류이다.
   (2) 체계가 항상성을 유지하고, 안정을 유지하게 하는 일탈 감소, 안정 유지, 부적절한 변화 감소의 역할을 한다.
   (3) 부적환류는 위기상황으로 더 이상 진전되는 것을 멈추고 원래의 상태로 돌아가는 것이다.
   (4) 가족규범으로부터 벗어나는 행동은 부적환류를 통해 저지되면서 항상성을 유지하는데 기여한다.

68

답 ④

해 [ㅣ]. 자유연상은 **징신분식 상담이론**의 기법이다.

69

답 ④

해 ① 경험적 가족상담 – **가족문제가 잘못된 의사소통에 기인한다고 생각하고 치료적 개입을 통해 보다 바람직한 의사소통 기술을 습득하도록 도움을 주는 것을 목표로 한다.**
   ② 전략적 가족상담 – **증상행동을 제거하여 문제를 해결하거나 행동을 규제하는 가족체계를 변화시킨다.**
   ③ 다세대 가족상담 – **불안을 감소시키고 자아분화를 증가시키는 것이다.**
   ⑤ 이야기 치료 – **문제해결보다는 내담자들이 그들의 중심 목소리에 지나치게 의존하고 있음을 인식하고 선택의 폭을 가지도록 돕는 것이다.**

70

답 ①

해 **척도질문 : 문제의 심각성, 문제의 우선순위, 문제해결에 대한 희망, 자아존중감, 변화에 대한 확신, 변화하기 위한 의지, 상담에 대한 평가 정도를 수치로 매기도록 하는 질문이다.**

② 예외질문 : 내담자가 문제로 생각하고 있는 행동이 일어나지 않는 상황에 대한 질문이다.

③ 대처질문 : 미래를 매우 절망적으로 인식하여 아무런 희망이 없는 내담자에게 사용하는 질문으로 이전의 극복했던 경험을 이야기하도록 하는 것이다.

④ 과정질문 : 보웬의 대세대적 가족상담의 기법으로, 과정질문은 가족구성원이 관계유형에 어떤 방식으로 참여하고 있는지를 인식하게 하고 상황을 개선하려면 어떤 역할을 해야 하는지에 대한 통찰을 얻도록 돕는다.

⑤ 관계성 질문 : 내담자와 중요한 관계에 있는 사람들이 갖고 있는 생각, 의견 등에 대한 질문이다.

71

답 ①

해 **어머니와 아버지, 아들은 삼각관계**이다. 삼각관계는 두 명(어머니와 아버지)이 긴장된 관계에 있을 때 불만이 심한 사람을 제 3자(아들)와 결합시켜 일시적으로 긴장상태에서 벗어나게 하는 방법이다. 이때 치료자는 이성적이며 중립적인 태도를 취해야 한다. 이 기법은 치료자가 한 가족원을 피해자라고 여겨 지지하거나 다른 가족원을 가해자라고 비판함으로써 이들의 감정적 싸움에 휘말리지 않도록 해야 한다.

72

답 ②

해 [ㄱ]. 악몽질문 : 기적질문과 유사하나 해결중심 치료에서는 유일하게 **부정적이며 문제중심적인 질문기법**이다. **목표설정을 위하여 상담 전의 변화에 대한 질문, 예외질문, 기적질문 등이 효과가 없을 때 유용하다.** 질문의 예는 다음과 같다. "오늘 밤에 잠자리에 들었다고 가정해 봅시다. 한밤중에 악몽을 꾸었는데 오늘 여기에 가지고 온 모든 문제가 갑자기 더 많이 나빠진 거예요. 이것은 꿈이었으나, 이 악몽이 정말로 온 거예요. 내일 아침에 무엇을 보면 악몽 같은 인생을 살고 있다는 것을 알겠습니까?"

[ㄷ]. 역설적 개입 : **비자발적으로 발생한 행동이나 상호작용을 계속하도록 함으로써 내담자가 자발적으로 문제증상을 통제하거나 포기하도록 하는 기법**이다.

73

답 ④

해 비밀보장은 상담관계를 유지하는데 기본이 되는 원칙이지만 **비밀보장의 한계**는 있다. 가족상담자는 비밀보장의 예외적인 상황에 대해 내담자에게 미리 안내해야 한다.

74

답 ③

해 올슨의 순환모델에서 적응성과 응집성의 개념은 다음과 같다.

　1) 적응성(adaptability)

　　(1) 안정과 변화 간의 구조적 수준을 의미하는 개념

　　(2) 경직이나 혼돈된 가정은 역기능적인 반면 적응성이 적절할 때 가족의 기능이 최적의 수준이다.

　2) 응집성(cohesion)

　　(1) 가족 간 정서적 친밀감과 결속을 반영하는 개념

　　(2) 너무 낮은 응집성과 너무 높은 응집성은 가족 기능에 부정적이다.

　따라서 적응성과 응집성은 너무 높거나 너무 낮지 않은 적절한 수준이어야 한다.

75

답 ③

해 ① 회유형은 자아존중의 3요소 중 타인과 상황 두 요소는 존중되지만 자기는 무시된다.

　② 비난형은 자아존중의 3요소 중 자기와 상황의 두 요소는 존중되지만 타인은 무시되는 유형이다.

　③ 초이성형은 자기와 타인을 무시하고 상황만 지나치게 중시하는 유형으로 내면은 쉽게 상처받고 소외감을 느낀다.

　④ 산만형은 재미있고 익살스럽지만 심리 내적으로는 혼란되어 있다.

　⑤ 일치형은 의사소통의 내용과 감정이 일치하는 기능적인 의사소통 유형이다.

MEMO

MEMO

MEMO

MEMO

김형준

- **학력 및 경력**

  사회복지학 박사 / 교육학 박사 / 심리학 박사

  현) 오산대학교 사회복지상담학과 겸임교수

  현) 노량진 메가공무원학원 심리학 전임교수

  현) 서울복지상담협동조합 이사장

  현) 대한민국가족지킴이(비영리 사단법인) 등기이사

  현) 나눔복지교육원, 나눔book 대표

  현) 에이치알디이러닝 (주) 대표이사

유상현

- **학력 및 경력**

  상담학 박사 / 전문상담사 1급(No. 847)

  전) 천안보호관찰소 상담위원

  현) 제페토상담센터 센터장

  현) 한국법무보호복지공단 충남지부 상담위원

  현) 직업상담사2급 전임교수(직업상담학, 나눔복지교육원)

  현) 직업상담사1급 전임교수(고급직업상담학, 나눔복지교육원)

  현) 단국대학교 보건복지대학원 강사

2026 찐합격 청소년상담사 2급 기출문제집

초 판1쇄 발행 2023년 2월 10일   **발행처** 인성재단(나눔book)

개정판1쇄 발행 2026년 1월 2일   **발행인** 조순자

편저자 김형준, 유상현   **디자인** 장영은

정 가 34,000원   **ISBN** 979-11-7491-046-2